PETER SCHOLL-LATOUR

Allahs Schatten über Atatürk

# Peter Scholl-Latour

# Allahs Schatten über Atatürk

Die Türkei in der Zerreißprobe
Zwischen Kurdistan und Kosovo

**GOLDMANN**

*Umwelthinweis:*
Alle bedruckten Materialien dieses Taschenbuches
sind chlorfrei und umweltschonend.


Der Goldmann Verlag
ist ein Unternehmen der Verlagsgruppe Random House GmbH.

Vollständige Taschenbuchausgabe August 2001
Wilhelm Goldmann Verlag, München,
in der Verlagsgruppe Random House GmbH
© 1999 by Siedler Verlag, Berlin,
in der Verlagsgruppe Random House GmbH
Umschlaggestaltung: Design Team München
Umschlagfoto: Agentur Focus und Dieter Bauer
Redaktion: Cornelia Laqua
Karten: Adolf Böhm
Druck: Elsnerdruck, Berlin
Verlagsnummer: 1513
AM · Herstellung: Sebastian Strohmaier
Made in Germany
ISBN 3-442-15137-6
www.goldmann-verlag.de

3 5 7 9 10 8 6 4

# Avant-propos

Wer über die Türken und über die Türkei schreibt – nicht akademisch und abstrakt, sondern aus eigenem Erlebnis und mit persönlicher Anteilnahme –, läßt sich auf ein Wagnis ein. Ich bin mir dessen voll bewußt. Hier handelt es sich ja um ein Land, das uns nicht nur unmittelbar als Nachbar Europas angeht; ein beachtlicher Teil der deutschen Bevölkerung ist bereits türkischen Ursprungs. So wird der Kulturkampf zwischen säkularen »Aufklärern« und engagierten Koran-Gläubigen, der sich unter vielfältigen Aspekten der gesamten islamischen »Umma« bemächtigt hat, auch auf deutschem Boden ausgetragen.

Die Beobachtungen, die ich im Aufstandsgebiet Südost-Anatoliens sammelte, werden auf Zustimmung oder Widerspruch bei einer halben Million Kurden stoßen, die in der Bundesrepublik leben. Am Ende dieses Buches widme ich dem Kosovo-Konflikt breiten Raum. Das hat seine Gründe. Die deutschen Soldaten der KFOR und ihre Verbündeten bewegen sich dort in einem unsicheren Territorium, dessen Problematik nur vor dem Hintergrund seiner langen osmanischen Geschichte gedeutet werden kann.

P. S.-L.

Aus Gründen der Diskretion und vor allem der Sicherheit für die Betroffenen habe ich in manchen Fällen die Namen meiner Gesprächspartner und den Ort unseres Zusammentreffens verändert.

Bei der Niederschrift fremder Begriffe und Namen habe ich im Türkischen, das sich des lateinischen Alphabets bedient, gewisse Eindeutschungen – wie »Hodscha« statt »Hoca« – berücksichtigt. Soweit es sich um arabische Wörter handelt, die vom Türkischen übernommen und modifiziert wurden – wie »din-ve-devlet« statt »din wa dawla« –, habe ich, wo immer möglich, der Originalform den Vorrang gegeben und mich an die übliche, allgemeinverständliche Transkription gehalten. Für die Anhänger des weitverbreiteten Derwisch-Ordens zum Beispiel, die man in der Türkei als »Nakşibendi« bezeichnet, wurde die ursprüngliche Schreibweise »Naqschbandi« beibehalten.

# Inhalt

TÜRKEN IN DEUTSCHLAND
## Halbmond über Berlin

DIE ALEVITEN
## Tanz der Schamanen

KOSOVO
## Die Rache der Janitscharen

# Einstimmung

## *Die armen Leute von Yakub Abdal*

Atatürk kam nicht bis Yakub Abdal. Dabei ist das Dorf nur zehn Kilometer von der Metropolis Ankara entfernt. Aber Yakub Abdal gehört einer anderen Epoche an, ist in anatolischer Zeitlosigkeit erstarrt. Wir sind eben von der vierspurigen Autobahn abgezweigt, die nach Samsun am Schwarzen Meer führt, und schon umfängt uns die Steppe, baumlos, schwermütig, schier unendlich. Im fernen zentral-asiatischen Kasachstan am Rande der Kisylkum-Wüste sieht es nicht anders aus.

Das Dorf hat die Lehmkaten von einst durch unverputzte Ziegelmauern oder hastig verschalte Zementhäuser ersetzt. Mehr als fünfhundert Menschen leben nicht in Yakub Abdal. Es hat geregnet, und wir waten in tiefem Schlamm. Am düsteren Himmel treibt der eisige Wind Wolkenfetzen nach Süden, zerrt an den verkümmerten Ästen einer entblätterten Pappel. Am Horizont, wo die Sonne versinkt, flackert ein Karree aus Rot und Gold. Die Grasfläche des hügeligen Umlandes ist schmutzig gelb mit schwarzen Flecken wie das Fell einer Hyäne. Es begegnen uns nur wenige Menschen im buckligen Labyrinth der Gassen. Die Frauen hüllen den Kopf in weitfallende Schleier und tragen noch die geblümte Pluderhose aus osmanischer Zeit. Sie huschen an den Fremden wie Schemen vorbei. Die Mädchen wenden das bleiche Gesicht zu Boden, hüten sich, den Eindringlingen auch nur einen Blick zu schenken. Ebenso teilnahmslos drängt das Vieh – einzeln streunende Kühe, Schafe und Ziegen – an uns vorbei. Die Kinder hingegen beäugen uns unbefangen mit Neugier und mit Respekt.

Wir haben einen älteren Mann in einem unförmigen Mantel angesprochen. Er stellt sich uns bereitwillig als Lotse zur Verfügung. Seine Augen blicken freundlich aus dem stoppelbärtigen, verhärmten Hirtenantlitz. »Sie sind an einem besonderen Tag gekommen«, erklärt er meinem Begleiter Hayrettin, der an der Universität Köln an seiner Promotion in Politologie arbeitet. »Es werden heute in Yakub Abdal zwei Hochzeiten gefeiert.« Tatsächlich klingt jetzt die Festmusik zu uns herüber. Ein Trommler und ein Flötenspieler kommen uns entgegen, als würden sie eine Beerdigung anführen. Die beiden sind erbärmlich gekleidet. Die Paukenschläge begleiten die wimmernden Töne eines primitiven Blasinstruments aus Schilf oder Bambusrohr. Heiterkeit kann dabei nicht aufkommen. Mich erinnert diese jammernde Weise an das Ächzen des »Kagni«, jenes für Anatolien seit der Frühzeit der kriegerischen Hethiter typischen Ochsenkarrens, der mit vollen, scheibenförmigen Holzrädern ausgestattet ist und bei meinem ersten Türkei-Besuch im Sommer 1951 die ländlichen Verbindungswege beherrschte. Aber noch ganz andere, historische Reminiszenzen weckt die Kakophonie der Hochzeitsmusikanten. Als Mehmet II., der Eroberer, im Jahr 1453 zum siegreichen Sturm auf Konstantinopel ansetzte, hatten die christlichen Einwohner von Byzanz wochenlang einer ähnlich barbarischen und monotonen Totenklage von tausend Pauken und Blasinstrumenten lauschen müssen, die damals mächtig und bedrohlich aus den Zeltlagern der Janitscharen zu ihnen herüberklangen wie die Kunde ihres unvermeidlichen Untergangs.

Der Einheimische im zerbeulten Mantel lädt uns zum Hochzeitsmahl ein. Wir seien als Gäste hochwillkommen, und unsere Gegenwart werde als Ehre betrachtet. Aber vorher will er uns noch die wenigen Sehenswürdigkeiten seines Dorfes zeigen. Immerhin kann er eine bescheidene Ambulanzstation des Roten Halbmondes vorweisen und eine von privaten Stiftungen finanzierte Schule. Auf der grob getünchten Mauer dieser Behelfskonstruktion blickt das Porträt des Staatsgründers Atatürk überdimensional und heroisch auf den wuchtigen Rohbau der nahen, noch unvollendeten Moschee. Aber man lasse sich nicht täuschen. Der »Vater der Türken«, der Held von Gallipoli, der Schöpfer der modernen Republik von Ankara wird zwar in Yakub Abdal gebührend und untertänig geehrt; heimisch ist Atatürk mitsamt seiner westlichen Staatsdoktrin hier nicht geworden. Auf der Zementwand der Schule triumphiert er nicht als jener stürmische Erneuerer, der seinen türkischen Nationalstaat dem islamisch-osmanischen Schlendrian entreißen und die laizistische Republik auf europäische

Sitten, auf europäische Ordnung ausrichten wollte. An dieser Stelle thront er gewissermaßen als Wiedergeburt sultanisch-osmanischer Macht, als »Gazi«, als siegreicher Feldherr des Islam, der die griechisch-christlichen Ungläubigen, die 1922 mit ihrer Armee bis in die Nachbarschaft von Yakub Abdal vorgedrungen waren, aus Anatolien vertrieb. Ihm wird hier, von der autoritätsgewohnten, einfältigen Landbevölkerung als dem »ebedi chef« – man beachte die semantische Mischung aus Arabisch und Französisch – als »unsterblichem Führer« gehuldigt, als dem neuen Padischah und nicht als dem Verkünder einer schwer verständlichen, säkularen Ideologie. Die anatolische Republik, die Mustafa Kemal Pascha, wie der aus Saloniki gebürtige General bis zum Jahr 1934 genannt wurde, aus der Konkursmasse des osmanischen Imperiums als Nationalstaat hinüberrettete, mußte dem einfachen Bauernvolk Anatoliens fremd und verwirrend erscheinen. Auf ähnliche Weise waren ja auch die gebieterischen Anordnungen und Edikte des Obersten Herrn am Bosporus in den vergangenen Jahrhunderten unterwürfig akzeptiert und bauernschlau umgangen worden, ob es sich nun um das »Timar«-System der Sipahi-Pfründe handelte, mit dem Mehmet II. einst die vorherrschende Agrarordnung revolutionierte, oder um das ausgeklügelte Rechtssystem, das Süleyman der Prächtige, »Kanuni« oder Gesetzgeber von seinen Untertanen genannt, erließ. Im anatolischen Hochland war auch die halbherzige Modernisierung der »Tanzimat« verhallt, die zu Beginn des neunzehnten Jahrhunderts eine verfrühte Hoffnung auf radikale Neuerungen der Pforte weckte, und auch jener turbulente Aufbruch der Jungtürken, die unter der französischen Parole »Union et Progrès« um die letzte Jahrhundertwende angetreten waren, nationalistischer Vorläufer des von Anfang an militärisch ausgerichteten Kemalismus. Wer hatte unter diesen armseligen Bauern, Hirten und Pächtern jemals die erlauchten »Firmane« des Sultans und Kalifen zu diskutieren gewagt, wo es doch relativ einfacher war, ihnen mit gebeugtem Rücken und in devoter Scheinanpassung auszuweichen?

Das stolze Credo Atatürks, das in jeder türkischen Ortschaft anzutreffen ist, ist auch in Yakub Abdal in kräftigen lateinischen Lettern unter sein Bildnis gepinselt: »Ne mutlu Türküm diyene« – in der Übersetzung: »Welches Glück wird dem zuteil, der sagen kann, ich bin ein Türke!« –, und dennoch bleiben wir bei der Feststellung, zu der uns der auf Eboli und auf Christus bezogene Buchtitel Carlo Levis angeregt hat: Atatürk ist wohl nicht bis Yakub Abdal gelangt. Seine Formel: »Es gibt verschiedene Kulturen, aber es gibt nur eine Zivilisation, die europäische«, hat hier nie Gültigkeit gewonnen.

Unser dörflicher Führer, der sich unter dem Namen Tengiz vorgestellt hat, nimmt Hayrettin bei der Hand und weist auf ein altes, bescheidenes Gebetshaus – viel weniger anspruchsvoll als die neue »Cami« aus rohem Beton, die am Dorfrand mit ragenden Minaretts auf ihre Vollendung wartet. Diese moderne Moschee wurde durch freiwillige Zuwendungen der Gläubigen oder durch Gaben reicher privater Spender errichtet, aber ihr Imam oder Hodscha, ihr Vorbeter oder Prediger, wird vom Regierungsamt für Religiöse Angelegenheiten in Ankara benannt. Er erhält von dieser kemalistisch-islamischen Behörde auch sein Salär. Sogar der Text seiner religiösen Ermahnungen und Aufrufe wird ihm von dort rigoros vorgeschrieben. Da wirkt das grün bemalte Holzhäuschen mit seinem windschiefen Turm unter dem Halbmond, das seit Jahrhunderten als Grabstätte eines heiligen Mannes die Pilger anzieht, weit inniger und weihevoller.

Wir sind an das Grab, an die »Türbe« des frommen »Pir« aus dem Mittelalter getreten, und meine beiden muslimischen Begleiter erstarren mit erhobenen Händen zur Rezitation der Eröffnungssure des Koran, der »Fatiha«. Über den Sarkophag ist ein grünes Tuch gebreitet mit dem islamischen Glaubensbekenntnis, daß es keinen Gott gibt außer Gott und daß Mohammed sein Prophet ist. Neben dem hohen weißen Turban am Kopfende verwelkt ein Blumenstrauß. In arabischer und lateinischer Schrift wird am Eingang des bescheidenen Mausoleums die Bedeutung des Ortes erklärt: »Sultan Evtad Yakub Abdal Dervish Sinan hat hier für seinen Sohn ein Grab gestiftet im Jahr 1077.« Nach Yakub Abdal ist das Dorf benannt, vermutlich ein Anführer jener frühen turkmenischen Freischärler, ein »Gazi«, kriegerischer Derwisch, der die christlichen Byzantiner Schritt für Schritt bis zur Ägäis zurückdrängen half und davon träumte, eines Tages die strahlende »Polis« am Goldenen Horn, die ruhmreiche Stadt Konstantins, dem Dar-ul-Islam einzuverleiben.

Die Ortsbezeichnung »Yakub Abdal« hatte mich dazu bewogen, diesen armseligen Flecken als Ziel unseres Wochenendausfluges auszuwählen, denn der Name stellt eindringlich einen Zusammenhang her mit einer der berühmtesten Figuren der anatolischen Religionsgeschichte, mit dem Mystiker und Poeten Pir Sultan Abdal, der vor mehr als einem halben Jahrtausend unter den Händen seiner sunnitischen Verfolger den Märtyrertod gefunden hatte und heute immer noch von

Millionen Türken alevitischen Glaubens als großer Heiliger, als Vorbild und Lehrer verehrt wird. Insgeheim hatte ich gehofft, in diesem Dorf Yakub Abdal auf eine Gemeinde von Aleviten zu stoßen, auf Angehörige jener schiitischen Sekte, die ihre überschwengliche Hingabe an den Imam Ali mit urzeitlichen Schamanen-Bräuchen der asiatischen Steppe vermischen und auf die wir in diesem Buch noch ausführlich eingehen werden. Meine Erwartung hat sich nicht erfüllt. Tengiz beteuert, daß die Dorfbewohner samt und sonders rechtgläubige Sunniten seien und der hanefitischen Rechtsschule oder »Madhhab« angehören. Was nicht ausschließen dürfte, daß sie ebenfalls einer »Tarikat«, einem Derwisch-Orden, einer Sufi-Gemeinde, anhängen, deren kollektive »Dhikr«-Übungen in der ekstatischen Beteuerung der Einzigkeit Allahs – »la illaha illa Allah« gipfeln und den strengen Korangelehrten, den »Ulama«, nie ganz geheuer waren. Alles deutet darauf hin, daß die geheimnisumwobene Lehre der Aleviten auch in diesem Herzland Anatoliens bei den turkmenischen Stämmen über starke Gefolgschaft verfügt hatte, ehe Selim I., der Grausame genannt, der gerade den Titel des Kalifen usurpiert hatte, mit Feuer und Schwert gegen alle ketzerischen Abweichler seines Imperiums vorging.

»Es wird Zeit, daß wir die Hochzeitsgesellschaft aufsuchen«, meint der gastliche Tengiz. Die Brautleute, die noch getrennt bei ihren jeweiligen Familien verweilen, bekommen wir nicht zu sehen. Das klägliche Zwei-Mann-Orchester geleitet uns zu einer kastenförmigen Zementkonstruktion, etwas stattlicher als die angrenzenden Unterkünfte, wo der Vater der Braut Verwandte und Freunde – natürlich nur Männer – um sich versammelt hat. Auf dem flachen Dach weht als einziger Schmuck jene rote türkische Fahne mit weißem Halbmond und Stern, unter der bereits die Janitscharen Süleymans des Prächtigen vor den Toren Wiens kampiert hatten. Dreihundert Jahre sind erst vergangen seit diesem Vorstoß auf den »Goldenen Apfel«, wie die heutige Hauptstadt Österreichs damals gerühmt wurde.

Bis auf ein brüchiges Sofa, die im Karree angeordneten Sitzkissen, einen abgewetzten Teppich und einen Kanonenofen ist die »gute Stube« des Brautvaters unmöbliert. Der dunkelhäutige, etwa fünfzigjährige Hausherr mit dem buschigen Schnurrbart entschuldigt sich für diese Dürftigkeit. Etwa zwei Dutzend Männer haben sich zusammengefunden. Sie erheben sich bei unserem Eintritt und reichen uns mit Verbeugungen beide Hände zum Gruß. Sie sind alle von Armut und harter Arbeit gezeichnet. Ein einheitlicher rassischer Typus ist nicht auszumachen. Die Farbe der Augen variiert von tiefschwarz bis zu hellem Graublau. Der Blick wirkt intensiv, durchdringend, fremd. Sie sind alle kümmerlich in tristen Farben gekleidet. Die einen tragen wollene Pudelmützen, andere die scheußliche »Schlägerkappe«, die auf Geheiß des großen Atatürk den landesüblichen Fez verdrängt hatte. Wie in abgelegenen Gebirgsdörfern Europas sind manche Gestalten durch lange Inzucht gezeichnet. Dennoch geht von dieser Runde armer Schlucker, die seit Jahrhunderten durch die Behörden nur ausgebeutet, oft genug mißhandelt wurden, der Eindruck großer Würde, ein unzerstörbares Selbstbewußtsein und auch eine gute Portion Bauernschläue aus.

Natürlich haben wir unsere Schuhe abgestreift. Während das Essen auf runden Blechplatten serviert wird, verlasse ich meinen bequemen Sofasitz, um mich auf den kalten Fußboden zu kauern. Das Festmahl ist bescheiden, aber schmackhaft: Bohnen und Gemüse, eine fette Suppe, in der ein paar Hammelfetzen treiben, Weinblätter mit Reisfüllung und als Nachtisch eine stark gesüßte Mehlpampe. Dazu wird Tee gereicht. Die stoppelbärtigen Gesichter sind mit wohlwollender Neugier auf mich gerichtet. Die Gastfreundschaft ist hier ein zwingendes, ein selbstverständliches Gebot. Ich fühle mich wohl bei diesen Hirten und Pächtern.

Das Gespräch kommt ohne jede Hemmung in Gang. Zunächst geht es um die Sorgen des Alltags. Die Arbeitslosigkeit wird als größtes Übel empfunden. Die jungen Männer gehen ohnehin im nahen Ankara ihrer Beschäftigung nach, falls sie eine finden. Ob auch Deutschland an Arbeitslosigkeit leide? Das kann ich bestätigen. Die meisten Familien von Yakub Abdal sind davon betroffen, daß das Fleisch sich auf den nahen Märkten so schlecht verkauft. »Gibt es auch in Europa Hammel?« fragt ein junger Hüne in abgewetzter Lederjacke. »Hammel gibt es überall in der Welt«, weist ihn ein weißhaariger Bartträger zurecht. Die Älteren interessieren sich vor allem für das Rentensystem in der Bundesrepublik, denn in dieser Hinsicht scheint in der Türkei manches im argen zu liegen. Ob es denn stimme, daß die Deutschen türkenfeindlich geworden seien? Dem kann ich mit gutem Gewissen widersprechen, und ich warne ganz offen vor den polemischen Exzessen der türkischen Sensations- und Skandal-Presse. Meine Aussage wird mit sichtlicher Erleichterung aufgenommen. Wie sich denn die Nähe der Hauptstadt auf das karge Dorfleben auswirke? frage ich. Die großen Häuserblocks rücken eben immer näher, wird resigniert festgestellt, und die Grundstücksspekulation könnte ihrem einfachen Leben, das sie trotz aller Entbehrung wohl weiterhin als bescheidenes Idyll empfinden, eines Tages ein jähes Ende setzen. Ansonsten seien sie ja nicht gegen Neuerungen. Bis zum Ende des Kalten Krieges habe sich auf einem nahen Hügel eine Radar-Station der Amerikaner befunden. Das habe sich positiv auf die Entwicklung des Straßennetzes, die Verlegung von Elektrizität ausgewirkt, und mit den Amerikanern sei man gut ausgekommen. Es habe wenig Kontakte, aber nie Probleme gegeben.

Die Stimmung ist jetzt so aufgelockert, daß auch politische Themen aufgegriffen werden können. Da meldet sich gleich ein halbes Dutzend Stimmen zu Wort, und es wird mit erstaunlicher Offenheit diskutiert. Alle sind sich einig, daß die Politiker und ihre Parteien insgesamt korrupt und kriminell seien. Das träfe für alle Richtungen zu, und sogar die islamistische Wohlfahrtspartei, die jetzt Tugendpartei heißt, sei schon allzu sehr von diesem verlogenen System angesteckt. Dennoch sei es ein schwerwiegender Fehler, daß man die eifernden Muselmanen aus dem öffentlichen Leben verbannen wolle. Ich spüre, daß ich es mit sehr frommen Menschen zu tun habe, urwüchsige Naturen, die ehrlich und sogar liebenswert geblieben sind in ihrer entbehrungsvollen anatolischen Abgeschiedenheit, aber im Bösen möchte man ihnen nicht begegnen. Wie sie sich denn die Zukunft der Türkei vorstellten, forsche ich weiter, und da kommt es zu einem erstaunlichen Spektrum unterschiedlicher Meinungen. Ein älterer Bauer, der über eine gewisse Autorität zu verfügen scheint, sähe es am liebsten, wenn sein Staat sich nicht so sehr in auswärtige Dinge einmischte und sich auch nicht durch die diversen fremden Strömungen beeinflussen ließe. »Wir müssen uns selbst treu bleiben«, beteuert er. Aber da regt sich Widerspruch. Der Beitritt Ankaras zur Europäischen Union würde doch große Vorteile bringen, sagt der Mann mit der Lederjacke. – »Am besten wären wir dran, wenn wir zur Größe des Osmanischen Reiches zurückfänden, wenn wir wieder so stark und mächtig wären wie unter unseren Sultanen und Kalifen«, bemerkt ein bislang schweigsamer Außenseiter mit scharf geschnittenem Profil.

Die Nachricht, daß Abdullah Öcalan, der Führer der kurdischen Separatisten, ein paar Tage zuvor, nach seiner Ausweisung aus Syrien, in Rom angekommen ist, hat sich in Yakub Abdal mit Windeseile herumgesprochen, und darüber ist bestimmt endlos palavert worden. Für diese türkischen Hirten und Bauern gilt der PKK-Chef als die Ausgeburt alles Bösen. Er ist der Feind, der die jungen türkischen Soldaten in den tödlichen Hinterhalt lockt. Dem »Apo« genannten Kurdenführer schlägt offener Haß entgegen. »Unser Militär kommt mit diesem kommunistischen Rebellen immer noch nicht zurecht. Es geht nicht radikal genug gegen die PKK-Terroristen vor«, beschwert sich ein relativ junger Kraftprotz, der vielleicht in Ost-Anatolien gedient hat. »Man soll mir einen Säbel in die Hand geben und mich mit der Jagd dieses Verbrechers beauftragen; ich würde Öcalan den Kopf abschlagen.«

Zu meiner Linken komme ich dann über Dinge des täglichen Lebens mit einem freundlichen, weißbärtigen Greis, dem hochgeehrten Nestor des Ortes, ins Gespräch. Er trägt eine schwarze Wollmütze, und seine blauen Augen lächeln mir verschmitzt zu. Wir stellen fest, daß wir gleichaltrig sind und umarmen uns. Irgendwie entsteht zwischen uns eine brüderliche, fast heitere Gemeinsamkeit beim Gedanken an das lange wechselhafte Leben, das hinter uns liegt, und an den Tod, der auf uns wartet. Beim Abschied führen die jungen Männer meine Hand an ihre Lippen und an ihre Stirn.

*

Die Strecke bis Ankara ist nicht weit. Über den Bergen im Norden ballen sich schwarze Schneewolken. »Es wird gar nicht lange dauern«, stellt Hayrettin fest, »dann werden Sie auch diese Gegend nicht mehr wiedererkennen. Auf den nahen Hängen sollen demnächst Wintersport-Stationen errichtet werden.« Wir haben die Autobahn erreicht, und schon fressen sich die klobigen Konturen riesiger Wohnblocks in diese Steppenlandschaft. Im Nu tauchen wir in die Häuserschluchten der nördlichen Vorstädte ein mit den aufdringlichen Neonreklamen, den fröstelnden Menschentrauben, den hupenden Blechschlangen eines chaotischen Verkehrs und den überall aufstrebenden Minaretts. Am Rundbau des »Sheraton« vorbei fahren wir auf das »Hilton« Ankara zu. Eine Mega-Diskothek 777 macht mit grellem Lichtspiel Reklame für ungehemmtes westliches Freizeitvergnügen. »Sie werden es kaum glauben«, sagt Hayrettin, »aber die jungen Männer aus bürgerlichen Familien, die sich dort nach Einbruch der Dunkelheit zum hektischen Tanzrhythmus und sogar zum Alkoholgenuß mit den Töchtern der emanzipierten kemalistischen Gesellschaft treffen, werden sich in diesem ›Sündenpfuhl‹ auch während des muslimischen Fastenmonats, des Ramadan, ausgelassen amüsieren. Aber die große Mehrheit dieser jungen Hedonisten beginnt mit ihrer nächtlichen Ausschweifung erst zur präzisen, vom Koran vorgeschriebenen Stunde,

16

wenn sich ein schwarzer von einem weißen Faden nicht mehr unterscheiden läßt, und sie werden ihre Vergnügungen pünktlich abbrechen, für die Dauer des folgenden Tages auf Essen, Trinken, Rauchen und Flirten rigoros verzichten, sobald die Morgendämmerung sich ankündigt und die religiös verordnete Enthaltsamkeit des Ramadan erneut beginnt.«

In der chromblitzenden Hotelbar des »Hilton« erscheint uns das Dorf Yakub Abdal, das wir eben verlassen haben, wie die Siedlung eines anderen Sterns. Im luxuriös ausgestatteten Marco-Polo-Restaurant, dem angeblich besten, mit Sicherheit teuersten Speiselokal Ankaras, haben sich bereits die »neuen Türken« eingefunden, die Repräsentanten einer resolut verwestlichten und begüterten Oberschicht. Diese »Aydin«, wie man die »Aufklärer« nennt, sind sich ihrer Vorrangstellung innerhalb der Republik, ihres oft skandalösen Reichtums und ihrer elitären Modernität wohl bewußt. Die Frauen tragen westliche Haute Couture zur Schau, stilisieren sich auf amerikanisch und haben die Haare oft blond gefärbt. Mein Gefährte Hayrettin blickt mit der Distanziertheit des jungen Intellektuellen und des frommen Muslim auf diese Produkte globaler Überfremdung. Aber ist der Abstand heute wirklich noch so groß, wie sie der türkische Schriftsteller Yakup Kadri Karaosmanoğlu im Jahr 1932 in seiner Novelle »Yaban, der Fremde« beschrieb, als er die verzweifelte Einsamkeit eines streng kemalistisch erzogenen Offiziers, eines »Aydin«, in dem ihm zugewiesenen anatolischen Dorf schilderte und den zivilisatorischen Abgrund, der ihn von der Landbevölkerung trennte? »Besteht denn in jedem Land eine so tiefe Kluft zwischen der gebildeten Klasse und den unwissenden Dorfbewohnern?« fragt der Romanheld. »Ich weiß es nicht, aber zwischen einem Kind in Istanbul und einem anatolischen Bauern ist der Unterschied größer als zwischen einem Engländer aus London und einem Inder aus dem Pundjab.« Heute würde dieser Verzweiflungsschrei des »Yaban«, trotz aller schockierenden Gegensätze, die zwischen Yakub Abdal und den glitzernden Luxus-Herbergen der nahen Metropole existieren mögen, weit übertrieben, deplaziert, ja grotesk klingen. Der Autor Karaosmanoğlu muß zudem über eine unzureichende Kenntnis von den Zuständen auf dem indischen Subkontinent verfügt haben. Er konnte sich wohl vor einem guten halben Jahrhundert kaum vorstellen, daß der Republik von Ankara im Winter 1998 ein extrem begüterter, technisch hochqualifizierter Staatspräsident namens Süleyman Demirel vorstehen würde, dem man manche

Schlitzohrigkeit nachsieht, weil er seine karge Kindheit als Hirtenknabe in der Provinz Isparta verbrachte.

Von meinem Zimmer im »Hilton« wandert der Blick über das Lichtermeer von Ankara. Viele Ausländer mögen diese Stadt nicht, die Atatürk – um seinen Staat den zersetzenden Einflüssen des uralten Konstantinopel zu entziehen – von einem Provinznest der zentral-anatolischen Steppe zur Kapitale seiner Republik erhoben hat. Ich habe mich stets wohl gefühlt in dieser artifiziellen, inzwischen ins Gigantische ausgewucherten Metropole. Das liegt vielleicht daran, daß bei meinem ersten Aufenthalt im Sommer 1951 der kemalistische Willensakt – verkörpert durch ein paar mächtige Regierungsbauten, den langgestreckten Boulevard Atatürk, die Ankara-Universität, ein heldisches Kriegerdenkmal und einen monumentalen Bronze-Hirsch nach uraltem hethitischem Vorbild – noch in der ganzen Gewalttätigkeit dieses radikalen kulturellen Umbruchs deutlich zu spüren war. Und da gibt es weiterhin die historische Zitadelle mit der bescheidenen Grabstätte des Haci Bayram. Dort hat sich das verschachtelte osmanische Gassengewirr zu Füßen des römischen Augustus-Tempels erhalten. Eine korinthische Säule aus dem Jahr 362 erinnert an den krampfhaften und vergeblichen Versuch des oströmischen Kaisers Julian Apostata, das Rad der Geschichte zurückzudrehen. In Verwerfung der christlich-semitischen Heilslehre hatte Julian der Abtrünnige den heidnischen Göttern des Olymp neue Altäre errichten wollen, und die klassischen Philosophen von Hellas kamen bei ihm zu neuen Ehren.

An diesem Abend flackern nur ein paar Lampen rund um den steilen Festungshügel, den »Hisar«. Hell angestrahlt hingegen ist das Mausoleum des Staatsgründers, »Anit Kabir« genannt, das in seiner klassizistischen Gestaltung wie eine Akropolis über dem Häusermeer schwebt. Dem posthumen Herrschaftsanspruch Mustafa Kemals, so scheint mir in dieser klarsichtigen Winternacht, ist ein mächtiger Gegenpol, eine kolossale Herausforderung erwachsen. Seit ein paar Jahren ist die zentrale Freitagsmoschee Kocatepe endlich vollendet worden, ein zyklopisches Gebäude, dessen Konturen es mit den osmanischen Modellen am Bosporus durchaus aufnehmen können. Jetzt schimmert auch diese »Cami« im Licht der Scheinwerfer, und die Minaretts bohren ihre grün illuminierten Spitzen in den schwarzen anatolischen Himmel. Während am Grab Atatürks die martialische Wachablösung stattfindet, beteuert der koranische Gebetsrufer die unvergleichliche Größe Allahs.

# Kurdistan

# *Der türkische Alptraum*

## Auf Vorposten in Hakkari

*Hakkari, im August 1998*

Wo beginnt Europa? Wo endet Europa? Nirgendwo drängt sich die Frage zwingender auf als in Hakkari, der letzten türkischen Provinzhauptstadt im äußersten Südosten Anatoliens, im Herzland »Kurdistans« würde man sagen, wenn dieser Ausdruck in Ankara nicht streng verpönt wäre. Die bedrohlichen Grenzen der Irakischen Republik Saddam Husseins und der Islamischen Republik der persischen Mullahs sind hier zum Greifen nah. Sie verlaufen auf schwindelerregenden Felskämmen, die stellenweise die Höhe von viertausend Metern überschreiten. Hakkari sei doch mindestens so europäisch wie manche Balkan-Gegend, behaupten viele Türken, und man kann ihnen nicht kategorisch widersprechen, wenn der Vergleich sich auf Albanien oder den Sandschak von Novi Pazar bezieht. Am Rande dieser gedrängten Gebirgssiedlung schießen hochmoderne, in bunten Farbvarianten getönte Hochhäuser aus dem spärlichen Weideland, und die Hauptstraße – an deren Asphaltierung gearbeitet wird – weitet sich vierspurig. Aber sind Betonkonstruktionen und andere Kennzeichen wachsender »Lebensqualität« entscheidende Merkmale dessen, was wir nostalgisch mit einem altmodischen, verschwommenen Begriff als »Abendland« bezeichnen?

Hakkari bildet den Kern einer zerklüfteten, grandiosen Urlandschaft. Hier ist eine unbezähmbare, schon in der Antike gefürchtete und verrufene Kriegerrasse beheimatet. Die Soldaten Xenophons und Alexanders des Großen hatten es eilig, den Hinterhalten der »Karduchai«, der Kurden von heute, zu entkommen. Ich war vom tiefblau leuchtenden Van-See in dieses Hochgebirge aufgebrochen. Zum ersten Mal seit meiner Ankunft in Ost-Anatolien tauche ich in die mir seit langen Jahrzehnten vertraute Welt des Partisanenkrieges ein. Sobald der Mietwagen – von zwei Schützenpanzern eskortiert – die Kurven des Güzeldere-Passes erklettert und wir gleich dahinter von phantastischen Steilwänden umklammert sind, wird die militärische Abschirmung durch die türkische Armee und »Jandarma« allgegenwärtig. Da wölben sich die überhängenden Gesteinsmassen wie Höllentore über dem schäumenden Flüßchen Zap. Die gut ausgebaute Straße schlängelt sich an dem schlammig-braunen Sturzbach entlang, der sich durch das Hakkari-Massiv eine schmale Rinne in Richtung Mesopotamien gefressen hat. Das Wasser verspricht kein Labsal. Vergleiche mit dem Hindukusch in Afghanistan, mit dem Aurès-Gebirge in Algerien, mit dem Hochland von Pamir in Tadschikistan drängen sich auf. Soll diese fernste »Velayat« der Türkei, die schon zu den endlosen Leerräumen Zentralasiens überleitet, in Zukunft die weit nach Osten vorgeschobene Bastion, die Wehrgrenze Europas sein? Bei dem Gedanken kann einem angst werden.

Gleich nach der Ankunft eilen wir – noch ehe wir die Koffer im Hotel abstellen – zur »Belediye Başkanliği«, zur Bürgermeisterei von Hakkari. Ein paar Wolken sind gegen Mittag aufgezogen, und leichter Regen hat im Handumdrehen die anmaßende Zentralallee in eine Schlammbahn verwandelt. In 1700 Meter Höhe ist das Klima luftiger geworden, unterscheidet sich wohltuend von der brütenden Hitze in Van oder Diyarbakir. Das Rathaus ist ein stattliches, wenn auch düsteres Gebäude. Jeder zweite Mann hier, ob Uniformierter oder Zivilist, trägt den Revolver an der Hüfte. Der Empfangsraum des Stadtoberhauptes beeindruckt durch seine üppige Möblierung. Wir werden in eine Sofa- und Sesselecke verwiesen, mit Kaffee, Tee und Früchten bewirtet, während der Bürgermeister, Abdurrahman Keskin, sein Gespräch mit einer Gruppe von Notabeln unter dem Porträt des Staatsgründers Atatürk zu Ende bringt. Mein Begleiter Saadet, der mich seit der Abreise von Ankara freundschaftlich betreut und sich mit wachsender Vertrautheit als wertvoller Landeskenner erweist, beugt sich zu mir herüber. »Die Männer hier unterhalten sich ausschließlich auf kurdisch«, stellt er fest. Saadet ist in der strammen Tradition des Kemalismus aufgewachsen. Der Vater war aktiver Offizier. Seine laizistischen und anti-islamistischen Überzeugungen sind ihm von Kindesbeinen an eingetrichtert worden. Für ihn sind die Freischärler der kurdischen

PKK Terroristen und staatsfeindliche Separatisten, mit denen zu verhandeln gar keinen Sinn hat.

Abdurrahman Keskin hat sein Palaver beendet. Die kräftigen, untersetzten Männer mit den mächtigen Schnurrbärten und dem finsteren Blick umarmen sich und schmatzen sich ab. Ähnlich geht es heute noch auf Sizilien, Sardinien oder Korsika zu, wenn sich die Padroni der verschiedenen Klans verabschieden. Selbst Saadet fühlt sich in dieser verkapselten kurdischen Gebirgswelt als Außenseiter. Der blauäugige, dunkelblonde Türke, etwa fünfzig Jahre alt, hat viele Jahre in Deutschland verbracht. Geboren wurde er an der regnerischen Steilküste des Schwarzen Meeres, und immer wieder erwähnt er mit Stolz, daß er von tscherkessischen Kaukasiern abstamme, also einem jener wilden Völker angehört, die nach endlosem Kampf gegen die zaristisch-orthodoxe Übermacht als »Muhadschirun« im morbiden Osmanischen Reich Zuflucht und ungehinderte koranische Religionsausübung suchten.

Der Bürgermeister oder »Belediye Başkani«, der sich uns mit den üblichen Willkommenssprüchen zuwendet, entspricht in keiner Weise der Vorstellung, die ich mir von einem kurdischen Bürgermeister am äußersten Rand des türkischen Staatsgebietes machte. Er mag um die Fünfzig sein, trägt einen fast eleganten dunkelgrauen Anzug mit diskreter Krawatte. Unter der dichten grauen Haarkrone schaut er mit Neugier und freundlicher Skepsis auf den Besucher. Dem Typus nach könnte er sehr wohl als »Maire« in einer Ortschaft Mittelfrankreichs, in der Corrèze oder im Puy-de-Dôme zu Hause sein. Ähnlich lächelnd und umsichtig wie seine Amtsbrüder aus der Auvergne beginnt er die Konversation. Schon in Ankara hatte mir ein oppositioneller Journalist in schroffer Abkehr von der offiziellen kemalistischen Lehre anvertraut, daß die Kurden weder in Sprache noch in ethnischer Abstammung dem turanischen Staatsvolk irgendwie verwandt seien. Es handele sich bei ihnen um Indoeuropäer, die sich in einem dem Persischen ähnlichen Idiom ausdrückten. Mit ihren arischen Langschädeln unterschieden sie sich auch typologisch von der Masse der rundschädeligen, gedrungenen Türken. Mit einem Schlag werde ich auf die konfuse Rassentheorie Alfred Rosenbergs verwiesen, die einst zum Biologie-Pensum meiner Kasseler Gymnasialzeit gehört hatte.

Keskin antwortet bereitwillig auf meine Fragen. Nach bewährter Methode habe ich zu Beginn dieser Enquête eine Reihe von Themen aufgelistet, die ich bei den diversen Gesprächspartnern unermüdlich auf ihre Stichhaltigkeit überprüfen und abklopfen will, getreu der Methode des nachrichtendienstlichen »recoupements«. Andererseits hatte ich mir geschworen – unter Wahrung der orientalischen Höflichkeit und unter Verzicht auf jede Provokation – keinem Streitpunkt aus dem Weg zu gehen, mich vor jenen anpasserischen Zugeständnissen zu hüten, die besonders deutschen Politikern oder Wirtschaftsvertretern allzu flüssig über die Lippen kommen.

»Hakkari hat stets von der Viehzucht, von einer Art Almwirtschaft gelebt«, hebt der Belediye Başkani an. »Vor den Unruhen litt hier niemand Not. Die Bauern lieferten vorzüglichen Honig und die begehrten Walnüsse an die Märkte. Dazu kamen die Kelim-Webereien, in denen die Frauen bunte Wandteppiche fertigten. Wir haben nicht schlecht gelebt, bis der Aufstand ausbrach und die Freischärler der PKK die ganze Südost-Region in ein Kampfgebiet verwandelten.« Am schlimmsten sei es nach dem Golfkrieg in den Jahren 1991 bis 1994 zugegangen, als die irakischen Kurden – von Saddam Husseins Republikaner-Garde verfolgt und von den Amerikanern im Stich gelassen – zu Hunderttausenden Schutz in den türkischen Grenzprovinzen suchten. Innerhalb dieser Masse von Zuwanderern hätten natürlich auch untergetauchte Partisanen der »Kurdischen Arbeiterpartei«, wie die PKK mit vollem Namen heißt, ihr Unwesen getrieben, Tarnung und Komplizenschaft gefunden. Vor allem die Besitzlosen und Tagelöhner neigten dem Terroristenführer Abdullah Öcalan zu, der von seinen Anhängern liebevoll »Apo« oder Onkel genannt wird und damals noch eine straff marxistisch-leninistische Linie vertrat. Öcalan habe sich mit seinem breiten Schnurrbart und dem kurz getrimmten Haar sogar um eine physische Ähnlichkeit mit Josef Stalin bemüht.

»Heute belasten andere Flüchtlinge die Normalität unseres Alltags«, fährt Keskin fort. »Das sind keine Iraker mehr, sondern Vertriebene aus den zerschossenen Dörfern unserer Velayat, die in dem Städtchen Hakkari Sicherheit fanden und nun in armseligen ›Gecekondus‹ hausen.« Der Begriff »Gecekondu« steht in der gesamten Türkei für die hastig, »über Nacht« errichteten Behelfsheime der in die Metropolen strömenden Landbevölkerung. In den urbanen Randzonen dürfen diese Notunterkünfte, sobald sie mit einem dürftigen Dach versehen sind, laut Gewohnheitsrecht nicht mehr abgerissen werden. »Fünftausend Menschen drängen sich täglich zu unseren Armenküchen. Zehntausend Neu-Ankömmlinge mußten wir in die Nachbarregion abschieben.« Die Anhänger der PKK stammen angeblich zu 95 Prozent aus kargen ländlichen Gebieten und finden Zulauf bei der anschwellenden Masse der Arbeitslosen. Die Tätigkeit der Rebellen habe seit zwei Jahren nachgelassen. Ob dieses denn eine Gegend sei, wo die Feudalherren, die Großgrundbesitzer, die »Agas« das Sagen hätten, während die Pächter und Saisonarbeiter weiterhin als Leibeigene vegetierten, frage ich. Aber da gerate ich auch schon in jene verschwommene Widersprüchlichkeit, die die gesamte türkische Gesellschaft zwischen Istanbul und Hakkari kennzeichnet und so undurchdringlich erscheinen läßt. »Es gibt hier keine Latifundien«, erwidert Abdurrahman Keskin, und diese Aussage sollte bei späteren Kontakten bestätigt werden. »Wir haben es hier mit Kleinbauern und selbständigen Sippen von Viehzüchtern zu tun.« Dennoch würde die angestammte, auf fernste tribale Tradition zurückgreifende Oberschicht der Agas eine beachtliche Autorität ausüben. Das Klanwesen sei intakt geblieben und gegenüber Außenstehenden wie eine Geheimgesellschaft abgeschirmt. Weder politisch noch wirtschaftlich könne in der Provinz Hakkari eine Entscheidung oder Neuerung ohne Konsultation und Zustimmung der Klanchefs erzielt werden.

Möglicherweise gingen diese Strukturen bis auf das vor-islamische Altertum zurück. Die Klans und deren Klientel seien übrigens stets voneinander getrennt und regionalisiert. Nur in Ausnahmefällen reiche ihre Gefolgschaft über die Landesgrenzen hinweg. So seien die Dostki auch im Nord-Irak vertreten, während die Gemeinschaft der Diri auf das benachbarte iranische Kurdistan übergreife. »Die persischen Mullahs sind anders vorgegangen als die Türken. Im Namen ihrer islamischen Revolution haben sie die Feudalmacht der dortigen Herrenschicht rigoros gebrochen, und auf diese Weise haben sie wohl dem kurdischen Widerstand zwischen Urumiye und Mahabad den Boden entzogen.« Dabei hätten sie sogar Zuspruch von seiten der kurdischen Bevölkerung erhalten, obwohl diese sich – im Gegensatz zur schiitischen Staatsführung von Teheran – zum sunnitischen Glaubenszweig des Islam bekenne. Die türkischen Behörden hingegen hätten in der Regel mit den konservativen kurdischen Feudalherren paktiert, die zwecks Wahrung ihres Besitzes und ihrer Vorrangstellung den sozialistischen Forderungen der PKK ohnehin ablehnend, ja feindselig entgegentraten. Die Agas Ost-Anatoliens hätten sogar eigene kurdische Milizen aufgestellt, um die revolutionären Separatisten in Schach zu halten. Dabei sei es zu grausamen und willkürlichen Gewaltakten gekommen, und manche ererbte Sippenfehde wurde ausgetragen.

Natürlich empfiehlt es sich, bei Recherchen in Hakkari – mehr noch als in anderen Provinzen der Türkei – gewisse Tabus zu respektieren. Über die militärische Lage will der Bürgermeister nichts berichten. Ein Ende des Partisanenkrieges ist nicht in Sicht. Der Hinweis auf eine »kurdische Autonomie« bleibt streng verpönt, und auch über Dezentralisierung oder kulturelle Eigenentfaltung wollen die Behörden nicht sprechen. Immerhin haben die Einwohner von Hakkari bei den letzten Kommunalwahlen zu fünfzig Prozent für die HADEP-Partei gestimmt, für die »Demokratische Partei des Volkes«, die unter diesem unverfänglichen Namen für die Sonderstellung, ja für die allmähliche Verselbständigung der kurdischen Landesteile eintritt. Bei den Parlamentswahlen im Dezember 1995 erhielt sie zwar landesweit nur 4,2 Prozent der Stimmen, aber in sechs Provinzen des Südostens wurde sie die stärkste Partei, in vier weiteren stand sie an zweiter Stelle. Mit 23 Abgeordneten war HADEP im Parlament von Ankara vertreten, bis der Zorn der kemalistischen Generalität und ihrer national-türkischen Kollegen über diese heimlichen Separatisten hereinbrach, die untereinander – wie zur Provokation – nur kurdisch sprachen und sogar in der Volksvertretung angeblich kurdische Lieder anstimmten. Die Demokratische Partei des Volkes galt als der politische Arm der PKK. Soweit sie nicht wegen Hochverrats inhaftiert wurden, sind die HADEP-Politiker ins ausländische Exil gegangen. Ihre Anhängerschaft wandte sich in Ermangelung einer legalen kurdischen Repräsentation häufig den Islamisten der Refah-Bewegung zu. Oder sie warfen – wie unser Bürgermeister von Hakkari – jedes glaubwürdige politische Etikett über Bord, suchten Unterschlupf bei den diversen türkischen Rechts- oder Links-Parteien, tarnten sich so gut sie konnten und erwiesen sich als Meister des opportunistischen Überlebens. Unser Gesprächspartner in der Belediye Başkanliği von Hakkari war von der kurdischen HADEP-Partei zur Sozialdemokratie des derzeitigen Vize-Ministerpräsidenten Bülent Ecevit übergetreten. Niemand konnte ihm in Hakkari daraus einen Vorwurf machen.

Immerhin erfahre ich im Verlauf dieses sprunghaften Gesprächs, daß sich der Schwerpunkt des PKK-Aufstandes und seiner auswärtigen Unterstützung vom nord-irakischen in das iranische Grenzgebiet, also aus dem äußersten Südosten nach Osten verlagert habe. Vor ein paar Tagen ist es noch zu einem blutigen Gefecht bei Şirnak gekommen, bei dem die Regierungsstreitkräfte 22 Tote zu beklagen hatten;

aber das wird nicht erwähnt. Hingegen entrüstet sich Abdurrahman Keskin über die sinnlose Vernichtung einer nahegelegenen Hühnerfarm durch die Rebellen. Mir war auf der Hinfahrt nach Hakkari dieser bescheidene, ausgebrannte Zweckbau aufgefallen. Auf den rußgeschwärzten Mauern waren die Kampfparolen der PKK unkenntlich gemacht und schwarz beschmiert worden. »Was dieses Abschlachten von Hühnern bedeuten soll, kann ich mir überhaupt nicht erklären«, beklagt sich der Bürgermeister. So schlimm könne es mit der Guerilla-Tätigkeit ja nicht bestellt sein, wende ich ein. Aus alter Erfahrung weiß ich, daß die ungeschützten Elektrizitätsmasten zu den ersten und bequemsten Zielen terroristischer Aufstandsbewegungen zählen. In Ost-Anatolien hingegen stehen die Pfosten unversehrt. Aber auch hier stoße ich auf Verschwommenheit und Ungereimtheiten. Zu Beginn ihrer Aktion hätte die PKK die Stromleitungen sehr wohl gesprengt, bis ihre Führung bemerkt hätte, daß solche Zerstörungen bei der Bevölkerung heftigen Widerspruch auslösten. Wer wollte im eisigen Winter von Hakkari, wenn der Schnee zwei Meter hoch liegt und das Thermometer auf minus dreißig Grad absinkt, auf Elektrizität verzichten? Also wurde diese Form von Sabotage eingestellt, wie auch der Straßenbau nicht weiter behindert wurde. Das Bestreben der kurdischen Nationalisten, sich nach dem Rezept Mao Zedongs innerhalb der Bevölkerung »wie der Fisch im Wasser« zu bewegen, mag diese Enthaltsamkeit erklären.

Die Islamisten hatten es bei den letzten Urnengängen in Hakkari nur auf zehn bis fünfzehn Prozent der Stimmen gebracht. Natürlich greife ich das Thema auf: »Wie hältst du es mit der Religion?« Auch in dieser Hinsicht stochere ich im Nebel. »Die Bevölkerung hier ist zutiefst religiös«, räumt Keskin ein. »Es handelt sich ausschließlich um Sunniten der Schafeitischen Rechtsschule oder ›Madhhab‹. Die mystischen Bruderschaften und Derwisch-Orden, die ›Tarikat‹, verfügen bei uns über keine nennenswerte Anhängerschaft.« Unruhe werde in den Moscheen allenfalls von einer neuen Kategorie junger Fanatiker geschürt, von selbsternannten Imamen und Obskurantisten, die gegen das lateinische Alphabet und für die Wiedereinführung der arabischen Schrift agitieren. In anderen Ländern würde man diese Eiferer vielleicht mit dem Modebegriff »Wahhabi« definieren. Aber dieses Wort ist bei den Türken aus historischen Gründen verhaßt. Dem Bürgermeister selbst, dessen theologisches Wissen beschränkt ist, erscheinen die rechthaberischen Fundamentalisten als schlechte Muslime, weil sie sich angeblich als Mittler aufdrängen zwischen dem Menschen und Gott, ein Anspruch, der mit der koranischen Lehre nicht zu vereinbaren sei.

Ich will Saadet das Zeichen zum Aufbruch geben, da stellt sich bei dem umgänglichen und insgesamt mitteilsamen Belediye Başkani eine plötzliche Verwandlung ein. Sein Blick wird starr, sein Gesicht verdüstert sich, und er erhebt mahnend den Zeigefinger. Übergangslos greift er den großen Streit, die quälenden Konflikte der modernen Türkei auf. Es geht um »Avropa«, um Europa, und jetzt gebärdet sich dieser bisher freundliche Mann wie ein Ankläger. »Eines möchte ich Ihnen in aller Klarheit auf den Weg geben«, sagt er heftig, »wir Türken fühlen uns schmerzlich gekränkt und getäuscht. Wir hatten unser Antlitz hoffnungsvoll und freundschaftlich den Europäern und der Europäischen Union zugewandt. Dem benachbarten Asien hatten wir entschieden den Rücken gekehrt. Aber die Europäer und insbesondere die Deutschen haben uns Türken im Stich gelassen. Sie haben uns geohrfeigt. Sie haben bei den Beitrittsverhandlungen in Luxemburg den Bulgaren, um nur diese zu nennen, eine klare Präferenz vor den Türken eingeräumt. Wir wurden wie Aussätzige behandelt. In Deutschland will sich niemand mehr daran erinnern, daß wir während des Kalten Krieges den extremen Vorposten der Atlantischen Allianz gehalten haben, von unserem Bündnis mit dem Wilhelminischen Kaiserreich im Ersten Weltkrieg ganz zu schweigen.«

Nun besteht auch meinerseits kein Anlaß mehr, mich in orientalischen Floskeln zu ergehen. Die Informationen, über die man in Hakkari verfüge, würden doch wohl überwiegend aus der türkischen Sensations- und Skandalpresse stammen, erwidere ich. Als Bürgermeister kenne Keskin seine eigenen Politiker gut genug, um zu wissen, daß die Anheizung der öffentlichen Meinung in Sachen Europa als Mittel des Stimmenfanges genutzt werde. Welche Vorstellungen man in der Türkei denn von Europa habe? Offenbar herrsche in den türkischen Medien und Politikerkreisen die Meinung vor, die Europäische Union sei ein Bereicherungsverein mit dem ausschließlichen Ziel allgemeiner Wohlstandsverteilung. Wenn Europa sich mit der Vollendung des gemeinsamen Währungssystems, mit Steuerangleichung und sozialem Angebot zufriedengibt, so argumentiere ich weiter, wenn Europa sich unfähig erweisen sollte, eine straffe politische und strategische Disziplinierung seiner Mitgliedsstaaten vorzunehmen, dann würde aus diesem Gebilde am Ende doch nichts. Die schlimmste Demütigung Europas habe sich noch unlängst auf dem Balkan zugetragen, ja die europäische Schande sei dort sichtbar geworden, als die Kosovo-Albaner amerikanische Fahnen hochhielten in der Hoffnung, damit die serbischen Unterdrücker einzuschüchtern oder zumindest zu beschwichtigen. Keiner dieser Kosovo-Skipetaren kam auf die Idee, eine europäische Flagge oder gar das blaue Sternentuch der EU zur Abwehr der Schergen des Präsidenten Milošević zu entfalten. Allerdings, so füge ich etwas bissig hinzu, an das Vorzeigen des türkischen Nationalemblems, des weißen Halbmonds auf rotem Grund, hätten diese Verzweifelten, deren Vorfahren einst zu den treuesten Untertanen und tapfersten Kriegern des Osmanischen Reiches zählten, noch weniger gedacht. Das würde ihnen nichts, absolut gar nichts genützt haben. Er selbst solle einmal im Generalstab von Ankara nachfragen, wie sich die türkische Generalität die Integration ihrer Armee in die europäischen Streitkräfte vorstelle. Solange bei sämtlichen strategischen Entscheidungen – auch bei Regionalkonflikten – die amerikanischen Verbündeten ausschließlich das Sagen hätten, sei doch die Europäische Union nur ein vages Sammelsurium, ein Gemenge von Besitzstandverteidigung und militärischer Ohnmacht.

Der Bürgermeister ist auf die Replik nicht gefaßt. Er lenkt ein, findet zu seiner anfänglichen Verbindlichkeit zurück und bittet mich inständig, dieses Gespräch am folgenden Tag wieder aufzunehmen und zu vertiefen. Wir treten nach draußen. Die Regenwolken haben sich verzogen. Auf dem kurzen Gang zum Hotel greift Saadet noch einmal das Thema »Avropa« auf. »Sie sollten uns Türken nicht mißverstehen«, wendet er ein, »wir waren von der Luxemburger Weigerung unserer europäischen Partner und der Art und Weise, wie sie uns präsentiert wurde, tatsächlich geschockt. Gerade diejenigen, die sich der Welle der Islamisierung am energischsten entgegenstemmen, waren verzweifelt. Ich nenne Ihnen nur das Beispiel meiner Tochter, einer Computer-Spezialistin, im Geiste des Kemalismus und Laizismus erzogen und für jede westliche Modernität aufgeschlossen. Als sie erfuhr, wie man in Luxemburg mit unserer Europa-Kandidatur umgesprungen ist, hat sie geschluchzt und geweint. Dann hat sie in wütendem Trotz gesagt: Wenn man uns in Brüssel nicht haben will, dann binde ich mir eben ab morgen das islamische Kopftuch um. Natürlich hat sie das dann nicht getan und ist wieder zur Räson gekommen.«

*

27

»Warum wollen Sie ausgerechnet nach Hakkari fahren, in die tristeste und rückständigste Gegend Ost-Anatoliens?« war ich in Ankara immer wieder gefragt worden. Dafür gab es zwei Gründe. Zunächst war das der exponierteste Winkel des »wilden Kurdistan«, wo sich die militärische Lage schonungslos analysieren ließ. Und dann hatte ich das Buch des türkischen Autors Ferit Edgü aufgestöbert, einen kleinen Band, der in französischer und deutscher Übersetzung unter dem Titel »Ein Winter in Hakkari« erschienen war. Diese autobiographische Erzählung reicht wohl in die sechziger Jahre zurück und schildert das Schicksal eines türkischen Intellektuellen, der durch politische Renitenz das Mißtrauen der Sicherheitsbehörden erregt hatte. Um ihm Mores beizubringen, hatte man von einer Verhaftung abgesehen und ihn statt dessen für eine Saison, für einen Winter, in den entlegensten, einsamsten, primitivsten Winkel der Türkei verbannt, eben in ein Gebirgsdorf der Provinz Hakkari.

Ein großes literarisches Werk ist dort nicht entstanden. Aber der Autor, der wohl an der sonnigen Mittelmeerküste beheimatet war, beschreibt überaus anschaulich den tiefen Zwiespalt, dem er sich in der Verbannung ausgesetzt sah, eine psychische Zerrissenheit, die den Zustand seines türkischen Vaterlandes widerspiegelt. Da wird er in eine armselige Gemeinde von Hungerleidern versetzt, deren Sprache er nicht versteht, und soll den Kindern der Katenbewohner in einer erbärmlichen Behelfsschule eine Sprache in Wort und Schrift beibringen, das Türkische, die in diesen schwindelnden Höhen fast niemandem geläufig ist. An keiner Stelle wird in dem Buch erwähnt, daß es sich bei dem fremden Idiom der Eingeborenen um »Kurdisch« handelt, denn in jenen Jahren war dieses Wort verboten. Laut der strengen Dogmatik des Kemalismus gab es keine Kurden in Anatolien, sondern eine ethnisch verwandte Bevölkerung, die man als »Bergtürken« bezeichnete.

Es lohnt sich, ein paar Auszüge aus dem »Winter in Hakkari« in der Übersetzung von Sezer Duru zu zitieren:

»H., meine Stadt – deine leidgeprüften Augen – leprös, tief – und der Schnee trägt deinen Namen weiter. Höhe 1600 Meter. Einwohner 10 000 – davon die Hälfte Soldaten. Ohne Straßen, ohne Wasser bist du – wäre nicht der Zap, der durch die Schluchten stiebt und den verschmolzenen Bergschnee dem Sommer zuträgt. Eine seltsame Stadt bist du, genau wie H., dein Name. – Die in dir wohnen – Götter und Menschen – haben keine Spur hinterlassen. Die Götter kamen vielleicht gar nie in deine Gegend – aber die Menschen, die für Jahrhunderte sich bei dir niederließen, die vor dir flohen, dich fürchteten, bei deinen steilen Felsen Schutz fanden – trotz deiner Dürre, trotz deines unerträglichen Klimas bei dir ausharrten, dich als Obdach wußten, bei dir blieben; – warum ließen sie keine Spur, diese versprengten, ewig fliehenden Völker, die Verjagten und die Jagenden? ...

H., meine Stadt – deine Hoffnung und deine Hoffnungslosigkeit – deine Sonne und dein Schnee – dein Schlaf und deine Schlaflosigkeit – deine Menschen und deine Tiere – deine Wölfe und deine Hunde – wisse, das alles lebt weiter in mir wie ein Stöhnen ...«

Der Dichter Ferit Edgü, dieser bescheidene Ovid des Kemalismus, der sein Exil in der Wildnis sehr verhalten beklagt, würde das Hakkari von heute kaum wiedererkennen. In diesem Sommer waren die Beamten von Ankara wohlberaten, als sie meinem Reisewunsch ohne den geringsten Einwand stattgegeben und lediglich für meine Sicherheit Vorkehrungen getroffen hatten, die mir weit übertrieben, stellenweise grotesk erschienen. Die explosive, fast gewalttätige Modernisierungswelle, die die gesamte Türkei von West nach Ost mit einem Netz von Beton-Wohnburgen, Industriebetrieben und Infrastruktur-Investitionen überzieht und das traditionelle Antlitz Anatoliens zutiefst verändert, hat sogar Hakkari erreicht.

Da sitze ich an meinem Hotelfenster – es bleiben zwei freie Stunden bis zum Abendessen – und versuche mir jede Einzelheit des Lebensablaufs auf der zentralen Hauptstraße einzuprägen. Wie von einem Hochsitz kann ich mich in diese Bilder vertiefen. Das Şenler-Hotel, in dem ich einquartiert wurde, hat sich drei Sterne zugelegt, eine dreiste Hochstapelei. Beim Öffnen des Kleiderschranks fällt mir die Tür entgegen. Der einzige Stuhl bricht unter meinem Gewicht zusammen. Im Bad gibt es kein Licht, und das ist besser so im Hinblick auf den Zustand von Toilette und Waschbecken. Aber ich habe wirklich schon viel schlechter gewohnt, und das Hotelpersonal – mehrheitlich irgendeinem Sicherheitsdienst angehörend – ist rührend um den seltenen Gast bemüht, erfüllt mir mit einem Mienenspiel, das bei unerfahrenen Reisenden Entsetzen auslösen könnte, jeden Wunsch. Der Umstand, daß die Tür zu meinem Logis jedesmal weit offen steht, wenn ich von einer Besprechung oder einem Ausflug zurückkomme, bietet keinen Grund zur Beunruhigung. Von ihrer Politikerkaste und ihren Finanzoligarchen abgesehen, sind die Türken in ihrer großen Mehrheit ein grundehrliches Volk. Diebstahl und selbst kleine Betrügereien kommen wenig vor, und in Hakkari bewahrt die Allgegenwart der Polizei den Reisenden ohnehin vor jeglicher Überraschung.

Eine alpine Abendstimmung hat sich über die grandiose Landschaft gesenkt. Die letzten Schneefelder des Hochgebirges glühen in zartem Rosa. Irgendwie werde ich an das verschlossene Walliser Tal von Saas-Fee gemahnt, wo der Moro-Paß und der höchste Gipfel Alalin, auf arabisch »el 'Ali«, an einen Trupp Sarazenen erinnert, der angeblich dorthin versprengt wurde. Am Eingang von Hakkari hingegen ähneln die hastig hochgezogenen Appartement-Häuser auf den ersten Blick den häßlichen Ski-Unterkünften von Lac-de-Tignes in Hoch-Savoyen. Ich weiß, wovon ich spreche, denn ich besaß dort einmal eine winzige Ferienwohnung. Die Ortschaft Hakkari dehnt sich nicht in das Tal des nahen Zap-Flusses, sondern beherrscht eine strategische Höhe, vergleichbar mit den zwischen Armenien und Aserbaidschan heiß umkämpften Festungen Schuscha und Stepanakert im kaukasischen Berg-Karabagh.

Heer und Jandarma sind omnipräsent, aber die Bevölkerung zeigt sich ziemlich unbeeindruckt von den gelegentlichen Runden der Mannschaftspanzer sowjetischer Bauart. Die Türken haben für den Partisanenkrieg ein bislang unbekanntes Fahrzeug entworfen. Landrover wurden mit dicken Stahlplatten ausgerüstet und dank einer Turmluke, aus der ein leichtes Maschinengewehr ragt, in ein höchst mobiles Kampfgerät verwandelt, das gegen Beschuß durch Infanteriewaffen gefeit ist. »Shorthand« sollen diese seltsamen, kastenförmigen Fahrzeuge heißen, die mich in den folgenden Tagen unablässig wie Wachhunde begleiten. Neben Soldaten in gut geschnittenen Tarnuniformen patrouillieren in regelmäßigen Abständen auch blaugekleidete Polizisten mit Stahlhelm, kugelsicherer Weste und Kalaschnikow. Ihr Augenmerk gilt vor allem den kleinen, schäbigen Hütten, die den steilen südlichen Hang erklimmen, jenen Gecekondus, in denen die Flüchtlinge eingepfercht sind und um ihre verwüsteten Dörfer trauern. Ich muß mich weit zum Fenster hinausbeugen, um den höchsten Felsgiganten dieser Region zu sehen, einen Kegel von 4135 Metern, Uludorug genannt, der schon zum Irak überleitet.

Das moderne Geschäftsviertel von Hakkari – gradlinig an der neuen, vierspurigen Zentralallee ausgerichtet – wurde teilweise in den siebziger und achtziger Jahren gebaut. Die vierstöckigen Häuser wirken ziemlich heruntergekommen. Damals wurde noch kein Wert auf architektonische Gestaltung gelegt. Natürlich pocht hier der Orient auf seine Rechte. Die bunte Vielfalt der Obst- und Gemüsesorten wird von ihren Verkäufern zu ebenso kunstvollen Pyramiden getürmt wie in Konya oder Bursa. In meinem Sichtkreis mache ich sechs Teppichhändler aus, die bei gemächlichem Plaudern mit ihren Nachbarn auf einen Käufer ihres Kelim-Angebots warten. Überall sitzen die Männer in kleinen Gruppen, nippen am Kaffee, rauchen oder lassen die Glasperlenschnur mit den hundert Namen Allahs durch die Hand gleiten. Mit ihrer Kleidung würden sie alle nach Süd-Italien oder auf den Balkan passen. Der Turban wurde in der Türkei schon zur Zeit der späten osmanischen Sultane durch die einheitliche Kopfbedeckung des roten Fez ersetzt, und dieser »Tarbusch« wiederum erschien dem großen Modernisierer Atatürk immer noch als ein Symptom islamischer Rückständigkeit. Die grauenhaften Schirmmützen, die »Schlägerkappen«, die Kemal Pascha seinen Untertanen nach Gründung der Republik zwangsverordnete und die die Masse der Anatolier in ein verwahrlostes Proletariat zu verwandeln schien, sind glücklicherweise seltener geworden.

In erster Linie richtet sich mein Augenmerk auf die Frauen und deren Gewandung. Paradoxer kann es da kaum zugehen. Die Verschleierung ist weit verbreitet, in den Dörfern wohl obligatorisch. Meist sind diese Anhängerinnen der islamischen Kleiderordnung in Tücher von besonderer Häßlichkeit – ein Gemisch aus braun und grau – gehüllt, neben denen der schwarze »Hijab« der Perserinnen noch halbwegs kleidsam wirkt. Aber da gibt es auch ganz andere weibliche Erscheinungen. Für die emanzipierten Töchter des Kemalismus sind die engsitzenden Jeans zum Erkennungszeichen laizistischer Gesinnung geworden. Zwei Dorfschöne lassen das rabenschwarze Haar bis zur Taille wallen und flanieren im strammen T-Shirt wie auf einem Corso. Gelegentlich tauchen auch Liebespaare auf, die Hand in Hand den warmen Abend genießen und vor einem bescheidenen Herrenausstattungsgeschäft stehenbleiben, das sich in riesigen Lettern den Namen »Pierre Cardin« angeeignet hat. Zwei Häuser weiter lese ich in klarer lateinischer Schrift: »IPEK-Showroom«, und darunter stapelt sich jede Menge elektronischen Geräts. Unmittelbar daneben sprudelt ein altertümlicher Brunnen. Dorthin streben zu dieser Tageszeit die Kühe der umliegenden Almwiesen zur Tränke. Es kann gar nicht so lange her sein, da hatte die breite, unvollendete Prachtallee von Hakkari die üppigen Weiden noch nicht verdrängt. Das Vieh, dem die Autofahrer den Vortritt lassen, hat diese Veränderungen wohl nicht zur Kenntnis genommen.

Ein Jogger im knallroten Trainingsanzug zieht seine Runden. Knaben auf klapprigen Fahrrädern spielen Tour de France. Ich stelle mit Verwunderung fest, daß die so unterschiedlichen Mädchen – die verschleierten wie die »entblößten« – völlig ungezwungen miteinander verkehren, sich in einer amerikanisch gestylten Eisdiele treffen. Zwei riesige Gebäude überragen diesen Treffpunkt zwischen Ost und West. Unmittelbar vor dem Şenler-Hotel wird ein zehnstöckiger Betongigant hochgezogen. Ein Supermarkt mit Büro-Etagen soll dort eingerichtet werden. Zu dieser späten Stunde wird noch gewerkelt. Die Arbeiter hieven mit akrobatischem Geschick Wassereimer in schwindelnde Höhen, um dort Zement zu mischen. Eine andere Konstruktion schiebt sich gebieterisch vor die einschüchternde Felsenkulisse des Uludorug, die neue Moschee, die kurz vor der Vollendung steht. Auch hier haben die Gebetshäuser des Bosporus Pate gestanden. Die Kuppeln mit dem silbernen Aluminiumdach wölben sich wie ein Schild, und die Minaretts berühren fast die blasse Mondscheibe, die im späten Sommerlicht über den kahlen Kuppen auftaucht. Im Innenraum der »Cami« strahlen bereits die Neonröhren, und Gruppen von Männern sammeln sich vor der nach Mekka ausgerichteten Nische, dem »Mihrab«, um sich zum Abendgebet zu verneigen. Zwei Angriffshubschrauber vom Typ Cobra kreisen über der Moschee, während der dröhnende Gesang des Muezzin einsetzt. Liegt es an der schlechten Qualität der Lautsprecher oder an der unzureichenden Schulung des Gebetsrufers in der streng modulierenden Kunst des »Tadschwid«? Selten habe ich die Beteuerung, daß es außer Gott keinen Gott gibt und daß Mohammed sein Prophet sei, so krächzend und unartikuliert vernommen.

Der winzige Pappelwald jenseits des Flüchtlingsviertels ist zu einem schwarzen Fleck erstarrt. Die Obsthändler räumen ihre Auslagen ein. Die Teppichverkäufer holen die Eisenläden herunter. Es herrscht kein nächtliches Ausgangsverbot in Hakkari, obwohl diese Provinz als gefährlichster Winkel der gesamten südost-anatolischen Sicherheitszone gilt. Aber auch hier wurde der Ausnahmezustand verhängt. Ein weißer Lieferwagen mit der Aufschrift »Polis« fährt auf und ab, während das zivile Leben langsam abstirbt. In den Gebirgen verlassen jetzt die »Dorfschützer«, die kurdischen Heimwehren, die im Dienst ihrer Agas und der Regierung stehen, ihre vorgeschobenen Wachposten. Mit Einbruch der Nacht schlägt die Stunde der Rebellen. So war es auch damals in Vietnam, in Algerien, in Afghanistan.

Langsam wird mir bewußt, wie undurchdringlich, wie schwer begreiflich dieses Land ist, trotz der gastlichen Jovialität, der ich überall – auch bei den Behörden – begegne. Selbst Persien, so wurde mir schon in Istanbul von Kennern beider Nachbarstaaten bestätigt, lasse sich mit seiner Mullahkratie und den diskreten Vorwürfen, die sich gegen diese geistliche Zwangsherrschaft stemmen, leichter analysieren als die auf europäischen Lebensstil getrimmte und doch im Orient verharrende Türkei. Ein paar Stunden zuvor hatte ich ein langes Gespräch mit Nihat Canpolat, dem Gouverneur oder Vali der Provinz Hakkari, geführt. Dabei scheint es mir, als sei die vom schiitischen Islam empfohlene Praxis der »Taqiya«, diese Verleugnung oder Verheimlichung der intimsten Überzeugungen, ja der religiösen Glaubenssätze in Zeiten der Unterdrückung und Verfolgung, offenbar von einem Teil der türkischen politischen Klasse, ja von den vielen sunnitischen Gläubigen Anatoliens übernommen worden, obwohl eine solche Selbstverleugnung – »kitman-el-schahada« in krassem Widerspruch zur rechtgläubigen koranischen Lehre steht.

Der Vali, etwa vierzig Jahre alt, ist ein selbstbewußter, aber zurückhaltender Mann. Die anspruchsvolle Ausstattung seines riesigen Arbeitszimmers soll wohl einen Eindruck von seinen weitreichenden Amtsbefugnissen vermitteln. Das Gouverneursgebäude steht natürlich unter scharfer Bewachung. »Meine Velayat zählt 210 000 Einwohner und verfügt über eine 343 Kilometer lange Grenze mit Iran und Irak. Damit habe ich unser Problem schon skizziert«, so beginnt Nihat Canpolat sein kurzes Exposé. Die Grenze mit dem Irak sei zwar unsicher, aber hier verfüge die türkische Armee über ein Verfolgungsrecht gegen die PKK-Infiltranten und stoße notfalls bis zu den Nachschubzentren der Terroristen bei Dohuk vor. Schwieriger gestalte sich die Lage in der Randzone der Islamischen Republik Iran. Mit den Mullahs der benachbarten persischen Provinz treffe er zwar zu regelmäßigen Gesprächen zusammen, um akute Probleme auszuräumen, aber bei diesen Begegnungen herrsche ein seltsames Ungleichgewicht. Er selbst, als türkischer Vali, könne aus eigenem Ermessen und ohne Rückfragen bei seinen Vorgesetzten Entscheidungen treffen. Auf der iranischen Seite hingegen komme es jedesmal zu endlosen, tuschelnden Palavern zwischen den Mullahs, den Pasdaran oder Revolutionswächtern, zwischen den Vertretern des Geheimdienstes Savama, der lokalen Verwaltung und eventuell einem Offizier der regulären Armee. Teheran habe seine eigenen Kurdenprobleme teilweise durch Bevölkerungsumschichtung gelöst. Mehr und mehr iranische Azeri – der türkischen Völkerfamilie zugehörige Schiiten – würden in den Krisenzonen angesiedelt, und die kurdischen Agas würden ausgeschaltet. Teilweise kooperiere dabei sogar die »Kurdische Arbeiterpartei« Öcalans mit den iranischen Sicherheitsbehörden.

Der Vali bestätigt, daß die gemäßigte Kurdenpartei HADEP in seinem Gouvernorat den stärksten Zulauf erhalten habe, daß die Islamisten der Refah- oder Wohlfahrtspartei mit fünfzehn Prozent der Wähler seltsamerweise in der Stadt am stärksten vertreten seien. Gewiß, die Menschen hier blieben tief religiös, aber ihre Politiker und Klanchefs wechselten ihre politische Ausrichtung häufiger als ihr Hemd. So war bekanntlich der Bürgermeister von Hakkari von der HADEP zur Sozialdemokratie Ecevits übergewechselt. Andere Ortsvorsteher und Notabeln liefen ohne klar ersichtlichen Grund von Tansu Çiller zu Deniz Baykal, von Bülent Ecevit zu Tansu Çiller über. Bei den kurdischen Lokalpolitikern, hatte ich schon im Vorzimmer des Vali erfahren, paare sich die List der Selbsterhaltung mit hemmungslosem Opportunismus. »Nicht ein einzelner Fuchs läuft im Kopf des hiesigen Bürgermeisters herum«, so hörte ich wörtlich, »sondern zehn Füchse, und die ignorieren sich gegenseitig«.

Seit einem Jahr übt der Gouverneur seine Tätigkeit in Hakkari aus. Er stammt aus der zentral-anatolischen Stadt Sivas, in deren Umkreis die abgekapselte Sekte der Aleviten besonders stark vertreten ist. Ich spreche Canpolat auf die Bemühungen der Amerikaner und des Staatssekretärs Welsh an, im benachbarten Nord-Irak die verfeindeten Kurdenführer Barzani und Talabani miteinander zu versöhnen. Ob eine solche Annäherung zweier kurdischer Parteien, der KDP (Demokratischen Partei Kurdistans) und der PUK (Patriotische Union Kurdistans) nicht auf eine kurdische Autonomie für Nord-Irak hinauslaufe, ob damit nicht ein Kristallisationspunkt für den gesamtkurdischen Nationalismus, ja der Ansatz für eine separate Staatsgründung geschaffen werde? Diese Frage überschreite seine Zuständigkeit, lautet die Antwort; da solle ich mich an die Ministerien in Ankara wenden. »Glauben Sie mir«, betont der Vali, der sich vermutlich in nachrichtendienstlicher Erkundung recht gut auskennt, »ich bin jetzt zwölf Monate hier, aber ich behaupte nicht, die Menschen zu durchschauen. Ein Bündnis zwischen Barzani und Talabani erscheint mir jedoch höchst unwahrscheinlich. Wann hat man je zwei Kurdenhäuptlinge gesehen, die sich einig wurden? Selbst Allah kann die Kurden nicht zusammenschließen, hat schon der Prophet in einem Hadith gesagt.« Dieses angebliche Zitat war mir unbekannt, aber auf einmal entdecke ich eine gewisse geistige Verwandtschaft zwischen diesem allmächtigen Gouverneur von Hakkari und jenem in die Einsamkeit seines Kurdendorfes verbannten Dorflehrer Ferit Edgü, der an dem trostlosen Winter in dieser gebirgigen Fremde verzweifelte.

In mancher Hinsicht ist eben doch manches beim alten geblieben. Wie heißt es im »Winter in Hakkari«? »Der Obergefreite sagte auf eine Frage hin dem Lehrer folgendes: – Hier kommt, der kommt, nimmt, der nimmt, schießt, der schießt, der Getroffene stirbt. Wer hat geschossen? fragst du. Keiner weiß es. Alle wissen es. Niemand macht den Mund auf und sagt es. Dann gibt man es auf. Denn die Schützen erschießt ein anderer. Du wirst wohl sagen, wo ist hier die Justiz, das Gesetz? Das ist die Justiz, das ist das Gesetz des Berges.«

# Unter dem strengen Blick Khomeinis

*Esendere, im August 1998*

Zwei riesige bärtige Gesichter unter schwarzem Turban richten ihren strengen Blick auf die Zollstation Esendere. Die Porträts wurden auf eine Betonmauer gemalt, die den beherrschenden Felskegel über der iranischen Grenzseite krönt. Der weiße Bart umrahmt das Antlitz des Ayatollah Ruhollah Khomeini, des großen schiitischen Erweckers der persischen Revolution. Am schwarzen Bart und an der dicken Hornbrille wird Ayatollah Ali Khamenei erkenntlich, der zur Stunde als oberster geistlicher Führer der Islamischen Republik von Teheran vorsteht. In Esendere verläuft nicht nur die Demarkationslinie zwischen zwei orientalischen Staaten. Hier begegnen sich zwei Weltanschauungen, zwei konträre Machtvorstellungen, zwei einander ausschließende Systeme.

Das fundamentalistische Regime des Iran gibt sich unversöhnlich und kämpferisch. Unter der grün-weiß-roten Fahne mit dem künstlerisch stilisierten Schriftzeichen »Allah« im Mittelfeld verkündet ein weithin sichtbares Plakat in persischer und türkischer Sprache: »Wir werden Amerika mit unseren Füßen zertreten!« Die neue moderate Linie des Staatspräsidenten Mohammed Khatami, auf den im Westen viele Beobachter ihre Hoffnung setzen, sei offenbar nicht bis Esendere gelangt, meint Saadet, der den iranischen Erbfeinden des Osmanischen Reiches und ihrer schiitischen Ketzerei nicht über den Weg traut. Ich entziffere allerdings auch eine gastliche, englisch beschriftete Banderole: »Welcome to the Islamic Republic of Iran.«

Die Türken haben die Herausforderung der persischen Nachbarn mit eigenem propagandistischen Nachdruck erwidert. Eine mächtige Bronzebüste Atatürks schaut ungerührt und – wie es scheint – leicht verächtlich nach Osten. Der Leitsatz des Staatsgründers der modernen Türkei, der in Anatolien auf zahllosen Fels- und Häuserwänden verewigt ist und ein wenig von seiner Überzeugungskraft verloren hat, ist hier in riesigen Lettern frisch gepinselt: »Welches Glück wird dem zuteil, der sagen kann, ich bin ein Türke!« und daran schließt sich die Beteuerung an: »Die Türkei ist ein laizistischer Staat.«

Ansonsten geht es überaus normal und geschäftig zu an der Zollstation Esendere, wo der Warenverkehr zwischen der Stadt Urmia oder Urumiye, im iranischen Teil Kurdistans gelegen, mit dem türkischen Südost-Anatolien reibungslos abgewickelt wird. Auf beiden Seiten sind die Amtsstuben in weitläufigen Gebäuden untergebracht. Sogar eine bescheidene Freihandelszone wurde errichtet. Der weite Parkplatz ist mit Öl-Transportern, dickbäuchigen Lastwagen verstellt. Die Iraner steuern ihre Fahrzeuge bis an die Kontrollschranke, und dort wird die schwarzflüssige Fracht auf türkische Tanker umgefüllt. Aus Sicherheitsgründen wird ihnen die Weiterfahrt ins anatolische Aufstandsgebiet offenbar nicht erlaubt. Die Kolonnen des türkischen Petroleum-Transportes rollen hingegen ungehindert von West nach Ost und umgekehrt. Seltsamerweise befindet sich hier die Republik von Ankara, obwohl sie ein weit höheres wirtschaftliches Niveau erklommen hat als der Gottesstaat, den Khomeini hinterließ, eindeutig in der Defensive.

Ich unterhalte mich zwanglos mit den türkischen Zollbeamten. Ob in Esendere – ähnlich wie am Übergang zu Irakisch-Kurdistan bei Zakho und Dohuk – nicht die rigorosen amerikanischen Boykottmaßnahmen stillschweigend unterlaufen würden, frage ich. Immer wieder waren mir nämlich zwischen Urfa und Diyarbakir Tankstellen aufgefallen, wo ganz offen »billiges Dieselöl aus Irak« angeboten wurde. Dem wird heftig widersprochen. »Das hier angelieferte Erdöl stammt aus Turkmenistan. Der Iran dient lediglich als Transitland.« Aber dem kann ich aus eigener Erfahrung widersprechen, die ich in Zentralasien gesammelt habe. Turkmenistan sucht zwar möglichst viel Erdgas zu exportieren, aber ein nennenswerter Erdölproduzent ist diese Nachfolgerepublik der Sowjetunion bislang nicht. Das wird achselzuckend zur Kenntnis genommen. Die globale Sanktionspolitik der USA, die nach Maßgabe des Weißen Hauses zum Scheinersatz für Diplomatie und Strategie herhalten muß, ist bei den Türken ohnehin zutiefst unbeliebt. Die Sperrung der irakischen Erdölausfuhr schlägt sich in der Außenhandelsbilanz Ankaras jedes Jahr in einem Milliarden-Dollar-Defizit nieder.

Ich bin bis an die iranische Zollschranke vorgedrungen und werde von den persischen Revolutionswächtern in Tarnuniform neugierig gemustert. Wie hat sich dieser Grenzübergang doch seit dem September 1979, als ich mich zum ersten Mal an diesem Punkt befand, verwandelt! Damals verlief von dem iranisch-kurdischen Dorf Sero eine staubige Schotterstraße in Richtung Esendere. Zwei Holzbaracken standen sich gegenüber, eine unter der türkischen, die andere unter der persischen Flagge. Kein Fahrzeug war weit und breit zu sehen, und nur ein paar grellgekleidete kurdische Frauen passierten die Schranke in der Mittagshitze.

Unter Hinweis auf meinen damaligen Abstecher vor fast zwanzig Jahren hatte ich Nihat Canpolat, den Vali von Hakkari, um eine Reiseerlaubnis zu dieser Stätte persönlicher Erinnerungen gebeten, und die war mir – trotz der notorischen Unsicherheit der Übergangszone – anstandslos gewährt worden. Welche unsäglichen Veränderungen haben in dieser weitgespannten Krisenzone während der vergangenen zwei Dekaden stattgefunden, welche Tragödien haben sich dort abgespielt! Natürlich interessierte sich der Gouverneur für Impressionen, die ich in unmittelbarer Nachbarschaft seiner Provinz gesammelt hatte, auch wenn sie so lange zurücklagen. Ich holte, gestützt auf meine Notizen, zu einer ausführlichen Schilderung aus. Der schiitische Gottesstaat des Ayatollah Khomeini war erst ein halbes Jahr zuvor ausgerufen worden und stand noch ganz am Beginn. So lautete mein Rückblick:

Eine kleine Sondermaschine der iranischen Luftwaffe hatte uns auf dem Flugplatz von Urmia, der Hauptstadt der iranischen Provinz West-Aserbaidschan, abgesetzt. Von dort wurden wir zum Befehlsstand der 64. Infanterie-Division eskortiert, wo uns der Kommandeur General Zaher Nejad im Kartenzimmer empfing. Er war ein kleingewachsener Mann, fast kahl, mit schwarzen Augenbrauen und forschendem Blick. Wenn man ihm einen schwarzen Turban aufgesetzt und einen weißen Bart angeklebt hätte, wäre er dem Ayatollah Khomeini durchaus ähnlich gewesen. Der General präsentierte uns seine Offiziere, die ihn fast alle um einen Kopf überragten. Wie sich herausstellte, waren sie mehrheitlich Angehörige der aserbaidschanischen, also türkischen Minderheit, die damals fast zehn Millionen Menschen in den Nordwest-Provinzen des Iran umfaßte und sich zum schiitischen Glauben bekennt. Heute dürfte sich diese Zahl verdoppelt haben. Bei dieser Gelegenheit erfuhr ich auch, daß in den Offizierskasinos der persischen Armee überwiegend türkisch gesprochen wurde. Zaher Nejad erklärte die Bürgerkriegs-Situation in Kurdistan ohne Beschönigung. Die kurdischen Separatisten der DKP – »Demokratische Partei Kurdistans« – würden vom Ausland unterstützt und von den Agenten des Imperialismus aufgewiegelt. Natürlich sei die amerikanische CIA an der Sezessionsbewegung beteiligt, aber die Präsenz von ehemaligen Offizieren des Schah bei den Aufständischen bestritt Zaher Nejad rundum. Die iranische Armee sei nach der Flucht des Kaisers nicht auseinandergefallen, wie immer behauptet werde. Sogar ein Regiment der »Kaiserlichen Garde«, der »Unsterblichen«, sei gegen die Rebellen eingesetzt worden und habe sich vorzüglich bewährt. Der Kurdenführer Abdurrahman Ghassemlu, der in Mahabad bereits eine autonome Kurdenrepublik ausrufen wollte, habe vor ein paar Wochen die Warnung vor einem Eingreifen der iranischen Armee mit schallendem Gelächter beantwortet. »Welche iranische Armee meinen Sie denn?« soll Ghassemlu gespottet haben. »Die gibt es doch gar nicht mehr.« Aber das Gegenteil sei ihm bewiesen worden, und der Rädelsführer der Separatisten sei in die Berge geflohen, vermutlich in den nahen Irak.

Ich wollte wissen, wo die Kurden den nachhaltigsten Widerstand leisteten. Der General beauftragte einen breitschultrigen Major mit dem Lagevortrag. Daraus ging hervor, daß das Dreieck Sardascht, Baneh, Piranschar die kritischste Gegend blieb, weil auf der anderen Seite der Grenze der von den Irakern unterstützte Kurdenführer Dschalal Talabani seinen iranischen Stammesbrüdern Hilfe leistete. Wo früher einmal Schah Mohammed Reza Pahlevi die Kurden des Irak benutzt hatte, um die Regierung von Bagdad unter Druck zu setzen, mißbrauchte nun der irakische Präsident Saddam Hussein dieses gleiche unglückliche Volk, um die Islamische Republik Khomeinis zu erschüttern. »Wir werden Ihnen morgen einen Hubschrauber zur Verfügung stellen«, schlug Zaher Nejad vor, »Sie können selber Ihr Ziel aussuchen.« Ich nannte die Ortschaften Mahabad, Sardascht und Piranschar, was bei den Offizieren beifällige Heiterkeit auslöste. »Ich werde Ihnen in aller Ehrlichkeit eine einzige Beschränkung auferlegen«, sagte der General. »Das unmittelbare Grenzgebiet zwischen Sardascht und Piranschar werden Sie mit Ihrem Helikopter meiden müssen. Es handelt sich um einen schmalen Streifen, der dicht bewaldet ist und wo die Rebellen mit irakischer Hilfe über Luftabwehr verfügen. Ansonsten stehen Ihnen alle Ziele offen.«

Wir sprachen noch eine Weile über die politischen Hintergründe des Kurdenaufstandes. Anfänglich berichtete Zaher Nejad – von unserem Begleiter Qassem, der uns von Teheran als eine Art politischer Kommissar mitgegeben worden war, heftig sekundiert – vom weltweiten amerikanischen Komplott und von der Aktivität der Zionisten in diesem Raum. Doch nachdem er dieser Pflichtübung genügt hatte und auf Aufforderung Qassems sogar ein paar verworrene Worte über die »islamische Ideologie« hinzugefügt hatte, die die Truppe nunmehr beseele, kam er zur Sache. Der Separatismus der Kurden komme natürlich den Iraki zugute, doch auch Bagdad müsse vorsichtig operieren, denn vor gar nicht langer Zeit sei das Baath-Regime des General Baqr durch den Kurdenaufstand des greisen Mustafa Barzani nordöstlich von Kirkuk und Mossul in seinen Grundfesten erschüttert worden. Eine kurdische Selbständigkeit könne für den Irak des heutigen Präsidenten Saddam Hussein in keiner Weise von Vorteil sein. Hingegen habe die Sowjetunion, die ja schon einmal – im Jahr 1946 – in Mahabad eine Kurdische Volksrepublik proklamiert habe, alles Interesse daran, die Kurdenfrage als Sprengsatz zu benutzen. Abdurrahman Ghassemlu, der Vorsitzende der KDP, der im Westen als Freiheitskämpfer so hoch gefeiert werde, habe immerhin fünfzehn Jahre im Ostblock verbracht. Seine Frau lebe noch heute in Prag, und die Experten hätten ihn längst als waschechten Marxisten identifiziert. Sein religiöser Verbündeter, Scheikh Azzeddin Husseini, sei in mancher Beziehung gefährlicher als der gottlose Intellektuelle Ghassemlu, denn er verstehe es, die Abneigung, welche die Kurden als sunnitische Moslems gegen die schiitische Zentralgewalt in Teheran empfänden, für seine separatistischen Ziele zu aktivieren. »Was uns bedenklich stimmt«, so beendete General Zaher Nejad seine Ausführungen, »ist die Tatsache, daß neuerdings persische Anhänger der marxistisch-leninistischen Volks-Fedayin und teilweise auch der Volks-Mudschahidin mit den Kurden gemeinsame Sache machen, um die Islamische Republik des Imam Khomeini zu schwächen.«

Bevor wir am nächsten Morgen unseren Hubschrauber zur vereinbarten Inspektionstour bestiegen, bot sich uns ein martialisches Spektakel. Unter dem Fahnenmast hämmerte ein Paukenschläger in Uniform in rhythmischen Abständen auf sein Instrument ein. Eine Anzahl von Rekruten schmiß die Beine hoch und übte unter der strengen Aufsicht eines Feldwebels eine Art Parademarsch. Wir konnten uns das Lächeln nicht verkneifen.

Unter uns rollten jetzt die gelben Berge von Kurdistan ab. Wir sahen nur wenig Dörfer mit spärlicher Bevölkerung. Dieses Gelände eignete sich schlecht zum Partisanenkrieg. Die Hänge waren kahl, und es gab auch keine Felshöhlen, die Unterschlupf boten. Mit Hubschraubern und Kampfbombern ließ sich hier jeder konzentrierte Widerstand binnen kürzester Zeit brechen. Die einzige Chance der kurdischen Peschmerga waren die Dunkelheit der Nacht und die Nähe der irakischen Grenze. Wir flogen relativ niedrig und hätten mit unserem Hubschrauber eine ideale Zielscheibe abgegeben.

»Wir nähern uns Mahabad«, stieß mich der Hauptmann an, der unsere Führung übernommen hatte. Wir sahen zwischen zwei Tälern eine ausgedehnte Siedlung mit recht modernen Häusern und berührten innerhalb eines weiten Militärgeländes am Stadtrand den Boden. Als der aufgewirbelte Staub sich legte, staunten wir. Die 64. Division hatte ihre Selbstdarstellung gut vorbereitet. Mächtige Chieftain-Tanks rollten an uns vorbei. Die Panzerkuppeln waren mit der Losung »Allahu akbar« bepinselt. Die weißen Schriftzüge auf einem Sturmgeschütz vom Kaliber 155 Millimeter ließen wir uns übersetzen: »Der Schritt des Soldaten ist der Herzschlag der Nation«, eine etwas verwegene Losung im Iran der Ayatollahs. Hochrufe auf Khomeini waren überall zu lesen. Ein schneidig uniformierter Oberst salutierte stramm und lud uns zur Besichtigung seines Regiments ein. Infanteristen übten an Maschinengewehren und Mörsern. Der ganze Exerzierplatz hallte wider vom Rasseln der Panzerketten und von den Kommandoschreien der Vorgesetzten.

Als ich den Wunsch äußerte, das Kasernengelände zu verlassen und in das Stadtzentrum Mahabads zu fahren, wurden die Offiziere verlegen. Man könne unsere Sicherheit dort nicht gewährleisten. Es gäbe immer noch ein paar Störenfriede. Im übrigen sei die Pazifizierung der Stadt den Pasdaran, den Revolutionswächtern, übertragen. Die Armee verfüge dort über keine unmittelbare Autorität. Auf meine Drohung, notfalls zu Fuß und ohne Eskorte ins Zentrum zu wandern, besorgte Qassem einen Jeep. Schon in den ersten Straßen spürten wir die Spannung, die auf Mahabad lastete. Es waren wenig Menschen zu sehen. Auf den Mauern standen immer noch die Parolen, teilweise in englischer Sprache, die Anfangsbuchstaben DKP waren überall angemalt. Wir stießen auf eine Gruppe Pasdaran. Sie steckten in Phantasieuniformen, waren wie stets unrasiert und höchst nervös. Sie hatten sich in einem zweistöckigen Gebäude hinter Sandsäcken verschanzt. Über dem Eingang prangte das Bild Khomeinis und der programmatische Satz: »Hizb faqad hizb Allah« – Es gibt nur eine Partei, die Partei Allahs!

Die Schah-Statue auf dem Platz im Zentrum war längst gestürzt. In einer Nebengasse entdeckten wir bewaffnete Kurden, erkennbar an ihrem Turban mit Fransen. Qassem erklärte uns, daß es sich bei diesen Männern um Loyalisten handelte, die sich zur islamischen Revolution des Iran bekannten. Die kurdischen Kollaborateure hatten ihre Quartiere ebenfalls durch Sandsäcke geschützt und standen in Abwehrbereitschaft. Als wir unsere Kameras auf das enthauptete Denkmal zu Ehren der Pahlevi-Dynastie richteten, umgab uns plötzlich eine größere Schar Jugendlicher. Ihr Wortführer war des Englischen kundig. »Die kurdischen Patrioten werden hier von den Pasdaran gefoltert«, schrie der junge Kurde und bebte vor Erregung. »Unser Widerstand ist nicht gebrochen, auch wenn der Blutrichter Khalkhali unsere Brüder erschießen läßt.« Qassem war kreidebleich geworden. Er versuchte mit den Nationalisten zu diskutieren, wurde jedoch beiseite gedrängt. Immer mehr Kurden kamen aus den Seitenstraßen. »Wenn Sie keine blutigen Zwischenfälle provozieren wollen, sollten wir schleunigst aufbrechen«, sagte der Hauptmann, der uns im Jeep begleitet hatte, und wir fuhren an einem Markt mit zahlreichen Bauernfrauen entlang zur Kaserne zurück.

Die nächste Zwischenlandung war Sardascht. Der kleine Ort gruppierte sich um eine einzige Geschäftsstraße. Im Westen drängten sich zerklüftete, vegetationslose Berge bis an den Behelfsflugplatz. Sardascht lag in der vordersten Kampfzone, und die Grenze des Irak war zum Greifen nah. Eine abenteuerliche Horde von Bewaffneten gab dem kurdischen Städtchen das Gepräge. Khomeini, der ein paar Wochen zuvor das Oberkommando über sämtliche Streitkräfte an sich gerissen hatte – der Achtzigjährige gebärdete sich getreu der Tradition der Imame und Kalifen als »Amir el mu'minin« – Befehlshaber der Gläubigen –, wollte in diesem Sektor den Pasdaran die Chance geben, ihre militärische Tauglichkeit zu erproben. Daraus resultierten Durcheinander und taktisches Unvermögen. Die kurdischen Peschmerga, die im Partisanenkrieg über lange Erfahrung und angeborenen Instinkt verfügten, lockten die Milizionäre der schiitischen Revolution in blutige Hinterhalte. Die Pasdaran hatten zudem eine so kindliche Freude am Spiel mit den Schnellfeuergewehren, daß immer wieder eine Waffe von selbst losging und zusätzliche Verluste in den eigenen Reihen verursachte. Die kurdische Bevölkerung betrachtete diese verwahrlosten persischen Okkupanten mit offener Feindseligkeit. Vor einem Kontrollposten standen die Angehörigen dieser stolzen Gebirgsrasse an, um – den Weisungen der iranischen Behörden gemäß – ihre Flinten abzuliefern. Sie trennten sich blutenden Herzens von ihrer Waffe.

In der Geschäftsstraße von Sardascht gaben die jungen Kurden, die uns als Journalisten identifiziert hatten, ihrer Entrüstung freien Lauf. »Die Pasdaran spielen sich als Helden auf«, höhnte ein Jura-Student, »aber sie wären unseren ›Demokraten‹« – so nannten sich die Partisanen der »Demokratischen Partei Kurdistans« – »hoffnungslos unterlegen, wenn die iranische Luftwaffe nicht mit Cobra-Hubschraubern und Phantom-Maschinen unseren Widerstand niederwalzen würden. Die ›Wächter der Revolution‹, was sind das schon? Ein paar verbohrte Intellektuelle aus Teheran, die ein romantisches Abenteuer suchen, und ansonsten vor allem die armen Schlucker aus dem Unterproletariat der persischen Städte, jene ›Mustazafin‹, von denen Khomeini so viel daherredet.« Während uns ein breiter Kreis von Zuhörern umringte, war auch Qassem hinzugetreten, und schon begann eine heftige Diskussion zwischen den jungen Autonomisten und dem Repräsentanten des revolutionären Sicherheitsapparates. »Ihr behauptet immer, wir seien Kommunisten«, schrie ein zorniger Händler, der aus seinem Laden herbeigeeilt war, »aber wir sind fromme Muslime, allerdings Sunniten, wie Ihr wissen solltet.« Bei unserer ziellosen Wanderung wurde ich diskret von einem blassen Jüngling beiseite genommen, der ohne Umschweife eingestand, daß der Marxismus für die Kurden offenbar die letzte Hoffnung verkörpere, das Ziel der nationalen Selbstbestimmung zu verwirklichen. »Wir müssen unsere Verbündeten dort suchen, wo sie zu finden sind«, sagte er.

Das Pahlevi-Denkmal von einst war auch in Sardascht zertrümmert. Der Sockel war über und über mit Propagandaplakaten beklebt. Der Schah wurde geschmäht, und eine zionistische Klaue griff nach

Palästina. Darstellungen Khomeinis waren gleich zu Dutzenden vorhanden. Aber das Antlitz des streitbaren Ayatollah war hier immer mit roter Farbe wie mit Blut verschmiert.

Der Grenzposten Tamatschin östlich der Garnisonsstadt Piranschar, den wir schließlich anflogen, leitet bereits in das irakische Kurdistan über. Die betonierten Grenzstellungen, in denen sich vorübergehend die Peschmerga festgekrallt hatten, waren von den Raketen und Bomben der iranischen Luftwaffe plattgewalzt worden. Mit dem Feldstecher konnten wir die vorgeschobenen Posten der irakischen Armee deutlich erkennen. Die Sonne stand tief im Westen, und unser Begleitoffizier drängte zum Heimflug. Wir besichtigten noch ein Bataillon der 64. Division, das unmittelbar im felsigen Grenzabschnitt eine kreisförmige Stellung zur Rundumverteidigung bezogen hatte. Nach Einbruch der Dunkelheit würde auch in dieser Nacht die Knallerei losgehen. Die iranischen Soldaten wirkten diszipliniert. Ihre Bewaffnung mit Panzern und Geschützen war auf dem letzten Stand. Die Perser hatten von ihren früheren Militärberater aus USA gelernt, wie man ein perfektioniertes Waffensystem massiv und verschwenderisch gegen einen unterlegenen Gegner einsetzt. Die Stellung von Tamatschin weckte plötzlich Erinnerungen an die amerikanische Partisanenbekämpfung in Vietnam.

Der nächste Tag war wieder einmal einer Inspektionstournee im Helikopter gewidmet. Diesmal begleiteten wir den Gouverneur von West-Aserbaidschan, Dschamschid Haqgu, einen elegant gekleideten, jugendlich wirkenden Mann mit blondem Bart und blauen Augen, den man für einen Nordeuropäer gehalten hätte. »Ich bin Aserbaidschaner, ich bin Türke«, stellte sich Haqgu mit großer Jovialität vor. Er hatte in den USA studiert und gemeinsam mit dem späteren Außenminister Ibrahim Yazdi die studentische Agitation der Exil-Perser gegen den Schah gesteuert. Haqgu galt als Verfechter eines versöhnlichen Kurses gegenüber den aufständischen Kurden.

In Sero, östlich von Urmia, berührten wir schließlich wieder die Grenze der Türkei. In diesem lieblichen Dorf, das zwischen saftigen Wiesen, Weidenbüschen und silbern fließenden Bächen eingebettet lag, hatte der Kurdenaufstand gegen den Schiiten-Staat Khomeinis seinen Ausgang genommen. Grobe Übergriffe der Revolutionskomitees hatten den nationalen und sunnitischen Widerstand dieser kriegerischen Gebirgs-Klans herausgefordert. Gouverneur Haqgu, dem sich General Zaher Nejad beigesellt hatte, wurde von den Dorfältesten und

Stammesführern festlich empfangen. Die Frauen – sie waren sämtlich unverschleiert – hielten sich abseits im Schatten der Bäume. Die Männer waren alle bewaffnet, und viele trugen die russische Kalaschnikow. »Für die Kurden ist das Gewehr ein unveräußerliches Attribut der Manneswürde«, erklärte mir Haqgu, »und es gäbe nur zusätzlichen Ärger, wenn wir versuchten, diese stolzen Krieger zu demütigen.« Ich erwähnte lächelnd die Macho-Behauptung des französischen Schriftstellers Henry de Montherlant: »Le fusil est le deuxième membre viril de l'homme« – das Gewehr sei das zweite männliche Glied.

Nach einem üppigen Mahl – Reis, Hammel und Früchte –, das im Kauern und mit bloßen Fingern verzehrt wurde, versammelten sich die Kurdenführer in einem großen Obstgarten. Dschamschid Haqgu hatte in einem Polstersessel Platz genommen. Vor ihm war ein Teppich ausgebreitet. Es begann eine lange Debatte über die Schwierigkeiten mit den Behörden, über die Willkür der Khomeini-Komitees aus Teheran. Wir konnten den Einzelheiten nicht folgen, aber alle Parteien wirkten am Ende besänftigt und gelockert. Unter den Fransen-Turbanen zeichneten sich verwegene Profile ab. Einer der Kurdenführer nahm mich bei dem anschließenden Spaziergang zur türkischen Grenzstation beiseite. »Diese offizielle Versöhnung mag schön und gut sein«, lachte er, »aber bei der nächsten günstigen Gelegenheit werden wir den persischen Eindringlingen doch wieder mit der Waffe begegnen.« Im gleichen Moment hallte aus der Ferne eine Salve Schüsse zu uns herüber. Mit dem Feldstecher konnten wir an einem Steilhang, der längs der türkischen Grenze verlief, drei Reiter erkennen, deren galoppierende Pferde braune Staubfahnen aufwühlten. Auf dem Kamm waren türkische Soldaten mit dem Gewehr im Anschlag zu sehen. »Das sind ganz gewöhnliche Schmuggler«, sagte mein kurdischer Begleiter mit dem gewaltigen Schnurrbart und zuckte die Achseln. Die Szene hätte in eine Karl-May-Schilderung gepaßt: »Durchs wilde Kurdistan«.

Bis zur roten Fahne mit weißem Halbmond und Stern, die über dem türkischen Kontrollposten wehte, waren es nur fünfhundert Meter. Die Barriere war für unseren Besuch gehoben worden. Perser und Türken begrüßten sich wie Brüder. Gouverneur Haqgu konnte sich mit seinen westlichen Nachbarn in deren Muttersprache unterhalten. »Die politischen Bestrebungen der Kurden sind aussichtslos«, kommentierte General Nejad, der sich etwas abgesondert hatte. »Selbst wenn es den sogenannten Peschmerga gelänge, im Irak oder bei uns ein eigenes

Staatsgebilde zu gründen, die Türken würden es nicht zulassen und notfalls intervenieren.«

Den zwei türkischen Zollbeamten versuchten wir klarzumachen, daß wir nach der erzwungenen alkoholischen Abstinenz in Persisch-Aserbaidschan gern einen Schluck Bier getrunken hätten. Es dauerte lange, bis man uns verstand. Dann aber rannte einer der Zöllner zum nahen Gebirgsbach, der als Kühlschrank diente, und kam triumphierend mit einer Flasche Bier zurück. Die Perser sahen mit etwas Mißbilligung unserer Ausschweifung zu, und die strahlenden Osmanen wollten keine Bezahlung entgegennehmen. Die Ortschaft Esendere – etwas abseits gelegen – bestand damals nur aus ein paar Lehmkaten, deren Konturen in der Mittagsglut flimmerten.

Soweit die Reminiszenzen aus dem Jahr 1979.

*

Der Landessitte gemäß, werde ich auch in diesem August 1998 von den türkischen Zöllnern gastlich bewirtet mit Kaffee, Tee, Mineralwasser und Früchten. Aber auf die Idee, mir eine Flasche Bier anzubieten, ist niemand gekommen. Der Verdacht keimt, daß trotz aller Bekenntnisse zum großen Atatürk, der bekanntlich dem Raki so heftig zusprach, daß er schon im Alter von 57 Jahren an einer Leberzirrhose starb, der öffentliche Alkoholkonsum in diesem Teil Ost-Anatoliens aus religiösen Gründen immer mehr verdrängt wird. Während Saadet zur Seite getreten ist, um über Handy mit seiner Tochter oder seinem Vater zu kommunizieren – das tragbare Telefon ist zum unverzichtbaren Statussymbol der türkischen Moderne geworden und wird pausenlos aktiviert –, hänge ich meinen Gedanken nach.

Zwei Kriege haben seit meinem letzten Abstecher im Sommer 1979 die Region heimgesucht. Der achtjährige Konflikt zwischen Irak und Iran, der eine Million Opfer gefordert haben dürfte und beide Staaten an den Rand des Abgrundes drängte, sowie der amerikanische Blitzfeldzug »Wüstensturm« gegen Saddam Hussein, der für Washington mit einem strahlenden militärischen Sieg nach nur hundert Stunden Bodenoffensive endete, in politischer Hinsicht jedoch in ein Fiasko mündete und zur dauernden politischen Belastung wurde. Ayatollah Khomeini war inzwischen gestorben, angeblich an Kummer darüber, daß er die heiligen schiitischen Stätten Mesopotamiens nicht befreien konnte. General Zaher Nejad war 1982 durch das Zögern der Mullahs gehindert worden, die irakische Hafenstadt Basra zu erobern und entweder pensioniert oder tot. Mit den iranischen Revolutionswächtern, den Pasdaran, war eine tiefgreifende Verwandlung vorgegangen. Aus diesen Rowdies und Wirrköpfen der schiitischen Revolution ist eine streng disziplinierte, ideologisch getrimmte Elitetruppe geworden, der die modernsten Waffen zur Verfügung stehen und die mit diesem Gerät auch umzugehen versteht. Die Gegner der Islamischen Republik bezeichnen die Pasdaran als die Waffen-SS des Regimes.

Der kurdische Aufstandsführer Talabani, der noch im September 1979 die Unterstützung Saddam Husseins genossen hatte, war spätestens seit der Ausrottung seiner Dörfer durch Giftgasangriffe der irakischen Republikaner-Garde im Sommer 1988 ein Bündnis mit der persischen Mullahkratie eingegangen. Er behauptete sich in seinen Hochburgen rund um Suleimaniyeh mit Hilfe der iranischen Revolutionswächter gegen die Einflußnahme Bagdads und die Komplotte der amerikanischen CIA. Abdurrahman Ghassemlu wiederum, der im Westen hochgeschätzte Führer der marxistisch inspirierten »Demokratischen Partei Kurdistans«, die Seele des Widerstandes gegen die Gleichschaltungsbestrebungen Teherans, war im September 1980 von seinem Schicksal ereilt worden. In einem Wiener Hotel, wohin er sich zu einem konspirativen Treff begeben hatte, wurde er von iranischen Geheimagenten umgebracht. Ähnlich sollte es vier seiner prominentesten Mitstreiter ergehen, als sie im September 1985 im Berliner Restaurant »Mykonos« von einem Killer-Kommando aus Teheran zusammengeschossen wurden. Seitdem ist es seltsam ruhig geworden um den Partisanenkampf der Kurden des Iran, deren Zahl immerhin auf vier bis sechs Millionen Menschen geschätzt wird. Die Türken blicken wohl mit einigem Neid auf die »Pazifizierungserfolge« ihrer persischen Nachbarn und Rivalen, wie ich den Äußerungen des Vali Nihat Canpolat zu entnehmen glaubte.

# Heroinstadt Yüksekova

*Yüksekova, im August 1998*

Auf unserer Rückfahrt über den Diezi-Geç-Paß passieren wir endlose Konvois von Lastwagen, die Öl transportieren. Der Paß liegt nur bei 2100 Meter, eine sehr bescheidene Höhe in dieser Provinz, die von Viertausendern umstellt ist. Gewelltes Weideland dehnt sich bis zu den schroffen Felssilhouetten, auf deren Spitze noch Schnee liegt. Die Schaf- und Ziegenherden, gehütet von kurdischen Kindern, täuschen eine friedliche, bukolische Stimmung vor. Aber vorgestern sind sechs türkische Soldaten den Peschmerga zum Opfer gefallen, den »Männern, die den Tod nicht fürchten«, wie man diese kurdische Bezeichnung übersetzt. An Sandsack-Bunkern und schußbereiten Kettenfahrzeugen vorbei, die längs der Straße aufgereiht sind, rollen wir auf die Ortschaft Yüksekova zu, die in einer fruchtbaren Mulde der rauhen Provinz Hakkari eingebettet ist. Am Sicherheitsaufgebot – ein stahlgeschützter Landrover vorn, einer hinter unserem Mietwagen – läßt sich ermessen, daß der Sektor als kritisch eingestuft ist. Es sind rauhe Gestalten, die diese eckigen Minipanzer bemannen. Sie gehören einer »Sonderpolizei« an, die speziell auf Partisanenbekämpfung trainiert ist und sich ausschließlich aus ethnischen Türken zusammensetzt, erklärt Saadet. Obwohl diese Freiwilligen nicht mehr die Jüngsten sind, machen sie einen extrem kriegstüchtigen, geradezu athletischen Eindruck. Mag sein, daß sie so etwas wie »Söldner« oder gar Kopfjäger sind, daß sie sich auf harte Einsätze, schnelles Töten, eventuell auch brutale Verhöre verstehen; abstoßend wirken diese Krieger nicht. Zu sechst zwängen sie sich auf die hinteren Bänke ihres Fahrzeugs – die Kalaschnikow im Anschlag –, während der LMG-Schütze sich auf dem Vordersitz aufrichtet und mit seiner Waffe die verdächtigen Höhen abschwenkt.

Längs dieser Paßstraße ist es wohl immer schon mörderisch zugegangen, noch ehe der Kurdenaufstand Schlagzeilen machte. Auch hier lohnt es sich, eine Episode aus »Ein Winter in Hakkari« zu zitieren. Der Dorflehrer hatte von einem heimtückischen Überfall auf persische Reisende erfahren und seinen übel beleumundeten Nachbarn Halit zur Rede gestellt:

»Halit kommt. Schneenacht. Halit kommt mit einem Huhn in der Hand, Holz auf dem Rücken … Ich stelle die Teekanne auf den Ofen. Bis der Tee zieht, erzähle ich, Halit hört zu: ›Es war einer der Tage, die den Sommer in den Herbst führen. Ihr hattet euch mit den Persern geeinigt, jemand, auf den ihr hören müßt, hatte verlangt, daß ihr sie über die Grenze bringt, er hatte aber noch etwas anderes im Sinn. Das wußtet weder ihr, noch weiß ich es. – Die Männer habt ihr in Yüksekova abgeholt und machtet euch auf den Weg. Es wurde Abend, Ihr wolltet euch ausruhen. Du kennst diese Gegend wie deine Hosentasche. Dein Begleiter auch. Ihr habt euer Brot hervorgenommen und gegessen. Ihr habt Wasser aus euren Feldflaschen getrunken. Ihr habt euch zum Schlafen hingelegt. Nicht ihr natürlich, die Perser. – Ihr tatet nur so, als ob ihr schlafen würdet. Ihr habt dann gehört, daß die Perser schnarchten, mit einem Augenzeichen – der Nachthimmel war voller Sterne, der Mond beleuchtete den Ort, wo ihr euch aufhieltet – ja, ihr gebt euch ein Zeichen, zieht eure Pistolen und schießt vielleicht gleichzeitig, vielleicht einige Sekunden nacheinander.‹

Halit sagt nichts. Seine Augen schauen auf die Schuhspitzen. Er schweigt. Ich stehe auf, um den Tee zu kochen. Ich setze fort. ›Dann habt ihr die Männer durchsucht. Eine silberne Uhr mit Kette. Oder zwei – bei jedem eine. Dann einige Goldstücke. Dann ein paar persische Banknoten. Sonst nichts. Dann die Tragtaschen. Zwei Tragtaschen. Die mußtet ihr bringen. Diese schweren Tragtaschen habt ihr genommen. Ihr habt nicht hineingeschaut. Ihr durftet nicht hineinschauen. Ihr habt den Ort verlassen. – Ihr seit nicht zurück nach Yüksekova gegangen. Die Tragtaschen haben du oder dein Begleiter genommen. Eure Wege haben sich getrennt. Vielleicht bist du hierher zurückgekehrt‹ . . .

Halit trank seinen Tee ohne Zucker. Einen zweiten wollte er nicht. – Er stand auf. – Als er wegging, sagte er: ›Das hätte ich nicht von dir erwartet.‹«

Am Eingang von Yüksekova fällt mir das stark befestigte Kasernengelände der Jandarma auf. Bei dieser Truppe handelt es sich um zahlenstarke Polizeieinheiten, die ähnlich der französischen oder chilenischen Gendarmerie dem Verteidigungsministerium unterstehen und eine vierte Waffengattung bilden. Die türkischen Rekruten, die einer achtzehnmonatigen Wehrpflicht unterliegen, können ihren Dienst sowohl bei den regulären Streitkräften als auch bei der Jandarma ableisten. Jedenfalls spielen diese gut gerüsteten Spezialorgane eine entscheidende Rolle bei der Partisanenbekämpfung und erleiden die höchsten Verluste.

In Yüksekova hat die Modernisierungskampagne, die trotz des Kurdenfeldzuges in Ost-Anatolien rasant um sich greift und vor allem der Infrastruktur zugute kommt, mehr Veränderungen bewirkt als in Hakkari. So scheint es wenigstens auf den ersten Blick. Die hemmungslose Bauwut hat Dutzende von Wohnhochhäusern aus dem Boden schießen lassen. Die relativ komfortablen Unterkünfte wirken in dieser Umgebung fast ebenso fremd wie die roten Ziegeldächer der israelischen Kolonistendörfer in Judäa und Samaria. Der ständige

Währungsverfall des türkischen Pfundes, unlängst noch achtzig bis neunzig Prozent pro Jahr – fördert natürlich die Kapitalflucht in steinerne Sachwerte, den Boom der Immobilien. Aber die Kreditzinsen – auch für die Kooperativen – sind erschreckend hoch. Sie haben so manche Familie um ihre Ersparnisse und das erhoffte Eigenheim gebracht. Auch Saadet hat an diesem Investitionsrausch teilgenommen. Neben seiner geräumigen Wohnung in Ankara besitzt er eine Ferienvilla irgendwo an der Ägäis-Küste und ist recht gut über die Runden gekommen.

Die Schutzengel von der Sonderpolizei laden uns in eine Kebab-Stube zum Mittagessen ein. Wir lehnen höflich ab. Die Hitze von 45 Grad im Schatten ist nicht gerade appetitfördernd. So hocken wir uns im Stadtzentrum vor den Getränkekiosk eines kahlköpfigen, unförmig dicken Wirtes, der nur auf die Gelegenheit zu einem Schwatz gewartet hat. Er läßt durch zwei minderjährige Diener, schüchtern blickende Knaben, die er wie Leibeigene scheucht, Kaffee und Coca-Cola servieren. Auch das ist ein untrügliches Zeichen des unterschwelligen koranischen Konformismus: Alkohol steht überhaupt nicht im Angebot. Der fette Türke, so erzählt er, fühlt sich als Fremder in Yüksekova. Er stammt aus Adana an der Küste und verzehrt hier seine bescheidene Beamtenpension. Die kleine Kneipe verschafft ihm ein Zubrot. Die wirtschaftliche Lage hier sei nicht schlecht. Dafür sorge der rege Transitverkehr der Benzin- und Dieseltransporteure. An diversen Inschriften in persischer Sprache und arabischer Schrift läßt sich ablesen, daß die hiesigen Kaufleute es auch mit iranischer Kundschaft zu tun haben. Am Stadtrand entsteht sogar eine ansehnliche Textilfabrik, für die der einflußreichste Aga von Yüksekova gegen angemessene Beteiligung am Profit das Bauland zur Verfügung gestellt hat.

Als »Heroinstadt« wird Yüksekova bezeichnet. Mag sein, daß manche der Petroleum-Lkws auch im Dienste der mächtigen, bis in höchste Regierungsstellen verzweigten Mafia stehen, die das Rauschgiftgeschäft zwischen Asien und Europa betreibt. Aber selbst der Gouverneur von Hakkari hat anerkannt, daß die iranischen Mullahs mit äußerster Härte gegen den Drogenhandel vorgehen. Bei Haschisch und Opium wird vielleicht gelegentlich noch ein Auge zugedrückt, aber die Heroin-Dealer erwartet die Todesstrafe. Sogar die USA haben den Vorwurf gegen die Islamische Republik Iran offiziell fallengelassen, das Rauschgiftgeschäft zu fördern. Ich selbst hatte in Teheran –

vom idyllischen Garten der deutschen Botschaftsresidenz aus – die Schreie der verhafteten Drogen-Abhängigen hören können, denen die Entwöhnung mit vernehmbar klatschenden Peitschenschlägen beigebracht wurde. Der Verdacht besteht allerdings auf türkischer Seite, daß der persische Geheimdienst den PKK-Partisanen gelegentlich erlaubt, mit Hilfe von Heroinhandel ihre Kriegskasse aufzustocken.

Mir fallen die knallroten Lettern eines politischen Werbeplakats auf mit dem Schnurrbartantlitz eines grimmig blickenden Mannes, örtlicher Repräsentant der »Republikanischen Volkspartei« und ihres kemalistischen Vorsitzenden Deniz Baykal. Der Kneipenwirt aus Adana ist voll informiert. »Früher gab es hier zwei große Feudalherren, zwei Agas mit ihrer jeweiligen Anhängerschaft. Aber der eine Klan ist aufgrund innerer Streitigkeiten zerbrochen, und nun bleibt nur noch ein allgewaltiger Lokalpolitiker und Landbesitzer, der Abgeordnete Mustafa Zeydan. Im Parlament von Ankara hat er sich einer konservativen Splittergruppe der DTP, der ›Demokratischen Türkischen Partei‹, angeschlossen. Vorher hatte er mit der ›Partei des Rechten Weges‹ von Tansu Çiller paktiert, solange diese noch über Regierungseinfluß verfügte.« Dem Aga Zeydan gehe es nur um seinen persönlichen Vorteil, und den Behörden, vor allem der Armee, sei er nützlich, weil er in der separatistischen Aufstandsbewegung PKK eine Gefährdung seiner exorbitanten Vorrangstellung erblicke. In Yüksekova und Umgebung befehle Mustafa Zeydan seiner Klientel von Pächtern und Tagelöhnern, wie sie zu wählen hat, und die gehorcht ihm aufs Wort. Sogar eine eigene Miliz – auf seiten der Regierung natürlich – habe der Aga aufgeboten, zweitausend sogenannte Dorfwächter. Diese irregulären Waffenträger, die sich untereinander oft befehden und für manches Massaker verantwortlich sind, genießen aufgrund ihres Disziplinmangels und ihrer Grausamkeit einen denkbar schlechten Ruf.

Ob es in Algerien nicht vergleichbare Dorfmilizen mit unberechenbarer Loyalität gebe, fragt der Mann aus Adana und überrascht mich durch diese Kenntnis des fernen Maghreb. Er bestätigt übrigens, was bereits der Vali und der Bürgermeister aussagten. In dieser Gegend sind die Derwisch-Orden, die Tarikat, recht schwach vertreten, bei aller sunnitischen Frömmigkeit der Bevölkerungsmehrheit. Nur die türkischen Zuwanderer hingen ihren traditionellen Bruderschaften an, wie etwa ein Buchhändler, der von der Schwarzmeerküste stammt und dessen bescheidenes Angebot uns direkt gegenüberliegt. Bei ihm zu

Hause sei hingegen die Tarikat der Naqschbandi mächtig und straff organisiert, fügt der Pensionär hinzu.

Nach unserem Aufbruch nehmen uns im Westen die phantastisch zerklüfteten Felsschluchten wieder auf, und wir überqueren den schäumenden Gebirgsfluß Zap. Die Bailey-Brücke ist stark gesichert. Ein ganzes Rudel von khakifarben getarnten Schützenpanzern vom Typ BTR 70 oder BTR 60 steht einsatzbereit, um nach allen Richtungen auszuschwärmen. Mit diesen langgezogenen APCs – Armoured Personal Carrier, wie die Amerikaner sie nennen – hat es eine besondere Bewandtnis. In der WDR-Sendung »Monitor« war angeblich der Beweis erbracht worden, daß die meisten dieser wendigen Fahrzeuge, die mit einem schweren Maschinengewehr vom Kaliber 13,7 Millimeter ausgestattet sind, aus den Beständen der »Nationalen Volksarmee« stammten und über die Bundeswehr an die türkischen Kollegen zur Bandenbekämpfung in Kurdistan geliefert worden seien. Ein speziell angebrachtes Rücklicht weise die Kampfgeräte eindeutig als Material der früheren DDR-Armee aus. Das Verteidigungsministerium auf der Hardthöhe hat in mühsamer Kleinarbeit Paradebilder vom Roten Platz in Moskau beschafft, um zu bekunden, daß das verdächtige Rücklicht auch auf den BTR-Panzern der sowjetischen Streitkräfte angebracht sei. Aber der Verdacht bleibt bestehen. Mein freundschaftlicher Betreuer Saadet versichert mir, daß das Rüstungsarsenal, das in Ost-Anatolien eingesetzt wird und das tatsächlich zur Hauptsache aus dem früheren Ostblock kommt, inzwischen ausschließlich aus rumänischen oder ukrainischen Arsenalen herrühre und zu Ramschpreisen von den Türken erworben werde.

Wir setzen unsere Erkundungsfahrt – an Hakkari vorbei – in südwestlicher Richtung fort. Die Lehmdörfer auf dem Talgrund des Zap mit ihren flachen Dächern, ihren Gemüsegärten und Sonnenblumen wie auch die steile Felslandschaft erinnern wieder einmal an das wilde Hazarajat im Herzen Afghanistans. Fast jede dieser recht armseligen Unterkünfte verfügt jedoch über eine Satellitenschüssel für den Fernsehempfang. Ein paar Kilometer lang wird das Ufer des Zap durch stinkende und qualmende Abfallhalden verseucht. Je weiter die Straße sich auf die irakische Grenzregion und auf die türkische Einfallsbasis Çukurca zuwindet, desto bedrohlicher und bizarrer gestaltet sich die Gesteinsgruft. Die Männer der Sonderpolizei schirmen mich wie Bodyguards gegen eventuelle Heckenschützen ab, während wir nach einer Strecke von etwa sechzig Kilometern eine Rast einlegen. Die abrupte Wand im Süden gehört bereits zur Republik Saddam Husseins. Es gibt hier zwei Möglichkeiten, zur Provinz-Haupstadt Dohuk in Irakisch-Kurdistan zu gelangen, erklärt der Unteroffizier. Die übliche Route führe über Şirnak, Cizre und die Grenzstation Zakho. Aber die Pioniere hätten eine zusätzliche Trasse freigesprengt, die den türkischen Interventionstruppen, die in dieser Zone gegen die PKK-Guerilla ihr Verfolgungsrecht konsequent ausnutzen, erlaubt, unmittelbar auf die Ortschaft Dohuk vorzustoßen. »Es ist nicht ratsam, weiterzufahren«, warnt der Führer des Begleitkommandos. »In einer Stunde wird sich die Dämmerung über das Zap-Tal senken. Dann ist keine Sicherheit mehr zu garantieren. Es war ohnehin ein großes Zugeständnis von seiten unseres Vali, daß er Ihnen diesen Ausflug gestattet hat.« Wir machen kehrt und fahren ohne Zwischenfall zum Şenler-Hotel in Hakkari zurück.

*

Ganz unbekannt ist mir die andere, die irakische Seite nicht. Vor genau einem Jahr war es mir gelungen, von Süden kommend, in den irakischen Teil Kurdistans bis zum besagten Verwaltungszentrum Dohuk vorzudringen. Ich verdankte es damals meinem deutsch-irakischen Begleiter, dem Arzt Saad Darwish, der ohne lange Rückfrage bei den Behörden von Bagdad jenen anarchischen Gebietsstreifen ansteuerte, der sich zwar de facto als kurdische autonome Region proklamiert hatte, staatsrechtlich jedoch weiterhin dem Staat des Diktators Saddam Hussein angehörte. Nördlich von Mossul wurden die Dinge kompliziert. Selbst Darwish zweifelte, ob wir den Checkpoint der irakischen Armee passieren könnten. Wir schafften es dann doch, indem wir mit einem ersten Taxi bis zum nördlichsten Posten der Iraker fuhren. Der Grenzoffizier ließ mit sich reden, verlangte nur, daß wir unsere Pässe bei ihm hinterlegten. Wir mußten einen zweiten, klapprigen Mietwagen besteigen, um bis zur kurdischen Kontrolle zu gelangen. Von dort transportierte uns ein drittes Taxi in die Stadt Dohuk, unser Ziel.

Die Kurden haben im Norden des Irak tatsächlich ein Stück Souveränität errungen. Sie könnten sich auf ein fest umrissenes Territorium stützen, wenn ihre internen Rivalitäten sie nicht immer wieder zum Spielball ihrer übermächtigen Fremdherrscher, der Türken, der irakischen Araber, der Iraner machen würden. Jedenfalls standen an der Schranke nach Dohuk kurdische Posten in der Peschmerga-Kluft –

Pluderhose, breite Bauchbinde, Turban mit Fransen – und musterten uns mit mehr Neugier als Mißtrauen. Da ich vergessen hatte, meinen Zweit-Paß mit auf die Reise zu nehmen, zeigte ich meinen Führerschein vor, und das genügte. Er sei »Yezide«, teilte mir der Behelfspolizist mit der Kalaschnikow freundlich mit, und zahlreiche seiner Familienangehörigen seien in Deutschland ansässig. Die Yeziden, eine kleine Geheimsekte, sind als »Teufelsanbeter« bekannt. Ihre Anhänger leben auch in Ost-Anatolien und im Kaukasus verstreut.

Die Straße zwischen Mossul und Dohuk führt am Saddam-Stausee vorbei. Sie war dicht befahren. Jede Form von Schmuggel spielte sich hier ab. Den Laderaum der riesigen Lastwagen hatten die Transportfirmen zu quadratischen Kanistern umgebaut, um Erdöl aus Kirkuk an die Türkei liefern zu können. Aus Anatolien gelangen Lebensmittel und alle nur denkbaren Gebrauchsartikel auf die irakischen Märkte. Die Kurden in der Gegend zwischen Dohuk, Zakho, Arbil und Salahuddin leiden keine Not. Sie profitieren intensiv von dem halb-illegalen Austausch, erheben Transitgebühren und nehmen sich selbst, was sie brauchen. Der westliche Teil dieses zum Irak gehörenden Gebiets wird von der »Demokratischen Partei Kurdistans« – KDP kontrolliert, die dem Feudalherrn Massud Barzani untersteht. In Peschmerga-Uniform ist der mächtige, wehrhafte Klanchef auf zahlreichen Plakaten abgebildet. Er lächelt freundlich und hält dabei die Kalaschnikow in der Hand.

Das autonome Territorium feierte den 51. Jahrestag der KDP-Gründung. Anfangs stand sie unter dem Befehl von Massuds Vater, Mustafa Barzani, der religiöser sunnitischer Scheikh, Stammeshäuptling und sowjetischer General in einer Person war. Mustafa hatte sich nämlich vorübergehend in den Süd-Kaukasus absetzen müssen und wurde dort auf Vorschlag des KGB befördert. Überall haben die »Demokraten« ihre gelben Wimpel und Fähnchen aufgehängt. Transparente sind über die Hauptstraße von Dohuk gespannt. »Min ajli el salam«, entziffere ich – »Für die Sache des Friedens«. Auch in Kurdistan war man um flagrante Lügen nicht verlegen.

Ich will nicht die unendliche und extrem verworrene Geschichte der diversen kurdischen Dissidenten und Separatisten erzählen. Die Fronten und Loyalitäten wechselten ständig. Alles drehte sich hier stets um Geld und Verrat. Der kurdische Gegenspieler und Rivale Massud Barzanis heißt Dschalal Talabani und steht seit mindestens zwei Jahrzehnten in offenem Konflikt zur KDP. Seine Einflußzone beschränkt sich neuerdings auf die östlichen und weniger einträglichen Gebiete im Umkreis von Suleimaniyeh und des Städtchens Halabja, dessen Bewohner 1988 von Saddam Hussein vergast wurden. Dschalal Talabani, der weniger kriegerisch, dafür aber intellektueller wirkt als Massud Barzani, hat sich der Patronage der Perser anvertraut. Das war nicht immer so, wie ich im Sommer 1979 hatte feststellen können. Damals hatten Talabani und seine »Patriotische Union Kurdistans« – PUK – mit Bagdad paktiert. Im Kontrast zur gelben Flagge Barzanis trat die PUK unter der grünen Farbe des Islam auf.

Felder von Sonnenblumen säumten unseren Weg nach Dohuk. Die Stadt am oberen Tigris war in normalen Zeiten ein belangloser Marktplatz von 60 000 Einwohnern. Aber in Krisenzeiten schwoll die Bevölkerung auf 300 000 Menschen an, wenn die türkische Armee nach Süden vordrang, um die marxistischen Partisanen der Kurdischen Arbeiterpartei PKK Abdullah Öcalans zu jagen und zu liquidieren. Die meisten Männer im Straßenbild von Dohuk gingen in kurdischer Nationaltracht. Die Frauen waren fast alle verschleiert. Mir fielen blonde Kinder mit grünen Augen auf. Ein einziges Gebäude war während des Aufstandes zerstört worden, der hier nach dem Debakel Saddam Husseins von 1991 ausbrach, das Gefängnis des berüchtigten irakischen Mukhabara. Die Läden waren prall gefüllt mit unterschiedlichstem Warenangebot, doch am Stadtrand erstreckten sich erbärmliche Flüchtlingslager. Wie diese Menschen es versäumten, am blühenden Handel und Tauschgeschäft teilzuhaben, und trotz des Überangebotes an internationaler Hilfe im Elend verharrten, blieb schleierhaft. Die Europäische Union und vor allem Deutschland waren hier karitativ stark engagiert.

Doktor Darwish hatte einen alten Bekannten namens Suleiman aufgesucht, einen reichen Kaufmann aus Mardin in der nahen Türkei, der elektronisches Gerät verkaufte und auch andere diskrete Tauschaktionen tätigte. Der Kurde Suleiman wirkte sehr bürgerlich und gesetzt, trug dunklen Anzug mit Krawatte. »Die Situation ist zur Zeit recht ruhig«, berichtete er, »die Transportkolonnen bewegen sich ungehindert in Richtung Zakho und werden auch jenseits der anatolischen Grenze nicht angegriffen. Das kann sich schlagartig ändern. Die Freischärler der ›Kurdischen Arbeiterpartei‹ bewegen sich im Untergrund, aber sie sind überall präsent. Niemand weiß, wie bald die türkischen Panzer wieder nach Süden stoßen. Bisher haben sich diese Säuberungsaktionen Ankaras auf die unmittelbare Nachbarschaft unserer Stadt beschränkt, doch wir müssen damit rechnen, daß auch Dohuk selbst in diese Kampfhandlungen nach dem US-Modell ›search and destroy‹ einbezogen wird.« Die Proteste aus Bagdad verhallten in Ankara ungehört. Kein türkischer General kümmerte sich im geringsten darum. Laut Suleiman hatte die post-kommunistische PKK ihren Zenit überschritten und verlor an Einfluß. Ihre ideologische Ausrichtung auf den Klassenkampf sei nicht mehr zeitgemäß. Wer etwas bewegen wolle in Kurdistan, der müsse am Ende auf irgendeine islamische Karte setzen. Der große Aufstand der Muriden gegen Atatürk im Jahr 1925 könne dann eventuell als Präzedenzfall dienen.

Der Kaufmann aus Mardin erzählte – sichtlich erheitert – von der blamablen Fehlleistung, die sich die amerikanische CIA im Sommer 1996 geleistet hat, ein »Flop«, der von der »New York Herald Tribune« mit dem Fiasko John F. Kennedys in der Schweinebucht von Kuba verglichen wurde. »Provide comfort« – Beistand leisten –, so lautete der Plan des Pentagons, der den Kurden des Nord-Irak, die sich 1991 gegen die Fremdherrschaft der Araber erhoben hatten, einen festumrissenen Freiraum verschaffen sollte. Der Weltsicherheitsrat hatte die Zone jenseits des 36. Breitengrades für irakische Flugzeuge gesperrt. Nördlich von Mossul und Kirkuk bildete sich das bereits skizzierte autonome Kurdenterritorium ab. Es war mit ein paar Attributen staatlicher Autorität ausgestattet, nicht zu vielen natürlich, denn sonst wären die türkischen Streitkräfte auf den Plan getreten, um diesen Herd nationaler Unabhängigkeit, der in Ost-Anatolien spontanen Widerhall gefunden hätte, im Keim zu ersticken.

Im Zeichen von »Provide comfort« und »Northern shield«, so hieß das andere Kennwort der US-Strategie, hatten alle nur denkbaren humanitären Hilfsvereine in dieser kurdischen Zwischenzone ihre Quartiere aufgeschlagen. Es waren etwa vierzig insgesamt, wenn man die sogenannten NGOs, die »Nicht-Regierungs-Organisationen«, mitzählt. Im Halbdunkel tummelten sich – wie früher einmal im indochinesischen Laos – die Tarngruppen der CIA. Systematisch verwandelten diese den strategischen Streifen zwischen Dohuk und Arbil in eine Drehscheibe geheimdienstlicher Tätigkeit, ja in eine Ausgangsbasis umstürzlerischer Komplotte gegen den verhaßten Despoten von Bagdad, den Überlebenden des Golfkrieges. Die Amerikaner hatten ihre Rechnung ohne die Wankelmütigkeit, die List, die Verschlagenheit ihrer neuen kurdischen Schützlinge gemacht. Als Massud Barzani gewahr wurde, daß die Hasardeure aus Langley ihn in eine höchst prekäre Situation manövrierten, suchte er in aller Heimlichkeit ein Auskommen mit Saddam Hussein. Mehr als eine Teil-Autonomie konnte er ohnehin nicht für seine Landsleute herausschlagen. Als Gegenleistung würde die irakische Armee, die ja weiterhin existierte, ihm einen großen Dienst erweisen, indem sie die Peschmerga seines Rivalen Talabani aus dem Verwaltungszentrum Arbil vertrieb. Ende August 1996 sind Verbände der »Republikanischen Garde« überraschend in Arbil eingedrungen. Etwa hundert notorische Gehilfen der CIA wurden auf der Stelle durch die Iraker erschossen. Jetzt gab es kein Halten mehr. Die Soldaten aus Bagdad hielten sich nur ein paar Tage in Arbil auf. Sie übergaben die Kontrolle der Stadt an die KDP Massud Barzanis und rückten schleunigst nach Süden ab, um eine Konfliktausbreitung zu vermeiden. Aus Langley war die Anordnung eingetroffen, sämtliche Iraker, die sich mit den amerikanischen Diensten allzu sichtbar eingelassen hatten und die nun um ihr Leben fürchten mußten, zu »exfiltrieren«, wie es im Spezial-Jargon heißt. In einer Nacht- und Nebelaktion wurden 5000 Kollaborateure von der US Air Force ausgeflogen. Man beförderte dieses Strandgut des Golfkrieges – man höre und staune – auf die Insel Guam im West-Pazifik. Es ging dem amerikanischen Präsidenten Bill Clinton darum, die Kampagne für seine damalige Wiederwahl nicht mit diesem blamablen Fiasko zu belasten und die gescheiterten Komplotteure vor indiskreten Journalisten abzuschirmen. Ohne bei der UNO auch nur anzufragen, beschloß der amerikanische Staatschef eine Strafaktion gegen den Irak. Es sollte nicht die letzte sein. Die Schiffe der Fünften US-Flotte im Persischen Golf feuerten Marschflugkörper ab. Sie schlugen im Siedlungsgebiet der Schiiten ein und verfehlten meist ihre Ziele. »Um den Norden zu strafen, hat Clinton im Süden zugeschlagen«, beendete Suleiman seinen Lagevortrag. »Wer kann unter solchen Umständen noch Zutrauen zu den Amerikanern haben?«

Sehr intensiv haben wir damals die wilde Gebirgslandschaft im Umkreis von Dohuk und ihre idyllischen Seen nicht besichtigt. Auf der Straße nach Zakho häuften sich die Sperren bewaffneter Freischärler undefinierbarer Loyalität. Zum ersten Mal wurde Darwish nervös. »Sie haben gesehen, was Sie wollten«, meinte er, »Sie haben sich in Irakisch-Kurdistan aufgehalten. Jetzt sollten wir das Schicksal nicht herausfordern und das Risiko eingehen, daß Sie von irgendwelchen unkontrollierbaren Elementen als Geisel festgenommen werden.«

# Orientalische Jakobiner

*Hakkari, im August 1998*

Einen Nightclub würde man in Hakkari vergeblich suchen. Dafür gibt es ein ansehnliches, mit Plüsch, Schnörkeln und Spiegeln reich dekoriertes Restaurant, das knapp 150 Meter von unserem Hotel entfernt ist. Bevor wir den im ersten Stockwerk gelegenen Speisesaal betreten, fällt mein Blick auf ein Plakat mit der Photographie eines bärtigen, starr blickenden Mannes. »Das ist ein gefährlicher Terrorist der PKK, der hier seit langem sein Unwesen treibt«, erklärt der Empfangschef. »Ein Kopfgeld ist nicht auf ihn ausgeschrieben.« Meine Gastgeber sind zwei fröhliche junge Männer – 30 und 31 Jahre alt –, denen ich bereits im Vorzimmer des Gouverneurs kurz begegnet war. Ihre Ausgelassenheit und diskrete Eleganz kontrastieren mit der sehr orientalischen Beflissenheit der im Smoking servierenden Kellner und den ernsten Gesichtern der übrigen Kundschaft, überwiegend Offiziere in Zivil oder wohlsituierte Händler. Während die Bedienung mit ungeschickten Bewegungen ihre Suppenschüsseln über den Speisenden kreisen läßt, muß ich an eine Anekdote aus dem Leben des großen Atatürk denken, der bei seinen Banketts – Frack war stets vorgeschrieben – größten Wert auf Etikette legte. Als nun bei einer solchen Gelegenheit der Servierer eine ganze Terrine mit Soße über einen hochrangigen Diplomaten ausgoß und der Tölpel schlimmste Bestrafung befürchtete, wandte sich der Präsident mit strahlendem Lächeln und ohne Entschuldigung an die erlauchte Runde: »Die Türken sind eben schlechte Diener«, soll er gesagt haben.

Yilmaz Kurt ist trotz seiner jungen Jahre Vizegouverneur von Hakkari. Dem Typus nach könnte er aus den früheren nordafrikanischen Dependenzen des Osmanischen Reiches stammen, aber ebenso wie sein Freund Abdurrahman Korucu, der mich mit seiner schwarzen Mähne und den flinken Augen hinter blitzenden Brillengläsern an einen griechischen Intellektuellen erinnert, ist er aus der Gegend von Izmir, aus dem Küstenstreifen der Ägäis, gebürtig. Abdurrahman ist Kaymakam – die Deutschen übersetzen diese Amtsbezeichnung mit »Landrat« – des Distrikts Şemdinli im äußersten Winkel der Velayat Hakkari, dort, wo in einer furchterregenden, himmelstürmenden Steinwüste nur noch Maultierpfade nach Irak und Iran überleiten.

»Zur Zeit des Padischah wäre Şemdinli ein Ort der Verbannung für einen in Ungnade gefallenen Beamten des Serail gewesen«, scherzt der einunddreißigjährige Kaymakam, »aber für einen jungen Mann wie mich ist es eine Auszeichnung, dort zu dienen. Ich fühle mich überaus wohl dort und genieße meine administrative Selbständigkeit.« Meine beiden Gesprächspartner haben zwei Jahre in England studiert, kennen Amerika und schwärmen von Paris. Wieder einmal fällt mir die hohe Qualität der türkischen Provinzverwaltung auf, als sei die Tradition der »Palastschule« von Istanbul, in der zur Zeit der großen Sultane fast ausschließlich christliche Beutesklaven, Opfer der »Devşirme« und Knabenlese, zu den Posten höchster Verantwortung ausgebildet wurden, unter dem Kemalismus nicht ganz verlorengegangen.

Die jungen Männer, die meine Enkel sein könnten, haben eine würzige türkische Hammelspeise und dazu Fruchtsäfte bestellt. Weder der landesübliche Raki noch andere Alkoholika werden ausgeschenkt. Saadet spricht mit dem Wirt, und aus einem nahegelegenen Geschäft wird dann eine Dose Efes-Bier, durch eine Papierserviette vor den Blicken der übrigen Gäste getarnt, an unseren Tisch gebracht. Ganz behutsam scheint sich also doch die koranische Strenge auszubreiten. Ich erwähne nebenbei, daß ich im Sommer 1951 zum ersten Mal die Türkei von West nach Ost per Eisenbahn und vor allem per Autobus durchquert habe. Die Frage ist stets die gleiche: »Welche Veränderungen haben Sie seitdem wahrgenommen?« Ich kann dann in aller Ehrlichkeit antworten, daß die Republik Atatürks in dem verflossenen halben Jahrhundert einen phänomenalen Aufschwung erlebt hat. Die Städte sind sauber und stattlicher geworden. Das Straßennetz wurde auf europäischen Stand gebracht. Komfortable Touristenhotels sind fast überall zu finden. Das Lebensniveau der Bevölkerung, die sich in der Zwischenzeit verdreifacht haben dürfte und heute fast siebzig Millionen Menschen zählt, hat sich ganz wesentlich verbessert. Im Unterrichtswesen, in der industriellen Entwicklung, bei der landwirtschaftlichen Erschließung wurden sensationelle Fortschritte erzielt. Die modernen Wohnsiedlungen, die jede Provinzstadt umgürten, könnten den meisten ehemaligen Ostblock-Staaten als Vorbild dienen. Ausländische Experten warnen allerdings seit langem, daß diese oft gefälligen Fassaden mit billigstem Material und mangelhafter Statik hochgezogen wurden und ihre Bewohner deshalb im anatolischen Erdbebengebiet enormen Risiken ausgesetzt sind. Insgesamt jedoch sollte die Türkei und ihre fleißigen Staatsbürger beglückwünscht werden.

Aber ich versäume es nicht, auch an diesem Abend in Hakkari jene Feststellung zu treffen, die meinen Zuhörern möglicherweise nicht so schmeichelhaft in den Ohren klingt: Im August 1951 wurde der kemalistische Laizismus, die Verdrängung der islamischen Religion aus allen Bereichen der Öffentlichkeit, noch mit strenger Konsequenz betrieben, und die ersten Lockerungen der Regierung Menderes waren kaum zu spüren. Die Moscheen waren selten, und meist waren sie geschlossen. Koranschulen gab es kaum. Der Ruf des Muezzin war untersagt, und die Offenbarung des Propheten Mohammed konnte nur in türkischer Sprache verkündet werden. Die geistlichen Institutionen, inklusive der wohltätigen Stiftungen oder »Waqf« waren aufgelöst, und allenfalls auf dem Land wagten die Frauen es noch, sich in den von Atatürk verfluchten Schleier, den Hijab, zu hüllen. Von 1951 an setzte eine diskrete Rückwendung zur Religiosität ein, und heute ist die Veränderung radikal. 20 000 Moscheen, so heißt es – weit mehr als während der gesamten osmanischen Herrschaft erbaut wurden –, sind in Anatolien aus dem Boden geschossen. Koranschulen sind überall anzutreffen, die prüde weibliche Verschleierung hat sich in weiten Teilen des Landes wieder durchgesetzt. Es wird auf arabisch gebetet und – der Beweis wurde uns gerade durch den scheppernden Lautsprecher der nahen Moschee geliefert – das islamische Glaubensbekenntnis, die »Schahada«, hallt mit gewaltiger Phonstärke und in arabischer Sprache von Edirne in Ost-Thrakien bis Kars an den Hängen des Kaukasus.

Die beiden jungen Beamten widersprechen nicht. Sie weichen auch meinen Erkundungen nicht aus. Ob denn die Partisanen der »Kurdischen Arbeiterpartei« mitsamt ihrem gewalttätigen Kommandeur Öcalan nicht begriffen hätten, daß ihre marxistisch-leninistische Ideologie dem Zeitgeist gar nicht mehr entspreche, will ich wissen, ob die aufständische PKK nach dem Zusammenbruch der Sowjetunion sich nicht bewußt sei, daß sie sich bei ihren überwiegend ländlichen Sympathisanten, aber auch bei den kurdischen Intellektuellen der Städte ins Abseits manövriert. »Öcalan ist kein verbockter Dogmatiker«, lautet die Antwort, »und seit geraumer Zeit sind Hammer und Sichel aus dem Wappen und der rot-grün-gelben Fahne der PKK entfernt worden. Die Flugblätter und Propagandaschriften werden mit den unverfänglichen Abkürzungen ERNK für den politischen und ARGK für den militärischen Flügel der Separatistenbewegung signiert.« Die Rebellen und Gefolgsleute des Apo, des »Onkels« Abdullah Öcalan, präsentieren sich neuerdings im Namen einer »Kurdisch-Islamischen Union«. Sie haben die Zeichen der Zeit sehr wohl erkannt und versuchen sogar auf den Wogen des koranischen Fundamentalismus zu reiten. Die aus England sendende Radiostation der Separatisten – in Erinnerung an die angebliche Abstammung der Kurden vom großen Meder-Reich des Altertums »Med-TV« genannt – treibe die Anpassung an die geistliche Rückbesinnung so weit, daß sie am Freitag, dem islamischen Ruhetag, der in der Republik Atatürks durch den Sonntag ersetzt wurde, endlose Koranlesungen mit den Predigten eines kämpferischen sunnitischen »Khatib« alternieren lasse.

Da braut sich in der Tat eine höchst gefährliche, ja explosive Mischung zusammen. Die weithin verbreitete soziale Unzufriedenheit der Pächter und Landarbeiter, die noch wie Leibeigene schuften müssen, wird gekoppelt mit dem tiefverwurzelten Aufbegehren des kurdischen Nationalismus und potenziert durch die angestammte Verwerfung des von der türkischen Oberschicht aufgezwungenen Säkularismus kemalistischer Prägung. Hatte nicht im Jahr 1925 der große Kurdenaufstand gegen Atatürk und dessen radikale Reformen im Zeichen des Islam und unter der grünen Fahne des Propheten stattgefunden, nachdem der letzte osmanische Kalif Abdülmecit im März 1924 ins europäische Exil verjagt worden war? Stand nicht damals an der Spitze dieses religiösen Verzweiflungskampfes der »Muriden« die religiöse Autorität des Scheikh Said und die verschworene Derwisch-Bruderschaft des weitverzweigten Naqschbandi-Ordens?

Die militärische Lage – selbst in seinem äußerst exponierten Distrikt Şemdinli – habe sich ganz wesentlich verbessert, seit die türkische Armee zur grenzüberschreitenden Aktion gegen den Irak vorgehe und sogar permanente kleine Garnisonen in den benachbarten Zonen unterhalte, bestätigt Abdurrahman. Aber neuerdings bereite die Islamische Republik Iran wachsende Sorge. Teheran sei der wirkliche Rivale Ankaras, und diese Gegnerschaft reiche weit in die Geschichte zurück. »Wir müssen in unseren Grenzposten ja beinahe täglich mit den Persern verhandeln«, fährt der Landrat fort. »Wir haben es da meistens mit stark motivierten Revolutionswächtern oder Pasdaran zu tun. Die Iraner sind Meister der Täuschung und der Verheimlichung, aber wir dürfen uns keine Illusionen machen, sie verfügen über einen starken Staat.« Es gebe drei Regionalmächte im gesamten Orient, kommen wir überein: Die Türkei, Iran und Israel, und nur aus deren Dreiecksverhältnis ließen sich die Spannungen in Ost-Anatolien realistisch beurteilen. Ganz offiziell hatte Ankara ja eine enge militärische Zusammenarbeit mit dem Judenstaat aufgenommen, und Washington gab dazu seinen Segen. Anfangs hatten die Türken versucht, das Ausmaß dieser Operation herunterzuspielen und das gemeinsame See-Manöver »Reliant mermaid« als humanitäre Rettungsübung zu tarnen. Aber dann wurde bekannt, daß die israelische Luftwaffe den weiten Himmel Anatoliens für das Training ihrer Düsenjäger benutzte, daß ihr in West-Anatolien die Basis von Sivrihisar bei Eskişehir zur Benutzung angewiesen wurde. Die Israeli schulen seitdem ihre neuen türkischen Verbündeten in elektronischer Kampfführung. Für den Generalstab in Tel Aviv bieten sich die türkischen Streitkräfte, die von ihren NATO-Partnern immer wieder einem Teilboykott ihrer modernsten Aufrüstungswünsche ausgesetzt sind, als idealer Absatzmarkt für die Hoch-Technologie der israelischen Waffenproduktion an. Ein kleines Kontingent türkischer Bodentruppen hatte im jordanischen Grenzgebiet zu Israel Commando-Aktionen mit den US Marines geprobt. Es hieß sogar, israelische Spezialisten der Partisanenbekämpfung seien in Ost-Anatolien als Berater von türkischen Elite-Einheiten tätig.

Eine Meldung der seriösen amerikanischen Zeitung »Christian Science Monitor« über die Installierung einer rein israelischen Air-Force-Basis in Ost-Anatolien wurde zwar in Ankara energisch dementiert, aber bei den Mullahs von Teheran verdichtete sich der Verdacht, der Judenstaat wolle möglichst nahe an die geheimen Werkstätten der iranischen Nuklearrüstung heranrücken, um eines Tages zum »preemptive strike« auszuholen, ähnlich wie es im Jahr 1981 waghalsigen Piloten unter dem David-Stern gelungen war, die irakische Atomanlage von Ozirak südlich von Bagdad vernichtend zu treffen. Die Tatsache, daß die Türkei sich beim Bau neuer Pipelines für den Transport von Erdöl und Erdgas aus den Förderungsgebieten rund um das Kaspische Meer resolut auf die Seite der großen amerikanischen Konzerne geschlagen hatte und darauf hinwirkte, diesen einträglichen Transport schwarzen Goldes an Iran und Rußland vorbei über Georgien und Anatolien zum türkischen Petroleumhafen Ceyhan in der Nähe von Adana zu lenken, mußte in Moskau und vor allem in Teheran als klare Kampfansage gewertet werden. Im neuen »great game«, das sich im Einflußkampf um Kaukasus und Zentralasien abzeichnet, hat Ankara eindeutige Frontstellung bezogen.

»Die Perser werden uns noch manche Sorge bereiten«, meint der Vizegouverneur Kurt – sein Name heißt »Wolf« in der Übersetzung –, »und wir müssen bei der Unberechenbarkeit der amerikanischen Diplomatie stets darauf gefaßt sein, daß eine spektakuläre Versöhnung zwischen Washington und Teheran zustande kommt. Im Pentagon trauert man wohl immer noch der strategischen Zusammenarbeit mit der Pahlevi-Dynastie nach, und diese Tendenz verstärkt sich in dem Maße, wie die US-Positionen im arabischen Raum abzubröckeln scheinen.« Auch die Deutschen seien im Grunde an ihren alten Geschäftsbeziehungen zu den Persern stärker interessiert als an der Zollunion mit der Türkei. »Uns kann nichts besseres passieren«, fügt er verschmitzt lächelnd hinzu, »als daß der neue Staatschef des Iran Mohammed Khatami, den man im Westen bereits als moderaten Reformer, fast als Demokraten feiert, durch einen Hardliner wie den Parlamentspräsidenten Nateq Nuri in Teheran ersetzt oder daß er zumindest in seinen Liberalisierungsbestrebungen gelähmt wird.« Sogar das Berliner »Mykonos«-Attentat, bei dem vier prominente iranisch-kurdische Oppositionelle ermordet wurden, verleitet offenbar gewisse türkische Anhänger orientalischer Verschwörungstheorien zu der absurden Vermutung, es habe sich um ein abgekartetes Spiel mit irgendwelchen deutschen Undercover-Agenten gehandelt. Bei diesen Mutmaßungen über das angebliche Buhlen des Westens um die persische Gunst fällt mir eine Karikatur der »New York Herald Tribune« ein, die ich leider meinem türkischen Gastgeber nicht vorzeigen kann. Bill Clinton fährt dort in einem riesigen Luxuscabriolet an einer tief verschleierten Frau vorbei, deren Tschador mit den Lettern »Iran« gezeichnet ist. Der präsidentielle Schürzenjäger lehnt sich lockend und winkend aus seinem Fahrzeug heraus. »Hi! Gorgeous!« – ruft er der schwarz vermummten Gestalt einladend zu.

Es fällt kein Wort der Kritik an den Deutschen. Die giftigen Ausfälle der türkischen Boulevardpresse, sogar die unsäglichen Attacken des amtierenden Ministerpräsidenten Mesut Yilmaz gegen Helmut Kohl und dessen »Drang nach Osten« werden nicht erwähnt. Aber es wird doch deutlich, daß die vielbeschworene deutsch-türkische Freundschaft niemals so fest begründet war, wie das in Germanien oft gefeiert wird. Im Gegensatz zu seinem Gegenspieler Enver Pascha, dem letzten osmanischen Kriegsminister, hielt Atatürk, der damals noch Mustafa Kemal Pascha hieß, nicht sonderlich viel von der Zusammenarbeit mit der wilhelminischen Generalität. Bei der Gestaltung seiner laizistischen Republik ließ er sich denn auch viel stärker von den Vorstellungen französischer Denker beeinflussen, vom nationalen Voluntarismus eines Ernest Renan zum Beispiel, ja vom jakobinischen Ideal der »République une et indivisible«, als von den völkisch-romantischen Schwärmereien der deutschen Patrioten, die wiederum bei den arabischen Nationalisten des ausgehenden neunzehnten Jahrhunderts starken Anklang gefunden hatten. So war auch bei der Aufteilung des kemalistischen Staates in achtzig Velayat die zentralistische Struktur des französischen Département-Systems übernommen worden, wobei dem Vali die Funktion eines »Préfet«, dem Kaymakam die des »Sous-Préfet« zufiel.

»Wissen Sie, daß es uns manchmal leichter fällt, mit Engländern oder Franzosen, also den klassischen Repräsentanten des europäischen Kolonialismus, über unsere Probleme zu diskutieren als mit den Deutschen«, nimmt der Kaymakam das Gespräch wieder auf. »In London und Paris verfügt man über eine längere, eine intimere Erfahrung im Umgang mit fremden Kulturen. Man ist dort realistischer, man will nicht alles nach dem eigenen Modell umformen und legt auch nicht rechthaberisch die eigenen Werturteile, das heißt neuerdings die der Amerikaner, als Maßstab aller Dinge an.« So absurd es klingt, die deutsche Kolonial-Episode zwischen 1878 und 1914 war wohl zu kurz und oberflächlich gewesen. Ich hüte mich zu widersprechen, bin ich doch längst zu der Überzeugung gelangt, daß die großen Prokonsuln des späten europäischen Imperialismus in den unterworfenen Regionen des »Dar-ul-Islam« von der Religion des Propheten und den unveräußerlichen Verhaltensregeln der Korangläubigen mehr verstanden haben als so manche Theoretiker der orientalischen Wissenschaft. »Reformed Islam is no longer Islam« – ein reformierter Islam ist kein Islam mehr –, hatte Lord Cromer, der britische Statthalter in Ägypten, lange vor dem Aufkommen des »Fundamentalismus« festgestellt. Der französische Generalresident Lyautey hatte in Marokko darüber gewacht, daß sich der multikulturelle Mischmasch, der Algerien am Ende zum Verhängnis wurde, im Bereich des Alawitischen Sultanats von Rabat nicht wiederholte, und der zaristische General Kaufmann hatte – unter Berücksichtigung der maroden Strukturen in den Khanaten Russisch-Turkestans – seine Eroberungskeile sehr erfolgreich in die Nachbarschaft des britischen Kronjuwels Indien vorangetrieben.

Die Vollmitgliedschaft der Türkei in der Europäischen Union

erscheint an diesem Abend in einem fast surrealen Licht. Schon bei einem Vortrag in Istanbul vor der Deutsch-Türkischen Handelskammer hatte ich im März 1997 die Erfahrung gemacht, daß die Ausflüchte und Halbwahrheiten, zu denen deutsche Politiker, Industrielle und Publizisten Zuflucht nehmen, wenn es gilt, Ankara bei Laune zu halten und unerfüllbare Hoffnungen zu wecken, auf heftigere und berechtigtere Kritik bei den Erben Atatürks stoßen als der Hinweis auf die geopolitischen und kulturellen Realitäten. Wenn die Europäer schon nicht in der Lage sind, in ihrer unmittelbaren Nachbarschaft, auf ihrem eigenen Terrain – nämlich auf dem Balkan – für Frieden und Ordnung zu sorgen, so argumentiere ich auch in Hakkari am Tisch der beiden jungen Beamten, wie sollten sie dann mit der extrem verworrenen Konfliktlage zurechtkommen, die sich an der Schwelle Mesopotamiens, des Kaukasus und des iranischen Hochlandes zusammenbraut? Die Türkei sei nun einmal kein Anhängsel des Abendlandes. Ihr stehe – im Zeichen engster Zusammenarbeit mit Europa – eine ganz andere, spezifische Rolle zu. Die EU-Mitgliedschaft Griechenlands wirke sich schon problematisch genug aus, obwohl der Begriff, ja das Wort »Europa« der hellenischen Mythologie entlehnt sei. »Die Türkei besitzt die Ausmaße eines Subkontinents, wird im Jahr 2020 voraussichtlich hundert Millionen Einwohner zählen, und in Brüssel kommt ja auch niemand auf die Idee, die Rußländische Föderation – obwohl der christlichen Glaubenswelt neuerdings wieder zugehörig – eine Aufnahme in die Union vorzuschlagen«, fahre ich fort. Schon der Beitritt der Ukraine würde jedes Gleichgewicht aus den Angeln heben und unabsehbare Komplikationen nach sich ziehen. Die Türkei verfüge doch über eine großartige imperiale Tradition, sie rücke – ob sie es wolle oder nicht – in die Nachfolge des osmanischen Großreiches. Darüber hinaus verweise jeder Politiker in Ankara zu Recht auf die ethnischen und religiösen Bindungen des »Panturanismus«, seit in Zentralasien der Fremdherrschaft der Sowjetunion ein Ende gesetzt wurde, ganz zu schweigen von den engen Verflechtungen im kaukasischen Nachbarraum. In diesem Zusammenhang muß allerdings auch die in Luxemburg beschlossene, bevorzugte Behandlung der Zypern-Kandidatur als das bezeichnet werden, was sie ist, nämlich ein Affront gegen Ankara. Dem griechischen Teil der Insel Aphrodites wird dabei ein unerträglicher Vorteil gegenüber dem türkisch verwalteten Norden eingeräumt. Und jede Föderationsabsicht zwischen diesen beiden zutiefst verfeindeten Zonen bleibt illusorisch.

Jedenfalls werden solche klaren Argumente erstaunlich bereitwillig angenommen oder zumindest respektiert, während der Schlingerkurs der deutschen Diplomatie, die durch ihre Hinweise auf mangelnde Respektierung der Menschenrechte oder auf die Fortdauer des kurdischen Minderheitenkonfliktes – zumal wenn diese Vorwürfe im Ton pedantischer Belehrung und moralischer Besserwisserei vorgetragen werden – die türkischen Patrioten jedweder Couleur in Rage versetzt. Auch die wirtschaftlichen, auf nackten Profit ausgerichteten Zusicherungen, die den türkischen Industriellen von seiten der deutschen Unternehmerverbände gemacht werden, wonach die europäische Integration Anatoliens doch nur eine Frage der Zeit und einiger marktwirtschaftlicher Anpassungen sei, finden zwar Widerhall in der türkischen Presse, entlarven sich jedoch allzu schnell als Bekundungen leichtfertiger Anbiederung.

Die Abende dauern nicht lang in Hakkari, und die Rückreise nach Van ist für den frühen Morgen angesetzt. Der Abschied von meinen Gastgebern gestaltet sich ebenso herzlich und heiter wie unser freimütiger Gedankenaustausch. Auf dem kurzen Weg zum »Şenler« werde ich von drei schweigsamen Männern in Zivil begleitet, die der Statur nach Meister im Gewichtheben sein könnten. In meinem Hotelzimmer, das mir inzwischen recht vertraut vorkommt, krame ich jenen Erlebnisbericht aus meinem Koffer, den ich im Sommer 1951 im Alter von 27 Jahren veröffentlicht hatte und den ich gern den beiden Beamten vorgelesen hätte. Die Zeilen klingen heute etwas jugendbewegt. Ich war damals als einziger Ausländer in einem klapprigen Autobus über die Schotterpisten Ost-Anatoliens in Richtung persische Grenze gerumpelt. In der Stadt Erzerum, auf der noch die Erinnerung an die Armenier-Massaker zu lasten schien, hatte ich – auf dem schmutzstarrenden Bett einer erbärmlichen Unterkunft hockend – folgende Zeilen niedergeschrieben, die mir heute so antiquiert und dann wieder so aktuell vorkommen:

»Unsagbare Traurigkeit umgibt die verwahrlosten Steinhäuser Erzerums«, so beginnt die Reportage. »Wenn der Mond hoch und kalt über den nackten Bergen steht und ein zweirädriger Ochsenkarren, ein ›Kagni‹, sich mit quietschenden Achsen durch die Gassen müht, wirken die runden Strohhaufen auf den flachen Dächern wie düstere Grabkuppeln der Namenlosen … Bei Tag ist der Ort kaum einladender. Seit einigen Jahren tragen viele Frauen wieder den schwarzen Schleier, den sie mit einer Hand vor das Gesicht halten. Die Straßen wimmeln von Soldaten in abgewetzten, verfärbten Uniformen. Die Zivilisten laufen in zerlumpten Anzügen unter der formlosen Schirmmütze, deren Tragen Atatürk anstelle des Fez angeordnet hatte ... Hier lebt ein arbeitsames, ehrliches, gastliches Volk, das man aber nie lachen hört, das man selten tanzen sieht. Aus starren schwarzen Augen blickt noch die Härte unerbittlicher Jahrhunderte. Wenn die Dunkelheit hereinbricht, arbeitet der Einwohner von Erzerum bis zu vorgerückter Stunde; er trinkt vielleicht einen Raki, wenn er Geld dazu hat, oder er geht – Gipfel des Amüsements – in ein schmuddeliges Lokal, wo drei dicke Mädchen auf einem Podest sitzen und stundenlang – ohne Unterbrechung und Anteilnahme – anatolische Lieder singen, die sich wie langgezogene Totenklagen anhören. Das Publikum, nur Männer, kauert an niedrigen Tischen und wendet keinen Blick von den Speckfalten der Sängerinnen ... Es gibt in Erzerum nichts Erholsameres, als im Hotel ›Şen Palas‹ – aus unerfindlichen Gründen ›Palast der Freude‹ genannt – mit den Angehörigen der in Ost-Anatolien stationierten US-Militär-Mission einen späten Whisky zu trinken. Nie hat die etwas polternde Unbekümmertheit der Amerikaner befreiender gewirkt als hier im Vorfeld des Kaukasus. Für die GIs kommt die Entsendung nach Erzerum einer Verbannung gleich. Was bleibt ihnen abends übrig, als in ihren Hotelzimmern Schallplatten aufzulegen und sich mit Alkohol vollaufen zu lassen. Hauptgesprächsthema ist die geplante Einrichtung eines Nightclubs oder Saloons. Unter Gelächter erzählen die Amerikaner von den Prostituierten von Erzerum, die am Stadtrand in einer separaten Häuserzeile untergebracht sind. Am Eingang dieser Gasse tastet die Polizei jeden Passanten nach Messern und Dolchen ab. In einer hier seltenen Anwandlung religiöser Unduldsamkeit verweigern diese ›ehrbaren Dirnen‹, die einen orientalischen Sartre hätten inspirieren können, ihre dürftigen Reize den ungläubigen Ausländern aus dem fernen Westen ... In diesen Wochen finden in Ost-Anatolien Anschläge muselmanischer Bruderschaften gegen Statuen Atatürks statt, so daß sich selbst die neue tolerante Regierungsmannschaft unter Staatspräsident Celal Bayar zu energischen Maßnahmen gezwungen sieht. Die Gefahr eines Rückfalls in den islamischen Fanatismus bleibt eben stärker als die Behörden in Ankara zugeben wollen. Beweis dafür ist das Tragen des Schleiers, das in der östlichen Türkei wieder überhandnimmt, oder das Absingen des Koran, das im Rundfunk zugelassen wurde. In den seltenen Koranschulen, die sich zwischen Kars und Istanbul etablieren, lernen die

Knaben – ohne ein Wort Arabisch zu verstehen – Suren und Verse mechanisch auswendig. Die ›Demokratische Partei‹, die unlängst die ›Republikanische Volkspartei‹ Ismet Inönüs abgelöst hat, will sich offenbar in religiösen Fragen duldsamer zeigen als der unerbittliche Gazi Atatürk. Aber mit jeder Geste der Konzilianz läuft die laizistische Republik Gefahr, ein Stück von ihrer mühsam errungenen Einheitlichkeit preiszugeben ... ›Wir brauchen einen neuen Atatürk‹, sagen daher viele Studenten der Universität Ankara, die die Meinung vertreten, daß die staatliche Verwaltung nur noch von den Impulsen des großen Gründers zehrt und daß dieser Schwung allmählich erlahmt ...«

## Wenig Raum für Kompromisse

*Güzeldere, im August 1998*

Sehr aufregend erscheint mir dieser Kriegsschauplatz im fernsten Anatolien nicht. Aber vielleicht sieht das der einsame Jandarma-Posten, der auf einem Felskegel verschanzt hinter seinem Maschinengewehr im Anschlag liegt, ganz anders. Bei meiner Expedition durch die Ost-Türkei – ich habe dort immerhin mehr als 2000 Kilometer Straße befahren – hat mich zu keinem Zeitpunkt das Gefühl des starken, abenteuerlichen Erlebnisses überkommen. »Les émotions fortes«, wie die Franzosen es nennen, blieben aus. Nach einem halben Jahrhundert Partisanenkrieg-Erfahrung – geographisch gestaffelt von Nicaragua bis Mindanao, zeitlich von Indochina bis Tschetschenien – hat sich bei mir wohl eine gewisse Blasiertheit eingestellt.

Am ehesten läßt sich die Situation in diesem Teil Kurdistans noch mit dem Feldzug vergleichen, den die Franzosen zwischen 1954 und 1962 gegen die »Kalibas« der »Nationalen Befreiungsfront« Algeriens führten. Die IV. Republik hatte in Permanenz eine halbe Million Soldaten – überwiegend Wehrpflichtige – jenseits des Mittelmeers stationiert, um den Verbleib der nordafrikanischen Départements Oran, Algier und Constantine beim »Mutterland« zu erzwingen. Die Methoden dieser »pacification« waren mindestens ebenso unerbittlich wie das Vorgehen der türkischen Streitkräfte gegen die PKK-Rebellen. Der frühere Repräsentant der Europäischen Union in Ankara, der Brite Michael Lake, hatte in seinem vertraulichen Bericht an die Brüsseler Kommission, den er kurz vor seiner Abberufung im Februar 1998 verfaßte, ein sehr regierungsfreundliches Bild über den Zustand der Türkei entworfen. So schrieb er unter anderem zum Kurdenkonflikt: »... Nach Ende des Kalten Krieges intensivierte die terroristische Organisation PKK ihre Kampagne für ein freies Kurdistan innerhalb der Türkei. Sie nutzte dabei das politische und wirtschaftliche Vakuum aus, das durch die Verhängung der UN-Sanktionen nach dem Golf-Krieg gegen Irak entstanden war und berief sich auf die übereilten Demokratisierungsversprechen, die von der neuen Regierung Demirel und Inönü nach 1991 verkündet wurden. Diese terroristische Kampagne richtete sich mehrheitlich gegen Zivilisten, insbesondere Dorfbewohner, Lehrer und Angestellte des öffentlichen Dienstes. Die militärische Antwort darauf vergiftet seitdem die türkische Gesellschaft. Kein anderes politisches Thema hat der Türkei im In- und Ausland – vornehmlich in Europa – mehr Schaden zugefügt. Die PKK führte einen brutalen Feldzug insbesondere zwischen 1992 und 1995, und das Militär schlug auf seine Weise zurück. Die Streitkräfte evakuierten zahlreiche Dörfer, brannten sie nieder und töteten das Vieh. Die Repression gemahnt an den amerikanischen Krieg in Vietnam. Im Gegensatz zu den Amerikanern jedoch hat die türkische Armee gesiegt. Unter einem seiner Pseudonyme hat Apo – das heißt Abdullah Öcalan – in einer nahöstlichen Zeitung einen Artikel veröffentlicht, in dem er mitteilt, der Krieg sei verloren. Bisher hat lediglich die »Süddeutsche Zeitung« diese Meldung aufgegriffen.

»Dabei möchte ich betonen«, so fährt Michael Lake fort, »daß die PKK keine Aussicht hat, ihren separatistischen Kampf zu gewinnen. Statt dessen hat sie die kurdische Bevölkerung sowohl in der Türkei als auch im Nord-Irak zutiefst gespalten, sie hat die militärischen Erfolge der türkischen Armee sichtbar gemacht. Die PKK trug (ungewollt) dazu bei, das Entstehen einer Zivilgesellschaft in der Türkei zu fördern und letztlich zu ihrem eigenen Schaden die Aufmerksamkeit der Türkei und der Welt auf Menschenrechte und Meinungsfreiheit zu lenken. Während der schwierigsten Phase der Kämpfe wurde zwischen der EU und der Türkei eine Zollunion vereinbart ... Die kurdische Frage bleibt auf dem Tisch, aber es existiert keine einheitliche kurdische Vorstellung von dem, was die Kurden verlangen, teilweise weil die türkischen Regierungen diverse Methoden angewandt haben, um das Hochkommen einer einheitlichen kurdischen Stimme zu unterdrücken – politische Parteien auf ethnischer Basis sind illegal –, und teilweise weil die Kurden selbst mehr an der wirtschaftlichen Entwicklung Südost-Anatoliens oder an einer neuen Existenzgründung in anderen, boomenden Städten interessiert sind ... «

Die Oberflächlichkeit und die Widersprüche dieses einseitigen Berichts eines hohen europäischen Verantwortlichen mag der Leser selbst beurteilen. Was mich daran stört, ist der Bezug auf den amerikanischen Vietnam-Krieg. Die türkischen Streitkräfte sind weit davon entfernt, über die geradezu ungeheuerliche Feuerkraft der US Army zu verfügen und führen im Gegensatz zu den GIs, deren Ultima ratio stets die massive Bombardierung durch die Air Force war, einen klassischen Landkrieg, durchaus vergleichbar mit dem französischen Einsatz in Algerien. Ähnlich wie die Fallschirmjäger und »Commandos de chasse« des General Challe lassen sich die türkischen Elite-Einheiten mit Hilfe von Hubschraubern im Rücken des Gegners absetzen. Auch in dieser Beziehung weckt die anatolische Provinz Hakkari Erinnerungen an die Helikopter-Einsätze der Franzosen im Aurès-Gebirge am Nordrand der Sahara. Schätzungsweise soll Ankara 300 000 Soldaten in Südost-Anatolien gegen die PKK konzentriert haben, die gesamte Dritte Armee und Teile der Zweiten. Etwa tausend Panzer amerikanischer, sowjetischer, deutscher und zunehmend israelischer Konstruktion befinden sich im Einsatz, werden jedoch überwiegend statisch zur Gelände- und Verkehrssicherung verwandt. Die hohe Zahl von angeblich 16 000 »Armoured Personal Carriers« fällt bei ihren rastlosen Patrouillen auf sämtlichen Straßen ins Auge. Darüber hinaus stehen 140 Hubschrauber zur Verfügung, unter anderem amerikanische Cobras und russische MI-17. Letztere waren die gefürchtetste Waffe der Sowjetarmee in Afghanistan bis zu dem Tag, an dem die Mudschahidin aus Pakistan mit tragbaren Boden-Luft-Raketen ausgerüstet wurden, »Stinger« aus amerikanischer und »Blow-Pipes« aus britischer Produktion. Der Einsatz der treffsicheren Stinger hat am Hindukusch die strategische Wende herbeigeführt und das Moskauer Oberkommando zum Rückzug auf die Grenze am Amu Daria bewogen.

Die türkischen Truppenkommandeure erstatten fremden Besuchern keine Lageberichte, so war mir bei der Abreise aus Ankara mitgeteilt worden. Es wurde mir hingegen ein Gespräch mit hohen Generalstabsoffizieren nach meiner Rückkehr in die Hauptstadt in Aussicht gestellt. So bin ich bei meiner ausgedehnten Tour auf meine eigenen Beobachtungen angewiesen und auf die Mitteilungsfreudigkeit der

Velayat-Verwaltung. Immerhin war es am Feldflugplatz von Van zum Kontakt mit Militärpiloten gekommen, während ich auf einen Hubschrauber-Transport nach Hakkari wartete, der nie zustande kam. Die Maschine wurde endlos aufgetankt und gewartet. Über dem Van-See kamen unterdessen schwere Wolken auf, so daß ich beschloß, mit dem Mietwagen nach Süden aufzubrechen. Die schützende Eskorte war dann automatisch zur Stelle. Aber zuvor hatte ich mich in dem Fliegerhorst umsehen können, der ganz im Stil ähnlicher amerikanischer Zweckbauten eingerichtet war. Die Piloten – sowohl dem Heer als der Gendarmerie zugehörig – sprachen recht offen über ihre Einsätze, und sie waren sich bewußt, daß das Auftauchen von Boden-Luft-Raketen auf seiten der PKK die Guerilla-Bekämpfung vor sehr ernste Probleme stellen würde. Im Rückblick trauert man bei solcher Gelegenheit der extrem entgegenkommenden Presseinformation der US-Streitkräfte in Vietnam nach, deren PR-Offiziere anhand von detaillierten Landkarten ausführliche und offenherzige Briefings veranstalteten. Doch schon im Golfkrieg waren die Amerikaner – durch negative Erfahrungen verprellt – zu einer systematischen Verschleierung, ja Irreführung der akkreditierten Korrespondenten übergegangen, was sich im übrigen keineswegs positiv auf ihr Medienimage auswirkte, im Gegenteil.

*

Den wenigsten ist heute bewußt, daß die französische Algerien-Armee Anfang der sechziger Jahre ihren unzeitgemäßen Kolonialfeldzug aus rein militärischer Sicht de facto gewonnen hatte. Bis auf den Akfadou-Wald in der Großen Kabylei und das bereits erwähnte Aurès-Gebirge gab es kein in sich geschlossenes Bollwerk des Aufstandes mehr. Die Bewaffnung der verstreuten »Katibas« oder »Kataeb« der Armée Nationale de Libération war auf etwa 6000 Gewehre geschrumpft und bei Tage waren die meisten davon vergraben. In den Städten, in Algier insbesondere, war die Sicherheit mit drakonischen Maßnahmen wiederhergestellt worden. Die »Bataille d'Alger« hatte Tabula rasa gemacht. In Tunesien hielt sich zwar – von Staaten des Ostblocks und arabischen Bruderländern mit moderner Rüstung ausgestattet – die Grenzarmee des Oberst Boumedienne in Bereitschaft und versuchte immer wieder, mit kleinen Partisanentrupps in das Département Constantine einzusickern. Aber zwischen Algerien und Tunesien hatte das französische Oberkommando eine fast undurchlässige Sperrzone errichtet, die »Ligne Morice«, die den Hochspannungsleitungen, gestaffelten Stacheldrahtverhauen, Minenfeldern, Wachtürmen und bei Nacht hellerleuchteten Patrouillenpisten der israelischen Abschirmung im Jordantal als Modell gedient haben mag.

Auch den Türken ist eine weitgehende Austrocknung der Kurdenrevolte gelungen. Sie haben über die gesamte Zone des Ausnahmezustandes eine dichte »quadrillage« verhängt, eine Strategie des »clear and hold« angewandt, zu der sich die GIs in Südost-Asien nicht dauerhaft aufraffen konnten. In der chaotischen Fels- und Hochgebirgslandschaft Kurdistans war hingegen an die Errichtung einer anatolischen »Ligne Morice« nicht zu denken. Das Terrain eignete sich nicht für die Errichtung einer durchgehenden Barriere an den Grenzen Irans und Iraks, so daß die PKK immer wieder mit ihren Peschmergas einsickern konnte. Der französische Algerienfeldzug war – wie gesagt – auf dem Terrain so gut wie geregelt, eine tragbare politische Lösung war jedoch keinesfalls in Sicht. Ähnliches ließe sich über die heutige Situation in den türkischen Ostprovinzen sagen, aber eine solche oberflächliche Analogie würde dem fundamentalen Unterschied zwischen Kleinasien und Nordafrika in keiner Weise gerecht.

»Von Dünkirchen bis Tamanrasset« – von den Küsten Flanderns bis in die Zentral-Sahara müsse Frankreich reichen, so proklamierten bei Ausbruch des Nordafrika-Aufstandes die Anhänger der »Algérie française«. Dazu gehörten beileibe nicht nur die Rechtsradikalen oder das frustrierte Offizierskorps des gescheiterten Indochina-Krieges. An der Spitze dieser im Rückblick wahnwitzigen Integrationspolitik stand neben Ministerpräsident Guy Mollet fast die gesamte Sozialistische Partei Frankreichs und ein schillernder Innen-, dann Justizminister namens François Mitterrand, der sich zu der Behauptung verstieg: »Algerien ist Frankreich« und »jede Verhandlung mit den Rebellen bedeutet Krieg.« Es ist hier nicht der Platz, eine koloniale Tragödie zu analysieren, die im Sommer 1962 zur überstürzten Flucht von mehr als einer Million französischer Kolonisten aus Nordafrika führte und ihre – im Endeffekt heilsame – Ansiedlung im Mutterland, in der Metropole, mit sich brachte. Es war das historische Verdienst de Gaulles, der 1958 von den Putschgeneralen des »Forums« zur Rettung der maghrebinischen Départements berufen worden war, daß er gegen diese Offiziers-Camarilla Front machte, ihre unbestrittenen militärischen Erfolge gering achtete, den drohenden Bürgerkrieg durch Errichtung von Sondertribunalen verhinderte und Algerien in die Unabhängigkeit entließ.

Als ich die französische Besitzung im Jahr 1953 zum erstenmal besucht hatte, lebten dort zirka acht Millionen Muselmanen. Heute gibt es dreißig Millionen Algerier. Wenn sich also die Phantasten der »Algérie française« durchgesetzt hätten, würde Frankreich nicht – wie das heute der Fall ist – fünf Millionen korangläubige Einwohner in der »Métropole« sein eigen nennen, sondern es wäre durch seine afrikanische Verlängerung nach Süden bis zur Sahara-Oase Tamanrasset mit 35 Millionen »Français musulmans«, also vollgültigen und wahlberechtigten Staatsbürgern mohammedanischen Glaubens belastet. Ein solches multikulturelles Gemenge hätte sich unvermeidlich als Ferment des Chaos und einer unerträglichen konfessionellen Spannung ausgewirkt. Frankreich hätte aufgehört, Frankreich zu sein. In einem Gespräch mit Alain Peyrefitte, seinem damaligen Informationsminister, hat Charles de Gaulle den triftigsten Grund für seinen Verzicht auf Algerien, der ihm bestimmt unendlich schwergefallen ist, formuliert: »Ich möchte nicht, daß mein lothringisches Dorf Colombey-les-Deux-Eglises« – wo sich das Landhaus des Generals befand – »ich möchte nicht, daß Colombey zu den beiden Kirchen eines Tages in Colombey-les-Deux-Mosquées (Colombey zu den beiden Moscheen) umbenannt wird.«

Ganz anders stellt sich die Kurdenfrage für die Türkei. Was die Loslösung Algeriens von Frankreich erleichterte, war die weite geographische Trennungszone des Mittelmeers und die jeweilige Zugehörigkeit von Franzosen und Nordafrikanern zum christlichen beziehungsweise zum islamischen Kulturkreis. Für die türkische Republik wäre es unmöglich, eine klare Demarkationslinie rund um ihre überwiegend kurdischen Landesteile zu ziehen. Im Zuge einer ganz natürlichen Landflucht und Urbanisierung, vor allem aber auch als Folge von Kampfhandlungen und militärischer Repression hat sich die Kurdenbevölkerung, die auf zwölf bis vierzehn Millionen Menschen geschätzt wird, unaufhaltsam nach Westen verlagert. Allein in Istanbul sollen über drei Millionen Kurden leben, im Großraum Ankara werden sie auf zwei Millionen beziffert. Obwohl manche Neuzuwanderer sich voll integrieren und sogar ihre Muttersprache verlernt haben, bleibt das mehrheitliche Zusammengehörigkeitsgefühl dieser weit verzettelten Ethnie in erstaunlichem Maße erhalten. Die indoeuropäischen »arischen« Kurden verharren trotz ihrer gesellschaftlichen Rückständigkeit in hochmütiger Distanz zum turanischen Staatsvolk. Zwar betont Michael Lake in seinem Rapport an die

Europa-Behörden, daß eine offizielle Diskriminierung der Kurden – so weit sie assimilationswillig sind – nicht existiere, daß Angehörige dieser Rasse sowohl auf den höchsten Staatsposten als auch in wirtschaftlichen Schlüsselstellungen zu finden sind. Im Sommer 1984 hatte mir der damalige Ministerpräsident Turgut Özal, der leider viel zu früh starb, frei heraus versichert, daß ein Teil seiner engsten Verwandtschaft kurdischer Herkunft sei, und Özal war es zu verdanken, daß der lächerliche Begriff der »Bergtürken« allmählich in Vergessenheit geriet. Kurdische Politiker – immer unter der Voraussetzung, daß sie ihre völkische Identität unter den Scheffel stellten – haben es in Ankara bis zum Rang des Parlamentspräsidenten und von Ministern gebracht. Aber wieviel türkische Liberale – Professoren und Journalisten – haben mir gegenüber auch ihre Verzweiflung geäußert, daß die meisten kurdischen Intellektuellen, mit denen sie von Amts wegen Kontakt pflegten und oft recht herzlich verkehrten, die Sehnsucht nach Verselbständigung ihrer Nation unbeirrt hochhielten, ja oft genug in dem rauhen PKK-Führer Öcalan den einzig glaubwürdigen Hoffnungsträger ihres Irredentismus sahen.

*

In diesem Sommer 1998 war ich unmittelbar nach meiner Ankunft in Ankara zu einem Gespräch mit Staatspräsident Süleyman Demirel eingeladen worden. Ich will hier nur jene Aussage wiedergeben, die der kompakte, gedrungene Mann mit dem mächtigen, ausdrucksvollen Schädel zum Kurdenproblem machte. In dieser Beziehung war der listenreiche Routinier parlamentarischer Intrigen absolut kategorisch: »Die PKK«, so betonte er, »ist eine separatistische Terror-Organisation. Seit 1984 hat Abdullah Öcalan seine Entschlossenheit zur Abspaltung proklamiert, und seine Anhänger haben 30 000 Menschen, darunter Frauen, Kinder und Greise, umgebracht. Die PKK verletzt die individuelle Freiheit und die fundamentalen Menschenrechte.« Aber dann unterlief dem Staatschef, der im Volksmund unter Hinweis auf seine bescheidene ländliche Herkunft »Sülo«, der »Hirtenknabe« gefoppt wird, eine bemerkenswerte Abweichung von der reinen kemalistischen Lehre, derzufolge es in Anatolien keine ethnischen Varianten gebe, sondern nur Türken. »Die Türkische Republik«, so führte er aus, »räumt ein, daß in jedem Land die existierenden Sprachen, Religionen und Volkszugehörigkeiten in ihrer kulturellen Substanz berücksichtigt werden. Eine gesonderte politische Identität dieser Minderheiten hingegen widerspricht dem Prinzip des Einheitsstaates und würde zwangsläufig die Entwicklung von Unabhängigkeitsbewegungen einleiten. Kein Staat, der diesen Namen verdient, kann tatenlos zusehen, wie seine politische und nationale Einheit auseinanderbricht.«

Gibt es überhaupt eine Lösung für die Kurdenfrage? Während ich dem fürsorglichen Schutz der sogenannten »Special Teams«, dann von Jandarma-Schützenpanzern der Provinz Hakkari den Rücken kehre und nach Norden in Richtung Van zurückfahre, beobachte ich neben dem martialischen Aufgebot einer auf strengste Disziplin und absoluten Gehorsam eingeschworene Armee auch friedliche, versöhnliche Szenen. Da weiden die Lämmer an sanften Hängen. Da sind die Caféhäuser gefüllt mit gelassenen, vor sich hindösenden Orientalen. Da kommt uns sogar in wild hupenden Limousinen ein mit Blumen und Puppen geschmückter Hochzeitszug entgegen. Von den vielen Minaretts hallt der Ruf »Zum Gebet, zur Freude«.

Mein Gefährte Saadet kann mir, da er des Kurdischen unkundig ist, nicht sagen, mit welchen der drei großen Sprachgruppen wir es in dieser Region zu tun haben, ob hier der Sorani- oder der Zaza-Dialekt vorherrscht. Das mache im politischen Verhalten auch wenig Unterschied. Immerhin war in dieser Gebirgsfestung jener Scheikh Said, ein Zaza, beheimatet, der 1925 an der Spitze seiner Reiterhorden und Derwische den großen Kurdenaufstand gegen Atatürk anführte. Nach seiner Niederlage wurde er mitsamt den Rädelsführern dieses Dschihad kurz und bündig aufgeknüpft. So mancher in Ankara akkreditierte Diplomat hat mir versichert, das Aufbegehren der Kurden lasse sich durch die Gewährung einer begrenzten Selbstverwaltung und kulturellen Eigenständigkeit beschwichtigen. Der Geist von Oslo sollte gewissermaßen auf Anatolien übertragen werden. Es gehe diesem von der Geschichte stiefmütterlich behandelten Volk der Kurden doch nur um ihre Autonomie im Rahmen der Türkischen Republik. Aber die Befürworter einer solchen These verharmlosen die Spannungen und lassen sich zu einem angepaßten Wunschdenken verleiten, dem so manche professionellen Beobachter und ortsansässigen »Experten« erliegen. Der harte Kern der kurdischen Nationalisten – und nur der zählt in diesem Kampf – arbeitet unbeirrbar auf die Schaffung eines unabhängigen Kurdistan hin, wie auch immer die offiziellen Propaganda-Erklärungen lauten mögen. Bisher mußte bei der »Kurdischen Arbeiterpartei« der Sozialismus herhalten zur Aufwiegelung der geschundenen Pächter und Tagelöhner gegen die mit Ankara verbündeten

Feudalherren, gegen die Agas. In Zukunft wird es wohl vor allem der Islam sein, der als Motor gegen die kemalistische Laizisierung der Kurdenrevolte wie zu Zeiten des Scheikh Said den entscheidenden Impuls geben soll. Eine lokale Autonomie-Gewährung wäre wohl nur die Übergangsphase zur vollen »Independence« und zu einer nationalen Sammelbewegung, die auf irakische, persische und syrische Siedlungsgebiete der Kurden übergreifen dürfte, so argumentieren die Valis der Südost-Provinzen recht glaubwürdig.

Viel Raum für Kompromisse ist ohnehin nicht vorhanden. Eine schrittweise Loslösung Kurdistans vom Einheitsstaat Atatürks gilt in Ankara nicht nur als Verrat an der in mancher Hinsicht obsoleten Ideologie des Staatsgründers, sie würde die nackte Existenz der Republik in Frage stellen. Mehr als ihre erdrückende Truppenpräsenz kommt allerdings den türkischen Streitkräften der fatale Hang der Kurden zum Bruderzwist, zu Klanrivalitäten, zu mörderischen Stammesfeindschaften zugute. Wären nicht die Grenzübergänge so porös, fände die PKK nicht so breit gefächerte Finanzhilfe im Ausland, wäre sogar eine allmähliche Zwangspazifizierung vorstellbar. Aber wer möchte in diesem Umfeld schon für das Wohlverhalten der potentiellen Verhandlungspartner, für ein ehrliches Einlenken der Nachbarstaaten, für ein Minimum an Loyalität von seiten der Bürgerkriegsparteien geradestehen? »La paix des braves« – der Frieden der Tapferen –, den de Gaulle einst in Algerien vergeblich beschwor, ist im ostanatolischen Umfeld vollends unvorstellbar.

Unter der strahlenden Sonne dieses Augusttages wirkt die rundum befestigte Paßhöhe von Güzeldere weniger bedrohlich als auf der Hinfahrt. In Başkale haben wir die Quartiere einer schwer gerüsteten Brigade passiert. Die gelben, kahlen Höhenzüge rücken allmählich von der Asphaltstraße ab. Eine halbverfallene, romantische Burg, deren Mauern und Zinnen angeblich auf Sultan Süleyman den Prächtigen zurückgehen, beherrscht bei Güzelsu den schmalen Durchlaß zur Senke des Van-Sees. Saadet berichtet mir von dem neuesten Überfall der kurdischen Separatisten. Er hat am frühen Morgen davon erfahren. In der Umgebung von Doğubeyazit, etwa 200 Kilometer nördlich von Van, hatten die PKK-Partisanen – vermutlich als Einschüchterungsgeste gegen eine kollaborationswillige Bevölkerung – 3500 Stück Vieh abgeknallt und sich dann in ihre Bergverstecke zurückgezogen. Waren die Guerilleros von der nahen iranischen Grenzprovinz Aserbaidschan eingedrungen oder gar – mit Duldung der russischen Grenztruppen –

aus der Republik Armenien, wo neuerdings der aus Berg-Karabagh gebürtige Staatschef Robert Kotscherian auf Kollisionskurs zu Ankara gegangen ist?

Seit dessen relativ gemäßigter Vorgänger Levon Ter-Petrossian entmachtet wurde, ist auch die von ihm im Dezember 1994 aufgelöste ultranationalistische Daschnak-Bewegung wieder zugelassen worden. Ich zögere nicht, meinem türkischen Vertrauensmann Saadet von einem Besuch beim Zentralbüro der Daschnak in der armenischen Hauptstadt Eriwan zu erzählen, den mir ein levantinischer »Heimkehrer« aus Beirut im September 1991 vermittelt hatte. Unmittelbar nach unserer Ankunft in Van nehme ich mein damaliges Tagebuch zur Hand:

Bei den verschworenen Angehörigen dieser militanten Organisation schlägt das Herz des armenischen Nationalismus. Nach außen gibt man sich karitativ und solidarisch; man will den Armen und Unterprivilegierten im Lande helfen. In Wirklichkeit, so verspürte ich gleich beim Betreten des streng gesicherten Komplexes, der vor kurzem noch die Komsomolzen beherbergt hatte und wie eine Kaserne wirkte, sammelte sich hier die schlagkräftigste Truppe des armenischen Widerstandes. Auf den Gängen begegnete ich den forschenden Blicken muskulöser junger Männer, deren harter Kern einer Schlägertruppe glich. Die Kommandozentrale der Daschnak, ein komfortabler Büroraum, lebte in der abenteuerlichen Atmosphäre orientalischer Konspiration.

Sos Sargissian, der Vorsitzende der Daschnak, war einst in der ganzen Sowjetunion als Staatsschauspieler berühmt gewesen. Jetzt mimte er den gewalttätigen Bandenführer nicht nur; eine starke charismatische Wirkung ging von dem bärtigen Mann mit dem feurigen Blick aus. Irgendwie erinnerte er mich an den palästinensischen Terroristenführer George Habasch, mit dem ich im Frühjahr 1982 kurz vor der israelischen Eroberung Beiruts in seiner schwer befestigten Höhle unter den Abbildungen Lenins, Ho-Tschi-Minhs und Che Guevaras zusammengetroffen war. Sos Sargissian verfügt über die gleichen höflichen Umgangsformen, ja über einen ähnlichen Charme wie der gefürchtete Chef der »Demokratischen Front für die Befreiung Palästinas«. Er war von seinem Stellvertreter Hovannisian und dem ZK-Mitglied Ruben Musetian flankiert. Die beiden Funktionäre, gedrungene Catcher-Gestalten mit dichtem Bartwuchs, wirkten wie Leibwächter. Die Daschnak-Bewegung hatte am 27. August 1991 ihren hundertjährigen Gründungstag gefeiert. Sie hatte schon an der Spitze des Partisanenkrieges gegen das Osmanische Reich gestanden und zwischen 1818 und 1920 die erste kurzlebige Unabhängigkeit Armeniens patroniert. Offiziell gab sich die Bewegung sozialdemokratisch, im wesentlichen aber war sie kämpferisch, die Speerspitze des Nationalismus, und paktierte wohl insgeheim mit jenem gewalttätigen Geheimbund ASALA, dessen Attentäter Jagd auf türkische Diplomaten machten und in Paris mit ein paar Bombenanschlägen Aufsehen erregt hatten.

Im Grunde fühlte ich mich bei den Daschnak-Anhängern auf vertrautem Boden. Ähnlich hatten sich bei Ausbruch des libanesischen Bürgerkrieges die christlichen Phalangisten – auf arabisch »Kataeb« – aufgeführt. Schon fragte man sich, ob den streitbaren Armeniern ein ähnliches Schicksal droht wie den kriegerischen Parteigängern der christlich-maronitischen Glaubensgruppe im Land der Zeder. Sos Sargissian reichte mir Kaffee mit Zucker und Gebäck, wobei er mit resigniertem Lächeln bemerkte, daß es sich um seltene, in Eriwan fast unerschwingliche Luxusprodukte handele. Der Daschnak-Führer war auf Gorbatschow schlecht zu sprechen, von dem er sich verraten fühlte. Auch Boris Jelzin traute er nicht über den Weg. Die Unabhängigkeit Armeniens sei zwar ausgerufen, aber längst nicht realisiert. Fast hätte er den Präsidenten Ter-Petrossian als eine Marionette Moskaus bezeichnet; vor allem warf er ihm vor, gegenüber dem türkischen Erbfeind und den aserbaidschanischen Gebietsansprüchen viel zu behutsam zu taktieren. Mit glühendem Haß wandte er sich gegen die Erben des Osmanischen Reiches, während er sich im Hinblick auf Berg-Karabagh eher besorgt zeigte. Bei der Willfährigkeit des derzeitigen Regimes von Eriwan drohe den dortigen Armeniern ein Gemetzel oder die Vertreibung. Die Armenier müßten offensiv vorgehen. Heldentum sei nun gefordert. Die Ansprüche auf West-Armenien – so nannte Sos Sargissian das heutige Ost-Anatolien – dürften niemals preisgegeben werden.

Die Daschnak-Partei hatte nur zehn Abgeordnete im Parlament von Eriwan, aber das störte die Organisation offenbar wenig. Anscheinend verfügte sie über genügend Mittel der Einschüchterung, um den säumigen Kompromißlern und auch dem breiten Volk ihren Willen zu diktieren. Sos Sargissian spekulierte bereits über mögliche Bündnispartner für Armenien, wobei er Georgien und sogar Persien erwähnte. Sehr realistisch klang das nicht. Am Ende hielt er indes noch eine Warnung für die Deutschen parat: »Wenn die Europäer die

Türken vollwertig in ihre Gemeinschaft aufnehmen sollten, sagte er, dann werde Deutschland bald von ihnen überschwemmt. Ohnehin würden ja in zehn Jahren – aufgrund ihres starken Bevölkerungszuwachses – mindestens acht Millionen Türken in Deutschland leben.«

Der Daschnak, die zu sowjetischen Zeiten gelegentlich auch mit dem KGB zusammengearbeitet hatte, war manches zuzutrauen. Saadet macht sich über das Verhältnis zwischen Ankara und Eriwan keinerlei Illusionen. Die Tatsache, daß die kurdischen Stämme sich bei der Armenier-Bekämpfung von 1915 als besonders blutrünstige Schlächter hervorgetan hatten, so meint er, hindere die »Revanchisten von Eriwan« offenbar nicht, der PKK Öcalans Zuflucht zu bieten, ja zur Seite zu stehen, wenn es gelte, die verhaßten Erben des Sultans zu beunruhigen und zu schwächen. Der »türkische Alptraum« einer feindseligen Umzingelung von allen Seiten würde hier besonders kraß exemplifiziert.

*

Die Erwähnung der massiven Vieh-Abschlachtung von Doğubeyazit hat bei mir noch andere, ferne Erinnerungen geweckt. Heute bildet die Stadt – dreißig Kilometer von der iranischen Grenze entfernt – eine türkische Bastion der Aufstandsbekämpfung. Ein Teil der Zivilbevölkerung wurde aus Sicherheitsgründen umgesiedelt. Aber als ich im August 1951 in dieser Ortschaft auf einer Holzpritsche übernachtete, herrschten dort Ruhe und Ordnung. Die kurzlebige Kurdenrevolte von 1930, als die Gefolgsleute des Predigers Ihsan Nuri sich gegen die kemalistische Republik aufgelehnt hatten, war offenbar in Vergessenheit geraten. Der bescheidene Fleck mit den flachen Lehmhütten trug in jenen Tagen noch den Namen Karaköse. Vor unserer Holzterrasse trieben kurdische Frauen in der typisch knallroten Tracht ihre Herden vorbei und verschwanden in Staubwolken.

In dem Bus, der mich auf schlechten Schotterstraßen in diese gottverlassene Steppenlandschaft zu Füßen des sagenumwobenen Ararat-Berges transportiert hatte, gaben türkische Offiziere und Soldaten den Ton an. Sie kehrten vom Kurzurlaub bei ihren Familien zu ihren schwerbefestigten Garnisonen im Vorfeld der Sowjetrepublik Armenien zurück. Seit einem Jahr tobte in Fernost der Korea-Krieg, und die Konfrontation zwischen Moskau und Washington drohte tatsächlich in einen weltweiten Konflikt auszuarten. Die türkischen Militärs blätterten in grellillustrierten Zeitungen, die die Waffentaten und den Heldenmut ihrer nach Korea entsandten Divisionen glorifizierten. Der Stolz war berechtigt. Unter der blauen UNO-Fahne hatte sich diese Truppe von 25 000 Mann unter schwersten Verlusten den angreifenden »Menschenwellen« der chinesischen Volksbefreiungsarmee, den »Freiwilligen« Mao Zedongs, entgegengeworfen und in ihrem Sektor zum Stehen gebracht. Außer mir hatte noch ein anderer Ausländer die damalige Erkundungsfahrt nach Kurdistan angetreten. Ein etwa fünfzigjähriger distinguierter Engländer hatte sich mir als Lord Kinross vorgestellt, und ich sollte später erfahren, daß er zu den qualifiziertesten Kennern der modernen Türkei zählte. Insgeheim träumte er vielleicht davon, die Rolle eines »Lawrence of Anatolia« zu spielen. Die uns begleitenden türkischen Soldaten waren herzliche und sympathische Gesellen, wenn ich sie auch nicht mit der gleichen homophilen Zuneigung betrachten konnte wie mein britischer Weggefährte. Lord Kinross hatte sich in seinen Veröffentlichungen für die Solidarität des Westens mit dem verläßlichen türkischen NATO-Verbündeten engagiert. »Europe minor«, so würde sein nächstes Buch heißen. »Man sollte doch endlich aufhören, von Anatolien als von Kleinasien zu sprechen«, plädierte er im Sommer 1951, statt dessen sei es an der Zeit, den Ausdruck »Klein-Europa« einzuführen.

Und wie ist es heute bestellt um die umstrittenen Zugehörigkeitsperspektiven Anatoliens? Würde etwa die Vollmitgliedschaft der Türkei in der Europäischen Union eine für Ankara zumutbare Lösung der Kurdenfrage erleichtern? Diese Hypothese wird in den westlichen Kanzleien Ankaras unablässig und kontrovers diskutiert. Bevor eine solche Integration stattfände, würde wohl die Ratsversammlung in Straßburg auf weitgehende Zugeständnisse an die kurdischen Autonomiewünsche und auf strikte Einhaltung der Menschenrechte drängen. Zudem geriete der straffe Zentralstaat Atatürks in den gesamteuropäischen Trend zur Regionalisierung. Im Frühjahr 1994 – während die türkischen Kommunalwahlen die Gemüter erhitzten – hatte mir in Konya, der traditionellen Hochburg des anatolischen Islam, ein bärtiger Propagandist der Refah-Partei entgegengehalten, zu Zeiten des Osmanischen Reiches habe sich das Kurdenproblem doch überhaupt nicht gestellt. Die Revolte in Ost-Anatolien, so behauptete der würdige, mitteilsame Mann, sei lediglich eine verhängnisvolle Folgeerscheinung der kemalistischen Staatsidee, der hemmungslosen Vergötzung des aus Westen eingeflossenen Nationalismus. Eine

Rückbesinnung auf die koranischen Werte der Umma hingegen, auf die Gemeinschaft aller Gläubigen, unabhängig von Rasse, Hautfarbe und Sprache, böte die Gewähr für gegenseitige Toleranz und harmonisches Zusammenleben sämtlicher Völkerschaften. Ähnliche Thesen wurden ja sogar von europäischen Orientalisten vorgetragen, und gelegentlich wurde auf eine angeblich reibungslose »Multi-Ethnizität« unter der Herrschaft des Sultans und Kalifen verwiesen. Doch es genügt, jene Briefe zur Hand zu nehmen, die der preußische Militärberater Helmuth von Moltke zwischen 1835 und 1839 mit großer Klarsicht verfaßte, um eines Besseren belehrt zu werden und eine verblüffende Parallelität zwischen damals und heute festzustellen.

Laut Bericht einer Untersuchungskommission des Parlaments von Ankara aus dem Jahr 1997 – sie neigte bestimmt nicht zur Übertreibung – wurden bei den Kampfhandlungen in Ost-Anatolien 900 Dörfer und 3000 Häuser durch die türkischen Streitkräfte zerstört. Schon im März 1994 hatten mir einheimische Journalisten, die von Reportagen im Aufstandsgebiet zurückkehrten, von verwüsteten und verlassenen Landschaften berichtet, von Bildern des Grauens, die Goyasche Assoziationen weckten. Offenbar kann keine Armee der Welt, die in einen Partisanenkrieg verwickelt wird, die tägliche Belastung durch tückische Überfälle und Sabotageakte der Freischärler mit »sauberen Händen« durchstehen. Das galt noch in jüngster Vergangenheit für die Amerikaner in Vietnam und für die Franzosen in Nordafrika, ganz zu schweigen von den Russen in Afghanistan. Der französische General Jacques Massu, der während der »Schlacht von Algier« eine unerbittliche Folge von Hausdurchsuchungen, Verhören und Folterungen auf sich und seine »Paras« nahm, hat mit drastischen Worten den Widerwillen, ja den Ekel beschrieben, der ihn überkam, als seine Division bei der Terroristenverfolgung in der Kasbah hineingeschlittert war »dans le sang et dans la merde« – in Blut und in Scheiße.

Hauptmann von Moltke ist ein bemerkenswert aktueller Chronist, wenn er im Juli 1838 aus der Umgebung des anatolischen Städtchens Karput berichtet: »Gegen Morgen erreichten wir Meja-Farkin, das alte Tigranocerta, den Sitz der einst mächtigen Könige von Armenien. Die Stadt liegt auf der untersten Stufe des Gebirges, aus dem ein reicher Fluß hervortritt und in schönen Windungen durch die Ebene dem Tigris zuzieht; aber das Innere zeigt fast nur Trümmer und die frischen Spuren des Zerstörungskrieges, der die Kurden unlängst mit Mühe unter die Herrschaft der Türken gebracht hat. Diese Eroberung hat Tausenden nicht bloß von Bewaffneten, sondern auch von Wehrlosen, von Weibern und Kindern das Leben gekostet, hat Tausende von Ortschaften zerstört und den Fleiß vieler Jahre nutzlos gemacht. Es ist betrüblich zu denken, daß sie wahrscheinlich auch diesmal, wie so oft früher, nur vorübergehend sein wird, wenn eine bessere Verwaltung den Kurden nicht ihre Unabhängigkeit ersetzt.«

# Der Scheiterhaufen Abrahams

*Urfa, im Juli 1998*

Meine diesjährige Kurdistan-Erkundung hatte in Urfa begonnen. Beim Verlassen des Flugzeugs aus Ankara traf uns die Hitze wie ein Faustschlag. Mit fünfzig Grad im Schatten herrschte angeblich die höchste Temperatur seit einem halben Jahrhundert. Das gigantische Staudamm- und Elektrizitäts-Projekt der modernen Türkei für Südost-Anatolien – GAP – ist in weiten Teilen verwirklicht. Die Wassermassen von Euphrat und Tigris sollen gebändigt werden. Das geplante Irrigationssystem wird acht Provinzen zugute kommen und drei Millionen Hektar Wüste in Ackerland verwandeln. Im Jahr 2005 dürften 22 Staudämme und neunzehn Wasserkraftwerke ein Achtel des gesamten türkischen Energieverbrauchs decken. Das Pro-Kopf-Einkommen der hiesigen Bevölkerung wäre dann verdreifacht. Achtzehn Millionen Menschen fänden neue Arbeit. Kein Wunder, daß die Informationsbehörden größten Wert darauf legten, daß ich dieses grandiose Vorhaben besichtigte und gebührend würdigte, bevor ich meine lange Weiterfahrt ins ferne Hakkari aufnahm.

Die Buchstaben GAP stehen für eine bemerkenswerte Leistung der Türkischen Republik. Mit der systematischen Anhebung des Lebensstandards suchen die Behörden von Ankara in den umliegenden, überwiegend kurdisch bevölkerten Regionen den sozialen Sprengstoff zu entschärfen, der sich hier in Jahrhunderten der Armut und der feudalistischen Unterdrückung angehäuft hat. Ist Wohlstand wirklich ein wirksames Mittel zur Besänftigung nationaler und ethnischer Forderungen, oder könnte nicht gerade der Zugang des bisherigen Agrar-Proletariats zu gesellschaftlicher Besserstellung und höherem Bildungsniveau zusätzliche Elemente revolutionären Aufbegehrens beisteuern? Die Frage ist nicht eindeutig zu beantworten.

Jedenfalls erstreckt sich nördlich von Urfa das riesige Volumen des Atatürk-Sees bereits über eine Fläche von 817 Quadratkilometern. Die Täler haben sich bis zu einer Höhe von 160 Metern mit der ansteigenden Flut gefüllt. Man hatte Wert darauf gelegt, daß ich in der lokalen Hauptdirektion von GAP einem ausführlichen Vortrag über diese beeindruckende Errungenschaft lauschte. Die Atmosphäre in den anatolischen »Tennessee Valley Authority« mutete durch und durch amerikanisch an. Unter dichten Bäumen lagen die Pavillons der Administration im Stil eines angelsächsischen Universitätscampus verstreut. Die durchweg jungen Ingenieure und Techniker bewegten und unterhielten sich mit transatlantischer Lässigkeit. Das in englischer Sprache gehaltene Exposé war von den unvermeidlichen Charts begleitet, deren oft einfältige Texte an die Wand projiziert wurden. Auf dem neu gewonnenen Agrarboden soll vornehmlich Baumwolle, ein Drittel der gesamten türkischen Produktion, angepflanzt werden. Die Belieferung Syriens und Nord-Iraks mit GAP-Strom sei bereits aufgenommen worden, wobei der Vortragende natürlich versicherte, die Befürchtungen der Regierungen von Damaskus und Bagdad, die Türkei wolle ihnen den Wasserhahn zudrehen oder ihre Länder durch willkürliche Abflußdrosselung erpressen, gegenstandslos seien.

Die Aufforstung der nackten Höhen steckt noch in ihren Anfängen, und das strahlende Blau des Atatürk-Sees flimmert wie eine Fata Morgana. Die Neubauern sind aus ihren Hütten bereits in mehrstöckige, recht ansehnlich wirkende Unterkünfte einheitlichen Stils umgezogen. Aber hier werden keine Potemkinschen Dörfer vorgeführt. Die staubige Steppenebene von einst hat sich bis zum Horizont in eine dunkelgrüne, exakt ausgerichtete Cotton-Plantage verwandelt, deren weiße Flocken nach neuesten Methoden geerntet werden. Die erdbraunen Katendörfer werden mehr und mehr durch Wohnblocks ersetzt, die beinahe mitteleuropäischen Ansprüchen genügen könnten. Und dennoch wecken diese Siedlungen einen zwiespältigen Eindruck, und es drängt sich der Verdacht der Kasernierung auf. Der Besucher kommt gar nicht umhin, immer wieder die »Dampfwalze« einer forcierten, fast gewalttätigen Modernisierung zu erwähnen, die sich über ganz Anatolien – von West nach Ost – fortbewegt und demnächst die extremen Ostprovinzen erreichen dürfte. Die ständig wiederholte Beteuerung, in den zahllosen Wohnprojekten hätten sich freiwillige Kooperativen oder Privatpersonen zusammengeschlossen, Wohngemeinschaften von bescheidenen Investoren, kann diese mächtigen, ja extravaganten Konstruktionen nur zum Teil erklären. Viele Anlagen stehen nach eiliger Vollendung leer und beziehungslos im vorderasiatischen Raum. Offenbar gehört auch eine gezielte Entwurzelung und Konzentrierung der kurdischen Dorfbevölkerung zum Pazifizierungsprogramm der türkischen Sicherheitsbehörden.

Aber schon taucht neue Ungewißheit auf. Durch welches Wunder an Effizienz war die politische Klasse Ankaras, waren die ständig wechselnden Regierungsmannschaften, die sich in Korruption und tödlichen Privatfehden erschöpfen, in der Lage, ein so aufwendiges Umschichtungsprogramm zu konzipieren, im Rekordtempo zu realisieren und – ungeachtet des katastrophalen Haushaltsdefizits – zu finanzieren? Die attraktive Agronomin Didam aus Istanbul, die mir bei dieser Tour von GAP beigesellt wurde, hat darauf keine befriedigende Antwort parat. Sie wirkt ohnehin vereinsamt und fehl am Platz in der immer noch archaischen Männerwelt Anatoliens mit ihrer sportlich-modischen Kleidung und dem schüchternen Lächeln eines College-Girls.

In der Stadt Urfa selbst werde ich wieder einmal von den Mythen frühester Menschheitsgeschichte eingeholt. Sobald ich in das Gewimmel der Altstadt eintauche, erscheinen die himmelstürmenden Betonschleusen von GAP, die blitzenden Chrom- und Stahlmonster der Mega-Turbinen, die Durchflutungstunnels von 26 Kilometer Länge wie phantastische Visionen von einem anderen Stern. Die Gründung Urfas geht auf die Nacht der Zeiten zurück. In dieser strategischen Mulde prallten schon die Heerscharen der ägyptischen Pharaonen und die gefürchteten Kriegswagen der Hethiter aufeinander. Eine viel ältere Legende berichtet auch hier von Abraham oder Ibrahim, Stammvater der Juden und der Araber, der auf Geheiß Gottes aus seiner südmesopotamischen Heimat bei Ur in Chaldäa den beschwerlichen Nomadenzug antrat, um in das Gelobte Land Kanaan, das heutige Palästina, aufzubrechen. Auf halber Strecke dieser Wanderung, die den Konturen des »Fruchtbaren Halbmondes« folgte, hatte der Erzvater auch in Urfa haltgemacht. Im Namen des einzigen Gottes, dem er sich ergeben hatte, schickte er sich an, die heidnischen Götzen von ihren Altären zu stürzen. Der Sage nach entbrannte daraufhin der Zorn des assyrischen Königs Nimrud gegen diesen frevlerischen Beduinen. Abraham wurde zum Tod auf dem Scheiterhaufen verurteilt. Aber da geschah ein Wunder, das weder in der Bibel der Juden noch im Koran der Muselmanen erwähnt ist. Das Feuer, in dem der Patriarch umkommen sollte, verwandelte sich zu Wasser, das sich im Teich von Gölbaşi sammelte, während die Holzscheite des Brandopfers – in unerwarteter Metamorphose – zu Karpfen wurden.

Natürlich habe ich diese geweihte Stätte aufgesucht, wo sich die Bewohner von Urfa in einfältiger Gläubigkeit bis auf den heutigen Tag ein Stelldichein geben. In der schwülen Dämmerung flackern die ersten Lichter. Rund um das sakrale Bassin sind die Moscheen arabischen oder osmanischen Stils effektvoll angestrahlt. Von dem Ort geht eine irreale Stimmung aus. Hoch oben auf dem Fels, der die Stadt nach Süden abschirmt, glühen die Festungsmauern des »Kale« im Abendrot. Aus den Gassen des nahen Bazars, den man sich orientalischer nicht vorstellen kann, strömen Familien, um unter den Bäumen des Parks einen Hauch von Kühlung zu suchen. Die meisten jedoch lustwandeln am Rand des rechteckigen Karpfenteichs, füttern die Fische mit Speiseresten oder beten am Grabe eines islamischen Heiligen, der als Dede Osman verehrt wird und auf alevitisches Glaubensgut verweist. Die Frauen sind fast ausnahmslos in schwarze Tücher gehüllt, und immer wieder klingen arabische Wortfetzen an mein Ohr. Urfa erscheint mir bereits als eine nord-syrische Stadt, als Schwester Aleppos. In dem bunten Völkergemisch des Suq sind die Araber neben den Türken und den Kurden in der Überzahl. Eine reich dekorierte Höhle wird von den Pilgern als angebliche Geburtsstätte Abrahams verehrt, und das hohe Ansehen, das der semitische Erzvater in Urfa genießt, unterstreicht zusätzlich den semitischen Charakter der Region. Bei den türkischen und persischen Muselmanen kommt dem »Gottesfreund« – el khalil, so nennen die Araber ihren Stammvater Ibrahim –, aus begreiflichen ethnischen Gründen längst nicht die gleiche zentrale Bedeutung zu.

Bei Nacht steht die Sichel des Halbmondes wie ein Symbol über den gespaltenen Mauern der Burg von Urfa. Es ist seltsam, daß die abrahamitische Heilsgeschichte mich nicht loszulassen scheint. Ein Jahr zuvor war ich in Hebron auf der palästinensischen Westbank – in Judäa, wie die Israeli sagen – Zeuge von haßerfüllten Krawallen und Zusammenstößen gewesen, mit denen die semitischen Vettern ihren Erbstreit um das heilige Land austoben. Die Spannung im Umkreis der Grabeshöhle von Machpela, wo der »Freund Gottes« mitsamt seiner Frau Sara und seinem Sohn Isaak begraben ist, war durch die gewaltsame Niederlassung von ein paar hundert jüdischen Eiferern, die überwiegend aus USA ins »Land der Väter« gekommen waren, bis zur Weißglut angeheizt. Die muslimische Bevölkerung Hebrons, etwa

140 000 Araber, reagierten auf diese erobernden Zeloten des David-Sterns mit feindseliger, grollender Abwehr.

Natürlich war die fromme Behauptung, Abraham habe in der Gruft von Urfa nahe dem geweihten Karpfenteich das Licht der Welt erblickt, eine Verfälschung sämtlicher Heiligen Schriften. Doch daran schien hier niemand Anstoß zu nehmen. Das elegante Hotel von Urfa am Rande des Gölbaşi-Distriktes, trägt den Namen »Edessa«. So hieß die Stadt Urfa, bevor sie im siebzehnten Jahrhundert von den osmanischen Herrschern umbenannt wurde. Im Speisesaal hat sich eine französische Touristengruppe aus dem Pas-de-Calais vor dem Abendbuffet mit vielfältigem Mezze-Angebot aufgereiht. Trotz der Hitze von immer noch 42 Grad, die durch die überforderte Klimaanlage kaum gemildert wird, haben sich die Nordfranzosen und vor allem deren Frauen elegant gekleidet, als ginge es zur Cocktail-Party. Sie gehören den gehobenen bürgerlichen Kreisen an und befinden sich, wie sie mir sagen, auf einer Bildungsreise. Natürlich haben sie die Heiligtümer von Urfa, die Abrahamshöhle und den Karpfenteich, besichtigt. Die nächtliche Beleuchtung verwandelt unterdessen das Sanktuarium in eine orientalische Zauberbühne.

Aber insgeheim suchen diese »Franken« nach fernen christlichen Überresten in dieser arabisch-türkischen Stadt. Schon um das Jahr 200 unserer Zeitrechnung hatte sich Edessa, das zwischen Konstantinopel und dem persischen Sassaniden-Reich heftig umkämpft wurde, zum Christentum bekehrt. Der assyrische Klerus hielt sich hier auf Distanz zur orthodoxen Staatskirche von Byzanz und weigerte sich, die aramäische Liturgiesprache durch das Griechische zu ersetzen. Im fünften Jahrhundert entwickelte sich Edessa, wo bereits der Apostel Thomas gepredigt hatte, zum blühenden Zentrum der west-syrischen Christenheit, bis die Reiterheere des Kalifen Omar im Jahr 637 diese geographische Schlüsselstellung überrannten und dem relativ kurzlebigen Omayaden-Reich von Damaskus einverleibten, das ohnehin mehr christliche als korangläubige Untertanen besaß. Erst mit dem Einbruch der türkischen Seldschuken, die im zwölften Jahrhundert Anatolien überschwemmten, wurden die konfessionellen Sonderrechte der »Familie des Buches«, zu der sich neben einer starken jüdischen Gemeinde auch eine beträchtliche Zahl armenischer Monophysiten gesellt hatte, zusehends eingeschränkt.

Die Besucher aus Boulogne-sur-Mer hatten einen ganz speziellen Grund, diesem anatolischen Knotenpunkt Urfa-Edessa ihre Aufmerksamkeit zu widmen. Wie ein Arzt aus Béthune mir erklärte, wollten sie ihren fernen Vorfahren nachspüren, die angeblich als Kreuzfahrer im Gefolge des Herzogs Gottfried von Bouillon im Jahre des Herrn 1098 diese Keimzelle frühesten Christentums vom Joch des Halbmondes und der Präsenz der Mohammedaner befreit hatten. Anschließend waren die »Croisés« in siegreichem Vorstoß bis Jerusalem zum Grab des Heilandes vorgestoßen. Sie richteten in der Stadt Davids ein fürchterliches Gemetzel an, bevor sie dort ein christliches Königreich etablierten. Seinem Bruder Balduin, der im flandrischen Norden den Titel eines Grafen von Boulogne trug, hatte Gottfried von Bouillon damals die Herrschaft über das »Comté d'Edessa« übertragen. Dieses christliche Fürstentum, von den ketzerischen Assyrern und Armeniern nur sehr halbherzig unterstützt, brach schon ein halbes Jahrhundert nach seiner Gründung unter dem Ansturm der türkischen Krummsäbel zusammen.

Hingegen war den Touristen aus Boulogne, wie ich im Gespräch erfuhr, eine andere, sehr viel modernere Episode französischer Präsenz in der Levante unbekannt. Als die Soldaten der Dritten Republik nach der Auflösung des Osmanischen Reiches im sogenannten Sykes-Picot-Abkommen, das die Aufteilung des vorderen Orients zwischen Engländern und Franzosen stipuliert hatte, ihre Einflußzone zu ihren Gunsten auszuweiten suchten, waren sie von Aleppo nach Norden in das schwierige Gelände am oberen Euphrat vormarschiert. Diesen Mandatstruppen, deren Offizierskorps noch von katholischen Patres in schwärmerischer Verklärung der Kreuzritter erzogen worden war und die darauf brannten, die »gesta Dei per Francos« zu wiederholen, genossen die volle Unterstützung der freimaurerisch orientierten, ja antiklerikalen Republik, sobald es um die Ausdehnung gallischer Einflußsphären in der Levante ging. Die Franzosen waren 1920 in Richtung Antep und Maraş vorgerückt. Ihr wichtigstes Ziel war natürlich Urfa, wo die alte fränkische Grafschaft Edessa einst unter Selim I., dem Grausamen, in osmanische Hand gefallen war. Die christlichen »Schutzbefohlenen«, zuletzt die Armenier, waren schließlich durch eine ganze Serie von Zwangsmaßnahmen und Pogromen vertrieben oder ausgerottet worden. Zu ihrer großen Überraschung wurden die französischen Bataillone des General Gouraud im Dreieck Maraş – Antep – Urfa durch türkische und kurdische Freischärler bedrängt und zum Stehen gebracht. Die Kunde der nationalen republikanischen Wiedergeburt der Türkei, an deren Spitze sich Kemal Pascha gestellt hatte, war bis an den oberen Euphrat gedrungen. Der Aufruf zum »Heiligen Krieg« gegen die ungläubigen »Franken« mag damals noch die ausschlaggebende Rolle gespielt haben. Jedenfalls zogen sich die Franzosen auf die heutige syrische Grenzlinie zwischen Kilis und Akçakale zurück. Der Staatsgründer Atatürk feierte seinen Triumph über eine westeuropäische Großmacht. Die Städte Antep und Maraş wurden später – in Erinnerung an ihren erfolgreichen Widerstand – mit dem Zusatz Gaziantep und Kahramanmaraş geehrt. Sie hießen von nun an »sieghaftes« Antep und »heldisches« Maraş. Vor ein paar Jahren erhielt auch Urfa, das sich offenbar benachteiligt fühlte, eine ähnliche Auszeichnung. Offiziell wird die Stadt Abrahams und der GAP heute »Şanliurfa« oder »glorreiches Urfa« genannt.

Die Reisegruppe aus dem Pas-de-Calais nahm diesen Rückschlag ihrer Kolonial- und Expansionsgeschichte mit Gelassenheit zur Kenntnis. Was machte es den Bürgern der Fünften Republik Jacques Chiracs schon aus, daß diese anatolischen Ortschaften nunmehr zur Türkei gehörten und mit welchen Ruhmestiteln sie sich brüsteten. Noch im Jahr 1939, als die Entente-Mächte mit allen Mitteln versuchten, die Erben Kemal Paschas im Kampf gegen Hitler und Mussolini auf ihre Seite zu ziehen oder sie zumindest zu strikter Neutralität zu verpflichten, hatte Paris dem Drängen Ismet Inönüs stattgegeben und den strategischen Hafen Alexandrette, heute Iskenderun, mitsamt dem frühesten christlichen Bischofssitz Petri in Antiochia ohne Rücksicht auf die überwiegend arabische Bevölkerung an die Republik von Ankara abgetreten. Auf den Landkarten, die seitdem in Damaskus gedruckt werden, wird dieser Territorialverlust schlicht ignoriert. Iskenderun und die Provinz Hatay sind dort als unveräußerliches syrisches Staatsgebiet eingezeichnet.

Im Sommer 1957, während ich meinen Arabisch-Lehrgang im Libanon absolvierte, hatte ich mit einem befreundeten französischen Offizier die Hafenanlagen von Alexandrette und die höhlenähnliche Kathedrale des heiligen Petrus bei Antiochia besucht. Wir waren dabei mehrfach von Fremdenführern und Hotelportiers – vielleicht handelte es sich um »agents provocateurs«, die unsere wahren Reiseziele erkunden sollten – mit dem Satz angesprochen worden: »Ana Ibn-el-Arab« – Ich bin arabischer Abstammung. Zu jenem Zeitpunkt waren die Beziehungen zwischen den syrischen Nationalisten von Damaskus und den Nachfolgern Atatürks in Ankara wieder einmal aufs äußerste gespannt. Wir waren türkischen Truppenbewegungen und Panzerkolonnen begegnet, die sich nach Süden auf die syrische Grenze zu bewegten. Es handelte sich um eine gezielte Drohgebärde gegen die Flottenbasis Lattaquié, die, wie jedermann wußte, zu jener Zeit der sowjetischen Schwarzmeer-Flotte als Anlaufhafen und Manövrierbasis im östlichen Mittelmeer diente.

\*

*Akçakale, im Juli 1998*

Kaum verlassen wir Urfa in südlicher Richtung, da nimmt uns auch schon ein anderer Kulturkreis auf. Von Anatolien sehen wir uns plötzlich nach Mesopotamien versetzt. Ein eindrucksvoller Friedhof säumt die Straße. Die steilen, schmalen Grabsteine – oft von einem Turban gekrönt – sind wie weiße und grüne Spargelstangen eng aneinandergereiht. Wieder einmal sind wir den Belehrungen unserer unermüdlichen GAP-Begleiterin Didam ausgeliefert, aber sie erfüllt ja nur ihren Auftrag. Ein mächtiger Kanal strömt nach Syrien. Die türkischen Staudämme haben natürlich in der Republik des Präsidenten Hafez-el-Assad schlimmste Befürchtungen geweckt. Wird dem Euphrat, nachdem seine Fluten zur Befruchtung des anatolischen Neulandes abgezweigt wurden, noch genügend Wasser bleiben, um auch das dürre nordöstliche Dreieck der Dschezirieh und die dortigen Baumwollplantagen rund um Deir-es-Zohr zu tränken? Wird dieser Strom nicht zunehmend durch Düngemittel und Chemikalien vergiftet? Das anatolische Hochland erscheint als gigantischer Wasserturm, ohne den der gesamte Fruchtbare Halbmond verdursten würde. Auch der Irak würde von einer restriktiven Verteilungspolitik Ankaras getroffen. Mit Damaskus wurde eine ausreichende Wassermenge vereinbart, und der Abfluß aus dem Atatürk-See übertrifft zur Zeit noch erheblich das vertraglich abgesicherte Volumen. Aber gegenüber den arabischen Nachbarn im Süden, deren Ressentiment gegen die Türken sich noch aus der Zeit der osmanischen Fremdherrschaft speist, kann die Drosselung des Euphrat und später auch des Tigris jederzeit als Waffe der Erpressung benutzt werden. Zu der strategischen Umklammerung Syriens durch die weit überlegenen Türkei und Israel tritt nun auch noch die Angst um das nackte Überleben hinzu. Auf der anderen Seite verhandelt die Regierung von Ankara mit dem Judenstaat über die Anlieferung eines beachtlichen Wasserkontingentes, das auf dem Seeweg über das Mittelmeer transportiert würde, so abenteuerlich das klingen mag. Neben normalen, riesigen Tankern würden gewaltige, mit Wasser gefüllte Plastik-Blasen das kostbare Naß nach Haifa und Aschkalon verschiffen. Auf ähnliche Weise wird bereits der nördliche, von türkischen Truppen kontrollierte Teil Zyperns in Zeiten akuter Trockenheit versorgt.

Je weiter wir nach Süden vordringen, desto ärmlicher wirken die Dörfer. Sie sind überwiegend arabisch bevölkert. Selbst über den dürftigsten Katen erheben sich die Orgelpfeifen der Minaretts und funkelnagelneue Silberkuppeln aus Zink. Die Irrigation durch GAP kann hier – aller mäkelnden Kritik, der sie gelegentlich ausgesetzt ist zum Trotz – spektakuläre Erfolge vorweisen. Bis zum flachen Horizont erstrecken sich die Baumwollfelder. Wir halten an einer Versuchsstation, in der die Verwendbarkeit der jeweiligen Cotton-Sorten für den hiesigen Boden erprobt wird. Die Anlage ist großzügig, der Vortrag ist sachkundig, aber weit mehr als die Details dieser agronomischen Erklärung fasziniert mich die Person, die dem Projekt vorsteht. Unweit der Pilgerstadt Urfa, wo die Mehrheit der Frauen sich noch nach koranischer Vorschrift im schwarzen Hijab bewegt, haben wir es hier mit einer energischen Frau, einer befehlsgewohnten Intellektuellen zu tun, die auch gut nach Israel passen würde. Wie so oft in der türkischen Oberschicht könnte die emanzipierte Direktorin dem Typus nach Europäerin sein. Sie trägt ein modisch geschnittenes Jakkenkleid und gibt sich ganz eindeutig als Boss zu erkennen.

Kaum haben wir diese Insel moderner Effizienz verlassen, senkt sich wieder das Altertum auf uns. Wir nähern uns der Ruinenstadt Harran, und wieder sind wir mitten drin in der abrahamitischen Legende. Die Bibel erweist sich auch hier als vortrefflicher Reiseführer: »Da nahm Tharah seinen Sohn Abraham und Lot, den Sohn seines Sohnes Haran, und seine Schwiegertochter Sara, die Frau seines Sohnes Abraham, und führte sie aus Ur in Chaldäa, um ins Land Kanaan zu ziehen. Und sie kamen nach Haran und wohnten dort. Und Tharah wurde 205 Jahre alt und starb in Haran.« So steht es im 11. Kapitel der Genesis, und wenn die einfältige Legende von der Geburt Abrahams in Urfa und von seinem dortigen Martyrium durch den assyrischen Herrscher Nimrud einer Widerlegung bedurfte, so wird sie in diesen Versen 31 und 32 ausdrücklich formuliert. In den folgenden vier Jahrtausenden ist Harran von den unterschiedlichsten Eroberern heimgesucht und befruchtet worden. Zu Zeiten des semitischen Urvaters wurde hier in einer riesigen Tempelanlage der Mondgott Sin verehrt. Diese heidnische Sakralstelle fiel erst 382 dem christlichen Glaubenseifer des römischen Kaisers Theodosius zum Opfer. Araber und Oströmer haben sich in dieser Ebene wechselhafte Schlachten geliefert, und wieder einmal bauten die Kreuzzügler bei ihrem mühseligen Siegeszug durch den Orient die Ruinen des antiken Mond-Tempels zu einer trutzigen Burg samt Kirche aus. Die gedruckten Reiseführer schenken dem Trümmerfeld von Harran, das bereits von der nord-syrischen Steppe eingerahmt ist, nur geringe Beachtung. Doch mich fasziniert diese historische Stätte, deren hochgewölbte Moschee, heute Ulu Cami genannt und schon im achten Jahrhundert erbaut, auf den letzten Omayaden-Kalifen Marwan II. verweist.

Bei unserer Besichtigung werden wir im Nu von einer lärmenden Schar arabischer Kinder eingekreist. Sie erzählen mir, daß sie Schulunterricht auf türkisch und arabisch erhalten. Letztere Sprache wird ihnen wohl nur in den diskreten Koranschulen beigebracht. Die modisch gekleidete und fortschrittlich erzogene GAP-Angestellte Didam erscheint in dieser Umgebung vollends fehl am Platz. Sie wirkt wie eine exotische Touristin aus dem fernen Okzident. Auf die Grundmauern der verfallenen Medressa verweisend, die einst ein Zentrum islamischer Wissenschaft beherbergte, erklärt sie getreu ihrem kemalistischen Credo: »Der Islam und die arabischen Kalifen haben auch hier die Wissenschaft des griechisch-römischen Altertums ausgelöscht.« Aber da muß ich ihr denn doch widersprechen und auf die kulturelle Befruchtung hinweisen, die dem Abendland und seinen ungehobelten Rittern während des erzwungenen Zusammenlebens mit den Arabern im Heiligen Land zuteil geworden war.

Zum erstenmal konnte ich in Harran auch jene seltsamen »Bienenkörbe« aus gebrannten Tonziegeln von innen besichtigen, in denen noch vor einer Generation die Mehrheit der syrischen Bauern zu leben pflegte. Ich hatte diese fast afrikanisch anmutenden Siedlungen zwischen Hama und Aleppo stets aus der Ferne bestaunt. Aus der Nähe erweisen sich die primitiven, urzeitlichen Wabenbauten wohnlicher als vermutet. Die runde Ziegelmauer, die sich nach oben spitz verjüngt, reicht bis zu einer Höhe von fünf Metern. Im Sommer spenden diese Behausungen Kühle, im Winter sind sie leicht mit Kuhfladen zu beheizen. Von den Kindern erstand ich ein dreieckiges Amulett, das aus Erbsen geflochten und mit bunten Stoffetzen verziert ist, möglicherweise ein Kultrelikt aus ferner vorchristlicher und vorislamischer

Zeit. Daß Harran noch eine ganz andere, zukunftsträchtige Bedeutung gewinnen könnte, wird bei diesem Besuch nicht erwähnt. Ich hatte in Istanbul erfahren, daß eine der einflußreichsten Figuren des islamischen Sekten- und Tarikat-Wesens, der Hocaefendi oder »Meister« Fethullah Gülen, Herr über eine zahlreiche Gefolgschaft und ein beachtliches Wirtschaftsimperium, im Februar 1998 Papst Johannes Paul II. aufgesucht und ihm vorgeschlagen hat, ganz im Sinne der abrahamitischen Ökumene eine Universität für interreligiösen Dialog an dieser Stelle zu gründen.

Es bedarf einiger Überredungskunst, um meinen Gefährten Saadet zur Weiterfahrt bis zur syrischen Grenze zu bewegen. Ein solcher Abstecher von zwanzig Kilometern nach Süden ist im Programm nicht vorgesehen. Aber die wenigen Jandarma-Posten halten uns nicht einmal an. Auf einem einsamen Felsbrocken ist eine riesige Radarschüssel in Richtung Aleppo ausgerichtet. Die Republik von Damaskus wird gleich von zwei Seiten – im Norden von den Türken, im Süden von den Israeli – gründlichst ausgespäht. Gelb getarnte Mannschaftspanzer verharren am Straßenrand und heizen sich unerträglich auf. Die Grenzstadt Akçakale entbehrt jeden Reizes. Es ist ein typisches türkisches Provinznest mit einer schnurgeraden Hauptstraße. In den Geschäften häuft sich der Plunder der Konsumgesellschaft. Eine gewaltige Moschee darf natürlich nicht fehlen, aber im Zentrum beherrscht die Bronzestatue Atatürks den prosaischen Alltag.

Unmittelbar diesseits der Grenze verläuft die Eisenbahnlinie, die das Industriezentrum Adana mit der syrischen Grenzstation Nusaybir und weiter östlich mit Mossul und Bagdad verbindet. Das syrische Territorium ist zum Greifen nah. Der Schienenweg war vor dem Ersten Weltkrieg noch unter Anleitung deutscher Ingenieure entworfen und gebaut worden, die im höchsten kaiserlichen Auftrag die Einflußzone des Wilhelminischen Reiches bis zum Persischen Golf vortreiben sollten. Von kriegerischer Spannung ist an diesem Tag nichts zu spüren. Auf türkischer Seite brütet ein bescheidener Betonbunker in der Mittagssonne. Davor halten sich zwei türkische Soldaten in Begleitung eines Schäferhundes auf. Sie sind mit amerikanischen Schnellfeuergewehren ausgerüstet und überwachen lässig den Stacheldrahtzaun, der die beiden Staatsgebiete trennt. Wir kommen ins Gespräch mit ihnen. Der freundliche junge Gefreite aus Antalya, der leidlich englisch spricht und seine achtzehnmonatige Wehrpflicht in der langweiligen Randzone hinter sich bringt, berichtet, daß es an dieser Stelle keine Probleme mit den Syrern gebe. Aber es finde auch keinerlei Austausch statt. Damaskus habe seine Nachbarzone gegenüber der Türkei weder befestigt noch mit Truppen belegt. Selbst bei Nacht bestehe kein Anlaß zur Aufregung. Die Infiltrations-Schneisen der PKK-Partisanen befänden sich weiter im Osten, in der Gegend von Mardin und im Umfeld des irakischen Grenzdreiecks. Ein paar Kilometer von Akçakale entfernt begnüge sich die türkische Seite nicht mehr mit einem einfachen Drahtzaun; da seien Minengürtel gelegt, Hochspannungsleitungen gezogen, und bei Nacht werde die Umgebung in Flutlicht getaucht. Wieder einmal fällt mir auf, daß auch die einfachen türkischen Soldaten, die während meiner ersten Anatolien-Besuche noch in abscheulichen, erdbraunen Woll-Uniformen herumliefen, heutzutage Tarnanzüge amerikanischen Zuschnitts tragen und mehr denn je auf stramme Disziplin gedrillt sind. Mit einer solchen Armee können die Erben Atatürks den Turbulenzen der arabischen Welt mit dem Gefühl absoluter Überlegenheit entgegensehen.

An dem schläfrigen Augusttag in Akçakale hätte niemand vermutet, daß der türkische Generalstab drei Monate später seine Truppen in dieser Übergangszone massieren würde, um den syrischen Präsidenten einzuschüchtern und ihn zu zwingen, den PKK-Führer Öcalan auszuweisen und dessen kurdische Ausbildungslager zu schließen. Damaskus hat sich den Drohgesten unverzüglich gebeugt. Mit einem Schlag hat sich die Erinnerung an die vierhundertjährige osmanische Herrschaft wie ein düsterer Schatten über die arabischen Staaten des Fruchtbaren Halbmondes gelegt.

# Auf den Spuren Helmuth von Moltkes

*Birecik, im Juli 1998*

Zwei deutsche Ingenieure leiten in Birecik die Beaufsichtigung des Staudammbaus am Euphrat. Der Ausblick von den braungebrannten Höhen, hinter deren Kämmen sich noch ein paar Aleviten-Dörfer verbergen, beeindruckt fast noch stärker als das grandiose Panorama des Atatürk-Sees. In Birecik liegen die kolossalen Konturen der Betonblocks noch nackt zutage, die in naher Zukunft ein zusätzliches Sammelbecken abfangen und abstützen sollen. Einige idyllische Ortschaften, wie der Flecken Halfeti, wo die Männer im schattigen Caféhaus ausruhen und darüber diskutieren, wieviel Entschädigung ihnen der Staat wohl für den Verlust ihres ererbten Grund und Bodens zahlen wird, werden in den Fluten verschwinden, wie auch manche Fundstätte frühester hethitischer Zivilisation. Die beiden Deutschen zeigen mir die Umrisse von zwei Kastellen, die von römischen Legionären ausgerichtet wurden.

Die Stadt Birecik wird vom Turm der geborstenen Zitadelle beherrscht, in der sich im Mittelalter die Kreuzfahrer behauptet hatten. Die Osmanen hingegen sind relativ spät, zu Beginn des sechzehnten Jahrhunderts, zu dieser Schwelle nach Mesopotamien und Syrien vorgedrungen. Es bedurfte des kriegerischen Ungestüms des türkischen Sultans Selim I., den man im Abendland den Gestrengen oder den Grausamen nennt, um diese Pforte in die Levante aufzubrechen, den Janitscharen und Sipahi den Weg freizumachen ins Heilige Land und nach Ägypten. Dort entriß der osmanische Herrscher dem letzten Schattenkalifen der arabischen Abbassiden-Dynastie, der in der strengen Obhut der Mameluken sein Dasein fristete, den Titel des Statthalters Allahs auf Erden. Die Kalifenwürde sollte den Osmanen bis in das Jahr 1924 erhalten bleiben.

Beim Ausflug nach Birecik drängt sich die Erkenntnis auf, daß die Eroberung Ost-Anatoliens durch den Padischah erst stattfand, nachdem bereits weite Teile des europäischen und christlichen Balkans, zu jener Zeit Rumelien genannt, unter die Herrschaft des Halbmondes geraten waren. Dieser ursprüngliche Schwerpunkt osmanischer Macht in Bulgarien, Serbien, Mazedonien, Thrakien, Albanien und Griechenland nährt bis auf den heutigen Tag den Anspruch der modernen Türkei, als integrierender Bestandteil Europas betrachtet zu werden. Selim I. hatte in weit ausgreifenden Feldzügen den persischen Safawiden Mesopotamien entrissen und sie auf die heutige Staatsgrenze bei Maku und Urmia in West-Aserbaidschan zurückgeworfen. Er vertrieb die Portugiesen aus dem Roten Meer und erwarb mit der Inbesitznahme von Mekka und Medina im arabischen Hedschas den Titel eines »Wächters der Heiligen Stätten«. Der Grimmige leitete die Unterwerfung ganz Nordafrikas mit Ausnahme des Maghreb-el-Aqsa, des heutigen Marokko, ein. Gleichzeitig rechnete er unerbittlich mit den Abweichlern von der sunnitischen Rechtgläubigkeit ab, mit den persischen Schiiten, den Alawiten Syriens, den alevitischen Kizilbaş Anatoliens. Der selbsternannte Kalif der sunnitischen Umma, den die Türken als »Yavuz«, den Tapferen, verehren, hatte die Ausmerzung der

diversen Formen der Ketzerei in seinem Herrschaftsbereich angestrebt. Die Erinnerung an diesen Sultan und Inquisitor wirkt im gesellschaftlichen und religiösen Leben der Türkei weit intensiver nach, als
sich die Laizisten von Ankara eingestehen möchten.

Die deutschen Ingenieure, der eine von der Waterkant, der andere
aus dem Saarland, fühlen sich bei ihrer Aufgabe wohl. Die türkischen
und kurdischen Arbeiter sind zuverlässig und fleißig. Falls Probleme
auftauchen, werden sie sie im direkten Kontakt mit dem Gouverneur,
dem Vali, oder seinem Kaymakam regeln. Gewiß sind gewisse Pro-
jekte des GAP wohl allzu hastig angegangen worden, aber die entstan-
denen Mängel und gelegentlichen Senkungen lassen sich beheben.
Daß mit dem Segen der Irrigation auch die Mückenplage und die Verbreitung von Parasiten zunehmen, ist ein unvermeidlicher Zoll an den
industriellen und landwirtschaftlichen Fortschritt. Politisch halten
sich die Deutschen bedeckt, und sie tun gut daran. Ihr Arbeitsplatz und
ihre komfortable Unterkunft sind gegen Überfälle abgesichert. Die
PKK-Aktivitäten waren in dieser Gegend ohnehin nie sehr bedrohlich.
Auf diskrete Weise hatten die Anhänger Öcalans die beiden Fremden
wissen lassen, daß sie nicht die Absicht hätten, die GAP-Projekte zu
sabotieren, die eines Tages ihrer eigenen kurdischen Nation zugute
kommen sollten.

Die Einwohner der Stadt Birecik hätten bei den letzten Kommunalwahlen mehrheitlich für die Islamisten gestimmt, meinen die Deutschen. In den Landgemeinden hingegen – vielleicht mit Unterstützung
der Verwaltung und der Agas – hatte sich die »Partei des Rechten
Weges« der früheren Ministerpräsidentin Tansu Çiller durchgesetzt.
All das war kaum durchschaubar. Wenn es zu gelegentlichen Spannungen kam, war das allenfalls an der stärkeren Präsenz von Panzer-
spähwagen der Jandarma zu merken. Innerhalb jener Bevölkerungsgruppe, die mit der koranischen Erneuerung sympathisiert und eine
Moschee nach der anderen in die Landschaft stellt, gab es offenbar
fraktionelle Spannungen. Obwohl der Ingenieur aus dem Saarland
über lange Orienterfahrung verfügt, fällt es ihm schwer, zwischen den
diversen Bruderschaften oder Tarikat, den regierungstreuen Hodschas
und jenen rigorosen Imamen des »Fundamentalismus« zu unterscheiden, die man hier und dort als »Wahhabi« bezeichnet.

Sein norddeutscher Kollege neigt dazu, die internen Probleme des
Spät-Kemalismus herunterzuspielen und betrachtet tatsächlich die
Türkei bereits als eine Verlängerung Europas auf kleinasiatischem

Boden. »Mir sind – außer in der religiösen Hochburg Urfa – keine verhüllten Frauen begegnet«, beteuert er, »und was den sittlichen Niedergang betrifft, brauchen Sie sich doch nur jene kommerziellen Fernsehprogramme anzusehen, die die Freizeit des Normalbürgers erheitern. In keinem Land des Westens wird der ›Hardcore-Pornographie‹ so viel Sendeplatz eingeräumt.« Womit wieder einmal bewiesen wäre, daß der lange und intensive Aufenthalt eines Ausländers in einem fremden Land – selbst wenn er auf dem Arbeitsplatz engsten Kontakt zu den Einheimischen pflegt – zu krassen Fehlurteilen führen kann. Da lebt tatsächlich ein Deutscher zwei Jahre lang in Anatolien und hat die zunehmende Prüderie der Verschleierung, die schleichende Islamisierung überhaupt nicht zur Kenntnis genommen. Vor 160 Jahren hatte ein ungleich aufmerksamerer deutscher Beobachter die Gegend von Urfa, Birecik und Maraş bereist. Der preußische Hauptmann Helmuth von Moltke war von seinem König zwischen 1835 und 1839 als militärischer Instrukteur zum osmanischen Heer abkommandiert worden. Es war erst zehn Jahre her, da hatte Sultan Mahmut II. die traditionelle türkische Elitetruppe der Janitscharen, die zu einem Ferment der Meuterei, ja unaufhaltsamer Staatszersetzung verkommen war, auf dem At Meydan von Istanbul durch seine neu geschaffene Armee des »Nizam-i-cedid« gnadenlos massakrieren lassen. Aber die Hoffnungen, die der Padischah in diese ehrgeizige Reform, in diese »Neue Ordnung« setzte, sollten sich nicht erfüllen. Es war wohl nur zu einer kläglichen Kopie disparater Modelle aus dem westlichen Ausland gekommen. So schrieb Moltke damals über das mißglückte Experiment:

»Die Reform bestand meist in Äußerlichkeiten, in Namen und Projekten. Die unglücklichste Schöpfung war die eines Heeres nach europäischen Mustern mit russischen Jacken, französischem Reglement, belgischen Gewehren, türkischen Mützen, ungarischen Sätteln, englischen Säbeln und Instrukteuren aus allen Nationen; zusammengesetzt aus Lehnstruppen oder Timarioten, aus Linientruppen auf Lebenszeit und Landwehren mit unbestimmter Dienstzeit, in welchen die Führer Rekruten, die Rekruten kaum besiegte Feinde waren. In der Zivilverwaltung hatte man einen schwachen Versuch gemacht, die Steuern nicht mehr zu verpachten, sondern unmittelbar für den Staat zu erheben. Die Ausfälle in den Finanzen, die hierdurch zu Anfang unausbleiblich entstehen mußten, und mehr noch der Mangel an redlichen Beamten hinderten die weitere Durchführung dieser wichtigsten aller Verbesserungen. Die Titel der Staatsmänner wurden gewechselt, aber die Männer, die diese Ämter bekleideten, blieben von derselben Untüchtigkeit.«

Das Osmanische Reich wurde im Sommer 1839 durch den Aufstand des Paschas von Ägypten, Mehmet Ali, eines gebürtigen Albaners, bedroht. Der Teilherrscher über das Niltal hatte seine relativ moderne Armee unter dem Befehl seines Sohnes Ibrahim Pascha nach Norden in Gang gesetzt und ohne große Gegenwehr die türkischen Garnisonen in Palästina und Syrien überrannt. Mehmet Ali, der später mit Duldung der Pforte eine erbliche Dynastie in Kairo errichten sollte – ihr letzter Abkömmling König Faruk wurde erst 1952 durch die »Freien Offiziere« Gamal Abdel Nassers gestürzt –, plante wohl nichts Geringeres als die Eroberung von Istanbul und die eigene Proklamation zum Sultan. Wenn die Heerschar Ibrahim Paschas schließlich bei Konya zum Stehen gebracht und zur Umkehr gezwungen wurde, so geschah das weniger unter Einwirkung der demoralisierten osmanischen Streitkräfte als unter dem gebieterischen Diktat des europäischen Mächtekonzerns, das um die Stabilität im ganzen Orient bangte.

Helmuth von Moltke war im Juni 1839 dem osmanischen Kommandeur Hafis Pascha zugeteilt worden, dessen Auftrag es war, den Ägyptern Mehmet Alis den Zugang nach Anatolien zu versperren. Beide Parteien rüsteten sich westlich von Urfa zur Entscheidungsschlacht. Das türkische Aufgebot hatte seine Verteidigungsstellungen präzis an der Stelle bezogen, die ich an diesem heißen Abend des Sommers 1998 in Begleitung der beiden deutschen Ingenieure überblicke. »Zu unserem festen Lager zu Biradschik«, so berichtete Helmuth von Moltke, »standen wir so unbeweglich den ganzen Monat still, daß die Schwalben anfingen, sich Nester an meinen Zeltstangen zu bauen und Zeit und Weile uns lang wurde.« Gegenüber dem osmanischen Korps-Kommandanten Hafis Pascha, von dem Moltke übrigens ein insgesamt positives Bild zeichnet, drängte der preußische Berater darauf, das Gelände von Birecik in ein Bollwerk des Widerstandes zu verwandeln. Der Preuße wußte um den erbärmlichen Zustand der osmanischen Truppe. Wenn diese schon zu einer Offensivaktion unfähig war, so ließ sich der bunte Haufen in der Defensive zumindest zusammenhalten und zum Kampf zwingen, indem man ihm keine Möglichkeit zum geordneten Rückzug – besser gesagt zur heillosen Flucht – ließ. Die enge Felsenschlucht des Euphrat im Hintergrund hätte den osmanischen Kriegern den Abzug nach Norden versperrt.

Aber dieser Plan wurde verworfen, und eine neue Auffangstellung der Osmanen bei Nizip, etwa fünfzehn Kilometer westlich von Birecik, bezogen. Die heutige Ortschaft Nizip, auf deren Besichtigung ich natürlich Wert lege, ist durch einen Wall moderner Appartementhäuser des üblichen neu-anatolischen Stils umschlossen. Von der Dammhöhe bei Birecik ist sie deutlich zu erkennen. Die Verteidigungsposition zeichnete sich zur Verzweiflung Moltkes durch leichte Fluchtwege ins Landesinnere aus. Jenseits von Nizip, das die Soldaten Hafis Paschas in drei Marschstunden erreichten, öffnete sich eine relativ bequeme Straße nach Maraş und Kayseri.

Der Zustand der osmanischen Armee, die bei Nizip eine verheerende Niederlage erleiden sollte, aber auch das traurige Schicksal der damaligen Kurden, werden von dem preußischen Hauptmann wie folgt beschrieben: »Die Pforte hatte in Kleinasien drei Korps aufgestellt, die zusammen 70 000 Mann stark waren; diese Truppen bestanden zur größeren Hälfte aus Rediffs, das heißt Landwehren, gebildet aus eben ausgehobenen Mannschaften, die schnell etwas von der europäischen Taktik lernen mußten, und aus Offizieren, die, nach Gunst gewählt, nicht die geringste Kenntnis ihres Standes besaßen; auch die Linientruppen bestanden zur Hälfte aus Rekruten. Es herrschte eine so furchtbare Mortalität, daß wir während der Dauer unseres Hierseins die Hälfte der Infanterie begraben haben. Der ganze Ersatz lastet nun fast ausschließlich auf Kurdistan; die Bewohner der Dorfschaften flohen in die Berge, sie wurden mit Hunden gehetzt, die Eingefangenen, oft Kinder und Krüppel, an lange Seile gebunden und mit geknebelten Händen abgeführt. Diese Soldaten, die nicht einmal die Sprache ihrer Offiziere verstanden, mußten fortwährend als Gefangene behandelt werden; dichte Postenlinien umstellten das Lager eines jeden Regiments; oft aber entwichen die Wachen selbst. Man zahlte zwanzig, ja später hundert Gulden für jeden Deserteur, ohne das Ausreißen hindern zu können; es gab Beispiele, wo fünfzig Mann mit Pferden und Waffen von den Vorposten desertierten. Der Soldat war gut bezahlt, wohl gekleidet, reichlich ernährt und milde behandelt; aber fast kein Kurde hielt länger als zwei Jahre aus, er ging ins Hospital, starb oder lief davon. Neben dieser Disposition von zwei Dritteln des Heeres muß der gänzliche Mangel an tüchtigen Offizieren genannt werden.«

Über den Verlauf der Schlacht seien nur ein paar kurze, aber eindringliche Schilderungen wiedergegeben: »Als ich (Moltke) nach dem Zentrum zum Pascha zurückkehrte, fand ich zu meinem Schrecken die Linienbrigade, welche ich auf dem linken Flügel aufgestellt hatte, in der Vertiefung der Reserve stehen … Schon kamen einzelne Geschütze, selbst Pferde mit abgeschnittenen Strängen zurück; einige Munitionswagen waren aufgeflogen; fast alle Bataillone standen mit erhobenen Händen und beteten, wozu freilich der Kommandierende den Befehl erteilt haben soll. Unter dem Vorwand, Verwundete wegzubringen, entfernten sich Trupps von vier, fünf Mann; die Reserve rückte hin und her, um dem Strichfeuer auszuweichen; kurz, moralisch war die Schlacht schon verloren … Der Pascha war nach dem rechten Flügel geritten, wo er wohl den Tod suchte. Er selbst führte die Fahne eines Garde-Rediff-Bataillons vor, aber das Bataillon folgte nicht. Von dem weiteren Verlauf der Schlacht läßt sich wenig sagen … Die Infanterie feuerte in ungeheurer Entfernung, oft aus der Kolonne, das Gewehr in die Höhe ab, die Kavallerie zerstreute sich, und bald löste sich alles auf. Die Artillerie hatte sich eigentlich noch am besten gewehrt.«

Gemeinsam mit zwei anderen preußischen Offizieren versuchte Moltke, dem Chaos zu entrinnen und nach Maraş zu gelangen: »Alle Bande der Disziplin waren gelöst«, so fährt er fort. »Die Kurden, und diese bildeten die größere Hälfte unseres Korps, waren unsere Feinde; sie schossen auf ihre eigenen Offiziere und Kameraden, sperrten die Gebirgswege und machten mehrere Angriffe auf Hafis Pascha persönlich. Andere Flüchtlinge warfen die Gewehre weg, streiften die lästige Uniform ab und wanderten fröhlich und singend ihren Dörfern zu …«

\*

Von Birecik fahren wir zügig in das Hotel »Edessa« nach Urfa zurück. In der Gesellschaft Saadets flaniere ich noch einmal am Rande des Karpfenteiches. »Ich fühle mich in dieser bigotten, arabisch geprägten Umgebung nicht wohl«, gesteht mein Begleiter, als ich auf die orientalische Pracht dieser heroischen Kulisse verweise. Ich erzähle ihm von den Briefen Helmuth von Moltkes. »Jetzt verstehen Sie vielleicht, wie wir unter der Erinnerung an die türkische Erniedrigung im achtzehnten und neunzehnten Jahrhundert heute noch leiden, als wir nach dem Ruhm des osmanischen Imperiums zum ›Kranken Mann am Bosporus‹ degenerierten«, meint Saadet. »Aus dieser verzweifelten Stimmung heraus konnte Kemal Pascha gar nicht anders handeln. Er mußte sein gedemütigtes Volk gemäß dem Kernsatz wiederaufrichten:

›Welches Glück wird dem zuteil, der sagen kann, ich bin ein Türke!‹ Ganz am Ende der Sultansherrschaft hatten wir noch einmal geglaubt, mit Hilfe einer engen militärischen Zusammenarbeit zwischen Istanbul und Berlin, aus der im Ersten Weltkrieg eine romantisch verklärte Waffenbrüderschaft hervorging, das Schlimmste verhindern zu können«, beklagt sich mein Gefährte. »Aber dafür war es zu spät.«

»Wie kam es eigentlich«, so frage ich, »daß die Erben Atatürks nicht unmittelbar nach dem Tod des Republikgründers der Versuchung erlagen, an der Seite des ›Großdeutschen Reiches‹ Adolf Hitlers gegen die französischen und britischen Mandatsgebiete in Syrien und Irak auszugreifen?« Ich denke dabei an meinen Vater, der als Luftwaffenarzt einer embryonären deutschen »Orient-Armee« unter dem Kommando des Fliegergenerals Fälmy zugeteilt worden war. In dieser buntgemischten Truppe dienten auch Araber, Kaukasier, Inder, Maghrebiner und ehemalige Fremdenlegionäre. Zu jenem Zeitpunkt, im Sommer 1942, rückten die Rußland-Armeen des Dritten Reiches im Norden auf den Kaukasus und auf Baku zu, während das Afrikakorps Rommels bei El Alamein durchzubrechen und Kairo zu erobern hoffte. Mein Betreuer aus Ankara zeigt sich erstaunlich informiert. Tatsächlich sei zu Beginn des Jahres 1942 eine hohe türkische Offiziersdelegation nach Berlin gereist, und die deutschen Generalstäbler hätten ihre großartigen Offensiv- und Umklammerungspläne recht offenherzig entwickelt. Wie die Deutschen denn bei dieser monumentalen Zangenbewegung zwischen Kaspischem Meer und Euphrat operieren wollten und ob ihre Kräfte dazu ausreichen würden, wollten die Türken damals wissen. Die Antwort war kurz, und sie klang hochmütig: »Wir werden vorgehen und handeln wie der große osmanische Sultan Selim I. zu Beginn des sechzehnten Jahrhunderts. Sie werden verstehen, was wir meinen.« Gemeint war natürlich Selim der Gestrenge, der Grausame und sein blutiges Regiment. Offenbar hatte sich die Generalität des Dritten Reiches in ihrer Hybris sehr weit von der Devise des preußischen Feldmarschalls von Moltke entfernt, die da lautete: »Mehr sein als scheinen.« Die Katastrophe von Stalingrad und der überstürzte Rückzug Rommels von El Alamein nach Tunis sollten nicht auf sich warten lassen. Die Vorhut der deutschen »Orient-Armee«, die sich auf den Weg zum Kaukasus begeben hatte, wurde in der Kalmüken-Steppe aufgerieben.

Noch einmal zurück zu Moltkes Brief vom 1. September 1839. Er ist aus Konstantinopel datiert: »Man möchte sagen, Europa nimmt mehr Anteil an der Türkei als die Türkei selbst«, so schrieb er nach der Niederlage von Nizip. »Der gemeine Mann lebt noch immer in der Meinung, daß die Eltschis oder Gesandten da sind, um vom Padischah eine Krone für ihre Könige zu erbitten. ›Warum‹, sagte ein Mullah in der Versammlung zu Biradschik, ›sollten nicht heute noch zehntausend Osmanli aufsitzen und mit festem Glauben an Allah und scharfen Säbeln bis Moskau reiten?‹ – ›Warum nicht?‹, antwortete ein anwesender türkischer Offizier. ›Wenn ihre Pässe von der russischen Gesandtschaft visiert sind, immerhin.‹ Dieser Offizier war Reschid-Bey, der seine Erziehung in Europa erhalten hat; aber er sagte es auf französisch, wo er freilich das Kühnste sagen durfte, denn niemand verstand ihn. ›Ne sarar var!‹ – Was schadet's –, meinten die Leute nach der Katastrophe von Nisib, ›der Padischah ist reich genug, um hin und wieder eine Schlacht und ein paar Provinzen zu verlieren!‹«

## Karawanserei der Seidenstraße

*Diyarbakir, im August 1998*

Vor vierzehn Jahren habe ich zum letzten Mal auf den schwarzen Basaltmassen von Diyarbakir gestanden. Diese Festung war wohl die äußerste Position des Kaisers von Byzanz im Osten. Unzählige Male hat die Hauptstadt Kurdistans, wie Diyarbakir von den Nationalisten der PKK bezeichnet wird, die Eroberer, die Besitzer gewechselt. Aber dieser gigantische Festungsring aus dem fünften Jahrhundert unserer Zeitrechnung ist fast unversehrt mit seinen 72 Wehrtürmen und den vier trutzigen Toren aus diesen Stürmen hervorgegangen. Während wir über eine grobe Steintreppe zur obersten Zinne aufsteigen, erklärt mir ein ortskundiger Cicerone, daß die Fels-Würfel – zum Zweck größerer Widerstandskraft – in unterschiedlicher Zusammensetzung aufeinandergeschichtet wurden. Die glatten, harten, »männlich« genannten Steine lösen sich mit porösen, »weiblichen« Bauelementen ab.

Im Sommer 1984 hatte mich der Blick nach Osten stärker beeindruckt. Das Tigris-Tal zu Füßen der Stadtmauer und der sandige Abhang waren damals noch unberührt. Inzwischen haben sich bescheidene Anwesen und Gärten an das grünliche Flußwasser geschmiegt. Dennoch wirkt die asiatische Ferne unter dem sich violett verfärbenden Himmel an diesem Abend weiterhin bedrohlich. Auch ohne große historische Phantasie drängt sich dem Späher die Vision entfesselter Reiterhorden auf – Araber, Türken, Mongolen –, die aus ihren Wüsten und Steppen heranstürmen, um diesen strategischen Riegel vor den fruchtbaren Ebenen, den blühenden Städten des Oströmischen Reiches aufzubrechen.

In Diyarbakir mache ich keinen Schritt, ohne von vier athletischen Zivilisten begleitet zu sein, die sich gar nicht die Mühe geben, ihr Revolverhalfter zu verbergen. Wenn ich in meinen Landrover einsteige, folgen sie mir in ihrem Renault. Mir erscheint dieser Personenschutz übertrieben, ja fast grotesk angesichts der trügerischen Normalität, die in Diyarbakir nach drei oder vier turbulenten Jahren politisch motivierter Überfälle wieder eingezogen ist. Aber Saadet warnt vor der trügerischen Sicherheit in dieser von Leben quirlenden Metropole.

Von meiner Eskorte bin ich auch zum Regierungsgebäude des Vali von Diyarbakir geleitet worden, etwas außerhalb des Zentrums, dort, wo eine nicht enden wollende Kette neu errichteter Wohnviertel, eng zusammengepfercht, oft noch unbewohnt, das beim letzten Besuch orientalisch anmutende Weichbild dieser anatolischen Großstadt allmählich verwestlicht und verfremdet. Der Gouverneur Aydin Aslan ist ein mächtiger, stiernackiger Mann. Neben der Verwaltung seiner eigenen Provinz obliegt ihm die oberste zivile Autorität über das gesamte Gebiet des Ausnahmezustandes. Das sind zur Zeit sechs Velayate: Diyarbakir, Siirt, Şirnak, Tunceli, Van und Hakkari. Vor dem relativ bescheidenen Verwaltungsgebäude jäten Soldaten Unkraut. Andere stehen mit der Kalaschnikow im Anschlag. Die unvermeidlichen Schützenpanzer sind als Abschirmung postiert. Aber im Inneren geht es eher lässig zu. Ich werde sofort in das riesige Arbeitszimmer des Super-Vali eingelassen, das geschmackvoll und aufwendig möbliert ist. Der Republikgründer ist neben der roten Fahne mit weißem Halbmond und Stern gleich zweimal dargestellt, einmal als Feldkommandeur der frühen Jahre der Türkischen Republik, dann in Form einer goldenen Totenmaske, die dem Kult um Atatürk etwas Sakrales verleiht. Diese goldene Plastik, der ich noch häufig begegnen soll, entrückt den Gazi der politischen Wirklichkeit, erhebt ihn zum Rang eines Idols.

Aydin Aslan, glatzköpfig mit breitem Schnurrbart, hat die Statur eines Gewichthebers. Er zeigt sich jovial und gesprächig, aber im Bösen möchte man es mit diesem Mann nicht zu tun haben. In kurzen

Worten schildert er seine Karriere. Erst war er Kaymakam, dann Polizeipräsident von Diyarbakir, später Provinzgouverneur, und jetzt ist er mit der höchsten zivilen Autorität bei der Aufstandsbekämpfung beauftragt. »Begonnen haben die Überfälle der Separatisten nach der militärischen Machtergreifung im Jahr 1980«, berichtet er, »Damals war der PKK-Führer Öcalan noch Student der Politologie in Ankara. Zum akademischen Abschluß hat er es nie gebracht, denn er engagierte sich früh in der Untergrundtätigkeit und fand Unterstützung bei den Links-Extremisten.« Die gefährliche Zuspitzung der Unruhen in Ost-Anatolien habe 1984 eingesetzt, und zwar als Begleiterscheinung des ersten Golfkrieges zwischen Bagdad und Teheran. Die »Kurdische Arbeiterpartei« habe starken Zulauf von seiten der marxistischen Dev-Sol-Sympathisanten gefunden, die ihr oft die ideologische Ausrichtung vorgaben. Ein weiterer kritischer Höhepunkt wurde nach 1991 erreicht, als der voreilige Waffenstillstand der Amerikaner mit dem Regime Saddam Husseins die Kurden des Nord-Irak den Repressalien der irakischen Republikaner-Garde auslieferte und eine Massenflucht von Zivilisten ins südost-anatolische Grenzgebiet einsetzte.

»Was bedeutet schon der Anspruch auf eine ›Republik Kurdistan‹?« beteuert der Vali. »Ich stamme doch selbst aus dieser Region, und der Ausspruch Atatürks: ›Welches Glück wird dem zuteil, der sagen kann, ich bin ein Türke!‹ war nicht ethnisch gemeint. Das sollte einen Staatsverband umreißen, in dem viele Völker und Rassen nebeneinander leben. Sie können gar keine völkische Trennungslinie mehr zwischen Türken und Kurden ziehen. Zu viele Vermischungen haben stattgefunden, und zahlreiche Kurden werden Sie in den höchsten Staatsämtern finden.« Aydin Aslan selbst, so vermute ich, ist kurdischer Abkunft und macht keinen Hehl daraus. Immer wieder frappiert mich das Bemühen meiner Gesprächspartner, die meist den gehobenen Ständen angehören, den völkisch unterschiedlichen Ursprung ihrer Sippen zu betonen. Saadet zum Beispiel unterstreicht bei jeder Gelegenheit, daß seine Vorfahren kaukasische Tscherkessen waren und daß seine Frau reine Tatarin ist. Schon im März 1994 hatte ich im Außen- und Informationsministerium von Ankara zum Kurdenproblem Thesen vernommen, die mit dem klassischen Kemalismus nur noch schwer vereinbar waren. Während Atatürk die zum Nationalismus bekehrte Türkei als eine Art »rocher de bronze« definierte, als ein in sich geschlossenes Volk aus einem Guß, dessen Ursprünge auf die kriegerischen Hethiter der Altertums zurückgingen, bekannte man sich neuerdings zur ethnischen Vielfalt.

»Betrachten Sie doch unsere Familien«, wurde mir oft gesagt, »unsere Großväter und Großmütter sind zu einem wesentlichen Teil aus dem Balkan, dem Kaukasus, von der Krim nach Anatolien eingewandert oder geflüchtet – in dem Maße, wie das Osmanische Reich an allen Ecken abbröckelte. Wir haben errechnet, daß mindestens zehn Prozent der anatolischen Bevölkerung balkanischen Ursprungs sind. Etwa drei Millionen Nachfahren geflüchteter Bosnier leben bei uns. Daneben gibt es Krim-Tataren, Lazen, Tscherkessen, Albaner, Baschkiren und viele andere. Kemal Pascha selbst wurde in Saloniki geboren, und fast unsere ganze Oberschicht stammt aus diesen verlorenen Paschaliks des früheren Rumelien. Im Lauf der Geschichte haben Hethiter, Griechen, keltische Galater, Römer, Byzantiner, Araber, Mongolen und natürlich Seldschuken und Osmanen in unserem Land Fuß gefaßt und ihre Charakterzüge vererbt. Warum beanspruchen da ausgerechnet die Kurden eine Sonderstellung, wo doch alle anderen im Schmelztiegel der modernen Türkei aufgegangen sind?«

Bei den Besprechungen mit türkischen Behörden war mir eine deutliche soziale Schichtung aufgefallen, die mit unterschiedlichen ethnischen Merkmalen einherging. In den Pförtnerlogen, in den unteren Wachlokalen, wo der Besucher sich anmeldete, herrschte ein fast osmanisch wirkendes, rüdes Durcheinander. Man fühlte sich manchmal in die Atmosphäre eines Gefängnisvorhofs, in eine Vorstufe zum »Midnight Express« – für diejenigen, die den Film gesehen haben – versetzt. Die Türsteher und Polizisten in Zivil schrien sich an. Die Antragsteller oder ausländischen Gäste wurden mit einer an Grobheit grenzenden Geringschätzung behandelt. Nach längerem Warten wurde man schließlich nach oben in das gediegene Büro eines Staatssekretärs oder hohen Beamten vorgelassen, und plötzlich öffnete sich eine ganz andere Welt. Extreme Courtoisie, Eleganz des Umgangs wurden hier gepflegt. Während am Eingang nur Türkisch gesprochen wurde, drückte sich die administrative und politische Elite fließend in verschiedenen Fremdsprachen aus. Wenn auch hier noch der Orient zu spüren war, dann in Gestalt vornehmer Gastlichkeit und diskreter Zurückhaltung. Ja, es schien, als hätte man es bei der Oberschicht mit einem ganz anderen Volksschlag zu tun. Während im Zerberus-Bereich des Parterres ein vierschrötiger, noch stark vom orientalischen Nomaden-Erbe geprägter Typus vorherrschte, wirkten die gehobenen

Repräsentanten des Staates durchaus europäisch, hätten sich in jede abendländische Gesellschaft nahtlos eingefügt. Viele dieser Bevorzugten hatten von ihren bosnischen oder kaukasischen Vorfahren blondes Haar und blaue Augen geerbt. Die sozialen und ethnischen Strukturen des Osmanen-Reiches hatten ein geradezu biologisches Gefälle hinterlassen. Die »Knabenlese«, die »Devşirme«, der systematische Raub christlicher Kinder, die über die Palastschule Zugang zu den höchsten Ämtern der Pforte erhielten, hatte zweifellos zu dieser Differenzierung beigetragen.

Der von mir so gern zitierte Hauptmann von Moltke hatte ähnliche Feststellungen – damals allerdings in weit krasserer Form – beim Umgang mit den Osmanen niedergeschrieben, und die allgemeine »Verachtung« für die Franken religiös begründet: »Ein Türke räumt unbedenklich ein, daß die Europäer seiner Nation an Wissenschaft, Kunstfertigkeit, Reichtum, Kühnheit und Kraft überlegen seien, ohne daß ihm entfernt in den Sinn käme, daß ein Franke sich einem Moslem gleichstellen dürfte. Wenige Europäer werden unter so günstigen Verhältnissen in der Türkei aufgetreten sein wie wir; die ersten Würdenträger des Reiches waren von der größten Aufmerksamkeit, sie erhoben sich bei unserem Eintritt, wiesen uns den Platz auf dem Diwan an ihrer Seite an und reichten uns ihre Pfeife zum Rauchen; die Obersten räumten uns den Vortritt ein, die Offiziere waren noch leidlich höflich, der gemeine Mann aber machte keine Ehrenbezeigungen mehr, und Frauen und Kinder schimpften gelegentlich hinter uns her. Der Soldat gehorchte, aber er grüßte nicht. Wir waren höflich ausgezeichnete Individuen einer äußerst gering geschätzten Kategorie.«

Aber warum sollte ich dem Super-Vali von Diyarbakir die Reflexionen eines scharf beobachtenden preußischen Offiziers und meine eigenen Erfahrungen entgegenhalten? Zudem ist mir seit meiner intensiven Erkundung Zentralasiens bewußt, daß zwischen Turanern und Iranern schon seit den Tagen Zarathustras ein unüberbrückbarer Gegensatz besteht, und die Kurden gehören nun einmal der iranischen, der arischen oder indoeuropäischen Völker- und Sprachenfamilie an. Die oben aufgezählten Sondergruppen waren ja meist als Flüchtlinge nach Anatolien gekommen und dem Osmanischen Reich – im Gegensatz zu den stets rebellischen Kurden – aufs engste verbunden. Am Rande zu erwähnen wäre da noch der Stamm der Lazen, der ebenfalls von Aydin Aslan als Beispiel geglückter Integration zitiert wird. Aber die am Ufer des Schwarzen Meeres siedelnden Lazen, so hatte ich von Saadet gelernt, genießen kein besonders hohes Ansehen und sind oft Zielscheibe anatolischer »Ostfriesen-Witze«. Das heikle Thema der christlichen Minderheiten, die bis zum Ersten Weltkrieg noch einen beträchtlichen Teil der Bevölkerung Anatoliens ausmachten – von den Armeniern, die massakriert, den Griechen, die zwangsumgesiedelt, bis zu den Assyrern und Chaldäern, die aufgrund permanenter, gewalttätiger Schikanen gerade von seiten ihrer kurdischen Nachbarn zur Auswanderung verurteilt sind –, bringe ich in diesem Rahmen erst gar nicht zur Sprache. Die Raya, die »Herde des Sultans«, wie die Christen im Osmanischen Reich offiziell genannt wurden, ist zu einem kümmerlichen Haufen von Überlebenden geschrumpft. Am zahlreichsten waren solche Außenseiter noch unter der arabischen Volksgruppe längs der syrischen Grenze anzutreffen, aber der Verdacht, sie könnten mit der feindseligen Regierung von Damaskus konspirieren oder auch nur sympathisieren, macht selbst den Semiten immer wieder das Leben schwer.

»Wir tun unser Bestes, um der Bevölkerung dieser rückständigen Region zu einem besseren Lebensniveau zu verhelfen«, fährt der Gouverneur fort. »Die Subventionen Ankaras für die überwiegend kurdisch bevölkerten Gebiete sind dreizehnmal höher als die Einnahmen, die dort der Regierung zufließen. Für das Staudamm-Projekt GAP wurden 32 Milliarden US-Dollar veranschlagt, und damit schaffen wir drei Millionen neue Arbeitsplätze. Glauben Sie auch nicht, daß die vom Bürgerkrieg heimgesuchten Kurden massiv in die West-Türkei abgewandert sind. Im Jahr 1990 lebten in den sechs Provinzen, die heute unter Ausnahmezustand stehen, drei Millionen Menschen. Schon 1997 war diese Zahl dank der kurdischen Geburtenrate, die weit höher liegt als die der übrigen Türken, auf 4,9 Millionen hochgeschnellt.«

Auf der Passivseite erwähnt Aydin Aslan viertausend im Kampf gefallene Soldaten und Jandarma, tausend ermordete »Dorfschützer«, viertausend von der PKK massakrierte Zivilisten. Aber diese Angaben sind vermutlich stark untertrieben. In Ankara ist von 40 000 beziehungsweise 30 000 Bürgerkriegsopfern die Rede, von denen zwei Drittel kurdischer Abstammung seien. Auch die finanzielle Last der Aufstandsbekämpfung, die auf acht Milliarden Dollar veranschlagt wird, ist kaum zu überprüfen. In Istanbuler Journalistenkreisen spricht man von tausend bis zweitausend verwüsteten und verödeten Dörfern. Kein Wunder, daß die Stadt Diyarbakir, wo vor dem Ausbruch der

Revolte etwa 300 000 Menschen lebten, nunmehr eine Flüchtlings-schwemme von einer Million aufgenommen hat.

Wie er denn das Auftauchen einer neuen Widerstandsbewegung beurteile, die unter der Bezeichnung »Hizbullah« – Partei Gottes – gegen die Republik Atatürks angetreten sei und deren Name bedenkli-che Assoziationen wachrufe, frage ich Aydin Aslan. Der Vali zeigt sich nicht sonderlich besorgt. Es handele sich um religiöse Fanatiker, die in gewissen Stadtvierteln von Diyarbakir und weiter östlich in der Ebene von Batman sowie in den Schluchten von Bitlis eine Serie von Über-fällen organisiert hätten. Die Hizbullah bekämpfe jedoch nicht nur den laizistischen Staat, sondern sie wende sich auch gegen die marxi-stisch-leninistischen Gottesfeinde der PKK. Unterstützung fließe ihnen vermutlich aus Iran, vielleicht auch aus Saudi-Arabien zu. Viel wichti-ger sei es, daß sich in den kurdischen Dörfern 60 000 Freiwillige auf die Seite der Regierung geschlagen hätten und mit der Waffe gegen die Gefolgsleute Öcalans vorgingen.

Auch dieses Mal verschweige ich, daß ich schon fünf Jahre zuvor bei oppositionellen Politikern in Ankara eine eher negative Beurtei-lung dieser »Heimwehren« vernommen hatte. Die Dorfschützer seien die Hauptverantwortlichen für mörderische Übergriffe gegen die kur-dische Zivilbevölkerung, und sie trügen dabei ihre angestammten Klan-Feindschaften aus. Was nun die Hizbullah beträfe, so spottete man damals in den Salons der Hauptstadt, so handele es sich um eine Erfindung der Jandarma. Man habe diese pseudo-islamistische Bewe-gung ins Leben gerufen, um die Marxisten der PKK unter Druck zu setzen. Später habe sich jedoch herausgestellt, daß die Behörden da ein höchst gefährliches Experiment eingegangen wären, daß sie ge-wissermaßen den »Dschinn« des religiösen Fundamentalismus aus der Flasche gelassen hätten. In Zukunft könne die zahlenschwache »Partei Gottes« vielleicht zu einem Problem werden, zumal sie Kon-takt zu den Islamisten der »Refah-Partei« aufgenommen hätte. Ähn-lich kurzsichtig hatte lange vor dem Abkommen von Oslo ja auch der israelische Geheimdienst Shin Bet das Heranwachsen der Bewegung »Hamas« in den Palästinenser-Gebieten begünstigt, in der törichten Hoffnung, der PLO Yassir Arafats das Wasser abzugraben und Zwie-tracht in den Reihen der arabischen Gegner zu säen.

»Wir sind von Feinden umgeben, darüber machen wir uns keine Illusion«, beendet der Gouverneur das Gespräch. »Da sind die Grie-chen im Westen, die griechischen Zyprioten vor unserer Südküste, die

Armenier im Nordosten, die Perser im Osten, die Iraker mit ihrem ungelösten Kurdenproblem. Am heimtückischsten verhalten sich die Syrer. Sie bilden die Partisanen der PKK militärisch aus und liefern ihnen Waffen ungeachtet der Tatsache, daß auch in ihrer Arabischen Republik etwa eine Million Kurden beheimatet sind. Wir haben dem Präsidenten Hafez-el-Assad und den dortigen ›Mukhabarat‹ in aller Deutlichkeit gemeldet, wo Öcalan in der libanesischen, von Syrien kontrollierten Bekaa-Hochebene seine Schlupfwinkel und Lager eingerichtet hat, ja wir haben ihm die exakte Adresse des Terroristen-Chefs in Damaskus beschrieben.« Der Vali deutet an, daß Ankara vor einem militärischen Vergeltungsschlag gegen Syrien nicht zurückschrecken werde, wenn die Situation dies erfordere. Auch im Hinblick auf die kurdische Nord-Region des Irak werde die türkische Armee niemals auf ihr Interventions- und Verfolgungsrecht verzichten, selbst wenn es den Amerikanern einfiele, die beiden Rivalen Barzani und Talabani mitsamt ihren Klans in eine gemeinsame Front zu pressen. Die Zielsetzung der CIA sei eindeutig. Durch die Bündelung der »Demokratischen Partei Kurdistans« und der »Patriotischen Union Kurdistans« solle Saddam Hussein geschwächt, sein Regime untergraben, ja der Diktator liquidiert werden. Doch die damit einhergehende Verselbständigung des nord-irakischen Kurdengebietes, die eventuelle Perspektive eines unabhängigen kurdischen Teilstaates an der Südostflanke Anatoliens werde der Generalstab in Ankara zu verhindern wissen.

Wohlwollend schmunzelnd und sehr machtbewußt begleitet mich der Super-Vali zur Schwelle seines Amtssitzes. Meine Leibwächter warten bereits am Ausgang.

*

In der Karawanserei am südlichen Mardin-Tor von Diyarbakir haben früher die Händler der Seidenstraße gerastet. Man hätte daraus eine stilvolle Herberge für anspruchsvolle Touristen machen können. Aber die Fremdenverkehrsbehörden haben sich mit halben Maßnahmen zufriedengegeben, und das Hotel lädt nicht zum Verweilen ein. Der schattige Innenhof ist rundum von zwei Galeriegängen mit Gästezimmern umrahmt. Die wabenförmigen kleinen Appartements entsprechen den Studentenunterkünften der Koranschulen. Am Eingang dieser winkligen Behausungen muß der Eintretende sich bücken, so niedrig ist die obere Türschwelle. Das sei seinerzeit mit voller Absicht so konzipiert worden, erklärt der Hoteldirektor. Der Neuankömmling sei zu einer Geste der Ehrenbekundung gegenüber dem Gast gezwungen gewesen. Ich muß dabei an zahlreiche christliche Kirchen im ganzen Orient denken, unter anderen an die Geburtskirche in Betlehem, wo die Eingangspforte ähnlich eng und niedrig in die Außenmauer eingelassen wurde. Dort geschah es jedoch stets, weil man die übermütigen Muselmanen nur so daran hindern konnte, auf ihren Pferden durch die Krypta bis zum Altar vorzupreschen.

Nur extravagant oder romantisch veranlagte Touristen aus dem Westen logieren dieser Tage im Hotel »Büyük Karavansaray«. Die Nachbarschaft des »Mardin-Kapisi« verführt zwar immer wieder dazu, auf die abweisenden Basaltzinnen zu klettern und – ähnlich wie die vergessene Garnison, die der Italiener Buzzati beschreibt – den Blick auf eine imaginäre »Tatarenwüste« zu richten. Aber das Stadtviertel ringsum genießt einen schlechten Ruf. Zum ersten Mal werde ich von bettelnden Kindern bedrängt, und die ehrwürdigen Steinnischen werden häufig als Kloake mißbraucht. Die Vernachlässigung kontrastiert mit der großzügigen Stadt-Sanierung, die in fast allen anderen Distrikten Diyarbakirs unter Anleitung eines besonders dynamischen Bürgermeisters der islamistischen Refah-Partei stattgefunden hat.

Es ist später Nachmittag, und unsere Runde hat sich neben der sprudelnden Wassersäule des Brunnens zusammengefunden. Meine Schutzengel hatten mich eben noch zu einer alt-osmanischen Residenz geführt, in der Atatürk genächtigt hatte und die ihm besonders gefiel. Der große Kemal Pascha muß bei allen seinen Extravaganzen ein frugal veranlagter Mensch gewesen sein, denn die Villa mit Blick auf den Tigris zeichnet sich durch rustikale Einfachheit der Möblierung und Dekoration aus. Die frühen Jahre der Republik waren wohl rauhe Zeiten der Entbehrung im Umkreis dieser stets aufsässigen Kurdenmetropole Ost-Anatoliens. Ohne Umschweife bestätigen meine Begleiter, daß der geniale Staatsgründer, der sich in Begleitung von Prostituierten von den Staatsgeschäften erholte und dabei Unmengen von Raki in sich hineinschüttete, viel zu früh an einer Leberzirrhose gestorben sei. Kemal Pascha, der auf offiziellen Empfängen nur französischen Champagner servieren ließ und seine Gäste – stets im Frack – mit klassischer europäischer Musik unterhielt, bevorzugte in der Intimität die langgezogenen Hirtenweisen seines Volkes.

Zu unserem Treffen sind sehr unterschiedliche Männer geladen, ein Dozent der Universität von Diyarbakir, den wir Hikmet nennen wollen, Doğan, ein leitender Angestellter der GAP, der Journalist Ilhan und der Kommunalbeamte Hüseyin. Die Typologie dieser vier Türken spannt einen weiten Bogen von den bewaldeten Hügeln Bosniens bis zu den Steppen Turkmenistans. Die vier Polizisten sitzen etwas abseits. Das rauschende Wasser spendet nicht nur etwas Erfrischung in dieser brütenden Nachmittagshitze, es schützt auch unser Gespräch vor unwillkommenen Lauschern. Die Besichtigung der Atatürk-Villa gibt uns gleich ein aktuelles Thema vor. »Welchen Sinn macht der strikte Kemalismus heute noch? Würde Atatürk, der ein Pragmatiker war, nicht in unseren Tagen eine ganz andere Innen-, Wirtschafts- und Außenpolitik betreiben?« Die gleiche Frage hatte ich wenige Wochen zuvor an den Staatspräsidenten Süleyman Demirel in Ankara gerichtet, und der hatte höchst konventionell und ausweichend darauf geantwortet. Bezeichnenderweise war diese gewundene Aussage des Staatschefs in dem schriftlich und in englischer Übersetzung protokollierten Interview-Text nicht enthalten, der mir zwei Tage später zugestellt wurde. Genauso wenig wie die besänftigenden Erklärungen, die er über die Machtstellung der Armee und die Wiedergeburt islamischer Frömmigkeit von sich gegeben hatte.

Das Mehrparteiensystem, so erinnert Ilhan, sei ja erst nach dem Tod Atatürks eingeführt worden. An einem durchtriebenen Politiker vom Schlage Demirels, dem seine Gegner Beziehungen zu zwielichtigen Geschäftemachern und zu religiösen Bruderschaften nachsagen, hätte der unerbittliche Staatsgründer kaum Gefallen gefunden. Die Übernahme des westlichen Parlamentarismus und der auswuchernde Pluralismus der repräsentativen Demokratie ließen sich offenbar mit dem türkischen Volkscharakter schwer vereinbaren. Alle Anwesenden stimmen überein, daß sämtliche Parteien – mit Ausnahme der Islamisten, und selbst die wandelten nicht immer auf den Pfaden koranischer Tugend – in einem Sumpf der Korruption und mafiösen Verstrickungen versackten. Zum revolutionären Aufbegehren, meinen alle, fehle den Türken nun einmal die psychologische Veranlagung. Die ererbten Feudalstrukturen des nomadischen Klan- und Stammeswesens seien durch die unbegrenzte Allmacht des osmanischen Sultanats abgelöst und die Despotie des Padischah auf die Spitze getrieben worden. Der Byzantinismus der oströmischen Kaiser habe sich nach der Eroberung Konstantinopels als verhängnisvolles Vorbild sklavischer Hörigkeit erwiesen. Die höchste Autorität im kemalistischen Staat der Gegenwart liege ja auch gar nicht bei den Politikern, sondern beim strengen

Konklave des Nationalen Sicherheitsrates, wo die Generalität den Ton angibt und die allgemeinen Richtlinien der Staatsführung festlegt. Der Regierungschef sei dabei nur als Gast geduldet.

Einhellige Ablehnung, ja Haß schlägt der früheren Ministerpräsidentin Tansu Çiller entgegen, hinter deren anmutigem Lächeln sich die Wildheit einer Raubkatze verberge. Çiller sei bis über die Ohren in den sogenannten Susurluk-Skandal verstrickt. Ihre Wutausbrüche seien im Ministerrat gefürchtet, ja sie habe mit Aschenbechern um sich geworfen. Ganz so neu und ungewöhnlich, wie das dem Außenstehenden erscheinen mag, seien übrigens solche Auswüchse weiblicher Tyrannis und Willkür in der Türkei nicht. Unmittelbar nach dem Tod Süleymans des Prächtigen habe im Topkapi zu Istanbul mit der Thronbesteigung des Schwächlings Selim II. die fast hundertjährige Epoche der sogenannten Weiberherrschaft begonnen. In dieser düsteren Verfallsperiode, als der Einfluß der Sultansmutter und der Harems-Favoritinnen stärker war als der des Groß-Vezirs und des gesamten Serail, hieß es zu Hofe, daß der Padischah sich mehr vor den Intrigen der Eunuchen fürchtete als vor dem Aufstand der Janitscharen. »Wir werden heute von fünf Sultanen und einer Sultanin regiert, und so sieht der Staat auch aus«, hatte bereits der befreundete Journalist und Professor Hüseyin Bağci in seinem bescheidenen Büro der Technischen Mittelost-Universität von Ankara gespottet. »Sie können mich ruhig wörtlich zitieren«, hatte er hinzugefügt, »ich bin prominent genug, um meine Meinung ungeschminkt äußern zu können, was weniger bekannte Kollegen oder ungeschützte Oppositionelle sich nicht leisten sollten.«

Ich wundere mich, daß zu unserem Gespräch nicht mindestens eine Frau hinzugeladen wurde. Aber die weibliche Emanzipation, so erfahre ich, die sich in der Oberschicht von Ankara und Istanbul recht erfolgreich durchgesetzt hat, bleibt in Diyarbakir ein fremder Begriff. Das Karawanserei-Hotel genießt einen leicht anrüchigen Ruf. In ruhigeren Zeiten war hier ein Nightclub eingerichtet. Doğan bestätigt, daß es in der Region für eine ehrbare Frau wenig ratsam sei, sich der exklusiven Männergesellschaft aufzudrängen. Eine solche Enthaltsamkeit sei sie ihrem guten Ruf und dem Ansehen ihrer Familie schuldig. Um so mehr fallen mir in einer diskreten Nische des Hofes zwei blonde Europäerinnen auf, vermutlich Skandinavierinnen, die ungehemmt mit zwei geschniegelten türkischen Galans flirten. Das zweideutige Renommee der Karawanserei wird durch das Auftreten blond gefärbter und stark geschminkter Animier-Damen bestätigt, die vor Aufnahme ihrer nächtlichen Tätigkeit einen Imbiß bestellen. Völlig aus dem Rahmen fällt eine zeitgenössische Odaliske mit lang fallender schwarzer Mähne und schrägen Mandelaugen. Der Minirock würde Verona Feldbusch alle Ehre machen, und die Taille ist samt Bauchnabel entblößt. Die große kühne Nase ihres Volksschlages hat sie wohl chirurgisch auf amerikanischen Standard reduzieren lassen. Ähnlich provozierende Erscheinungen waren mir schon in den westanatolischen Großstädten, an der Mittelmeerküste, ja in der weihevollen Höhlenlandschaft Kappadoziens aufgefallen, aber dort hatte es sich um durchaus ehrbare Töchter der gehobenen kemalistischen Gesellschaft gehandelt, die mit ihren Reizen nicht sparten, um einen begüterten Bräutigam einzufangen oder um gegen den Puritanismus der Islamisten mit den Waffen ihres Geschlechts Front zu machen. Bei dieser Nymphe von Diyarbakir war der Fall jedoch eindeutig. Auf dem linken Oberarm trug sie eine suggestive, polychrome Tätowierung. »Auch wir haben eben unsere Nutten«, kommentiert Hüseyin, der meinem Blick gefolgt war. »Sogar Transvestiten laufen bei uns frei herum.« Aber in den biederen Straßen von Diyarbakir sei eine solche Exhibition kaum vorstellbar. Seit die gemäßigte Kurdenpartei HADEP in die Illegalität verstoßen wurde, sei hier der islamische Fundamentalismus zur stärksten politischen Strömung angeschwollen.

Unvermeidlich kommen wir auf die Invasion der Türkei durch russische Prostituierte, sogenannte Nataschas, zu sprechen. Nicht nur den üppigen einheimischen Huren machen diese Fremdarbeiterinnen aus dem Norden Konkurrenz. Sie bringen vor allem die braven türkischen Ehefrauen zur Verzweiflung, bieten sie doch Sexualpraktiken an, die in dieser prüden Umgebung bisher unbekannt, fast unvorstellbar waren. Die intensive Publizität, die dem Lewinsky-Skandal im Weißen Haus auch in der Türkei zuteil wurde, hat viele Tabus gebrochen. In der Küstenstadt Samsun am Schwarzen Meer, so scherzt Hüseyin, hätten sich die tugendhaften Gattinnen in einem moralischen Schutzbund gegen alle Formen der Perversion zusammengetan. Der Dozent Hikmet war unlängst zu einem wissenschaftlichen Austauschbesuch nach Teheran gereist. »Sie werden es kaum glauben, aber trotz des Tschador-Zwanges unter dem Mullah-Regime sind die Frauen dort viel intensiver am öffentlichen Leben beteiligt als in Diyarbakir. Und noch eines ist mir aufgefallen: In der Islamischen Republik Iran stehen die Moscheen leer, bei uns, in der laizistischen Türkei, sind sie überfüllt.«

Mir fallen die Beobachtungen der Frankfurter Oberbürgermeisterin Petra Roth ein, die vor ein paar Jahren – wohl im Rahmen irgendeiner Partnerschaftsmission – die Stadt Diyarbakir aufgesucht hatte. Mit einer ebenfalls blonden und gutaussehenden Freundin war sie in hochgeschlossenem Kleid, aber natürlich ohne Kopftuch, durch das Bazar-Viertel geschlendert. Dabei war sie das Gefühl persönlicher Bedrohung nicht losgeworden. Ganz anders als etwa in Istanbul oder Ankara habe sie eine feindselige Ablehnung von seiten der einheimischen Männer, meist Kurden übrigens, gespürt, und gerade die Jugendlichen, oft noch halbe Kinder von zwölf bis vierzehn Jahren, hätten den deutschen Besucherinnen nicht etwa lüstern, sondern herausfordernd und verächtlich in die Augen geblickt.

Die Konversation wendet sich unweigerlich den Geheimnissen der religiösen Wiedergeburt zu. Im Gegensatz zur Provinz Hakkari sind im Velayat Diyarbakir die Derwisch-Orden, die islamischen Bruderschaften oder Tarikat stark vertreten. Dieser abgeschotteten Form des Volksislam hatten auch die antireligiösen Kampagnen Atatürks relativ wenig anhaben können. Die radikale Phase des Kemalismus war wohl ohnehin durch eine weitgehende Entfremdung zwischen der aufgeklärten, neuen Oligarchie der Städte und der in dumpfem Traditionalismus verharrenden Landbevölkerung gezeichnet. Die Sufi-Gemeinde der Naqschbandi – ursprünglich in Usbekistan beheimatet –, um nur diese zu nennen, verfügt ja auch in der ehemaligen Sowjetunion, im Kaukasus und in Zentralasien, über eine innige Verwurzelung bei den einfachen Leuten, an der sogar die Gottlosen-Propaganda Stalins und Chruschtschows nicht zu rütteln vermochte. Wie undurchdringlich und konspirativ der Zusammenhalt der Derwisch-Gemeinschaften sich in jenen autonomen Republiken des nördlichen Kaukasus bewährt, die weiterhin der Rußländischen Föderation angehören, hatte ich im Sommer 1996 im Umkreis von Grosny erlebt, wo die »Muriden« der Qadiriya die Keimzellen des Widerstandes der Tschetschenen gegen die russische Übermacht motivierten. Von den wenigsten Beobachtern ist diese Verwurzelung der Kaukasier im Religiösen zur Kenntnis genommen worden. Ähnliches bereitet sich im benachbarten Daghestan vor, das zwar in dreißig verschiedene Völkerschaften zerfällt, im Bekenntnis zum Islam und im Verbund der Naqschbandi-Bruderschaft jedoch zu seiner separaten Identität zurückfindet.

Der Politologe Hikmet bestätigt, daß in den ländlichen Regionen der Türkei und in den meisten Provinzstädten kein Politiker ohne Unterstützung einer mächtigen Tarikat zum Abgeordneten gewählt werden kann. Die Zugehörigkeit des ehemaligen Regierungs- und Staatschefs Turgut Özal, des bedeutendsten türkischen Staatsmanns seit Atatürk, zur Naqschbandiya war allgemein bekannt. Süleyman Demirel stehe ebenfalls einer dieser Sufi-Gemeinden nahe – vermutlich der Nurcular –, die sehr oberflächlich mit Freimaurerlogen verglichen werden. Wie sich das mit der offiziell zur Schau getragenen Laizität vertrage? Meine Gefährten von Diyarbakir beantworten meine Frage mit dem gleichen amüsierten Lachen wie Professor Hüseyin Bağci in Ankara. »Wir haben es in der Türkei doch überall und auf jeder Ebene mit Derwisch-Orden, mit Solidargesellschaften von ›Hodschas‹ zu tun. Da sind die ›Hodschas‹ der Regierungsparteien und die der Opposition. Da sind die ›Hodschas‹ der kurdischen und angeblichen marxistischen Arbeiterpartei PKK und über allen – omnipotent und nach außen abgekapselt – die ›Tarikat‹ der Streitkräfte.«

Man könne die türkischen Militärs, die in diesen Tagen zu rüden Maßregelungen der islamistischen Bewegungen ausholen, die die Anwärter auf die Offizierslaufbahn nach strengsten laizistischen Kriterien aussieben, um die Unterwanderung des Staatsapparates durch religiöse Schwärmer mit allen Mitteln zu verhindern, doch schwerlich als Hodschas oder Anhänger eines wie auch immer gearteten Obskurantismus bezeichnen, wende ich ein. »Sie sind Derwische des Kemalismus«, lautet die Erwiderung. Aber dann kommt Ungewißheit auf, wie lange die Armee, die immer wieder die eigenen Reihen von angeblichen Fundamentalisten säubert, auf Dauer dem breiten Trend einer Bevölkerung widerstehen kann, aus der sie ja selbst hervorgegangen ist. Für die Entlassung eines Offiziers reicht es aus, daß er in einer Moschee gesehen wurde oder daß seine Frau ein Kopftuch anlegt. »Wie lange werden die Soldaten die Maßnahmen gegen die islamische Verhüllung hinnehmen, wenn in zunehmender Zahl die eigenen Mütter und Schwestern zu dieser Sitte zurückfinden?« fragt der GAP-Angestellte und gibt einen populären Witz zum besten: »Ein türkischer Hauptmann stirbt und wird am Eingang des Paradieses von zwei schwerttragenden Engeln auf seine Überzeugungen geprüft. ›Wer ist Gott, und welches ist unser Heiliges Buch?‹ fragen die Engel. Der Offizier antwortet: ›Unser Gott heißt Atatürk; unsere Offenbarung ist in der republikanischen Verfassung enthalten, die Atatürk hinterlassen hat.‹ – Nach langer Wartezeit wird der Hauptmann zum Allerhöchsten vorgelassen und verneigt sich vor Allah in den Staub.

›Wer ist Gott?‹ erdröhnt die zürnende Stimme des Allmächtigen. ›Nur Du, o Allah, bist unser Gott, und unsere letzte Weisheit finden wir im heiligen Koran‹, stammelt der Hauptmann. ›Warum hast Du Dich denn bei den Engeln ganz anders und so lästerlich geäußert?‹ Der Offizier hebt hilflos die Arme zu dem Allerbarmer und flüstert: ›Ich glaubte, Deine bewaffneten Engel am Eingang gehörten der militärischen Überprüfungskommission an.‹«

Ich berichte über meinen Besuch der Tigris-Universität am Morgen desselben Tages. Der großzügige und gepflegte Campus erstreckt sich über ein weites Areal oberhalb der Stadt. Die Fakultäten sind funkelnagelneu, wirken aufwendig, fast luxuriös. Die meisten europäischen Hochschulen könnten von solchen Einrichtungen nur träumen. Mehmet Özaydin, der Rektor, platzt vor Tatendrang und Energie. »Ein anatolischer Bonaparte«, so lautet sein Spitzname. Er hält in einem Arbeits- und Konferenzsaal hof, neben dem die Empfangssalons Demirels fast bescheiden wirken. Die goldene Atatürk-Maske ist an beherrschender Stelle angebracht. Unter den diversen Disziplinen, in die sich 12 000 Studenten aufteilen, befindet sich auch eine Theologische Fakultät.

Die ganze Atmosphäre wirkt sehr amerikanisch, und die Studentenheime täuschen lockere Entkrampfung im Umgang der Geschlechter vor. Aber da fällt der Blick auf eine riesige Moschee, die mit ihrer gleißenden Kuppel und mit ihren spitzen Minaretts alle anderen Gebäude überragt. Das Gebetshaus befindet sich auf dem Terrain der Akademie, bestätigt der Rektor. Sie sei in Windeseile errichtet und ausschließlich durch private Spenden finanziert worden. Wie er es denn mit der Schleier-Ordnung halte, bedränge ich Professor Özaydin. Er fällt ein salomonisches Urteil. Über die starke Religiosität in der Provinz Diyarbakir habe er keine Illusion. Die große Mehrheit der Studentinnen habe spontan oder nach eindringlicher Belehrung auf das Tragen des Hijab verzichtet. Etwa achtzig Ausnahmen wolle er weiterhin machen mit Rücksicht auf die besonderen Lebensverhältnisse dieser Mädchen, die aus strenggläubigen Familien stammten und bei einer Anpassung an die westliche Mode von ihren Verwandten gemaßregelt oder verstoßen werden könnten. Hingegen dulde er keinerlei Vermummung bei den weiblichen Lehrkräften. Falls diese jedoch – aus privaten Gründen – außerhalb der Hochschule ein Kopftuch trügen, werde er ihnen daraus allerdings keinen Vorwurf machen. Der Rektor befürchtet, daß der säkulare Zwang aus Ankara sich in nächster Zeit verstärken und zu unerfreulichen Spannungen führen könne. Unsere Runde in der Karawanserei ist sich ziemlich einig in der Ablehnung des »islamic dress«, aber auch in der Erkenntnis, daß ein generelles Verschleierungsverbot gar nicht mehr durchzusetzen wäre, es sei denn, man lasse es zu Mord und Totschlag kommen. Mit Unbehagen wird festgestellt, daß die unnachgiebigsten Befürworter des kemalistischen Säkularismus und der antireligiösen Staatsdoktrin aus den Reihen der ehemaligen linksextremistischen Agitatoren, insbesondere der »Dev Sol« und anderer marxistischer Organisationen, stammen. Diese Intellektuellen und ihre Gefolgschaft klammern sich heute an die Staatskonstruktion Atatürks, die sie zur Zeit der großen Studentenrevolte um 1980 zugunsten einer kollektivistischen, marxistischen Utopie zerschlagen wollten. Ähnlich, so ergänze ich, verhalte es sich ja auch in Algerien, wo die früheren Kommunisten, die eine Machtergreifung der »Islamischen Heilsfront« mit allen Mitteln verhindern möchten, sich in gefügige und unerbittliche Anwälte der Militärdiktatur verwandelten und in schnödem Opportunismus deren Ausmerzungsmethoden – »l'éradication« – gutheißen.

Und immer wieder das Reizthema Europa. Natürlich optiert auch in diesem Zirkel jeder Türke für den Beitritt seines Landes zur EU. Das ist kein bloßes Lippenbekenntnis. Mit einiger Rührung habe ich festgestellt, daß selbst im fernsten Anatolien die türkischen Autoschilder schon mit den zwölf Sternen Europas auf blauem Grund ausgestattet sind. Noch mehr hat mich verwundert, daß bei der Fußball-Weltmeisterschaft der Sieg der »multikulturellen« Mannschaft Frankreichs über das latein-amerikanische Brasilien mit Genugtuung, fast Begeisterung gefeiert wurde. Es gibt jedoch ein sehr probates Mittel, diese oberflächliche Euphorie zu dämpfen. Gemeint ist der Hinweis auf die demographische Entwicklung. Auch wenn der Bevölkerungszuwachs in vielen, meist westlichen Provinzen nachgelassen hat, dürfte die Republik Atatürks im Jahr 2020 über etwa hundert Millionen Staatsbürger verfügen. Ein solcher Zugewinn wäre für das Abendland nicht zu verkraften. Als Argument verweise ich auf die riesigen Landmassen Rußlands, die ja auch niemand ernsthaft in die Brüsseler Gemeinschaft einbringen möchte.

Solche Einwände, die Erfahrungen habe ich bereits in Ankara und Istanbul gemacht, können durchaus sachlich diskutiert werden. Schon in der Bilkent-Universität war das Argument unwidersprochen geblieben, daß spätestens drei Monate nach Gewährung des freien Niederlassungsrechtes innerhalb der EU möglicherweise fünf Millionen zusätzlicher türkischer Immigranten sich auf den deutschen Flughäfen und Bahnhöfen drängeln würden. Im Gegenteil. »Sie sind sehr bescheiden«, wurde ich lachend korrigiert, »nicht fünf, sondern zehn Millionen unserer Landsleute würden nach Mitteleuropa aufbrechen.« In Diyarbakir kommen noch andere Überlegungen hinzu. Aus einleuchtenden Gründen hat die Regierung nie feststellen lassen, wie viele ethnische Kurden in ihrer Republik leben. Seit jedoch im Westen Anatoliens und in Ost-Thrakien der Zuwachs der ethnisch-türkischen Bevölkerung zurückgegangen ist, die Kurdenfamilien hingegen weiterhin an einem möglichst großen Kindersegen festhalten, haben pessimistische Statistiker des Nationalen Sicherheitsrates errechnet, daß in dreißig Jahren die Kurden zahlreicher sein könnten als das türkische Staatsvolk. Ganz aus der Luft gegriffen sind solche Spekulationen wohl nicht, wenn man berücksichtigt, daß um 1920, als der Entscheidungskampf zwischen Griechen und Türken um den Besitz weiter Teile Anatoliens ausgetragen wurde, das Menschenpotential der Hellenen sich mit dem der Türken vergleichen ließ. Heute stehen elf Millionen Griechen fast siebzig Millionen Türken gegenüber.

Gewiß, in der deutschen Botschaft war zu hören, daß zwischen der Regierung Kohl und ihren Verhandlungspartnern in Ankara ein spezielles Zusatzprotokoll entworfen wurde, das der ungehemmten Einwanderung aus Ost-Thrakien und Anatolien einen Riegel vorschieben sollte. Aber eine solche Ausnahmeregelung liefe auf eine für den türkischen Nationalstolz schwer erträgliche Diskriminierung hinaus. Ich wende mich an den Journalisten Ilhan, der sich als lebhaftester Anwalt einer europäischen Integration hervortut. »Können Sie sich vorstellen, daß – nehmen wir einmal an – zehn oder fünfzehn Millionen Türken in Deutschland ansässig werden, ohne daß es dadurch zu einer Zerreißprobe, zu bürgerkriegsähnlichen Verhältnissen kommt? Weder den Deutschen noch den Türken würde man doch mit einer ebenso spektakulären wie explosiven Vermengung einen Gefallen erweisen. Fände die Türkei sich denn ihrerseits bereit, auf Dauer eine ethnische Minderheit von – sagen wir – fünf Millionen Arabern oder auch nur drei Millionen Ukrainern auf ihrem Territorium zu ertragen?« Die Antwort ist ehrlich und negativ. Jeder hat noch in frischer Erinnerung, wie Ankara mit einer massiven Zugangswelle pakistanischer und rumänischer Fremdarbeiter fertiggeworden ist: Man hatte diese Exo ten kurzerhand und ohne irgendeine Schonfrist abgeschoben. Den Pakistani half es dabei wenig, daß sie sich auf die Zugehörigkeit zum gemeinsamen koranischen Glauben beriefen. Schon die endlose Liste von Berufsverboten für Ausländer, die in der Türkei ansässig sind – etwa achtzig Betätigungszweige sind da aufgezählt – sowie die Schikanen der Aufenthaltsgenehmigung geben ein beredtes Zeugnis von einer instinktiven Abwehr gegen alles Fremde, die sich seit der Jungtürken-Bewegung und dem Aufkommen des Kemalismus tief eingenistet hat. Die wenigsten Diplomaten in Ankara haben offenbar den Mut, bei ihren Auseinandersetzungen mit der türkischen Administration das Prinzip der Reziprozität, der Gegenseitigkeit, ins Feld zu führen, und zwar nicht nur auf dem Gebiet professioneller Aktivitäten, sondern auch im Hinblick auf das kulturelle Anderssein.

Es ist in der alten Herberge am Mardin-Tor zu keinerlei Streit gekommen. Jeder Türke ist sich ja bewußt, daß sein Vaterland, besser gesagt sein »Mutterland«, einer schicksalhaften Wende entgegensteuert. Die Losung Atatürks »Frieden im Innern – Frieden in der Welt«, die als unentbehrliches Konzept für die erste kritische Konsolidierungsphase des türkischen Nationalstaates herhalten mußte, hatte die sukzessiven Regierungen von Ankara mehr als ein halbes Jahrhundert aus Gründen der Selbsterhaltung auf die Wahrung des territorialen Status quo, die Respektierung aller existierenden Grenzen und somit auch auf außenpolitischen Immobilismus – zuletzt im Rahmen der Atlantischen Allianz – festgelegt. Doch im Innern herrscht längst kein Frieden mehr, seit die Peschmerga der PKK in Ost-Anatolien den Bruderkrieg entfesselten. Was nun das nahe Ausland betrifft, so wurde die gesamte Region durch eine Serie von Erdbeben erschüttert. Da hatte in Iran die schiitische Revolution Khomeinis stattgefunden. Die Sowjetunion löste sich sang- und klanglos auf. Im Kaukasus droht das Chaos. Der Irak geriet nach zwei verheerenden Golfkriegen in den Bann der »Internationalen Staatengemeinschaft«, besser gesagt der USA. Auf dem Balkan wird gemordet und gebrandschatzt wie in den letzten tragischen Untergangsdekaden des Osmanischen Reiches. Zweimal waren die Erben Atatürks immerhin von diesem Prinzip der Unbeweglichkeit abgewichen und hatten territoriale Abrundungen ihres Staatsgebiets vollzogen: 1939 war ihnen von der französischen Mandatsverwaltung Syriens der Sandschak von Alexandrette oder Iskenderun zugespielt worden; im Sommer 1974 sprangen türkische Fallschirmtruppen über Nord-Zypern ab, und es entstand dort unter weißer Fahne mit rotem Halbmond eine Teilrepublik, die in jeder Hinsicht wie ein zusätzliches Velayat anmutet. Das Aufkommen unabhängiger Turk-Republiken in Zentralasien und im Kaukasus ist einer panturanischen Solidarität zugute gekommen, die nach dem Tod des letzten osmanischen Kriegsministers Enver Pascha nur noch als blasse Illusion überlebte und von Atatürk selbst stets abgelehnt worden war. Der türkische Alptraum, die Einkreisung durch feindliche Nachbarn, wird vom Nationalen Sicherheitsrat in Ankara nicht mehr passiv hingenommen. Er interveniert im Nord-Irak, er nimmt mit Hilfe des israelischen Verbündeten die Arabische Republik Syrien in den Schraubstock. Es ist nicht nur osmanische Nostalgie, die zu einer expansiven Außenpolitik auf dem Balkan und im Kaukasus anregt. Die Ankündigung der griechischen Regierung von Süd-Zypern, ihre Inselhälfte mit russischen SS-300-Raketen auszurüsten, wurde von Ankara mit handfesten kriegerischen Drohungen gekontert.

Unser Gedankenaustausch im Innenhof des Hotels verläuft sprunghaft. Die Erwähnung des hellenischen Erbfeindes und NATO-Verbündeten regt den Dozenten Hikmet zu einem historischen Exkurs an: »Es war der altphilologischen Bildung des Wittelsbacher Import-Königs Otto zu verdanken gewesen, daß im neunzehnten Jahrhundert die Hauptstadt Griechenlands von Nauplion auf dem Peloponnes nach Athen verlagert wurde. Zu Füßen der verwüsteten Akropolis vegetierte damals doch nur ein albanisches Dorf. Wenn es nach den Wünschen der Neo-Hellenen und ihrer ›megali idea‹, ihrer Wunschvorstellung von Groß-Griechenland, gegangen wäre, hätte Istanbul nach dem Zusammenbruch des Osmanischen Reiches in ein christlich-orthodoxes Byzanz rückverwandelt und zur panhellenischen Kapitale proklamiert werden sollen.« Persönlich habe er einen längeren Studienaufenthalt in Athen verbracht und auch die griechische Sprache erlernt. »In dieser feindseligen Umgebung habe ich mich intensiver denn je als Türke empfunden, und ich bin mir auch meiner tiefen Bindung an den Islam bewußt geworden.«

Am Eingang der Karawanserei ist Bewegung entstanden. Der Hoteldirektor bemüht sich devot um einen bulligen Mann, der von finster blickenden Gorillas abgeschirmt wird. Auch die Kellner begegnen diesem Koloß, der als Charakterdarsteller in einem Ganovenfilm durchaus am Platze wäre, mit unterwürfiger Ehrerbietung. »Das ist einer der mächtigsten Mafia-Bosse von Diyarbakir«, flüstert mir mein Nachbar zu. »Der Mann ist aufgrund seiner politischen Beziehungen unantastbar und verfügt über eine allseits gefürchtete Schläger-truppe.« Ich bin verwundert über die Gelassenheit, mit der so viele türkische Intellektuelle diese Schattenherrschaft von Verbrechern und Gewalttätern hinnehmen. Die Antwort ist einhellig. Sogar der Staat habe ja vor diesen düsteren »connections« weitgehend kapituliert, und die Beziehungen eines Ministers zur Unterwelt der Auftragskiller und Drogenhändler würden erst dann publik gemacht, wenn man ihm aus Gründen akuter politischer Rivalität am Zeug flicken wolle. Tatsäch-lich spiegele sich in diesen Mißständen ein Geflecht von ökonomi-schen und kriminellen Interessen-Überlagerungen, das für weite Teile des Mittelmeers – inklusive Italien – Gültigkeit besäße. Die Vereinig-ten Staaten von Amerika seien ja von solchen Verstrickungen nicht ganz ausgenommen. Man hüte sich, die Korruption und Vettern-wirtschaft des Orients nach westlichen Maßstäben zu bewerten. Das Klientelwesen, die Begünstigung von Verwandten und Schützlingen, entspreche nun einmal einem ererbten Sittenkodex, der auch beider-seitige Verpflichtungen enthalte und einer ganzen Bevölkerungs-schicht von armen Schluckern das Überleben erlaube.

»Die schleichende Weltwirtschaftskrise hat auch die Türkei nicht verschont. Wir spüren das bei der Finanzierung unserer Staudamm-projekte«, beklagt sich Doğan. Die Wachstumsprognose der Türkei – das Bruttosozialprodukt hatte zwischen 1995 und 1997 noch um Jah-resraten von sieben bis acht Prozent zugenommen – wurde drastisch nach unten, auf magere drei Prozent, korrigiert. Die Inflation, unlängst noch auf hundert Prozent angeschwollen, wurde zwar gebändigt, aber von Geldwertstabilität kann nicht die Rede sein. In den verflossenen zwölf Monaten war der Index der Großhandelspreise pro Monat um durchschnittlich achtzig Prozent, der Index der Verbraucherpreise um 91 Prozent hochgeschnellt, während die Jahresverzinsung der sechs- bis neunmonatigen Staatsanleihen von 75 auf 144 Prozent kletterte. »Wissen Sie, was wir als Professoren, gehobene Angestellte oder Be-amte monatlich verdienen?« fragt mich Hüseyin mit einem Unterton von Galgenhumor. »Unser Einkommen entspricht dem Gegenwert von 400 bis 800 DM. Und trotzdem besitzt jeder von uns ein fahr-tüchtiges Auto, eine moderne Fernseh- und Stereo-Anlage, eine gut möblierte Wohnung mit kompletten Haushaltsgeräten. Eine Eigen-tumswohnung sparen wir auf kooperativer Basis irgendwie zusam-men. Fragen Sie nicht, wie wir das schaffen. Mit Ihren europäischen Konzepten finden Sie sich da nicht zurecht.« Wie kommt es nur, daß dieses Land, das so tief im Schlammassel steckt, dennoch den Eindruck robuster Dynamik vermittelt und vor Kraft zu strotzen scheint?

Bei Einbruch der Dunkelheit drängt der getreue Saadet zum Aufbruch. Ich logiere – ein paar Kilometer entfernt – im Touristikhotel von Diyarbakir, das zwar jeden orientalischen Cachets entbehrt, dafür aber Bequemlichkeit und Sauberkeit bietet. Rund um den erleuchteten Swimmingpool wird gute türkische Küche serviert. Auch hier fällt mir auf, daß unter den zahlreichen Gästen keine einzige Frau zu sehen ist. In meinem Zimmer stöbere ich in meinen Niederschriften aus vergangenen Jahren und stoße auf die Aufzeichnungen einer Gesprächsrunde aus dem Herbst 1982, die sich mit dem heutigen Meinungsaustausch in der Karawanserei vergleichen läßt. Sechzehn Jahre sind seitdem verflossen, und Ankara, so lese ich, zählte damals nur zwei Millionen Menschen, ein Bruchteil seiner jetzigen Einwohnermasse. Bei aller Widersprüchlichkeit der Ereignisse, die sich inzwischen ablösten, bin ich zutiefst frappiert von einer bemerkenswerten Kontinuität der türkischen Staatsentwicklung. Folgende Sätze hatte ich damals zu Papier gebracht:

Aus der Etagenwohnung des hochgelegenen Çankaya-Viertels schweift der Blick über das Lichtermeer der Hauptstadt, die inzwischen mehr als zwei Millionen Einwohner zählt. Ich sitze mit einer kleinen Gruppe türkischer Journalisten, Dozenten und Beamten zusammen. Das Gespräch dreht sich um die neue Verfassung, die General Evren, der vor zwei Jahren, am 12. September 1980, die Macht an sich riß, den Türken zur Abstimmung vorlegen will. Jedermann betrachtet es als einen Makel, daß der starke Mann von Ankara seine persönliche Wahl zum Präsidenten der Republik für eine Periode von sieben Jahren – das französische Modell könnte hier Pate gestanden haben – mit dem konstitutionellen Volksentscheid verknüpft. Es wird überhaupt erstaunlich offen und sachlich in dieser Runde diskutiert, deren Teilnehmer aus Anlaß des zwanglosen abendlichen Treffens dunkle Anzüge tragen.

Die Machtergreifung der Militärs ist von der großen Mehrheit der Türken als eine Erlösung empfunden worden. Seit Jahren versank das Land im Terrorismus links- und rechtsradikaler Kampfgruppen, steuerte unvermeidlich auf den offenen Bürgerkrieg zu. Vor dem Putsch der Streitkräfte waren binnen zwanzig Monaten 5000 Menschen auf offener Straße umgebracht worden. Kein Wunder, daß die Städte bei Einbruch der Dunkelheit verwaisten. Mit der Türkei war ein allmählicher Degradierungs-Prozeß vor sich gegangen. Sie lief Gefahr, wieder zum »kranken Mann« am Rande Europas zu werden. Die kraftvolle, disziplinierte Republik, die Atatürk 1938 bei seinem Tod dem Nachfolger Ismet Inönü hinterlassen hatte, war nach und nach den Prinzipien und Idealvorstellungen des Kemalismus entfremdet worden. Mit eiserner Faust, ja mit der Knute hatte Kemal Pascha, der sich im Rahmen der neuen obligatorischen Namengebung in Mustafa Kemal Atatürk – »Vater der Türken« – umgetauft hatte, dieses Rumpfgebiet des Osmanischen Reiches in Anatolien und Ost-Thrakien nach Europa ausgerichtet.

Er hatte den Islam mit oft brutalen Methoden verdrängt, die Scharia durch eine westlich inspirierte, säkulare Gesetzgebung ersetzt, die Hodschas gezwungen, den Koran auf Türkisch zu beten, die lateinische Schrift eingeführt, eine Vielzahl von Moscheen geschlossen – die größte von ihnen, die von den Byzantinern übernommene Hagia Sophia, in ein Museum verwandelt –, das weibliche Wahlrecht dekretiert, den Frauen den Schleier vom Gesicht reißen lassen und das Tragen von Fez und Turban zeitweilig unter Todesstrafe gestellt. Der letzte osmanische Kalif war 1924 schimpflich ins Exil gejagt worden. Die religiösen Bruderschaften wurden verboten und verfolgt. Die türkische Republik sollte sich endgültig vom Orient abwenden. Mit teilweise leninistischen Methoden schuf der herrische Staatsgründer einen umfangreichen staatlichen Sektor in Industrie und Handel, enteignete die Beys und Agas in West- und Zentralanatolien, verteilte das Land an die Bauern. Zentrales Instrument dieser reformistischen Gewalt, Garant der republikanischen und laizistischen Ausrichtung war die Armee, die 1922 den griechischen Eindringlingen kurz vor Ankara eine vernichtende Niederlage bereitet hatte. Das Parlament, dem Kemal Atatürk gebieterisch die neue Hauptstadt Ankara zugewiesen hatte – er mißtraute der levantinischen Fäulnis der alten Metropole Istanbul am Bosporus –, wurde zunächst noch durch die Einheitspartei gegängelt, sollte aber nach und nach dem westlichen Pluralismus geöffnet werden. Der Botschaft des Propheten Mohammed, dieses »schmutzigen und lügnerischen Beduinen«, wie Kemal Pascha ihn nannte, begegnete der »Vater der Türken« mit Grimm und Feindschaft. Auf das grandiose Mausoleum dieses gewalttätigen Mannes, das Ankara wie ein antiker Tempel überragt, hätte man den Leitsatz gravieren können: »Es gibt keinen Gott außer der Nation, und Atatürk ist ihr Prophet.« Wenn ein Land der Umma erfolgreich und konsequent die totale Abkehr von den überlieferten Prinzipien des islamistischen Gottesstaates vollzogen hatte, dann war es die kemalistische Türkei.

In unserem Kreis von Çankaya waren die Meinungen keineswegs einheitlich. Die Parteifehden, die die Türkei in den beiden letzten Jahrzehnten heimsuchten, hatten zahllose Narben hinterlassen. Unter den Intellektuellen hatte der Marxismus Fuß gefaßt. Die ländlichen Massen hingegen suchten wieder Halt im religiösen Brauchtum. Am Nachmittag hatte ich die Universität von Ankara aufgesucht, deren Autonomie durch das Militärregime drastisch beschnitten worden war. Unter den Studenten waren die blutigsten Kämpfe ausgetragen worden. Nun saßen die Aktivisten der verschiedenen Richtungen hinter Schloß und Riegel. Polizeiwagen standen vor dem Eingang des Instituts für Politische Wissenschaften. Die diversen marxistischen Fraktionen seien, wie mir der Verfassungsrechtler Mümtaz Soysal in seinem Büro erklärte, durch den regen Zulauf jener jungen Leute verstärkt worden, deren Eltern bereits die anatolische Weite mit der Enge der Städte eingetauscht hatten. Diejenigen Bauernburschen hingegen, die unmittelbar aus der ländlichen Familien-Atmosphäre in die Anonymität der Massensiedlungen hineingestoßen wurden, schlossen sich überwiegend den extrem islamischen oder nationalistischen Kampfverbänden an, von denen die »Grauen Wölfe« des Oberst Türkeş die bekanntesten waren. Parallel zu dem politischen Chaos, dem weder die Sozialdemokraten des Premierministers Bülent Ecevit noch die konservative Gerechtigkeitspartei des umsichtigen Routiniers Demirel in irgendeiner Weise mehr beikommen konnten, versank die Türkei in wirtschaftlichem Debakel. Die jährliche Inflation hatte 120 Prozent erreicht. Die Exporte schrumpften. In der Republik Atatürks sprach man von Staatsbankrott.

Als General Evren kurzerhand die Parteien verbot, die Gewerkschaften ausschaltete, die Politiker verhaftete, die Universitäten disziplinierte, hatten viele Studenten, wie Professor Soysal mit einem resignierten Lächeln bemerkte, vergeblich auf einen Aufstand der Arbeiterklasse gewartet. Die junge Intelligenzija hatte nicht einkalkuliert, daß die Masse der Türken – gerade auch in den untersten Schichten – nach Ruhe und Ordnung hungerte, daß die Herrschaft der Generale die Hoffnung auf eine begrenzte ökonomische Besserung in sich trug. Aber wie würde es weitergehen? Darüber wurde an diesem Abend pausenlos und kontrovers diskutiert. General Kenan Evren, der im

Volksmund bereits als »Evren Pascha« bezeichnet wurde, hatte die Rückkehr zum strikten Kemalismus befohlen. Niemals war der Name Atatürk so häufig wiederholt, waren seine Staatsrezepte so eifrig nachgebetet worden. Schon gingen politische Witze um über diese bedingungslose Nachahmung des Staatsgründers, des Gazi, wie man ihn zu Lebzeiten genannt hatte. Die Armee habe nicht begriffen, so argumentierte der Journalist Adnan – dessen Zeitung besser unerwähnt bleibt –, daß die Türkei seit dem Tode Kemal Paschas eine tiefgreifende soziologische Wandlung durchgemacht hat. Die Verstädterung habe psychologische Umschichtungen bewirkt. Die Schulpflicht, auch wenn sie die entferntesten Dörfer noch nicht voll erfaßt habe, stelle sich als unberechenbares Element politischer Bewußtseinsbildung heraus. So knapp die bürgerlichen Freiheiten in den Agrar-Provinzen Anatoliens auch bemessen gewesen seien, ihre Abschaffung per Dekret löse nun Widerspruch aus. Zu viele Gegen- und Parallelkräfte hätten sich seit 1938 konstituiert, und die Streitkräfte – im Verbund mit einem Teil des hohen Beamten-Apparates – erschienen vielen Kritikern der bescheidenen Mittelklasse als eine Art türkische »Nomenklatura«, die in geschlossenem Kreis lebt und dank ihrer Stiftungen und konzernähnlichen Betriebe über beachtliche Privilegien verfügte. Man solle sich nicht täuschen, meinte Osman, Lehrer an einer technischen Berufsschule. Es gehe vielen einfachen Leuten in der Türkei wie den meisten Sowjetrussen. Bevor man daran denke, die Mauern der Nomenklatura, der abgeschirmten Elite, einzureißen, versuche man, sie zu überspringen, zumindest seinen Söhnen Zugang zu dieser Bevorzugung zu verschaffen. Für die Landbevölkerung stelle die Armee – ähnlich wie der Klerus im abendländischen Mittelalter – immer noch die einzig erfolgversprechende Chance des gesellschaftlichen Aufstieges dar.

Ob die Generale in ihrer zunehmenden Abkapselung, in ihrem etatistischen Sendungsbewußtsein überhaupt repräsentativ blieben für die breiten Stimmungsströmungen? »Der Kemalismus ist trotz seiner forcierten Wiederbelebung unter Evren Pascha ein gescheitertes Experiment«, behauptete die dunkelhaarige Soziologin Nuriye, die sich bisher mit ihrer progressistischen Meinung zurückgehalten hatte. »Man hat die Bäume gefällt, aber die Wurzeln belassen.« Jetzt meldete sich Celal zu Wort, ein Beamter des Landwirtschaftsministeriums, und unterstrich die fast tragische Situation dieser krampfhaft nach Westen, nach »Avropa« ausgerichteten Offiziere. Gerade in

West-Europa würde ihr säkulares, den Islam und seine Unwägbarkeiten eindämmendes Experiment im Namen eines theoretischen und für Anatolien vermutlich untauglichen Demokratie-Begriffs verworfen. Was man sich denn an der Stelle der Neo-Kemalisten wünsche? Vielleicht spekulierten gewisse Fortschritts-Utopisten im Ausland auf eine unwiderstehliche Hinwendung der Türken zum Sozialismus. Aber der Sozialdemokrat Bülent Ecevit habe sich durch seine allzu auffälligen Appelle an die Solidarität der fremden Bruderparteien, durch seinen beim Volk verpönten Internationalismus in Mißkredit gebracht. Ob nun die angeblich freiheitlichen Kräfte des Westens sich auf den linksradikalen Untergrund verlassen würden, um die Türkei nach ihrem Geschmack umzumodeln? Ähnliche Phantastereien habe die abendländische Intelligenzija auch einmal gegenüber Persien genährt, als Mohammed Reza Schah noch regierte. Am Ende habe die schiitische Revolution der Mullahs gestanden. Auch in Anatolien sei nicht völlig auszuschließen, daß nach einem eventuellen Scheitern Evren Paschas die Stunde der Hodschas schlagen würde.

Die Behauptungen Celals lösten heftigen Widerspruch aus. Die staatlichen Strukturen des Kemalismus seien unvergleichlich stärker als die der Pahlevi-Dynastie in Iran. Die Türken seien ein autoritätsgewohntes und autoritäts-freudiges Volk, wenn es zum Schwur käme, wandte Adnan ein. Er zog einen gewagten Vergleich mit den Machtinstrumenten des Osmanischen Reiches. Auf der Höhe seiner Macht habe der Sultan von Istanbul sich auf die militärische Elitetruppe der Janitscharen gestützt, die sich im wesentlichen aus zwangsbekehrten Söhnen christlicher Eltern zusammensetzte. »Die Angehörigen unserer Oberschicht sind – aufgrund der osmanischen Harems-Wirtschaft – oft balkanischen oder kaukasischen Ursprungs«, sagte Adnan. Sie betrachteten sich natürlich als gute und patriotische Türken. Aber im Geiste seien sie Kinder des Westens – vergleichbar in dieser Hinsicht mit den Elite-Infanteristen des Padischah. Aufgrund ihrer instinktiven Ausrichtung nach »Avropa«, ihrer resoluten Sonderstellung innerhalb der Nation, möchte er sie als die »neuen Janitscharen« bezeichnen, als ideologische Fremdkörper, die eines Tages von den Urkräften Anatoliens abgestoßen würden.

Das sei graue politische Theorie, widersprach Osman. Wer wisse eigentlich, wie es im unteren und mittleren Offizierskorps aussehe? Gelegentlich sei von nasseristischen Strömungen die Rede, was immer das bedeuten möge. Im übrigen sei die gesamte bisherige Führungsmannschaft der türkischen Innenpolitik kaltgestellt. Nicht einmal der frühere Premierminister Demirel könne auf eine Reaktivierung hoffen. Ecevit sei für die Militärs zur »bête noire« geworden. Oberst Alparslan Türkeş, der einst die rechtsextremistische Nationale Bewegungspartei und die »Grauen Wölfe« befehligte, säße in einer Kaserne am Rande Ankaras hinter Schloß und Riegel. Er werde so bald nicht mehr seine panturanischen Utopien von der Einheit aller Türken zwischen Bosnien und Baikal-See aufwärmen können und müsse froh sein, daß er aufgrund seines fortgeschrittenen Alters der Vollstreckung der Todesstrafe entgehe. Was den religiösen Reaktionär Necmettin Erbakan betreffe, den Vorsitzenden der Nationalen Heilspartei, so befinde auch er sich in Haft, könne den Militärs auf die Dauer jedoch am gefährlichsten werden. Immerhin hatten sich bei den letzten Wahlen zehn Prozent aller Türken für sein Programm der konsequenten Reislamisierung ausgesprochen, und das sei nur die Spitze des Eisbergs.

Die Debatte fand bei Raki, türkischem Wein und Whisky statt. Dazu wurde ein vorzüglicher Fisch aus dem Schwarzen Meer gegessen. Die Argumente wurden stets maßvoll und höflich ausgetauscht. Der Alkohol ließ die Stimmung nicht lauter werden. In dieser Etagenwohnung, in Blickweite des von Scheinwerfern angestrahlten Grabmals Atatürks, wurde ein bemerkenswertes Zeugnis politischer Bildung und Reife abgelegt. Celal meldete sich noch einmal zu Wort und wischte jeden Widerspruch beiseite: »Die politischen Massenverhaftungen, die Schauprozesse, die Hinrichtungen plädieren gewiß gegen die Militärs. Dennoch – ob man es in Westeuropa gern hört oder nicht: Der Kemalismus, wie ihn General Evren noch einmal anfachen möchte, bleibt die solideste und wohl die letzte Chance, das westliche Staatsmodell in Anatolien für die Zukunft zu retten. Die Alternative könnte finster sein.«

*

Vor dem Einschlafen stelle ich den Fernsehapparat ein. Das Touristik-Hotel von Diyarbakir ist mit einer Satellitenschüssel ausgestattet. Im türkischen Staatsprogramm verliest Süleyman Demirel eine Erklärung zur Kosovo-Krise, zu der er sich endlich aufgerafft hat. Den albanischen Erwartungen wird er mit seinen übervorsichtigen Aussagen schwerlich entsprechen. Anschließend wird eine endlose Aufzeichnung aus der Militär-Akademie von Istanbul übertragen. Mehreren Dutzend Offizieren der drei Waffengattungen wird dort das frisch erworbene Generalstabs-Diplom verliehen. Die Veranstaltung verläuft weihevoll und liturgisch wie eine religiöse Feier. Die höchsten Generale sind sich ihrer Würde bewußt wie die Großmeister eines kriegerischen Ordens. Die wenigen Zivilisten in dieser Runde, auch Staatspräsident Demirel, sind zu Statisten verurteilt, im Gegensatz zu den herausgeputzten Generalsgattinnen, die sich auf einer Sondertribüne in ihrer Exklusivität sonnen.

Faszinierend ist die Präzision des Zeremoniells, die Makellosigkeit der Uniformen. Ein französischer Hauptmann mit dem blauen Käppi der Kavallerie verliest eine lange Grußadresse in fließendem Türkisch. Dann setzt sich die Urkundenvergabe mit der Eintönigkeit einer Dhikr-Veranstaltung von Sufi-Derwischen fort, als wolle die Armee ihren Ruf als »kemalistische Tarikat« bestätigen. Unverbesserliche Antimilitaristen bezeichnen diese exakt ausgerichteten Lametta-Träger als »geklonte Hampelmänner«, aber die Antimilitaristen sind selbst in der Opposition der Türkei spärlich vertreten. Vor allem im ländlichen Anatolien dürfte sich der militärische Enthusiasmus der Gründerzeit ungeschmälert erhalten haben. Die martialische Grundstimmung der Jugend spiegelt sich im grimmigen Ausdruck der wachhabenden Soldaten, und in einer Reportage aus dem Sommer 1957 entdecke ich folgende Passage über den Ausklang eines damaligen Nationalfeiertages:

»Der Jugendpark von Ankara glich einem Rummelplatz. Das Feuerwerk spiegelte sich im großen Teich zwischen Pappeln und Eukalyptus-Bäumen … Eine Traube von Wagemutigen wartete geduldig am Fallschirm-Turm, um sich fünfzig Meter in die Tiefe fallen zu lassen. Die Verkaufsstände waren in Anbetracht der Importschwierigkeiten sehr ärmlich ausgestattet. In der Masse fielen mir immer wieder die untadeligen Offiziers-Uniformen amerikanischen Zuschnitts auf. Die Obersten und Majore mischten sich ohne Standesdünkel unter die Heerschar der Arbeiter und kleinen Leute. Unvermittelt teilten sich die Schaulustigen und machten einem Heeres-Musikzug Platz. Hinter den Pauken und Trompeten formierte sich spontan eine Gruppe junger Zivilisten im wehrpflichtigen Alter und marschierte mit ernsten Gesichtern im Gleichschritt hinter der Kapelle her. ›Daß eine solche Armee-Begeisterung heute noch existiert!‹ kommentierte ein ausländischer Militär-Attaché neben uns, und es klang etwas Wehmut aus der Bemerkung.«

Ich schalte auf einen anderen Kanal der türkischen Television um.

Da geht es recht frivol zu. Zur Wahl der nationalen Schönheitsköniginnen sind Anwärterinnen der diversen Provinzen angetreten. Die durchweg gut gewachsenen Mädchen sparen nicht mit ihren Reizen. Die Tänzerinnen des Rahmenprogramms bieten sich fast nackt dar, während eine wohl weithin beliebte Schlagersängerin – platinblond gefärbt – den engen Rock bis zur Hüfte geschlitzt trägt. Diese aggressive Erotik zahlreicher Unterhaltungs-Shows, so scheint mir fast, wird als gezielte Waffe gegen die sich im ganzen Land ausbreitende Prüderie der Fundamentalisten und deren drakonische Verschleierungsforderungen eingesetzt. Dabei mutet es eigenartig an, daß der Aufmarsch der Miss-Kandidatinnen mit ihren abgezirkelten Schritten sich mit der gleichen Exaktheit und sogar mit ähnlichem Ernst vollzieht wie die Parade der eben ernannten Generalstäbler von Istanbul.

Doch für einen Westler besteht nicht der geringste Grund, sich über die Einfalt türkischer TV-Inszenierungen zu mokieren. Im Touristik-Hotel genügt es mir, die Fremdprogramme aus USA und Europa abzurufen, um eines Besseren belehrt zu werden. Auf dem amerikanischen CNN-Kanal werden gerade mit anatomischer Präzision alle Details der amourösen Beziehungen zwischen Bill Clinton und Monika Lewinsky ausgebreitet. Ob man sich in Amerika der verheerenden Auswirkungen dieser Enthüllungen in der islamischen Welt bewußt ist, zu der die Türkei ja weiterhin gehört? Bei den arabischen Nachbarn ist längst ausgemacht, daß es sich bei diesen schlüpfrigen Recherchen des »investigative journalism« aus dem Weißen Haus um eine »muama'at«, ein perfekt synchronisiertes Komplott der Zionisten handelt – Monika Lewinsky ist jüdischer Abstammung – in der Absicht, den Präsidenten der USA zu lähmen, ihn auf die Linie der mächtigen New Yorker Israel-Lobby festzunageln und ihn jeder ausgewogenen Handlungsfähigkeit im nahöstlichen Friedensprozeß zu berauben.

Sogar die Deutsche Welle kann ich empfangen, und etwas Traurigkeit überkommt mich bei der Darbietung drittklassiger Rheintal-Folklore. Im Angebot befinden sich ebenfalls angelsächsische Nachrichtensender, die sich darauf beschränken, die jüngsten Börsenergebnisse und Kursschwankungen aus Wallstreet, Tokio und Frankfurt abzunudeln. Die ihre Zahlen heruntersprudelnden Kommentatoren vermitteln dabei den Eindruck eines aus allen Fugen geratenen Spekulationskapitalismus, einer globalen Zocker-Mentalität, die beim unbedarften, kleinen Shareholder der dritten Welt eine Art »Pachinko«-Paranoia auslösen dürfte. Absolut hemmungslos treibt es eine Porno-Station,

»Eros-TV« genannt, die möglicherweise aus Monte Carlo oder Zypern ausstrahlt. In französischer und arabischer Sprache werden dort die Nummern für Telefon-Sex angeboten unter spezieller Berücksichtigung der Sonderwünsche von Marokkanern, Algeriern und Ägyptern. Diese Dauerprogramme sparen keine Facette menschlicher Kopulationsfähigkeit aus, und die Frage stellt sich, wie kraß und verstörend diese exhibitionistischen Auswüchse, diese Lockungen kommerzieller Unzucht wohl bei den einfachen Leuten im Maghreb wirken mögen, wo die Frauen sich nicht einmal beim Geschlechtsverkehr entblößen. Der fatale Eindruck westlicher Verderbnis muß sich etwa in Algerien aufdrängen, wo der blutige Alltag von den Schrecken des Bürgerkriegs gezeichnet ist. Aber auch die vielen Türken, die der fremden Unzucht zum Trotz in koranischer Schamhaftigkeit verharren, nehmen wohl solche »zivilisatorischen« Beiträge aus dem Okzident mit Verwunderung, Verachtung und der Ahnung unaufhaltsamen sittlichen Niedergangs zur Kenntnis.

Zur gleichen Stunde dröhnt nämlich aus dem benachbarten iranischen Fernsehen von Tabriz die unermüdliche Koranrezitation – unterbrochen durch erbauliche Texterklärungen des »Hadith« – nach Ost-Anatolien herüber, und der monotone Frömmigkeitsanspruch der streng blickenden schiitischen Mullahs, denen als einzige Programm-Variation das Auswechseln der Blumendekoration einfällt, löst bei den Türken eine ganz anders geartete Form von Ablehnung und Verwirrung aus. Weltumspannend hat das Netz der Interkommunikation, der Simultaneität des audiovisuellen Ersatzerlebnisses expandiert. Aber nie klafften die kulturellen Abgründe so weit auseinander wie heute. Die Globalisierung sei die letzte Illusion der Aufklärung, so hatte ich unlängst in einer Kolumne des amerikanischen Publizisten William Pfaff gelesen.

# Die letzten Christen

*Diyarbakir, im August 1998*

Die schwere, schmucklose Kirchentür ist zugesperrt, und in den engen Gassen des ehemaligen Christenviertels von Diyarbakir geht eine hektische Suche nach dem Schlüssel los. Bürgermeister Ahmet Belgin, ein gewichtiger und autoritätsbewußter Turkmene, ärgert sich offensichtlich darüber, daß die großzügigen Sanierungsarbeiten, mit denen er dem Zentrum ein neues, freundliches Gesicht gegeben hat, noch nicht auf diesen verwinkelten Bezirk ausgedehnt wurden. Ein fehlerhaft beschriftetes Schild gibt die Konfessionszugehörigkeit des Gotteshauses gleich in zwei Sprachen an: »Eglise chaldéenne catholique – Chaldean Catholic Church«. Die Männer vom Begleitschutz, die unsere Gruppe gegen unliebsame Überraschungen abschirmen, haben endlich den Vorsteher der winzigen Gemeinde von nur 25 Chaldäern in seinem Juwelierladen aufgespürt. Der kleine Mann wirkt keineswegs eingeschüchtert. Seine grell blondgefärbte Frau mit schwarzen, etwas hysterisch flackernden Augen regt sich auf, hat die Situation gar nicht begriffen. »Noch vor drei Tagen sind Diebe in unser Wohnhaus gleich gegenüber der Kirche eingebrochen«, empört sie sich, »da muß man auf der Hut sein.« Der Juwelier hält einen etwa dreißig Zentimeter langen altertümlichen Schlüssel in der Hand. Wir dringen in den ausgedorrten Innengarten der Pfarrei ein. Eigentlich sei es Aufgabe des Priesters – er gibt ihm den Titel eines Bischofs – so hohe Gäste zu empfangen. Aber in der süd-anatolischen Stadt Mardin, die unmittelbar an Syrien grenzt, wird präzis an diesem Tag das neue assyrische Kirchenoberhaupt gewählt, und auch der chaldäische Würdenträger von Diyarbakir sei aus christlicher Solidarität bei der Feier zugegen.

In Begleitung Ahmet Belgins trete ich auf den massiven, festungsähnlichen Sakralbau zu, der durch keinen Kirchturm geschmückt ist. »Die Chaldäer erkennen den Papst als höchste geistliche Autorität an«, erklärt mir der »Büyükşehir Belediye Başkani«, der vor seiner offiziellen Berufung als Anwalt und als Dozent der Juristischen Fakultät tätig war. Der Ortsvorsteher erfreut sich, wie ich auf Schritt und Tritt beobachte, bei der Bevölkerung einer ganz außergewöhnlichen Beliebtheit. In den dogmatischen Spitzfindigkeiten der auf spärliche Reste geschrumpften anatolischen Christenheit kennt er sich natürlich nicht aus. Wer vermöchte das schon? Die Chaldäer hatten ursprünglich der monophysitischen Glaubenslehre der Nestorianer angehangen, die nur die göttliche Natur Christi verehrt und im Mittelalter – von Mesopotamien aus missionierend – nach Zentralasien, ja bis nach Peking die frohe Botschaft gepredigt hatten. Im Wirbel der islamisch-arabischen Eroberung, der türkischen Seldschuken-Einfälle und im Blutrausch der Mongolenstürme sind sie zu einer weit versprengten, stets auf ängstliche Abwehr bedachten Minderheit reduziert worden. Viele von ihnen hatten wohl – indem sie sich der Katholizität anschlossen und zur Doppelnatur Jesu bekannten – wirksamen Schutz aus Rom erhofft. Aber in den kurdischen Provinzen der Türkei hat ihnen das wenig genutzt.

Diese Chaldäer-Kirche oder »Kaldani Kilise« war zur osmanischen Epoche Treffpunkt einer umfangreichen Gemeinde. Die Ausmaße des Kirchenschiffs, dessen Dachbalken von stämmigen Holzpfeilern gestützt werden, sind immer noch beeindruckend. Aber der weite Raum befindet sich in einem erbärmlichen Zustand. Die vergilbten Heiligenbilder – mit Ausnahme einer plump gemalten Ikone – sind Abdrucke kitschiger europäischer Modelle der sulpizianischen Schule aus dem späten neunzehnten Jahrhundert. Keine Spur von der einstigen Glorie Christi ist hier übriggeblieben. Der brüchige Altar ist mit ein paar verwelkten Blumen geschmückt. Neonröhren spenden flackerndes, kaltes Licht. Trotzdem richte ich mich vor dem Tabernakel auf und bekreuzige mich ostentativ, was von den Türken mit spürbarer Billigung zur Kenntnis genommen wird. Im Westen ist viel zu wenig bekannt, daß ein Christ oder Jude, der sich zu seiner Religion bekennt, in den Augen der Muselmanen weit höhere Achtung genießt als ein Agnostiker.

Der Anblick dieses verkommenen Gotteshauses ist trostlos und stimmt traurig. Mag ja sein, daß das letzte Fähnlein von zwei Dutzend Chaldäern demnächst nach Nordamerika oder Europa abwandern wird, wie so viele ihrer Glaubensbrüder vor ihnen. Aber die römische Kurie oder die reichen Diözesen Deutschlands kämen einer zwingenden Verpflichtung nach, wenn sie für die ausgezehrte Diaspora Kleinasiens ein Minimum an Geldmitteln aufbrächten, wenn sie den verlassenen Gotteshäusern ihre Würde zurückgäben. Den Islamisten würde damit ein deutliches Zeichen christlichen Gemeinschaftssinnes gesetzt. Mit dem Bürgermeister rede ich offen über dieses abendländische Versagen, und er stimmt mir lebhaft zu. »Ich wäre Ihnen sehr dankbar, wenn Sie bei den Katholiken Deutschlands ausreichende Spenden für die Renovierung auftreiben könnten, ja ich bitte Sie herzlich darum«, betont er. Er schäme sich persönlich für den Niedergang dieser christlichen Kultstätte in seiner Stadt, und ich bin überzeugt, daß er es ehrlich meint. Doktor Belgins Aussage ist um so bemerkenswerter, als er im Namen der fundamentalistischen Refah- oder Wohlfahrtspartei mit großer Mehrheit in sein Amt gewählt wurde. Ob er sich nach der Auflösung der Refah der Nachfolgeorganisation Fazilet oder Tugendpartei angeschlossen habe, frage ich. Aber das verneint er. Er sei jetzt ein unabhängiger Kommunalpolitiker. Vermutlich befürchtet er, daß demnächst auch die Fazilet vom Bannstrahl der kemalistischen Militärs getroffen werden könnte. An jenem Tag konnten wir nicht ahnen, daß dieser bewährte Kommunalpolitiker bei den Wahlen im Frühjahr 1999 durch einen eher obskuren Rivalen der wieder zugelassenen Kurdenpartei HADEP verdrängt würde.

Der christliche Juwelier lädt uns in sein Heim, ein prächtiges Exemplar alter osmanischer Baukunst mit schattigem Eyvan und Springbrunnen ein. Dem »Selamlik«, dem Männerbereich, liegt auf der anderen Seite der »Haremlik« der Frauen gegenüber. Auch hier herrschen Unordnung, Schmutz und Verfall. Der Bürgermeister erweist sich wiederum als sehr toleranter Moslem. Er erwähnt, daß es unweit der Chaldäer- noch eine uralte Marien-Kirche der syrischen Jakobiter gebe, aber deren Gemeinde bestehe nur noch aus zehn Gläubigen, einer einzigen Familie. »Zur Zeit des Osmanischen Reiches herrschten da ganz andere Verhältnisse«, fährt er fort und läßt in seine Erklärung eine vorsichtige Kritik am rigorosen Säkularismus Atatürks einfließen. »Vor dem Ersten Weltkrieg war Diyarbakir beinahe zur Hälfte christlich und in unterschiedliche konfessionelle Wohnbezirke mit zwei getrennten Stadträten unterteilt«, erklärt er. »In der einen Kommunalverwaltung waren die Muselmanen in der Mehrheit und bestimmten einen der Ihren zum Bürgermeister. In der anderen Versammlung hingegen waren die Christen tonangebend und benannten ihren ›Belediye Başkani‹.« Unter dem Sultan und Kalifen dürften in Ost-Anatolien die Armenier die bei weitem stärkste Gruppe der »Nazarener« gebildet haben, und mit Abstand folgten erst die Nestorianer, die Assyrer, die Griechisch-Orthodoxen, die Jakobiter, die Chaldäer. Aber von den Armeniern, die in dieser Region bereits um das Jahr 300 das erste christliche Königreich gegründet hatten, wird seit den Massakern und der Vertreibung des Unheiljahres 1915 nicht gern gesprochen. Die letzten ortsansässigen Juden hingegen waren nach Gründung des Staates Israel in das Land der Väter heimgekehrt.

Verhielt sich die Herrschaft des Padischah gegenüber den Angehörigen der Familie des Buches – »Ahl-el-kitab«, gegenüber Juden und Christen tatsächlich so duldsam und väterlich, wie das heute von den nachträglichen Bewunderern des Osmanenreiches und von manchen europäischen Schönfärbern behauptet wird? In Wirklichkeit waren die nicht-muslimischen Monotheisten doch nur Schutzbefohlene, sogenannte Dhimmi mit stark eingeschränkten Rechten. Christen und Juden mußten die »Kopfsteuer«, die »Jiziya« zahlen, von der die Korangläubigen befreit waren. Sie wurden in der Regel nicht als würdig erachtet, Waffen zu tragen. »Bekämpft die Schriftbesitzer – alladhina dhutu el kitab –, bis sie Tribut entrichten«, heißt es im Koran. Diese diversen Religionsgemeinschaften lebten als »Herde des Sultans«, als Raya, meist in gesonderten Dörfern. Oft mußten sie sich durch spezielle Kleidung als Ungläubige, als »Giaur«, kenntlich machen, und vor Gericht galt das Zeugnis eines Dhimmi nur die Hälfte der Aussage eines Mohammedaners. Dazu kam eine ganze Serie anderer, kleinlicher Demütigungen.

Während wir in brüderlicher Stimmung im Haus des chaldäischen Gemeindevorstehers von Diyarbakir unseren Kaffee trinken, wäre es eine grobe Unhöflichkeit, auf diese Diskriminierungen im osmanischen Gottesstaat zu verweisen. Mehr schlecht als recht waren die diversen Bekenntnisse zur Zeit der Pforte miteinander ausgekommen, aber sie hatten zumindest in wirtschaftlicher Ergänzung miteinander koexistiert. Erst das Hochkommen eines vom Geist der westlichen Aufklärung inspirierten Nationalismus – sowohl bei den sogenannten Jungtürken als auch bei den christlichen Fremdvölkern der Raya – verschärfte die konfessionellen Gegensätze. Die ethnische und politische Unversöhnlichkeit erhitzte sich. Es öffnete sich der Weg in die Katastrophe. Die Sultane von Istanbul hatten von Anfang an das sogenannte »Millet«-System praktiziert. Die Theokratie verlangte, daß der Padischah und sein Groß-Vezir mit den höchsten geistlichen Repräsentanten ihrer christlichen und jüdischen Untertanen kommunizierten, daß diese für ihre jeweilige Konfession verantwortlich waren, die erhabenen Befehle des Serail übermittelten und für deren Ausführung Sorge trugen. Bei den Byzantinern war der Griechisch-Orthodoxe Patriarch von Konstantinopel, bei den Armeniern der oberste Katholikos, bei den Juden der sephardische Ober-Rabbiner zuständig.

Die »Knabenlese« oder »Devşirme«, der zur Institution erhobene Raub christlicher Kinder, der von den Osmanen fünf Jahrhunderte lang praktiziert wurde, soll hier nur kurz erwähnt werden. Dieser barbarische Brauch belieferte die Elitetruppe des Padischah mit seinen besten Kriegern, den Janitscharen, während die Begabtesten unter diesen entführten Kindern mit Einweisung in die Palastschule Zugang zu den höchsten Ämtern des Reiches fanden. Die Folgen der Devşirme wirken bis in die Gegenwart fort. Jedenfalls trübt diese Erinnerung das idyllische Bild »multikultureller« Harmonie im Zeichen des Halbmondes, das gelegentlich entworfen wird. Erneut greife ich auf zwei

Zeugenaussagen Helmuth von Moltkes zurück, der durch intime Kenntnis des Terrains vor jeder Verharmlosung gefeit war. So schildert der preußische Hauptmann im Mai 1837 aus dem bulgarischen Schwarzmeerhafen Varna, damals Bestandteil des Osmanen-Imperiums, den Besuch des Sultans und Kalifen:

»... Seine Kaiserliche Majestät steigen eine viertel Stunde vor der Stadt in ein Zelt ab, um den blauen Überrock mit der bewußten roten Uniform zu vertauschen. Für wen er eigentlich diese Toilette macht, weiß ich nicht; bei uns ist man gewöhnt, die Pracht des Monarchen durch den Glanz der Großen und Mächtigen, die ihn umgeben, gehoben zu sehen. Hier ist nur ein Herr, die übrigen sind Knechte. Sobald seine Hoheit zu Pferde stiegen, ließ man eine Menge Minen in den Steinbrüchen auf den Bergen ringsumher auffliegen. Zu beiden Seiten des Weges paradierten die Notabilitäten der Stadt, rechts die Moslime, links die Rajahs. Obenan stehen die Mullahs oder Geistlichen, welche noch immer den schönen weißen Turban tragen, dann folgen die weltlichen hochstehenden Personen. Links paradierten erst die Griechen mit Lorbeerzweigen, dann die Armenier mit Wachskerzen und endlich die armen verhöhnten und mißhandelten Juden. Die Moslems standen aufrecht mit über den Leib verschränkten Armen, die Rajahs aber, und selbst Bischof und Priester mit den geweihten Kirchengeräten, warfen sich nieder und blieben mit der Stirn an der Erde, bis der Sultan vorüber war; sie durften das Antlitz des Padischahs nicht schauen.«

Mit der privilegierten Stellung der Juden, von der nach ihrer Vertreibung aus Spanien und ihrer partiellen Niederlassung im osmanischen Orient manche Historiker heute noch schwärmen, kann es so weit also nicht her gewesen sein. Eine andere Anekdote aus dem November 1838 veranschaulicht die tief eingefleischte Arroganz selbst der einfachen Muselmanen gegenüber den christlichen Außenseitern. Moltke beschreibt seine Gewaltritte durch Zentralanatolien in Begleitung eines tatarischen Pfadfinders: »... Der Marsch ging in derselben öden und einförmigen Hochebene westlich weiter; mein Tatar richtete es immer so ein, daß er Pferde und Frühstück in einem Giaur-köj oder christlichen Dorf forderte, denn dort ist er (als Moslem) Herr von dem Augenblick seiner Ankunft, bis der Hufschlag seines Pferdes verhallt ...«

*

Bürgermeister Belgin widmet seiner eigenen Aussage zufolge achtzehn Stunden pro Tag der Verwaltung seiner Stadt und der Bewältigung der Probleme, die aus der Verfünffachung ihrer Bevölkerung seit Beginn des Kurdenaufstandes erwachsen sind. Jetzt verabschiedet er sich vorübergehend, um einen zwingenden Termin wahrzunehmen. Ich bleibe eine Weile mit dem Juwelier, den wir Johannan nennen wollen, allein. Der chaldäische Christ mag vierzig Jahre alt sein. Er wirkt keineswegs orientalisch und würde in Europa kaum auffallen. Die Tatsache, daß er leidlich englisch spricht, legt die Vermutung nahe, daß auch er an Auswanderung denkt.

Johannan zögert eine Weile, dann bricht es aus dem verhaltenen Mann heraus. »Wenn alle Türken und Kurden unserer Umgebung sich uns gegenüber auch nur annähernd so freundschaftlich und hilfreich verhielten wie Doktor Belgin, dann wäre ein Verbleiben vorstellbar. Aber wissen wir denn, wer ihm eines Tages in seinem Amt nachfolgen wird?« Der Bürgermeister habe gar nicht so unrecht, wenn er die schlampige Willkür des späten Osmanenreiches als eine für die ethnischen und religiösen Minderheiten erträglichere Regierungsform dargestellt habe als den modernistischen Nationalismus der Jungtürken und die völkische Zwangsjacke des Kemalismus. Für einen einsamen Chaldäer war es natürlich viel zu riskant, sich über den Genozid an den Armeniern im Ersten Weltkrieg oder über die totale Vertreibung der uralten griechischen Bevölkerungsgruppe aus Anatolien und dem Küstenland der Ägäis durch die Armee Atatürks zu äußern. Das Schicksal seiner eigenen assyrischen Konfession und der ihr eng verwandten chaldäischen Glaubensbrüder sei tragisch genug.

»Ich habe gehört, daß Sie sich in Hakkari aufgehalten haben«, erkundigt sich Johannan. »Haben Sie dort eine einzige christliche Kirche gesehen? Dabei war diese verlassene Felslandschaft von Hakkari einmal das sichere Bollwerk, die letzte Zufluchtsstätte der assyrischen Christen gewesen. Erst nach dem Ersten Weltkrieg sind die kurdischen Stämme der Nachbarschaft mordend und plündernd über unsere Vorfahren hergefallen. Sie haben sie zur Flucht nach Syrien gezwungen, wo die französische Mandatsmacht sie aus einleuchtenden Gründen als potentielle Verbündete bereitwillig aufnahm und in der sogenannten Djezireh rund um Deir-es-Zohr ansiedelte. Die Briten, die damals den heutigen Irak besetzten, haben ein zynisches, verräterisches Spiel mit den orientalischen Christen getrieben. Sie haben tatenlos zugesehen, wie unsere Dörfer im Umkreis von Niniveh in Flammen aufgingen. Nur in den Städten Mesopotamiens, vor allem in Bagdad, konnten Nestorianer, Jakobiter und Chaldäer überleben.«

Tatsächlich hatte mir niemand während meines Aufenthaltes in Hakkari auch nur eine Andeutung gemacht über die erloschene christliche Präsenz. In dem poetischen Buch des türkischen Autors Ferit Edgü über seinen »Winter in Hakkari« wird ein vereinsamter überlebender Assyrer erwähnt, ein Buchhändler, der über einen Schatz von genau 101 in Leder gefaßten Bänden verfügte. Er bietet sie dem Romanhelden, dem nach Hakkari verbannten türkischen Lehrer, zur Lektüre an. Dabei kommt es zu folgendem Dialog:

»Der alte Buchhändler sagte: Ich habe noch ein paar andere Bücher, die Sie interessieren würden, leider sind sie in unserer Sprache verfaßt. Er sprach mit mir in meiner Sprache (Türkisch). Eine eigene Sprache. Eine Muttersprache. – ›Welches ist Ihre Sprache?‹ fragte ich. – Er lachte: ›Die, die Sie nicht können‹ ... offensichtlich hatte er seinen Spaß an mir, der Alte. – ›Trotzdem bitte, sagen Sie: Welche ist es? ... Assyrisch‹ Dieses Wörtchen hörte ich das erste Mal. – ›Ja, Assyrisch, sagte er. Die kannst Du nicht, nicht wahr?‹ ›Nein‹, sagte ich. – Ich schämte mich zu sagen, daß ich dieses Wort das erste Mal hörte ...«

Die türkische Originalausgabe des Buches »Ein Winter in Hakkari« ist unter dem Titel »O« im Jahr 1977 in Istanbul erschienen. Nach einem halben Jahrhundert Kemalismus mußte der Autor, ein hochgebildeter und zudem oppositionell eingestellter Intellektueller, eingestehen, daß er nicht die geringste Kenntnis von einer der ältesten apostolischen Glaubensrichtungen des Christentums besaß, deren Liturgie weiterhin in jener aramäischen Sprache zelebriert wird, die Jesus Christus gesprochen hatte. Er wußte nichts von der nestorianischen Kirche die – auf den Apostel Thomas zurückgehend – sich in Ost-Anatolien, Mesopotamien und West-Persien zur führenden Religion entfaltet hatte. Erst die mongolisch-türkischen Horden Tamerlans, des »Emir-el-Kebir«, der heute wieder in der Republik Usbekistan als Nationalheld gefeiert wird, hatte die einst blühenden Gemeinden der Nazarener verwüstet und ausgerottet. Aus den Köpfen der Erschlagenen hatte Timur Lenk, der »Lahme Timur«, zahllose Schädelpyramiden errichtet, die seine schreckliche Spur zwischen Damaskus und der Chinesischen Mauer wie Wegweiser säumten.

Ich erwähne, daß ich in Hakkari vergeblich nach Verwandten des besagten assyrischen Buchhändlers Ausschau gehalten hätte. Dabei kommen wir auf meinen Ausflug nach Mardin im Sommer 1984 zu sprechen. Es handelt sich um jenen Ort, wo an diesem Sonntag, wie der Juwelier berichtete, ein neuer assyrischer Bischof in sein Amt eingeführt wird. Die Schwelle von Mardin, deren steile Felswand nach Syrien abfällt, war erst im Jahr 1517 von Sultan Selim dem Grausamen dem Osmanischen Reich einverleibt worden. Aber bis zu Beginn des zwanzigsten Jahrhunderts hatte sich dort ein beachtliches Reservat der nestorianisch-assyrischen Kirche unter ihrem Patriarchen auf dem Tur Abdin, dem »Berg der Gottesknechte«, erhalten. Heute muß man etwa sechs Kilometer nach Osten fahren, zum Kloster Mar Hanania, auch mit dem arabischen Namen Deir-ul-Zafaran bezeichnet, um noch aktives christliches Leben zu entdecken. Der türkische Freund, der mich vor vierzehn Jahren dorthin geleitet hatte, war Vertreter deutscher Firmen in Diyarbakir. Er stammte von einem baschkirischen Großvater aus dem Süd-Ural ab, der – in der zaristischen Armee dienend – im Ersten Weltkrieg zu seinen osmanischen Glaubensbrüdern übergelaufen war. Die Prälaten und Mönche von Mar Hanania waren mir durch die schillernde Farbe ihrer Soutanen und Kutten aufgefallen. Pater Petros, der fließend französisch sprach, hatte uns zu den unterirdischen Sakralräumen geführt, wo sich schon in ferner Urzeit die Sonnenanbeter versammelt hatten. Naive, eindrucksvolle Fresken und Mosaiken mit Darstellungen der christlichen Heilsgeschichte schmückten die Patriarchatskapelle. Im bescheidenen Appartement des obersten Hirten der assyrischen Kirche, der seit geraumer Zeit in Damaskus residiert, ist der Patriarch in Gesellschaft Papst Johannes Pauls II. abgebildet, ein Zeugnis ökumenischen Geistes, der immer noch selten ist bei den widerstreitenden Denominationen der orientalischen Christenheit. Einer seiner Vorgänger hatte sich neben dem Staatsgründer Atatürk ablichten lassen, und dieses vergilbte Photo sollte wohl Ausdruck eines konfessionsübergreifenden türkischen Patriotismus sein. Gleich neben dem Monasterium und zu Füßen der mächtigen Radarstation, die die syrische Euphrat-Ebene ausspäht, war die unvermeidliche Proklamation in den Fels gemeißelt: »Ne mutlu Türküm diyene« – Welches Glück wird dem zuteil, der sagen kann, ich bin ein Türke!

Pater Petros war Araber und stand dem Kemalismus sehr kritisch gegenüber. Natürlich sei auch der türkische Islam durch die Säkularisierungs-Ideologie Atatürks im Mark getroffen worden. Aber insgesamt habe sich zumindest der koranische Volksglaube erhalten. Die Republik habe sich – zumal in den ländlichen Gebieten – zu keinem

Zeitpunkt aus dem Geflecht der religiösen Bruderschaften und Derwisch-Orden lösen können, die aufgrund ihrer rigorosen Abschirmung vom offiziellen Laizismus kaum beeinträchtigt wurden. Mit den Christen sei alles viel schwieriger gewesen. Die Assyrer, Chaldäer und Jakobiter – in der Mehrheit semitischer Abstammung – hätten nicht nur einen konfessionellen, sondern auch einen ethnischen Fremdkörper gebildet in dem von Kemal Pascha angestrebten türkischen Einheitsstaat. Für sie habe es keinen Raum gegeben in diesem jakobinisch anmutenden Verfassungskonzept. Ein christlicher Knabe türkischer Nationalität sei theoretisch voll in die Republik integriert, aber spätestens beim Militärdienst – wenn sich herausstellt, daß er nicht beschnitten ist wie die jungen Muslime – sei er erbarmungslosem Spott und endlosen Demütigungen ausgesetzt.

An dem Uniformierungszwang des Kemalismus gemessen habe tatsächlich das Millet-System der osmanischen Sultane den Rahmen für eine geduldete Nischengesellschaft, zumindest Zuflucht vor rigoroser Gleichschaltung geboten. Heute sei es nur noch eine Frage von wenigen Jahren, dann würde die Christenheit Anatoliens vollends erloschen sein. Die Touristen aus Europa könnten dann die heiligen Gemälde von Mar Hanania als museale Relikte bestaunen, so wie sie in Kappadozien die verlassenen Höhlen-Klöster der orthodoxen Mönche begaffen mit den herrlichen Wandmalereien und dem alles beherrschenden Christos Pantokrator als Zeugnis längst verflossener byzantinischer Kultur und Macht. Seltsamerweise hätten hingegen die beiden verfeindeten Flügel der »Arabischen Partei der Wiedergeburt«, auch »Baath« genannt, die in Damaskus und Bagdad die Staatsführung an sich gerissen hatten und ursprünglich einem säkularen Nationalismus sozialistischer Prägung huldigten, der eigenen christlichen Bevölkerung, die in Syrien etwa zehn Prozent, im Irak fünf Prozent beträgt, einen weit großzügigeren Entfaltungsraum belassen als die angeblich so stark nach Europa ausgerichtete Türkei.

Der Chaldäer Johannan von Diyarbakir wirkt zutiefst resigniert. Wir kommen auf den Besuch des Papstes Johannes Paul II. in Istanbul und Ankara im Herbst 1979 zu sprechen. Der Empfang der türkischen Behörden war frostig gewesen, und die protokollarischen Ehren wurden auf ein Mindestmaß reduziert. Welchen Triumph hatte hingegen der gleiche Pontifex in der Republik Libanon gefeiert, wo ihm im Frühjahr 1997 nicht nur die mit Rom unierten christlichen Maroniten in Massen zujubelten. Auch die muslimischen Honoratioren – Sunniten und Schiiten – huldigten dort dem Heiligen Vater. Dabei fiel auf, mit welch demonstrativer Hochachtung die geistlichen Inspiratoren der schiitischen Kampfbewegung »Hizbullah«, die religiösen Würdenträger Scheikh Fadlallah und Schamseddin, ja sogar der gefürchtete Generalsekretär der »Partei Gottes«, Scheikh Nasrallah, dem Bischof von Rom begegneten.

Unsere Konversation ist verstummt. Mein Blick wandert immer wieder zu dem verödeten Bischofssitz der Chaldäer jenseits der Gasse. Einen ähnlichen Eindruck ohnmächtiger Verlassenheit, als habe die Lehre der Dreifaltigkeit ihre letzte Ausstrahlungskraft, ja Existenzberechtigung verloren, hatte ich im zentralanatolischen Kappadozien verspürt. In der Nachbarschaft jener mysteriösen unterirdischen Städte, die in mehreren Etagen Tausenden von Menschen in Zeiten räuberischer Einfälle und mörderischer Eroberungen Zuflucht und Schutz boten – schon Xenophon erwähnte diese »Troglodyten« –, war die Moschee von Derinkuyu noch eindeutig als frühere christliche Kirche zu erkennen. Nur 200 Meter von dem Schacht entfernt, vor dessen Einlaß sich die Touristen aus aller Welt zur Besichtigung dieses unheimlichen Höhlenlabyrinths drängten – zuletzt war es wohl von der griechischen Bevölkerung Kappadoziens genutzt worden, um die islamischen Wirbelstürme, erst die arabischen, dann die türkischen Reitereinfälle zu überleben –, hatte eine mächtige Basilika den turbulenten Zeitenwandel fast intakt überdauert.

Die Besucher aus dem Abendland nahmen keine Notiz von diesem verlassenen Heiligtum, an dessen Wänden die blassen Konturen byzantinischer Engel und Heiliger gerade noch zu erkennen waren. Soweit sie nicht in den Wirren des erbarmungslosen Abwehrkampfes umgekommen waren, den Atatürk nach dem Ende des Osmanenreiches gegen die auf Ankara vorrückende Armee der hellenischen Erbfeinde führte, waren die Bewohner dieses massiven Außenpostens griechischer Kolonialisation im Zuge einer vertraglich mit Athen vereinbarten Umsiedlungsaktion »repatriiert« worden. Etwa zwei Millionen Menschen – weit mehr Griechen als Türken – haben bei diesem Austausch, bei dieser »ethnischen Säuberung« ihre angestammte Heimat verlassen im Zeichen einer völkischen Abgrenzung, die zur Zeit ihrer Durchführung extrem grausam erschien, sich auf Dauer jedoch – gemessen an den multikulturellen Konfliktsituationen in anderen Teilen der Welt – als das geringere Übel erweisen sollte. »Quis talia fando«, heißt es bei dem römischen Dichter Vergil, der die Vertreibung des Aeneas und dessen Gefolgschaft aus dem brennenden Troja beschreibt, »temperet a lacrimis« – Wer könnte sich bei solcher Schilderung der Tränen enthalten?

*

Es erscheint mir völlig irreal, fast unvorstellbar an diesem Nachmittag in Diyarbakir, daß ich knappe zwei Monate zuvor, und zwar ausgerechnet im Bagdad Saddam Husseins, an einer festlich ausgestalteten, ja triumphalistisch anmutenden Zusammenkunft zahlreicher christlicher Würdenträger, vornehmlich der orientalischen Kirchen, teilgenommen hatte. Was die Regierung des Irak bewogen hatte, mich als Privatmann und Laien zu dieser klerikalen Versammlung einzuladen, habe ich nie ergründen können, zumal ich während der beiden Golfkriege mit scharfem Tadel an Saddam Hussein nicht gespart hatte. Achtzehn Stunden lang war ich in einem höchst unbequemen Bus von Amman nach Bagdad gerollt. Der Sinn der Veranstaltung war eindeutig. Es ging darum, die christliche Nächstenliebe weltweit zu mobilisieren, Stimmung zu machen gegen die nunmehr acht Jahre lang andauernde Sanktions- und Boykottpolitik gegen den Irak. Es bedurfte keiner philanthropischen Schwärmerei, um an den Auswirkungen der UN-Blockade, am lamentablen Zustand der irakischen Hospitäler Anstoß zu nehmen. Vor allem das Verbot der Einfuhr von Chemikalien reduzierte die pharmazeutische Versorgung der Krankenhäuser Mesopotamiens auf ein Minimum. Da aus Düngestoffen, Pestiziden und Desinfektionsmitteln angeblich chemische Kampfstoffe hergestellt werden können, traf das diesbezügliche Importverbot nicht nur die Landwirtschaft im Zweistromland. Es führte zu einer Kontaminierung des Trinkwassers. Vor allem die Kinder waren die Leidtragenden dieser bakteriellen Verseuchung. Daß die herrschende Baath-Partei und die Umgebung des Staatspräsidenten Saddam Hussein keinen Mangel litten und sogar im Überfluß schwelgten, wollte in Washington und New York offenbar niemand zur Kenntnis nehmen.

»Die Kirche im Dienste des Friedens und der Menschheit«, unter diesem Motto war diese Dritte Christliche Konferenz einberufen worden. Dem Regime von Bagdad kam in der Stunde der Bedrängnis zugute, daß es den christlichen Minderheiten im eigenen Land einen Status der Gleichberechtigung eingeräumt hatte, den man dieser blutrünstigen Gewaltherrschaft nicht zugetraut hatte und die manchen islamischen Staaten, die sich als Freunde des Westens bezeichnen, als Vorbild dienen sollte. Natürlich suchten auch die Christen des Zweistromlandes einer sich verhärtenden muslimischen Umgebung durch Abwanderung nach Nordamerika und Europa zu entgehen. Aber das entsprach eher ihrer Verzweiflung an der trostlosen wirtschaftlichen Situation und ihrer Furcht vor religiöser Unterdrückung, die nach dem Sturz Saddam Husseins einsetzen könnte. Noch zu Zeiten des Golfkrieges hatten etwa eine Million Christen im Irak gelebt, davon fünfzig Prozent katholische Chaldäer. Letzterer Konfession gehört auch einer der einflußreichsten Männer dieser Arabischen Republik an, der stellvertretende Ministerpräsident Tariq Aziz. Für Saddam Hussein ist dieser weltoffene, gewiefte Taktierer ein idealer Mitarbeiter, kann Tariq Aziz doch als chaldäischer Außenseiter nicht den geringsten Ehrgeiz nähren, jemals die höchste Staatsgewalt für sich zu beanspruchen.

Die »Christian Conference« von Bagdad war eine malerische und antiquierte Zusammenkunft. Der Auftritt der Prälaten, Metropoliten, Archimandriten, Bischöfe, Patriarchen und Kardinäle in bunt leuchtenden Soutanen und extravaganten Kopfbedeckungen zeichnete sich durch theatralische Effekte aus. Heimliche Eifersüchteleien kamen hinzu. Die islamischen Korangelehrten, Ulama, Imame, Mullahs – sowohl des sunnitischen als auch des schiitischen Glaubenszweiges –, die sich der Versammlung beigesellt hatten und abrahamitische Eintracht bekundeten, unterschieden sich durch bescheidene Gewandung. Ihre wirkliche Bedeutung erhielt diese Zusammenkunft von etwa 150 Klerikern dank der Präsenz des französischen Kurien-Kardinals Roger Etchegaray, der im Namen des Papstes die Embargo-Politik Washingtons mißbilligte und der katholisch-chaldäischen Gemeinde Mesopotamiens den Rücken zu stärken suchte. Die Würdenträger der russischen Orthodoxie waren ganz unverhohlen im Auftrag ihres damaligen Außenministers und Orient-Experten Jewgeni Primakow an den Tigris gereist.

Die Eröffnungszeremonie am 8. Juni 1998 wurde nach einer Hymne an den Frieden durch eine Ansprache des chaldäischen Patriarchen von Bagdad, seine Seligkeit Mar Raphael I. Bidawid, eingeleitet. Der irakische Prälat hatte sich von der Kalotte bis zu den Socken in die karmesinrote Pracht der römischen Kardinäle gehüllt. Im Gegensatz zu den meist vollbärtigen Hierarchen anderer Denominationen war Bidawid glatt rasiert, wohl um seine Nähe zur lateinischen Katholizität zu betonen. Dieser füllige Mann mit den weihevollen Bewegungen und dem undurchdringlichen Blick besaß das Profil eines Borgia-Papstes. Die Zöglinge des Institutes der chaldäischen Nonnen sangen das Lied: »Blumen von Bagdad«. Nach weiteren Ansprachen, bei denen auch Lutheraner und Episkopalier an die Reihe kamen, trugen chaldäische Seminaristen den Chor »Liebe und Freude« vor. Kurzum, es war ein höchst erbauliches Mini-Konzil, das in der Anrufung des gemeinsamen Glaubensvaters Abraham gipfelte.

Das Gerücht ging um, Kardinal Etchegaray bereite in aller Heimlichkeit eine Pilgerfahrt des Papstes nach Ur in Chaldäa vor, an die mesopotamische Geburtsstätte jenes Patriarchen, der von Juden, Christen und Muslimen einträchtig verehrt wird.

Ich hatte die Gelegenheit wahrgenommen, am selben Tag wie der Beauftragte des Papstes die Ruinen von Ur im Wüstensand unweit der süd-mesopotamischen Stadt Nasiriya aufzusuchen. Es war ein erstickend heißer Mittag, und der Sturm strich wie die Ausstrahlung eines Hochofens über die Reste des zentralen Palast-Areals, über die niedrigen Mauerstümpfe der früheren Wohnquartiere, in denen das Volk der Sumerer drei Jahrtausende vor Christus seine Hochkultur begründet hatte. Am besten erhalten war das Heiligtum des Mondgottes, der »Zikkurat«, auf dessen wuchtiger Rampe – ganz aus gebrannten Ziegeln gefügt – noch Zeichen der ältesten Keilschrift klar zu erkennen waren. Den Beduinen, der sich mir als Führer angeboten hatte, fragte ich, wo denn wohl der Stammvater Ibrahim gezeltet und seine Herden geweidet haben mochte. Der schlichte Araber – gegen den Sandsturm wie ein Gespenst vermummt – zeigte auf einen halbvertrockneten Palmenhain, der zwei Kilometer südlich gelegen in der Hitze flimmerte.

Warum ich diese Episode im Zusammenhang mit dem Chaldäer von Diyarbakir hier erwähne? Gewiß nicht, um die Großzügigkeit Saddam Husseins, des »Hitlers von Bagdad«, wie man ihn in maßloser Fehlbeurteilung genannt hat, am restriktiven Umgang Atatürks mit der christlichen Minderheit seines Nationalstaates zu messen. Aber die ethnisch-religiöse Bindung der semitischen Araber an die archaische Propheten- und Urvater-Gestalt Abraham – »et semini eius«, wie es in der römischen Liturgie hieß – ist wohl eine ganz andere als die der aus Zentralasien zugewanderten Türken, die bis auf den heutigen Tag an schamanistischen Bräuchen festhalten. Daß ein paar christliche

Splittergruppen – überwiegend Assyrer und Chaldäer – in Ost-Anatolien überhaupt erhalten blieben, daß etwa 3000 Griechisch-Orthodoxe in Istanbul ausharren konnten und immer noch 40000 bis 60000 Armenier von den Behörden Ankaras in ihrem Land geduldet werden, mag wie ein Wunder erscheinen, war doch der kemalistische Ultra-Nationalismus in einer ersten Phase zwangsläufig auch im Gewand der islamischen Religionszugehörigkeit aufgetreten. Beim Nachblättern der zeitgenössischen Dokumente wird ersichtlich, daß der Abwehrkampf der Türken Kemal Paschas gegen die griechischen Besatzungstruppen des Ministerpräsidenten Venizelos zwischen 1920 und 1923, der mit der vernichtenden Niederlage der Hellenen endete, weniger völkisch als konfessionell definiert war. Folgerichtig war auch im Vertrag von Lausanne, der den massiven Bevölkerungsaustausch zwischen Griechen und Türken, deren Umsiedlung und das »ethnical cleansing« der jeweiligen Landesteile vorsah, nicht etwa nach völkischen, sondern nach religiösen Kriterien vollzogen worden. Man tauschte »Turkish nationals of the Greek Orthodox religion established in Turkish territory« gegen »Greek nationals of the Moslem religion established in Greek territory« aus. Die beiderseits existierenden Konvertiten jedoch – unabhängig von ihrer sprachlichen oder völkischen Zugehörigkeit – blieben von diesen Zwangsmaßnahmen verschont. »Der Kemalismus«, so vertraute mir der Juwelier von Diyarbakir zum Abschied an, »mag sich noch so laizistisch und säkular gebärden; die Fundamente der Republik Atatürks wurzeln dennoch im koranischen Unterbewußtsein, in der diffusen, aber unauslöschlichen Identität des Islam.«

*

Der Bürgermeister hat uns nicht lange warten lassen. In seiner luxuriösen Limousine – von Leibwächtern umgeben – brechen wir zur Stadtbesichtigung auf. Überall wird er von der Bevölkerung mit freundlichem Zuspruch und fast devoter Anerkennung umringt. Am Ausgang des Christenviertels haben wir einen Moment angehalten, um die prachtvollen Melonen zu bewundern, die sich zu riesigen Haufen stapeln. Eine Sekunde lang streift mich der Vergleich mit den Schädelpyramiden des mongolischen Schlächters Tamerlan. Saadet, der sich seit fünf Jahren nicht mehr in Diyarbakir aufgehalten hat, kommt aus dem Staunen nicht heraus. »Dieser Doktor Belgin hat Wunder vollbracht«, raunt er mir zu, »aus schäbigen Gassen hat er baumbestandene Alleen gemacht. Die stinkenden Kloaken hat er – mit deutscher Entwicklungshilfe übrigens – durch ein modernes Abwassersystem beseitigt. Er hat es sogar geschafft, mehr als eine Million Zuwanderer aus den Unruheregionen halbwegs menschenwürdig unterzubringen.«

Wie oft hat man mir vorgeworfen, ich würde dem Nachhall oder dem Wiedererwachen der Religiosität in meinen politischen Betrachtungen eine zu große Bedeutung einräumen. Aber wird nicht sogar im wiedervereinigten Herzen Europas und von aufgeklärten Freidenkern mit sichtlichem Behagen immer wieder betont, Deutschland sei durch seine Ausdehnung nach Nordosten wieder protestantischer geworden, und das werde nicht ohne Folgen bleiben? Begeht nicht die Bundesrepublik in diesem Jahr mit großem Aufwand die Dreihundertfünfzig-Jahresfeier zum Westfälischen Frieden, und wer möchte behaupten, die Wunden dieses grauenhaften, durch die Feindschaft der Konfessionen determinierten dreißigjährigen Gemetzels seien im nationalen Unterbewußtsein Germaniens ausgelöscht?

So frage ich den Bürgermeister – er wurde ja immerhin als Kandidat der Islamisten gewählt –, wie es um die Bedeutung der »Tarikat«, der Derwisch-Orden, in Diyarbakir bestellt sei. »Natürlich spielen die weiterhin eine große Rolle, und am nachhaltigsten sind die Naqschbandi vertreten«, antwortet er. »Wenn Sie länger verweilen würden, könnte ich Sie in deren Kreise einführen.« Ob denn in diesem Teil Ost-Anatoliens die geheimnisumwobene Sekte der Aleviten überlebt habe, forsche ich weiter. Diese Religionsgemeinschaft, deren Anhängerschaft kaum zu beziffern ist – die einen reden von acht, die anderen von zwanzig Millionen –, war einst in ihren kurdischen Hochburgen durch die Vernichtungskampagnen Selims I. schrecklich heimgesucht worden. »Zahlreich sind die Ali-Verehrer hier nicht«, räumt Belgin ein, »aber es trifft sich gut, daß heute Sonntag und offizieller Ruhetag ist. Da versammeln sich unsere Aleviten in einem Caféhaus, das wir aufsuchen sollten. Wir können gleich hinfahren. Ich bin zwar hanefitischer Sunnit, aber ich hege nicht das geringste Vorurteil gegen diese Abweichler von der strengen koranischen Rechtgläubigkeit.«

Der »Club« der Aleviten unterscheidet sich in keiner Weise von den übrigen Caféstuben Diyarbakirs. Mehrere Dutzend Männer zwischen zwanzig und achtzig Jahren haben sich in dem schmucklosen Raum zusammengefunden. Die meisten haben Tassen mit türkischem Café vor sich stehen. Eine Gruppe ist mit Schachspiel oder einer Art

Backgammon beschäftigt. Die meisten plaudern gemächlich oder geben sich einer sehr orientalischen Besinnlichkeit hin. Die Kleidung ist ortsüblich. Sie tragen offenstehende Hemden und zerknautschte Anzüge, deren Hosen und Jacken nicht zueinander passen. Glattrasiert sind die wenigsten. Die meisten gefallen sich im Arafat-Look. Vollbärte sind selten. Wieder einmal stelle ich fest, daß es weit und breit keinen einheitlichen ethnischen Typus gibt. Da fällt mir ein blonder Jüngling mit blauen Augen auf neben einem dunkelhäutigen, schwarzhaarigen Hünen, der unmittelbar vom Altai-Gebirge heruntergestiegen sein könnte. Auch in der Statur unterscheiden sie sich gründlich. Schmalbrüstige Stubenhocker kontrastieren mit jovialen Riesen, die mit kolossalen Gliedmaßen ausgestattet sind. Natürlich ist keine einzige Frau anwesend. An der weißgetünchten Wand hängt als einzige Dekoration das Bildnis Atatürks.

Der Bürgermeister wird mit einem spontanen Ausbruch von Freude und Sympathie begrüßt. Der kräftige Turkmene Belgin umarmt und küßt die Alten, stellt mich gewissermaßen als Ehrengast vor und vertieft sich sofort mit den Verantwortlichen dieser Gruppe in eine Diskussion über die Wasser- und Elektrizitätsversorgung, über Entschädigungen, die an jene Mitbürger gezahlt werden müssen, deren Häuser im Zuge der urbanistischen Sanierung abgerissen wurden. Die Freundschaftsszenen sind echt. Sehr bald werde ich in Einzelgespräche verwickelt. Ein würdiger Alter mit schlohweißem Bart bestätigt die ganz ungewöhnliche Popularität Doktor Belgins. »Wir haben früher niemals für die Refah-, für die sunnitische Wohlfahrtspartei, gestimmt«, sagt er, »aber bei diesem Bürgermeister ist das anders. Er macht keinen Unterschied zwischen den Bekenntnissen und ist ein unermüdlicher Wohltäter unserer Stadt. Er ist der Beste. Wir hoffen inständig, daß er uns erhalten bleibt und nicht als Abgeordneter nach Ankara geht.« Ahmet Belgin strahlt über das ganze Gesicht und genießt die Stunde. Während er palavert, bildet sich ein kleiner Kreis von jüngeren Leuten, die mich neugierig mustern. Ein etwa dreißigjähriger Mann hat etwa zwei Jahre in Mainz gearbeitet, aber seine Deutschkenntnisse sind rudimentär. Mir ist ein Ehrenplatz zugewiesen worden. Als Wortführer tut sich ein aufgeweckter, junger Brillenträger in buntkariertem Hemd hervor, der sich als Journalist bezeichnet.

Vorsichtig tastend versuche ich mich der Aleviten-Gemeinschaft zu nähern, deren bizarre Glaubenswelt mich seit langem fasziniert. Bis in die jüngste Vergangenheit wurde diese Lehre allen Außenstehenden gegenüber aufs strengste verheimlicht. Wenn jemand die Kunst der »Taqiya« – der religiösen Verstellung und Täuschung – beherrschte, dann die Jünger des hochverehrten Mystikers Haci Bektaş-i-Veli (auf deutsch: Hadschi Bektasch), die unter den osmanischen Herrschern immer wieder der Verfolgung anheimfielen. Um Vertrauen zu schaffen, berichte ich, daß ich ein paar Wochen zuvor bei meiner Reise nach Kappadozien zum Grab des Haci Bektaş gepilgert bin. Eine ganze Ortschaft zwischen Kirşehir und Kayseri ist dort nach diesem heiligen Mann, nach diesem »Pir«, benannt. Ich erwähne auch, daß ich bei einem Besuch Albaniens im Jahr 1994 auf Spuren von Bektaschi-Frömmigkeit gestoßen bin, die die Gottlosenherrschaft des kommunistischen Diktators Enver Hodscha mühselig überdauert hatten.

Da lösen sich plötzlich die Zungen. Ihre Glaubensbrüder im fernen Balkanland Albanien seien dabei, sich neu zusammenzuschließen und die alten Kultformen wiederaufleben zu lassen, bestätigt der »Journalist«. 68 Prozent der Bevölkerung hätten dort einst dem Derwisch-Orden der Bektaschi angehört, der im alevitischen Glauben wurzelt. Ich frage die Runde nach dem Schicksal ihrer Glaubensbrüder in ihrer früheren Zentralregion von Ost-Anatolien. Aber da breitet sich Trauer aus. Ein ernst blickender Lehrer erinnert daran, daß der alevitische Glaube im fünfzehnten Jahrhundert im Begriff stand, sich über ganz Anatolien auszubreiten. Aber Sultan Selim der Grausame habe diese Entwicklung im Blut erstickt. Zahllose Aleviten seien der Vernichtungsstrategie der Sunniten zum Opfer gefallen. Heute stellten sie unter den Kurden Anatoliens – mit Ausnahme der Provinz Tunceli, wo sie besonders stark vertreten seien – nur noch eine Minderheit dar. Der Schwerpunkt der alevitischen Siedlungsgebiete habe sich längst in das Dreieck Sivas, Maraş und Malatya verlagert, doch sie hätten sich auch in der westlichen Türkei, vor allem in Istanbul, ausgebreitet. Da konnte ich mich darauf berufen, an einer Kultzeremonie, einem »Cem«, von Aleviten auf dem asiatischen Ufer der Bosporus-Metropole teilgenommen und an der Seite des dort amtierenden »Dede«, eines erblichen Priesters, gesessen zu haben.

»Befindet sich unter Ihnen ein Dede?« frage ich frei heraus. Ein stiller Zuhörer mit grauen Augen und Christusbart meldet sich zu Wort: »Mein Vater ist Dede.« Offenbar habe ich die Zuneigung der Gemeinde gewonnen, aber das Gespräch kann nicht vertieft werden. Ahmet Belgin hat es eilig. Ich werde von den älteren Aleviten brüderlich umarmt. Der Sohn des Dede verneigt sich und führt nach Landessitte meine Hand an Mund und Stirn. Solange sie uns sehen, winken die Ali-Verehrer von Diyarbakir dem schwarzen Mercedes nach. Ich beglückwünsche den Bürgermeister zu der vertrauensvollen Atmosphäre, die er als sunnitischer Islamist bei diesen esoterischen Außenseitern gefunden habe. Belgin ist Komplimente gewohnt und winkt gönnerhaft ab. Da mischt sich Saadet ein: »Eines müssen Sie wissen, und ich bestätige das als sunnitischer Rechtgläubiger der schafeitischen Rechtsschule: Atatürk hätte seine laizistische Ideologie, seine radikale Abkehr vom sunnitisch geprägten Gottesstaat niemals durchsetzen können, wenn er sich nicht auf diese weitverbreitete Sekte von ›Ketzern‹ hätte stützen können. Bis auf den heutigen Tag fürchten die Aleviten nichts so sehr wie einen Rückfall in die koranische Glaubensstrenge der Ulama und der sogenannten Fundamentalisten. Die säkulare Republik findet bei ihnen weiterhin eine unentbehrliche Stütze.«

An dieser Stelle will ich zu einem Rückblick ausholen.

# Der Fluch der »Rotköpfe«

*Haci Bektaş, im Juli 1998*

Für die unergründlichen Mysterien des Orients ist dies eine recht banale, enttäuschende Heimstätte. Das Städtchen Haci Bektaş mag etwa 10 000 Einwohner zählen. Ringsum dehnt sich die anatolische Hochebene, deren perfekt bestellte, endlose Ackerflächen sind mit Weizen, Baumwolle und Kartoffeln bepflanzt und werden durch modernste Sprinkleranlagen gewässert. Die Ortschaft Haci Bektaş ist noch nicht von jener Bauwut erfaßt, die die ganze Türkei mit immer neuen Wohnblocks heimsucht. Die flachen, schmucklosen Häuser ducken sich unter Pappeln und Obstbäumen. Eine Vielzahl von Devotionalienständen und Keramikläden voll religiösen Kitsches umringten das Derwisch-Kloster und die Grabstätte jenes Haci Bektaş-i-Veli, der im dreizehnten Jahrhundert an dieser Stelle seine Lehre verbreitete und heute noch als Künder einer sehr persönlichen Interpretation des Islam verehrt wird. Im August jeden Jahres, zum Gedenktag dieses heiligen Mannes, dieses Pir, soll sich eine halbe Million Pilger rund um die Tekke versammeln. Omar, mein türkischer Fahrer aus Ankara, ist kemalistisch erzogener Sunnit – das ist keine »contradictio in adiecto«, wie ich inzwischen in Erfahrung brachte –, und er hält nicht viel von der religiösen Schwärmerei der Aleviten. Er hatte mit Verwunderung vernommen, daß ich ausgerechnet den Wallfahrtsort dieser ketzerischen Sekte besuchen wollte, die er immer noch mit dem verächtlichen Wort Kizilbaş, das heißt Rotköpfe, bezeichnet. Der Ausdruck geht auf den erbarmungslosen Krieg zurück, den Sultan Selim I. im frühen sechzehnten Jahrhundert gegen den ersten schiitischen Schah der persischen Safawiden-Dynastie in Ost-Anatolien und West-Aserbaidschan austrug. Die türkischen und kurdischen Parteigänger des Schah Ismail hatten rote Kappen getragen, die mit zwölf Zipfeln – einen für jeden Imam der schiitischen Lehre – geschmückt waren. Heute verbinden sich mit dem Schimpfwort Kizilbaş ganz andere Vorstellungen. Die alevitischen Nachkommen, die sehr oft noch im Stammesleben verhafteten Aufrührer gegen den Sultan und Kalifen, wurden von den sunnitischen Osmanen nicht nur als Abtrünnige vom koranischen Glauben, sondern als heidnische Lüstlinge diffamiert, die sich bei ihren religiösen Feiern ausschweifenden Orgien hingaben und in nächtlicher Dunkelheit die Blutschande wie ein Ritual praktizierten. Ich habe den Chauffeur Omar im Verdacht, daß er diesen groben Verleumdungen weiterhin Glauben schenkt.

Vor meiner Wallfahrt nach Haci Bektaş, das etwa 200 Kilometer südöstlich von Ankara gelegen ist und früher noch Sulucakarahöyük hieß, hatte ich versucht, mich über die Aleviten-Bewegung und deren eminent politische Bedeutung kundig zu machen. Am Anfang stand der Mystiker Haci Bectaş-i-Veli, der, wie so viele Prediger esoterischer Abweichungen vom wahren Islam, aus Zentralasien, aus dem persischen Städtchen Nisapur, stammte. Es lohnt sich, den Text der kleinen, bebilderten Broschüre über diesen alevitischen Patriarchen im Wortlaut zu zitieren, die mit Billigung der kemalistischen Behörden seit 1997 an ausländische Touristen in englischer, französischer, niederländischer und deutscher Sprache verteilt wird:

»Der bedeutende türkisch-muslimische Sufi-Denker Haci Bektaş-i-Veli wurde um das Jahr 1248 in Chorassan geboren. Gemäß zuverlässigen historischen Quellen starb er 1337. Er studierte die Wissenschaften seiner Zeit, Philosophie, Physik, Literatur sowie weitere Wissenschaften im Kontext des Ordens von Hodscha Ahmed Yassavi. Haci Bektaş-i-Veli bereiste den Mittleren Osten, bevor er nach Anatolien kam, wo er sich in Sulucakarahöyük (Haci Bektaş) niederließ. Dort entwickelte er sein Gedankensystem. Er begann zu lehren und diejenigen, die seine Schüler wurden, zu führen. Der Humanismus bildet die Grundlage seines Lehrens. Es ist die Lehre von der Nächstenliebe, die kein Unterscheiden von Menschen aufgrund ihrer Rasse, Hautfarbe, Sprache oder Religion zuläßt. Die folgenden Worte von Haci Bektaş-i-Veli sind beispielhafte Belege für den Wesensgehalt seines Gedankensystems: ›Was immer Du suchen magst, suche es in Dir selbst!‹ – ›Vergiß niemals, daß auch Dein Feind ein menschliches Wesen ist!‹ – ›Verletze niemals andere, auch dann nicht, wenn Du verletzt wurdest!‹ – ›Beschuldige und tadle weder Menschen noch Staaten!‹ – ›Bildet alle Frauen aus!‹ – ›Ein Weg, der sich nicht an den Wissenschaften orientiert, führt in die Dunkelheit!‹

Diese Worte, die so vollendet Haci Bektaş-i-Velis Gedanken widerspiegeln, gründen auf der Basis der Menschenrechte. Sein Gedankensystem stützt sich auf Vernunft, Wissen, Liebe, Achtung und Menschenrechte. Es ist erkennbar, daß sich sogar die ›Revolution der anatolischen Erleuchtung‹ von Kemal Atatürk zu Beginn dieses Jahrhunderts von einigen Gedanken Haci Bektaş-i-Velis inspirieren ließ, die in das dreizehnte Jahrhundert zurückdatieren. Die Eckpfeiler von Haci Bektaş-i-Velis Gedanken sind: Wissenschaft, Toleranz und Nächstenliebe, sie genießen weltweit Anerkennung und sind heute mehr denn je für die Menschheit von entscheidender Bedeutung.«

Man bemerke vor allem den krampfhaften Bezug, den der Verfasser, der zweifellos im türkischen Informationsministerium beheimatet war, zwischen den moralischen Postulaten dieses islamischen Gnostikers und den aufklärerischen Zielsetzungen Atatürks herzustellen sucht. Das ehemalige Konvent des Bektaschi-Ordens ist liebevoll und sachkundig restauriert worden. Die Grabstätte des Gründers wird von einer armenisch anmutenden Turmspitze gekrönt. Über den Sarkophag ist grünes Tuch gespannt und eine gestickte Beschriftung, an der auch der rigoroseste Moslem keinen Anstoß nehmen kann: »Es gibt keinen Gott außer Gott, und Mohammed ist sein Prophet«, lautet der Text der Schahada. Da die Aleviten – in weit stärkerem Maße noch als die Schiiten Irans und Mesopotamiens – zur Verheimlichung und Verleugnung ihrer intimsten Überzeugungen gezwungen und angehalten waren, besitzt diese oberflächliche Anpassung an die koranische Orthodoxie nur begrenzte Aussagekraft. Der greise Türöffner und Wachmann der »Tekke« belehrt die besuchenden Frauen, daß sie sich auch ohne Anlegen eines Kopftuches den Gebeinen des Heiligen nähern dürfen. Die Wände der Gruft sind mit Blumenmotiven bemalt, die mir sehr zentralasiatisch vorkommen. Inmitten des Gartens mit den typisch osmanischen Grabstelen frommer Männer entdecke ich einen weit ausladenden Maulbeerbaum, an dem Stoffetzen und bunte Wollfäden als Votivgaben befestigt wurden. Damit soll wohl der göttliche Segen herniedergerufen oder ein Gelübde eingelöst werden. Die Frauen versprechen sich davon Fruchtbarkeit und Kindersegen. »Das sind Überreste von heidnischem Schamanismus«, entrüstet sich der Fahrer Omar.

Der Kern des Klosters ist im Seldschuken-Stil gebaut. Der Zeremoniensaal, wo die Bektaschi-Derwische in mystischen Dhikr-Übungen Erbauung und ekstatische Verzückung suchten, ist jüngeren Datums. Der zentrale Rundbau ist bezeichnenderweise mit den Namen der zwölf schiitischen Imame dekoriert, und auf Schritt und Tritt begegne ich der Darstellung des Schwiegersohns und Vetters des Propheten, Ali Ibn Abi Talib. Das Porträt ist mir aus Persien wohlbekannt. Der vierte Kalif der Sunna und Erste Imam des schiitischen Glaubenszweiges hat ein grünes Kopftuch um den schönen, orientalischen Kopf gewunden. Der in sich gekehrte, verklärte Blick, den ich häufig bei engagierten Islamisten unserer Tage wiederfinden sollte, übt angeblich eine hypnotische Wirkung aus. Auch über den Ersten Imam der Schiiten äußert sich Omar mit lästerlicher Kritik. In Wirklichkeit sei Ali, der die Hauptverantwortung für die Spaltung des Islam in Sunna und Schia trage, ein kleiner, dicklicher und häßlicher Mann gewesen, dessen Gesicht zu allem Überfluß durch Pockennarben entstellt war.

Der Museumswächter führt uns zu den Zellen der Derwische, die einem strengen Zölibat unterworfen waren. Er steht wohl selbst im Bann dieses seltsamen Männerordens, denn er erklärt uns spontan die vier Tore der Erkenntnis, die Haci Bektaş-i-Veli in einem »Makalat« genannten Buch seinen Jüngern erschließt. In einer ersten Phase soll der Derwisch das Gute vom Bösen unterscheiden lernen. Die zweite ist dem unablässigen Gebet gewidmet. Jenseits der dritten Schwelle erkennt der Novize allmählich das Wesen der göttlichen Liebe, der »Mahabba«, und am Ende steht die höchste Stufe der Erleuchtung, das Bewußtsein der permanenten göttlichen Gegenwart, die Hingabe in verzückter Selbstauflösung.

Die unmittelbare Nachbarschaft der byzantinisch-christlichen Felsenklöster Kappadoziens dürfte die theologischen Exerzitien des Bektaschi-Ordens beeinflußt haben, wie überhaupt alle Forscher, die sich mit der alevitischen Sekte beschäftigten, auf deren synkretistischen Charakter verweisen. Aus Zentralasien hatten die über Anatolien hinwegstürmenden Stämme und Horden der turanischen Invasionswellen ihre tiefverwurzelten schamanistischen Bräuche mitgebracht. Wesentliche Elemente dieser Naturreligion hatten sich mit der koranischen Lehre, die die Steppenreiter bereitwillig übernahmen, in eigenartigen Mischformen assoziiert. Eine Einschmelzung christlichen Glaubensgutes vollzog sich in den Jahrhunderten blutiger Konfrontation, ständiger »Partisanenkämpfe«, wie wir heute sagen würden, und zügelloser Beutezüge, die in West-Anatolien, im Raum zwischen Konya und Bursa, ausgetragen wurden. Dort stießen die seldschukischen, dann osmanischen Eindringlinge auf die Garnisonen des Oströmischen Reiches und der byzantinischen Orthodoxie. Zwischen den Kämpfern sei es immer wieder zu einer Art spiritueller Osmose gekommen. Wie dem auch sei, die christlichen Bestandteile der heutigen Aleviten-Mystik sind unbestritten, auch wenn ihre Anlehnung an die religiösen Vorstellungen der Zwölfer-Schia weit mehr ins Auge fallen, die sich bereits im sechzehnten Jahrhundert laut gebieterischem Erlaß des Safawiden-Schahs Ismail I. zur tragenden Staatsdoktrin Persiens entfaltet hatten und seit der Revolution des Ayatollah Khomeini wieder die Grundprinzipien der Islamischen Republik Iran bestimmen.

Die Bektaschi-Derwische, so erklärt unser bärtiger Fremdenführer, der sich mehr und mehr als frommer Alevit zu erkennen gibt, versenkten sich bei ihren geistlichen Übungen in die Verherrlichung der allumfassenden göttlichen Liebe gemäß der Vorschrift ihres großen Vorbildes. Darin standen sie der Mevlana-Gemeinschaft der tanzenden Derwische von Konya sehr nahe. Die Grundlehre des Haci Bektaş-i-Veli war durchaus vereinbar mit den im Westen so hochgeschätzten Meditationen des großen Sufi-Meisters Dschallaluddin-er-Rumi, der – ebenfalls aus Persien stammend – in Konya seine zentrale Wohnstätte aufgeschlagen hatte. Die Grabstätte Rumis – im reinsten seldschukischen Stil ausgeführt – wird jedes Jahr von etwa einer Million Muriden seiner Tarikat verehrt.

Sobald man sich unter das einfache Volk mischt, stößt man in der heutigen Türkei sehr schnell an die Grenzen der laizistischen Indoktrinierung. Wir werden uns in diesem Buch wieder und wieder mit dem ungebrochenen politischen wie religiösen Einfluß der Tarikat – das Wort stammt aus dem Arabischen und bedeutet soviel wie »Weg« – befassen müssen. Eines sei vorweggenommen: In der westlichen Öffentlichkeit und bei allzu vielen schwärmerisch veranlagten Orient-Freunden hat sich die Vorstellung verbreitet, die ursprünglich in weiße Wollgewänder gekleideten »Sufi« oder Mystiker des Islam hätten sich ausschließlich einer friedfertigen, alles duldenden, alles verzeihenden Gottesruhe verschrieben, wie man das den Schriften ihrer geistlichen Inspiratoren entnehmen könnte. Tatsächlich strebten die Muriden, die »willigen« Anhänger dieser Männerorden, nach persönlichem Seelenfrieden und der Versenkung in ihren Schöpfer gemäß dem Koranvers: Diejenigen, die glauben, deren Herzen ruhen in der Anrufung Gottes, wahrlich in der Anrufung Gottes ruhen die Herzen – »a la bidhikr Illah tatma'innu el qulub«.

Aber diese totale Ergebung in den höchsten Willen verlieh den frommen Derwischen über die individuelle Erbauung hinaus die unbändige Kraft, unter Mißachtung des eigenen Lebens »auf dem Wege Allahs zu streiten, zu töten und getötet zu werden«, wie der Prophet von Mekka gelehrt hatte, und somit des Paradieses teilhaftig zu werden. Diese zutiefst kriegerische Ausrichtung fast sämtlicher Tarikat ist von den wenigsten erkannt worden. Der religiöse Quietismus wurde in naiver Ausrichtung auf moderne Wunschvorstellungen mit Pazifismus gleichgesetzt. So trugen schon zur Zeit der türkischen Seldschuken-Herrscher die Bektaschi-Derwische unter Führung ihrer jeweiligen »Gazi« den Heiligen Krieg weit in das Hinterland der christlichen Ungläubigen. Die ob ihrer Sanftmut im Westen gepriesene Sufi-Gemeinde der Mevlevi zählte die unerbittlichsten Eroberergestalten des osmanischen Islam zu ihren Jüngern und Förderern. Sowohl Mehmet Fatih, der Bezwinger Konstantinopels, als auch Süleyman der Prächtige, dessen Heere vor Wien kampierten, sogar Selim der Grausame, der nach beispiellosen Siegeszügen den Kalifen-Titel usurpierte, waren Verehrer Dschallaluddin-er-Rumis, des Verheißers kosmischer Liebe, des Dichters selbstloser »Mahabba«, und die wenigsten wissen, daß noch zu Beginn des Ersten Weltkrieges die tanzenden Derwische der Mevlana sich zu einer Elitetruppe formierten, um die Briten vom Suez-Kanal zu vertreiben.

Das aufgeklärte, säkularisierte Abendland leidet an kurzem Gedächtnis. Sonst wäre auch den Europäern bewußt, daß es zu den Derwischen des Orients wie auch zu den streitbaren »Marabus« des Maghreb eine christliche Parallele gibt. Spätestens nach der Schändung des Heiligen Grabes durch den Fatimiden-Kalifen Hakim-bi-Amrillah und dem Aufruf Papst Urbans I. zum Ersten Kreuzzug sammelte sich die abendländische Ritterschaft in den mönchischen Kriegerorden der Johanniter, der Templer, der Deutsch-Ritter. Mit dem Ruf »Deus vult« – Gott will es – waren sie im Verbund mit buntgeschecktem Kriegsvolk aufgebrochen, um das Heilige Land dem Zugriff der Mohammedaner, der »mécréants«, zu entreißen. Die mönchischen Schwertträger huldigten ebenfalls einer friedenspendenden Botschaft und der obersten christlichen Tugend der Nächstenliebe, was sie nicht hinderte, mit mörderischer Inbrunst auf die vermeintlichen Feinde Gottes, die teuflischen Gefährten des trügerischen Zauberers Mohammed, einzuschlagen. Hatten nicht auch die Kreuzritter – fast wortgleich zum oben zitierten Koranvers – die Mahnung des nordafrikanischen Kirchenvaters Augustinus beherzigt: »Inquietum cor nostrum donec requiescat in te, Domine« – Unruhig ist unser Herz, bis es ruhet in Dir, o Herr! – Hatten nicht auch sie die himmlische Gnade verspürt und im Zeichen des Kreuzes den Tod und die Mühsal des »bellum iustum« – des gerechten Krieges – freudig auf sich genommen?

Was für die Wiederbelebung der seit 1925 offiziell verbotenen Tarikat der post-kemalistischen Türkei gilt, trifft auch auf Zentralasien und den Kaukasus zu. Dort haben seit dem Zusammenbruch der Sowjetunion die Bruderschaften der Qadiriya und der Naqschbandiya in Tschetschenien und Tadschikistan bereits ihre kriegerische Bewährung bestanden. In Kappadozien, in der Tekke des heiligen Haci Bektaş, geben sich die Sekte der Aleviten einerseits, der Derwisch-Orden der Bektaschi andererseits gewissermaßen als die beiden Seiten einer gleichen Münze zu erkennen.

Eine andere Kuriosität stimmt mich nachdenklich bei meinem Aufenthalt im Wallfahrtsort Haci Bektaş. Da nimmt gleich neben dem Löwenbrunnen, den Gästeräumen und einer erst 1834 erbauten Moschee die Kücheneinrichtung, der Speisesaal, einen überdimensionalen Raum ein. Im Mittelpunkt – fast wie ein Kultgegenstand überhöht – ruht ein schwarzer Kessel an schweren Ketten. Mit diesem Kessel hat es eine besondere Bewandtnis. Für die Derwische, die Bedürftigen, für alle Durchreisenden wurde darin das Essen zubereitet. Aber dieser riesige schwarze Topf, auf türkisch »Karakazan«, galt auch als kriegerisch-religiöses Machtsymbol der Elitetruppe des Osmanischen Reiches, der gefürchteten und berüchtigten Janitscharen. Die Ernährung, das kulinarische Wohlbefinden dieser Armee von geraubten Christenkindern mußte wohl im Garnisonsdasein und auf den Feldzügen eine entscheidende Rolle gespielt haben, waren doch unter dem Oberkommandeur, dem Qadi-el-Askari, die höchsten Offiziersränge als »Oberster Suppenkoch« oder als »Kücheneinnehmer« tituliert und mit einem Schöpflöffel als Rang ausgezeichnet. Mit dem Karakazan im Zentrum ihrer militärischen Formation marschierten die »Yeniçeri«, die »neuen Soldaten«, wie sie schon zu Zeiten Murats I. hießen, gegen den Feind, und ähnlich paradierten sie in den folgenden Jahrhunderten vor ihrem Padischah in Istanbul. Wenn hingegen der große schwarze Kessel gewalttätig umgestülpt wurde, dann war das ein Signal zur Revolte, dann verwandelten sich die Janitscharen in meuternde Berserker, und das Überleben des Sultans hing buchstäblich nur noch an einem seidenen Faden.

Zu den widersprüchlichsten Eigenschaften des osmanischen Herrschaftssystems zählt die Tatsache, daß die geistliche Ausbildung und Anleitung der Janitscharen – angefangen mit der koranwidrigen Zwangsbekehrung der Christenknaben, die im Zuge der Devşirme in den Raya-Dörfern des Balkans und Anatoliens zusammengetrieben wurden – den Derwischen des Bektaschi-Ordens anvertraut war. Der Sultan, später auch Kalif von Istanbul, dieser Garant sunnitischer Rechtgläubigkeit, der sich oft genug durch die Unterdrückung jeder theologischen Abweichung, vor allem schiitischer Inspiration, hervortat, griff also auf die »Mönche« einer zutiefst ketzerischen Sekte, auf eine im Irrglauben der Aleviten wurzelnde Bruderschaft zurück, um die unbezwingbare Infanterie des osmanischen Imperiums religiös zu inspirieren, über das Zölibat der kasernierten Soldaten zu wachen und ihnen Unterwürfigkeit vor dem Padischah-i-Islam einzuimpfen. Die Ausrichtung auf diese Derwische ging so weit, daß die Janitscharen weithin sichtbare hohe Mützen aus weißer Wolle trugen, die der Kopfbedeckung der Sufi entsprachen und – zum Schutz gegen Säbel- und Keulenhiebe – mit Sägemehl ausgefüllt waren.

Ein Historiker der Bosporus-Universität von Istanbul hatte mir einmal versichert, daß diese seltsame Allianz zwischen dem höchsten muslimischen Herrscher und den in häretischer Abweichung von der Sunna gedrillten Janitscharen dazu dienen sollte, die Verfügungstruppen gegen jede theologische Einflußnahme der offiziellen Korangelehrten und vor allem der höchsten sunnitischen Autorität des »Scheikh-ul-Islam« abzuschirmen, zumal letzterer gelegentlich der Allmacht des Sultans mit der kategorischen Weigerung »olmaz« – es ist laut Koran nicht erlaubt – in den Arm fallen konnte. Darüber hinaus beabsichtigte wohl auch das Serail, mit Hilfe dieser in türkischer Umgebung entwurzelten, allein auf den Sultan eingeschworenen Mannschaft von Fremdkriegern und ehemaligen Christen den endlosen Klan- und Stammesverschwörungen turanischer Feudalcliquen den Boden zu entziehen.

So viel sei vorweggenommen, der Niedergang der Pforte vollzog sich parallel zur Verwilderung und Anmaßung, zu den exorbitanten Sold-Ansprüchen der Janitscharen. Diese ursprünglich dem Sultan blindlings ergebene Garde verwandelte sich in einen unberechenbaren Haufen von Rabauken und Plünderern. Die Verwilderung der Janitscharen war zugleich Folgeerscheinung und Beschleunigungsfaktor des Reichszerfalls. Ihr Willkür- und Schreckensregiment am »Goldenen Horn« dauerte bis zum Jahr 1826, als Sultan Mahmut II. endlich mit Hilfe der modernisierten Regimenter des »Yeni Nizam« das Gros seiner früheren Militär-Elite unter dem Vorwand von Solderhöhungen zum Hippodrom von Istanbul lockte und sie dort erbarmungslos zusammenkartätschen und massakrieren ließ. So lange liegt dieses blutrünstige Spektakel ja gar nicht zurück. Kein Geringerer als der junge Hauptmann von Moltke berichtet noch von dieser Bluttat, von diesem barbarischen Untergang:

»... Am Mittag des 14. Juni 1826 hörte man in Pera den Donner der Kanonen von Konstantinopel herüberschallen und die nächste Nachricht war schon, daß die türkischen Strelitzen (so hießen die Gardetruppen des Zaren bis zur Zeit Peters des Großen), die Prätorianer des Islam, nicht mehr existierten. Gestützt auf die unter allerlei Namen und Verkappungen gebildeten regulären Truppen und ganz besonders auf einen großen Teil der türkischen Bewohner der Hauptstadt selbst, ausgerüstet mit dem Heiligen Banner des Propheten und einer Verdammungs-Fetwa des Scheich ül-Islam trat der Großherr aus dem Seraj hervor; Hussein-Paschah, der Janitscharen-Aga, war das tätigste Werkzeug ihrer Vertilgung. Aber während man die Kaserne auf dem Atmeidan frontal mit Kanonen beschoß, ließ man die Türen der Rückseite zur Flucht offen, und obwohl Ströme von Blut innerhalb der alten Mauern von Rumeli-Hissar und an vielen anderen Punkten des Reiches flossen, war man froh, die Kinder Hadschi-Becktaschs nicht zu sehen, welche sich verbergen wollten; denn die Janitscharen, die 199 Orta oder Bataillone zählten, bildeten den streitbarsten Teil des osmanischen Volkes selbst. Nur die am höchsten Stehenden, die Gefährlichsten und Trotzigsten wurden mit schonungsloser Strenge geopfert, so die berüchtigte Otuz-bir oder 31. Orta, welche in den europäischen Dörfern am Bosporus hauste, bis auf den letzten Mann vertilgt. Die bei weitem größere Menge der Janitscharen blieb im Land verborgen, und noch heute siehst du in allen Provinzen des Reiches alte, kräftige Gestalten, denen das Abzeichen ihrer Orta auf dem rechten Arm mit unverlöschlichen blauen Zügen eingeätzt ist ...«

Es gibt wohl wirklich nichts Neues unter der Sonne. Der spätere Sieger von Sedan hätte sich schwerlich vorstellen können, daß Heinrich Himmler im Zweiten Weltkrieg der Prätorianergarde des Dritten Reiches, den Soldaten der Waffen-SS, ein ähnlich untilgbares Zeichen, die jeweilige Blutgruppe, in die Achselhöhle tätowieren würde, um sie als treue Anhänger des NS-Regimes zu stigmatisieren und bis zur Verzweiflung kämpfen zu lassen.

Bevor wir unseren Rundgang im Kloster des heiligen Haci Bektaş-i-Veli beenden und ich den Museumswärter mit einem Bakschisch belohne, führt er mich pflichtbewußt in einen abgesonderten Raum – Atatürk-Ecke genannt –, wo der Gründer der kemalistischen Republik genächtigt hatte. Ein mächtiges Gemälde des Gazi, wie Atatürk sich unter Berufung auf die früheren osmanischen Kämpfer des Islam nennen ließ, bedeckt die halbe Wand. »Der kurze Aufenthalt Mustafa Kemal Paschas, wie er damals noch hieß, schloß sich unmittelbar an den Kongreß von Sivas an, wo die Wiedergeburt der großen türkischen Nation proklamiert wurde«, erklärt der Alte. Daß diese historische Wende ausgerechnet in jener zentralanatolischen Stadt Sivas stattfand, die als Kernpunkt des alevitischen Siedlungsgebietes gilt, mag purer Zufall gewesen sein. Eine gewisse symbolische Bedeutung kann man diesem Umstand dennoch nicht absprechen. Auf drei Säulen ruhe die Erweckungsbewegung der Aleviten, die sich mehr und mehr in den Vordergrund der türkischen Aktualität drängt, so sagen manche Experten: Auf Ali, der fast wie ein Gott verehrt wird, auf Haci Bektaş, der am Anfang der mystischen Inspiration steht, und auf Mustafa Kemal Pascha, genannt Atatürk, der diesen verfemten Außenseitern das Tor zum gesellschaftlichen Aufstieg, zur politischen Einflußnahme öffnete. Heute passiert es immer öfter, daß im Gespräch mit hohen staatlichen Würdenträgern oder Militärs der türkischen Republik die Frage auftaucht, ob man es bei diesen qualifizierten und ausgewogenen Männern nicht in Wirklichkeit mit Angehörigen der alevitischen Glaubensgemeinde zu tun hat, die mit Hilfe der Taqiya ihre religiöse Zugehörigkeit tunlichst verschweigen.

Vor der Weiterreise zu der versunkenen Ikonenwelt der Felsenklöster Kappadoziens bin ich durch die schäbigen Devotionalienläden gestreift. Ich finde eine Anhäufung von Geschmacklosigkeit, wie sie mir aus christlichen Wallfahrtsorten leider wohlbekannt ist. Alles beherrschend ist das vertraute Antlitz Alis, das in allen möglichen Ausführungen, auf Teppichen, Keramiken, Kupferschalen, aber stets nach dem gleichen Vorbild ausgeführt ist. Das Denkmal des Haci Bektaş-i-Veli, das einen kleinen Platz neben der Tekke ziert, ist in grobem Formguß als Miniatur nachgeahmt. Zwar sitzt dort dem frommen Sufi eine Friedenstaube zu Füßen, aber sein rechter Arm ist zur herrischen Geste ausgestreckt. Seine Kopfbedeckung gleicht einer christlichen Bischofsmütze oder dem weißen Filzhelm der Janitscharen. Am Ende erstehe ich einen Teller mit der Abbildung des Gründungsvaters, auf dem er gütig lächelnd sinniert. Der Händler und sein Bruder haben mich aufmerksam gemustert, während ich in ihren diversen Angeboten kramte. Beim Zahlen der bescheidenen Summe stellt er mir die verblüffende Frage: »Bist du auch ein Bektaschi?«

## Haci Bektaş am Bosporus

*Istanbul, im März 1997*

Ein kalter Wind wehte vom Schwarzen Meer über den Bosporus. Das asiatische Ufer von Üsküdar erstickte im Verkehr, und am Ende peitschte der Regen so heftig gegen die Autoscheiben, daß die dichtgedrängten Menschen, die häßlichen Fassaden der Häuser nur wie Schemen vorbeihuschten. Es war später Nachmittag, aber schon waren die meisten Geschäfte und Wohnungen erleuchtet. Im Innern des Sakralgebäudes, »Cem Evi« genannt, wo wir nach Passieren einer massiven Pforte und eines steinernen Innenhofes Platz nahmen, war es kühl und klamm. Der »Cem«, so heißt das nächtliche Ritual der Aleviten, spielte sich im hochgewölbten Festsaal der Stiftung »Şahkulu Sultan Külliyesi« ab. Wir befanden uns im Ost-Istanbuler Stadtviertel Gaziosmanpaşa. Die Gebetshalle mutete wie eine hohe Nomaden-Jurte an. Erinnert nicht auch der osmanische Palastkomplex von Topkapi über dem Goldenen Horn an ein zu Stein erstarrtes Zeltlager, ein instinktives Verharren der osmanischen Herrscher in den überlieferten, fernen Lebensgewohnheiten der Steppe?
Der Gebetsraum war in weißen und roten Grundtönen gefärbt, mit

Blumenmotiven geschmückt und in zwölf Nischen unterteilt, über denen man die Namen der zwölf schiitischen Imame lesen konnte. Es handelte sich nicht um eine Moschee, denn es war weder ein »Mihrab« vorhanden, der die Gebetsrichtung nach Mekka angibt, noch ein »Minbar«, jene kanzelähnliche Treppe, die am Freitag dem Prediger, dem »Khatib«, vorbehalten ist. Vor Beginn der eigentlichen Feier waren wir in einem benachbarten klösterlichen Refektorium zum Abendmahl aus Fleisch, Reis, Brot und Joghurt gebeten worden. Dazu wurde Tee getrunken. Angeblich knüpfte dieser Brauch an die christliche Kommunion an, wie mir ein Eingeweihter versicherte.

Als Wortführer trat ein junger blonder Mann in Erscheinung, sehr europäisch wirkend und des Englischen mächtig, der sich im Laufe des Abends unter dem Namen Ali Yaman als Sohn eines Dede, eines alevitischen Priesters, zu erkennen gab. An der Wand des Speiseraums hing die mir aus einem albanischen Bektaschi-Kloster vertraute Abbildung der Heiligen Familie: Mohammed, Ali, Fatima, Hassan und Hussein. Einen besonderen Platz nahm der Kopf des Hadschi Bektasch ein, der hier – ähnlich wie Ali – mit grünem Turban dargestellt war. In dem weiten Gebetsrondell mochten knapp hundert Menschen versammelt sein. Die meisten gläubigen Aleviten kauerten auf bunten Kissen. Es waren Menschen der verschiedensten Gesellschaftskreise, wie man ihrer Kleidung und ihren Gesichtszügen entnahm. Die Frauen hockten scheinbar gleichberechtigt neben den Männern. Viele trugen nicht einmal ein Kopftuch. Einige waren festlich, fast elegant gekleidet. Für die Honoratioren war eine mit rotem Samt bezogene Ehrenbank ausgerichtet. Ich wurde aufgefordert, neben einem unscheinbaren kleinen Mann – etwa sechzig Jahre alt – Platz zu nehmen, der mich kurz und freundlich begrüßte und als Kultmeister hohe Autorität zu genießen schien. Sein Teint über dem schwarzen Schnurrbart war dunkel und bäuerlich. Er saß regungslos in seinem schwarzen Mantel und nahm die Schirmkappe nicht vom Kopf. Ich beobachtete den Dede, der – wie ich nunmehr wußte – dem erblichen Priesterstand der Aleviten angehörte, nachdem er die Zeremonie mit dem kurzen »Gülbank« einleitete, einer Rezitation in kurdisch-iranischem Idiom. Erst nach geraumer Zeit begann der »Schamane«, sich zum Rhythmus der Gesänge leise zu wiegen und mit den Fingern zu spielen. Die Anwesenden, vor allem die Tänzer, die nun auftraten, durften dem Dede niemals den Rücken zukehren.

Irgendwie mußte ich an der Seite dieses hohen »Wissenden« an jenen Zarathustra-Priester in der persischen Stadt Yazd denken, dem ich im Frühjahr 1974 begegnet war. Der persische »Obed« hatte fast ebenso unauffällig als Handwerker in der Nähe seines Feuertempels unter Gleichgesinnten gelebt. Als er jedoch zur religiösen Weihe schritt, seine uralten Avesta-Formeln vor lodernder Flamme anstimmte, hatte er sich von Kopf bis Fuß – wie ein Chirurg – in Weiß gekleidet und sogar seinen Mund mit einer weißen Binde verhüllt.

Es war eine relativ bescheidene Feier, zu der die Aleviten von Üsküdar mich eingeladen hatten. Sie gipfelte jedenfalls nicht im Schlachten eines Schafes, und die Trauer um das Martyrium des Dritten schiitischen Imam Hussein, der in Kerbela von seinem satanischen Todfeind, dem sunnitischen Kalifen Yazid, erschlagen wurde, ging nicht in hemmungslose Klageschreie über. Es war klar, daß mir als Außenstehendem kein Zugang zu den letzten Geheimnissen dieser esoterischen Gemeinde gewährt wurde.

Das religiöse Schauspiel, das nunmehr begann, war dennoch eindrucksvoll und seltsam genug. Zwei Sänger stimmten ihre psalmodierende Litanei an, nachdem Allah, Mohammed und Ali angerufen worden waren. Junge Männer in der bunten ländlichen Tracht Zentral-Anatoliens breiteten einen Teppich aus. Dazu erklangen die wimmernden Töne eines dreisaitigen Instruments, »Bağlama« oder »Saz« genannt, während die Tanzgruppe, zu gleichen Teilen männlich und weiblich, sich zu diesen Tönen in den Hüften wiegte und die vorgeschriebenen Schritte des »Serna« in strikter Choreographie aufführte. Der Vorsänger trug die schiitische Leidenslegende, dann andere, heterodoxe Fabeln und Heiligengeschichten vor. Mit dem reinen Islam hatte diese Veranstaltung nicht das geringste zu tun. Der Reigen oder »Tassawuf« beschleunigte sich nach und nach, wurde immer wieder von dem Ruf »Hül« unterbrochen, artete jedoch nie in Taumel aus. Dem Dede wurde ein Kelch mit Wasser gereicht, wiederum eine fast christlich wirkende Geste der Konsekration. Die Gemeinde versank in Ergriffenheit. Die Frömmsten begannen zu weinen und zu schluchzen, ja manche Frauen verfielen in Zuckungen. Die Tänzer hantierten jetzt mit einem Besen, fegten den Teppich, als müßten irgendwelche bösen Geister vertrieben werde. Dann wurde eine große Kerze angezündet und in feierlicher Prozession hochgehalten. Die Anwesenden stimmten in pausenloser Wiederholung den bei allen Derwisch-Orden üblichen »Dhikr«-Gesang an: »la Illaha illa Allah« – es ist kein Gott außer Gott. Dem Dede wurde ein knorriger Krückstock entgegengehalten, den er flüchtig berührte. Die Tänzer standen gelegentlich still, kreuzten dann die Füße in einer symbolischen Gestik, die mir unverständlich blieb. Sie verneigten sich vor dem erstarrten Schamanen, knieten auf dem Teppich nieder und vollzogen dreimal eine ehrfürchtige Huldigung, indem sie den Boden mit Stirn und Lippen berührten. Das oft blond wallende Haar der wirbelnden Mädchen fiel frei auf die Schultern. Der Rhythmus hatte sich gesteigert. Der Kantor holte zur Schilderung einer alevitischen Sage aus. Er bediente sich dabei der türkischen Sprache, und die Übersetzung lautete etwa: »Der Prophet Mohammed war auf eine geweihte Höhle im Gebirge zugegangen. Während er in die Düsternis hineintrat, begegnete ihm ein mächtiger Löwe, und Mohammed fürchtete sich. ›Wo ist Dein Ring der Offenbarung?‹ fragte der Löwe gebieterisch. In diesem Augenblick der Gefahr trat der Imam Ali aus dem Innersten der Kaverne und hielt besagten Ring dem erschrockenen Propheten hin. Da rief der Löwe mit mächtiger Stimme: ›Fürwahr, Ali ist der Löwe Gottes.‹« Zur eintönigen Hirtenmusik des »Bağlama« ging die Feier allmählich zu Ende.

Ali Yaman, dem ich meine partielle Initiation in die Riten dieser Gemeinde verdankte, teilte mir zum Abschied mit, daß sein Vater als hoher Aleviten-Würdenträger in Deutschland ansässig sei. Dann überreichte er mir eine in brüchigem Englisch abgefaßte kurze Abhandlung über Natur und Geschichte der Aleviten unter dem Titel »A brief knowledge about Alavism«, mit deren nachfolgender Veröffentlichung ich bestimmt keinen Vertrauensbruch begehe:

»Der Alevismus als religiöses Glaubenssystem entstand als Folge der frühesten Spaltung des Islam«, so begann der Text. »Die Frage, wer nach dem Tod des Propheten Mohammed ›Kalif‹ sein würde, war die Ursache dieses Schismas. Wie verschiedene Quellen besagen, erklärte Abubakr sich selbst zum Kalifen, obwohl Mohammed vor seinem Tod Ali als seinen Nachfolger berufen hatte. Die Spaltung war von Anfang an politischer Natur. Der Ausschluß Alis von der exekutiven Gewalt über die islamische Gemeinde dauerte nach Abubakr an, nachdem Omar, Osman und Muawiyya sich selbst zu Kalifen und Nachfolgern bestimmen ließen. Die Machtkämpfe zwischen den führenden Familien gingen nach der Ermordung Alis weiter. Dessen Sohn Hussein wurde mit siebzig seiner verdurstenden Gefährten in Kerbela massakriert.

Diejenigen Gläubigen, die sich auf die Seite Alis geschlagen hatten, wurden ›Shiat Ali‹ genannt, das heißt ›Partei Alis‹. Die politische Spaltung weitete sich in diverse Regionen aus. Die Ali-Bewegung vermischte sich mit lokalen Kulturen und führte zu widersprüchlichen Auslegungen des Islam. Die Anhänger Alis werden in den jeweiligen islamischen Ländern unterschiedlich benannt. In Ägypten hießen sie ›Fatimiden‹, in Afghanistan und Pakistan ›Ismaeliten‹, in Iran ›Schiiten‹, in Anatolien ›Aleviten‹.

Es gibt mehrere ethnische Gruppen, die sich in benachbarten Regionen als Aleviten bezeichnen. Dazu zählen Türken, Kurden, Bulgaren, Albaner, Aserbaidschaner und Zigeuner. In Anatolien setzt sich die alevitische Bevölkerung überwiegend aus Türken und Kurden zusammen. Mehr als zwanzig Millionen Aleviten, so wird vermutet, leben in Anatolien. Der Alevismus als Glaubenssystem leitet sich von Kulturen Mesopotamiens sowie Zentral- und Ostasiens ab. Der Schamanismus, der Zarathustra-Kult, der Buddhismus, mystische Philosophie, Polytheismus und Christentum – sie haben alle das alevitische Denken beeinflußt. Dieser synkretistische Charakter des Alevismus begründet seine Toleranz, verglichen mit anderen Sekten des Islam.

Der Alevismus ist nicht nur ein religiöser Glaube; er trat auch als gesellschaftliche Oppositionsbewegung hervor und breitete sich in ländlichen Gegenden aus, wo das zentrale Herrschaftssystem der Osmanen nicht voll zur Wirkung kam. Die Geschichte berichtet von zahlreichen Aufständen gegen die Seldschuken und das Osmanische Reich. Diese Revolten waren alevitische Basis-Reaktionen gegen das vorherrschende soziopolitische System.

Haci Bektaş-i-Veli gilt als der Gründer der anatolischen Alevitentums und wird als der größte ›Pir‹ verehrt (dieses Wort entspricht dem christlichen Begriff ›Heiliger‹). Eine andere wichtige Erscheinung im alevitischen Denken ist Halladsch-el-Mansur, der in der zweiten Hälfte des achten und in den ersten Jahren des neunten Jahrhunderts (in Bagdad) lebte. Er sah in dem ›Menschen‹ das Maß aller Dinge und lehrte die Liebe zur gesamten Menschheit. Seine Aussage: ›Ana el Haq‹, das heißt ›Ich bin die Wahrheit‹, spiegelt die alevitische Mystik wider. In der Vorstellung der Aleviten ist Gott als liebende und nicht als strafende Kraft dargestellt.

Als die osmanische Herrschaft sich zusehends zentralisierte, übten die Sunniten einen wachsenden Druck auf die anderen Sekten des Islam aus. Dafür scheint es einen politischen Grund gegeben zu haben, weil zu jener Zeit in Iran ein schiitisches Staatswesen, das Safawiden-Reich, gegründet wurde. Die Aleviten Anatoliens wurden verdächtigt, die persischen Safawiden unterstützt zu haben während des Krieges, der zwischen dem Schah und dem osmanischen Imperium ausbrach. Im Jahr 1514 wurden – laut offiziellen Angaben – 40 000 Aleviten von den Osmanen massakriert. In Wirklichkeit sollen es mehr als 100 000 gewesen sein. Die Verfolgung der Aleviten dauerte an, nachdem das Safawiden-Reich seine Macht eingebüßt hatte. So erklärte ein gewisser Mufti Hamza, der als religiöse Autorität der Sunna amtierte, daß es empfehlenswert sei, Aleviten zu töten, und bedeutete damit, daß solche ruchlosen Morde nicht als Sünde zu betrachten seien.

Im sechzehnten Jahrhundert proklamierte der sunnitische Würdenträger Ebussuud Efendi, daß alle Aleviten ›Kizilbaş‹ (Rotköpfe) seien und daß es ein gottgefälliges Werk sei, sie umzubringen. Zu jener Zeit wurden die Soldaten der schiitischen Safawiden als ›Rotköpfe‹ oder ›Rotkappen‹ bezeichnet, und die Aleviten, so hieß es, seien ebenfalls ›Rotköpfe‹, das heißt Vaterlandsverräter und Parteigänger des Safawiden-Regimes. Später wurde dieser Ausdruck als grobes Schimpfwort benutzt. In einem türkisch-englischen Wörterbuch, dessen erste Veröffentlichung vom türkischen Erziehungsministerium vorgenommen wurde, ist die Vokabel ›Kizilbaş‹ (Rotkopf) wie folgt definiert: ›Eine religiöse Sekte, die den Aleviten verwandt ist; Anhänger einer perversen Muslimsekte; eine Person zweifelhafter Moral.‹ Tatsächlich wird den Aleviten vorgeworfen, sie gäben sich der Blutschande, dem Inzest, hin.

Neben diesen Erklärungen von geistlicher Seite hat die osmanische Verwaltung konkrete Anweisungen an die Valis erlassen, wie das Dekret Nummer 488 aus den Amtsbüchern 29 und 30: ›Die Rotköpfe in Ihrem Gebiet müssen aufgestöbert und heimlich getötet werden. Wenn Sie nicht sicher sind, daß es sich um Aleviten handelt, schicken Sie sie nach Zypern ins Exil!‹ Von nun an waren die Aleviten gezwungen, ihre Identität zu verheimlichen. Manche von ihnen gaben dem Druck nach und wurden Sunniten. Nur die Nachkommenschaft von Haci Bektaş-i-Veli und sein Grab wurden offiziell verschont. Nach der Gründung der Türkischen Republik wurde dieses Grab in ein Museum umgewandelt. Heute werden dort jedes Jahr große Festlichkeiten veranstaltet.«

Es folgt eine Schilderung des Kultes und der heutigen Organisation: »Die Aleviten beten nicht in Moscheen und fühlen sich dazu nicht verpflichtet. Der Gottesdienst findet nachts statt und trägt die Bezeichnung ›Cem‹. Frauen und Männer nehmen daran teil. Alevitische Dichter rezitieren volkstümliche Legenden oder Todesklagen über Ali sowie das Massaker von Kerbela mit Hilfe eines dreisaitigen Musikinstruments, ›Bağlama‹ genannt. Während der religiösen Zeremonie, dem ›Cem‹, wird ein mystischer Tanz, eine ›Semah‹, aufgeführt. Der amtierende geistliche Führer, ›Dede‹ geheißen, betet den ›Gülbank‹. Schafe werden geopfert und Backwerk, ›Lokma‹, wird zubereitet und verteilt. Dieses religiöse Ritual erfüllt auch soziale Zwecke. Probleme innerhalb der Gemeinde werden in frommer Harmonie gelöst. Die Aleviten fasten nicht dreißig Tage während des Ramadan, dem neunten Mond, wie die Sunniten es tun. Während des ›Muharrem‹ (dem ersten Mond des arabischen Mondjahres) fasten sie zwölf Tage. Danach wird das Fasten mit dem Genuß eines süßen Gebäcks, in dem sich zwölf Körner befinden, beendet. Dabei beklagen sie auch die Tragödie von Kerbela. Eine Art Solidargemeinschaft zwischen zwei Familien, ›müsahiplik‹ genannt, beruht auf intimer Freundschaft und spielt eine extrem wichtige Rolle innerhalb der alevitischen Gemeinschaft.

In früheren Zeiten zogen die Aleviten es vor, in Gebirgsgegenden zu siedeln. Nach 1970 wanderten viele von ihnen in die großen Städte ab, wo die Arbeitsbedingungen günstiger waren. Jahrhundertelang hatten die Aleviten sich getarnt, um nicht dem Druck, der Beleidigung und dem Ausschluß durch die sunnitische Gesellschaft ausgesetzt zu sein. Heute noch verheimlichen die Aleviten ihre religiöse Zugehörigkeit, wenn sie im Staatsdienst, im Schulwesen, in der Polizei, in den Streitkräften oder im privaten oder öffentlichen Geschäftsleben tätig sind. Die alevitische Bevölkerung wird auf zwanzig Millionen geschätzt. Es ist unmöglich, genaue Zahlen zu erlangen, weil der Glaube und die Identifizierung von Minderheiten in den offiziellen Registrierungsdokumenten nicht öffentlich deklariert werden. Die Aleviten haben als religiöse Gruppe kein Grundrecht, ihren Glauben frei zu bekennen.

In Istanbul gibt es zwei Einrichtungen, die der Aleviten-Kultur eine Überlebenschance bieten: Das Kloster ›Karacaahmet-Sultan-Dergahi‹ in Üsküdar und ›Şahkulu Sultan Dergahi‹ in Kadiköy. Später wurden noch andere Stiftungen in Istanbul, Ankara und Izmir unter dem Namen ›Haci Bektaş-i-Veli‹ und ›Pir Sultan Abdal‹ gegründet. Letztere sind Anfang der neunziger Jahre aktiv trotz gelegentlicher Verfolgung und Behinderung. Andere wichtige kulturelle Vereinigungen sind ›Abdal Musa‹ in Elmali, ›Seyit Gazi‹ in Eskişehir und ›Veli Baba‹ in Isparta. Es gibt weitere Gründungen, die dem gleichen Zweck dienen und nach Städten oder Dörfern benannt sind, in denen die Aleviten besonders zahlreich sind.

Die Aleviten beklagen das Fehlen von Kultstätten. Wie oben erwähnt, wird das Ritual als ›Cem‹ bezeichnet, und die Gebetshäuser heißen ›Cem Evi‹. Bis zum Jahr 1990 gab es keine ›Cem Evi‹. Aber heute gibt es in der Zehnmillionenstadt Istanbul zehn alevitische Gebetszentren. Früher gab es nicht einmal einen Raum für die Begräbnisprozessionen, und die Aleviten mußten in sunnitischen Moscheen ihre Bestattungen vornehmen.

Eine Direktion für Religiöse Angelegenheiten der Türkischen Republik wurde im Jahr 1924 eingerichtet. Obwohl die Verfassung Atatürks die Türkische Republik als einen laizistischen Staat definiert, wird die sunnitische Glaubensrichtung durch das Amt für Religiöse Angelegenheiten eindeutig bevorzugt. Dieses staatliche Amt kontrolliert die Moscheen, ernennt die Imame. Die Gehälter der Imame, die in den Moscheen tätig sind, und alle diesbezüglichen Ausgaben werden vom Staat bezahlt. Daraus wird ersichtlich, daß der Staat nicht allen Konfessionen gegenüber die gleiche Distanz wahrt. Kein anderes Bekenntnis genießt ähnliche Privilegien wie die Sunniten. Daraus resultiert eine religiöse Vorherrschaft der Sunna. Ein wichtiges Beispiel für den Druck, den der Staat auf Minderheitskonfessionen, inklusive der Aleviten, ausübt, ergibt sich aus der Pflicht zum Religionsunterricht in Grund- und Mittelschulen. Diese Forderung wurde nach dem Staatsstreich der Armee im Jahr 1980 durchgesetzt. Die religiösen Minderheiten verwehren sich gegen diesen Unterricht, weil dort ausschließlich der orthodoxe Islam gelehrt wird.

Ein anderes Beispiel für staatliche Willkür: Sunnitische Moscheen werden in alevitischen Dörfern gebaut, und das Volk wird gezwungen, dort seine Gebete zu verrichten. Die ursprünglichen Namen von alevitischen Siedlungen werden verändert. Die alevitischen Familien leiden auch darunter, daß sie ihre Kinder nicht nach eigenem Wunsch benennen dürfen. Oft intervenieren die Behörden bei der Namensgebung nach der Geburt.

In den Jahren 1978 und 1979 fanden Massaker an Aleviten in den Städten Maraş, Sivas und Çorum statt. Hunderte wurden getötet. Ihre Häuser und Geschäfte wurden zerstört. Am 2. Juli 1993 fand in Sivas ein weiteres Massaker statt. Die Gesellschaft ›Pir Sultan Abdal‹ hatte in Sivas Festlichkeiten unter Teilnahme des Kulturministeriums organisiert. Der weltweit bekannte Schriftsteller Aziz Nesin nahm an diesen Feiern teil. Bei dieser Gelegenheit wurde das Hotel, in dem Aziz Nesin und viele alevitische Dichter, Autoren, Musiker und andere Intellektuelle sich aufhielten, durch fanatische Muslime eingekreist und gestürmt. Die Besetzung dauerte sieben Stunden. Dann wurde das Hotel in Brand gesteckt. 33 Intellektuelle, Schriftsteller, Künstler und Festgäste starben im Rauch und im Feuer. Im März 1995 fanden mörderische Ausschreitungen im Istanbuler Stadtteil Gaziosmanpaşa statt, die vier Tage andauerten und bei denen 21 Aleviten umkamen. Die Verantwortlichen für diese Verbrechen wurden nicht bestraft.«

*

Beim Lesen der letzten Zeilen dieser Einführungsschrift und der darin enthaltenen Vorwürfe gegen die moderne türkische Staatsgewalt fiel mir ein Befehl Süleymans des Prächtigen ein, jenes Sultans, der den Höhepunkt osmanischer Macht verkörpert und seine Janitscharen bis nach Wien hatte vorrücken lassen. Ganz im Geiste seines Vorgängers Selim I., des Grausamen, hatte Süleyman Kanuni, der Gesetzgeber, wie die Türken ihn nennen, die Ausrottung der alevitischen Ketzer weiter betrieben unter dem Motto: »Der abgeschlagene Kopf eines Kizilbaş ist für mich mehr wert als die Köpfe von zwei erschlagenen Christen.«

Seitdem habe sich doch einiges zum Guten gewendet für die Anhänger seiner Sekte, wandte ich mich an Ali Yaman zum Abschied, während uns vor dem Tor der Cem Evi von Üsküdar eine besonders heftige Böe das Wasser ins Gesicht blies. »Wir sind auch guten Mutes«, räumte mein Initiator ein, »Mustafa Kemal Pascha hat uns in sein republikanisches Staatsgefüge diskret integriert, und heute wagen wir zu sagen, daß es drei ethnisch verwurzelte und spezifische Formen des Islam gibt: Die Sunna für die Araber, die Schia für die Perser, der Alevismus für die Türken.« Vor Hadschi Bektasch habe ja bereits im zwölften Jahrhundert über der fernen turanischen Steppe von Kasachstan die Erleuchtung des frommen Hodscha Ahmed Yassavi gestrahlt. Dieser Vorläufer hatte – wie ich bereits der Regierungsbroschüre in Kappadozien entnommen hatte – sein Wissen um die letzten Dinge an den »Großen Pir« weitergegeben, bevor dieser seine Missionsarbeit in Anatolien aufnahm.

Sogar der gefürchtete Eroberer Tamerlan war von der geistlichen Hinterlassenschaft des Eremiten Yassavi zutiefst beeindruckt gewesen. Wie verwoben die religiösen Strömungen des Orients doch sind! Oft entsteht der Eindruck eines unentwirrbaren Knäuels. So überkam mich zu dieser späten Stunde am feuchten Ufer des Bosporus plötzlich die Vision der ausgedörrten Landschaft Zentralasiens, jener kasachischen Einöde, die sich nördlich des Syr Daria über Tausende von Kilometern bis nach Sibirien erstreckt. Meine Expedition dorthin hatte erst zwei Jahre zuvor stattgefunden, und meine Reisebeschreibungen gebe ich in voller Absicht im Wortlaut wieder:

Am Ausgang der geschäftigen, aber häßlichen Siedlung Tschimkent biegen wir in Richtung auf Kisyl Orda nach Nordwesten ab. Der Syr Daria fließt – für uns unsichtbar – in geringer Entfernung parallel zur Straße. Dennoch trocknet das Land immer mehr aus. Baumwollfelder werden selten. Trotz der späten Jahreszeit ist die Sonne noch heiß. Schafherden weiden zwischen weitgestreckten Friedhöfen. Ein besonders heruntergekommenes Industrienest, wo keine Maschine mehr arbeitet, trägt den anspruchsvollen Namen »Temerlan« und ist sogar auf lateinisch ausgeschildert. In der tellerflachen Ebene werden die Moschee-Neubauten immer zahlreicher.

Die Kilometer ziehen sich, ehe endlich das Städtchen Turkestan auftaucht, das bis zum vierzehnten Jahrhundert Yasi hieß. Von ferne ist das gigantische Mausoleum zu erkennen, das die Handschrift des »Großen Fürsten« Timur Lenk trägt. Er selbst soll den Bau dieses Heiligtums und dessen Planung überwacht, ja inspiriert haben. Es mag seine letzte große Enttäuschung gewesen sein, daß er die heilige Stätte, die dem hochverehrten Hodscha Ahmed Yassavi geweiht wurde, nicht vollenden konnte. Die weit ausladenden Portalfronten wie auch die Kuppeln, deren eine dem Gur-Emir bis in Detail entspricht, die Keramik-Dekoration in Blau, Gelb und Grün verweisen nach Samarkand. Die Ausmaße entsprechen der Bibi-Hanim-Moschee.

Was mag den fürchterlichen Tamerlan bewogen haben, dem Mystiker, Dichter und Prediger Ahmed Yassavi, der zwei Jahrhunderte vor ihm gelebt hatte, solche Ehre zu erweisen? Vielleicht, war es dessen friedliche, zutiefst menschenfreundliche Veranlagung, die zu seiner eigenen mörderischen Natur in so krassem Gegensatz stand. Um die Figur des Hodscha Yassavi kreisen zahllose Legenden. Von den Korangelehrten in Buchara und von den dortigen Sufi hatte er sich früh abgewandt. Er suchte die Gottesnähe am Rande der Wüste, in der Einsamkeit. Vom Volk wurde er abgöttisch geliebt und um geistlichen Rat befragt. Er soll sogar schon als elfjähriger Knabe mit einer persönlichen Vollmacht des Propheten Mohammed ausgestattet worden sein, die ihm durch einen tausendjährigen Greis übermittelt wurde. Tatsache ist wohl, daß er sich mit 63 Jahren – in diesem Alter war Mohammed gestorben – in asketisches Eremitentum zurückzog und seine karge Wohnhöhle nie mehr verlassen hat.

Das Grabmal von Turkestan ist ringsum von Gerüsten umstellt. Türkische Firmen haben die Renovierung übernommen. Aus den Museen Sankt Petersburgs wurde ein überdimensionales Bronzebecken zurückerstattet. Das Volk findet allmählich zum religiösen Brauchtum. Brautpaare verharren am Grab des Heiligen, um Kindersegen zu erbitten. Dabei geht es locker und heiter zu. Noch sind hier ja aus der langen Zeit der russischen Fremdherrschaft alle Zeichen einer kuriosen Mischkultur erhalten. Im Vorgarten der Moschee werden Exemplare des Koran für den Gegenwert von zwei US-Dollar verkauft, und gleich daneben werden Wodka und Obstschnaps angeboten.

Die Zeichen der Gottlosigkeit sind im Zentrum des tristen Städtchens Turkestan allgegenwärtig. Da beherrscht die Lenin-Statue weiterhin den Paradeplatz. Hammer und Sichel wurden vom Kriegerdenkmal nicht entfernt. Der Poet Ahmed Yassavi hat sich mit seinen erbaulichen Weisheitsversen, »Hikmet« genannt, ins Gedächtnis der frommen Muslime eingeprägt. Heute wird ihm besonders zugute gehalten, daß er nicht nur auf persisch und arabisch dichtete, sondern auch in der türkischen Tschagatai-Sprache seiner Epoche, einem Nomadendialekt des Ogus-Kiptschak-Stammes. Das Grauen, das sein späterer Verehrer, der »lahme Timur«, über Zentralasien und den ganzen Orient brachte, muß er vorausgeahnt haben, als er klagend ausrief: »Der frühere Wohlstand unseres Volkes liegt in Trümmern. Unsere Könige und Vesire sind keine Künder der Wahrheit mehr. Über die Menschheit bricht schreckliches Unheil herein. Die Welt stirbt dahin, und ihr Ende kann nicht fern sein. Euer Gottesdiener Ahmed, so sollt Ihr wissen, hat Euch gewarnt, bevor er von Euch ging.«

Am kolossalen Grabmal von Turkestan erreicht die mystische Botschaft des Hazret Sultan Hodscha Ahmed Yassavi eine geistliche Intensität, die durch acht Jahrhunderte nicht verweht wurde und im Aufbruch der türkischen Aleviten neuen Auftrieb erfährt. Ein dreimaliges Gebet am Grab des Hodscha Yassavi sei ebenso verdienstvoll wie eine Pilgerfahrt nach Mekka, behauptet das Volk in frommer Einfalt.

Schon sollen sich wieder die Derwische der diversen Bruderschaften an dieser geweihten Stelle sammeln. Zum »Dhikr« hocken sie – wenn die lästigen Besucher und Touristen gegangen sind – am Sarkophag aus hellem Marmor und wiederholen in endloser Rezitation die Beteuerung von der alles durchdringenden Präsenz des Heiligen: Er lebt, er lebt, er lebt – »hua ya'ischu!«

# Ein armenischer Friedhof

*Van, im August 1998*

Längs der ost-anatolischen Strecke von Diyarbakir nach Van ist der für mich aufgebotene Sicherheitsapparat wie ein Ballett geregelt. Er gibt mir Aufschluß über vermutliche Partisanenpräsenz in der jeweils durchfahrenen Region. Am Anfang folgte uns der übliche Renault mit vier Polizeibeamten in Zivil. Später, hinter Batman, schließt sich uns ein Mannschaftspanzer vom Typ BTR-60 an. Bevor wir in die Felsschluchten von Bitlis und das enge Tal eines reißenden Nebenflüßchens des Euphrat eindringen, kommt zusätzlicher Geleitschutz hinzu. Die Kontrollen der Jandarma sind selten. Wir werden problemlos durchgewinkt. In der fruchtbaren Ebene von Batman fällt mir ein frisch betonierter Staudamm der GAP auf. Vieles erinnert hier an Algerien, auch die vielen Störche, die auf den Elektrizitätsmasten hocken. In den Baumwollfeldern bearbeiten buntgekleidete Frauen den Boden mit Spitzhacken. Wir begegnen einer Kolonne motorisierter Infanterie. Auch in dieser Gegend haben die hemmungslos expandierenden Wohnblocks der Moderne die ehemaligen Elendshütten fast verdrängt. Über dem Flugplatz von Batman kreisen Düsenflugzeuge. Ob sich israelische Piloten in den Kanzeln befinden? Immer wieder blitzen die Aluminiumdächer funkelnagelneuer Moscheen aus dem Grau der Mauern und dem Grün der Felder.

Zwischen Batman und Bitlis sei die Kampfgruppe Hizbullah vor vier Jahren sehr rege gewesen, erklärt Saadet. Aber über Zusammensetzung und Motivation dieser »Partei Gottes«, die zu der gleichnamigen Schiitenorganisation im Libanon nicht die geringste Beziehung unterhält, ist er unzureichend informiert. Auf den Verdacht angesprochen, die türkische Hizbullah in Ost-Anatolien sei eine Erfindung der Sicherheitsdienste und der Jandarma, deren Auftrag darin bestanden hätte, die gottlosen Marxisten der PKK, auch prominente Linksintellektuelle, durch gezielte Anschläge einzuschüchtern oder auszumerzen, antwortet mein Begleiter mit einem Achselzucken. Diese sunnitischen Hizbullah, religiös inspirierte Todesschwadronen, ständen seit ihrer Gründung durch einen obskuren Prediger der Provinz Adiyaman zu Beginn der neunziger Jahre im Zwielicht. Schließlich seien die unbelehrbaren Fanatiker in die Schußlinie der Ordnungskräfte geraten. »Im Untergrund der Fundamentalisten und auch der Derwisch-Orden vollziehen sich Umgruppierungen, die kein Außenstehender durchschaut«, meint Saadet.

Während der Fahrt erzähle ich von meinem Erlebnis bei den Aleviten in Istanbul und von der »Cem«-Veranstaltung im März 1997. Mein Gefährte zeigt sich nicht sonderlich überrascht. »Nach Jahrhunderten der Verfemung und der ›Taqiya‹ taucht diese Sekte zusehends aus der Verborgenheit auf«, bestätigt er. »Bisher schlossen sie sich den sozialistisch und strikt säkular ausgerichteten Parteien an. Sie verstärkten insbesondere die Sozialdemokraten Bülent Ecevits. Ende der Siebziger haben sie vorübergehend eine eigene Alevitenpartei gegründet.« Völlig ungeklärt sei ihr Zusammenspiel, ihre Koordination mit dem engverwandten Derwisch-Orden der Bektaschi, der hier und da wieder auflebt. Vor drei Jahren hatte die bislang geächtete Glaubensgemeinschaft des Hadschi Bektasch eine sensationelle Aufwertung erfahren, als die damalige Regierungschefin Tansu Çiller sich zum jährlichen großen Pilgertreffen nach Kappadozien begab. Sie sagte den Aleviten volle Gleichberechtigung innerhalb der kemalistischen Republik zu und versprach finanzielle Zuwendungen. Vielleicht habe die resolute Ministerpräsidentin jenen Ausspruch des Pir Hadschi Bektasch beherzigt: »Ein männlicher Löwe ist ein Löwe, aber eine Löwin ist auch ein Löwe.« Die Kritiker dieser attraktiven Politikerin, die heftig umstritten und der schamlosen Korruption beschuldigt wird, deuteten ihren Auftritt bei den Aleviten als opportunistischen Stimmenfang, zumal sie gleichzeitig den Kontakt zu den sunnitischen Tarikat aufnahm und ihre Regierungskoalition mit der fundamentalistischen Refah-Partei vorbereitete. Dennoch habe ihre Hommage an die Kizilbaş großes Aufsehen erregt.

Ob die Aleviten auch an die Wiedergeburt glauben? Bis zu diesem Grad der Initiation sind wenige Außenstehende vorgedrungen. Die Drusen des Libanon – so hatten mir deren »Wissende«, deren »Uqqal«, einst erklärt – haben die hinduistische Vorstellung von der

Seelenwanderung übernommen. Obwohl die drusische Geheimsekte sich auf einen ganz anderen Ursprung bezieht, nämlich die ismailitische Gnostik der Fatimiden-Herrscher von Kairo, und obwohl sie den geistesgestörten Kalifen Hakim-bi-Amrillah wie einen Gott verehren, haftet allen mystischen Abweichlern vom wahren Islam, die über den ganzen Orient verstreut sind, so manche Gemeinsamkeit an. So lehnen die Aleviten der Türkei zwar jede Verwandtschaft mit ihren Namensvettern, den »Alawiten« Syriens, kategorisch ab, aber auch sie verfügen wie die Syrer über eine erbliche Priester-Hierarchie und huldigen einem Naturkult, in dem Wundertäter und heilige Bäume eine große Rolle spielen.

Zudem leitet das Siedlungsgebiet der türkischen Aleviten in der Provinz Hatay, die erst 1939 der Republik Atatürks einverleibt wurde, zur nord-syrischen Hafenstadt Lattaquié über, in deren Umkreis einst die französische Mandatsmacht eine winzige Alawiten-Republik ins Leben gerufen hatte. Anatolische Aleviten und syrische Alawiten hatten im gleichen Maße unter der Repression der osmanischen Sultane zu leiden. Beide Sekten wurden blutschänderischer Exzesse beschuldigt. Die sunnitischen Ulama von Damaskus gingen so weit, die Alawiten der Anbetung des Mondes und der weiblichen Geschlechtsorgane zu bezichtigen. Saadet, der aus seiner Sympathie für die Jünger des Hadschi Bektasch keinen Hehl macht, weist ebenfalls jede Verwandtschaft zu den syrischen Häretikern weit von sich. Welcher Türke möchte schon mit Arabern gleichgestellt werden? In einem entscheidenden Punkt besteht tatsächlich ein flagranter Unterschied: Die syrischen Ali-Verehrer haben im September 1970 – obwohl sie nur eine Minorität von höchstens 12 Prozent in ihrer Arabischen Republik darstellen – unter Anleitung des Luftwaffengenerals Hafez-el-Assad die absolute Macht in Damaskus an sich gerissen und dieses Regierungsmonopol seitdem mit Hilfe der Streitkräfte, der Geheimdienste und der gefügigen Baath-Partei eisern konsolidiert.

Die Felslandschaft bei Bitlis wirkt düster und bedrohlich. Dazu mögen die grauen Wolken beitragen, die plötzlich aufgezogen sind. Die Armee ist hier mit Panzern und Bunkerstellungen stark konzentriert. Die »Quadrillage«, wie man einst in Algerien sagte, ist fast perfekt. In den ärmlichen Dörfern tauchen bewaffnete Zivilisten auf, kurdische Milizionäre, die im Auftrag ihrer Agas für die Regierung kämpfen. Diese anatolischen »Harki«, die mit modernen amerikanischen Gewehren herumfuchteln, verbreiten ein zusätzliches Gefühl der Unsicherheit. Ihre Gesichter sind durch den Stoppelbart wie von einer Maske halb bedeckt, und die Augen blicken wölfisch. Diese Gegend ist ideales Partisanengelände. Die Schlucht verengt sich. Über den Sturzbach in der Tiefe spannen sich zwei schöne alte Bogen-brücken. An den steilen Hängen bewegen sich Eselskarawanen. Die Ortschaft Bitlis wird durch ein riesiges, quadratisches Kastell er-drückt. Die Freitagsmoschee weckt eine flüchtige Erinnerung an Priz-ren im Kosovo. »Önce Vatan!« steht auf ihren Mauern – Zuerst das Mutterland!

Jetzt öffnet sich die Hochebene von Van. Wir erreichen zügig das Ufer des Sees. Die Wasserfläche haftet wie eine Bleiplatte an den ocker-gelben Hügeln rundum. Es ist kühler geworden, und wir genießen die Erfrischung. Saadet hat zunächst die Absicht geäußert, die Provinz-hauptstadt Van quer über den See mit Hilfe der Fähre zu erreichen. Dieser Vorschlag hatte bei mir Verdacht geweckt. In Ankara hatten mich nämlich »wohlinformierte Kreise« vor dem Befahren jener Straße gewarnt, die südlich des Sees nach Osten verläuft. Dort habe sich die PKK in letzter Zeit durch mehrere Überfälle hervorgetan.

Der kleine Hafen Tatvan, an der südwestlichen Bucht gelegen, be-steht aus einer einzigen Geschäftsstraße. Dort drängen sich die üb-lichen Ramschläden und Caféhäuser aneinander. Die meisten Männer dösen regungslos vor sich hin, lassen die Perlen ihrer Gebetsschnur durch die Finger gleiten. Frauen scheinen in Tatvan aus dem Ortszen-trum verbannt zu sein. Hingegen stehen sie in langer Reihe und trotz der harten Arbeit tief verhüllt am Rande des Sees und klopfen mit Knüppeln auf ihre Wäsche ein. Auf Seife können sie aufgrund des hohen Alkali-Gehalts verzichten. In dem bescheidenen Rasthaus, wo wir picknicken, wird uns wieder einmal die ganze Widersprüchlich-keit dieses Landes vor Augen geführt. An einem abgesonderten Tisch haben sich im Ufergebüsch drei junge türkische Paare niedergelassen. Es dürfte sich um Studenten oder Feriengäste aus Ankara handeln. In der Runde geht es laut und munter zu. Die Mädchen tragen Shorts und knappe Blusen. Beim Flirten lassen sie die Zigarette nicht aus der Hand. In dieser puritanischen Umgebung mutet die heitere und recht harmlose Zwanglosigkeit im Umgang der Geschlechter fast wie ein Frevel an. Nach kurzem Palaver erfährt Saadet, daß die zwei Fähr-schiffe, die verrostet am Kai liegen, sehr unregelmäßig verkehren und für die Überfahrt nach Van ganze acht Stunden brauchen. Also be-schließen wir, die gefährliche Asphaltbahn zu benutzen.

Wie unzuverlässig doch alle Auskünfte sind! Kaum haben wir den letzten Karakol der Jandarma in Richtung Osten passiert, verfliegen alle bösen Ahnungen. Der Himmel reißt auf. Die Fluten des Alkali-Sees verwandeln sich mit einem Schlag in ein strahlend blaues Wunder. Unser Landrover entfernt sich vom Ufer. Wir rollen zwischen lieblichen Höhenzügen. Die Felder tragen goldgelbe Frucht, und die Weiden könnten grüner nicht sein. Die langen Kleider der Frauen heben sich wie grelle Farbtupfen von den riesigen Heuhaufen ab, die sie stapeln. Hunderte von Bienenkörben sind vor den Pappelhainen aufgereiht. Die Straße befindet sich in vorzüglichem Zustand und erklettert gemächlich einen Paß von 2330 Meter Höhe. Mit Verwunderung habe ich festgestellt, daß wir uns in dieser angeblich von Heckenschützen der PKK verseuchten Zone zum ersten Mal ohne jeden Polizei- oder Militärschutz bewegen. Zwar begegnen uns Patrouillen in kugelsicheren Westen. Ein isolierter Panzer ist in den Lehm eingebuddelt und richtet seine Kanone symbolisch auf das Hochgebirge von Hakkari. Aber dadurch wird die friedliche Stimmung kaum beeinträchtigt. Kurz vor der Kreuzung nach Gevaş, wo ein Schild die Route nach »Iran« angibt, ragen aus dem Gehölz die turbangeschmückten Grabsteine eines Friedhofs und die spitz auslaufende Türbe eines heiligen Mannes.

In Van holt uns die modernistische Dynamik der kemalistischen Republik wieder ein. Die Neustadt mit ihren achtstöckigen Appartementhäusern ist auch hier in guter Qualität hochgezogen worden. Aber sie paßt nicht in diese Gegend und verschandelt das Ufer-Panorama. Auch die weißen Bungalows, die für Sommerfrischler unmittelbar ans Wasser gebaut wurden, wirken wie Fremdkörper, lassen sich mit den israelischen Sommerpavillons der Kibbuzim am Rande des Sees von Genezareth vergleichen. Unweit der schnurgeraden, sieben Kilometer langen Allee der Republik – auf türkisch »Cumhuriyet Caddesi« –, die zum Hotel »Uruartu« führt, erheben sich die Zuschauertribünen des Sportstadions und die Minaretts der neuen Moschee. Dazwischen reihen sich Kebab-Restaurants, Kelim-Geschäfte und zahllose Bankfilialen. Den Komfort der Unterkunft genieße ich nach der langen, beschwerlichen Reise, doch weicht dieses Gefühl jäh einer an Wut grenzenden Irritation. In der Imbißstube des »Uruartu« entdecke ich Touristen aus Italien und Skandinavien, die sich locker in Freizeitstimmung bewegen, Rucksack-Urlauber, die offenbar nicht den geringsten Begleitschutz benötigen, um zu diesem vermeintlichen

Bollwerk kurdischer Rebellion vorzudringen. Ich teile Saadet meinen Unmut unverblümt mit, habe ich doch das Gefühl, gefoppt worden zu sein. Aber der türkische Freund winkt ab. »Lassen Sie sich nie durch den äußeren Schein täuschen, und im übrigen sind Sie kein gewöhnlicher Besucher. Ihre Ankunft dürfte auch der Gegenseite bekannt sein. Als Geisel der PKK könnten Sie dazu dienen, kurdischen Forderungen gegenüber Bonn Nachdruck zu verleihen. Zumindest würden Sie in der Bundesrepublik für Schlagzeilen sorgen, und auch das dient der Sache Öcalans.« Vor meiner Abfahrt aus Ankara war mir aus islamistischen Kreisen eine ähnliche Mahnung zugegangen: »Bewegen Sie sich in Ost-Anatolien niemals ohne Militärschutz!« hatten mir diese Gewährsleute eindringlich empfohlen.

Ich will hier nicht zur Beschreibung von Van und seiner urzeitlichen Ruinen ausholen. Dazu kann man in zahlreichen »Guide-Books« nachblättern. Das Königreich Uruartu erlebte hier bereits zwischen dem dreizehnten und dem siebten Jahrhundert vor Christus seine Blütezeit. Natürlich klettern wir in der gleißenden Hitze auf den berühmten, völlig isolierten Felsen, den »Van Kalesi«, der sich jedem Verteidiger als Trutzburg anbot. In den Gräbern der Könige sind deren Taten in Keilschrift verewigt. Der assyrische Einfluß ist offenkundig. Drei Millenarien der Eroberung und Zerstörung, des Aufstiegs und des Niedergangs haben ihre Spuren in diesen Felsen gemeißelt. Nach einer endlosen Folge glorreicher Kulturimperien mit Sitz in Niniveh, Persepolis, Rom und Byzanz haben sich die Reitervölker Zentralasiens über diese Landschaft ergossen. Bis in die jüngste Vergangenheit hatten dann die Emire der turkmenischen Horden der Weißen und der Schwarzen Schafe in Ost-Anatolien das Sagen gehabt. Sie weideten ihre Herden, führten das Jurtenleben der Nomaden und erhoben Wegzoll von den Karawanen der Seidenstraße. Ihre frühe Islamisierung, die recht oberflächlich blieb, vermischte sich mit den ererbten Bräuchen der Schamanen. So dient heute noch das Grab eines frühmuslimischen Pir – in Nordafrika würde man »Marabu« sagen – als Votivkapelle vorwiegend für junge Frauen. An das Gitter und an den Sarkophag dieses frommen Scheikhs knüpfen sie weiße Fäden und bunte Stoffetzen. Es berührt seltsam, daß die ländlichen Kurdinnen die steil abfallende Blutrinne der heidnischen Tieropfer aus dem fernen Uruartu-Reich in suggestiver Symbolik als Rutschbahn benutzen, um Kindersegen zu erflehen. 79 Götzen wurden auf dem Felsen während der »Dschahiliya«, der fernen Epoche finsterer Idolatrie, verehrt, 64 männliche, fünfzehn weibliche. Der mächtigste Herr dieses Pantheons war der Gott des Himmels und des Sturms.

Woher rührt nur die Schwermut, die auf dieser grandiosen Landschaft zu lasten scheint? Der See strahlt türkisblau, und die Hügel im Nordosten leuchten wie Gold in der Mittagsglut. Ist es die Erinnerung an die Tragödien, die sich hier abgespielt haben? Von den Zinnen der Osmanenburg, die Süleyman der Prächtige hinterließ, fällt der Blick auf eine scharf umrissene Stätte der Verwüstung. Bis zum Jahr 1915 war Van mit 80 000 Einwohnern eine überwiegend armenische, das heißt christliche Stadt. Lange vor der Zeitenwende hatte sich das kaukasische Volk der Armenier auf den Ruinen der Uruarter niedergelassen. Es war das traurige Schicksal dieser Neuankömmlinge, daß sie mit Ausnahme der kurzen Zwischenepoche ihres Herrschers Tigranes stets Vasallen und Untertanen fremder Eroberer waren. Immerhin gründeten sie um das Jahr 300 unserer Zeitrechnung den ersten christlichen Staat. Ihre Bischöfe, die am Konzil von Chalkedon nicht teilnahmen, verharrten danach in der monophysitischen Irrlehre und zogen sich damit den Kirchenbann aus Rom und Konstantinopel zu. Katholiken und Byzantiner verehrten nämlich die Doppelnatur Christi, die göttliche und die menschliche. Theologie und Politik waren schon damals – lange vor der Geburt Mohammeds – untrennbar und verhängnisvoll verwoben.

Angeblich hatte die armenische Glaubensgemeinschaft, vertreten durch ihr geistliches Oberhaupt, den Katholikos, unter dem theokratischen Millet-System der Osmanen und im Rahmen des koranischen Sonderstatuts für christliche Schutzbefohlene ein halbwegs erträgliches Dasein geführt, ja weitgehende kulturelle Autonomie genossen. Der Untergang der armenischen Bevölkerung Ost-Anatoliens zeichnete sich erst ab, als das westliche Gedankengut des Nationalismus im Orient heimisch wurde. Der glorreiche Padischah war längst zum »Kranken Mann am Bosporus« geworden, und die jungen türkischen Patrioten sammelten sich in der »Union für Fortschritt«. An die Stelle der »verächtlichen Duldung«, die der Sultan und Kalif den Giaur, den »schriftbesitzenden« Ungläubigen seines Reiches, entgegenbrachte, trat jetzt die ethnisch-konfessionelle Gleichschaltungs-Ideologie der Jungtürken. Die Armenier ihrerseits gerieten – etwas später als die christlichen Balkanvölker – in den Sog der eigenen völkischen Wiedergeburt und meldeten den Wunsch nach separater staatlicher Souveränität an.

Im Ersten Weltkrieg hatten armenische Partisanenverbände im Rücken des osmanischen Heeres den Vormarsch der zaristischen Armee in Ost-Anatolien begünstigt. Aber noch ehe die russisch-orthodoxen Befreier und Glaubensbrüder weit nach Südwesten eindrangen und die Städte Van und Erzerum besetzten, reagierte die Hohe Pforte Istanbuls mit einem »Firman«, der die Vertreibung und Auslöschung der bislang unterwürfigen Minderheit verfügte. Es waren vor allem Horden von kurdischen Freischärlern, die das Gemetzel an den Armeniern durchführten und den langen Vertriebenenkolonnen, die sich in Richtung Mesopotamiens dahinschleppten, plündernd und mordend auflauerten. Als die russischen Divisionen unter dem Gebet ihrer Popen und geleitet von ihren goldenen Ikonen in die Stadt Van einzogen, fanden sie nur noch das Trümmerfeld vor, das sich heute zu Füßen des Van Kalesi wie ein Friedhof der armenischen Freiheitsträume darbietet. Allein das gebrochene Minarett der Ulu Cami ragt noch aus dem Schutt empor. Das Thema des »Armenier-Genozids« bleibt bis auf den heutigen Tag für die kemalistische Republik ein absolutes Tabu, ein Gegenstand strikter Verneinung, und es mutet wie ein biblischer Fluch an, daß aus den Tätern von einst, den Kurden, die Opfer von heute geworden sind. Die zaristische Streitmacht hat ihre anatolischen Eroberungen nach Ausbruch der Oktober-Revolution überstürzt preisgegeben und zog sich 1917 auf den Kaukasus zurück. Dort entstand später – auf Anweisung Stalins – die winzige armenische Sowjetrepublik von Eriwan, nachdem Atatürk in einem Abkommen mit Moskau die vormals russischen Grenzstädte Kars und Ardahan seinem neugegründeten Nationalstaat einverleiben konnte.

Vier Kilometer trennen das Ruinenfeld der geschleiften Armenier-Siedlung von der neuen, expandierenden Provinzhauptstadt. Ich benutze den Aufenthalt, um die Universität Van aufzusuchen, die im Jahr 1982 gegründet wurde und neun Fakultäten, darunter eine theologische, besitzt. In Abwesenheit des Rektors bieten sich zwei Dozenten, ein Chemieprofessor und ein Historiker, als weltoffene Informatoren an. Auch in diesem Konferenzzimmer blickt die goldene Maske Atatürks streng auf uns herab, als habe er die Nachfolge jenes »Herrn der Stürme« angetreten, zu dem das Volk von Uruartu einst betete. Seltsamerweise blieb Van in den kritischsten Jahren des PKK-Aufstandes von Überfällen und Unruhen weit mehr verschont als Diyarbakir. In Ermangelung einer autochthonen Partei hatte in diesem Gouvernorat, das überwiegend kurdisch bevölkert ist, die islamistische Wohlfahrts-Bewegung bei den letzten Wahlen 1994 sechzig Prozent der Stimmen für sich verbuchen können. Nach dem Verbot der Refah ist die neugegründete Fazilet in deren Fußstapfen getreten. Auf dem Land bleibt die Kraft der diversen religiösen Strömungen ungebrochen, so erfahre ich. Hier geben weiterhin die großen Bruderschaften der Naqschbandi und der Nurculuk den Ton an. Ohne die Zustimmung, ohne die aktive Unterstützung einer Tarikat und ihres Scheikhs, kann sich angeblich kein Politiker durchsetzen. So sei es wohl immer gewesen, selbst in jenen frühen Jahren der Republik, als der Kemalismus nach dem Verbot aller Derwisch-Bünde im Jahr 1925 sich in der Illusion wiegte, die Laizisierung konsequent vollenden zu können.

Interessant, so meint der Geschichtsprofessor, seien die Annäherungsversuche, aber auch die heimliche Rivalität zwischen den modernen Progressisten des koranischen Fundamentalismus auf der einen und den im archaischen Volksislam verharrenden Sufi-Orden auf der anderen Seite. Ähnlich, so scheint mir, stellt sich die religiöse Frage in jenen autonomen Muslim-Republiken des Nord-Kaukasus, die immer noch der Rußländischen Föderation angehören. Sowohl in der tschetschenischen Umgebung von Grosny als auch im Vielvölker-Mosaik Daghestans war ich zwei Jahre zuvor auf ein vergleichbares Ringen um das richtige Verhalten »auf dem Wege Allahs« gestoßen. Offiziell ist in Van das Tragen des Kopftuches für weibliches Lehrpersonal und für Studentinnen verboten. Aber in diesem Sommer 1998 zeigt sich das Rektorat anpassungsfähig. Nur im Unterricht sind die Dozentinnen zum Ablegen des Hijab verpflichtet. Den angehenden Akademikerinnen sieht man sogar – mit Rücksicht auf ihre Familienbindungen – das Festhalten an der islamischen Kleiderordnung großzügig nach. Doch eine Verschärfung der staatlichen Bestimmungen kündigt sich auch hier bereits an.

Wir diskutieren über die strengen Maßnahmen, die unter dem Druck der allmächtigen Generalität von der Regierung in Ankara gegen die religiösen Imam-Hatip-Schulen verfügt wurden. 600 000 junge Männer wurden dort dank privater Finanzierungen und Stiftungen als Vorbeter und Prediger ausgebildet. Aber diese frommen jungen Leute konnten in den Imam-Hatip-Instituten auch einen achtjährigen vollen Bildungsgang im Hinblick auf späteres Hochschulstudium in anderen Disziplinen absolvieren. Der koranisch gefärbte Unterricht war angeblich von hoher Qualität und stand vor allem auch den begabten

Söhnen der mittellosen Bevölkerungsschichten offen. Per Dekret ist die Dauer der Imam-Hatip-Ausbildung auf vier Jahre reduziert worden, was den Schülern zwar erlaubt, ihre rein religiösen Kenntnisse des islamischen Geistes- und Rechtssystems zu vertiefen, ihnen jedoch jede Möglichkeit verschließen soll, eines Tages als hochqualifizierte Technokraten und Spezialisten weltliche Berufe auszuüben und den koranischen Einfluß in der Zivilgesellschaft geltend zu machen. Es versteht sich von selbst, daß für einen ehemaligen Imam-Hatip-Schüler keine Chance besteht, jemals ein Offizierspatent zu erwerben.

Bei den Theologie-Studenten von Van bemüht sich das Regierungsamt für religiöse Angelegenheiten um eine widernatürliche Synthese zwischen Kemalismus und muslimischem Glaubensgut. Wie das möglich ist, im Schatten eines Staatsgründers, der den Propheten immer wieder öffentlich schmähte, kann nicht recht einleuchten. Immerhin unterwerfen sich die Theologie-Aspiranten einem einjährigen Vorbereitungslehrgang zur rudimentären Erlernung des Arabischen. Auch dieses ist eine deutliche Abweichung von der Anordnung Atatürks, die Botschaft des Propheten allenfalls in türkischer Sprache zu dulden. Darauf folgen vier Jahre Studium des Koran und des Hadith. Wir reden ganz offen über die sich vertiefende Diskrepanz zwischen dem zunehmend militanten Säkularismus der Behörden und der nostalgischen Rückwendung weiter Bevölkerungskreise zum osmanischen Gottesstaat.

Hier werden Bruchstellen sichtbar, die auch den Kurdenkonflikt zusätzlich anheizen könnten. In diesem Zusammenhang stößt die zunehmend enge Kooperation zwischen Ankara und Jerusalem selbst bei aufgeklärten Geistern auf starke Bedenken. Gerade die Intellektuellen – angeblich auch junge Generalstabsoffiziere, die zu Lehrgängen im Ausland weilten – betrachten die Verklammerung der Türkei in die fragwürdige Nahost-Politik der USA mit wachsendem Unbehagen. Von einer »Pax Americana« kann seit dem Pyrrhus-Sieg gegen Saddam Hussein im Jahr 1991 und dem Scheitern der Ausgleichspolitik im Heiligen Land ohnehin nicht mehr die Rede sein.

Ob zügellose Marktwirtschaft und parlamentarische Parteien-Vielfalt der Türkei den adäquaten Weg zu Wohlstand und Stabilität, kurzum zur vollendeten Anpassung an das europäisch-amerikanische Modell weisen können, wird in diesem einsamen akademischen Vorposten von Van ebenso bezweifelt wie an den Hochschulen von Istanbul und Ankara. Das hektische Spekulationsfieber der internationalen Börsen, der kurzfristige Zusammenbruch der ostasiatischen Wohlstandssphäre seien keine Ermunterung, den Empfehlungen des amerikanischen Schatzamtes und des Internationalen Währungsfonds blindlings zu folgen. Was nun den politischen Pluralismus betrifft, so sind die Meinungen einhellig. In einer immer noch vom Klientelwesen geprägten orientalischen Gesellschaft, deren Fürsorgepflicht für Sippen- und Klanangehörige stets Priorität besitzt und oft genug auch positive Züge aufweist, hat die Entfaltung eines aufgepfropften Formal-Parlamentarismus mit seinem Gefolge von Palastintrigen, Bestechlichkeit, Mafia-Verstrickungen und »getürkten« Wahlergebnissen zur Diskreditierung der politischen Klasse geführt. Diese Übernahme landesfremder Normen erweise sich zunehmend als Ferment der staatlichen Zersetzung.

Draußen haben sich inzwischen meine neuen Schutzengel eingefunden. Sie begleiten mich zum Gouverneur der Provinz Van, Abdülkadir Sari. Eine aufwendige Mercedes-Limousine mit Stander, die vor dem Verwaltungsgebäude parkt, deutet den protokollarischen Vorrang des Vali an. Wieder treffe ich auf einen liebenswürdigen, kultivierten Mann, der in einem höchst repräsentativen Rahmen amtiert. Solcher Luxus, so habe ich längst erkannt, ist im ganzen Orient und insbesondere bei den Erben der Osmanen ein unentbehrliches Attribut von Macht und Obrigkeit. Die Bevölkerung erwartet das gar nicht anders. In Van, so sagt der Vali, ist die Einwohnerzahl binnen kurzer Zeit von 150 000 auf 220 000 hochgeschnellt. Das ist nicht verwunderlich beim Zustrom von Flüchtlingen aus den umkämpften Dörfern und bei einer Geburtenrate von 3,8 Prozent.

Auf Dauer, so gesteht auch der Gouverneur mit verbindlichem Lächeln, würde sich daraus ein ernstes Problem ergeben. Während der demographische Schub in der West- und Zentraltürkei allmählich abebbt, hält er in den kurdischen Ost-Provinzen unvermindert an und führt automatisch zum prozentualen Anwachsen des kurdischen Elements. Die militärische Lage hingegen habe sich deutlich entspannt, der PKK gehe allmählich die Luft aus, versichert der Gouverneur. Ohne Begünstigung durch die benachbarte Islamische Republik Iran wäre der Aufstand wohl schon zum Erliegen gekommen. Längs der Grenze zur Kaukasus-Republik Armenien gehe es hingegen relativ ruhig zu, zumal die Überwachung dort in den Händen von russischen Einheiten des Moskauer Innenministeriums liege. Ob dieses Wohlverhalten Eriwans Bestand habe, könne niemand garantieren. Mit strahlendem Lächeln eröffnet mir Abdülkadir Sari, der wohl mit dem Super-Vali von Diyarbakir kommuniziert hat, daß er meinem Wunsch entsprechen könne. Ich dürfe einen Verband von »Dorfschützern« besichtigen. Vor zwei Tagen sei in der Umgebung von Gevaş der Überfall einer PKK-Bande auf eine kleine Bauerngemeinde durch die kurdische Lokalmiliz abgewehrt worden. Er habe entsprechende Weisungen für meinen Besuch erteilt.

# Die PKK greift an

*Kayalak, im August 1998*

Wer kennt sie nicht, die verlassene armenische Kirche zum Heiligen Kreuz, die über dem Van-See wie eine Böcklinsche Toten-Insel schwebt? Da gibt es zwar keine romantische Nebelstimmung wie auf dem deutschen Gemälde, und es ragen keine trauernden Zypressen aus düsterem Naß. Aber die Einbildung geht mit dem Reisenden durch. Die Überfahrt zum Akdamar-Eiland in einem tuckernden Nachen gestaltet sich zur Reise über den Styx. Die heiseren Erklärungen des düster blickenden kurdischen Bootsbesitzers, der sich wie ein anatolischer Charon aufdrängt, tönen wie Begräbnisklagen. Es könnte lieblich anmuten, dieses einsame armenische Heiligtum, wäre da nicht der Fluch der Erinnerung.

Im achten Jahrhundert nach Christus war ein armenischer Fürst vor den erobernden Arabern nach Akdamar geflüchtet, bevor er sich bereit fand, dem regierenden Kalifen den im Koran geforderten Tribut zu zahlen. Etwa zweihundert Jahre später – die Byzantiner hatten die Araber nach Mesopotamien abgedrängt – ließ der armenische König Gagik Artzumi, nunmehr ein Vasall des Kaisers von Konstantinopel, die Kirche zum Heiligen Kreuz, ein Kloster und einen Palast auf der Insel errichten. Sehr umfangreich kann dieses Schloß nicht gewesen sein; dafür fehlte es an Raum. Von dieser armenischen Präsenz kündet nur noch die »Akdamar Kilise«, wie die Kirche zum Heiligen Kreuz heute genannt wird. Sie hat die Stürme der Nomaden und sogar die unsägliche Tragödie von 1915 – wenn auch mit geborstenen Mauern – überlebt wie ein Symbol eindringlicher Jenseitigkeit. Die verblaßten Fresken christlicher Heiligen stufen sich in der steil ansteigenden Apsis wie eine alttestamentarische Jakobsleiter. Diese Ruine ist in mancher Hinsicht eindrucksvoller als die prächtig erhaltenen Heiligtümer von Etschmiadsin am Sitz des obersten armenischen Katholikos in der unabhängigen Republik Armenien. Die Einwohner von Eriwan blicken dort mit unstillbarer Sehnsucht auf die Schneekuppe des Ararat, die zum Greifen nahe ist und sich doch schon auf türkischem Territorium befindet.

An den Außenmauern der Akdamar Kilise sind die Relief-Darstellungen der jüdisch-christlichen Heilsgeschichte beinahe perfekt erhalten. Eine gewisse Form von Verwandtschaft mit den assyrischen Gottheiten von Niniveh oder Nimrud im nahen Nord-Irak fällt ins Auge. Die Legendenwelt von Akdamar reicht von Adam und Eva über das Sohnesopfer Abrahams bis zum Propheten Daniel in der Löwengrube zu Babylon. Auf der nördlichen Inselseite, wo sich das Kloster befand, geht es hingegen sehr trivial zu. Umkleidekabinen mit Duschen wurden dort für Feriengäste zusammengehämmert. Auf dem Rückweg zum Boot begegne ich einem japanischen Fernsehteam, das – ungeachtet der Kurdenkrise – eine Dokumentation über diese kuriosen Überbleibsel einer versunkenen, für das Team befremdenden Religiosität dreht.

Saadet erzählt während der Rückfahrt eine volkstümliche Legende. Akdamar sei gar nicht der richtige Name der Insel, sondern eine türkische Verballhornung. In Wirklichkeit müsse der Ort »Ah Tamara!« heißen. Lange vor der Ankunft von Seldschuken und Osmanen habe sich hier Tamara, die Tochter eines armenischen Fürsten, in einen armen Hirten verliebt, und bei Nacht sei dieser unstandesgemäße Liebhaber – dem Licht ihrer Schlafkammer folgend – durch den See zur Insel geschwommen, um sich mit ihr zu vereinen. Der Vater Tamaras erfuhr von dieser sträflichen Leidenschaft seiner Tochter. Er brachte eine trügerische Laterne auf einem Schiff an, der der Hirte so lange in die Weiten des Sees hinterherschwamm, bis seine Kräfte erlahmten. Bevor er in den Fluten versank, soll er immer wieder den Namen seiner Geliebten angerufen haben: ›Ah, Tamara!‹« So findet sich die hellenische Sage von Heros und Leander, so finden sich »des Meeres und der Liebe Wellen« im fernen Kurdistan wieder.

⁂

Am Rande der südlichen Uferstraße hat sich ein kriegerisches Aufgebot formiert. Die blau uniformierten Polizisten, die mich bislang begleiteten, sind durch zwei Dutzend schwerbewaffnete Jandarma mit

Helm und kugelsicherer Weste ersetzt worden. Auf dem Dach eines offenen Command-Cars ist ein Maschinengewehr montiert, und ein Mannschaftspanzer soll wohl als Kugelfang dienen. Dieser Konvoi habe den Befehl, mich zu den »Dorfschützern« zu geleiten, meldet der Befehlshaber der kleinen Truppe. Etwa vier Kilometer vor Gevaş verlassen wir die Asphaltroute und biegen nach Süden ein. Mit einem Schlag nimmt uns ein ganz anderes Land auf. Die kahle Böschung des Sees liegt hinter uns, und wir tauchen in tropisch anmutende Vegetation ein. Wie ein Dschungel schlagen die Zweige und Büsche der dicht gedrängten Pappeln und Eukalyptus-Bäume, das bambusähnliche Unterholz über uns zusammen. Ich fühle mich in die ferne Erlebniswelt meiner Patrouillengänge in Indochina zurückversetzt.

Die Schlammpiste, auf der wir uns vorwärtsmühen, weist riesige Schlaglöcher auf. Der Landrover ist auf Vierradgang geschaltet und schaukelt hinter einem BTR-60 sowjetischer Bauart. Die Strecke ist relativ kurz, etwa sechs Kilometer, aber sie erscheint viel länger. Gelegentlich öffnen sich Lichtungen, wo auf steilen Wiesen die Heuernte eingebracht wird. Dann wird der Weg von den Lehmwänden armseliger Katen eingeschnürt, und ungewaschene Kurdenkinder, oft mit blonden Schöpfen, winken und rufen uns lachend zu. Auch hier stellen sich Reminiszenzen an Vietnam ein. Wenn die amerikanischen GIs bei ihrer Vietcong-Suche in die Dörfer des Mekong-Deltas vordrangen, gellten ihnen aus jeder Behausung die Schreie der halbnackten Kinder entgegen. Es erhob sich ein durchdringender, freundlich klingender Chor schriller Stimmen, die unablässig den Ausdruck »OK« wiederholten. Mancher Soldat mag damals gemeint haben, die große Weltmacht USA habe eben doch die Sympathie ihrer asiatischen Schützlinge gewonnen. In Wirklichkeit stießen die Kinder Warnrufe aus, damit die stets gehetzten Partisanen Ho-Tschi-Minhs rechtzeitig in ihren Erdtunneln und Verstecken untertauchen konnten.

Wir erreichen das Dorf Kayalak. Die armseligen Häuser sind um einen großen lehmigen Platz gruppiert. 480 Menschen leben hier, ausschließlich Kurden. Die Gendarmen sind abgestiegen und übernehmen die Sicherung am Rande des Unterholzes. Etwa vierzig Männer von Kayalak haben sich versammelt. Es sind arme Schlucker. Ihre häßliche europäische Kleidung ist abgenutzt und vielfach geflickt. Aus den stoppelbärtigen, hageren Gesichtern starren die Augen mit furchterregender Intensität. Man braucht eine Weile, bis man in diesen Breiten erkennt, daß der Wolfsblick nicht ein Zeichen grausamer

Aggressivität ist, sondern daß sich darin die Angst, die Unterdrükkung, die Not von Jahrhunderten spiegelt. Kayalak verfügt seit elf Jahren über eine eigene Miliz, eine kleine Gruppe von »Dorfwächtern«, berichtet der Jandarma-Leutnant. Aber nur einer der Zivilisten, ein wenig vertrauenerweckender Typ, trägt eine Waffe, eine schwere Pistole, am Gurt. Seine Hose ist aus Tarnstoff, das Hemd bunt gestreift, und auf dem Kopf sitzt die abscheuliche Schlägermütze. Bei aller Armut begegnet uns der Dorfälteste mit Würde. Er bietet Tee und Joghurt an.

Von dem Touristen-Strand von Van mit seiner erkünstelten Modernität sind wir hier nur ein paar Meilen entfernt, aber eine ganz andere, archaische Atmosphäre umgibt uns. Der grüne Oasenstreifen endet im Süden abrupt. Dort beginnen ausgedorrte, öde Weiden, die untersten Ausläufer des Hakkari-Gebirges. Auf den Gipfeln haben Schneefelder den glühenden Sommer überdauert. »Am 15. Juli 1998 um 22.40 Uhr sind wir von der PKK überfallen worden«, beginnt der Ortsvorsteher, als sage er eine Lektion auf. »Die Terroristen sind mit 120 Mann gekommen, und sie trugen die Tracht der Peschmerga.« Mit dem Wort Peschmerga sind jene kurdischen Freischärler gemeint, die – wie die Übersetzung sagt – »den Tod nicht fürchten«. Das Dorf sei von den Rebellen umzingelt und zwei Stunden lang beschossen worden. Dabei wurden angeblich Sturmgewehre, MGs und Panzerfäuste abgefeuert. Die 45 Dorfwächter konnten sich nur mit ihren Kalaschnikows wehren. Die Ankunft der alarmierten Jandarma habe sich verzögert, weil die Aufständischen die einzige Zufahrt vermint hätten. Die Granaten der Rebellen seien glücklicherweise in den Lehmwänden nicht explodiert. Vier Häuser seien jedoch in Brand geraten. Die PKK-Rebellen hätten achtzehn Stück Vieh getötet, acht große Heuhaufen angezündet und die Lebensmittelvorräte geplündert. »Allah sei Dank! Wir haben keine Verluste zu beklagen gehabt, aber mindestens einer der Angreifer wurde verwundet und auf einem gestohlenen Pferd abtransportiert«, fährt der Alte unter Zustimmungsgemurmel seiner Männer fort. Die Aktion sei wohl sorgfältig geplant gewesen, denn drei Tage vor dem Überfall sei bereits ein Hirtenknabe mit zwölf Schafen entführt worden.

Trotz dieser detaillierten Schilderung bleibt vieles verworren. Ich halte Ausschau nach abgebrannten Behausungen, aber nur eine einzige Hütte weist schwere Schäden auf, und die könnten vom Klima und der Erosion her stammen. In dieser Gegend alterniert die Hitze des Sommers mit winterlichen Kälteeinbrüchen von minus dreißig

Grad. Wie läßt sich erklären, daß die weit überlegene und gut bewaffnete Kampfeinheit der PKK das Dorf nicht mühelos überrannt und zur Strafe für dessen Zusammenarbeit mit den Behörden dem Erdboden gleichgemacht hat? Es ist kaum vorstellbar, daß hier zwei Stunden lang in nächtlicher Dunkelheit gekämpft wurde, ohne daß ein Blutbad entstand. Zu viele Ungereimtheiten kommen da zusammen. Wer von diesen düsteren Männern mit den erdfarbenen Gesichtern, den plumpen Gliedern, die von kargem Dasein und harter Feldarbeit abgenutzt sind, wird schon mit der vollen, ungeschminkten Wahrheit herausrücken? Eine zweite Autoritätsperson – das Gesicht unter der hohen Filzkante ist schmal und kantig geschnitten – meldet sich zu Wort. Der Mann begrüßt es, daß Kayalak seit dem Zwischenfall durch einen ständigen Jandarma-Karakol geschützt ist. Wie ein Feudalherr, ein Aga, tritt auch dieser hakennasige Mann nicht auf. Südlich des Van-Sees, so betont er, würden die Bauern kleine Parzellen bearbeiten, oft nur Gemüsegärten, und auf den nahen Hügeln weiden sie ihr Vieh. Für Großgrundbesitz sei hier kein Platz. Aber wer durchschaut in Ost-Anatolien das komplizierte System sozialer Abhängigkeiten und familiärer Klan-Strukturen? Ich frage mich, ob ich nicht das Objekt einer geplanten Irreführung bin. Haben die Peschmergas der PKK, die wie alle Partisanen darauf angewiesen sind, in der Bevölkerung zu leben »wie der Fisch im Wasser« – Mao Zedong dixit –, nicht vielleicht eine kriegerische Aktion nur vorgetäuscht, um sich in aller Ruhe und dank heimlicher Komplizenschaft der eingeschüchterten Dorfgemeinschaft mit Proviant einzudecken? Wurde in Kayalak eine »Räuberpistole« inszeniert?

Der Dorfälteste winkt eine schmächtige Gestalt heran. Angeblich handelt es sich um ein ehemaliges PKK-Mitglied. Der etwa dreißigjährige Ex-Rebell ist ebenfalls schäbig, aber extravagant gekleidet. Eine hellblaue, verbeulte Hose kontrastiert mit einer rotgelb karierten Jacke und einem buntschillernden Schlips. So könnte sich ein Zuhälter unterster Kategorie kostümieren. Der Überläufer stammt aus Kayalak und hat sich nach seiner Rückkehr in die dortige Miliz einreihen lassen. Er soll sich sogar als Patrouillenführer bewähren. Beim Erzählen seiner Geschichte blickt er auf den Boden. Diese erbärmliche Erscheinung erregt Mitleid trotz des verschlagenen Ausdrucks seines Gaunergesichts.

In einigen Punkten klingt sein Bericht interessant. Vor zwei Jahren etwa hatte er sich zur PKK gemeldet. Drei Monate lang wurde er in einem Geheimlager der Bekaa-Ebene im Libanon ausgebildet. Er lernte, wie man sich der AK-47, der Panzerfaust RPG-7 und diverser Sprengstoffe zu Sabotagezwecken bedient. Danach habe er sich an Hinterhalten und Attacken auf türkischem Territorium beteiligt, doch schließlich habe er sich erschöpft und entmutigt der Jandarma gestellt, sei in Diyarbakir eingekerkert und verhört worden. Er habe seine Verbrechen gegen den Staat reumütig gestanden. Mich interessieren vor allem seine Erfahrungen in Syrien und im Libanon. Wo genau sein Ausbildungslager sich befunden habe, forsche ich. Geographie ist offenbar nicht seine Stärke. Das Camp sei nach »Osman Öcalan«, dem Bruder des berühmt-berüchtigten obersten PKK-Chefs Abdullah Öcalan, benannt gewesen und sei in der Bekaa in unmittelbarer Nähe der süd-türkischen Grenze gelegen. Als ich ihn darauf hinweise, daß die Bekaa-Ebene vom türkischen Staatsgebiet durch mindestens 200 Kilometer syrischen Territoriums getrennt ist, entsteht Verlegenheit. Es gebe auch noch andere Übungsplätze in der syrischen Djezireh unweit des nord-irakischen Kurdengebiets. Im Lager »Osman Öcalan« seien etwa 600 Freiwillige gedrillt worden. Als Uniform hätten sie die Peschmerga-Kluft getragen mit weiter Pluderhose, breiter Bauchbinde und gefranstem Turban. Als militärischer Verantwortlicher habe ein gewisser Kalender das Sagen gehabt. Aber auch Abdullah Öcalan, sei mehrfach zu Besuch gewesen. Etwa sechzig Prozent der PKK-Rekruten stammten aus Türkisch-Anatolien. Die übrigen Freiwilligen seien oft von weither gekommen, aus Deutschland und aus Holland sogar. Jenen jungen Kurden, die im Nordost-Zipfel Syriens beheimatet sind, habe die Regierung in Damaskus die Wahl gelassen, ihren Militärdienst in der syrischen Armee abzuleisten oder sich zur PKK zu melden.

In dieser stockenden Schilderung ist viel von Einmischung die Rede. Unter den Ausbildern hätten sich Iraner und sogar Armenier befunden. Letztere hätten ganz offen für die Schaffung eines groß-armenischen Staates geworben. Das klingt recht merkwürdig. Aber dann horche ich auf, als der Überläufer meine Frage nach marxistisch-leninistischer Indoktrinierung durch die PKK-Führung strikt verneint. Es sei im Lager »Osman Öcalan« immer nur von kurdischem Nationalismus die Rede gewesen und von der Schaffung eines unabhängigen kurdischen Staates, in dem alle Söhne dieses Volkes ihre Heimat fänden. In der iranischen Grenzstadt Urmia, so bestätigt er, sei ein Lazarett für verwundete PKK-Kämpfer eingerichtet. Über den hohen Rebellenführer Şemdin Sakik, dessen Gefangennahme durch die türkische Armee als großer Sieg in Ankara gefeiert wurde, äußert sich der Ex-Partisane, zurückhaltend und skeptisch. Plötzlich berichtet er über die Präsenz von drei deutschen Mädchen im Trainings-Camp der »Kurdischen Arbeiterpartei«. Sie hätten fließend arabisch gesprochen, sich untereinander jedoch nur auf deutsch unterhalten. Die drei seien sehr kompetente Ausbilderinnen an der Waffe gewesen.

Saadet reagiert ganz aufgeregt auf diese Enthüllung, während in mir der Verdacht wächst, systematisch manipuliert zu werden. Erst ein paar Monate später sollte diese vermeintliche Tataren-Meldung eindeutige Bestätigung finden, als die ehemalige RAF-Terroristin Andrea Wolf – auf seiten der PKK kämpfend – sowie eine andere anonyme Gesinnungsgenossin aus Deutschland in der Ost-Türkei getötet wurden. Die dritte Öcalan-Verehrerin aus der Bundesrepublik, Eva Juhnke, ebenfalls eine Überlebende der »Rote-Armee-Fraktion«, befand sich schon zur Zeit meines Besuches in Kayalak in Jandarma-Haft und sollte zwei Monate später zu fünfzehn Jahren Gefängnis verurteilt werden.

Wieder einmal verlaufe ich mich im Irrgarten anatolischer Widersprüche, so sehr vermischen sich Elend und Furcht, Verrat und Erpressung. Eines ist unleugbar: Der Überläufer der PKK schlottert vor Angst. Diesmal schaut er mir in die Augen. Immer wieder würden sich die Rächer der »Kurdischen Arbeiterpartei« telefonisch bei ihm melden, um ihm zu drohen, ihn zu zwingen, das Lager zu wechseln. Wie sie ihn denn fernmündlich erreichen könnten, frage ich ungläubig. Aber da holt er tatsächlich sein Handy aus der Rocktasche. Wir stehen auf und gehen nach gebührender Verabschiedung und guten Wünschen zu unseren Fahrzeugen zurück. Die Hand des Überläufers ist naß vor Schweiß, und das liegt wohl nicht nur an der Hitze. Eine letzte Frage hat sich der Ortsvorsteher aufgespart und trägt sie jetzt mit vorwurfsvollem Unterton vor: »Was haben die Europäer mit uns nur im Sinn? Wir haben gehört, daß die französische Nationalversammlung in einer feierlichen Resolution die ›Lüge‹ vom Völkermord an den Armeniern auf ihre Tagesordnung gesetzt hat!« Im Umkreis des Van-Sees haben die Geister der Erschlagenen wohl keine Ruhe gefunden. Sie spuken in den Köpfen dieser kurdischen Dörfler, deren Großväter vielleicht an den grauenvollen Vorgängen von 1915 beteiligt waren.

Wie ich sie zum Abschied vor mir geschart sehe, in ihrer Existenznot und ihrer Zerrissenheit zwischen den Fronten, fällt mir eine Episode aus dem französischen Algerienkrieg ein. Es war wohl im Jahr 1960, da besuchte Charles de Gaulle eine »Meschta« des Ouarsenis-Gebirges. Der forsche Hauptmann der »Section Administrative Spéciale«, der mit der Zivilverwaltung beauftragt war und sich um die Anliegen der muselmanischen Fellachen kümmerte, war ein rühriger Verfechter der nationalen Integrations-Utopie, ein glühender Anhänger der »Algérie française«. Er hatte die Dorfbewohner zusammengetrommelt und meldete dem Staatschef: »Mon Général, je vous présente ici des Français à part entière« – Mein General, ich stelle Ihnen hier vollwertige Franzosen vor. De Gaulle hat sich die kleine zerlumpte Versammlung eine Weile angesehen. Dann kanzelte er den Capitaine mißmutig ab: »Habillez-les d'abord!« erwiderte er – Ziehen Sie sie erst einmal anständig an!

# Selim der Grausame

*Van, im August 1998*

Auf dem Rondell mit Springbrunnen, das die lange Straße der Republik nach Südosten abschließt und auf das sich mein Fenster im »Uruartu«-Hotel öffnet, herrscht keinerlei kriegerische Hektik. Die Patrouillen sind selten. Die kurdischen Frauen wandeln tief verschleiert. Eine Bettlerin – eine seltene Erscheinung in dieser Gegend – hat sich mit ihrem Säugling auf dem Arm wie ein schwarzes Gespenst in die Empfangshalle des Hotels vorgewagt. Sie blickt fassungslos auf die Nachahmungen der Bronzekunst aus der Uruartu-Epoche, die die Lobby rundum dekorieren, auf den unheimlichen Vogel-Gott mit Menschenleib, Flügeln und einem gewaltigen Schnabel, auf die Kampfwagen und Bogenschützen, die sehr assyrisch wirken. Dann verschwindet sie hastig.

Am Nachmittag bin ich ein wenig bummeln gegangen. Die Kelim-Verkäufer bieten nur drittrangige Ware an, und das einzige Souvenir, das ich aus Van zurückbringen werde, ist ein amulettähnliches, dreieckiges Flechtwerk aus Bohnen und bunten Fäden, das ich am Sufi-Grab des Opferfelsens erstanden habe, ein Relikt der heidnischen Zeit der Unwissenheit, der »Dschahiliya«, wie fromme Korangelehrte urteilen würden. Den ganzen Tag über bis in die späte Nacht, wenn die

Kebab-Händler längst zugemacht haben, warten Taxi-Chauffeure neben ihren gelben Autos auf seltene Kunden. Rund um die Uhr lassen auch schwere Lastwagen – mit Lebensmitteln beladen – ihre Bremsen quietschen. Nur selten rast eine Ambulanz mit flackerndem Blaulicht auf das gegenüberliegende Hospital des Roten Halbmondes zu.

Nach unserer Rückkehr aus Hakkari haben wir uns am Flugplatz Van versichert, daß unser Flug nach Ankara fest gebucht ist. Vor den Schaltern drängen sich die jungen Militär-Urlauber in Zivil. Inmitten dieses Gewühls und in schreiendem Kontrast zu den übrigen Frauen, die sich in unförmiger, sackähnlicher Verschleierung dem Blick entziehen, taucht plötzlich eine »Märchenprinzessin« auf, eine langbeinige Schönheit mit blondgefärbtem Haar, das Mieder so kurz, daß es den Bauchnabel freigibt. Die weiße Glitzer-Hose läßt jedes anatomische Detail erkennen. Entgegen meiner ersten Vermutung versichert mir Saadet, daß es sich nicht um ein Freudenmädchen, sondern um eine junge Dame der begüterten kemalistischen Oberschicht handelt. Der extravagante Auftritt erregt seltsamerweise bei ihren prüde verhüllten Geschlechtsgenossinnen kein merkliches Aufsehen, und die robusten Soldaten enthalten sich jeder anzüglichen Bemerkung.

Wenn ich diese erotische Provokation erwähne, geschieht das nicht aus Freude am Voyeurismus, sondern weil hier wieder einmal gesellschaftliche Abgründe sichtbar werden. Im übrigen sollten jene Türken in Deutschland, die über die sittliche Verderbnis Europas die Nase rümpfen, auch jene türkischen Knaben, die ihre deutschen Mitschülerinnen ob ihrer freizügigen Kleidung belästigen oder schmähen, sich bewußt sein, daß so manche junge Frau in Istanbul oder in den Küsten- und Ferienorten Anatoliens ihre weiblichen Reize viel offenherziger und raffinierter zur Schau stellt.

Dies ist mein letzter Abend in Südost-Anatolien. Auf dem TV-Schirm meines Zimmers hätte ich den Triumph eines kleinen, kahlköpfigen Italieners bei der Endetappe der Tour de France in Paris bewundern können. Auf einem Kulturkanal wird zur gleichen Stunde eine Othello-Aufführung der BBC mit türkischen Untertiteln geboten. Eben wurde auf dem Sender TRT mitgeteilt, der tschetschenische Staatschef Maskhadow habe in Ankara zu politischen Gesprächen kurz Station gemacht. Auch ein bewaffneter Zwischenfall in der Provinz Tunceli wird gemeldet. In der Nacht vom 3. zum 4. August sind ferner in der Velayat Şirnak 150 Partisanen und fünfzehn Soldaten getötet worden. Auch an der Schwarzmeer-Küste, so erfahre ich, in

186

der Gegend von Samsun, sei es zu bewaffneten Überfällen gekommen, aber dabei habe es sich vermutlich um ganz gewöhnliche Wegelagerer gehandelt.

Es gibt wohl Besseres zu tun, als vor der Mattscheibe zu verharren, Shakespeare zu lauschen oder der Aktualität nachzuhasten. So bin ich nach oben gegangen und habe mich zum Sun-downer an der Brüstung des Dachrestaurants installiert. Im »Uruartu« werden anstandslos alkoholische Getränke serviert, und der Whisky verschafft wohltuende Entspannung. Im schrägen Licht der untergehenden Sonne erscheint die Neustadt von Van weniger trostlos. Der See am Ende der »Cumhuriyet Caddesi« dehnt sich grau. Um die Akdamar-Insel mit der armenischen Kreuz-Kirche rankt sich ein letzter Sonnenstrahl wie ein Heiligenschein. Die karge Gebirgslandschaft ist rosa getönt. Schon recht früh wird die Straßenbeleuchtung eingeschaltet, und die strahlende Lampengirlande flackert wie eine Weihnachtsdekoration. Gleich hinter meinem Beobachtungsposten ist der Hügel mit dem obligaten Spruch versehen: »Welches Glück wird dem zuteil, der sagen kann, ich bin ein Türke!« Als Kontrapunkt ragen die Minaretts der neuen Freitagsmoschee in den sich gelb und violett verfärbenden Himmel.

Im Restaurant haben sich nur wenige Gäste an den sauber gedeckten Tischen niedergelassen. Am Buffet wird vorzügliches orientalisches Essen serviert. Frauen sind nicht anwesend. Ein Dreimann-Orchester, darunter ein Cembalo-Spieler, gibt schmalzige türkische Schlager zum besten. Die Klänge passen irgendwie zur Stimmung. Beim fünften Whisky stellt sich Euphorie ein. Ich muß an den jungen Jandarma-Leutnant der Sicherheitspatrouille von Kayalak denken, der mir allen Ernstes sagte: »Die Russen haben einen folgenschweren Fehler gemacht, als sie sich aus Afghanistan hinauswerfen ließen. Jetzt sind dem Fundamentalismus in Zentralasien alle Tore geöffnet, und der islamische Fanatismus pocht bereits an die Tore des Moskoviter-Reiches.« Mein stets hilfsbereiter Gefährte Saadet telefoniert wohl zu dieser Stunde mit Ankara, um dort Verabredungen für mich zu treffen.

Im Raum zwischen Van-See und Ararat-Berg hat sich mehrfach das Schicksal von Orient und Okzident entschieden. Diese karge Landschaft regt an zu Betrachtungen über die »vanitas mundi«. Mein Blick richtet sich auf das Süphan-Gebirge im Nordwesten. Unmittelbar dahinter, etwa hundert Kilometer von meinem Aussichtspunkt entfernt, befindet sich das Städtchen Mantzikert, das von den Türken heute Malazgirt genannt wird. Am 26. August des Jahres 1071 – also fast vier Jahrhunderte vor der Eroberung Konstantinopels durch die Osmanen – wurde an dieser Stelle das Schicksal des Byzantinischen Reiches besiegelt. Aus den Tiefen des asiatischen Raumes waren wilde türkische Horden aufgetaucht. An deren kriegerischem Ungestüm gemessen war die arabische »Futuhat«, die Ost-Anatolien nach dem Tod des Propheten dem Kalifen Omar unterwarf, nur eine kurzlebige Fantasia gewesen. Der türkische Seldschuken-Fürst Alparslan vernichtete das oströmische Heer in der Schlacht von Mantzikert und nahm Kaiser Romanos Diogenes gefangen. Sehr bald sollten die Seldschuken ihre Hauptstadt in Konya, etwa 200 Kilometer südlich von Ankara, aufschlagen und bis in die Nachbarschaft des Bosporus vordringen. Da sie sich schon früh zu einem schamanistisch geprägten Islam bekannten, ließen sie ihre Herrschaft über Anatolien und Aserbaidschan durch die rechtgläubigen Abbassiden-Kalifen von Bagdad bestätigen. Was wäre diesen schwachen, stets um ihr Leben bangenden Nachfolgern Harun-al-Raschids auch anderes übriggeblieben, wo doch ihre eigenen Palasttruppen, ihr einziger Schutz, sich seit geraumer Zeit aus turkmenischen Söldnern und Militärsklaven zusammensetzten?

Die rauhen Nomaden, die sich als neue Herren Kleinasiens etablierten, wurden von den alteingesessenen, durchweg christlichen Völkerschaften keineswegs immer als »Geißel Gottes« empfunden. Mit Ausnahme der griechisch-orthodoxen Gläubigen gehörten sie – als Armenier, Nestorianer, Assyrer, Jakobiter und Paulikianer – Konfessionen an, die in dogmatischem Widerstreit zur byzantischen Staatskirche standen. Sie wurden vom Patriarchen Konstantinopels als schlimme Häretiker mit Bannfluch, dem »Anathema« belegt. Den weltlichen Behörden des »Basileus« wurden sie zur Unterdrückung und Ausplünderung freigegeben. Das byzantinische Verwaltungssystem zeichnete sich ohnehin durch Willkür und Korruption, durch ein unerbittliches Feudalsystem aus, an dem gemessen die neuen Landverteilungs-Edikte der islamisch-seldschukischen Emire als relativ tolerant, fast wohlwollend erscheinen mochten.

Ein Jahr ist vergangen – die Zeitspanne erscheint mir viel länger –, da war ich auf meiner Erkundungsreise im kurdischen Nord-Irak auf das früh-christliche Heiligtum des Märtyrers Behman gestoßen. Mit Hilfe des dortigen Pfarrers, Pater Michail, hatte ich meine historischen Kenntnisse über dieses halb verschüttete Kapitel mesopotamischer und anatolischer Wirren vertiefen können. Wir wanderten plaudernd über die kahle Hügellandschaft nördlich von Mossul zwischen den Ausgrabungsstätten Nimrud und Niniveh. An dem assyrischen Kirchenbau des heiligen Behman, der aus dem vierten Jahrhundert stammte, fanden umfangreiche Renovierungsarbeiten statt, die der Gönnerschaft des Tyrannen Saddam Hussein zu verdanken waren.

Pater Michail, dessen kleine Glaubensfraktion sich unter Wahrung der orientalischen Riten und der aramäischen Kultsprache der Autorität Roms unterstellt hatte, war von französischen Dominikanern ausgebildet worden. Deren weiße Kutte hatte er beibehalten, und er wirkte beinahe lateinisch mit dem glattrasierten Gesicht. Seine Familie war einst in dem mir wohlbekannten Gebirgsland von Hakkari beheimatet gewesen, ehe sie vor den Schikanen des kemalistischen Laizismus und den Morddrohungen der benachbarten Kurdenklans über die Grenze ins britische Mandatsgebiet flüchtete. Der einsame Geistliche, der den Eindruck machte, als sei er von heimlicher Verwünschung geschlagen, erzählte mir in perfektem Französisch die Legende des heiligen Behman, der zur Zeit der Mongolen-Invasionen gelebt hatte. Als auch sein Gotteshaus durch die zentralasiatischen Barbaren geplündert wurde, beschwerte er sich beim Groß-Khan Hülagü, dem Enkel des Dschinghis Khan, und erhielt seine kostbaren Kirchenschätze zurück. Zum Dank ließ Behman das Lob Gottes auf aramäisch und mongolisch in einen kunstvollen Rundbogen einmeißeln.

Der assyrische Mönch redet ausführlich von jener eigenartigen Symbiose zwischen Muslimen und Christen, die sich in Anatolien unter der Herrschaft der frühen türkischen Eindringlinge angebahnt hatte. Die Seldschuken und auch die Osmanen führten sich einerseits als Gazi auf, als islamische Eroberer, die den Heiligen Krieg gegen das schrumpfende oströmische Kaiserreich vorantrieben, andererseits erwiesen sie sich als lässige Protektoren der bislang verfolgten christlichen Ketzer. Die »Paulikaner« Anatoliens, so wurde mir bei diesem Austausch bestätigt, hingen einer manichäisch geprägten Auslegung der Lehre Jesu an und sollten als »Bogumilen« über Bulgarien und Bosnien ausschwärmen, wo sie einen wehrhaften Staat bildeten. Ja, diese Häretiker befruchteten mit ihrer starren Verwerfung alles Fleischlichen, mit ihrer unerbittlichen Aufteilung der Welt in Gut und Böse, in Licht und Finsternis, jenen Irrglauben der Albigenser, der im okzitanischen Frankreich zwischen Toulouse und Béziers so mächtig um sich griff, daß Papst Innozenz III. den Dominikaner-Orden als

Instrument der Inquisition gegen sie ansetzte und der heilige König Ludwig IX. von Paris zum gnadenlosen Kreuzzug gegen diese Feinde des wahren katholischen Glaubens ausholte.

Aus den Jahrhunderten permanenter Grenzkriege zwischen dem orthodoxen Byzanz und den Vorhuten des Islam rührt, wie wir bereits erwähnten, jene Verquickung christlicher und koranischer Glaubenselemente, die wir bei den Aleviten der heutigen Türkei noch in aller Deutlichkeit vorfinden. Viele Jünger des Nazareners ihrerseits, die die klaren, strikten Richtlinien des Propheten Mohammed den eigenen haarspalterischen Disputen über die Natur der Dreifaltigkeit vorzogen – opportunistische Anpassung spielte dabei sicher auch eine Rolle –, bekehrten sich zur koranischen Herrschaftslehre. Insbesondere die Bogumilen des Balkans, die sich im bosnischen Bergland gegen die katholischen Könige von Ungarn wie in einem Bollwerk verschanzt hatten, sollten drei Jahrhunderte später ihre begeisterte Bekehrung zum Islam vollziehen und bis ins neunzehnte Jahrhundert in Treue zum Sultan und Kalifen von Istanbul verharren. Gegen die kämpferische Urkraft der turkmenischen Steppenvölker sei ohnehin kein Kraut gewachsen gewesen, so versicherte Pater Michail. Aber auch die dekadente Arroganz der Byzantiner, ihre instinktive Neigung zur Übervorteilung der Schutzbefohlenen, ja ihre Lust am Verrat hätten den unvermeidlichen Untergang Ost-Roms heraufbeschworen und beschleunigt. Bei dem Assyrer stieß ich auf eine Bewertung des Konflikts zwischen den fränkischen Kreuzrittern und den orthodoxen Gefolgsleuten des griechischen Kaisers, die von der üblichen Geschichtsschreibung abwich. Gewiß war auch ihm die frevlerische Entartung des Vierten Kreuzzuges bekannt, als die im Auftrage des Papstes operierenden Heerführer – statt ins Heilige Land vorzustoßen – wie eine Meute von Brandstiftern und Plünderern über Konstantinopel herfielen und die letzten byzantinischen Reichsfetzen unter sich aufteilten. »Sogar die Sarazenen sind gütig und mitleidig, verglichen mit diesen Schreckensgestalten, die das Kreuz Christi auf der Schulter tragen«, hatte sich damals ein Augenzeuge entrüstet.

Aber am Grab des heiligen Behman erinnerte der Mönch auch an die Chronik des wenig bekannten Ritters Odo de Deuil, der die Heimtücke der Griechen geißelte. Konrad III., Kaiser des Heiligen Römischen Reiches, und Ludwig VII., König von Frankreich, hatten sich an die Spitze des Zweiten Kreuzzuges gestellt, um das christliche Fürstentum von Edessa, heute Urfa genannt, von den seldschukischen

Mohammedanern zu säubern und den Weg zum Heiligen Grab freizukämpfen. Das deutsche Heer wurde damals von seinem verräterischen Verbündeten, dem byzantinischen Basileus, Michael Komnenos, absichtlich in den Hinterhalt der Türken irregeleitet und im Oktober 1147 bei Akşehir vernichtend geschlagen. Die Überlebenden wurden von griechischen Freischärlern wie Freiwild gejagt. Die Franken versuchten, den weitüberlegenen Seldschuken auf einer südlichen Küstenroute über Antalya zu entweichen. Doch auch sie wurden das Opfer der türkischen Übermacht und der byzantinischen Hinterlist. Also berichtet Odo de Deuil über diese Tragödie der zerstrittenen Christenheit: »Die Kreuzritter vermieden jeden Kontakt mit ihren griechischen Glaubensbrüdern, die sie so grausam behandelt hatten. Statt dessen suchten sie Sicherheit bei den mohammedanischen Ungläubigen, die ihnen mit Mitleid und Wohlwollen begegneten. Mehr als tausend Christen schlossen sich den Türken an. Am Ende wirkte sich die Güte der Heiden verhängnisvoller aus als der Verrat der Byzantiner. Die Muslime gaben den christlichen Franken Brot, aber dadurch raubten sie vielen ihren Glauben an das Kreuz, obwohl hier festgestellt werden muß, daß keiner der besiegten Christen gezwungen wurde, seiner Religion abzuschwören.«

Pater Michail wirkte zutiefst deprimiert. »Die Niederlage der Kreuzritter bei Akşehir hat sich gut siebzig Jahre nach der Katastrophe von Mantzikert abgespielt. Offenbar hatte man in Konstantinopel immer noch nicht begriffen, welche Orkane sich im Osten zusammenbrauten. Die starren Dogmatiker sowohl in Rom als auch in Byzanz sorgten mit ihrem Religionsschisma von 1054 dafür, daß keine Versöhnung, geschweige denn Vertrauen aufkommen konnte zwischen jenen lateinischen Christen, die den Heiligen Geist aus Gottvater und Sohn hervorgehen lassen – qui ex patre filioque procedit – und ihren orthodoxen Rivalen, die nur den Vater als Urborn der Dreifaltigkeit anerkennen. Verstehen Sie, daß es bei uns orientalischen Jüngern des Jesus von Nazareth unendlicher Beharrungskraft bedurfte, um einer monotheistischen Lehre zu widerstehen, die unter dem Namen »Allah« den gleichen einzigen Gott verehrt, dem jedoch laut islamischer Darstellung keinerlei anthropomorphen Züge anhaften, und der ›weder zeugt noch gezeugt wurde‹?

»Es ist doch wohl bezeichnend«, hatte der assyrische Geistliche seine Meditation beendet, »daß heute noch im Arabischen die griechisch-orthodoxen Christen als ›Rumi‹, als ›Römer‹ bezeichnet werden. Bei allem Tadel an den byzantinischen Unzulänglichkeiten sollten wir nicht vergessen, daß die Glorie Konstantinopels und des ›Pantokrator‹ zwischen der Reichsspaltung des Kaisers Theodosius, der Glanzzeit Justinians und der endgültigen Auslöschung durch Sultan Mehmet II. Fatih sich länger behauptet hat als das im italienischen Latium begründete Imperium Romanum der Konsuln und Caesaren. Es ist bestimmt kein Zufall, daß die Historiker den Untergang der einzigartigen byzantinischen ›Polis‹, den heldischen Tod ihres letzten Kaisers Konstantin Palaiologos als Wendemarke zwischen Mittelalter und Neuzeit festgeschrieben haben.«

*

Am Eingang des Restaurants entdecke ich Etienne Gardin, einen französischen Touristen und Buchhändler, den ich gebeten habe, mir an diesem Abend bei einer Flasche Çankaya-Wein Gesellschaft zu leisten. Wir waren uns auf der Akdamar-Insel flüchtig begegnet. Der bescheidene, etwa fünfzigjährige Franzose, der in Begleitung von drei gleichaltrigen Familienmitgliedern – ganz auf sich gestellt – eine Bildungsreise durch Ost-Anatolien angetreten hat, war mir angenehm aufgefallen. Er hatte eine strapaziöse Landreise in seinem alten Peugeot auf sich genommen, die ihn vom Ufer des Schwarzen Meeres über Van bis nach Urfa führen soll. Die Gefahren seiner Strecke ignorierte er. Während er sich zu mir setzt, erkundigt er sich lediglich, ob in Urfa tatsächlich seit dem Bau der GAP-Staudämme die Gefahr einer Malaria-Infektion so akut sei, wie das die Reiseführer schildern. In dieser Hinsicht kann ich ihn beruhigen.

Gardin ist mit seinen Angehörigen, von denen einer türkisch radebrecht, in einer einfachen Herberge von Van untergekommen. Er gehört zu jener Kategorie hochgebildeter und wissensdurstiger Kleinbürger, wie man sie vornehmlich noch in der französischen Provinz antrifft. Der Libraire stammt aus Tours an der Loire, und ich spreche ihn im Scherz darauf an, daß ja auch seine Region im achten Jahrhundert mit knapper Not der Islamisierung entgangen sei. Ein übermächtiges Reiterheer aus Arabern und Berbern war im Sommer 732 über die Pyrenäen gerückt und unter dem Befehl des Emir Abdurrahman bis in die Touraine, in das Herz Galliens, vorgeprescht.

Aber der Glaubens- und Bekehrungseifer der muslimischen Eroberer stieß bei Tours und Poitiers auf das schlachterprobte Kriegsvolk der Franken, auf jene germanischen Eindringlinge, deren Bekehrung zum römischen Christentum unter Chlodwig erst zwei Jahrhunderte zurücklag. Die religiöse und streitbare Hingabe dieser frischen Konvertiten an das Kreuz ließ sich durchaus mit dem koranischen Opfermut der Sarazenen messen. Der fränkische Hausmeier Charles Martell, Karl der Hammer, wie er von nun an hieß, dessen Sippe die erlösende Dynastie der Merowinger demnächst ablösen sollte, hatte dem Anprall der Muselmanen standgehalten. Am Tag nach der Schlacht und dem überstürzten Abzug der Mauren war dieser Großvater Karls des Großen mit dem Ruf »Montjoie-Saint Denis« über die verlassene Zeltstadt der Sarazenen hergefallen. Das Abendland war gerettet. Zwei Generationen später sollte Carolus Magnus, der Gründungsvater des christlichen Abendlandes, der bereits mit dem Abbassiden-Kalifen Harun-al-Raschid und dem oströmischen Basileus von gleich zu gleich verkehrte, die Araber über die Pyrenäen bis zum Ebro zurückwerfen.

Warum wir uns dieser Auffrischung unseres früheren Geschichtsunterrichts im Hotel »Uruartu«, im fernen Kurdistan widmen? Etienne Gardin hält für den kühnen Vorstoß des Emirs Abdurrahman in den gallisch-germanischen Norden eine mir unbekannte Erklärung bereit. In grober Unkenntnis der geographischen Verhältnisse hatte der maurische Feldherr nämlich – wie französische Historiker behaupten – nicht etwa auf Rom marschieren wollen, eine zu jener Zeit glanzlose, von diversen Barbaren-Plünderungen heimgesuchte Stadt am Tiber, deren Bischof zwar die Nachfolge Petri beanspruchte und sich Papst nannte, in Wirklichkeit jedoch jeglicher realen Macht entbehrte. Nein, die Streitmacht der Sarazenen wollte einen großen Bogen schlagen und zu einer viel ruhmreicheren Ausweitung des Dar-ul-Islam aufbrechen. Dem Emir Abdurrahman hatte wohl vorgeschwebt, am Ende seiner Kampagne über der strahlenden Kaiserstadt Konstantinopel, über der mächtigen Metropole der byzantinischen Orthodoxie die grüne Fahne des Propheten zu hissen. Er folgte damit einer Aufforderung aus dem Hadith, der zufolge der Prophet den frommen Muselmanen die Eroberung von Byzanz als höchstes kriegerisches Ziel anempfohlen hatte. Wer bei der Verwirklichung dieser heiligen Aufgabe das Leben verlor, dem winkte höchste Belohnung im Paradies, in den Gärten Allahs.

»Wer hätte damals geahnt, daß ein obskurer turkmenischer Stamm, der sich erst ein halbes Millennium nach der Schlacht von Tours und Poitiers im west-anatolischen Umfeld von Bursa als bescheidenes

Emirat der Osmanen etablierte, den Auftrag des Propheten im Schicksalsjahr 1453 unter Sultan Mehmet Fatih erfüllen würde?« sinniert der Buchhändler aus Tours. Wir sind an die Balustrade des Dachgartens getreten. Tiefe Nacht hat sich über den Van-See und die Berglandschaft Kurdistans gesenkt. »Sie haben doch auf Ihrer Fahrt von Kars nach Van längs der iranischen Grenze auch die Stadt Doğubeyazit berührt?« frage ich. Ich erwähne dabei, daß ich im Sommer 1951 in der dortigen Karawanserei genächtigt hatte. Gardin bestätigt, daß Doğubeyazit seit Ausbruch des Kurdenaufstandes als strategische Drehscheibe der türkischen Streitkräfte mächtig expandiert hat. Auf seiner beschwerlichen Fahrt hatte ihn die Gastlichkeit der armen kurdischen Bauernbevölkerung zutiefst beeindruckt. »Daran könnten sich viele Franzosen ein Beispiel nehmen«, meint er. Eine Anzahl von verlassenen und zerstörten Dörfern ist ihm aufgefallen, aber die bescheidene Ortschaft Dschaldoran, die er durchquert haben muß, hat er nicht wahrgenommen, und darüber ist er untröstlich.

Mit dem Namen Dschaldoran verbindet sich nämlich die Erinnerung an eine andere Entscheidungsschlacht, die im Abendland kaum beachtet wurde, deren politische und religiöse Auswirkungen im Orient jedoch bis zum heutigen Tag nachwirken. Zwei völkisch verwandte Rivalen hatten in dieser Steppe ihren exklusiven Anspruch auf den Besitz und die konfessionelle Ausrichtung Anatoliens ausgefochten, auf der einen Seite der türkische Sultan Selim I., der sich als erster Herrscher der Osmanen-Dynastie den Titel des sunnitischen Kalifen angeeignet hatte, auf der anderen der Safawiden-Schah Ismail, ein aserbaidschanischer Türke, der bereits ganz Persien unterworfen und die schiitische Glaubensrichtung zur obligatorischen Religion seines Reiches erhoben hatte. Im Zentrum dieser Tragödie standen wieder einmal die Jünger des weisen Hadschi Bektasch, die »Rotköpfe«, die Aleviten.

Monsieur Gardin hatte sich auf seine Kleinasien-Tournee gewissenhaft vorbereitet. Ich erwähne, daß Schah Ismail, der Ur-Ur-Enkel des gütigen Scheikh Safi Ardabili, ein ruchloser Tyrann war und den Wein von Schiras, den er trotz seines religiösen Rigorismus ebensowenig verschmähte wie so mancher persische Sufi, aus den Schädeln seiner erschlagenen Feinde trank. Der Brauch soll im damaligen Orient weit verbreitet gewesen sein. Da verweist der Buchhändler aus Tours darauf, daß der osmanische Gegenspieler, der »grausame« Selim, seinem schiitischen Todfeind in nichts nachstand: Nach der Abdankung seines schwächlichen Vaters Bayezit II. hatte er seinen leiblichen Bruder Cem, der ebenfalls Anspruch auf den Thron erhob, zu meucheln gesucht. Dieser unglückliche Prätendent, dem Bayezit besonders gewogen war, hatte sein Leben nur retten können, indem er Zuflucht bei den christlichen Johanniter-Rittern auf der Insel Rhodos suchte. Schon seit den Ursprüngen der osmanischen Dynastie – spätestens seit Murat I. – wurde die Erbfolge des verstorbenen Sultans und Vaters durch Brudermord, durch eine grausige Form darwinistischer Auslese, entschieden. Mehmet II., der Eroberer von Konstantinopel, sollte diese Ausrottungspraxis zum offiziellen Nachfolgegesetz, zum »Kanun« erheben, und dabei stützte er sich auf die sehr kasuistische und eigenwillige Interpretation eines Verses aus der zweiten Sure des Koran: »Zwist ist schlimmer als Töten.«

Wir kommen überein, daß auch in unserer aufgeklärten Epoche einer oft heuchlerisch und stets selektiv praktizierten Menschenrechtsideologie, die der amerikanische Futurologe Francis Fukuyama voreilig als »Ende der Geschichte« definieren wollte, der historische Rückblick stets aufschlußreicher ist als die zwangsläufig vagen Zukunftsspekulationen. Der Libraire aus Tours ist aufgestanden. »Vers l'Orient compliqué, je partais avec des idées simples«, zitiert er zum Abschied den General Charles de Gaulle, der als junger Offizier in den französischen Mandatsgebieten der Levante gedient hatte: In den komplizierten Orient war ich mit einfachen Vorstellungen aufgebrochen. Ich bleibe allein zurück, genieße die laue Stunde, lausche der tremolierenden Stimme des Sängers, der die Musik des Orchesters mit exotischen Hirten- und Nomaden-Klängen untermalt. In Gedanken versetze ich mich rund zwei Jahre zurück.

*

Im Sommer 1995 hatte ich auf der persischen Seite der Grenze dieses von Mystik und Grausamkeit verzerrte Kapitel des großen islamischen Schismas untersucht und war zu diesem Zweck an das Grab des frommen, gütigen Scheikh Safi Ardabili gepilgert, des großen Ahnen jenes Schah Ismail I., dessen sich die sunnitischen Türken mit Abscheu entsinnen, der aber bei den Aleviten Anatoliens weiterhin hohes Ansehen genießt. Ich war von der iranisch-aserbaidschanischen Metropole Tabriz in Richtung auf die ehemals sowjetische Grenze am Arax-Fluß aufgebrochen. Ardabil war mir als reizlose Ortschaft mit einer abweisenden, fremdenfeindlichen Bevölkerung beschrieben worden. Diese spröde Hochebene, die bereits zum Kaspischen Meer überleitet, wird im Winter von Temperaturen von minus dreißig Grad heimgesucht.

In Ardabil führten alle Wege zum Heiligtum des Scheikh Safi ud-Din, der im Volksmund überwiegend als Scheikh Safi verehrt wird. Ein grandioses Mausoleum wurde diesem Sufi, Poeten und Astronomen nicht errichtet. Aber die Ausstrahlung, die von dem Heiligtum ausgeht, ist gewaltig. Scheikh Safi Ardabili war 1334 im Alter von 82 Jahren gestorben, und aus jener Zeit rührt die Grabstätte, die immer wieder verwüstet und erneuert wurde. Das Gebäude wird durch zwei eigenartige breite Türme gekrönt, die wie kunstvoll dekorierte Silos aussehen. Kuppeln und Ornamentik, vor allem die geometrische Anordnung der grünen, blauen und gelben Fayencen, verweisen auf die Seldschuken-Architektur. Der Sarkophag des Scheikh Safi ist aus wertvollem Hartholz geschnitzt und mit Inkrustationen aus Elfenbein, Türkisen und Gold reich geschmückt. Die Innendekoration mit den polychromen Alveolen und den sich nach oben verjüngenden Gipsverschachtelungen ist typisch persisch und ähnelt dem Palaststil von Isfahan.

All das wirkt relativ bescheiden, sogar das Gewölbe, wo die sterblichen Reste des Gründers der Safawiden-Dynastie, des Schah Ismail I., bestattet sind. Mich beeindruckt am stärksten ein überdimensionaler Handabdruck, der sich in die Wand über der Ruhestätte Scheikh Safis eingedrückt hat. Die fünf Finger, von den Muslimen aller Schattierungen oft als die schadenabwehrende Hand der Fatima bezeichnet, sind stark ausgeprägt und besitzen hier eine schiitisch gesteigerte Bedeutung. Neben den fünf Geboten, den fünf Säulen des Islam, sollen sie die fünf heiligsten Mitglieder der Prophetenfamilie symbolisieren: Mohammed, dessen Tochter Fatima, den ersten Imam Ali Ibn Abi Talib sowie dessen Söhne Hassan und Hussein. Plötzlich spannte sich von dieser schiitischen Gralsburg der Islamischen Republik Iran eine Brücke gemeinsamer Ali-Verehrung zur bescheidenen Tekke des Hadschi Bektasch in Kappadozien, ja bis zu den ähnlich inspirierten Klöstern der Bektaschi-Derwische im fernen Albanien.

Vor meiner Abreise aus Tabriz hatte ich mich bei einem Professor der Universität Tabriz kundig gemacht. Sadegh Dschibraili, so wollen wir ihn nennen, war rein aserbaidschanischer, also türkischer Abstammung. Der schwer durchschaubare, schmächtige Mann setzte zu einem ausführlichen Kolleg an. Scheikh Safi ud-Din Ardabili sei nicht nur ein landläufiger Sufi gewesen. Man müsse ihn als »Aref« bezeichnen, denn er habe unmittelbaren Zugang zur Offenbarung gefunden. Hingegen sei es unklar, ob man diesen türkischen Mystiker und Eremiten, der sich in die frostige Einsamkeit der Ardabil-Plateaus in 1300 Meter Höhe zurückgezogen hatte, als Sunniten oder Schiiten bezeichnen könne. Nach der arabischen Eroberung Persiens, nach der Unterwerfung des Sassaniden-Reiches durch den Kalifen Omar, habe eine massenhafte Bekehrung zum sunnitischen Islam stattgefunden, und die schiitische Gemeinde – damals überwiegend in Mesopotamien ansässig – habe erst in den folgenden Jahrhunderten Zuflucht in den unzugänglichsten Gebieten, so auch in Aserbaidschan, gesucht, um den Verfolgungen ihrer Todfeinde, der abbassidischen Kalifen von Bagdad, zu entgehen.

Nach dem Tod Safi Ardabilis müssen sich seltsame Dinge im Hochland von Aserbaidschan abgespielt haben. Dem Vortrag Dschibrailis entnahm ich, daß sich – in geistiger Anlehnung an den großen Sufi von Ardabil – eine Zusammenballung schiitischer Gläubiger türkischer Volkszugehörigkeit in den Gebirgen Aserbaidschans vollzogen hatte. Unter Schah Ismail I. sei es zum offenen Konflikt mit der Großmacht der Osmanen gekommen, die sich nach der Unterwerfung des Balkans nun auch nach Osten, in Richtung Persien, auszudehnen trachtete. Zwei türkische Stämme, die Osmanen und die Azeri, hätten zum unerbittlichen Bruderkrieg ausgeholt. Nicht die ethnische und linguistische Einheit gab hier den Ausschlag, sondern die konfessionelle Spaltung in Sunniten auf der einen, Schiiten auf der anderen Seite. Nachdem der ost-persische Dichter Ferdosi fast 500 Jahre zuvor eine kulturelle Wiedergeburt Persiens unter Berufung auf die prä-islamischen, auf die zoroastrischen Helden des »Schahnameh« eingeleitet hatte, waren es jetzt seltsamerweise türkische Aserbaidschaner, die sich auf die persische Dichtung und Kultur stützten und einen neuen iranischen Staatsgedanken aus der Taufe hoben. Im Zentrum dieses mystischen Aufbegehrens stand das Bekenntnis zur »Partei Alis«, die Exaltierung des schiitischen Glaubensweges.

Etwa 150 Jahre nach dem Tod des milden Scheikh Safi hatte dessen Nachkomme Ismail – so bestätigte Dschibraili – eine fanatisierte Heerschar türkisch-aserbaidschanischer Schiiten um sich geschart, deren religiöser Aufbruch auch auf die weitverstreuten Gemeinden der Aleviten in ganz Anatolien übergriff. Hier wie dort schlossen sich kriegerische Derwische zum Kampf gegen die Selbstherrlichkeit des osmanischen Padischah zusammen und verwarfen unter Berufung auf ihre eigene Mysterienwelt der »Sufiya« den kalten Scharia-Legalismus, die theologische Pedanterie der sunnitischen Korangelehrten, der Ulama von Istanbul. Als äußeres Erkennungszeichen trugen diese Muriden die berühmt-berüchtigte rote Mütze, die mit zwölf Zipfeln oder Troddeln ihr Bekenntnis zu den zwölf Imamen der Schia bekräftigte, was ihnen – wie erwähnt – den Namen »Kizilbaş«, das heißt Rotköpfe oder Rotkappen, einbrachte.

Aber Ismail I. hatte die Rechnung ohne seinen »grimmigen« Gegner, den osmanischen Sultan Selim I., gemacht. Schon als präsumptiver Thronfolger und Provinzstatthalter in Anatolien hatte dieser mit Unbehagen und Zorn festgestellt, daß es im weitgestreckten Taurus-Gebiet zwischen Tekke und Maraş zu sporadischen Volkserhebungen der ketzerischen Aleviten kam, daß die kriegerischen »Rotkappen« ihre Einflußzone systematisch ausdehnten. Die schiitische Propaganda des neuen türkisch-aserbaidschanischen Machtzentrums der Safawiden wirkte wie ein gewaltiger Sog auf die turkmenischen Stämme bis zur Ägäis. Nachdem Ismail die Schlüsselstellung Diyarbakir an sich gerissen hatte, schlug für Selim, der sich inzwischen mit der Sultanswürde schmückte, die Stunde der Bewährung. Nahe der ostanatolischen Ortschaft Dschaldoran kam es im Jahr 1514 zur Entscheidungsschlacht, in der Ismail I. auf katastrophale Weise unterlag. Der Padischah seinerseits war nicht ohne böse Ahnungen ins Feld gezogen. Er befürchtete, wohl nicht zu Unrecht, daß seine von Bektaschi-Mönchen betreuten Elitetruppen der Janitscharen durch Loyalitätszweifel erschüttert waren, als sie gegen ihre alevitischen Glaubensvettern, die Kizilbaş ausrückten. Selim hatte deshalb seine Streitmacht durch ein starkes Aufgebot von »Kapikulu«, von sogenannten Sultanssklaven, ergänzt.

Dennoch besaß die buntgescheckte Safawiden-Armee nicht die geringste Siegeschance. Die glaubenstrunkenen »Rotkappen«, die noch mit mittelalterlicher Bewaffnung, als Bogenschützen und Lanzenreiter, gegen den Feind stürmten, wurden durch die Kanonen und Arkebusen der Sultansarmee, die damals über das modernste Rüstungsarsenal der Welt verfügte, reihenweise niedergestreckt. Die Schlacht von Dschaldoran endete mit der totalen Vernichtung des schiitischen Safawiden-Aufgebots. Die Historienschreiber haben sich dieses Ereignisses bemächtigt und – ähnlich wie bei der serbischen Niederlage am Amselfeld – aus dem kriegerischen Desaster ein Heldenepos gemacht.

Mein offizieller Mentor aus Tabriz geriet in Verzückung, als er vom Untergang der Kizilbaş berichtete. Sie hätten sich bis auf den letzten Mann abschlachten lassen. Ihr Tod für die gute Sache umgab sie mit dem Glorienschein des Martyriums. Die »Schuhada« waren von jenem Tage an, als der heilige Imam Hussein sich mitsamt seinen Getreuen bei Kerbela durch die Schergen des teuflischen Kalifen Yazid in Stücke hacken ließ, stets die wahrhaft Auserwählten der schiitischen Glaubensgemeinschaft gewesen. Die Niederlage in der Nachfolge Alis sei doch der höchste Triumph, der Untergang der schönste Sieg. Deshalb bezeichne man auch die Schlacht von Dschaldoran als das »zweite Kerbela«. Ähnlich, so fügte der Professor aus Tabriz nachdenklich hinzu, müsse auch der vergebliche Ansturm der Revolutionswächter Khomeinis und des kindlichen Aufgebots der Bassidschi im Krieg gegen den irakischen Despoten Saddam Hussein gewertet werden. »Diese Freiwilligen des Todes wurden in den feindlichen Minenfeldern zerfetzt, sie erstickten und verbrannten im Giftgas der materiell weit überlegenen Streitkräfte der Arabischen Republik Irak. Ihre Opfer waren kaum zu zählen, und ihr klares Ziel, die Rückgewinnung der heiligen Stätten von Kerbela und Nedschef, haben sie nicht erreicht. Zu Hunderttausenden verbluteten sie, krepierten im schrecklichsten Sinne des Wortes in den Sümpfen des Schatt-el-Arab. Aber irgendwie verleiht ihnen die vergebliche Selbstaufopferung, ihr Scheitern im Auftrage Allahs und der zwölf Imame, die Aura höchster Heiligkeit.«

Ein seltsamer Herrscher war dieser Schah Ismail I. Er, der türkische Schiit aus Aserbaidschan, ließ sich im Kampf gegen den osmanischen Imperialismus und in Abkehr vom religiös geprägten arabisch-sunnitischen Überlegenheitsanspruch von drei Prinzipien leiten, die er als oberste Richtschnur an seine Gefolgschaft weitergab. Der Azeri aus Ardabil sah sich berufen, die Macht und Einheit Persiens wiederherzustellen. Der Ur-Ur-Enkel des Scheikh Safi ud-Din ordnete an, daß das schiitische Glaubensbekenntnis von nun an – notfalls durch Zwangsbekehrung – zur Staatsreligion des Iran erhoben werde. Schließlich empfahl er seinen Untertanen das intensive Studium des »Buchs der Könige«, das mit der Verherrlichung der frühpersischen Heroen das iranische Nationalbewußtsein wiederbelebt hatte.

Den gruseligen Niedergang der hochgerühmten Safawiden hat mir Sadegh Dschibraili wohlweislich verschwiegen. Ein halbes Jahrhundert nach dem Debakel von Dschaldoran erklomm das Persische

Imperium unter Schah Abbas dem Großen den Höhepunkt seines kulturellen und militärischen Ruhms. Um sich der Bevormundung und Arroganz seiner verwilderten Kerntruppe, der Rotkappen, im rauhen Aserbaidschan zu entziehen, hatte Abbas der Große seine Hauptstadt nach Isfahan verlegt. Dieser Schah war Eroberer und Despot. Seine Kizilbaş drangen in westlicher Richtung noch einmal bis Erzerum und Ankara in Anatolien vor. Er unterwarf sich weite Teile Afghanistans, Armeniens und Georgiens. Die Portugiesen vertrieb er aus ihrer strategisch beherrschenden Festung Hormuz am Eingang des Persischen Golfs. Höchsten Ruhm erntete er in Mesopotamien, als er die schiitischen Heiligtümer von Nedschef und Kerbela mit den Gräbern Alis und Husseins seinem Imperium einverleibte. Dieser orientalische Tyrann pilgerte, um seine Frömmigkeit zu beweisen, zu Fuß von Isfahan nach Meschhed, zum Grab des Imam Reza. Das hinderte ihn nicht, drei seiner Söhne, deren Nachfolgegelüsten er mißtraute, hinrichten zu lassen. Zwei andere Söhne wurden geblendet, eine ausreichende Maßnahme der Entmachtung, denn nach islamischer Überlieferung kann ein Blinder nicht regieren. Er trieb das Entsetzen und die Furcht seines Hofes auf die Spitze.

Kein Wunder, daß Ayatollah Khomeini sich von dieser finsteren Erbschaft kategorisch lossagte. Die Tatsache, daß die Nachfolger Ismails I. sich den Titel »Murched«, des höchsten geistlichen Führers, zulegten, wo doch der Gang der Welt den geheimen Ratschlüssen des Verborgenen Imam anvertraut war, mußte ihn zutiefst abstoßen. Für den reinen Islam, wie Khomeini ihn verstand, galt ohnehin nur die alle Rechtgläubigen umfassende Umma. Eine iranische Nation wurde von ihm stets negiert. Am liebsten hätte er die weltliche Anmaßung, die blutige Ruchlosigkeit der Safawiden – auch wenn ihrem Gründer die Hinwendung Persiens zur Schia zu danken war – als Blendwerk Satans ebenso aus dem Bewußtsein des Volkes gelöscht wie die spätere Arroganz der Pahlevi.

Unter Schah Hussein, dem letzten Safawiden, versank das Reich vollends im Chaos. Finsterer Fanatismus und blinder Aberglaube machten sich breit, führten zu Massakern unter den christlichen Armeniern, denen einst die Gunst Abbas des Großen gegolten hatte. Die Mullahs nutzten die Schwäche des Staates zu ihrem Vorteil aus. Vor allem aber waren die Derwische des Kizilbaş-Ordens, die ursprünglich als Eiferer einer egalitären Erneuerung aufgetreten waren, zum ständigen Ferment der Rebellion geworden. Die letzten Rotköpfe, deren Kommandeur bei Hofe oft den Ton angab und die ihren schroffen Puritanismus längst abgestreift hatten, führten sich als unberechenbare Prätorianergarde auf, durchaus vergleichbar mit den russischen Strelitzen, die die ersten Zaren der Romanow-Dynastie in Moskau tyrannisiert hatten und denen Peter der Große auf dem Roten Platz die Köpfe abschlagen ließ, ähnlich auch den Janitscharen des Sultans, denen am Ende durch die neu aufgestellte Regierungsarmee des »Nizam-i-cedid« ein kollektiver Untergang bereitet wurde.

*

Mystik und Horror! Dies ist, wie gesagt, mein letzter Abend in Türkisch-Kurdistan. Längs der »Straße der Republik« von Van sind die Lichter gelöscht. Hell im Scheinwerferlicht leuchtet nur noch der Leitspruch Atatürks: Welches Glück wird dem zuteil, der sagen kann, ich bin ein Türke!« Wie kommt es dann, daß diese scheinbar unwiderstehliche Botschaft des Nationalismus nicht auf die Türken im benachbarten Iranisch-Aserbaidschan übergegriffen hat? So schwer verständlich es den agnostischen Europäern auch sein mag, die bereits den Krieg der Konfessionen in Bosnien als ethnischen Konflikt fehlinterpretierten: In diesem Teil der Welt verfügt das profunde Bewußtsein religiöser Zusammengehörigkeit noch über mehr Gewicht als die aus dem Westen importierten Begriffe von Volksgemeinschaft und Nation.

Nur so läßt sich erklären, daß das azeri-schiitische Siedlungsgebiet Irans, das im Osten bis nach Khazvin und Alamut reicht, sich weiterhin wie ein Sperriegel, wie ein Blockadegürtel zwischen das kemalistische Ost-Anatolien und jene turkstämmigen Republiken Zentralasiens schiebt, die – aus dem Zerfall der Sowjetunion hervorgegangen – von den Erben Atatürks so intensiv und hoffnungsvoll umworben werden.

Ich bin in mein Hotelzimmer zurückgekehrt, und der Schlaf läßt auf sich warten. Hier in Van, im Umkreis des zeitlosen Felsens der Uruarter, so grüble ich, sind alle trügerisch-konträren Elemente des türkischen Irrgartens wie in einem Mikrokosmos zusammengefügt: Die schier unlösbare Kurdenfrage; das korrupte Zerwürfnis der politischen Parteien; die trotz aller Widrigkeiten eindrucksvolle Dynamik der wirtschaftlichen Entwicklung; das ererbte Klientelwesen der Derwisch-Orden; die alles überragende Entscheidungsbefugnis der Armee; der laizistische Emanzipationswille der unentwegten Kemalisten; die ansteigende Flut der islamischen Erneuerung; das eindringliche Vermächtnis des Hadschi Bektasch an seine Aleviten; die Komplotte feindseliger Nachbarstaaten; »Friede nach innen – Friede in der Welt!« – Diese nationale Heilsformel Atatürks war auf eine andere Republik gemünzt.

# Die Islamisten

# *»Unsere Minaretts sind unsere Lanzen«*

## »Schleier ist Würde«

*Istanbul, im Dezember 1998*

Im tosenden Verkehr, im Durcheinander der Händler und Trödler auf beiden Seiten der großen Durchgangsbahn Yeniçeriler Caddesi ist die Hausnummer 21 schwer zu finden. In diesen häßlichen Nebengassen Istanbuls, die vom Marmara-Meer zum Fatih-Viertel ansteigen, hat die alte Kaiserstadt seit dem Zusammenbruch der Sowjetunion eine neue Dimension gewonnen. Hier laufen die Handelsströme aus den diversen GUS-Republiken zusammen und haben am Bosporus ein neues Magnetfeld gefunden. Aus der gesamten Schwarzmeer-Region – Krim und Ukraine – aus Süd-Rußland, aus dem Kaukasus und den jungen Turk-Staaten Zentralasiens kreuzen sich hier die Handelsrouten. Alle nur erdenkliche Konsumware, die die Türkei in minderer Qualität und zu niedrigen Preisen verramschen kann, wird zu gewaltigen Stoffballen oder in Riesen-Containern für Elektrogeräte zusammengepfropft und irgendwie auf den Weg gebracht nach Sewastopol und Noworossijsk, nach Tiflis und Baku, nach Aschkhabad, Taschkent und Almaty. An der eigenen Armseligkeit gemessen muß die moderne, auf Massenproduktion ausgerichtete Türkei den Erben Breschnews und Gorbatschows als ein Eldorado erscheinen.

Sehr vertrauenerweckend wirken die Gestalten nicht, die aus den wilden Gebirgszonen des Kaukasus, aus den endlosen Steppen von ehemals Russisch-Turkestan per Schiff, per Lastwagen, per Eisenbahn in die uralte »Polis« drängen. Das Wort Istanbul ist angeblich vom griechischen Ausdruck »eis ten polin« – in die Stadt – abgeleitet. Sie begleichen ihre Transaktionen mit dicken Bündeln von Hundert-Dollar-Noten. Bei diesen obskuren Geschäften sind die Mafia-Bosse die wahren Auftraggeber, und über die reibungslose Abwicklung des »Business« wachen furchterregende Catcher-Gestalten in Lederjakken, deren kühne Raubvogelprofile in die Nachbarschaft des Elbrus, deren mongolische Rundgesichter auf die versandeten Ufer des Amu Daria verweisen. Die Warenlager und Umtauschplätze sind hier meist auch mit kyrillischen Buchstaben und in russischer Sprache ausgeschildert. In stillen Winkeln neben den Warenhäusern warten aufgeblondete, füllige »Nataschas« auf flüchtige Gelegenheitskunden.

Es ist bezeichnend für die geographische Umorientierung der Türkei, daß die alte osmanische Sultanskapitale ihre kommerzielle und kulturelle Vorrangstellung – falls sie sie jemals wirklich verloren hätte – heute mit Nachdruck aufwertet, daß Istanbul die Muskeln spielen läßt und Ankara – trotz oder wegen des unerquicklichen Getümmels seiner Parlamentarier und Minister – in die Rolle einer spießigen anatolischen Provinzstadt, wenn auch gigantischen Ausmaßes, zurückverwiesen wird. Es ist ja nicht so, daß nur die Schieber und Ganoven, die Huren und die schnellen Profitmacher in den Bann des uralten Byzanz geraten. Wie oft ist es mir in Kasachstan, in Turkmenistan, in Usbekistan passiert – wenn ich die begüterten Eltern der einheimischen Nomenklatura nach dem Ausbildungsplatz ihrer Kinder befragte –, daß stets Istanbul als Studien- und gehobenes Erziehungszentrum gerühmt wurde. Ankara übte dem gegenüber trotz seiner vorzüglichen Hochschulen eine geringere Anziehungskraft aus.

Wenn die selbstproklamierte Kaukasus-Republik Tschetschenien, um ihren Unabhängigkeitsanspruch gegenüber Moskau zu betonen, in der Türkei ein Konsulat eröffnet, oder wenn die fernen turkstämmigen Uiguren, die in Chinesisch-Xinjiang beheimatet sind, ein separatistisch motiviertes Kulturzentrum etablieren, dann wird ganz instinktiv eine bescheidene Unterkunft im Umkreis des alten Palast-Areals von Topkapi gesucht, nicht nur weil in dieser eurasischen Durchgangsstation das Leben so viel dynamischer pulsiert, weil sich dort ein Potential explosiver Veränderungen zusammenballt, sondern weil die Minaretts und Moscheekuppeln am Goldenen Horn noch immer im Glorienschein des Osmanen-Reiches erstrahlen, weil sich hier jahrhundertelang die Sultane und Kalifen der weitgespannten islamischen Umma als Schatten Allahs auf Erden offenbarten und einen schier unbegrenzten Herrschaftsanspruch ausübten. Zwar ist es dem General

Mustafa Kemal Pascha, der sich von seinen Landsleuten zwischen Edirne und Diyarbakir als »Vater der Türken« verehren läßt, innerhalb seiner Republik gelungen, die Erinnerung an den »osmanischen Padischah«, der zudem in den letzten hundert Jahren seiner dynastischen Erbfolge zum »kranken Mann am Bosporus« degeneriert war, weitgehend zu verdrängen, ja sich als Prophet der Moderne eindrucksvoll an dessen Stelle zu drängen. Aber was bedeutet der Name »Atatürk« für einen bosnischen Muslimani, für einen Kosovo-Albaner, für einen Tschetschenen oder Daghestani, geschweige denn für die türkisch-mongolischen Nachfahren des Welteroberers Tamerlan am Rande der Dzungarai?

*

War ich im Sommer in der Obhut Saadets durch »Türkisch-Kurdistan« gereist, eines hohen Beamten des Informationsministeriums, ein deklarierter Kemalist, aber auch ein Bewunderer des aufrührerischen Schriftstellers Yaşar Kemal. »Kemal war der Begleiter meiner Jugend«, sagte er einmal – so habe ich mich in diesem Dezember 1998 zwischen Instanbul und Ankara in die Begleitung des Kölner Doktoranden Hayrettin begeben, der bei allem Engagement für die koranische Sache der türkischen Gegenwart mit der analytischen Methodik des Politologen begegnet.

Auf unserer Suche nach dem diskreten Hauseingang 21 habe ich diesen freundschaftlichen jungen Betreuer aus den Augen verloren. Ein mächtiger Usbeke, oder ist er Karakalpake, Tadschike, Kirgise, spricht mich an, fragt mich in einem unverständlichen Idiom nach irgendeiner Straße – ich vernehme lediglich Caddesi. Ich kann nur freundlich lächeln, die Achseln zucken, aber es hat etwas Beruhigendes, in diesem Hunnen-Getümmel und Gedränge nicht von vornherein als Ausländer identifiziert zu werden. Die Stimmung in dieser anatolisch und asiatisch geprägten Masse ist rauh, betont männlich, unwirsch, gelegentlich aggressiv, aber keine Sekunde lang fühle ich mich belästigt oder gar bedroht, auch wenn ich beim Herannahen einiger Zigeunerkinder unwillkürlich nachprüfe, ob mein Portemonnaie noch in der Tasche steckt.

Hayrettin winkt mir von der anderen Straßenseite zu. Es führt eine steile Fußgängerbrücke dorthin. Die Pforte 21 unterscheidet sich nicht von den grauen, modrigen Zementfassaden, die seit langem die malerischen Holzpavillons, die geschnitzten Balkone mit Gittern vor den

Frauengemächern, diese verwinkelten Relikte osmanischer Architektur verdrängt haben. Das Treppenhaus ist kaum erleuchtet und feucht. Modergeruch zieht die Stufen hinauf. Im vierten Stock verharren wir eine Weile, bis wir den Eingang finden. Wer vermutet schon in dieser Umgebung das Istanbuler Hauptquartier militanter »Islamistinnen«, fast hätte ich »Feministinnen« geschrieben, die der koranisch inspirierten Fazilet- oder Tugend-Partei nahestehen?

Mein Besuch ist längst angekündigt, und ich bin in keiner Weise überrascht, daß die jungen Frauen, die zu diesem Gespräch bereit waren, das Verschleierungsgebot besonders strikt einhalten. Ein halbes Dutzend Akademikerinnen hat sich da eingefunden. In einem Kloster von Karmeliterinnen würde es nicht weniger sittenstreng zugehen. Aber wie das bei jungen Nonnen auch oft der Fall ist, es kommt kein Eindruck von Traurigkeit oder Verzicht auf. Die blassen Gesichter, die sich vom streng geknoteten Kopftuch abheben, sind zwar durch keinerlei Kosmetik aufgefrischt noch zeichnen sie sich durch besonderen Liebreiz aus. Aber die Augen blicken heiter und resolut, die Stimmen gurren munter, und sie sind alle der englischen Sprache mächtig. Die Kargheit der Ausstattung in diesem Behelfsbüro ist auf die Spitze getrieben. Um den groben Schreibtisch sind ein paar schiefe Stühle geschoben. Die Regale des einzigen Bücherschranks sind leer. Kein Blumenstrauß erhellt die tristen, fleckigen Wände. Kein Bild – nicht einmal eine Darstellung der Pilgerstätte von Mekka – lenkt von der entsagungsvollen Dürftigkeit ab. Bemerkenswerterweise ist dieses die erste Amtsstube, das einzige Büro der Türkei, in dem mir nicht irgendeine Darstellung Atatürks begegnet.

Einem Mann, der nicht dem engsten Familienkreis angehört, reichen diese Amazonen der heiligen Sache nicht die Hand. Aber sie servieren Tee und wirken kein bißchen schüchtern. Kein Wunder! Die Sprecherin der kleinen Gemeinde, einer Franziskanerin ähnlich, die das schwarze Kopftuch über einer Kutte aus brauner Wolle trägt, ist von Beruf Anwältin und genießt vor den Gerichten Istanbuls einen vorzüglichen professionellen Ruf. Mir werden auch zwei Medizinstudentinnen im fünften Lehrjahr vorgestellt, die seit der Verschärfung des Schleierverbots aus den Hörsälen verbannt sind und ihr Studium abbrechen mußten, weil sie ihrer religiösen Überzeugung treu blieben. Außer der »Franziskanerin« sind die anwesenden Mädchen in ähnliche Tracht gehüllt wie so viele ihrer türkischen Schwestern in Berlin-Neukölln oder in Duisburg: Ein trister Schal und darunter eine Art

206

unförmiger Regenmantel in beigem, grauem oder braunem Farbton. Sie alle versichern mir, daß sie ihre Entscheidung aus eigenem Entschluß und keineswegs unter dem Einfluß ihrer Familien getroffen hätten. Man soll sie nicht unterschätzen, diese seltsamen »Suffragetten« des Koran. Sie gehören einer mächtigen Frauenorganisation an, die am 11. Oktober 1998 einen massiven Protestmarsch zugunsten des Hijab oder – wie man auch in der Türkei sagt – des »Türban« in zahlreichen Stätten veranstalteten und ihre vorübergehende Verhaftung durch die Polizei in Kauf nahmen. Die Anwältin verweist darauf, daß alle im Parlament vertretenen Parteien sich für die Freizügigkeit der weiblichen Kleiderordnung ausgesprochen hätten mit Ausnahme der »Republikanischen Volkspartei« des Abgeordneten Deniz Baykal, der auf die rigorose kemalistische Laizität eingeschworen bleibt. Als treibende anti-islamistische Kraft – so wird mir versichert – agiere der türkische Generalstab und die hohe Generalität im Hintergrund.

Wie sie denn mit ihren Altersgenossinnen auskämen, die sich dem »islamic dress« verweigerten und statt dessen ihre weiblichen Reize oft provozierend zur Schau stellten? Da gäbe es kein Problem, wird mir gesagt. Jede Frau oder jedes Mädchen solle frei sein, sich so zu kleiden, wie es ihr gefiele. Im übrigen hätten die Töchter des Laizismus sich immer wieder mit ihren frommen Schwestern solidarisiert, teilweise sogar an ihren Demonstrationen teilgenommen. In Teheran, wo die Mullahs das Sagen haben, ist von solcher Aufgeschlossenheit natürlich nicht die Rede, und ich erinnere mich in diesem Augenblick noch sehr wohl, wie zu Lebzeiten Khomeinis die schwarz vermummten Kolonnen hysterischer Frauen durch die Straßen der Hauptstadt zogen und mit grellen Schreien »Margbar bi hijab« skandierten – Tod denjenigen, die den Schleier verweigern. Sogar die Füße meiner Istanbuler Gesprächspartnerin stecken in klobigen Schnürschuhen, die sich für eine Bergbesteigung eignen würden. Ich bewerte das zunächst als einen zusätzlichen Verzicht auf jeden Anhauch femininer Attraktivität, sollte später jedoch eines besseren belehrt werden. Plumpe, dicksohlige Fußbekleidung gehöre zu den modischen Attributen der jungen weiblichen Schickeria, und zumindest in diesem Punkt hätten sich die Tschador-Trägerinnen der neuesten Mode angepaßt.

Wir sprechen auch über die Brautwahl. Die Medizin-Studentinnen räumen ein, daß auf dem Lande noch die Familien darüber entscheiden. Aber in den Städten habe sich das gewachsene weibliche

Selbstbewußtsein durchgesetzt. Auch die Islamistinnen würden ihren künftigen Mann selber aussuchen, natürlich – wenn es irgendwie geht – in Übereinstimmung mit ihren Eltern. Die Anwältin fragt mich, ob es wohl Sinn habe, wenn ihr Verband das Recht auf das Tragen von Schleier oder Kopftuch beim Europäischen Gerichtshof für Menschenrechte einklagen würde, und da schaue ich sie doch ein wenig fassungslos an. Irgendwie sind die Verhältnisse hier auf den Kopf gestellt. Während in Frankreich, aber auch in Deutschland das Tragen des »foulard« oder »voile« von der zuständigen Jurisdiktion oft mit dem Argument familiärer Unterdrückung oder eines Zwangs, der vor allem durch die eifersüchtigen, über die Sittenstrenge ihrer Schwestern wachenden Brüder ausgeht, abgelehnt oder als Verstoß gegen die offizielle Neutralität in Glaubensfragen verworfen wird, betrachten diese frommen Türkinnen, darunter zahlreiche Intellektuelle, ihr Beharren auf der überlieferten Verhüllung als einen unveräußerlichen Anspruch ihres Geschlechts. »Hijab is dignity« – der Schleier bedeutet Würde. Ich muß an die Tochter des Vorstandes eines islamischen Kulturvereins in Berlin-Wedding denken, eine hübsche und munter plaudernde Philologin, die übrigens nicht zögerte, einem Mann die Hand zu reichen, die aber darauf verzichtete, ein oder zwei Studienjahre an einer türkischen Universität zu absolvieren, was ihrer akademischen Karriere zweifellos zugute gekommen wäre. »Da bleibe ich doch lieber in Deutschland«, sagte sie lächelnd, »hier zwingt mich niemand, im Hörsaal mein Haar offen zu tragen und meiner sittlichen Überzeugung zuwider zu handeln. In unseren türkischen Hochschulen könnte ich mich auf dieses weibliche Grundrecht nicht berufen.«

Zu einer theologischen Diskussion lasse ich es gar nicht erst kommen. »El Islam hua el hall« – Der Islam ist die Lösung. Der fundamentalistische Leitsatz ist nirgendwo an die Wand gemalt bei der militanten Organisation am Bosporus, aber er leuchtet mir aus den Augen der jungen Frauen entgegen. Sie behaupten zwar unisono, daß ihre Aktion ausschließlich sittlich motiviert sei und keinerlei politische Ziele verfolge, die der kemalistischen Staatsdoktrin widersprächen. Aber da klingen sie nicht recht überzeugend. Im wahren Islam, wie er ihnen vorschweben muß, sind doch Religion und Staat – »din wa dawla« – gar nicht voneinander zu trennen. Soll ich die üblichen Fragen stellen, die im Konflikt der Kulturen unablässig auftauchen? Wie steht es um die Polygamie, die einem Mann laut Koran Anspruch auf vier gesetzliche Ehegattinnen gewährt? Wie beurteilen die Anwesenden die Vorschrift, daß vor einem Scharia-Gericht die Stimme einer Frau nur die Hälfte der Aussage eines Mannes wert ist? Wie verhält es sich mit dem männlichen Züchtigungsrecht, das in der Sure »en nisa« – die Weiber – festgehalten ist. Zunächst kann der Frau im Falle störrischer Renitenz die sexuelle Zuwendung verweigert werden, dann ist auch körperliche Bestrafung vorgesehen. Dazu kommt die Benachteiligung im Erbrecht und vor allem die am meisten gefürchtete Sanktion: Die willkürliche Vollmacht des Mannes, eine Scheidung durch die dreimalige Wiederholung der Verstoßungsformel zu vollziehen.

Irgendwie, so stelle ich mir vor, werden diese islamischen »Emanzen« auch mit einer koranischen Überlieferung zurechtkommen – sie notfalls zurechtbiegen –, die in der arabischen Pastoral-Gesellschaft des siebten Jahrhunderts entstanden ist und die zu jener Zeit, in einer barbarisch archaischen Umgebung, einen geradezu revolutionären Fortschritt zugunsten der Frauen darstellte. In der Refah-, dann in der Fazilet-Partei waren die weiblichen Kandidatinnen bei der letzten Parlamentswahl von 1995 durch die männliche Funktionärsschicht aus den Listen gestrichen worden. Die türkischen Islamisten waren ohne feministisches Aufgebot angetreten und verhielten sich in dieser Hinsicht rückständiger und restriktiver als die vielgescholtenen schiitischen Mullahs von Teheran, die eine Anzahl von Parlaments-, neuerdings auch Regierungssitzen den Vertreterinnen des »deuxième sexe« vorbehielten und sich damit die Anwesenheit einer Reihe von höchst streitbaren Volksvertreterinnen in den Madschlis einhandelten. Doch in diesem Punkt steht ein Einlenken bevor. Bei den für April 1999 vorgesehenen Wahlen beabsichtigt die Tugendpartei, so bestätigt Hayrettin, bis zu zwanzig Kandidatinnen aufzustellen, deren Mehrheit auf das gesetzeswidrige Tragen des Kopftuches auch im Parlament nicht verzichten will. Ob ein solches Beharren nicht an Verbohrtheit grenze, frage ich. Die Antwort ist verblüffend: »Wenn wir uns der säkularen Regierungsverfügung beugten, würde uns das einen Großteil unserer Wählerstimmen beim Volk kosten; es sähe aus, als hätten wir kapituliert und unsere Werte verraten.«

In der Türkei existiert von jeher – vornehmlich in den gehobenen Schichten – der Typus der »starken Frau«, der »osmanischen Frau«, wie man hier sagt, die innerhalb ihrer Mauern als »mater familias« agiert. Dort paart sich ihre Autorität mit hohem Ansehen. Die islamischen Aktivistinnen haben sich auch bei ihren konfessionellen Auseinandersetzungen mit der Republik Atatürks als energischer, militanter, oft auch als klüger erwiesen als die Männer. An überschäumendem Selbstbewußtsein fehlt es ihnen nicht. Sie geben sich nicht damit zufrieden, daß die türkischen »Machos« die Frauen als »Blumen« preisen, die es zu schützen gelte. Die korangläubigen Töchter der Wohlfahrtspartei waren es, die mit Inbrunst und Unermüdlichkeit die Sozialarbeit in den Armenvierteln, in den Gecekondus, vorantrieben. Sie verstanden sich als »Feministinnen sozialdemokratischer Ausrichtung« und deuteten die koranische Lehre als Verpflichtung im Dienste der Elenden und Entrechteten. Wenn die Refah wider Erwarten in der kosmopolitischen, allen westlichen Einflüssen ausgelieferten Metropole Istanbul einen eindrucksvollen Wahlsieg errang, so war das den Frauen zu verdanken. Mit Hilfe der weiblichen Nachbarschaftsbünde, die sich wie ein Spinnennetz ausbreiteten und den Alltag der Bedürftigen, der Neuzuwanderer aus Anatolien, im religiös-karitativen Sinne prägten, wurde – um nur dieses Beispiel zu erwähnen – die triste Vorstadt Ümraniye, die unlängst noch aufgrund ihrer marxistischen Grundstimmung als »Erster-Mai-Distrikt« bei den Linksextremisten hoch im Kurs stand, für die Sache der islamischen Erneuerung gewonnen. Allein in der Provinz Istanbul, so wurde errechnet, bemühen sich etwa 70 000 Refah-Aktivistinnen auf dem »Pfade Allahs«. Sie unterhalten mehr als 600 Nachbarschaftszentren und üben politisch-sozialen Einfluß auf nahezu drei Millionen Menschen aus.

So viel Eifer konnte nicht ohne Folgen bleiben. Der Staat reagierte mit Härte. Etwa 2700 Lehrerinnen an den staatlichen Schulen sind wegen ihres Festhaltens am Hijab entlassen worden. Später wurde in der Schwarzmeer-Stadt Ereğli – ein Beispiel unter anderen – Hunderten von verschleierten Schülerinnen das Betreten der Klassen verwehrt. Dabei soll die Polizei mit leichten Straßenpanzern aufgefahren sein, um den »Mißbrauch der Religion« zu verhindern. Es ist schon eine seltsame Situation entstanden. Hier nehmen bildungshungrige junge Frauen gravierende berufliche Nachteile in Kauf, lassen sich zu Tausenden vom Examen ausschließen, um sich einen Fetzen Stoff um den Kopf zu wickeln, während gleichzeitig in Afghanistan – ein Extremfall gewiß – die tumben Taleban-Fanatiker jeden Anflug weiblicher Selbstbestätigung durch generelles Berufs- und Ausgangsverbot ersticken. Mit Hilfe des »Tschadri«, in Usbekistan sagt man »Parandschah«, lassen sie sogar das Gesicht der Frauen hinter einem Roßhaar-Gewebe verschwinden.

In weniger krasser Form nimmt dieses Phänomen weltweite Ausmaße an. Das Hijab-Gebot steht im Begriff, die muslimische Frauen-welt Malaysias und Indonesiens in die Pflicht zu nehmen. Vor zwanzig Jahren waren dort die Vermummten noch exzentrische Außenseiterin-nen. Mag sich die weibliche Oberschicht in den bürgerlichen Vierteln, in den begüterten Villensiedlungen von Casablanca und Algier, von Kairo, Damaskus und Bagdad auch mit allen Kräften gegen den Zwang zur islamischen Kleidung wehren, in den Provinzstädten und in den ländlichen Gegenden des Maghreb wie des Maschreq, ja in der gesamten Umma behauptet sich der Hijab als universal akzeptiertes, ja verklärtes Symbol einer schleichenden, den Familienalltag durch-dringenden Reislamisierung.

*

Istanbul hat viele Gesichter. Düster, beklemmend, ja furchterregend kann diese Ballung von fünfzehn Millionen Menschen wirken, dann wieder erhaben, prächtig, grandios. Aber freundlich oder gar heiter er-scheint Istanbul nie. An der Bruchstelle zweier Kontinente gelegen, strahlt diese monströse Polis eine einmalige Faszination aus, der ich schon bei meinen ersten Besuchen erlegen bin. Der Orient war mir da-mals noch wenig vertraut, und erschwerend kam wohl hinzu, daß ich bei einem dieser frühen Aufenthalte in einem drittklassigen Hotel von Tropenfieber geschüttelt wurde und in Alpträumen versank. Seitdem hat sich meine Wahrnehmung positiv verändert. Vielleicht liegt das daran, daß neben dem Moder zerfallener Imperien, der nach wie vor auf den Stadtmauern des Kaisers Justinian lastet, ein neuer Wind radi-kaler Veränderungen aufgekommen ist.

An diesem tristen Dezembertag 1998 ist alles grau in grau. Der Sturm weht vom Pontus Euxinus herüber. Vom hochgelegenen Balkon des Hauses 21 fällt mein Blick auf die bleierne Weite des Marmara-Meeres, wo eine riesige Armada von Frachtern, halbverrosteten Tan-kern und von Container-Schiffen auf die zögerlich gewährte Fahrt-genehmigung durch die Enge des Bosporus wartet. Ähnlich unheil-schwanger mochte die britische Flotte 1915 vor Gallipoli gedümpelt haben, als die Schlacht um die Dardanellen den Untergang des Osma-nischen Reiches beinahe um drei Jahre beschleunigt hätte und ein tür-kischer Offizier, Mustafa Kemal Pascha, höchsten Tapferkeitsruhm errang. Selbst aus der Entfernung sind die Schaumkronen zu erken-nen, die der Nordwind aufwühlt. An einem solchen stürmischen Tag, als der Orkan das Übersetzen seiner gewaltigen Heerschar von Asien nach Europa verhinderte, hatte vor etwa 2500 Jahren der persische Großkönig Xerxes die rebellischen Fluten des Hellespont von seinen Soldaten mit Peitschenhieben bestrafen lassen, weil sich das Meer seinem kaiserlichen Willen und der Fahrt seiner Galeeren widersetzte. Riesige schwarze Vögel kreisen über dem Häusermeer. Die Auguren des Altertums würden in ihren Eingeweiden wohl die Verkündung anstehender Katastrophen entdecken.

Meine Gedanken wenden sich zurück zu einem sonnigen Märztag des Jahres 1994. Da herrschte eine ganz andere Atmosphäre an diesem Ort. Im warmen Frühlingslicht erstrahlte Konstantinopel in imperialem Glanz, in wilder Schönheit. Das Hotel »Çirağan Sarayi«, in dem ich logierte, hat sich in unmittelbarer Nachbarschaft der Sultanspaläste des neunzehnten Jahrhunderts eingerichtet. Die späten osmanischen Herrscher fühlten sich vom strengen Gemäuer des Topkapi wohl erdrückt und verlegten ihre neue prunkvolle Residenz unmittelbar ans Ufer der Meerenge. Ihre Architekten hatten sich dabei einen neoorientalischen Stil einfallen lassen, der mit steinernem Zierat, mit Schnörkeln und spielerischem Schnickschnack überfrachtet war – das französische Wort »tarabiscoté« fällt einem ein; und dennoch entstand hier eine skurrile, durchaus repräsentative Harmonie. Im wuchtigsten dieser Bosporus-Schlösser ist übrigens Atatürk gestorben. Trotz der Verschmutzung durch den intensiven Schiffsverkehr schimmerte die Wasserstraße, die hier einem mächtigen Strom gleicht, in trügerischem Blau, verfärbte sich zu purem Gold, wenn die Sonne sich senkte. Die Silhouette der alten Kaiserstadt zeichnete sich wie gestochen vom violetten Himmel ab.

Eine leichte Brise war aufgekommen. Die berühmten Moscheen ragten aus dem Häusergewimmel von Istanbul wie Elefanten aus einer Ziegenherde. Über den Kuppeln spreizten sich Zirrhus-Wölkchen wie Pfauenfedern auf dem Turban des Padischah. Aus der Ferne gab der alte osmanische Sultanssitz Topkapi sein Ursprungskonzept zu erkennen. Dieses war kein Fürstenschloß im üblichen Sinn, sondern ein überdimensionales Zelt- oder Jurtenlager, das in zisieliertem Marmor erstarrt war. Als Mehmet der Eroberer diesen Serail in Auftrag gab, hatten die Türken ihre nomadischen Ursprünge noch längst nicht abgestreift. Als Zentrum und Symbol ihrer Macht schufen sie sich einen einmaligen Gebäudekomplex, in dem sich wohl auch der Groß-Khan der Goldenen Horde heimisch gefühlt hätte.

Die zweite Eroberung Konstantinopels durch den Islam habe am

27. März 1994 stattgefunden, so hatte ich damals in einer türkischen Zeitung gelesen. Das war zweifellos eine grobe Übertreibung. Der Wahlsieg, den die »fundamentalistisch« ausgerichtete Refah- oder Wohlfahrtspartei bei den Kommunalwahlen davongetragen hatte, ließ sich in keiner Weise mit dem Siegessturm der osmanischen Heerscharen vergleichen, der unter ihrem Sultan Mehmet II. am 29. Mai 1453 der glorreichen tausendjährigen Geschichte des Byzantinischen Reiches ein Ende setzte und die ganze Christenheit in Entsetzen erstarren ließ.

Dennoch hatte sich mir ein aufregendes Schauspiel geboten, als ich am Freitag, dem 25. März 1994 – zwei Tage vor dem Urnengang –, zufällig in die Großkundgebung der Islamisten geraten war. Die Demonstration spielte sich zwischen der ehrwürdigen, von Kaiser Justinian erbauten Basilika Hagia Sophia und der in ihren Dimensionen ebenso gewaltigen Sultan-Ahmet-Moschee ab. Mindestens 100 000 Menschen hatten sich in dieser Gartenanlage versammelt. Unzählige Fahnen der Refah-Partei, weißer Halbmond mit weißer Kornähre auf rotem Grund, wehten von den wuchtigen Kuppeln und Portalen. Sie flatterten in den Bäumen des Parks, auf die begeisterte Jugendliche geklettert waren.

Ganz plötzlich, so schien es, wandte sich dieses Herzstück der Bosporus-Metropole einem ganz anderen, Allah wohlgefälligen Staatswesen zu und entfremdete sich der säkularen, auf strikte Europäisierung bedachten Republik Atatürks. Ob der Islam tatsächlich siegen würde, stand an jenem Tag noch in den Sternen. Aber ein Kulturbruch wurde hier vollzogen, an der gleichen Stelle, wo am Vorabend des osmanischen Vorstoßes durch die kaum bemannten Verteidigungsmauern der Christen der letzte Kaiser des Oströmischen Reiches, Konstantin Palaiologos, ein feierliches Hochamt zu Ehren der heiligen Eucharistie zelebrieren ließ. Am Tage darauf drangen die Janitscharen des Sultans in das Heiligtum ein und verwandelten die Hagia Sophia in ein mohammedanisches Gebetshaus.

Nach dem Ersten Weltkrieg hatte Atatürk die rigorose Trennung von Staat und Religion vollzogen. Er entzog die Hagia Sophia dem koranischen Kult und machte ein Museum daraus. Jetzt, bei der Wahlkundgebung der Refah-Partei, forderten die Islamisten in Sprechchören, daß das Kolossalgebäude, ursprünglich der göttlichen Weisheit geweiht, wieder der Ehre Allahs dienen, daß sich dort die Gemeinde der Rechtgläubigen – wie in den fünfhundert Jahren nach dem

Sieg des Halbmondes – in Richtung Mekka zum Gebet verneigen solle.

Ich war wohl der einzige Fremde und Nicht-Muslim, der sich in diese tosende Veranstaltung hineingedrängt hatte. Die Stimmen der Redner und Prediger dröhnten aus Dutzenden von Lautsprechern. Polizisten in dunkelblauen Uniformen tasteten die Neuankömmlinge nach Waffen ab. Auch ich hob die Arme, um die Untersuchung zu erleichtern. Aber der Sergeant hatte mich mit sicherem Blick als Ausländer identifiziert. Er klopfte mir wohlwollend auf die Schulter, ehe er mich durchwinkte. Es war wirklich eine merkwürdige, ganz andere Türkei, die dort zusammengeströmt war. Viele Männer trugen den Bart, mit dem die Fundamentalisten sich gern zu erkennen geben. Manche erschienen in wallender Kleidung. Um den Kopf hatten diese würdigen, strengen Eiferer den grün-weißen Turban geschlungenen. Die meisten Frauen hatten zumindest ein dezentes Kopftuch angelegt, wenn sie nicht ganz verschleiert gingen. Aber ich entdeckte auch junge Mädchen in Jeans, um das offene Haar ein Stirnband mit dem Emblem der Refah-Partei geknotet. Jünglinge und Knaben traten ebenfalls mit roten Tuchstreifen um den Kopf auf, wo ich in weißen Lettern das Wort »Mucahit« – Kämpfer des Heiligen Krieges – entzifferte.

Dennoch lag keinerlei Aggressivität in der Luft. Es ging eher wie bei einem Volksfest zu. Hammelbraten und Getränke, natürlich alkoholfrei, wurden angeboten. Die unzähligen roten Fähnchen flatterten wie auf einer Kirmes. Nur die Luftballons fehlten. Von zwei älteren Türken mit Bart, die in Deutschland gearbeitet hatten, wurde ich erkannt und angesprochen. Ein kleiner Kreis von Neugierigen bildete sich. Bei dem kurzen Austausch ging es höflich, fast herzlich zu. Ich möge berichten, daß hier bei der Wohlfahrtspartei keine blinden Fanatiker am Werk seien, wurde ich aufgefordert. Die Türkei müsse jedoch zu sich selbst zurückfinden. »Wir sind Demokraten«, wurde immer wieder beteuert, »allerdings islamische Demokraten, und wir wollen Würde, Gerechtigkeit und Brüderlichkeit für all diejenigen, die in diesem korrupten, sündigen Staat in Armut und Not leben müssen.« Ich wurde zu Speis und Trank eingeladen, und plötzlich, obwohl Umstände und politische Grundstimmung durchaus unterschiedlich waren, fühlte ich mich in jene Massenkundgebungen in den trostlosen Häuserschluchten von Teheran zurückversetzt, als die Anhänger des Ayatollah Khomeini lange vor der Rückkehr ihres »Emam« zu Hunderttausenden für die Gründung einer Islamischen Republik auf die Straße gegangen waren und ihr Leben riskiert hatten. In jenen grauen Herbsttagen des Jahres 1978 hallte die kalte Gesteinsmasse der iranischen Hauptstadt von dem Ruf »Allahu akbar« und »Tod dem Schah« wider. Auch damals war ich mitsamt meinem Kamerateam von dieser scheinbar entfesselten Volksmenge als willkommener Zeuge des revolutionären schiitischen Aufbegehrens zuvorkommend und höflich aufgenommen worden. Aber ansonsten war Istanbul an diesem sonnigen Frühlingstag, fünfzehn Jahre nach dem Khomeini-Aufstand, von dem verzückten, fast hysterischen Taumel Teherans unendlich weit entfernt.

Seit dem 27. März 1994 stellte nun die islamische Refah-Partei, durch ein Wahlsystem der relativen Mehrheit begünstigt, die Bürgermeister von Istanbul, Ankara, Erzerum, Konya und zahlreicher anderer Provinzstädte. Sogar im umkämpften Kurdistan, in der Südost-Türkei, wie es offiziell heißt, hatte sie bemerkenswerte Erfolge erzielt. Noch lag die RP – so lautet die Abkürzung – mit achtzehn Prozent der abgegebenen Stimmen an dritter Stelle. Aber bei den Parlamentswahlen des Jahres 1995, so vermuteten damals schon die Beobachter, könnte sie an die zweite, vielleicht sogar die erste Stelle rücken, und diese Voraussage hat sich tatsächlich bewahrheitet.

*

Warum drängt sich drei Jahre später der Eindruck auf, der vorübergehende Durchbruch der islamischen Refah-Partei sei ein Fehlstart gewesen, als hätten die Kräfte der kemalistischen Beharrung nach einer Phase der Verunsicherung doch wieder das Heft in der Hand. Vielleicht ist es typisch, daß im zentralen Fatih-Viertel von Alt-Istanbul, das als Hochburg der Wohlfahrtspartei galt, der Kandidat Erbakans bei einer Nachwahl ins Hintertreffen geriet und durch einen Tarikat-Anhänger des Naqschbandi-Ordens geschlagen wurde.

Damit hätte im Juni 1994 im fundamentalistischen Fatih-Viertel niemand gerechnet. »Nehmen Sie sich in acht«, hatte damals unser Fahrer Süleyman gewarnt, »die Leute sind Fanatiker. Das sind Irre. Wenn Sie hier filmen, müssen Sie mit tätlichen Angriffen rechnen.« Wir hatten unseren Minibus neben der Fatih-Moschee geparkt. Hier war es für niemanden ratsam, in der Öffentlichkeit Alkohol zu trinken, allzu legere Kleidung zu tragen oder gar während der Fastenzeit Ramadan auf der Straße zu rauchen. Die meisten Frauen gingen verschleiert, einige hatten jenen schwarzen Tschador übergezogen, den man in Algerien »Kohlensack« nennt. Ich forderte unseren polnischen Kameramann Piotr auf, die Girlanden mit Werbefähnchen der Refah-Partei zu filmen. »Tamam Inşallah« stand darauf – weiter so, wenn Gott will! Sehr wohl hatte sich Piotr dabei nicht gefühlt. Ihm steckte noch ein Zwischenfall in den Knochen, der sich wenige Wochen zuvor in Knin, der damaligen Hochburg der Kraijna-Serben unweit der adriatischen Küste, abgespielt hatte. Ein nationalistisch aufgeputschter serbischer Mob war über unseren in Zagreb immatrikulierten Team-Wagen hergefallen, und die Wut dieser »Tschetniks« hatte sich zur Raserei, zur Lynchstimmung gesteigert, als sie in dem Kameramann einen Landsmann des verhaßten polnischen Papstes Johannes Paul II. ausmachten. »We kill you; you are a catholic spy«, gellte es dem zutiefst erschrockenen Piotr in den Ohren, während seine deutschen Kollegen von diesem Ausbruch kollektiver Hysterie völlig verschont blieben.

Ähnliche Exzesse waren selbst im frömmsten Teil Istanbuls nun wirklich nicht zu befürchten. Riesige Plakate stellten zwei führende Persönlichkeiten der islamistischen Wiedergeburt dar. Natürlich nahm der Parteivorsitzende Necmettin Erbakan den Ehrenplatz ein. Der Mann sah ganz und gar nicht furchterregend aus. Er wirkte sogar väterlich und gütig, wenn man ihn mit den krampfhaft grinsenden Ganovenvisagen mancher anderer Politiker auf den Plakaten der säkularen Parteien verglich. Nein, Erbakan trat seinen Anhängern wie ein wohlwollender, stets lächelnder »Baba« entgegen. Dieser Vatergestalt mochte man weder Fanatismus noch Gewalttätigkeit zutrauen. Der Sohn eines osmanischen Richters verstand sich prächtig darauf, sein Programm so zu formulieren, daß er auf keinen flagranten Widerspruch zur kemalistischen Staatsdoktrin festgenagelt werden konnte. Nur einmal hatte er sich zu einer drohenden Äußerung hinreißen lassen: Der islamische Staat müsse kommen, nur sei nicht sicher, ob dieser Durchbruch mit Schweiß oder mit Blut errungen werde. Seine Gegner warfen dem Refah-Führer vor, daß er sich in letzter Zeit wie ein Pascha aufführte, sich in einer riesigen Limousine chauffieren ließ, die – völlig ordnungswidrig – statt eines Nummernschildes den Namen »Erbakan« trug. Man nannte ihn zwar den »Hodscha« oder »Koranlehrer«, aber seine wissenschaftliche Karriere hatte Erbakan gemeinsam mit dem späteren Staatspräsidenten Demirel an der Technischen Universität Istanbul begonnen, bevor er in Aachen an der dortigen Technischen Hochschule zum Diplomingenieur avancierte und als wissenschaftlicher Dozent in die alte osmanische Kapitale zurückkehrte. In die Politik war Erbakan schon im Jahr 1970 mit der Gründung der »Nationalen Ordnungspartei« eingetreten, aus der bald die »Nationale Heilspartei« hervorgehen sollte und deren religiöse Grundtendenz von Anfang an für beachtlichen Zulauf sorgte.

Unser Fahrer Süleyman, der das Innere seines Minibusses zum Beweis seiner kemalistischen Gesinnungstreue mit einem Dutzend Fotos des Staatsgründers Atatürk tapeziert hatte, blickte wütend um sich. »Erbakan ist ein gefährlicher Fuchs«, brummte er. Natürlich besaß der neue islamistische Bürgermeister von Istanbul, der Betriebswirt Recep Tayyip Erdoğan, seinen Ehrenplatz in der Bildergalerie der Parteigrößen. Auch dieser jung und energisch wirkende Mann mit dem modischen Schnurrbart flößte Vertrauen ein. Er war Zögling jener muslimischen Imam-Hatip-Schulen, die – von den Epigonen Atatürks geduldet – immer mehr Zöglinge bis zum Hochschulstudium im Sinne der koranischen Lehre betreuten. Der Erfolg dieser religiösen Institution ließ sich an der hohen Zahl ihrer Absolventen messen, die sie jedes Jahr in der gesamten Türkei ausbildete. Die türkische Armee, Wächterin der säkularen Republik, hatte verfügt, daß kein Imam-Hatip-Schüler Offizier werden dürfe.

Erdoğan war auf fünf Jahre gewählt, und es schien ihn gar nicht anzufechten, daß er »nur« 25 Prozent der Stimmen erhalten hatte. »Nach unserem Wahlrecht ist das in Ordnung«, ließ er verlauten. »Bei uns geht es zu wie beim sportlichen Wettbewerb: Der Beste, der Schnellste im Wettlauf ist Sieger.« Der Popularität des neuen Bürgermeisters kam zugute, daß er sich als Fußballer hervorgetan hatte. Recep Tayyip Erdoğan machte ferner weltweit von sich reden, als er den Modeschöpfer Pierre Cardin einlud, eine gefällige Variante des Tschadors für die frommen türkischen Frauen zu entwerfen. Im übrigen wollte er die Bordelle Istanbuls schließen und streng über die Sittlichkeit wachen. Die Absicht, eine Geschlechtertrennung in den überfüllten Autobussen zu verfügen, wie das bereits in der anatolischen Hochburg der Refah-Partei, in Konya, praktiziert wurde, hat er schnell fallengelassen, wobei die westlichen Kritiker berücksichtigen sollten, daß auch die orthodoxen Juden Jerusalems eine ähnliche Geschlechtertrennung in ihren öffentlichen Verkehrsmitteln befürworten. Am Taksim-Platz plante Erdoğan angeblich den Bau eines großen islamischen Kulturzentrums. Ansonsten zielten seine Ambitionen und Bemühungen vorrangig auf die Verbesserung der sozialen Fürsorge, der schulischen Bildung, der Bekämpfung der Kriminalität, insbesondere des Drogenhandels. Im Kampf gegen die ökologische Verseuchung und die Luftverschmutzung Istanbuls hatte er binnen kürzester Frist bemerkenswerte Erfolge vorzuweisen.

Das lokale Parteibüro der Refah-Partei von Fatih war geöffnet. Ich betrat das Lokal und murmelte dabei einen frommen koranischen Spruch, was mir sofort das Wohlwollen der beiden anwesenden Funktionäre einbrachte. Ein muskulöser Hüne mit schwarzem Vollbart bot mir Kaffee an, und sein Kollege, ein halb gelähmter Jüngling, versuchte, behilflich zu sein. Bei dieser Gelegenheit stellte ich wieder einmal fest, welches freundliche Mitgefühl die körperlich und geistig Behinderten in der islamischen Gesellschaft genießen. Mit der Verständigung haperte es, und Süleyman, der als Dolmetscher hätte helfen können, weigerte sich, die Sicherheit seines Automobils zu verlassen. So winkte der Bärtige einen greisen Imam herbei, der, in Turban und Kaftan gehüllt, würdevoll die Straße überquerte. Der Hodscha war des Hoch-Arabischen kundig, und so entspann sich mit ein paar Schwierigkeiten ein Meinungsaustausch in der Sprache des Propheten.

Was ich denn im Viertel Fatih suche, fragte der Alte, wobei mir einfiel, daß er wohl kaum mehr Jahre zählte als ich selbst. Ich erläuterte, daß ich mich für das Erwachen, die »Nahda«, des Islam in der Türkei interessierte und die koranische Religion mit viel Fleiß studiert hatte. »Wenn Du Dich im Islam auskennst«, verwunderte sich der Imam, »warum bist Du dann nicht Muslim geworden? Du müßtest doch wissen, daß wir im Besitz der einzigen Wahrheit sind.« Ich suchte mühsam nach Erklärungen. Da forderte der Imam gebieterisch: »Du kennst doch die Schahada, das islamische Glaubensbekenntnis; dann rezitiere sie doch einmal!« Dem war ich gewachsen, und ich holte zu der sakralen Formel aus: »Aschhadu anna la illaha illa Allah« – Ich bekenne, daß es außer Gott keinen Gott gibt, und daß Mohammed sein Prophet ist. Der Alte war hellauf entzückt. »Weißt Du, daß Du mit dem Aufsagen der Schahada automatisch ein Muslim geworden bist?« Er schloß mich in die Arme. »El hamdulillah!« rief er, »jetzt bist Du einer von uns, und der Weg zum Paradies steht Dir offen.«

Die Ernüchterung folgte am nächsten Tag. Da las ich in der Zeitung, daß am Rande des Basars ein kleiner Sprengsatz in der Frauen-Toilette explodiert war und daß zwei ausländische Frauen ernsthaft verletzt wurden. Es handelte sich angeblich um russische Prostituierte, wie sie in den Rotlicht-Vierteln von Istanbul häufig anzutreffen waren. Die Täterinnen waren fromme Musliminnen, die in aller Deutlichkeit verkünden wollten, für öffentliche Sünderinnen, für solch verdorbenes Pack aus dem Ausland, sei in der Türkei kein Platz mehr.

Der andere Vorfall berührte mich persönlich. Ich hatte das Fernsehteam – mit einer schriftlichen Genehmigung der religiösen Behörden ausgestattet – zur Aufnahme des Freitagsgebets in die Fatih-Moschee entsandt. Piotr und seine Gefährten kamen nervös und unverrichteter Dinge zurück. Bärbeißige Wächter hatten sie an der Dreharbeit gehindert. Unter den Gläubigen drohte beim Anblick dieser indiskreten Einmischung durch Christen Unruhe auszubrechen. Es mußte mit tätlichen Angriffen von seiten eifernder Beter gerechnet werden. Da waren die strengen Mullahs von Teheran, die mir das Filmen ihrer religiösen Feiern stets bereitwillig erlaubt hatten, doch sehr viel duldsamer und klüger gewesen als die frischgebackenen türkischen Islamisten, oder waren damals schon gewisse obskurantistische Eiferer des Derwisch-Wesens in Fatih am Werk?

*

In die Prachtkulisse des »Çirağan Palace« zurückgekehrt, bot sich uns ein ganz anderes Schauspiel. Dort findet fast jeden Abend, auf der großen Terrasse über der Meerenge, irgendeine Gala-Veranstaltung der High-Society statt. Ob es sich um eine extrem aufwendige Hochzeit, um das Treffen der früheren »Alumni« einer exklusiven Erziehungsanstalt oder auch nur um die protzige Präsentation der Erfolgsbilanz eines reichen Businessman handelte, hier wurde ein Reichtum, eine Libertinage vorgeführt, die jeden islamischen Revolutionär in Rage versetzen mußte. Die Männer trugen natürlich Smoking, die Abendtoiletten der Frauen zeichneten sich durch extrem kurze Röcke und kühne Dekolletés aus. Die großzügig dargebotenen femininen Reize zielten eindeutig darauf hin, männliche Begierde zu wecken. Neben teuren Speisen wurden Champagner und Whisky serviert. Man gab sich bei den feinen Leuten so, wie man das in amerikanischen Fernsehserien gesehen hatte. Nicht mehr eine Kopie der immer noch etwas steifen »bonne société« Europas wurde hier vorgeführt, sondern ein Plagiat von »Denver Clan« und »Dallas«.

Ich mußte an den mürrischen Studenten denken, mit dem ich bei einem ähnlichen Empfang in Ankara ein paar Worte gewechselt hatte.

»Wenn ich diese Verschwendung, diese Darbietung üppigsten Wohlstandes sehe«, so hatte er gemurmelt, »dann fällt mir ein, daß bei uns ein armer Kerl, der ein Brot stiehlt, ins Gefängnis kommt, daß aber die Schieber, die Betrüger, die auf Kosten der kleinen Leute riesige Gewinne scheffeln, frei ausgehen und hoch geehrt werden. Ich zittere vor Wut, wenn ich mir das vorstelle.«

Der junge Mann war in seiner Empörung nicht zu bremsen. In den sozialen Mißständen seines Landes sah er die eigentliche Brutstätte der allmählichen islamischen Rückwendung. Nicht so sehr die reine koranische Lehre, sondern die Bevölkerungsexplosion, gepaart mit anarchischer Landflucht und der verzweifelten Stimmung bei den überwiegend jugendlichen Massen, schüfen die Voraussetzungen für die fundamentalistische Radikalisierung. Ich versuchte ihn zu mäßigen, verwies aus eigener Erfahrung darauf, daß die Mißstände in Persien vor der Khomeini-Revolution viel himmelschreiender gewesen waren. Aber irgendwie erinnerte mich das anmaßende Auftreten der Neureichen dennoch an jene rauschenden Feste von Teheran, die die iranische Oberschicht im Sommer 1978 gefeiert hatte, während sich in den Elendsvierteln des Südens bereits die Rache Allahs ankündigte.

Nun gehörte auch Tansu Çiller, die damalige türkische Regierungschefin und Führerin der »Partei des Rechten Weges«, dieser extrem begüterten und gebildeten Kaste an. Sie war eine attraktive Frau, die mit ihrem dunkelblond gefärbten Haar, ihren angenehm rundlichen Formen und dem immer noch kindlich wirkenden Mädchengesicht dem Schönheitsideal der türkischen Männer entsprach. Bei den Auftritten während ihres jüngsten Wahlkampfes konnte man sich keinen krasseren Gegensatz vorstellen. Auf der einen Seite drängte sich eine Masse düster blickender und bäuerlich dumpfer Männer auf dem Hauptplatz irgendeiner Provinzstadt – die überwiegend verschleierten Frauen waren wie in der Moschee in eine separate Ecke verwiesen –, und auf dem Balkon der Bürgermeisterei hielt die Ministerpräsidentin, heiter und sympathisch, ihre frei gehaltene, improvisierte Rede. Dabei schritt sie mit wiegenden, fast tänzerischen Bewegungen auf und ab, das Mikrophon wie eine Night-Club-Sängerin direkt an die vollen Lippen gepreßt. Sie war dezent ganz in Weiß gekleidet. Der Kragen ging bis zum Kinn, und unter dem langen Rock kamen Lederstiefel zum Vorschein. Sie übte dabei eine seltsame Ausstrahlung auf diese maskuline Versammlung zu ihren Füßen aus. Es entstand eine Art Faszination, die man nur als erotisch bezeichnen konnte.

Als ich Professor O., Ordinarius für politische Wissenschaften in Ankara, auf diese Beobachtung angesprochen hatte, zuckte dieser an westlichen Akademien geschulte Mann geringschätzig die Schultern. Professor O. war ein entfernter Verwandter der ehemaligen Sultans-familie, drückte sich in gewähltem Französisch aus, verhielt sich als Grandseigneur halb burschikos, halb distanziert und untermalte jede seiner bissigen Äußerungen mit sardonischem Gelächter.

»Madame Çiller ist trotz ihrer hohen Diplome für Volkswirtschaft, die sie im Ausland erwarb, eine törichte Emanze«, spottete er. »Über-bewerten Sie die Tatsache nicht, daß eine Frau sich an der Regierungs-spitze eines mehr und mehr islamischen Staates behauptet. Schon das Osmanische Reich hat eine Phase der ›Weiber-Herrschaft‹ gekannt, wenn der Padischah debil oder total regierungsunfähig war. Die Thronfolger wurden ja fern aller Wirklichkeit im Serail wie in einem Käfig aufgezogen. Durch die Intrigen des Harems, der Eunuchen oder der Sultansmutter waren sie von Kindheit an oft geistig verkrüppelt. Ich will unseren robusten Staatspräsidenten Demirel nicht in deren Nachfolge einreihen, aber seine listenreiche Lethargie unterscheidet ihn nicht sonderlich von den letzten osmanischen Herrschern, auch wenn das Volk ihn zuweilen vergöttert. Der letzte große Staatsmann, den wir hatten, hieß Turgut Özal. Sie mögen mir antworten« – das Ge-spräch hatte unmittelbar nach den Kommunalwahlen stattgefunden –, »daß Tansu Çiller und ihre Partei es allen pessimistischen Prognosen zum Trotz geschafft haben, unbeachtet der Wirtschafts- und Finanz-misere, in der wir leben, ein Viertel der Wähler hinter sich zu scharen. Das hat seinen besonderen Grund: Die Ministerpräsidentin gilt als er-gebenes Werkzeug der Armeeführung, zumindest ist sie total auf die Linie des derzeitigen Generalstabschefs eingeschworen. Der relative Erfolg der ›Partei des Rechten Weges‹ gilt vor allem der harten Linie, die diese Frau gegenüber der Kurden-Revolte vertritt. Jede Stimme für Çiller sei eine Kugel gegen die PKK, die marxistische Aufstandsbewegung der Kurden, hatte sie verkündet, und das Ver-sprechen ist honoriert worden.«

Das unvermeidliche Thema des Partisanenkrieges in der Südost-Türkei tat Professor O. mit einer Handbewegung ab. Die Kurden wa-ren für ihn »arische Barbaren«, die der semitischen Hochkultur der assyrischen Christen mit Mord und Totschlag den Garaus gemacht hätten. O ja, er trete dezidiert für den kemalistischen Staat ein, fuhr er fort; desto deutlicher spüre er die Anziehungskraft des Islam. Das sei eine Religion für Senioren. Die gymnastischen Übungen des regelmäßigen Gebets, die damit verbundene Konzentration auf das Jenseits, die heilsame Abmagerungskur der Fastenzeit und vor allem die Möglichkeit, auf den Bänken im Moscheehof mit Altersgenossen über Gott und die Welt zu plauschen, das sei ein würdiger Lebensstil »pour le quatrième âge«.

## Ein kemalistischer Playboy

*Konya, im März 1994*

In jenen Frühlingstagen des Jahres 1994 hatte ich – von Ankara kommend – auch einen Abstecher nach Konya gemacht. Wir rollten über eine kahle Hochebene. Die leeren Felder erstreckten sich dunkelbraun bis auf ein paar grüne Rechtecke, wo Wintersaat keimte. Die Stadt Konya galt als Hochburg der türkischen Fundamentalisten, in der es schon seit geraumer Zeit ratsam war, die elementaren Verhaltensregeln des Islam zu respektieren. Für diesen Ausflug hatte sich mir ein mitteilsamer Begleiter angedient. Necati war ein junger Ingenieur, der, wie er mir selbst eingestand, das Leben genießen wollte. Er betätigte sich gern als Herzensbrecher. »In Ankara bummle ich in der Nähe der Shopping Malls am Sheraton Hotel«, sagte er unverblümt, »da findet man immer reiche Mädchen, die sich abschleppen lassen.« Necati, der über das Aussehen eines orientalischen Don Juan verfügte, war aber keineswegs ein Mitgiftjäger. Die »reichen Mädchen« der gehobenen Bourgeoisie hatten es ihm angetan, weil sie angeblich weniger prüde und sittenstreng waren als die Töchter aus bescheidenen Kreisen.

»Aufs Geldverdienen kommt es mir nicht sonderlich an«, fuhr Necati fort. »Wenn ich gerade so viel habe, wie ich für eine bequeme Existenz benötige, dann bin ich zufrieden. Meine Bedürfnisse sind nicht extravagant.« Er erzählte von einem amourösen Erlebnis in Holland, wo er ein paar Jahre gelebt hatte. Aber die dortige Jugend mit ihrer sexuellen Hemmungslosigkeit und ihrer Drogenabhängigkeit hatte den jungen Ingenieur durch ihre Morbidität abgestoßen. »Das kann doch auf die Dauer nicht gutgehen«, meinte er. In Ankara hatte er sich mit einem aufregend hübschen Mädchen liiert, das ihm plötzlich den Laufpaß gab. Er habe damals entsetzlich gelitten, sei untröstlich gewesen. Doch ein Jahr später erfuhr Necati, daß seine untreue Freundin ein Callgirl geworden war. »Stellen Sie sich vor, sie wäre noch meine Verlobte und gleichzeitig eine Edelnutte gewesen«, ereiferte er sich. »Ich hätte sie nach hiesigem Brauch und türkischen Ehrbegriffen umbringen müssen. Ich wäre vermutlich ins Gefängnis gekommen. Aber das ist mir, Allah sei Dank, durch unsere Trennung erspart geblieben.«

Necati war ein resoluter Patriot und wackerer Kemalist. Dem bevorstehenden Wahlerfolg der Islamisten, den er ohne jede Illusion ankündigte, sah er mit Wut entgegen. »Wenn dieser Roßtäuscher Erbakan so weitermacht, geraten wir in ein paar Jahren an den Rand des Bürgerkrieges«, erregte er sich. »Die Gefahr von Unruhen wächst. Blicken Sie nach Algerien, was da vor sich geht. So unähnlich ist die Situation bei uns nicht.« Neulich habe ein fundamentalistischer Prediger behauptet, die Mutter Atatürks sei eine Hure gewesen. Zu Recht sei er sofort ins Gefängnis geworfen worden, auch wenn der Sachverhalt vielleicht gar nicht aus der Luft gegriffen sei.

Noch kategorischer zog Necati gegen die kurdischen Separatisten zu Felde. Da hätten doch unlängst die angeblich gemäßigten Kurden-Abgeordneten der Demokratischen Partei HADEP statt der türkischen Nationalhymne ihre eigenen Chöre angestimmt und die Legalität der kemalistischen Republik in Frage gestellt. Man habe sie verhaftet. Aber in Wirklichkeit hätten sie verdient, daß man ihnen die Köpfe abschlage. »Kennen Sie Xenophon und seine ›Anabasis‹?« fragte Necati plötzlich. Ich bejahte überrascht; eine klassische Bildung hatte ich bei diesem türkischen Playboy am wenigsten vermutet. »Nun, Xenophon hat doch schon im fernen Altertum die Kurden, die ›Karduchai‹, wie er sie nannte, so geschildert, wie sie sind: als heimtückische Lügner, als Menschen ohne Treu und Glauben, die zu jedem Verrat fähig sind.«

Konya ging an jenem Tag in den Wimpeln, Girlanden und Plakaten der konkurrierenden Parteien unter. Autokolonnen mit politischen Fahnen und brüllenden Lautsprechern verstopften die Alleen. Die Wohlfahrtspartei war mit Abstand am stärksten vertreten, denn in Konya wählte man bereits seit zehn Jahren zu sechzig Prozent islamistisch. Natürlich hatte ich dem Heiligtum des Mevlana Dschallaluddin-er-Rumi einen Besuch abgestattet, dessen »tanzende Derwische« inzwischen zur Touristenattraktion geworden sind. Der berühmte Mystiker, der wie so viele »Sufi« und Tarikat-Gründer aus dem persischen Kulturraum Zentralasiens stammte, hatte im dreizehnten Jahrhundert eine Botschaft der Friedfertigkeit und Menschenliebe gepredigt, für die sich heute noch die Orientschwärmer begeistern.

In der Gruft des heiligen Mannes ging es eher bedrückend zu. Ringsum waren hohe Würdenträger der Mevlevi-Sekte bestattet, und die Turbane aus Marmor blühten im Halbdunkel wie riesige weiße Tulpen. Ich bewunderte die grüne, blaue und gelbe Lasur der inneren Kacheldekoration, die für die Seldschuken-Periode typisch war. Es waren zahlreiche Besucher am Katafalk des Heiligen zugegen, sogar Pilger aus Malaysia.

Necati war von dieser Frömmelei unangenehm berührt. »Die Jünger des Mevlana Dschallaluddin hatten sich dem Zölibat verschrieben und lebten in sexueller Enthaltsamkeit. Diese Derwische wohnten stets zu zweit in einer Zelle, und Sie können sich wohl vorstellen, was sich da abgespielt hat. Atatürk hatte recht gehabt, diese widerliche Form des religiösen Obskurantismus zu verbieten«, meinte der Ingenieur. »Heute sind sie wieder da. Mindestens 130 Tarikat gibt es in der jetzigen Türkei, darunter jene Rufai-Bruderschaft, schaustellerische Masochisten, die sich in ihrer Trance mit spitzen Eisenstäben Wangen und Lippen durchbohren. Sie werden es kaum glauben, aber mein Großvater gehörte noch als Scheikh der Naqschbandiya an, einer relativ seriösen Derwisch-Gemeinschaft, die auch heute wieder über den größten Anhang verfügt.«

Ich verwies darauf, daß unter den Türken in Deutschland das Tarikat-Wesen weit verbreitet sei, was Necati, der über einen analytischen Verstand verfügte, mit der Isolation dieser Volksgruppe, mit ihrer Alienation inmitten einer andersartigen, oft abweisenden Umgebung erklärte. In den Bruderschaften fänden die Türken in vertrauter, nach außen abgeschirmter Gemeinde eng zueinander. »Sie können nicht ahnen, wie stark die anatolischen Dörfer von der Wiedergeburt des Sufi-Unwesens heimgesucht werden. Da versuchen die kleinen Ortschaften sich in exzentrischen Frömmigkeitsübungen zu übertreffen. Da treten Scharlatane auf, die behaupten, ähnlich wie der Prophet Mohammed bei seinem ›Mi'radj‹ über Nacht riesige Strecken auf magischen Schwingen zurückzulegen.«

Die Parteizentrale der Refah in Konya hatten wir mühelos gefunden. Sie logierte im ersten Stockwerk eines Hochhauses, das von oben bis unten mit knallroten Plakaten beklebt war. Beim Betreten des Büros zogen wir die Schuhe aus. Ringsum hantierten athletische junge Männer mit Sprechfunkgeräten und dirigierten irgendwelche Propaganda-

# DEUTSCHES REICH

**RUSSLAND**

*Dnjestr*

*Elbe*

Prag

Böhmen

Mähren

*Donau*

*Weichsel*

Kgr. Galizien

**KAISERREICH**

Wien  Preßburg

Kgr.

*Theiß*

Bukowina

Bessarabien

*Dnestr*

*Prut*

*Bug*

Budapest

**ÖSTERREICH**

Moldau

Ungarn

Siebenbürgen

Zagreb

*Drau*

Slawonien

Banat

Kroatien

*Save*

**RUMÄNIEN**

Bosnien

Belgrad

**SERBIEN**

Bukarest

*Donau*

Dalmatien

**OSMANISCHES**

Herze-
gowina

Mostar

Novi Pazar

Sofia

**BULGARIEN**

Dobrudscha

*Schwarzes Meer*

*Adriatisches Meer*

**MONTENEGRO**

Ost-Rumelien

**KGR. ITALIEN**

Skopje

Mazedonien

Saloniki

Albanien

Rumelien

Konstantinopel

**REICH**

*Ägäisches Meer*

Thessalien

**KGR.**

Athen

Smyrna

*Jonisches Meer*

**GRIECHENLAND**

Kreta

*Mittelländisches Meer*

0        300 km

---

## Neuordnung des Balkans 1878
## nach dem Berliner Kongreß, gültig bis zum ersten Balkankrieg 1912

Bosnien 1908 von Österreich annektiert

IRLAND  ENGLAND  PO

DEUTSCHES REICH  O

Ö  S  T  E  R  R  E  I  C  H  R

R  Donau  Wien  Buda  Pest

FRANKREICH  SCHWEIZ  UNGA

U  KROATIEN

I  BOSNIEN

T  SI

A  HERZEGOW

L  MONTE
NEGRO

E  I

PORTUGAL  E  N  A

SPANIEN  TH

M i t t e l l ä n d i s c h

Algier

Tunis  Malta

A L G I E R  T
U
N
I  Tripolis

S  Bengho

T R I P O L I S

F E Z Z A N

A  F  R  I  K

## Die größte Ausdehnung des Osmanischen Reiches

Reichsgebiet    Vasallen    vorübergehend
abhängig

heutige Grenze der Türkei

0                1000                2000 km

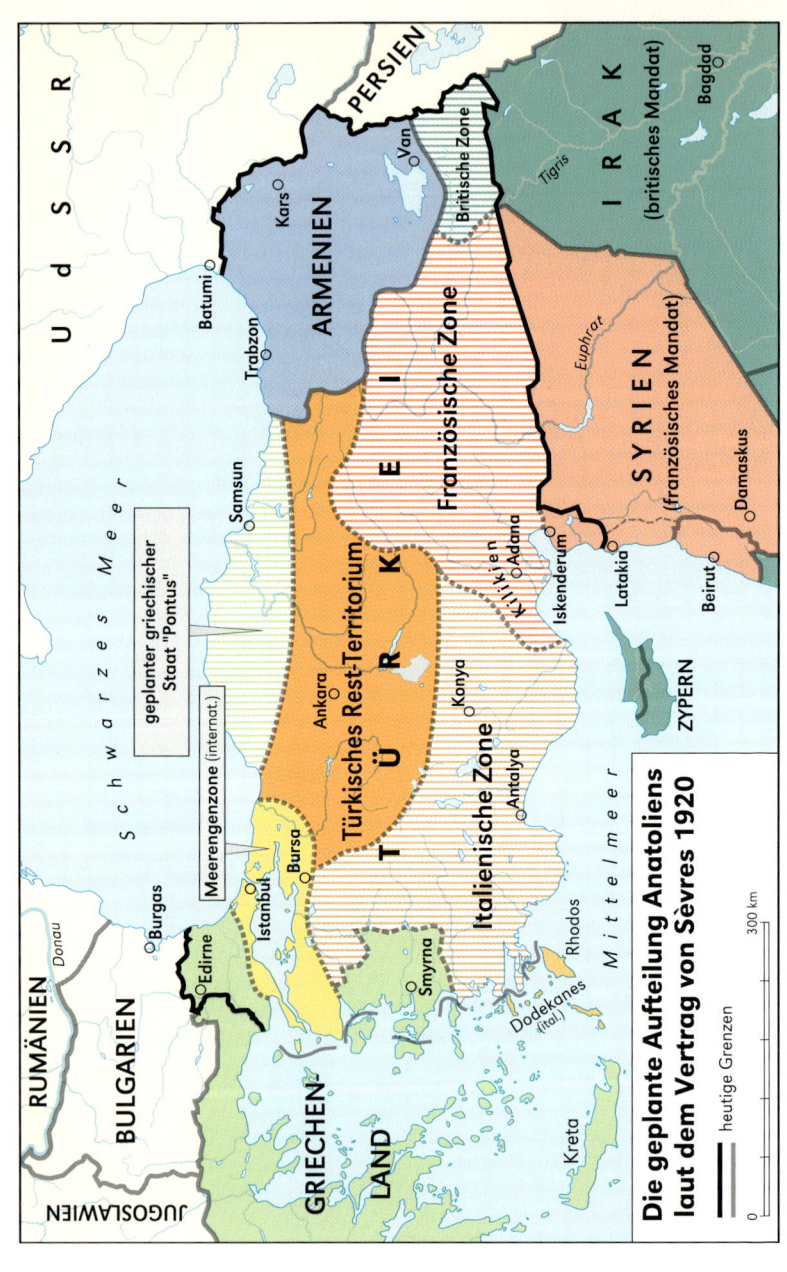

Die geplante Aufteilung Anatoliens laut dem Vertrag von Sèvres 1920

heutige Grenzen

0                    300 km

RUMÄNIEN

BULGARIEN

JUGOSLAWIEN

GRIECHEN-LAND

Donau

Burgas

Edirne

Istanbul

*Schwarzes Meer*

geplanter griechischer Staat "Pontus"

Meerengenzone (internat.)

Bursa

Samsun

Trabzon

Batumi

U d S S R

PERSIEN

Kars

Van

ARMENIEN

Britische Zone

I R A K
(britisches Mandat)

Tigris

Bagdad

Euphrat

SYRIEN
(französisches Mandat)

Damaskus

Latakia

Beirut

Französische Zone

T Ü R K E I

Türkisches Rest-Territorium

Ankara

Iskenderum

Adana

Kilikien

Konya

Italienische Zone

Antalya

Smyrna

Rhodos

Dodekanes (ital.)

Kreta

*Mittelmeer*

ZYPERN

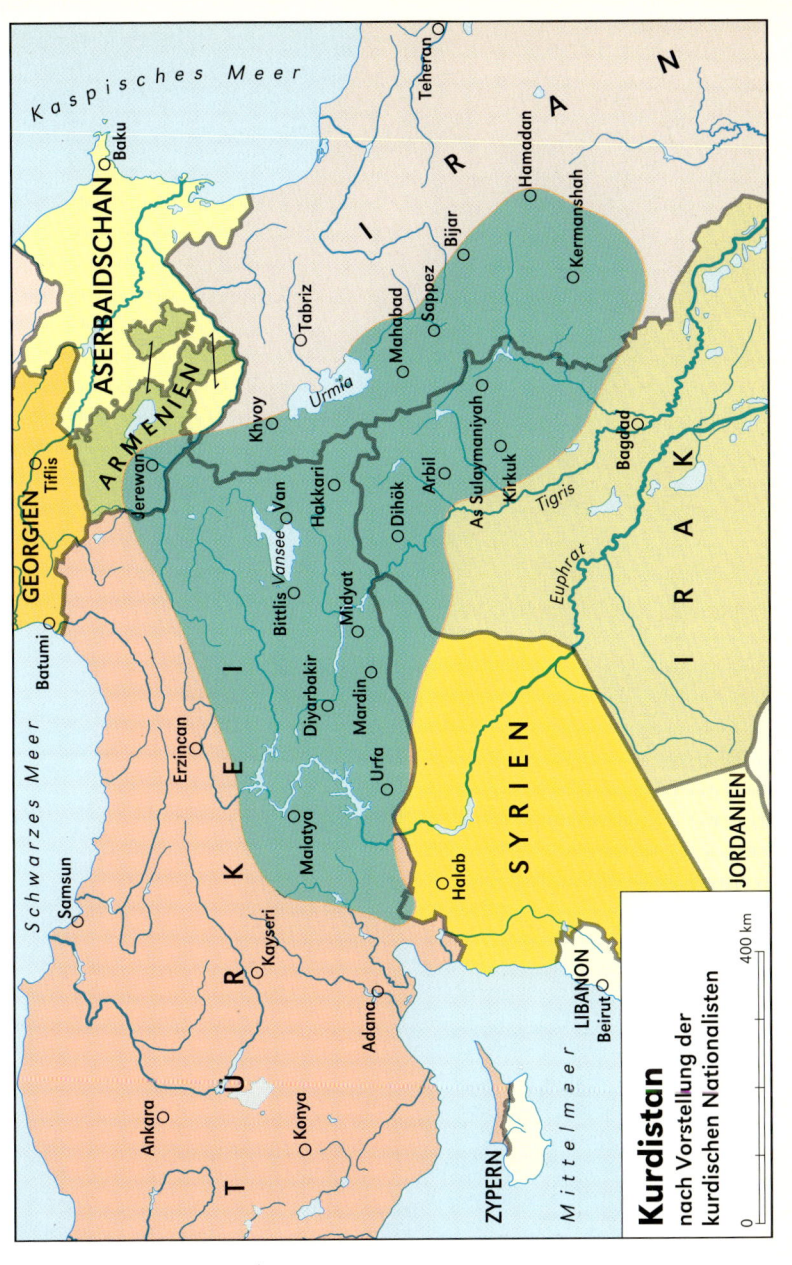

Kaspisches Meer

Schwarzes Meer

Mittelmeer

GEORGIEN
Tiflis
Batumi

ASERBAIDSCHAN
Baku

ARMENIEN
Jerewan

IRAN
Teheran
Hamadan
Kermanshah
Bijar
Sappez
Mahabad
Tabriz
Urmia
Khvoy

Van
Hakkari
Bittlis Vansee
Midyat
Diyarbakir
Mardin
Urfa
Malatya
Erzincan
Samsun

Dihök
Arbil
As Sulaymaniyah
Kirkuk
Bagdad
Tigris
Euphrat

IRAK

JORDANIEN

SYRIEN
Halab

LIBANON
Beirut

ZYPERN

Kayseri
Adana
Ankara
Konya

T Ü R K E I

**Kurdistan**
nach Vorstellung der
kurdischen Nationalisten

0        400 km

**Indo-Europäer**

**Slawen**
- Russen
- Weißrussen
- Ukrainer,Polen,Bulgaren, Tschechen,Slowaken u. a.

**Iraner**
- Perser/ Luren,Osseten, Tadschiken,Belutschen
- Kurden,Paschtunen
- Armenier
- Moldauer,Griechen

**Baltische Familie**
- Letten,Litauer

**Altaische Familie**

**Türken**
- Aserbaidschaner
- Kasachen
- Kirgisen
- Turkmenen
- Usbeken
- OsmanischeTürken
- Balkaren,Tschuwaschen, Gagauzen,Karakalpaken,Kumyken, Nogayer,Tuvanen,Altayer, Dolganen,Chakassen,Schoren, Uiguren,Karatscheier
- Baschkiren,Tataren

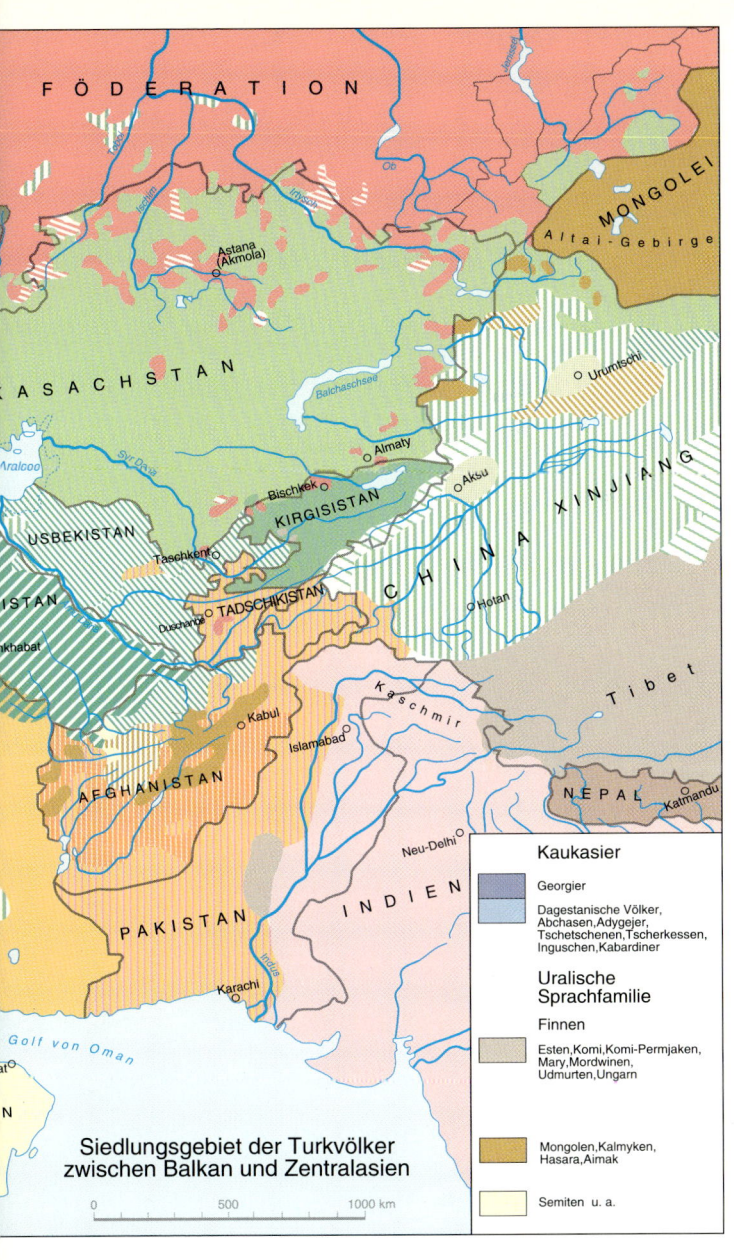

Siedlungsgebiet der Turkvölker
zwischen Balkan und Zentralasien

**Kaukasier**

Georgier

Dagestanische Völker,
Abchasen, Adygejer,
Tschetschenen, Tscherkessen,
Inguschen, Kabardiner

**Uralische
Sprachfamilie**

Finnen

Esten, Komi, Komi-Permjaken,
Mary, Mordwinen,
Udmurten, Ungarn

Mongolen, Kalmyken,
Hasara, Aimak

Semiten u. a.

0    500    1000 km

ITALIEN · ÖSTERREICH · SLOWAKEI

Triest · SLOWENIEN · Ljubljana

UNGARN · Budapest

Rijeka · Zagreb

Karlovac · Sisak

K R O A T I E N

Zadar

Bihać · Slav. Brod · Osijek · Pécs · Szeged

Banja Luka · Brčko · Vojvodina · Arad

Split

BOSNIEN-HERZEGOWINA · Novi Sad

Sarajewo · Pale · Belgrad

Mostar

B . R . J U G O S L A W I E N

R U M Ä N I E N

Dubrownik · Kragnjevac

MONTENEGRO · S E R B I E N

Kotor · Podgorica · Niš

Peć · Priština · Kosovo Polje · KOSOVO · Prizren

Shkodér

Sofia

Durrés · Tirana · Skopje · BULGARIEN

A L B A N I E N · MAKEDONIEN

Saloniki · Thrakien

GRIECHENLAND

Adriatisches Meer

**Die Zerstückelung Jugoslawiens nach dem Dayton-Abkommen 1995 und dem Kosovo-Krieg**

Unterteilung Bosniens:

Kroatisch-muslimische-Föderation

Republika Srbska

0   50   100 km 150

trupps. In der oberen Etage, so deutete ein Schild an, war ein Club für Kampfsport – Taekwondo und Karate – untergebracht. Die jungen türkischen Islamisten, so hatte ich längst erfahren, legen überall großen Wert auf physische Ertüchtigung und aktive Wehrbereitschaft.

Der Empfang durch den gestreßten Parteifunktionär in Konya war freundlich. Der gedrungene ernste Mann trug einen Vollbart. Er ließ Tee servieren. Das Gespräch kam nur in Bruchstücken zustande, weil es bei ihm wie in einem Taubenschlag zuging. Eine offene Hinwendung zum islamischen Gottesstaat konnte er natürlich nicht öffentlich propagieren, sonst wäre er mit der säkularen Verfassung Atatürks in Konflikt geraten und hätte sich strafbar gemacht. Auf einen Vergleich mit den algerischen Verhältnissen angesprochen, winkte er heftig ab. »Wir haben keine Probleme mit der türkischen Armee im Gegensatz zur Algerischen Heilsfront«, beteuerte er. »Im übrigen sind in unserer Bewegung viele pensionierte Offiziere tätig.« Die Frage nach der Aktivität der Mevlevi-Sekte stimmte ihn nachdenklich. Bei diesen Bruderschaften handele es sich oft um einen degenerierten Islam. Am Ende kam ich auf den zentralen Punkt zu sprechen. »Sehen Sie irgendeinen real existierenden islamischen Staat, der für die frommen türkischen Muslime als Modell dienen könnte?« forschte ich. »Ganz bestimmt nicht der Iran«, kam die Antwort spontan und überzeugend. Es entstand eine nachdenkliche Pause, und dann sagte der Refah-Funktionär: »Der ideale islamische Staat, das war in unseren Augen das Osmanische Reich.« Bei der Ausfahrt von Konya entdeckten wir das unvermeidliche Atatürk-Denkmal. Es war unter den Wimpeln und Werbesprüchen der Islamisten kaum noch zu erkennen.

# Im Viertel »Neu-Bosnien«

*Istanbul, im Juni 1994*

Drei Monate später bot sich mir am Nordrand von Istanbul eine ganz anders geartete Begegnung. In diesem Außenviertel, das die Straße nach Edirne oder Adrianopel in Richtung Nordosten begleitet, war von der Pracht der Bosporus-Metropole nichts mehr zu spüren. Wir gelangten in das Gelände der Gecekondus, der hastigen Neuansiedlungen, und da ging es ziemlich chaotisch zu. Erbarmungswürdige Elendsviertel durchquerten wir jedoch an diesem Junimorgen nicht. Armut ist gewiß bei den Zuzüglern vorhanden, die aus Anatolien und sogar aus dem fernen Kurdistan herbeigeströmt sind, Elend kaum. Überall zwischen den kleinen Häusern, die ausnahmslos mit Fernsehantennen ausgestattet waren, ragten Minaretts auf. An vielen Moscheen und ihren silbern schimmernden Kuppeln wurde noch fieberhaft gearbeitet. Geld fehlte offenbar nicht für diese oft aufwendigen Gebetshäuser. Ein Straßenschild signalisierte die Abzweigung in das Viertel Yeni Bosna, zu deutsch »Neu-Bosnien«. Das klang wie ein Programm.

In einem Labyrinth von Gassen und Industrieanlagen hatte ich nach langem Suchen das stattliche Redaktionsgebäude der Zeitung »Zaman« – »Die Zeit« – entdeckt. Man hatte mir fälschlich angegeben, dieses Blatt stehe der Refah-Bewegung nahe. In Wirklichkeit gehörte »Zaman« jener religiösen Erweckungsbewegung an, einer Art Tarikat, die voll im Banne ihres Gründers Fethullah Gülen stand. Diese schillernde, charismatische Persönlichkeit, deren Bedeutung nur in der post-kemalistischen Gegenwart, im Spannungsfeld zwischen fundamentalistischem Scharia-Islam und den volkstümlichen Sufi-Orden gewertet werden kann, steht zudem an der Spitze eines beachtlichen Wirtschaftsimperiums und macht kein Hehl aus ihren missionarischen Absichten im Kaukasus, in Zentralasien, im Balkan. In den Amtsstuben von »Zaman« ging es sehr viel disziplinierter und intellektueller zu als im Parteibüro von Konya. Mustafa Basari führte als Herausgeber und Chefredakteur ein straffes Regiment. Mit Jacke und Schlips war er betont westlich gekleidet, wirkte fast wie ein Militär, aber als Absolvent einer Imam-Hatip-Schule durfte auch er nicht türkischer Offizier werden. Neben der koranischen Theologie hatte er Rechtswissenschaften studiert und als Anwalt praktiziert, ehe er sich auf das Zeitungsgeschäft verlegte. Basari rief ein paar Redakteure herbei. Wir aßen eine schmackhafte Hammelmahlzeit. Dazu gab es natürlich keinen Alkohol. Was diese türkischen Kollegen vor allem beschäftigte, war das intensive Bemühen ihres geistlichen Führers Gülen, den Islam auch in Mittel- und Westeuropa auszubreiten. Deutschland zum Beispiel sei doch ein ideales Terrain für die Propagierung der unübertrefflichen Lehre des Propheten.

»Wir suchen ein freundschaftliches Verhältnis zu den Christen«, bremste der Herausgeber die voreiligen Eiferer. »Wir sollten uns dabei Sultan Mehmet II., den Eroberer, zum Vorbild nehmen.« Daß diese Referenz für einen Abendländer nicht gerade verlockend klang, wollte ihm offenbar nicht in den Sinn kommen.

Mustafa Basari wunderte sich über die mangelnde Kenntnis namhafter Publizisten des Westens, die vor den religiösen Urkräften Anatoliens bislang krampfhaft die Augen verschlossen hätten, um ihre kemalistischen Illusionen nicht preiszugeben. »Die europäischen Menschenrechts-Verfechter irren sich, wenn sie die Kurdenfrage stets nur als politische und völkische Problematik angehen. Die Kurden sind von Natur aus fromme Muslime. Zur Zeit der osmanischen Sultane haben sie sich in die Ordnung des islamischen Gottesstaates reibungslos eingeordnet, und wir werden mit ihnen auch wieder zurechtkommen, wenn wir uns von den nationalistischen Kriterien des staatlichen Zusammenlebens abkehren und in der koranischen Umma eine brüderliche Gemeinschaft auf religiöser Basis praktizieren.« Ich hielt mich mit meiner abweichenden Meinung – basierend auf den Notizen Helmuth von Moltkes – taktvoll zurück. Dennoch hütete sich der Herausgeber von »Zaman«, der Wiedereinführung der Scharia, der koranischen Gesetzgebung, das Wort zu reden oder gar die Ausrufung einer islamischen Theokratie zu fordern. »Es genügt zunächst, wenn die Türken die fünf Grundgebote, die ›Säulen‹ des Islam, wieder zur obersten Richtschnur ihres religiösen Verhaltens machen«, so lenkte er ein, »dann stellt sich die wahre, gottgefällige Gesellschaft nach und nach von selbst ein.«

Auf Bosnien und die unzureichende türkische Hilfeleistung an die dortigen Muslimani angesprochen, entgegnete Basari: »Wir leisten mehr für unsere bosnischen Brüder, als allgemein bekannt ist. Aber diese Diskretion wollen wir aus guten Gründen weiterhin wahren.« Über die neue russische Expansionspolitik auf dem Balkan und im Kaukasus machte man sich bei »Zaman« keine Illusion. »Wir kennen die Russen. Wir haben 38 Kriege gegen sie geführt. Aber wir müssen Vorsicht walten lassen, zumindest so lange, wie wir nicht über eigene Atomwaffen verfügen«, mischte sich ein junger Redakteur ein.

»Die wirkliche Stärke von Fethullah Gülen liegt in der gemeinsamen Sozialarbeit«, fuhr der Herausgeber fort. Er zählte Fakten auf: »Die Jugendlichen unter 25 Jahren machen die Hälfte der türkischen Bevölkerung aus, und 36 Prozent davon sind arbeitslos. Die Inflation bewegt sich bei hundert Prozent im Jahr. Die Auslandsverschuldung hat zehn Milliarden US-Dollar erreicht. Die von Frau Çiller angekündigten Deflationsmaßnahmen werden die Unruhe bei den Beschäftigten zusätzlich schüren. Die Zukunft unserer Bewegung liegt bei den Enterbten, den Entrechteten, und unsere Aktion konzentriert sich auf soziale Beihilfe, auf den Bau von Krankenhäusern und Schulen, auf Armenspeisung, auf die Sorge um Witwen und Waisen, ja, wenn nötig, auf die bei uns übliche Beschaffung von Brautgeschenken. In diesem Bereich liegt unsere Kraft, sie nährt sich aus dem wahren Glauben an Allah und seinen Propheten.«

Ein junger bärtiger Hüne namens Zemai hatte das Gespräch gedolmetscht. Er hatte einige Jahre im Schwarzwald gelebt. Nun geleitete er mich nach dem Abschied von der Redaktion ins Hotel zurück. Wir kamen während der Fahrt ins Plaudern. Die Familie Zemais stammte ursprünglich aus dem Kaukasus. Deshalb verfolgte er mit besonderer Aufmerksamkeit die Bemühungen der Regierung Çiller, bei den überwiegend islamischen Nachfolgerepubliken der Sowjetunion im Namen der gemeinsamen turanischen Volkszugehörigkeit politisch und kommerziell Fuß zu fassen.

»Washington stellt sich wohl vor, wir würden in Aserbaidschan und in Zentralasien die säkulare Staatsform Atatürks heimisch machen und die Fortschritte der Re-Islamisierung eindämmen«, spottete er. »Wir sollen den Kemalismus exportieren, wo er doch schon in der Türkei in den letzten Zügen liegt. Kennen Sie übrigens die alte, vielzitierte Anekdote aus der Osmanenzeit, die irgendwie auf den mangelnden Realitätssinn der heute regierenden Oberschicht wieder zutrifft? Sultan Abdul Aziz wog 350 Pfund, und er konnte den Anblick seiner eigenen monströsen Leibesfülle nicht mehr ertragen. Da ließ er einen aus dem Westen importierten schlankmachenden Spiegel, wie man ihn auf Jahrmärkten antrifft, aufstellen, um sich selbst etwas vorzumachen.« Zemai wurde wieder ernst. Er zweifelte nicht im geringsten am Sieg des militanten Islam in der Türkei. »Aber bis dahin kann viel Schlimmes passieren«, sagte er. »Was ich für meine Heimat befürchte, ist die Wiederholung bosnischer Zustände.«

# Der Wolf hat Kreide gefressen

*Istanbul, im Dezember 1998*

Am 12. November 1998 ist Abdullah Öcalan, der Führer der kurdischen Aufstandsbewegung PKK, aus Moskau kommend in Rom aufgetaucht. Die Wut der hiesigen Medien entfesselt sich gegen Italien, dessen Regierung sich weigert, diesen Staatsfeind Nummer eins an die Türkei auszuliefern, nachdem die Deutschen auf die Vollstreckung eines Haftbefehls des Berliner Kammergerichts gegen Apo aus Angst vor Tumulten der PKK-Sympathisanten auf eigenem Boden verzichteten. Kein Ruhmesblatt für die deutsche Justiz. In wenigen Tagen soll in Istanbul ein großes internationales Fußballspiel zwischen Juventus Turin und der renommierten türkischen Mannschaft Galatasaray Istanbul ausgetragen werden. Die Sicherheitsbehörden sehen dem Match mit Besorgnis entgegen. Sie befürchten, daß es zu anti-italienischen Ausschreitungen, zu Aggressionen gegen die Spieler aus Turin kommen könnte. Schon sehen ein paar Kommentatoren in diesen Piemontesen die Nachfahren jenes kriegerischen Haufens genuesischer Söldner, die 1453 mit bemerkenswerter Bravour dem letzten christlichen Kaiser von Byzanz zur Seite standen, als die Janitscharen Mehmets II. die Festungswälle am Bosporus durchbrachen.

Wie weit entfernt erscheint doch in dieser naßkalten Winterstimmung der sieghafte Aufbruch der Refah-Partei im März 1994, als bereits von der »zweiten Eroberung Konstantinopels« durch den Islam die Rede war. Jetzt mochten die frommen Frauen, die ich im Haus 21 getroffen hatte, sich noch so resolut in ihre koranischen Schleier hüllen und die pro-islamische Tugendpartei weiterhin auf eine beachtliche Fraktion von 145 Abgeordneten im Parlament von Ankara verweisen. Die dezidierten Kemalisten haben den Konfrontationskurs nicht nur gegen die kurdische Rebellion, sondern auch gegen das allmähliche Abgleiten der Türkei in eine politisch geprägte Religiosität mit äußerster Härte gesteuert.

Die Arabische Republik Syrien war unter Androhung von Waffengewalt gezwungen worden, die rückwärtigen Basen der »Kurdischen Arbeiterpartei« im Libanon aufzulösen und den verhaßten »Terroristen« Öcalan auszuweisen. Die türkischen Streitkräfte, durch die aktive Zusammenarbeit mit Israel abgeschirmt, ließen keinen Zweifel aufkommen, daß sie notfalls über die syrische Djezireh auf die Städte Homs und Hama, ja bis Damaskus vorstoßen würden, um den dortigen Staatschef Hafez-el-Assad in die Knie zu zwingen. Das wäre keine halbherzige Offensive im Stil des amerikanischen Unternehmens »Wüstensturm« gegen Saddam Hussein geblieben. Aus eigener Anschauung im Sommer 1997 wußte ich, daß die syrische Armee, der es seit dem Zusammenbruch der Sowjetunion an allem mangelt, ihre von alawitischen Offizieren kommandierten Elite-Einheiten zum Schutz des herrschenden Baath-Regimes rund um die Hauptstadt konzentriert hatte, daß das Verteidigungsdispositiv gegen den Judenstaat und dessen Sprungschanze am Golan unzureichend, daß die anatolische Nordgrenze völlig ungeschützt dem neo-osmanischen Flankenzugriff ausgesetzt war.

Nach den Wahlerfolgen des »Hodscha« Necmettin Erbakan in den Jahren 1994 und 1995 war ein verwirrendes, ein absurdes Parlamentskarussell in Gang gekommen. Die Rivalitäten der üblichen Protagonisten – Demirel, Çiller, Yilmaz, Ecevit, Baykal, Erbakan – schufen eine zunehmende politische Paralyse. Die einzig mögliche kemalistische Koalition zwischen der »Mutterlandspartei« Mesut Yilmaz' und der »Partei des Rechten Weges« Tansu Çillers scheiterte an der Todfeindschaft, mit der sich die beiden Fraktionsführer, der eine mit männlicher Brutalität, die andere mit weiblicher Verbissenheit, bekämpften. Da Frau Çiller überdies in eine himmelschreiende Korruptionsaffäre verstrickt war, entzog sie sich dieser Belastung, indem sie – zur Überraschung aller Beteiligten und zur Empörung des Generalstabs, als dessen treues Exekutiv-Organ sie bisher gegolten hatte – ein Regierungsbündnis mit der islamistischen Refah-Partei einging und Necmettin Erbakan den Posten des Ministerpräsidenten zuschanzte. Das juristische Strafverfahren gegen die ehrgeizige Politikerin wurde damit, im Einverständnis mit den frommen Islamisten, unter den Teppich gekehrt. Die Republik Atatürks sah sich mit einem Regierungschef ausgestattet, dessen koranische Überzeugungen offenkundig waren und der nicht nur bei den Militärs im Verdacht stand, auf die Schaffung eines islamischen Gottesstaates hinzuwirken. In den westlichen Botschaften Ankaras erinnerte man sich an ein Manifest Erbakans aus dem Jahr 1970, als er mit der Gründung einer »Partei der Nationalen Ordnung« zum ersten Mal an die breite Öffentlichkeit getreten war. »Der nationale Geist ist wiederauferstanden«, so hieß es in diesem Aufruf, »der gleiche Elan, der vor tausend Jahren die Armeen der Kreuzfahrer zerschlug, der fünfhundert Jahre später die Eroberung Konstantinopels beflügelte, der sich vor vierhundert Jahren bei der Belagerung von Wien auszeichnete, der vor einem halben Jahrhundert die Wundertaten von Gallipoli und des Unabhängigkeitskrieges beseelte.«

Der Regierungsantritt der Islamisten im Juni 1996 hatte die Republik in einen Zustand der Anspannung und Beklommenheit versetzt. Selbst bei den Refah-Anhängern war schon bald keine Spur von überschäumendem Triumphalismus mehr zu spüren. Jedermann hielt sich bedeckt. Im März 1997 war ich zu einem Vortrag nach Istanbul gereist und hatte bei dieser Gelegenheit Erkundungen bei Journalisten, Politikern und Akademikern unterschiedlichster Couleur eingezogen. Die Diskretion gebietet, daß ich mich mit der Nennung der Namen zurückhalte. Überall wurde ich mit der Frage überrascht, die ich eigentlich selbst an meine türkischen Informanten stellen wollte: »Wann putscht die Armee?« Noch immer wurde zwischen Ankara und Istanbul gerätselt, warum der angeblich allmächtige Generalstab die Koalition Erbakan-Çiller überhaupt toleriert hatte. Lag es möglicherweise in seiner Absicht, den Hodscha als einen Scharlatan bloßzustellen, seine Diskreditierung zu bewirken, die Verwirklichung seiner hochfliegenden theokratischen Ideale durch den eisernen Zwang der in der Verfassung verankerten Laizität Stück um Stück zu reduzieren, ja als Irreführung der Gläubigen zu entlarven? War die Refah in dieser widernatürlichen Koalition mit der »Partei des Rechten Weges« nicht dazu verurteilt, sich abzuschleifen, ihr Prestige einzubüßen?

Ich habe meine Enquête damals auf dem Campus der sehr amerikanisch wirkenden Bosporus-Universität geführt, wo von Geschlechtertrennung, geschweige denn von weiblicher Verschleierung keine Spur zu finden war, aber auch in Redaktionsstuben hochangesehener Publizisten, die durch Leibwächter vor Attentaten irgendwelcher Extremisten geschützt werden mußten. Im Schatten der Hagia Sophia traf ich mich zum Mittagessen mit militanten, ja rabiaten Verfechterinnen des anti-islamischen Weltbildes, darunter eine Redakteurin der Zeitung »Cumhuriyet«, eine winzige, schmalgesichtige Person, aber ein Bündel an Energie, die in einem Fernseh-Streitgespräch mit dem frommen Bürgermeister von Istanbul, Recep Tayyip Erdoğan, nicht davor zurückgeschreckt war, jede religiöse Bindung zu verleugnen und sich als Atheistin zu erklären. So weit war bisher nur der inzwischen verstorbene Feuerkopf Aziz Nesin, der revolutionäre Dichter der antifeudalistischen Linken, gegangen, ein Aufwiegler alevitischer Herkunft, der bei dem Hotelbrand von Sivas im Juli 1993 nur durch Zufall dem Tod in den Flammen entkommen war. Bei diesen Kontakten wurde mir stets versichert, daß die Türkei – selbst im Falle eines koranischen Umbruchs – sich mit Sicherheit nicht auf das Modell der persisch-schiitischen Mullahkratie von Teheran ausrichten würde.

Das wirkliche Schreckgespenst, das viele dieser Intellektuellen heimsuchte, war eine Wiederholung der algerischen Zustände auf anatolischem Boden. In Algier hatte bekanntlich die »Islamische Heilsfront« – »jibhat-el-islamiya-lil-inqadh«, im Ausland unter der französischen Abkürzung FIS für »Front Islamique du Salut« bekannt – im Dezember 1991 einen erdrutschähnlichen Wahlsieg errungen und sich angeschickt, mit ausreichender Parlamentsmehrheit eine demokratisch legitimierte Regierung zu bilden. Da holte die herrschende Militärkaste zum unerbittlichen Gegenschlag aus, zum Parteiverbot und einer massiven Verhaftungsaktion unter den »Integristen«. Statt sich über diese flagrante Verletzung der »Menschenrechte« durch einen brutalen Armee-Putsch zu entrüsten und die Einhaltung demokratischer Spielregeln einzufordern, hatte sich die westliche Staatengemeinschaft unter Verleugnung ihrer eigenen Ideale mit dieser Unterdrückung des maghrebinischen Volkswillens nicht nur abgefunden, sondern ihr lebhaft applaudiert, ging es doch darum, die in USA verhaßten, in Frankreich gefürchteten »Fundamentalisten« an der Machtausübung zu hindern. Dem damaligen Staatspräsidenten Schadli-Ben-Jedid, selber dem hohen Offizierskorps angehörend, hatte man im Ministerrat die Pistole auf die Schläfe gedrückt, um ihn zum erbarmungslosen Vorgehen gegen die FIS und dann zur Abdankung zu zwingen.

Die Folgen sind bekannt. Bislang hatte die »Heilsfront« sich – ähnlich wie verwandte Bewegungen in anderen Ländern, wie etwa die »Hamas« in Palästina oder, was näherlag, wie die »Wohlfahrtspartei« in der Türkei – ihre breite Zustimmung bei der Bevölkerung durch Sozial- und Bildungsarbeit, durch die karitative Betreuung der »Enterbten und Entrechteten« erworben und sich, bis auf wenige Pannen, jeder Gewaltanwendung, jeder terroristischen Betätigung enthalten. Aber die Repression der algerischen Militär-Diktatur, die sich auf die europäisierte Bourgeoisie und zahlreiche im Sinne der gallischen »laïcité« erzogene Intellektuelle stützte, hatte die FIS mit einem Schlag enthauptet, ihre gemäßigten, oft an westlichen Hochschulen ausgebildeten Führungskader eingekerkert und viele Tausende Barbus in die Konzentrationslager der Sahara verschleppt. Seit fast zehn Jahren ist ein algerischer Bürgerkrieg im Gange, dessen Horrorszenen jeder Beschreibung spotten und der nahezu 100 000 Opfer gefordert haben dürfte. An Stelle der ursprünglichen, ausgemerzten »Qiyadat« übernahmen auf seiten der Islamisten nunmehr unkontrollierbare Desperados das Kommando. Die halbwegs disziplinierte Truppe der A.I.S., der »Islamischen Heilsarmee«, wurde durch blutrünstige Partisanen der »Groupes Islamiques Armés« oder GIA verdrängt, deren diverse

»Emire« ihre kriegerische Ausbildung einst in Afghanistan erworben hatten und deshalb den Ehrentitel »les Afghans« beanspruchten. Die regimetreuen Streitkräfte, die Gendarmerie und vor allem jene wildwuchernden Sicherheitsdienste, sogenannte »Ninjas« und Todesschwadronen, die von Anfang an mit ihren sadistischen Verhörmethoden, ihren summarischen Hinrichtungen einen fürchterlichen Ruf erworben hatten, sind für die Massenmorde in Algerien mindestens in gleichem Maße verantwortlich wie die verzweifelten Fundamentalisten. Diesen Tatbestand geleugnet zu haben, zählt zu den unverzeihlichen Verfehlungen der europäischen und amerikanischen Berichterstattung aus dem Maghreb, die sich durch ein einseitiges und skandalöses Engagement auf seiten der Militärdiktatur und deren Killer-Kommandos auszeichnete. Bei ihren irreführenden Reportagen, die sie in Windeseile und unter Kontrolle der »Schurta« durchführten, haben führende Menschenrechtsapostel Frankreichs wie Bernard-Henri Lévy oder André Glucksmann ihre Unzulänglichkeit als unvoreingenommene Beobachter schändlich festgeschrieben. Kaum jemand hat in den westlichen Kanzleien – um nur dieses Beispiel zu erwähnen – gebührend zur Kenntnis genommen, daß die letzte glaubwürdige Vermittlerfigur, der redliche Freiheitsheld Mohammed Boudiaf, der einst acht Jahre lang gegen die Franzosen gekämpft hatte und im Sommer 1992 von den uniformierten Machthabern zum Staatspräsidenten berufen wurde, nicht etwa durch einen fanatischen Islamisten in Annaba erschossen wurde, sondern durch seinen eigenen Sicherheitsbeauftragten, den Leutnant Boumaarafi. Boudiaf schickte sich gerade an, den Augias-Stall der Verwaltung, die unsägliche Korruption der militärischen Nomenklatura anzuprangern und auszumisten. Die entsetzlichsten Massaker ereigneten sich meist dort, wo sogenannte »Dorfmilizen« gegen die Aufständischen der GIA eingesetzt und uralte Klanfeindschaften mit dem Schlachtermesser oder der Maschinenpistole ausgetragen wurden. In dieser Hinsicht ließ sich eine Beziehung zu den »Dorfwächtern« Südost-Anatoliens herstellen, auch wenn die Exzesse bei der türkischen Kurdenbekämpfung in keinem Verhältnis zum algerischen Blutbad standen. Die von Ohr zu Ohr weit aufgeschnittene Gurgel des Gegners, eine grausige Schächtung, die seinerzeit von den französischen Soldaten in Nordafrika mit einem Schuß Zynismus als »sourire berbère«, als »Lächeln der Berber«, beschrieben wurde, gehörte ja von alters her zur barbarischen Praxis maghrebinischer Kampfführung und Vergeltung.

Man solle den Teufel nicht an die Wand malen, so kam ich mit meinen türkischen Gesprächspartnern bei der Erwägung algerischer Analogien überein. Noch war keine Rede davon, die islamistische Bewegung systematisch in die Illegalität, in den Untergrund und damit in die revolutionäre Auflehnung zu treiben. Die Repräsentanten der Refah-Partei überschlugen sich geradezu in Bekenntnissen zur Gewaltlosigkeit, ja in ihren Beteuerungen kemalistischer Verfassungstreue. Die Behauptung, die türkischen Islamisten verfügten über ein geheimes Waffenarsenal von 60 000 Kalaschnikows, klang völlig unrealistisch.

Vermutlich hat Erbakan mit dem gescheiterten Versuch einer spektakulären Neuorientierung der türkischen Außenpolitik seinen schwersten Fehler begangen. Bisher wurde nämlich unter der Hand das Gerücht kolportiert, daß gewisse Kreise des amerikanischen Geheimdienstes CIA, denen vor allem daran gelegen war, die Wiederholung der algerischen Tragödie in Kleinasien zu verhindern, sich mit einer schrittweisen und vorsichtigen Einbindung gemäßigter Refah-Islamisten in die türkische Regierungsgestaltung abfinden, ja sie eventuell befürworten könnten. Das änderte sich schlagartig, als der Hodscha eine Reise nach Teheran antrat in der naiven Vorstellung, die Islamische Republik Iran für eine Harmonisierung der jeweiligen Kurdenpolitik und eine gemeinsamen Erdöl-Strategie gewinnen zu können. In Langley schrillten jetzt die Alarmglocken, zumal sich ein offizieller Besuch beim syrischen Präsidenten Hafez-el-Assad anschloß, der ebenfalls nicht zum Ziel, das heißt zur Neutralisierung der im Libanon frei operierenden PKK-Partisanen, führte. Als totales Fiasko erwies sich schließlich der Kurzaufenthalt Erbakans in Libyen. Vielleicht hatte der türkische Regierungschef gemeint, in Tripolis erinnere man sich positiv an den verzweifelten Versuch des moribunden Osmanischen Reiches, dem Widerstand der Senussi-Derwische gegen die italienische Kolonialarmee in dieser entfernten Dependenz des Sultans zu Hilfe zu kommen. Kein Geringerer als Enver Pascha, der spätere Kriegsminister des Ersten Weltkrieges, hatte damals an der Spitze eines kleinen türkischen Kontingents bis 1911 in der Cyrenaika gegen das savoyische Königshaus gefochten. Aber die Rechnung ging nicht auf. Aus welchem Grund auch immer, der paranoide Alleinherrscher der libyschen »Dschamahariya«, Oberst Muamar-el-Qadhafi, zeigte dem türkischen Gast auf beleidigende Weise die kalte Schulter. Mit seinen pan-islamischen Gehversuchen hatte sich der Refah-Führer blamiert. Seine politischen Rivalen stellten hingegen mit tiefer Besorgnis fest, daß in aller Heimlichkeit immer mehr Sympathisanten der Wohlfahrtspartei, Absolventen der religiösen Imam-Hatip-Schulen, in Staats- und Kommunalfunktionen oder in die großen Wirtschaftskonzerne eingeschleust wurden. Dafür stand insbesondere der islamische Unternehmerverband »Mustakil« zur Verfügung.

Für das Oberkommando der türkischen Streitkräfte, das sich bisher grollend und argwöhnisch im Hintergrund gehalten hatte, nahte die Stunde des harten Zugreifens. Wie mir im März 1997 übereinstimmend versichert wurde, fiel die Entscheidung des Generalstabs, Erbakan endgültig an die Kandare zu nehmen, als der Ministerpräsident, dessen moderne islamistische Reformpartei zu den versponnenen, aber extrem einflußreichen Derwisch-Orden und Tarikat in einem ambivalenten, häufig gespannten Verhältnis verharrte, sich nunmehr ganz offen entschloß, die Unterstützung dieser frommen Männerbünde zu suchen. Eine Zusammenkunft Erbakans mit den geistlichen Oberhäuptern der weitverzweigten türkischen »Sufiya« war bereits anberaumt, als die Armeeführung die Einberufung des Nationalen Sicherheitsrats am 28. Februar 1997 zur Durchsetzung eines Kurswechsels nutzte. Laut Verfassung ist der Nationale Sicherheitsrat paritätisch von den höchsten militärischen Befehlshabern und Mitgliedern des Kabinetts besetzt. Der Vorsitz in diesem höchsten Entscheidungsgremium der Republik obliegt zwar nominell dem Staatschef oder dem Ministerpräsidenten, in Wirklichkeit hat darin der höchste Militär, zu jenem Zeitpunkt General Hüseyin Kivrikoğlu, das letzte Wort. Ihm zur Seite stand die stärkste Persönlichkeit der Armee, General Çevik Bir, der in Somalia die UN-Blauhelme kommandiert und auf die Gestaltung der türkischen Strategie und Außenpolitik medienwirksamen Einfluß gewonnen hatte.

Auf dieser Sitzung wurde Necmettin Erbakan in quasi-ultimativer Form die Erfüllung eines Achtzehn-Punkte-Programms zur »Bekämpfung fundamentalistischer Bestrebungen in Staat und Gesellschaft« auferlegt, die faktische Negierung all jener koranischer Überzeugungen, die die Refah-Partei klugerweise niemals nach außen plakatiert hatte, die jedoch ihre wirkliche »raison d'être« darstellten. Mit der ihm eigenen Geschmeidigkeit hat der Hodscha sich diesen Forderungen gebeugt. Er legte einen Treueschwur zur Atlantischen Allianz ab, bejahte die Zollunion mit der Europäischen Gemeinschaft und hieß sogar die enge militärische Kooperation mit Israel gut, ganz

abgesehen von einer Serie von Zusicherungen innenpolitischen Wohl-
verhaltens im Sinne der offiziellen »Laiklik«. Aber die Generale hatten nicht vergessen, daß dieser Büßer, dieser anatolische Canossa-
Gänger, im Krisenjahr 1980 in der islamischen Hochburg Konya
einen Zug von Demonstranten angeführt hatte, der die Einführung
der koranischen Gesetzgebung, der Scharia, das heißt die Abschaffung der kemalistischen Republik, gefordert hatte. Schließlich konnte
aus der Lehre des Propheten Mohammed schwerlich ein Konzept abgeleitet werden, das nicht dem später formulierten Postulat »din wa
dawla« – auf türkisch »din-ve-devlet« – entsprach, der organischen
Einheit von Religion und Staat. Die Entscheidung, Erbakan so bald
wie möglich zu entmachten, wurde an jenem 28. Februar 1997 gefällt.
Die erste Etappe eines unauffälligen Staatsstreichs war somit eingeleitet.

Am 18. März 1997, wenige Tage nach jener denkwürdigen Sitzung,
war mir eine Zusammenkunft mit dem Istanbuler Refah-Abgeordne-
ten Mukadder Başeğmez vermittelt worden. Der Mann war alles andere als ein asketischer Eiferer. Sein Büro war teuer und aufwendig
möbliert. Das Atatürk-Bild hing an seinem Platz. Der Deputierte präsentierte sich als Mann von Welt, sprach englisch mit amerikanischem
Akzent, war elegant gekleidet. Başeğmez trat, wie ich gehört hatte,
häufig im Fernsehen auf und genoß breite Popularität. Mit der ihm
eigenen Verbindlichkeit war es ihm gelungen, den Hungerstreik in
einer Haftanstalt von Istanbul gütlich beizulegen. Kurzum, ich saß
einem Charmeur mit soigniertem Schnurrbart gegenüber, der bestimmt bei den Frauen gut ankam.

Das Gespräch war zutiefst enttäuschend und verwirrend. Ich hatte
den Eindruck, an der Nase herumgeführt zu werden. Die Verharmlosung wurde von diesem Islamisten auf die Spitze getrieben. Zwar
fragte auch er mich besorgt, ob wohl ein Coup der Generale zu erwarten sei, aber dann wiegelte er schnell ab. Für die Türkei – auch unter
einem Regierungschef Necmettin Erbakan – besitze die West-Bin-
dung absolute Priorität. Die Hinwendung zu den GUS-Staaten im
Kaukasus und in Zentralasien habe sich nicht ausgezahlt. »Im übrigen
laufen uns diese Schwester-Republiken davon und ziehen die direkte
Wirtschaftskooperation mit den USA und der Europäischen Union
vor«, bedauerte er. Auch für seine Glaubensbrüder in Bosnien, in
Albanien, im Kosovo konnte er sich nicht erwärmen, sah keine sinn-
volle Einwirkungsmöglichkeit Ankaras in der Balkan-Region.

Hatte hier ein Wolf Kreide gefressen? Er wußte natürlich von der fatalen Begegnung Erbakans mit den geistlichen »Meistern«, den Schuyukh der religiösen Bruderschaften. Aber diese Tarikat seien harmlos, und selbst unter den engagierten Islamisten kämen die Fanatiker höchstens auf zwei bis drei Prozent. Die alevitische Glaubensbewegung bereitete ihm angeblich kein Kopfzerbrechen. Die Türkei sei doch in mancher Hinsicht auf dem Weg in eine multikulturelle Toleranz-Gesellschaft. Zahllose Familien diverser Konfessionen seien miteinander verwandt und verschwägert. Immerhin erlaubte ich mir, ihn an die Illusionen zu erinnern, denen man im Hinblick auf die angebliche interreligiöse Harmonie in Bosnien so lange angehangen hatte. Was Israel betraf, war Mukadder Başeğmez ein Mann von bemerkenswerter Kompromißwilligkeit. Er hatte höchstpersönlich den Judenstaat aufgesucht und war dort herzlich empfangen worden. Irgendeine Lösung für das Heilige Land müsse sich doch finden lassen, meinte er, und mit seiner geringen Anteilnahme am Schicksal der palästinensischen Araber, die sich mit der Annahme des Oslo-Abkommens ja selbst auf eine Verständigung mit Israel festgelegt hatten, stand er in der Türkei gewiß nicht allein.

So viel konformistische Staatstreue aus dem Munde eines Politikers, der immerhin der islamischen Erneuerung verpflichtet war, klang wenig glaubwürdig. Ob sich neuerdings die frommen türkischen Sunniten zur Übung der Taqiya durchgerungen hätten, fragte ich deshalb unverblümt. Immer wieder stieß ich auf diese im schiitischen Glaubenszweig und bei den Aleviten verwurzelte Praxis, in Fällen von inquisitorischer Verfolgung oder persönlicher Benachteiligung die eigenen Überzeugungen und religiösen Grundsätze zu verleugnen, sich nach außen opportunistisch anzupassen, die Verheimlichung und Täuschung der Außenstehenden als Gebot des Überlebens, ja als beharrende Tugend zu praktizieren. Auch auf anderem Gebiet schien ja das Gedankengut der »Schia«, der »Partei Alis«, auf Teile der rechtgläubigen Sunna abzufärben. So verübten junge exaltierte Palästinenser Selbstmord-Attentate gegen ihre zionistischen Feinde und traten damit in die Fußstapfen jener ismaelitischen »Haschischin« oder »Assassinen«, die zur Zeit der Kreuzzüge den ganzen Orient und deren Herrscher zwischen Alamut in Persien und dem Nussairy-Gebirge Syriens in Angst und Schrecken versetzt hatten.

Mukadder Başeğmez wich meiner Frage geschickt aus und flüchtete in den Humor. Gewisse Formen der Taqiya seien von den Sunniten stets angewendet worden. Im Krieg sei es statthaft, den Feind zu täuschen, bei Verhandlungen gelte die Regel, den Partner zu übervorteilen, ihn eventuell über den Tisch zu ziehen, in der Ehe sei ohne eine gewisse Heuchelei gegenüber dem angetrauten Partner doch gar nicht auszukommen. Damit war für ihn diese heikle Problematik auch schon abgetan.

Auf der Heimfahrt zum Hotel ließ mich der Gedanke an diese Widersprüche nicht los. Arglist und Tücke hatte es in der Gefolgschaft des Propheten gewiß schon zur Zeit der »Hidschra«, der Flucht nach Yathrib, gegeben, und der sehnliche Drang der frühen Christen, durch bekennende Selbstaufopferung die Krone des Martyriums zu erlangen – sanguis martyrum semen Christianorum –, ist im Islam weit weniger ausgeprägt. Die Osmanen, deren zentrale Staatsräson bis zur Epoche Süleymans des Prächtigen in der kriegerischen Expansion des Dar-ul-Islam kulminierte, bedienten sich in Situationen der eigenen Unterlegenheit gegenüber den Giaur, den Ungläubigen, der listigen Nachgiebigkeit und Irreführung, die als »Müdara«, als Katzenfreundlichkeit, umschrieben wurde. Innerhalb der sunnitischen Gemeinschaft hingegen, so wurde mir einst im Lehrgang der Universität Beirut beigebracht, seien solche Betrügereien verpönt. Verläßliche Loyalität galt unter Glaubensbrüdern als hohes Gebot, und von vorgetäuschtem Glaubensabfall, von Apostasie, von »kiman-el-schahada«, konnte überhaupt nicht die Rede sein. Im Theologischen schien sich eine weitgefächerte Konfusion eingestellt zu haben in dieser verschwommenen Ära des Post-Kemalismus. Waren denn die strengen Dogmatiker des staatlichen Laizismus à la Atatürk überhaupt noch als Muselmanen einzustufen? Hatten sich diese »Gottesfeinde«, die den Propheten mißachteten und seine Gebote ignorierten, nicht außerhalb der Umma, der Gemeinschaft der Gläubigen, begeben? Waren sie nicht zu »Munafiqun«, zu Heuchlern, oder gar – indem sie sich der materialistischen Götzenwelt des Westens unterwarfen – zu »Muschrikun« geworden, zu »Spaltern«, die sich von der Einzigkeit und der Allgegenwart Gottes abgewandt hatten? Und da hieß es im heiligen Koran: »Wa lais a lil muschrikin 'ahdun 'inda Allah wa 'inda rasulihi« – Mit den Götzendienern gibt es keinen Pakt, anders gesagt: kein Treu und Glauben – weder vor Gott noch vor seinem Propheten.

Die ganze Argumentation mag für einen im Licht der Aufklärung aufgewachsenen Europäer kraus und absonderlich erscheinen. Deshalb berufe ich mich an dieser Stelle auf das Gespräch mit einem türkischen Freund in Köln – wir wollen ihn Mustafa nennen –, den ich gern als »Ustaz«, als Meister anredete und der mir selbst in heikelsten Fragen mit vertrauensvollem Rat zur Seite stand. Mustafa, etwa fünfzig Jahre alt, war seit geraumer Zeit im Besitz eines deutschen Passes und drückte sich in perfektem Deutsch aus. Dem Aussehen nach entsprach er dem soliden, stämmigen Grundtypus seiner anatolischen Heimat. Der Ustaz bekleidete eine diskrete, aber bedeutende Stellung innerhalb der islamistischen Bewegung der Bundesrepublik, stand wohl der »Milli-Görüş-Organisation« nahe, die wegen ihrer angeblich fundamentalistischen Ausrichtung vom Bundesverfassungsschutz observiert wird und enge Beziehungen zur Refah-Partei unterhält. Mustafa war frommer Sunnit der hanefitischen Rechtsschule und ließ außer Koran und Hadith, den beglaubigten Schilderungen aus dem Leben des Propheten, keine heterodoxen Varianten, auch keine sufischen Abweichungen, gelten. In seiner geräumigen Wohnung am Rhein, die mit einer Darstellung der Heiligen Stätten von Mekka, mit der Bosporus-Silhouette Istanbuls und den Namen Allahs und Mohammeds geschmückt war, wurde ich auch regelmäßig von seiner Frau und seinen beiden Töchtern, Studentinnen an der Kölner Universität, begrüßt. Sie hielten sich zwar strikt an die religiöse Kleiderordnung, begegneten jedoch dem männlichen Gast mit freundlicher Unbefangenheit. An jenem Abend vor meiner Abreise an den Bosporus hatte ich dem »Ustaz« die Frage gestellt, wie die allzu geschmeidige Bereitschaft der türkischen Muslime, ein Lippenbekenntnis zu den koranfeindlichen Prinzipien der derzeitigen Staatsführung abzulegen, sich mit der Treue zur alleingültigen Offenbarung vereinbaren lasse. »Wir stützen uns dabei auf einen Hadith, auf eine Aussage des Propheten«, antwortete Mustafa mit jener Ehrlichkeit, die ich als persönlichen Freundschaftsbeweis zu schätzen wußte. »Darin wird von zwei Gefolgsleuten Mohammeds berichtet, die in die Hände der Gottesfeinde, der Munafiqun, gefallen waren. Unter Androhung der Todesstrafe sollten die beiden Jünger zur Verleugnung ihres Glaubens gezwungen werden. Der eine Gefangene bewährte sich als Märtyrer. Der andere sagte sich von Allah und seinem Propheten los und überlebte. Voller Reue und Verzweiflung fand letzterer zu Mohammed in Medina zurück und beichtete seinen Abfall. ›Mit Deinen Lippen hast Du gesündigt‹, erwiderte ihm der Gesandte Gottes, ›aber hast Du, während Du verbalen Verrat übtest, wenigstens in Deinem Innersten, in Deinem Herzen der Botschaft Allahs, dem Heiligen Koran die Treue gehalten?‹ Das konnte der Jünger aufrichtig bejahen. ›Dann wird Allah Dir auch vergeben‹, befand der Prophet, ›dann hast Du Deinen Glauben nicht preisgegeben, denn entscheidend ist der Glaube und die Gottesunterwerfung, die Du in Deiner Brust bewahrst.‹«

*

Alles Finassieren Erbakans hat am Ende nichts genutzt. Es kam, wie es kommen mußte. Im späten Juni 1997 wurde seine Regierung abgesetzt. Auch ohne Putsch hatte die Generalität dieses Mal ihren Willen erzwungen. Präsident Demirel berief ein bunt zusammengewürfeltes Minderheitskabinett unter Mesut Yilmaz, dem Vorsitzenden der Mutterlandspartei. Aber damit gaben sich die Militärs nicht zufrieden. Noch vor dem Rücktritt des Hodscha hatte der Generalstaatsanwalt das Verbot der Refah, der damals noch amtierenden Regierungspartei, beantragt, eine recht eigenwillige Interpretation der republikanischen Gewaltenteilung. In dieser angespannten Situation stellte sich heraus, daß die türkischen Islamisten auf wachsendes Unbehagen bei den linken Formationen bis hin zu den Gewerkschaften, bei den stets argwöhnischen Aleviten, bei den Massenmedien und vor allem bei jenem militärisch-industriellen Komplex der Türkei gestoßen waren, der von manchen Experten als wirksamste Kräfteballung im Hintergrund definiert wird.

Am 16. Januar 1998 wurde die Wohlfahrtspartei verboten, weil sie laut Aussage des Verfassungsgerichtes zu einem »Zentrum antisäkularistischer Aktivitäten« geworden war. Das Parteivermögen wurde vom Staat beschlagnahmt. Der Parteivorsitzende Necmettin Erbakan und sechs andere maßgebliche Abgeordnete der Refah wurden für die Dauer von fünf Jahren von jeder politischen Aktivität ausgeschlossen. Die Islamisten ihrerseits verloren keine Zeit und begegneten dem Bann mit der Gründung einer parlamentarischen Nachfolge-Formation, »Fazilet« oder Tugendpartei genannt, die mit 145 Abgeordneten immer noch die stärkste Fraktion in der Kammer bildete. Wir wollen hier nicht in das Labyrinth türkischer Parteipolitik hinabsteigen, die bei den Neuwahlen im April 1999 noch manche Überraschung bereithalten sollte und sich im Zwielicht durch Bestechung und Intrige selbst diskreditierte. Auf ihrer konstituierenden Versammlung überschlug sich die »Fazilet Partisi« geradezu in kemalistischer Regimetreue, was von der breiten säkularen Öffentlichkeit mit Skepsis und Hohn notiert wurde. Das europäische Vorbild wurde nunmehr bei der »Christlich-Demokratischen Union« der Bundesrepublik gesucht. Das Wort »Scharia« war tabu. Als neuer Parteichef wurde ein blasser Außenseiter, Recai Kutan, an die Stelle Erbakans berufen, und der beteuerte, daß die Fazilet gewillt sei, ihren Ruf als »religiös orientierte Bewegung« grundsätzlich abzustreifen. Man gab sich so europäisch, wie es nur ging, und bemühte sich sogar – ohne Erfolg allerdings – um einen Modus vivendi mit dem wachsamen Generalstab. Plötzlich war die Rede von einem »spezifisch türkischen Islam«, obwohl eine solche Eingrenzung dem weltumspannenden, universalistischen Anspruch der koranischen Offenbarung kategorisch widersprach. Der Hodscha Erbakan, der früher einmal, was man ihm jetzt vorwarf, die »Europäische Union« als »Christen-Club« kritisiert hatte, war unmittelbar nach dem Parteiverbot auf Tauchstation gegangen. Das ganze Spektakel wirkte unseriös.

Auch in diesem Punkt kam mir die intime Kenntnis meines Kölner Mentors Mustafa zugute. Der neue Fazilet-Vorsitzende Kutan sei tatsächlich ein unscheinbarer Lückenbüßer, meinte der Ustaz. Er verfolge nach außen hin eine strikte Linie der republikanischen Anpassung; in Wirklichkeit sei er weiterhin an die Weisungen Erbakans gebunden, der jedes Presse-Interview, jeden öffentlichen Auftritt meide, dessen Autorität bei den Islamisten jedoch – mit Ausnahme vielleicht von Gruppen ungeduldiger Jugendlicher – intakt geblieben sei. Als ich meine Verwunderung über so viel Unterwürfigkeit äußerte, antwortete Mustafa: »Wir leben doch weiterhin, ob wir es zugeben oder nicht, in der osmanischen Tradition. Dort zählte allein die Autorität des Herrschenden. Auch heute spielt sich jeder Parteichef noch wie ein Sultan, jeder Tarikat-Meister wie ein Scheikh-ul-Islam auf. Das entspricht übrigens den Erwartungen seiner Gefolgschaft.«

# Der »Wunderknabe« Turgut Özal

*Istanbul, im Dezember 1998*

Jede Erkenntnis beruht auf Vergleich. Deshalb drängt es mich, an diesem Dezembertag 1998 die Redaktionsräume von »Zaman« wieder aufzusuchen, wo mir im Juni 1994 so mancher Aufschluß über den neo-osmanischen Aufbruch gegeben worden war. Es hat sich einiges geändert. Die fröhliche Geselligkeit, die dort herrschte, ist unter Chef-redakteur Abdullah Aymaz einer strikten staatstreuen Disziplin ge-wichen, obwohl auch dieser Publizist ein ehemaliger Imam-Hatip-Schüler ist, also als koranischer Vorbeter und Prediger ausgebildet wurde. Man merkt ihm die theologische Prägung immer noch an, auch wenn er eine lässige Wolljacke übergezogen hat. Irgendwelche Ver-lagsangestellte servieren uns Tee in der devoten Haltung von Höflin-gen und ziehen sich eilig zurück. Natürlich ist das Büro mit einem großen Atatürk-Bild ausgestattet.

Aktuellen politischen Fragen geht Aymaz aus dem Weg. Selbst zu der drastischen Lehrplan-Reduzierung der Imam-Hatip-Gymnasien, die durch eine Verfügung der Regierung Yilmaz nur noch auf den geistlichen Beruf vorbereiten dürfen und mit ihrem auf vier Jahre ver-kürzten Ausbildungscurriculum keine Universitätsreife mehr vermit-teln, will er sich nicht äußern. Hingegen wird die Zugehörigkeit der Publikation »Zaman« zum Sekten- und Wirtschaftsimperium Fethullah Gülens, das sogar über einen eigenen TV-Sender verfügt, geradezu plakativ zur Schau gestellt. Um die Weltoffenheit und Toleranz seines »Meisters« zu belegen, überreicht mir der Chefredakteur eine Bro-schüre, die Fethullah Gülen, der der Erscheinung nach wie ein erfolg-reicher levantinischer Unternehmer wirkt, im Gespräch mit Papst Johannes Paul II. zeigt. Auch Begegnungen mit dem griechisch-ortho-doxen Patriarchen von Konstantinopel, dem Ober-Rabbiner der se-phardischen Juden und sogar einem führenden »Dede« der Aleviten sind im Bild festgehalten.

Die Organisation »Fethullah Gülen«, die Wert darauf legt, nicht als »Tarikat« bezeichnet zu werden, hat sich resolut aus der Parteipoli-tik herausgehalten, was ihr heute, in der Stunde der Bedrängnis von Refah und Fazilet, zugute kommt. Es gehe dieser Erweckungsbewe-gung darum, Mittler zwischen Staat und Religion zu sein, den Beweis zu erbringen, daß Humanismus und Frömmigkeit einander ergänzen. So berufen sich die Fethullah-Jünger auf die mystische Philosophie Dschallaluddin-er-Rumis, des Gründers der Mevlana-Bruderschaft, die im dreizehnten Jahrhundert eine geradezu kosmisch ausgreifende Liebe und die Versenkung in die Gnade Allahs gelehrt hatte und seit-dem die unterschiedlichsten Verehrer gefunden hat, von den gewalt-tätigen Eroberer-Sultanen des Osmanischen Reiches bis zu verzückten europäischen Intellektuellen, die sich gern als moderne Sufi gebärden.

Der autoritäre Redaktionsleiter räumt ein, daß die religiöse Bruderschaft der Naqschbandiya zweifellos über die zahlreichsten Muriden verfüge. Politisch sei sie jedoch relativ unbedeutend. Auch bei »Zaman« herrscht offenbar Verachtung für die Parlamentarier vor, und die macht selbst vor gewissen islamistischen Abgeordneten nicht halt. Necmettin Erbakan drohe zur Figur einer umstrittenen Vergangenheit zu werden. Was nun die eigene Mission betrifft, so führt Abdullah Aymaz die Gründung von rund fünfhundert Schulen Fethullah Gülens in 25 Ländern an. Der Schwerpunkt liege in den zentralasiatischen Republiken der GUS. Aber er räumt ein, daß in diesen fernen, dem Koran entfremdeten Regionen mit schnellen Erfolgen nicht zu rechnen sei. Irgendwie kommt bei mir der Verdacht auf, daß die drakonischen Regierungsmaßnahmen gegen die »Imam-Hatip-Okullari«, denen fundamentalistische Tendenzen und die Förderung eines strikten Scharia-Islam nachgesagt werden, der Fethullah-Gülen-Bewegung gar nicht so ungelegen kommen. Sie gewinnt damit eine Vorzugsstellung bei der Ausbildung neuer, religiös orientierter Eliten, finanziert das Studium armer, aber frommer Adepten und richtet ihnen, dank ihrer beachtlichen Finanzreserven, kostenfreie Wohnheime ein. Inwieweit sie dabei mit dem säkularen Regime und dem von ihm gesteuerten »Amt für Religiöse Angelegenheiten« Kompromisse eingehen muß, läßt sich nicht durchschauen.

»Wir respektieren den Kemalismus«, versichert der vorsichtige Chefredakteur, aber er bestreitet heftig, daß Fethullah Gülen – wie gelegentlich behauptet wird – vom heimlichen Wohlwollen der USA begleitet, sich in den muselmanischen Regionen der ehemaligen Sowjetunion als Instrument einer kemalistisch und laizistisch inspirierten Koran-Interpretation einsetzen lasse. Bei unserer flüchtigen Tour d'horizon erfahre ich, daß diese Gemeinschaft vor allem in den Städten stark vertreten sei, daß eine Lösung der Kurdenfrage angeblich nur im Rahmen eines großen europäischen Zusammenschlusses gefunden werden könne, daß die rückhaltlose Hinwendung der Türkei zur Brüsseler Gemeinschaft jedoch von drei mächtigen Gruppierungen gebremst werde: von den Militärs, die auf ihre Vorrangstellung im Staat verzichten müßten, von einem Teil der Großindustrie, die an ihrer Konkurrenzfähigkeit innerhalb der EU zweifelt, und von den Islamisten, die einen Identitätsverlust befürchten.

Es fällt mir auf, daß Aymaz sich vor jeder Kritik an der Armee strikt hütet. »Trotz aller internen Spannungen, ob Sie es glauben oder nicht«, belehrt er mich, »achtzig Prozent aller Türken sympathisieren weiterhin mit ihren Streitkräften und sind stolz auf sie. So war es doch immer gewesen, auch unter den Osmanen, deren Imperium ganz und gar auf strategische Imperative ausgerichtet war.« Im übrigen, so erfahre ich zum Abschied, lohne es sich, das Studium der hintergründigen Welt der Sufi-Orden, der Derwisch-Bünde, der Tarikat, zu vertiefen. Das Grundkonzept Fethullah Gülens sei ohne die theologische Vorarbeit des Scheikh Said Nursi und seiner »Licht-Sekte« kaum zu begreifen. Es handele sich da um ein spezifisch türkisches Phänomen. Zur Zeit der Sultane und Kalifen von Istanbul habe es in Anatolien kaum einen Untertan gegeben, der nicht einem dieser eifernden Geheimbünde angehört habe. Bei den 2,5 Millionen Türken, die in Deutschland leben, sind die Tarikat ja besonders intensiv und vielfältig vertreten.

*

Es müsse wohl schlecht um die Zukunft der Fazilet-Partei bestellt sein, wenn der Chefredakteur von »Zaman« sich so deutlich von ihr distanziere, beginne ich unser Abendgespräch im Foyer des »Çirağan Palace«. Hayrettin hat sich einen Orangensaft bestellt, ich einen doppelten Whisky. Ich weiß zu schätzen, daß dieser junge Akademiker, dessen Kölner Professoren mir gut bekannt sind, mir bei meiner Untersuchung rückhaltlos zur Hand geht und dabei selbstbewußt zu seinen religiösen Überzeugungen wie zu seiner turkmenischen Abstammung steht. Das Weltbild Hayrettins hatte sich in seiner anatolischen Gymnasialzeit herausgebildet, als nach dem Militärputsch des General Evren im Jahr 1980 die zweite große Modernisierungswelle über die Türkei hereinbrach. Diese Wende stand im Zeichen eines resoluten Engagements für Marktwirtschaft, Industrialisierung, internationale Öffnung, und diese Dynamik war das Werk eines politischen »Newcomers«, eines gewissen Turgut Özal, der zum Leiter des Staatlichen Planungsamtes berufen wurde. Unter anderem schuf Özal die Voraussetzungen für das gigantische Staudammprojekt GAP und den lukrativen Tourismus-Boom in den Küstenressorts. Der »Wundermann« stammte aus einem Dorf bei Malatya, wo jahrhundertelang ein Gemisch aus Türken, Kurden und Armeniern, aus Sunniten, Aleviten und Christen bis zur Revolution der Jungtürken relativ problemlos kohabitiert hatten. Im Gespräch verwies er gern auf seine rein kurdische Großmutter. Jedermann wußte andererseits, daß der umtriebige kleine Technokrat, der mit fast quadratischer Leibesfülle und einer geistigen Behendigkeit sondergleichen ausgestattet war – die Augen funkelten listig hinter der dicken Hornbrille –, ganz ungeniert dem Derwisch-Orden der Naqschbandi nahestand. Trotz seiner abweichenden Geisteshaltung war Özal vom General-Präsidenten Evren, der sich steif und unnahbar wie ein kemalistisches Soldaten-Denkmal verhielt, mit der Gründung einer neuen politischen Bewegung, der »Mutterlandspartei« ANAP beauftragt worden. Daß dieser quirlige Außenseiter bei den Parlamentswahlen von 1983 einen überwältigenden Sieg davontrug und Ministerpräsident würde, hatte sich die Militär-Junta von 1980 allerdings nicht träumen lassen. Sie hatte wohl geglaubt, daß es zu einer längeren Phase passiver Unterwürfigkeit der Volksvertreter käme, nachdem gegen eine Vielzahl linksextremistischer Revoluzzer, aber auch gegen ein paar rechtsradikale Elemente und vor allem gegen die kurdischen Separatisten mit exemplarischer Härte vorgegangen worden war. 178 500 Verhaftete, 64 500 offizielle Anklagen, 41 700 Verurteilungen, 86 Todesurteile, davon 25 Vollstreckungen, so lautete die Repressionsbilanz nach dem Staatsstreich von 1980.

Ich war im Sommer 1984 von Regierungschef Turgut Özal – er sollte später in einer weniger brillanten Phase seiner Karriere sogar Staatspräsident werden – auf den Höhen von Çankaya zu einem Fernseh-Interview empfangen worden und war von diesem bedeutendsten Staatsmann der türkischen Republik nach Mustafa Kemal Pascha durchaus beeindruckt. Ich gebe seine damaligen Aussagen im Wortlaut wieder.

»Meiner Meinung nach wünschte Atatürk, daß die Türkei eine Brücke sei zwischen Ost und West«, so hob Özal an. »Die Türkei besitzt Interessen im Osten wie im Westen. Die Türkei soll zugleich eine natürliche, ich meine eine territoriale Brücke wie auch eine geistige Brücke sein. Aber sie soll ebenfalls ein gutes Beispiel für die anderen islamischen Länder setzen. Sie soll zeigen, wie ein Land seine moralischen Werte retten und sich gleichzeitig der Modernisierung verschreiben kann. Zweifellos besaß der Islam in der osmanischen Zeit mehr Gewicht als in der heutigen Republik. Die Sultane übten die Kontrolle aus, sie hatten das Sagen. Die Türken sind ein zutiefst religiöses Volk. Doch sie unterscheiden zwischen Religion und Politik. Sie beachten gewisse religiöse Praktiken im täglichen Lebensablauf, aber sie lassen ihre gesellschaftlichen Vorstellungen dadurch nicht beeinflussen. Der Sultan besaß stets das letzte Wort und die höchste Autorität. Sultanat und Kalifat in einer Person, das war die magische Formel der osmanischen Herrschaft. So wurde eine nachteilige Einwirkung des Religiösen verhindert.«

Gemeinsam mit Süleyman Demirel und Necmettin Erbakan war Özal aus der Technischen Hochschule von Istanbul hervorgegangen, die sich offenbar als die neue »Palastschule« der Republik bewährte. Während seiner Tätigkeit bei der Weltbank in Washington hatte er seine Kollegen damit überrascht, daß er als Beauftragter einer laizistischen Republik zur Gebetszeit seinen Teppich in Richtung Mekka ausrollte. Als Ministerpräsident ließ er sich im weißen, schulterfreien Gewand des Pilgers vor den Heiligen Stätten des Hedschas photographieren, und seiner Mutter verschaffte er ein Grab neben der Türbe eines heiligen Naqschbandi-Derwisches. Dabei hatte er sich eine bäuerlich wirkende Lebensfreude und robuste Jovialität bewahrt. Seine Frömmigkeit hinderte ihn nicht, auch während der Pausen unseres Interviews, seinem Lieblingsgetränk, dem Cognac Courvoisier, kräftig zuzusprechen.

Durch die Militärs hat sich Turgut Özal – im Gegensatz zu so manch anderem Politiker – nie einschüchtern lassen. Er hatte als junger Mann den ersten Putsch von 1960 genau observiert, der sich dadurch auszeichnete, daß eine Gruppe junger Offiziere, vielleicht unbewußt inspiriert durch das Beispiel Gamal Abdel Nassers in Ägypten, sich gegen die vergreiste, verkrustete Generalität auflehnte, die das Erbe Atatürks zu verschleudern drohte. In Wirklichkeit hatte sich das Staatsgefüge grundlegend geändert, seit Ismet Inönü, der Nachfolger des Republikgründers, 1946 ein Mehrparteien-System einführte, das wider Erwarten nicht ihm selbst, sondern einem Großgrundbesitzer aus der Ägäis-Region, Adnan Menderes, und dessen »Demokratischer Partei« zugute kam. Nach zehn Jahren einer tumultreichen und für den Staat ruinösen Regierungszeit wurde Menderes durch ein »Komitee zur Nationalen Einheit« gestürzt und nach endlosen Gerichtsverhandlungen mitsamt zwei Ministern zum Tod durch den Strang verurteilt. Die Exekution fand auf der Insel Yassiada im Marmara-Meer statt und dürfte den heutigen Staatspräsidenten Süleyman Demirel, der damals als junger Abgeordneter der »Demokratischen Partei« aus der aktiven Politik vorübergehend verbannt wurde, für sein ganzes Leben geschockt und gezeichnet haben. Vielleicht stammt sein opportunistischer Leitsatz, der ihm immerhin erlaubte, siebenmal zum Regierungschef gewählt zu werden, aus jenen Tagen unmittelbarer persönlicher Gefährdung: »Was gestern war, war gestern; was heute ist, ist heute.«

Die Exekution von Adnan Menderes hatte weltweit Empörung und Abscheu wachgerufen. Die Türken sahen das wohl gelassener. Zur Zeit der Osmanen waren fünf Sultane und 43 Groß-Vezire vergleichbaren Soldatenrevolten zum Opfer gefallen, und Groß-Vezir Kara Mustafa, der nach dem katastrophalen Scheitern der zweiten Belagerung Wiens zum Selbstmord mit der »seidenen Schnur« angehalten wurde, ist in dieser makabren Serie nicht einmal mitgezählt.

Dem Coup von 1960 war ein zweiter Militärputsch im März 1971 gefolgt, der hier nur am Rande erwähnt sei. Die unruhige türkische Jugend war zu diesem Zeitpunkt in den Sog der maoistischen Achtundsechziger-Bewegung geraten und gefiel sich in rabiatem Anti-Amerikanismus, was der Generalstab nicht hinnehmen wollte.

Die tiefgreifende gesellschaftliche »Revolution« Özals hingegen zielte nach 1980 darauf hin, die Türkei ins amerikanische Jahrhundert zu katapultieren, so kam ich mit Hayrettin überein. Man muß sich den desolaten Zustand Anatoliens nach dem Zweiten Weltkrieg vor Augen führen, wie ihn der kurdische Autor Yaşar Kemal, der für sein sozialistisches Engagement mit dem Friedenspreis des deutschen Buchhandels geehrt wurde, in seinen Romanen geschildert hat. Bis zum Jahr 1946, so hatte der Schriftsteller sich einmal geäußert, gab es keinen einzigen Bauern oder Dorfbewohner, der von der Polizei nicht mehrfach verprügelt worden wäre. In den achtziger Jahren hat Turgut Özal ein türkisches Wirtschaftswunder bewirkt. Dieser Tatmensch kannte keine Komplexe. Ähnlich wie in dem Gespräch, das er mit mir führte, hat er sich in seinem Buch »Die Türkei und Europa« ausgedrückt: »Der Türke weiß sehr wohl, daß der religiöse Glaube allein den Säkularismus nicht berührt. Türken sind durch den Glauben nicht gehindert, rational zu denken. In dieser Hinsicht besteht im Alltag kein Unterschied zwischen einem europäischen Christen und einem türkischen Muslim. Zwischen dem Westen und dem Islam ist eine Synthese entstanden. Diese Synthese hat die Identitätskrise der Türken beendet. Ich bin gläubiger Muslim und stehe für alle Neuerungen bereit. Da ich kein Identitätsproblem habe, empfinde ich kein Bedürfnis, meine eigene Kultur krampfhaft zu verdrängen oder mich irgendeiner Ideologie, auch nicht einem extremistischen Nationalismus, zu verschreiben.«

Hayrettin teilt meine Wertschätzung für Turgut Özal nur begrenzt. Am Ende sei dieser »Wunderknabe« doch wieder auf das Niveau eines ganz gewöhnlichen türkischen Politikers herabgesunken. Er habe sich in Skandale und Vetternwirtschaft verstrickt. Seine Frau Semra habe mit ihrer maßlosen Geltungssucht dabei eine verhängnisvolle Rolle gespielt. Seine Kinder hätten sich wie Protzen aufgeführt. Özal sei sogar durch seinen alten Nebenbuhler Demirel ausgetrickst worden. Die Vielzahl seiner Landsleute, die an den Vorteilen des wirtschaftlichen Aufschwungs nicht teilhaben konnten, habe er ähnlich beschieden wie dies der französische Regierungschef Guizot im neunzehnten Jahrhundert getan habe, der die Forderung nach Abschaffung des zensitären, an den Besitz gebundenen Wahlrechts und nach bürgerlicher Gleichheit für alle mit den Worten gekontert hatte: »Enrichissezvous!« – Bereichert euch doch! Özals plötzlicher Tod im April 1993 habe ihm vielleicht manche Demütigung erspart. Allerdings, so räumt der junge Politologe ein, neige er selbst aufgrund seines langen Aufenthalts in Deutschland dazu, den heimischen Volksvertretern europäische Maßstäbe anzulegen, und das mache nicht viel Sinn. »Was halten Sie denn von der Überzeugung Özals, er würde die gleichberechtigte Aufnahme der Türkei in die Europäische Union zustande bringen, wie Margaret Thatcher ihm das in Aussicht gestellt hatte?« fragt Hayrettin. »Die Eiserne Lady wußte wohl, was sie tat«, erwidere ich. »Sie wollte einen erfolgreichen kontinentalen Zusammenschluß mit allen Mitteln verhindern, und ein vollgültiger Beitritt Ankaras mitsamt allen daraus resultierenden Komplikationen hätte sie diesem Ziel vermutlich sehr nahe gebracht.«

Es war mir noch eine ganz andere Version der letzten Monate Turgut Özals als Staatschef zugetragen worden, die gut in die Mysterienwelt des Orients paßte. Der Staatspräsident habe sich von den Extravaganzen seiner unmittelbaren familiären Umgebung enttäuscht in eine fast mönchische Einsamkeit zurückgezogen. Seine Hinwendung zur Religiosität habe sich mehr und mehr ausgeprägt. Neben der Wiederbelebung des Islam als allgemeingültiger moralischer Richtschnur hätten ihm auch Konzessionen an die kulturellen Autonomiewünsche der Kurden vorgeschwebt, und vielleicht sei damals die letzte Chance verspielt worden, dieses schier unlösbare Problem positiv anzugehen. Doch Özal habe sich mit seinen heimlichen Plänen wohl zu weit vorgewagt. Sein überraschender Tod sei nicht Folge eines Herzversagens gewesen. In Wirklichkeit sei er durch düstere Verschwörer vergiftet worden.

Irgendwie, so komme ich mit Hayrettin überein, könne man dennoch die aufsehenerregende Hinwendung der Türkei zur islamischen Frömmigkeit auf die Regierungszeit Özals zurückdatieren. Selbst der kühle, distanzierte General Evren, der auf seine Abstammung aus Mazedonien so stolz war, hatte in der revolutionären, vom Atheismus geprägten Linken die größte Bedrohung für sein Land gesehen. Darin glich er dem ermordeten Präsidenten Anwar-el-Sadat von Ägypten. Evren war nach Mekka gereist, zwar nicht zum ordentlichen »Hadsch«, aber immerhin zur »'Umra«, zum Rundgang um die heilige Kaaba. Aus seiner Kindheit konnte er noch den Koran auf arabisch rezitieren. Den wirren Auswüchsen des Derwisch-Wesens hingegen stand der alte General mit Widerwillen gegenüber. Es gehört deshalb zu den verblüffenden Paradoxien der post-kemalistischen Republik, daß der kühne Modernisierer Turgut Özal sich einer religiösen Bruderschaft, der Naqschbandiya verbunden fühlte, deren Gründung ins dreizehnte Jahrhundert zurückreicht. Ihr hochverehrter Meister hatte unweit von Buchara in Zentralasien, im heutigen Usbekistan, seine Botschaft verkündet.

*

Wenn ich mir in meinem Berufsleben ein Vorbild, einen Weggenossen ausgewählt habe, so war es der maghrebinische Schriftsteller Ibn Battuta, der im vierzehnten Jahrhundert die islamische Welt zwischen Timbuktu und Buchara, zwischen der mittleren Wolga und den Malediven bereist hatte. Seine Neugier, sein Staunen, ja – sagen wir es ruhig – seine naive Freude am Erzählen hatten mich fasziniert.

Gegnüber Hayrettin, der nicht nur mein Sohn, sondern fast mein Enkel sein könnte, überrasche ich mich gelegentlich dabei, daß ich Anekdoten aus meinem bewegten Leben zum besten gebe, die auf den ersten Blick nicht unmittelbar zu unserer augenblicklichen Recherche gehören.

An diesem Abend berichte ich von einer Begegnung in Zentralasien, die angesichts des Erstarkens panturanischer Ambitionen in Ankara und Istanbul dennoch ganz gut ins Tableau paßt. Im Frühjahr 1995 hatte ich die GUS-Republik Usbekistan wieder einmal zu einer komparativen Studie aufgesucht. Schon im Dezember 1958 war es mir durch eine glückliche Fügung gelungen, in die damalige Sowjetrepublik von Taschkent eingelassen zu werden, wo ich – in Widerspruch zu allen in Moskau akkreditierten Experten – die anhaltende Vitalität der turanischen Kultur und die diskrete, aber reale Präsenz des verfolgten Islam wahrgenommen hatte. Im März 1995 habe ich mit dem Mufti für Usbekistan, Hadsch Abdullah, einem würdigen Turbanträger mit schlohweißem Bart, in seinen Amtsräumen neben der Moschee Mia Muchmin Khan diskutiert. Natürlich war dieser geistliche Würdenträger mit ausdrücklicher Zustimmung des allmächtigen Staatschefs der unabhängigen Republik Usbekistan, Islam Karimow, ernannt worden, der seine Wendung vom früheren Parteichef der KPdSU zum asiatischen Nationalisten kemalistischer Prägung mit Bravour vollzogen hatte.

Der Kommunismus sei gescheitert, so erläuterte Hadsch Abdullah, weil der Koran ja nicht nur kultische Pflichten auferlege und die fünf Säulen des Islam kodifiziere. Jeder Bereich des Lebens, individuell oder in der Gemeinschaft, sei durch die Botschaft Mohammeds erfaßt. An dieser in sich geschlossenen Kultur habe sich der Atheismus die Zähne ausgebissen. Der Mufti verwies auf die entscheidende Rolle, die die islamischen Bruderschaften, die Tarikat, die Derwisch-Orden, in den ländlichen Gebieten gespielt hätte. Insbesondere die Gemeinschaft der Naqschbandiya habe die Kolchosen- und Sowchosen-Strukturen unterwandert. Deren einfältige, aber gottgefällige Inbrunst habe allen Propaganda-Parolen der marxistischen Agitatoren getrotzt. Unter der kommunistischen Knute war offenbar das Klan- und Sippenwesen unterschwellig die weiterhin bestimmende Gesellschaftsform geblieben. Die familiäre, teils tribale Abschirmung, die nach außen bei der Knabenbeschneidung, bei der Eheschließung, beim Begräbnis in Erscheinung trat, hat wie ein schützender Mantel die nationale, das heißt die religiöse Eigenart der Usbeken vor der radikalen Selbstentfremdung bewahrt. Der damalige Parteisekretär Raschidow, der von den Russen wegen seiner angeblichen Unterschlagungen gigantischen Ausmaßes am Ende umgebracht wurde, habe sich als wirksamer Protektor dieser bodenständigen Eigenart bewährt.

Den sowjetischen Kulturbehörden waren diese Orden, die sich ihrer Gängelung, ihrer Kontrolle entzogen, zutiefst suspekt gewesen. Doch seit Usbekistan unabhängig geworden war, hatten sich die Gewichte offenbar verlagert. Mufti Hadsch Abdullah äußerte sich so positiv über die frommen Ikhwan oder Muriden, daß mir der Verdacht kam, er sei selber einer von ihnen. Vor allem der Gründer der größten Tarikat, Baha-ut-Din Naqschband, der im vierzehnten Jahrhundert in der heute usbekischen Stadt Buchara seine Jünger um sich versammelt hatte – das Wort Naqschband läßt sich angeblich mit »Goldschmied der Seelen« übersetzen –, hatte es dem Mufti angetan. Von diesem Mystiker und Sufi stammen die Worte: »Dein Herz soll Gott gewidmet sein, aber die Hände und Arme dem Fortschritt des Volkes dienen.« Das klang in der Tat sehr modern und ließ sich in das Gesamtkonzept des ersten Präsidenten der unabhängigen Turk-Republik Usbekistan, Islam Karimow, trefflich einordnen. Ich erwähnte, daß die Gefolgsleute der Naqschbandiya in der heutigen Türkei wieder starken Zulauf fänden, nachdem Atatürk vergeblich versucht hatte, sie auszumerzen. Der Mufti war über diese Mitteilung hoch erfreut. Als ich allerdings hinzufügte, daß die Muriden-Gemeinde, die Anhänger der Naqschbandiya, sich als Speerspitze im Kampf der kaukasischen Völker gegen die erdrückende russische Übermacht bewährte, enthielt sich mein Gesprächspartner vorsichtig jeder Bewertung.

Meine Erinnerung schweifte zurück zu jenem glühendheißen Tag – sieben Jahre waren seitdem vergangen – als wir die Heiligtümer rund um die legendäre Stadt Buchara gefilmt hatten. Nur wenige Kilometer von diesem historischen Zentrum islamischer Wissenschaft entfernt, war ich zum mächtigen steinernen Sarkophag des »Goldschmieds der Seelen« gepilgert, der in Wirklichkeit Mohammed Ibn Dschallaluddin geheißen hatte. Mehrere hundert Gläubige hatten sich an diesem heißen Augusttag 1991 in dem Sanktuarium zur Verehrung ihres Heiligen eingefunden. Es war eine durchweg ländliche und bescheidene Gefolgschaft. Die Männer trugen den buntgestreiften usbekischen Kaftan und die Tupeteika. Die Schleier der Frauen waren mit Blumenstickereien verziert. Die Muriden bewegten sich rund um den Sarg, küßten den Stein und murmelten Segenssprüche. Eine Runde hatte sich zum Dhikr, zur pausenlosen Anrufung Gottes und zur Beteuerung der Einzigkeit Allahs, gruppiert. Aber die Stunde war wohl noch zu früh, um bei dieser inkantatorischen Übung Verzückung und Trance aufkommen zu lassen. Die Freitagszeremonie an der Ruhestätte des heiligen Gründers zeichnete sich durch kuriose Abweichungen vom strengen koranischen Kultritus aus. Da wurden Tierschlachtungen – außerhalb des dafür vorgesehenen Opferfestes – vollzogen. Die Familien versammelten sich bunt gemischt nach Absolvierung ihrer religiösen Pflichten zum fröhlichen Festschmaus auf den flachen Tschepoj, den geflochtenen Lagerstätten, die in ganz Zentralasien heimisch sind. Noch seltsamer ging es bei einem uralten, vom Blitz gefällten Baum zu, dem wundersame Heilungskräfte zugeschrieben wurden. Alle Rückenleiden, auch rheumatische Schmerzen, wurden hier angeblich behoben, und so beobachteten wir Männlein wie Weiblein, die ihren Körper an der Borke rieben.

Seltsamerweise war Mufti Hadsch Abdullah von dem überragenden Theologen Ismail-el-Buchari weniger angetan. Buchari hatte im neunten Jahrhundert die Überlieferung aus dem Leben des Propheten, den Hadith, gesammelt, geordnet, auf Echtheit geprüft und galt deshalb zwischen Marokko und Indonesien als unangefochtene Autorität. Auch an das Grab Bucharis war ich getreten. Es war in einem vertrockneten Garten versteckt. Die strenge Gelehrsamkeit dieses unermüdlichen Forschers und Sammlers hat die Seele der einfachen Leute wohl weniger berührt und verzaubert. Vielleicht lag das daran, daß Buchari dem in seiner Epoche vorherrschenden persischen Kulturkreis angehörte, während die nomadisierenden Turkvölker, darunter auch die Vorfahren der Usbeken, damals noch in heidnischer Unwissenheit verharrten. Ismail-el-Buchari, so räumte der Mufti ein, sei ein leuchtendes Symbol. Er habe vor aller Welt deutlich gemacht, daß Zentralasien, weit mehr als die Länder Arabiens, ein Born höchsten geistlichen Wissens gewesen sei. »Die Araber machen doch nur zehn Prozent unter den Muslimen aus, und schon Allah hat zu Mohammed gesagt: ›Ich habe Dich als Propheten geschickt, nicht für die Araber allein, sondern für alle Völker.‹« Er knüpfte noch ein anderes Zitat an: »Sobald Du geboren bist, beginne mit dem Studium der heiligen Quellen; bist du Student, dann suche die Wissenschaft bis hin nach China – Utlub el 'ilm hatta fi Sin!«

Wie er es denn mit dem Ayatollah Khomeini halte und mit der iranischen Revolution, lautete meine Schlüsselfrage. Der Mufti wußte sehr wohl, daß bei den Kontakten Karimows mit dem damaligen persischen Präsidenten Rafsandschani keinerlei Sympathie übergesprungen war. Aber da wich der alte Fuchs aus. Er begnügte sich damit, die dogmatischen Unterschiede zwischen Sunniten und Schiiten herunterzuspielen. Schließlich sei der heutige Scheikh-ul-Islam von Baku, Allahschukür Poschasade, das Oberhaupt der Schiiten Aserbaidschans, in der Mir-e-Arab-Medresse von Buchara bei ihm in die Lehre gegangen. Er habe übrigens auch das Oberhaupt der Muslime Rußlands und Sibiriens, den tatarischen Mufti Talaghat Tadschuddin, der seinen Sitz in Ufa hat, in koranischer Rechtsprechung unterrichtet. Letzterer war mir von einer Reportage in Baschkirien als kluger und ehrlicher Gesprächspartner in guter Erinnerung.

Triumphalismus ließ der Mufti von Usbekistan nicht aufkommen. Die Entfaltung der islamischen Renaissance, die sich kurz vor der Proklamation der Unabhängigkeit im Sommer 1991 wie eine unwiderstehliche Sturmflut angekündigt hatte, war durch Präsident Karimow streng gezügelt worden. Der achtbare, aber zur Vorsicht und Anpassung neigende Hadsch Abdullah ging ihm dabei wohl diskret zur Hand. Es galt ja vor allem, jene jungen fundamentalistischen Eiferer auszuschalten, die sich keineswegs bei den unwissenden Bauernmassen, sondern bei der akademischen Elite – vorzugsweise aus Absolventen der technischen Fakultäten – rekrutierten. Mit ihrer Forderung nach dem koranischen Gottesstaat waren sie in offenen Konflikt zu Karimow geraten, der über die Trennung von Staat und Religion wachte. Konfessionelle Parteien – das galt auch für die russisch-orthodoxen Christen seiner Republik – hatte er strikt untersagt.

Die metaphysischen Bindungen blieben in dieser Region vielschichtig und verschwommen. Der Staatspräsident war gemeinsam mit dem Mufti nach Mekka gepilgert. Zehntausende Studenten der Religion, Tullab oder »Taleban«, wie man in Zentralasien sagt, bereiteten sich auf den geistlichen Stand vor. Usbekistan wurde von erbaulichen Schriften geradezu überschüttet. Allein aus Saudi-Arabien war eine Million Koranexemplare gestiftet worden. All das wies auf eine epochale Umkehr hin, wenn auch die äußeren Zeichen der Frömmigkeit, insbesondere die Verschleierung der Frauen, zumindest in Taschkent noch Ausnahmeerscheinungen blieben. Hadsch Abdullah, der seit zwei Jahren im Amt war, hielt nicht viel von den Protzen aus Saudi-Arabien, den Wahhabiten, die in ihrer extrem rigoristischen Schriftauslegung sogar den Genuß von Tabak und Kaffee untersagen. Ägypten hingegen erschien dem bedächtigen Mufti als ein empfehlenswertes Land. Vielleicht weil der dortige Rais gegen die Auswüchse des revolutionären Islam ebenso konsequent vorging wie der hiesige Staatschef Karimow, vielleicht auch, weil mindestens 200 usbekische Koranschüler in der ehrwürdigen Kairoer El-Azhar-Universität Aufnahme gefunden hatten. Die Glaubensschüler aus Zentralasien hatten sich auf andere Länder des arabischen Orients verteilt. Neuerdings fanden sie selbst in der laizistischen Türkei Gesinnungsbrüder bei der erstarkenden islamistischen Refah-Partei und in deren religiösen Unterrichtsstätten der Imam-Hatip-Schulen.

Beiläufig richtete sich mein Blick auf die Landkarte, die über dem Schreibtisch Hadsch Abdullahs, von verschiedenen frommen Sprüchen und Anrufungen umrahmt, die halbe Wand bedeckte. Sie stellte die islamische Welt dar. Dabei war die Verbreitung der koranischen Botschaft auf äußerst extensive Weise veranschaulicht. Zu meiner Verwunderung waren nicht nur die Länder, in denen es eine nennenswerte mohammedanische Minderheit gab, kurz und bündig dem Dar-ul-Islam zugeschlagen, auch die sogenannten Missionsländer wurden aufgeführt und durch grüne Schraffierungen kenntlich gemacht. Zu diesen Territorien hoffnungsvoller künftiger Bekehrung zum Koran zählten unter anderem Deutschland, Frankreich und – die USA.

## An den Quellen der Mystik

*Köln, im Dezember 1998*

Im Zeitalter der Globalisierung und der medialen Ubiquität erlaube man mir, eine kurze »Umschaltung« nach Köln vorzunehmen. Meine Türkei-Reise habe ich für einen Vortrag vor einer Bank im Rheinland unterbrochen und diesen Abstecher in die Bundesrepublik zu einem Meinungsaustausch mit meinem Ustaz Mustafa genutzt. Da sitzen wir unweit des Ubierrings und debattieren über die Geheimnisse der Sufiya.

Der berühmte französische Orientalist Louis Massignon, der in seiner Neigung zur islamischen Mystik mit der deutschen Islam-Kennerin Annemarie Schimmel verglichen werden kann und der unserem libanesischen Studienzentrum von Bikfaya gewissermaßen als Schutzpatron anempfohlen war, hat die Zahl der weltweit verstreuten Tarikat auf 175 beziffert. Mustafa ist da anderer Meinung. »Allein in meiner Heimat könnte ich Ihnen eine größere Summe auflisten«, lächelt der Türke, »angefangen mit der Haci-Bayram-Gemeinde, die sich um die gleichnamige Moschee auf der Zitadelle von Ankara gruppiert.« Mustafa ist moderner Islamist. Auch wenn er von der Bezeichnung »Fundamentalismus« oder »Usuliya« nichts hält, wittert er im Umkreis der meisten Derwisch-Orden doch verdächtige Abweichungen von der reinen koranischen Lehre. Gewiß, so meint er, respektiere die Naqschbandiya – um nur diese zu nennen – die Grundregeln sunnitischer Rechtgläubigkeit. Aber ihn schockiert die Machtanmaßung der geistlichen Oberhäupter diverser Gemeinschaften sowie die unterwürfige Verehrung, die ihnen zuteil wird. Eines der Grundprinzipien des Islam bestehe doch in dem unmittelbaren Zugang des Menschen zum einzigen Gott, im Verzicht auf irgendeine Mittlerfunktion oder Priesterschaft. Viele der Ordensvorsteher träten jedoch bei ihren mehr oder minder exzentrischen Kult-Übungen als unfehlbare Interpreten der heiligen Schriften auf. Statt sich mit der Bezeichnung eines »Scheikh dini« zu begnügen, legen sie sich oft den Titel eines »Scheikh-ul-Islam« zu und geben sich somit als geistige Verwandte jener hohen schiitischen Ayatollahs zu erkennen, die in ihrer Eigenschaft als »Mujtahid« den Gläubigen bei der Erfüllung ihrer religiösen Pflichten den rechten Weg zu Allah vorschreiben. Gewiß sei die geistliche Übung des Dhikr, der intensiven Anrufung Gottes, im Koran empfohlen, aber in gewissen Sufi-Gemeinschaften komme es zu ekstatischen Praktiken, die mit der ursprünglichen Schlichtheit der reinen Lehre nicht zu vereinbaren seien. Dazu geselle sich in letzter Zeit die Zunahme von »Endzeitstimmungen«, wie sie auch in gewissen christlichen Sekten überhandnähmen. Bei den in Deutschland lebenden Türken, vor allem bei den ländlichen Zuwanderern aus Anatolien, seien die Anhänger der volkstümlichen, in Gemeinschaftsriten verharrenden Derwisch-Tradition vermutlich weit zahlreicher als die Gefolgsleute der streng orthodoxen, der Scharia verpflichteten Organisation »Milli Görüş«, von der man so viel Aufhebens mache. Der Ausdruck »Milli Görüş«, oder »Nationale Weltsicht«, sei – das vermerkt er am Rande – überdies recht ungeschickt gewählt.

In der kemalistischen Republik trete zusätzlich die Gefahr hinzu, so argumentiert der Ustaz, daß die Tarikat von den diversen politischen Parteien instrumentalisiert, daß sie als Wahlvereine für opportunistische Kandidaten mißbraucht würden. Wir kommen auch auf abergläubische Exzesse zu sprechen. So wurden die Anhänger eines gewissen anatolischen Ordens dazu verpflichtet, zwecks Erlangung ihres Seelenheils das Badewasser ihres »Meisters« zu trinken. In Schwarzafrika, wo die Bruderschaften sich mit besonderer Vehemenz verbreiten, hatte ich persönlich erlebt, daß die Knaben einer Koranschule der »Tidjaniya«-Gemeinschaft die Kreide der Tafel, auf die sie Koransprüche gemalt hatten, abwuschen, in einen Eimer spülten und daß sie dieses »Weihwasser« zum Schutz gegen Krankheiten schlürften oder an die Nachbarn verkauften. In Senegal, so konnte ich aus eigener Anschauung berichten, waren im Umkreis des Wallfahrtsortes und der riesigen Moschee von Tuba die unwissenden Muriden des dubiosen Sektengründers Amadu Bamba, der ursprünglich der Qadiriya nahestand, dazu verurteilt, ihre Frömmigkeit und ihre Gottgefälligkeit durch Fronarbeit in den Erdnuß-Plantagen durch einen möglichst hohen Ernteertrag zu beweisen. Der »Grand Khalifa« und seine fetten

Marabus, die in Luxus-Limousinen rollten und sich von aufgeputzten Konkubinen tätscheln ließen, nahmen ihren unterwürfigen »Talibé« als Gegenleistung die Ausübung der fünf koranischen Grundgebote ab. In manchen arabischen Ländern, in Mesopotamien zum Beispiel, aber auch in der Türkei und bis nach Albanien, versetzen sich die »Heulenden Derwische« der Rufai-Sekte in einen derart hemmungslosen Trance-Zustand, daß sie sich die Wangen mit langen Nadeln durchbohren, Eisenstangen in ihren Körper rammen und – als Tribut an die moderne Technik – Neon-Röhren zerkauen.

Im Maghreb wiederum hatten sich die »Zawuiyat«, wie die Sufi-Gemeinden dort hießen, und deren Marabus im Widerstand gegen die französische Eroberung bewährt. Im Lauf der Zeit hatten sie sich jedoch durch die französische Kolonialmacht korrumpieren und als Werkzeug benutzen lassen, bis ihnen – unter Berufung auf die reine Lehre des Propheten, die weder den Heiligenkult noch das weitverbreitete Zauberwesen der Amulette duldet – eine Union von Korangelehrten, »Association des Oulémas«, entgegentrat. Nach 1945 wurde das sozial-revolutionäre Aufbegehren der »Nationalen Befreiungsfront« den meisten algerischen Zawuiyat zum Verhängnis.

Die bizarren Auswüchse, in die sich zum Beispiel der Qadiriya-Orden in Schwarzafrika verirrt, dürfen jedoch nicht verallgemeinert werden. Im kaukasischen Abwehrkampf der Tschetschenen gegen die russische Unterdrückung waren es gerade die Muriden dieser Tarikat, so bezeugt Leo Tolstoi bereits in seiner Novelle »Hadji Murad«, die als verwegenste Kämpfer den Märtyrertod auf dem Wege Allahs suchten. Die enge historische Verflechtung zwischen Türkei und Kaukasus veranlaßt mich, dem geistlichen Mentor von meinen eigenen Erlebnissen in Tschetschenien zu erzählen.

*

Es war im Juni 1996. Ibrahim, mein tschetschenischer Verbindungsmann, hatte uns auf eigene Initiative nach Kurčaloj gefahren. Der Ort lag etwa dreißig Kilometer von Grosny entfernt, aber von russischer Militärpräsenz entdeckten wir zunächst keine Spur. Im Gegenteil, es kam mir vor, als befände ich mich dort auf »befreitem Territorium«. Am Dorfrand waren die Frauen, alte und junge, versammelt, um mit durchdringenden Stimmen ihrer gefallenen Verwandten zu gedenken. Sie bildeten einen Kreis, und zum Reigen wirbelten sie in schneller tänzerischer Bewegung. Ein großer, hagerer Mann gab den Rhythmus vor. Mit mächtiger Stimme wiederholte er wie eine Beschwörungsformel immer wieder den gleichen Satz »la illaha illa Allah!« – Es gibt keinen Gott außer Gott! Ibrahim erklärte mir, daß diese Übung des Dhikr sich bis zur Trance steigern kann. An diesem Tag ging es nicht nur um das Gedenken an die getöteten Nachbarn und Brüder. Am Wochenende des 16. Juni 1996 sollte in ganz Rußland, also auch in der Autonomen Republik Tschetschenien, die gegen ihren Willen der Russischen Föderation einverleibt blieb, die erste Entscheidung darüber gefällt werden, ob der zukünftige Präsident Boris Jelzin oder Gennadi Sjuganow heißen würde. In Kurčaloj wie in fast allen anderen Dörfern und Städten Tschetscheniens wurde gegen die erzwungene Teilnahme an der russischen Innenpolitik protestiert. Die Wahllokale wurden systematisch boykottiert, viele Urnen vernichtet. Die meisten Frauen von Kurčaloj hatten ein langes grünes Kleid angelegt und die Haare durch ein weißes Tuch verhüllt. Eine Anführerin hielt die Fahne der kleinen Kaukasus-Republik hoch. Es war das grüne Banner des Islam mit zwei weißen und einem roten Streifen, mit Halbmond und Stern. Zusätzlich war mit ungeschickter Hand ein schwarzes Wappentier auf das Tuch gemalt. Ob es sich um eine Katze handle, fragte ich Ibrahim, der inzwischen das weiße Käppchen aufgesetzt hatte, das ihn als gläubigen Muslim auswies. »Nein«, antwortete der kräftige, stolze Mann und lächelte. »Das ist ein Wolf, ein mythisches Tier unserer Ursprungsgeschichte. Dem grauen Wolf sind unsere fernen Vorfahren aus der Steppe gefolgt, und er hat sie in diese fruchtbare Landschaft am Nordrand des Kaukasus geführt.«

Die Männer von Kurčaloj hatten sich hinter hohen Mauern auf dem Gelände eines großen Gehöftes versammelt. Ich sah mich in der Runde um. Alle Anwesenden trugen die weiße Mütze – der jüdischen Kippa ähnlich – auf dem Hinterkopf. Nur die Ältesten hatten die mächtige kaukasische Lammfellmütze oder auch den roten Fez beibehalten. Die Tschetschenen sind hellhäutig und oft blauäugig. Ich entdeckte sogar blonde und rötliche Haarschöpfe. »Ob Jelzin oder der Kommunist Sjuganow morgen in Rußland gewählt wird, ist uns ziemlich gleichgültig«, so hörte ich. Schlimmeres, als Jelzin uns angetan hat, können auch die neuen Stalinisten nicht anrichten. Von den Russen, wer immer sie regiert, haben wir Muselmanen nichts Gutes zu erwarten.« Ein kurzes politisches Gespräch war in Gang gekommen. Offenbar waren diese ländlichen Menschen relativ gut informiert. Warum der deutsche Bundeskanzler Kohl den Schlächter der Tschetschenen, den neuen Zaren Boris, immer noch als »Drug«, als Freund bezeichne, wurde ich gefragt, und ich bemühte mich um eine Erklärung. Wie viele Muslime denn in Deutschland lebten? Ich gab die Zahl mit drei Millionen an, in der großen Mehrheit natürlich Türken. Das erfüllte den prüfend blickenden Wortführer, den Ibrahim respektvoll als »Murched« bezeichnete, mit Genugtuung. »Drei Millionen Rechtgläubige gibt es in Deutschland«, rief er der Menge zu. Er forderte mich auf, am folgenden Tag gegen Mittag wieder in sein Dorf zu kommen. Dann würde eine große Feier stattfinden, ein Bekenntnis zur Unabhängigkeit Tschetscheniens abgelegt und die Bereitschaft zum Heiligen Krieg gegen die Moskowiter bekräftigt.

Am Sonntag, dem 16. Juni 1996, fand der erste Urnengang zur russischen Präsidentenwahl statt. Wir waren wieder nach Kurčaloj unterwegs. Vor den schmucken Ziegelhäusern des Dorfes Čočin-Jurt hielten wir an. Zur Sowjetzeit hatte es »Oktjabr« zu Ehren der bolschewistischen Revolution geheißen. Ein weites Wiesengelände wurde von dem silberschimmernden Minarett der funkelnagelneuen Moschee überragt. Im Freien hatte sich eine stattliche Menge versammelt. Die Kundgebungen gegen die von Moskau auferlegte Volksbefragung gingen ihrem Höhepunkt zu. Ein Lastwagen war als Rednertribüne hergerichtet und von einem Meer tschetschenischer Fahnen eingerahmt. An langen Stangen wurden Dutzende von Abbildungen des »Märtyrer-Präsidenten« Dschochar Dudajew hochgehalten, teils in Uniform, teils in Zivil. Dieser umstrittene Held und Vorkämpfer der tschetschenischen Unabhängigkeit, ein ehemaliger General der sowjetischen Luftwaffe, war einem russischen Attentat zum Opfer gefallen. Trotz der frühen Stunde hatten die grün-weiß verhüllten Frauen bereits mit dem Dhikr begonnen. »La illaha illa Allah!« tönte es auch hier. Ohne jedes Problem kam ich mit den Ältesten ins Gespräch. Ein besonders hitziger Greis erging sich in Verfluchungen der Russen und der Gottlosen.

Einen bärtigen Mann, in dem ich einen Murschen, einen Eingeweihten, der den »rechten Weg« weiß, zu erkennen glaubte, fragte ich ganz offen nach den Strukturen der hier vorherrschenden religiösen Bruderschaften oder »Tariqat«. Zunächst erfuhr ich, daß die Tschetschenen, im Gegensatz zu ihren zentralasiatischen Glaubensbrüdern, die dem hanefitischen Ritus folgen, der schafeitischen Rechtsschule oder »Madhhab« angehören. Die bedeutendste Sufi-Gemeinschaft sei die »Qadiriya«, die die geistlichen Anleitungen des sunnitischen Mystikers Abdul-Qadir-el-Keilani aus dem zwölften Jahrhundert befolgt. Auch die Bruderschaft der Naqschbandiya, die zwischen Türkei und Afghanistan über eine immense Gefolgschaft verfügt, war in der Nachbarschaft vertreten. »Alle wackeren Muselmanen Tschetscheniens betrachten sich als Muriden, als Gefolgsleute auf dem Wege Allahs, den ihnen ihre Tariqat weist«, erklärte der Mursched. In der wörtlichen Übersetzung aus dem Arabischen ist der Muride ein »Wollender«, ein um höhere religiöse Inbrunst »Bemühter«. Die »Wollenden« des Kaukasus waren fromme, rechtgläubige Sunniten, auch wenn ihre Kenntnisse der koranischen Offenbarung, der Scharia und der arabischen Sprache auf ein paar kümmerliche Reminiszenzen geschrumpft waren. Die religiöse Begeisterung loderte dafür um so heller.

Der Mursched gab sogar ein Stückchen seiner geheimen Initiation preis. »In dieser Gegend verehren wir einen hochgesegneten ›Schahid‹, einen Märtyrer unseres Glaubenskampfes. Im Jahr 1868 ist unser geliebter Lehrer Ustaz Hadschi Kunte von uns gegangen. Die Russen haben ihn nicht töten können, wie sie behaupten, sondern der Ustaz lebt in der Verborgenheit weiter. Am Ende der Zeiten wird er an der Seite des Propheten Isa, den die Christen Jesus nennen, wieder erscheinen, um das Jüngste Gericht – ›yaum ed din‹ – anzukündigen.« Auch in dieser Gemeinde war die Erlösung durch den »Mahdi« in der Heilserwartung des Volkes tief verankert. Es würde wohl nicht lange dauern, bis sich ein ähnlicher Kyffhäuser-Mythos des Nationalhelden Dschochar Dudajew bemächtigt. Schon damals ging das Gerücht um, der Vorkämpfer der tschetschenischen Unabhängigkeit sei gar nicht tot, sondern lediglich schwer verwundet worden. Bald dürfte der ehemalige Sowjetgeneral, der neben seinem patriotischen Engagement auch für seine Begabung als Gangster-Boß bekannt war, mit der Aura der Heiligkeit, ja der Unsterblichkeit umgeben sein. Zu Lebzeiten konnte er allenfalls ein Fünftel seiner Landsleute für sich gewinnen. Inzwischen bekannten sich, laut Ibrahim, achtzig Prozent aller Tschetschenen zu diesem unerschrockenen Vorkämpfer.

Eine mächtige Stimme dröhnte aus dem Lautsprecher und gebot den »Takbir«. Die gesamte Gemeinde, Männer wie Frauen, stimmte in den dreifachen Ruf »Allahu akbar!« ein. In Tschetschenien hat das Bekenntnis seine ursprüngliche Bedeutung als Komparativ bewahrt: »Gott ist größer!« Allah war stärker als die Macht seiner Feinde, als das ungeheuerliche Vernichtungspotential und der frevlerische Herrschaftswille der moskowitischen Ungläubigen. Die Kinder hatten es sich angewöhnt, längs der Landstraßen die russischen Konvois mit dem Schrei »Allahu akbar« zu begleiten und zu provozieren. Am Rande des Dorfes Čočin-Jurt wiederholten die Knaben jetzt den Namen »Dschochar« in gellendem Chor.

Der Murched führte mich zum nahen Denkmal. Diese Gedenkstätte sei dem Präsidenten Dudajew gewidmet. Aber bei näherer Untersuchung entdeckte ich, daß die Steinpyramide sich auf einen Abwehrsieg der Tschetschenen bezog, den sie 1918 gegen die russischen Weißgardisten des General Denikin errungen hatten. Damals hatte Lenin den Kaukasusvölkern noch vorgegaukelt, ihnen stehe volles Selbstbestimmungsrecht unter Anspruch auf nationale Unabhängigkeit zu. »Statt ihr Versprechen zu halten«, fuhr der Alte fort, »haben die Bolschewiki ab 1920 alle Diener der Religion, alle Ulama, Muftis und Qadis umgebracht.« Was denn in diesem Überlebenskampf mehr Gewicht habe, fragte ich die Runde der »Aksakal«, der Weißbärte, das tschetschenische Nationalbewußtsein oder das Festhalten am Islam. Die Antwort kam einstimmig und duldete keine Nuance: »Wir können uns keinen tschetschenischen Staat vorstellen, der nicht auf die Gesetze des Koran und der Scharia ausgerichtet wäre. Der Islam ist unbesiegbar.«

Auf dem Fußballplatz von Kurčaloj waren die Festlichkeiten bei unserer Ankunft schon im Gange. Der Reigen der Frauen bewegte sich im Uhrzeigersinn. In einem zweiten, äußeren Kreis liefen die Männer in entgegengesetzter Richtung. Dabei schwenkten sie grüne Fahnen. Während die Frauen, manche waren blond wie Schwedinnen, in mäßigem Tempo ihre geistliche Übung vollzogen, wirbelten die Männer in rasendem Takt. Die Litanei war stets die gleiche: »Es gibt keinen Gott außer Gott!« Das hämmerte sich ins Bewußtsein. Jetzt verlangsamte sich der merkwürdige Rhythmus. Dumpf dröhnende Trommeln gaben den Takt an. Die Muriden hielten sich an den Händen, setzten den linken Fuß vor und zogen den rechten Fuß nach. Es sah aus, als wollten sie die stampfende Bewegung eines galoppierenden Pferdes nachahmen. Das Ganze wirkte ein wenig wie ein indianischer Kriegstanz.

Mawladi Khan, ein kaukasischer Hindenburg-Typus, der mich am Vorabend bewirtet hatte, gesellte sich zu uns. Von ihm erfuhr ich, daß Koranlehrer aus dem Ausland eingetroffen waren, um die verschütteten Religionskenntnisse aufzufrischen. Im Dorf sei ein Jordanier, ver-

mutlich ein Palästinenser, als Ustaz tätig. Es sei auch schon eine neue
Generation kaukasischer Ulama vorhanden, junge Männer, die in den
geistlichen Hochschulen des Nahen Ostens, in Kairo oder in Istanbul,
ihre Kenntnisse der Scharia vertieft hatten und sich flüssig auf hoch-
arabisch ausdrückten. Diese Gruppe nahm an der Dhikr-Übung nicht
teil. Im Geiste einer revolutionären islamischen Erneuerung erzogen,
standen sie dem mystischen Treiben der Derwisch-Orden mit Distanz
gegenüber. Im ursprünglichen und völlig unpolemischen Sinne des
Wortes waren sie Fundamentalisten. Diese neue Kategorie von »Tullab«, von Koranstudenten und künftigen Korangelehrten, stand ohne
Zweifel den radikalen Elementen der Umma nahe. Sie konnten sich
eine Wiedergeburt des Islam nur unter Rückbesinnung auf jene ega-
litäre, brüderliche Gesellschaft vorstellen, die der Prophet Mohammed in Medina, damals Yathrib genannt, begründet hatte. Erste An-
wendungen des koranischen Strafrechts hätten bereits stattgefunden,
berichtete Mawladi Khan. So seien die Ältesten bei der Auslegung der
Scharia übereingekommen, daß man den Genuß von Alkohol oder
dessen Verkauf unter den gegebenen Umständen nicht allzu streng
ahnden solle. Aber ein Drogenhändler sei exemplarisch gezüchtigt
worden. Er wurde zu vierzig Stockschlägen verurteilt und die Strafe
öffentlich vollstreckt.

Über mir wehte die grüne Flagge, auf der der tschetschenische
Wolf deutlich zu erkennen war. Er saß kraftvoll auf den Hinterbeinen,
als wolle er den Halbmond anheulen. Daß die osmanischen Türken
ebenfalls den Steppenwolf als Totem-Tier verehren und daß sogar die
nationalistischen Schlägertrupps des Oberst Türkeş sich den Namen
»Graue Wölfe« zugelegt hatten, interessierte die Kaukasier nicht sonderlich. Mit der großen turanischen Völkerfamilie sind sie in keiner
Weise verwandt, allenfalls durch das gemeinsame islamische Bekenntnis und durch den endlosen Abwehrkampf gegen die Russen
verbunden. Am Rande des militanten Volksfestes, wo ich aufgrund
meines Alters als Respektsperson behandelt wurde, kam es zu einer
überraschenden Begegnung. Mein aserbaidschanischer Begleiter Alek
stellte mir einen etwa vierzigjährigen Mann in Tarnuniform vor. Er
trug einen schwarzen Bart, und das Haar fiel ihm tief in die Stirn. Auf
dem schwarzen Barett hob sich das tschetschenische Wappen ab. Der
Krieger, dessen Gesicht hinter der Sonnenbrille kaum zu erkennen
war, trug die Kalaschnikow schußbereit. Er wurde von einem halben
Dutzend Leibwächtern geschützt. Unter dem Namen Hussein stellte

sich der Unbekannte als Brigade-Kommandeur der tschetschenischen Befreiungsarmee vor.

Sehr ergiebig war unser Gespräch, das vor laufender Kamera stattfand, nicht. Der Brigade-Kommandeur gab zu, daß seine Truppen auf ziemlich einsamem Posten standen. »Wir brauchen keine Hilfe aus dem Ausland«, wehrte er ab. »Wir sind stark genug. Jedes Kind wächst bei uns zum Mudschahid heran.« Er wollte wissen, was ich von der offiziellen These hielt, wonach die territoriale Integrität Rußlands nicht angetastet und Tschetschenien deshalb nicht aus dem gemeinsamen Staatsverband entlassen werden könne. Die Antwort fiel mir leicht. »Wenn eine solche völkerrechtliche Auslegung zuträfe, müßte Algerien heute noch zu Frankreich gehören.« Ich verwies Hussein auf einen russischen Helikopter, der bedrohlich hoch über uns kreiste. »Besitzen Sie wenigstens Boden-Luft-Raketen ›Stinger‹ oder ›Blowpipes‹, welche auch immer?« fragte ich. »Die Afghanen haben sich der sowjetischen Übermacht erst erwehren können, als sie über diese treffsicheren Abwehrwaffen verfügten.« Die Antwort Husseins ließ mich verstummen. »Wir brauchen keine Raketen. Der Segen Allahs ist mit uns. Er ist der Garant unseres Sieges.« Da waren wir unvermittelt in eine zutiefst religiöse Argumentation verfallen. »Natürlich wollen wir einen islamischen Staat«, gab der Widerstandskämpfer unumwunden zu. »Darin sind sich auch unsere Führer, der Präsident Jandarbijew und unser militärischer Stabschef Aslan Maskhadow, einig. Das Volk wird über die Einführung der koranischen Gesetzgebung in einem Referendum entscheiden. Aber der Erfolg steht außer Zweifel.«

*

So endet mein Erlebnisbericht aus dem Sommer 1996. »Ich werde Sie enttäuschen«, nimmt mein Kölner »Mursched« Mustafa das Gespräch wieder auf, »aber irgendein kriegerisches Engagement werden Sie bei den Tarikat der kemalistischen Türkei heute nicht mehr vorfinden, auch nicht bei der Naqschbandiya, die in der Autonomen Republik Daghestan im Nordkaukasus den Widerstand gegen die Russen schürt. Im neunzehnten Jahrhundert haben unsere Sultane den Kaukasusvölkern, die unter dem legendären Imam Schamil dreißig Jahre lang heldenhaft den Armeen des Zaren getrotzt hatten – Petersburg hatte für diesen Feldzug mehr Soldaten aufgeboten als gegen Napoleon – nur halbherzig zur Seite gestanden. Zu wirklichem Beistand war der geschwächte Padischah zu diesem Zeitpunkt schon gar nicht mehr in der Lage.« Als die Naqschbandiya sich unter Scheikh Said 1925 in Ost-Anatolien gegen den antireligiösen Kurs Atatürks gewaltsam aufbäumte, sei der Widerstand schnell zusammengeschossen worden. Die Anführer endeten am Galgen. Seitdem hätten sich die Derwisch-Bünde, trotz ihres Verbots, sehr vorsichtig und anpassungswillig verhalten.

Interessant sei jedoch die Tatsache, daß dieser Trend zur Mystik in der Türkei keineswegs ausgestorben sei, daß in der Gegenwart mächtige, wohlhabende und missionierende Gemeinschaften von Muriden entstanden seien, deren Anhänger nach Millionen zählten. Da existiere eine vor allem in West-Anatolien und bei den Auslandstürken stark vertretene Tarikat: Die nach einem aus Bulgarien gebürtigen Prediger benannte Süleymancilik. Besagter Süleyman hatte angeblich während des Zweiten Weltkrieges auf seiten der Deutschen in der bosnischen Waffen-SS-Division »Handschar« oder »Krummdolch« gedient und sei erst 1949 gestorben. Weit größere Bedeutung komme jedoch der Nurculuk-Bruderschaft zu, deren Gefolgsleute Wert auf ihre strikt koranische Rechtgläubigkeit legten und die ganze Republik mit einem engen Netz von Interessenverbänden und karitativen Einrichtungen überzögen.

Ich will mich in diesem Kapitel nicht in eine endlose Beschreibung des türkischen Tarikat-Wesens verlieren, das in mancher Hinsicht den früheren »Hermandades« des zutiefst katholisch und dennoch unterschwellig vom Islam geprägten Spanien gleicht. Aber die mächtige Gemeinde des Bediüzzaman Said Nursi verdient, wie Mustafa beteuert, besondere Beachtung. In den zahllosen erbaulichen Schriften, die ihm gewidmet sind, wird dieser Ordensgründer, der auch Fethullah Gülen inspirierte, als »Wunder des Zeitalters« – »stupor mundi«, so hatte man auch einst den Staufer-Kaiser und Islam-Freund Friedrich II. genannt –, als »Super-Genie seiner Epoche«, als einen »einzigartigen Erneuerer« bezeichnet. Die Lehre Said Nursis, in den »Risale-i-Nur« oder »Botschaft des Lichts« zusammengefaßt, kann heute sogar über das Internet abgerufen werden. Mit seinen theologischen, recht eigenwilligen Abhandlungen hat dieser Mystiker der Neuzeit ein dreißigbändiges Schriftwerk hinterlassen, das in mehrere Sprachen übersetzt wurde.

Said Nursi, der als streng blickender Greis mit weißem Schnurrbart und einem braunen Turban dargestellt wird, hat von 1879 bis 1960 gelebt. Den Namen »Bediüzzaman« oder »Wunder des Zeitalters«, so heißt es in einer deutschen Veröffentlichung der Nurculuk, »hatte er schon in seiner Jugend wegen seiner herausragenden Fähigkeit und Gelehrsamkeit erhalten. Er war ein Denker von höchstem Rang, der nicht nur die religiösen, sondern auch die modernen Wissenschaften studiert hatte. Er führte ein beispielhaftes Leben des Kampfes und der Selbstaufopferung. Er befehligte überdies ein Freiwilligen-Regiment, das 1914 gegen die russischen Invasoren kämpfte. Mit dem Übergang vom Osmanischen Reich zur Republik begann sein Rückzug aus dem öffentlichen Leben. Said Nursi konzentrierte sich fortan auf das Studium des Kosmos. Die Methode Bediüzzamans bestand darin, den Glauben und den Unglauben zu analysieren und durch klare, vernünftige Argumente aufzuzeigen, daß es unter der Methode des Koran nicht nur möglich ist, alle Wahrheiten des Glaubens, wie die Existenz Gottes und dessen Einheit, das Prophetentum und die körperliche Auferstehung rational zu beweisen, sondern auch aufzuzeigen, daß in diesen Wahrheiten die einzig mögliche und vernünftige Erklärung der Existenz der Menschen und des Universums enthalten ist.« So lautet denn auch das Motto der »Anhänger des Lichts«: »Je älter die Zeit wird, desto jünger wird der Koran, und dessen Zeichen werden sichtbar.«

Bei der Verteidigung der Stadt Bitlis gegen die Armeen des Zaren war Said Nursi, der in einer Bauernfamilie des ost-anatolischen Dorfes Nurs zur Welt gekommen war, in russische Kriegsgefangenschaft geraten. Er konnte fliehen und gelangte 1917 nach Berlin. Dort hatte er, wie sein Biograph berichtet, auch im Hotel »Adlon« gewohnt. Die kemalistische Republikgründung wurde diesem Gottessucher, der auf exemplarische Weise die mystische Grundhaltung des Sufi mit der kriegerischen Aufopferung des Mudschahid vereinte, zum Verhängnis. »Gegen die Tendenz der Moderne, alles Dasein zu säkularisieren«, so heißt es in einer Beschreibung, »setzte Said Nursi das islamische Kalifat des Menschen, seine letzte Verantwortung vor Gott. Von 1935 an wurde er Opfer der kemalistischen Repression, wurde in diversen Gefängnissen in Isolierhaft gehalten und erst 1950 wieder in die Freiheit entlassen. Seine Schüler betreiben seitdem den »Dschihad des Wortes«.

Die türkischen Behörden von heute haben sich offenbar mit der Existenz und dem breitgestreuten Einfluß der Nurculuk-Bewegung abgefunden und sie sogar akzeptiert. Selbst Präsident Demirel soll diesen »Jüngern des Lichts« nahestehen, die man als harmlos einstuft. Mustafa macht aus seinem Zwiespalt gegenüber diesen oft gnostisch wirkenden Schriften kein Hehl. »Über ihre Versenkung in die ›Risale-i-Nur‹ vergessen manche unserer Landsleute, sich um den direkten Zugang zum Koran und zum Hadith zu bemühen«, beklagt er sich. »Dennoch, die Jünger dieses Bediüzzaman können für die frommen Gläubigen von großem Nutzen sein, wenn eines Tages auch die Fazilet-Partei, wie vor ihr die Refah, dem offiziellen Parteienverbot anheimfallen sollte. Dann sind vielleicht die türkischen Muslime – um sich gesellschaftlich behaupten zu können, um zu überleben und um sich zu tarnen – auf die weitverzweigte Organisation, auf die fromme Grundstimmung dieser Bruderschaft angewiesen.«

Ich hatte an jenem Abend ein Bändchen Said Nursis zur Hand genommen, das unter dem Titel »Das höchste Zeichen« – »The Supreme Sign« erschienen war. Schon bei flüchtiger Lektüre war ich überrascht, wie weit sich dieser »Meister« von der strengen sunnitischen Rechtgläubigkeit, etwa eines Ibn Hanbal, entfernt hatte. Es gab wohl innerhalb der »Nurculuk« verschiedene Initiationsstufen, die folgendermaßen angedeutet waren:

»Nicht jeder wird fähig sein, alle Themen, die in diesem herausragenden Buch diskutiert werden, zu begreifen, aber jeder wird daran seinen Anteil, seinen Nutzen haben. Wenn jemand einen Garten betritt, wird er nicht sämtliche köstlichen Früchte mit seinen Händen pflücken können, aber die Früchte, die für ihn erreichbar sind, werden ihm vollauf genügen. Der Garten ist ja nicht nur für ihn geschaffen, sondern vornehmlich für diejenigen, deren Arme weiter ausgreifen können. Das Buch, das Euch hier vorliegt, ist von so hoher Bedeutung, daß der Imam Ali, Gott möge Gefallen an ihm finden, auf wunderbare Weise seine Niederschrift voraussah und ihm die Namen ›Erhabenstes Zeichen‹ und ›Stab des Moses‹ verlieh. Ali blickt mit besonderem Wohlwollen auf die ›Risale-i-Nur‹ – ›Botschaft des Lichts‹, und lenkt auch die Blicke der Menschen auf dieses Werk. Das ›Erhabenste Zeichen‹ ist die moderne Auslegung der ›Erhabensten Verse‹ des Koran, und gleichzeitig bildet es eine Einheit mit dem ›Siebten Lichtstrahl‹, der von Imam Ali als ›Stab des Moses‹ bezeichnet wurde.«

Diese Erhöhung des Imam Ali, so schien mir, trug bereits den Stempel schiitischer oder gar alevitischer Gläubigkeit. Völlig verwirrend und esoterisch klang das Loblied, das auf dem rückwärtigen Einband dieser Broschüre abgedruckt war und das sich nur auf die Person Said Nursis beziehen konnte:

»Er ist der Herr der Engel, der Dschinn und der Menschheit, die leuchtende und vollkommene Frucht vom Baum der Schöpfung, die Personifizierung der Gnade, die Spiegelung der Liebe Gottes, der strahlendste Existenzbeweis des Allmächtigen, der Schlüssel zu den verborgenen Wahrheiten des Kosmos, der Entdecker des Schöpfungsgeheimnisses, der Erläuterer der Zweckbestimmung des Universums, der Künder des göttlichen Königreichs, ... das vortrefflichste Exemplar aller Schöpfungsvollkommenheit im Kosmos. Tatsächlich hat der Schöpfer den Kosmos nach seinem (Said Nursis) Entwurf geschaffen, und es kann gesagt werden, daß wenn Gott ihn (Said Nursi) nicht geschaffen hätte, dann hätte Gott auch nicht den Kosmos geschaffen.«

So ähnlich hatte im neunten Jahrhundert der bei gewissen Orientalisten des Abendlandes hochgepriesene Philosoph und mystische Dichter von Bagdad, El Halladsch, die eigene Selbstverzückung verherrlicht, bevor er nach schrecklichen Folterungen als Ketzer gekreuzigt wurde. Die Botschaft dieses Märtyrers, der ja auch von den heutigen Aleviten hochgeschätzt wird, hatte bekanntlich in dem Ausruf gegipfelt: »Ana el Haq« – Ich bin die Wahrheit!, was wiederum für den außenstehenden Skeptiker die Pilatus-Frage aufwarf: »Quid est veritas – Was ist die Wahrheit?« So ganz abstrus seien diese metaphysischen Auswüchse des Said Nursi wohl wiederum auch nicht, hat Mustafa eingewendet. Gewiß sei der Prophet Mohammed das »Siegel der Offenbarung«, aber da gebe es einen Hadith, demzufolge alle hundert Jahre ein neuer Lehrer auftauchen müsse, um die Botschaft des »Rasul Allah« mit hoher Autorität zu deuten und mit der Gegenwart in Einklang zu bringen.

*

*Istanbul, im Dezember 1998*

Zurück nach Istanbul. Hayrettin liest mir zwei Zeitungsmeldungen aus Ost-Anatolien vor. In Diyarbakir hat eine kurdische Frau, wohl um ihre Solidarität mit Abdullah Öcalan zu bekunden, am 1. Dezember 1998 eine Selbstmordbombe gezündet. Neun Passanten wurden dabei verletzt. Am selben Tag wurde in der Provinz Hakkari, genauer gesagt im Umkreis der Stadt Yüksekova, ein Armee-Hubschrauber vom Typ »Black Hawk« durch die Rebellen abgeschossen. Fünfzehn

Soldaten kamen dabei ums Leben. Diese Zwischenfälle beweisen noch längst nicht, daß die PKK nach der Eskapade ihres Führers über Moskau nach Rom neue Kraft gewonnen hätte. Öcalan werde wohl versuchen, in Zukunft eine Art »Arafat-Karriere« einzuschlagen, vom Terroristen zum anerkannten Verhandlungspartner zu avancieren, vermutet Hayrettin. Bis zum Friedensnobelpreis sei es für diesen kurdischen Revoluzzer allerdings ein sehr weiter Weg. Bisher habe ich noch keinen echten Türken gefunden, der mit der kurdischen Emanzipationsbewegung sympathisiert. Da macht Hayrettin keine Ausnahme. In den meisten Kreisen steigert sich sogar die Ablehnung gegen die PKK zu offenem Haß, und das richtet sich auch gegen jene Zuwanderer aus Ost-Anatolien, die in den Gecekondus Istanbuls in gewohnter Klan-Gruppierung zusammenleben, kaum assimiliert und an ihrem kurdischen Akzent zu erkennen sind.

Während unserer Fahrt nach Kadiköy auf dem asiatischen Ufer zeigt mein Begleiter mir aus der schwindelnden Höhe der Boğaziçi-Brücke ein riesiges, etwas veraltetes Motorschiff, das am Bosporus ankert. »Das war die Staatsyacht Atatürks«, erklärt er, »heute kann man sie mieten. Aber seinerzeit war das der einzige wirkliche Luxus, den sich der frugale Staatschef leistete.«

Gemäß dem gemeinsam vereinbarten Programm suchen wir ein islamisches Kulturzentrum auf, ein stattliches Gebäude mit einer Moschee nebenan. Das Viertel dürfte von gutsituiertem Mittelstand bewohnt sein und quirlt auch nach Einbruch der Dunkelheit von Leben. Die meisten Frauen gehen hier verschleiert. Wir sind im »Kulturzentrum« mit dem Schriftsteller Abdurrahman Dilipak verabredet. Aber er ist im Auditorium noch mit einem geistlichen Vortrag beschäftigt, dem vor allem Koran-Studenten lauschen. So sehen wir uns in der großen Ausstellungshalle um, in der eine Art Wohltätigkeitsbasar stattfindet. Neben erbaulichen Schriften und orientalischem Gebäck werden dort auch Textilien verkauft, die sich zur Konfektion einer korrekten Kleidung eignen. Hinter den Tischen stehen junge Frauen, dezent verhüllt, wie es sich gehört, aber munter und engagiert. Es geht sehr fröhlich zu auf dem frommen Jahrmarkt. In einer Café-stube trifft man sich zu Fruchtsäften und Kuchen. Das Ganze dient der Unterstützung überzeugter Islamistinnen, Advokatinnen, Beamtinnen, Studentinnen, die aufgrund ihres Festhaltens am Hijab in berufliche und finanzielle Schwierigkeit geraten sind. Ich beobachte, daß auch zwei Besucherinnen in dem Angebot kramen, die sich durch offenes

Haar und sehr weltliche Aufmachung hervortun. Eine von ihnen trägt sogar Leggins. Aber daran nehmen die Frömmlerinnen keinen Anstoß.

Die jungen Männer sind in der Minderheit. Sie sitzen in getrennten Gruppen. Man gewinnt fast den Eindruck, sie repräsentierten hier das »schwache Geschlecht«. Neben dem forschen Aktivismus der Mädchen verhalten sie sich unbeholfen, mißtrauisch und passiv. Die meisten tragen Jeans und offene Hemdkragen. Da es sich überwiegend um angehende Theologen handelt, haben sich einige ganz ungeniert den Vollbart wachsen lassen. Hayrettin erklärt mir, daß diese Manneszierde viel aussage über die jeweilige politische Ausrichtung. Ein mächtiger Bart signalisiere eine streng religiöse, in den Augen der Behörden reaktionäre Gesinnung. Der Schnurrbart, in diversen Dimensionen, deute auf eine relativ konservative Einstellung hin. Durch glatte Rasur geben sich die linientreuen Kemalisten zu erkennen. Wenn die Schnurrbartenden nach Tatarenart auf beiden Seiten des Mundes herunterhängen, könne man davon ausgehen, daß man es mit Ultranationalisten, eventuell »Grauen Wölfen«, zu tun habe. Diese Differenzierung des »système pileux« verfügt in der Türkei über eine lange Tradition. Bei den Janitscharen, so hatte ich in einer französischen Veröffentlichung gelesen, durften sich nur die Offiziere einen Rauschebart wachsen lassen.

Das Auditorium leert sich. Den meisten jungen Männern, die sich nun im Basar aufhalten, sieht man an, daß sie von Kindheit an in den Sportzentren, die jedem Kultur-Institut angeschlossen sind, als Karate- und Taekwondo-Kämpfer trainiert wurden. Sie blicken oft etwas finster wie Verschwörer. Manche könnte man für Schlägertypen halten, und es beruhigt zu wissen, daß sie zur Befolgung koranischer Tugenden verpflichtet sind. An dieser Stelle wird jedoch deutlich, daß unter den religiösen Eiferern ein beachtliches Aufruhrpotential vorhanden ist, und wer weiß, ob und wann es sich entladen wird. Wenn man die Jünglinge anspricht, verhalten sie sich höflich und bescheiden, praktizieren die muslimische Tugend der »Hischma«. Aber man kann sich vorstellen, daß sie in einen Rausch kollektiver Gewalt, in eine heilige Wut der Auflehnung geraten könnten, falls sie eines Tages durch endlose Regierungsschikanen in die Illegalität, ja in den Untergrund getrieben würden.

Abdurrahman Dilipak hat seinen Vortrag beendet. Er bittet uns zu einem Tee in eine zugige Ecke. Angeblich genießt er den Ruf einer Kultfigur der koranischen Erneuerung, eines unabhängigen Denkers, der Frömmigkeit und Moderne vereint. Mir erscheint er wie ein intellektueller Derwisch mit seinem kahlen Schädel und dem üppigen Bart. Die bebrillten Augen sind in ständiger Bewegung. Sehr aufschlußreich sind die Aussagen nicht, die er mit beschwörender Stimme vorträgt und mit rastlosen Kritzeleien auf einem Stück Papier zu erläutern sucht. Zudem wird sein Redefluß ständig durch Anrufe auf dem Handy unterbrochen. Über die Tarikat äußert er sich kurz und bündig. Er zieht ein paar Trennungsstriche auf seinem Blatt. Die sunnitischen Derwisch-Orden sind konservativ orientiert, die schiitischen Sekten hingegen – damit meint er vor allem die Aleviten – ständen links, tendieren zum Sozialismus. Die Taqiya, die Verheimlichung der Gesinnung, gehöre im kemalistischen Umfeld zum täglichen Leben, aber man hüte sich vor den Munafiqun, den Heuchlern, wen immer er damit meint.

Dilipak hat eine interessante, recht kritische Biographie über Atatürk verfaßt, die sein publizistisches Ansehen begründete. Natürlich sprechen wir über Öcalan und dessen Aufenthalt in Italien. »In Syrien stand Apo immerhin unter der strengen Kontrolle des Syrers Hafez-el-Assad, aber jetzt ist der ›Dschinn‹ aus der Flasche entwichen; vielleicht findet er sogar eine internationale Tribüne«, vermutet er. In mancher Hinsicht sieht der Schriftsteller recht klar. USA und Europäische Union würden sich auf offene Rivalität, wenn nicht auf einen Wirtschaftskrieg zubewegen. Das spüre man in Ankara deutlicher als andernorts. Man merkt Dilipak unterschwelligen Anti-Amerikanismus an. Für Washington gehe es in der ganzen Region doch vor allem um das Erdöl. »Da können die Kurden im Schlamm ihres Bürgerkrieges steckenbleiben. Hauptsache, die Türken verlegen die Rohre im Interesse der großen internationalen Konzerne.« Überraschend klingt seine Äußerung zu Israel. Den Palästinenser-Staat, den Arafat ausrufen möchte, nenne man bereits »Filistan«, in Anspielung auf »Bantustan«. Gegen die Juden sei ethnisch nichts einzuwenden, und ihre Religion sei dem Islam aufs engste verwandt. Schließlich habe ja der Prophet Musa, so heißt Moses im Koran, die Hebräer in das Land Kanaan geführt. Im Hinblick auf die Türken in Deutschland stellt er die Frage: »Ist der Gebetsruf des Muezzin für die Christen wirklich so unerträglich?« Der Mann hat es nun eilig und verabschiedet sich.

Ich frage Hayrettin, wer eigentlich die letzte Autorität über jene Theologie-Studenten ausübe, die in kleinen Debattierrunden am Eingang verharren, und erfahre, daß sie samt und sonders von der »Staatlichen Direktion für religiöse Angelegenheiten« kontrolliert werden, von einer Regierungsinstitution, welche die Einhaltung der laizistischen Grundhaltung mit einer vom Staat überprüften Kultausübung zu vereinbaren sucht. Diese Behörde gibt den offiziellen Theologie-Kursen ihre Ausrichtung vor, überprüft die Examen, ernennt die Imame und Hodschas an der Spitze der Moscheen und sorgt für deren Unterhalt. Bei den Freitagspredigten wird dem jeweiligen »Hatip« sogar der Text für die Unterweisung der Gläubigen von oben verordnet.

Während ich die verschlossenen und resoluten Mienen der jungen Tullab im islamischen Kulturzentrum von Kadiköy mustere, kommt mir der Verdacht, daß die Anweisungen der »Diyanet Işleri Başkanliği«, so heißt die religiöse Behörde auf türkisch, die über eine recht renitente Gefolgschaft verfügt, wenn nicht auf offenen Widerspruch so doch oft ins Leere stoßen dürften. Da diese »Direktion« mit Hilfe ihrer Koranlehrer, die der sogenannten DITIB angehören, auch bei den türkischen Gemeinden der Bundesrepublik rege Aktivität entfaltet und sich dort um Einfluß, ja Unterrichtsmonopol bemüht, ist diese Problematik auch für die Deutschen von Belang. »Sie können beruhigt sein«, äußert sich mein Begleiter aus Köln, »Sie haben es in diesen Kulturzentren mit sehr frommen Muslimen zu tun, die in der erdrückenden Mehrheit dem wahren koranischen Glauben und nicht den Erlassen einer Staatsdirektion anhängen.«

Wieder krame ich in meinen Erinnerungen und greife auf den Herbst 1982 zurück. Ich bereitete damals einen ZDF-Dokumentarfilm unter dem Titel »Allahs Schatten über Atatürk« vor, eine Namensgebung, die mir damals von gewissen Zeitungskritikern als Ausdruck meines angeblichen »religiösen Wahns« angekreidet wurde. »Tempora mutantur«. Die »Diyanet Işleri Başkanliği« war zu jener Zeit in einem flachen Ministerienkomplex am Rande Ankaras untergebracht, der auch das Außenministerium beherbergte. Sie wurde von Staatsminister Mehmet Özgüneş geleitet, einem einflußreichen Zivilisten innerhalb der allmächtigen Militär-Junta des General Kenan Evren. Özgüneş war eine souveräne Erscheinung mit perfekten Umgangsformen. Der hochgewachsene, elegant gekleidete Mann hätte dem Auftritt nach Offizier sein können. Er sprach recht freimütig über die Problematik einer gewissen religiösen Rückbesinnung in der Türkei. Dem müsse man heute Rechnung tragen, mehr als zu Zeiten Kemal Paschas. Die neue Verfassung sehe deshalb den obligatorischen Religionsunterricht in den Volks- und Mittelschulen vor. Man wolle dafür nach Kräften die staatliche Lehrerschaft einspannen und von jenen Imamen und Hodschas abrücken, die bisher die religiöse Lehre im Schatten ihrer Minaretts weitergaben.

Der Staatsminister gab zu, daß der Bildungsstand der vom Staat selektierten und bezahlten Hodschas oder Muftis oft unzureichend sei. Eine islamische Entfaltung, sofern sie nicht die Trennung von Religion und Staat – ein unverzichtbares Grundprinzip des Kemalismus – in Frage stelle, sei durchaus akzeptabel. Es gelte sogar, die gemäßigten islamischen Kräfte gegen die Extremisten und Geheimbündler abzuschirmen; denn deren Umtriebe seien bekannt. Alle islamischen Bruderschaften, die Tarikat, seien weiterhin streng untersagt, und ihre Aktivitäten würden polizeilich geahndet. Am gefährlichsten seien wohl die »Naqschbandi«, die in Ostanatolien und auch in Istanbul relativ stark seien. Die Naqschbandi, so bestätigte Mehmet Özgüneş, seien im sowjetischen Kaukasus ein mächtiges Instrument religiösen Widerstandes gegen den Bolschewismus geblieben. Er erwähnte eine andere einflußreiche Tarikat, die »Nurculuk«, die weniger aggressiv und vor allem im Raum von Antalya an der Südküste verbreitet sei. Ernst zu nehmen sei hingegen die Süleymancilik, eine Bruderschaft jüngeren Datums. Deren Untergrundtätigkeit dürfe in West-Anatolien und insbesondere bei den Auslandstürken nicht unterschätzt werden.

Wir kamen auf die Glaubensgemeinschaft der türkischen Aleviten zu sprechen, von denen ich bisher angenommen hatte, daß sie sich, wie ihre Glaubensbrüder des Iran, zur Zwölfer-Schia bekannten. In amerikanischen Studien wurde ihre Zahl damals auf elf Millionen geschätzt. Khomeini-Anhänger seien bei diesen Sektierern kaum zu finden, betonte Özgüneş. Die Aleviten seien in der Mehrheit Anhänger des staatlichen Säkularismus, was aus ihrer Minderheiten-Position heraus erklärbar war.

Fast alle Türken, ob sie nun das Militär-Regime bejahten oder ablehnten, hatten mir versichert, daß die Wiederholung einer iranischen Entwicklung bei ihnen völlig ausgeschlossen sei. »Zunächst einmal sind wir Sunniten, und dann sind wir keine neurotischen Perser«, so wurde immer wieder betont. Dennoch gab es in Anatolien, laut offiziellen Angaben, mindestens 50 000 Hodschas, und in keinem Land des ganzen Dar-ul-Islam schossen so viele Moscheen aus dem Boden. Oft ragt in einem einzigen Seitental ein ganzes Dutzend Minaretts empor. Während der Dauer des Osmanischen Reiches seien nicht so viele

Moscheen gebaut worden wie in der modernen Türkei in den letzten zehn Jahren. Die Zahl der Mekka-Pilger hingegen wurde von Staats wegen drastisch reduziert, indem man den Gläubigen eine Wiederholung des Hadsch kurzerhand untersagte.

Bevor ich ging, fragte mich der Minister nach meiner Konfession. Mit den Katholiken, so sagte er, sei das Gespräch eines Muslim leichter als mit den Protestanten. Auf meine Entgegnung, daß die katholische Kirche in der laizistischen Türkei – im Gegensatz zur offiziell geduldeten islamischen Renaissance – permanenten Schikanen und Demütigungen ausgesetzt sei, wollte er sich nicht äußern. Als geistliche Autorität kommt in der Republik von Ankara nur ein gebürtiger türkischer Staatsbürger in Frage, und es erfüllt wohl kaum ein junger römisch-katholischer Geistlicher diese Voraussetzung. Ich mußte an die drei französischen Patres denken, die – mit Diplomatenpässen ausgestattet – in einer Gasse zu Füßen der Altstadt von Ankara eine bescheidene Etage für sich und ihre Kapelle benutzen durften. Angesichts der vollen religiösen Entfaltungsfreiheit, die die Auslandstürken in Deutschland beanspruchen und genießen, angesichts der Unterrichts- und Predigttätigkeit, die die offiziellen Imame der staatlichen »Diyanet« – im Zeichen der DITIB – in der Bundesrepublik entfalten, liegt hier bis zum heutigen Tage eine skandalöse Diskriminierung vor. Die Bonner Politiker haben es stets in beschämender Selbstverleugnung versäumt, diesen Tatbestand energisch zur Sprache zu bringen. Die Forderung nach Reziprozität wäre das geringste Gebot der deutschen Türkei-Diplomatie und würde bei den echten Korangläubigen mit mehr Achtung registriert als die übliche Leisetreterei oder der politisch korrekte Verweis auf die Respektierung der Menschenrechte.

Nach meinem Gespräch mit Minister Özgüneş hatte ich mich von Ismet, einem stillen Krimtataren, der während des Zweiten Weltkrieges in der deutschen Wehrmacht gedient hatte und auf abenteuerlichen Fluchtwegen in die Türkei gelangt war, zum Freitagsgebet in die Moschee Haci Bayram nahe der alten Zitadelle fahren lassen. So fern war auch damals der Orient nicht in Ankara. Diese Stätte islamischer Frömmigkeit nahm sich neben den wuchtigen Überresten des römischen Augustus-Tempels recht bescheiden aus. Eine beachtliche Menge hatte sich rings um die Haci Bayram geschart. Im Vorhof versammelten sich Trauernde vor schlichten Holzsärgen und stellten ihre Kränze auf. Die Moschee war viel zu klein für den Andrang. So beteten die meisten Männer in strenger Ausrichtung, soweit es die gewundene Gasse erlaubte, im Freien. Da keine Gebetsteppiche vorhanden waren, boten Knaben für ein paar Münzen Papier-Unterlagen, auf denen sich die Gläubigen nach Mekka verneigten. Männer aller Altersklassen und jeder sozialen Schicht waren vertreten, obwohl die armen Leute und die ländlichen Typen in der Mehrheit waren. Die Frauen kauerten, die Kopftücher eng geknotet, im weiteren Umkreis.

Mir fiel ein kleiner exotischer Trupp mit rein mongolischen Zügen auf. Es handelte sich um turkmenische und kirgisische Flüchtlinge aus Afghanistan, wie man mir erklärte, die als einzige den Turban und den zentralasiatischen Seidenmantel Tschapan trugen. General Kenan Evren hatte ein paar tausend Asylsuchende aus der Steppe nördlich des Hindukusch in seine Republik aufgenommen, soweit sie der turanischen Rasse angehörten. Eine Anzahl von ihnen, die aus dem östlichen Wakhan-Zipfel Afghanistans stammte, hatte er im Raum von Antalya angesiedelt. Der Zorn des Staatschefs entlud sich über diese verstörten Einwanderer, als er bei einer persönlichen Inspektion feststellen mußte, daß die Frauen weiterhin den Kirgisen-Schleier trugen und die Töchter von den Vätern am Schulbesuch gehindert wurden. Wenn dieser Obskurantismus andauere, so hatte Evren Pascha gedroht, werde er die Flüchtlinge kurzerhand nach Kabul zurückschicken. Man kann sich den Schock dieser einfältigen Hirten vorstellen, die der marxistischen Gottlosigkeit gerade entronnen waren und nun in den Sog kemalistischer Laizität gerieten.

\*

Im Sommer 1998, bevor ich nach Ost-Anatolien aufbrach, hat mich mein Weg wieder in das Amt für Religiöse Angelegenheiten geführt. Die Institution war inzwischen aufgewertet und in einem stattlichen Gebäude neu-orientalischen Stils untergebracht worden, das sich unmittelbar an die kolossalen Mauern der neuen Freitagsmoschee von Ankara lehnte. Die Kocatepe Cami ist vor ein paar Jahren nach vielen Verzögerungen nun doch fertiggestellt worden als getreue Kopie jener gewaltigen Gebetskuppeln, die dem Goldenen Horn seine einmalige Silhouette verleihen. Das Gotteshaus beeindruckt nicht nur durch seine Dimensionen, es entspricht in seiner grandiosen Anlage wohl auch dem Frömmigkeitsbedürfnis einer wachsenden Gemeinde. An den Außenmauern und im Souterrain sind Geschäfte, Bibliotheken,

Restaurants – »halal« natürlich – Versammlungsräume, Sportclubs und Caféstuben untergebracht. Dadurch erhält die Cami das Gepräge eines weitverzweigten Bazars. Ähnlich vermischen sich übrigens in der ostpersischen Stadt Meschhed die herrlichen Sakral-Anlagen rund um das Grab des achten schiitischen Imam Reza mit einer modernen Mall, wie die Amerikaner sagen würden, die unterirdisch angelegt und mit großzügigen Zufahrt- und Parkmöglichkeiten ausgestattet ist.

Der zuständige Leiter der Religionsbehörde, Mehmet Nuri Yilmaz, empfängt mich in einem luxuriösen, holzgetäfelten Raum. Der große, leicht gebeugte Mann gehört offenbar dem geistlichen Stand der Imame und Hodschas an, obwohl es im sunnitischen Islam bekanntlich keine eigentlichen Kleriker, schon gar keine Priester gibt. Er zeigt mir die Bilder seiner Vorgänger an der Wand, die samt und sonders die klassische Kopfbedeckung tragen, den roten, mit einem weißen Schal umwickelten Fez. Es soll wohl der Eindruck aufkommen, Mehmet Nuri Yilmaz bewege sich in der Tradition jenes Scheikh-ul-Islam, der dem Sultan und Kalifen des Osmanenreiches beratend und manchmal auch mahnend als höchste religiöse Autorität zur Seite stand. An diesem Nachmittag wird deutlich, daß der kemalistische Säkularismus in dieser Diyanet die Richtlinien der streng kontrollierten Kultausübung vorschreibt. Wir reden recht belanglos – unter dem wachsamen Auge eines korpulenten Türken, der lange in der Bundesrepublik gelebt hat – über Religionsunterricht in Deutschland und die Probleme mit der aus Ankara ferngelenkten DITIB-Organisation, über den Einfluß der Tarikat und der Fundamentalisten, über die trügerische Einführung laizistischer Ethik-Kurse in gewissen deutschen Bundesländern, über den reichen Fluß von Spenden, der den Moscheen und Stiftungen zufließt und über das deutsche System der Kirchensteuer. Immerhin verfügt das »Amt für Religiöse Angelegenheiten« über sechzig Ausbildungsstätten in der Türkei. Der Andrang von jungen Religionsdienern nimmt wohl ständig zu.

Bei allem Vorbehalt gegen die strikte staatliche Unterordnung dieser geistlichen Behörde unter die Allmacht des kemalistischen Staates – manche sagen: des Generalstabs – muß doch festgehalten werden, daß es mit der Freiheit der Lehre und der Predigt für die »Ulama«, die Korangelehrten, in vielen anderen, zumal arabischen Ländern auch nicht viel besser bestellt ist. Selbst der oberste Scheikh der ehrwürdigen El-Azhar-Universität von Kairo wird seit Gamal Abdel Nasser nicht mehr in Unabhängigkeit von der ägyptischen Regierung durch die Ulama kooptiert, sondern bedarf der offiziellen Approbation. Die Rolle der Korangelehrten in Saudi-Arabien, die der frommen Überlieferung zufolge bei der dynastischen Herrschaftsnachfolge ein entscheidendes Mitspracherecht besitzen und als Gegengewicht gegen die monarchische Willkür wirken sollten, wurde zur Formsache. In Marokko wiederum hatte ich in den fünfziger Jahren selbst erlebt, wie der Rat der dortigen »Oulémas« sich als Instrument der französischen Protektoratsmacht mißbrauchen ließ, um den rechtmäßigen Sultan Mohammed V. ins Exil zu schicken und durch den schwächlichen Greis Ben Arafa zu ersetzen.

Beim Abschied entdecke ich im Vorzimmer die Maquette einer riesigen Moschee rein osmanischen Stils, die von den staatstreuen türkischen Muslimen ihren Glaubensbrüdern in Aschkhabad, der Hauptstadt der zentralasiatischen Republik Turkmenistan, gestiftet wird. In den ehemaligen Randgebieten der Sowjetunion, so hatte ich an Ort und Stelle feststellen können, findet ein lebhafter Wettbewerb zwischen Türken, Saudis und Persern statt, wobei jede Nationalität ihre eigene Interpretation des Islam begünstigt und durch die unterschiedliche Architektur der Gebetshallen illustriert.

*

Hayrettin hat sich vergeblich um eine Begegnung mit dem Refah-Patriarchen Necmettin Erbakan bemüht. Der alte Fuchs, dem für die Dauer von fünf Jahren jede politische Betätigung untersagt ist, weiß, was ihm blühen kann, wenn er jetzt einen Fauxpas begeht. Er verharrt in Deckung. Ich habe auch das Gefühl, daß das Prestige des allzu betulichen und listigen Hodschas bei den jungen türkischen Islamisten stark an Glanz verloren hat, daß nach jüngeren und energischeren Führergestalten Ausschau gehalten wird. Da trifft es sich gut, daß eine Verabredung mit Recep Tayyip Erdoğan zustande kommt, dem ehemaligen, auf Druck der Armee abgesetzten Bürgermeister von Istanbul, dessen Ansehen in dem Maße steigt, wie seine Verfolgung durch die Alt-Kemalisten zunimmt.

Das stürmische Regenwetter will an diesen Wintertagen am Bosporus kein Ende nehmen. Wie in einem Aquarium fühle ich mich, während das Taxi an der Meerenge entlang im Verkehrschaos nach dem Sitz der Ferngas-Gesellschaft sucht, wo Erdoğan nach der Entlassung aus der Kommunalverwaltung sein vorläufiges Hauptquartier aufgeschlagen hat. Die Eingänge des modernen Gebäudekomplexes werden von blauuniformiertem Wachpersonal abgeschirmt, das wohl für eine private Personenschutz-Firma arbeitet. Auch in dieser Zuflucht residiert der gestürzte Refah-Politiker noch wie ein Pascha.

Wir werden gebeten, in einem komfortablen Vorzimmer ein paar Minuten zu warten. Der Bürgermeister verrichte gerade sein Gebet. Die beiden Sekretärinnen tragen das Kopftuch. Die Anklage, die gegen Erdoğan erhoben wurde, kommt einem Akt der Willkür gleich. Bei einer Großveranstaltung vor begeistertem Publikum hatte er ein Poem des Dichters Ziya Gökalp zitiert, der beim Zerfall des Osmanischen Reiches als republikanischer Chefideologe Atatürks auftrat und trotz kurdischer Abstammung einen glühenden türkischen Nationalismus vertrat. Zu jener Zeit der Bedrohung durch griechische, italienische, französische und britische Besatzungstruppen stützten sich die nationale Staatsgründung und der Abwehrkampf gegen die christlichen Okkupanten zwangsläufig auf das im Volk verwurzelte Glaubensgut des kämpferischen Islam, und so hatte Ziya Gökalp geschrieben: »Unsere Minaretts sind unsere Lanzen, unsere Kuppeln sind unsere Helme, unsere Moscheen sind unsere Kasernen, unsere Gläubigen sind unsere Armee.« Eben dieses Zitat hatte Erdoğan aufgegriffen, und schon erhob der Staatsanwalt der Republik Anklage gegen den erfolgreichen und beliebten Bürgermeister von Istanbul. Er bezichtigte ihn der Mißachtung der laizistischen Verfassung. Das Urteil lautete auf Amtsenthebung, Verbot jeglicher politischer Aktivität und zehn Monate Gefängnis.

Die Tür öffnet sich, und ein jugendlich wirkender Mann reicht mir die Hand. Recep Tayyip Erdoğan mag zwischen vierzig und fünfzig Jahre alt sein. Er hält sich kerzengerade. In seiner Tweedjacke mit dezentem Schlips könnte er auch einen dynamischen Manager verkörpern. Erdoğan ist aus den Imam-Hatip-Schulen hervorgegangen und studierte dann Betriebswirtschaft. In den vier Jahren und acht Monaten seiner Tätigkeit als Stadtoberhaupt hat er sich laut übereinstimmendem Urteil hervorragend bewährt. Vor allem gegen das Verbrechen und die Luftverschmutzung hat er – allem Mafia-Widerstand zum Trotz – höchst erfolgreich operiert. Der überzeugte Moslem ließ gegenüber Andersgläubigen große Toleranz walten.

Das Ersatz-Büro Erdoğans ist durchaus repräsentativ. Selbst über diesem Schreibtisch hängt das Porträt Atatürks. Der Bürgermeister äußert sich verhalten und diszipliniert. Haar und Schnurrbart sind dunkelblond, die Augen sind ähnlich stahlgrau wie bei Kemal Pascha.

Ein »Seigneur« sitzt mir gegenüber. »Sie sehen hier einen Menschen, der nur noch einen kurzen Aufschub genießt«, beginnt er das Gespräch, »in zwei oder drei Monaten werde ich meine Gefängnisstrafe von zehn Monaten antreten, und dagegen gibt es keinen Einspruch.« Um die Nachfolgebewegung der Refah, die Fazilet- oder Tugendpartei, nicht zu kompromittieren, hat Erdoğan sich von ihr verabschiedet. »Allen gegenteiligen Behauptungen zum Trotz«, so erklärt er ruhig und sachlich, »sind wir keine islamische Bewegung. Wir streben nicht die Schaffung eines türkischen Gottesstaates an und erheben keine Forderung nach Einführung der Scharia. Wir sind demokratisch, laizistisch und sozial. Wir wollen die Frauen auch nicht zwingen, ein Kopftuch zu tragen. Für uns gilt die oft erwähnte Globalisierung, und zwar in der Vernunft, in der Wissenschaft, in der Logik. Aber wir möchten in einem Rechtsstaat leben, der die ›human rights‹ respektiert. Zu diesen Grundsätzen gehört doch auch die Freiheit der Muslime, ihre Religion auszuüben. Die Türkei ist in keiner Weise mit der Islamischen Republik Iran zu vergleichen, und das Schlimmste für unser Land wäre das Abgleiten in algerische Bürgerkriegsverhältnisse.«

Ich weiß, daß dieser Mann, der in sich selbst und in seinem Vertrauen auf Allah ruht, in der jetzigen Situation keine flammenden Erklärungen riskieren kann. Als Tribun soll er beachtliche rhetorische Gaben entwickeln können. Als er vor ein paar Jahren 40 000 begeisterte, jubelnde Anhänger der »Milli Görüş« in einem Stadion von Dortmund versammelte, da haftete ihm die Aura des islamischen Revolutionärs an, auch wenn er sich bei dieser Rede auf deutschem Boden vor jeder Kritik an der kemalistischen Staatsidee hütete. Hayrettin ist überzeugt, daß Erdoğan trotz seiner Verbannung aus der aktiven Politik weiterhin eine der einflußreichsten Figuren im Hintergrund bleiben wird. Viele Jugendliche betrachten ihn als Leitgestalt. Auf meine wenigen Fragen antwortet Erdoğan knapp, weicht dem Thema der Tarikat aus. Die Aleviten empfindet er trotz aller Heterodoxie als Muslime. Ihr Ali-Kult stört ihn angeblich nicht. »Auch ich verehre Hazret Ali und liebe ihn«, taktiert er. Es bestehe allerdings die Neigung gewisser Behörden und Militärs, die Aleviten als politischen Faktor auszuspielen, aber man hüte sich vor jeder Polarisierung und Spaltung. Alle Menschen seien doch Brüder. Bei den kommenden Parlamentswahlen traut er der Fazilet-Partei zu, falls sie nicht verboten wird, es auf dreißig Prozent der Stimmen zu bringen. Er beendet seine Aufzählung von Gemeinplätzen mit einem Koranzitat: »Wir lieben die Schöpfung um des Schöpfers willen.«

*

An diesem Mittwoch befindet sich Istanbul im Belagerungszustand. Neben dem massiven Polizeiaufgebot sollen 20 000 reguläre Soldaten in der Stadt Konstantins darüber wachen, daß es beim Fußballspiel Juventus Turin gegen Galatasaray Istanbul nicht zu Krawallen und antiitalienischen Ausschreitungen kommt. Der Schatten Abdullah Öcalans, der immer noch in Rom weilt, lastet auf dem Bosporus. Am späten Abend wollen wir nach Ankara fliegen, und Hayrettin mahnt zum frühen Aufbruch wegen der zahllosen Sportfans, die sich auf das riesige Stadion zuwälzen und wegen der möglichen Sicherheitskontrollen. Die italienischen Spieler sind in unserem Hotel untergebracht, das einer scharf bewachten Festung gleicht. Es ist dann doch alles glimpflich abgelaufen. Die Maschine nach Ankara startet pünktlich, und die Flugzeit beträgt eine knappe Stunde. Als wir vom Flugplatz Ankara ins Zentrum der anatolischen Hauptstadt fahren, sind die Straßen immer noch leergefegt. Die gesamte Bevölkerung sitzt vor den Fernsehgeräten. Nur ein paar Knaben schwenken gelb-rote Tücher, die Farben von Galatasaray. Im »Hilton« Ankara erfahren wir, daß das Match ohne Zwischenfälle mit eins zu eins unentschieden ausging. Auf beiden Seiten ist die Ehre gerettet.

In der Kapitale steht mir ein Marathonlauf politischer Begegnungen mit Parlamentariern jeder Couleur bevor. Hayrettin hat – ungeachtet seiner islamischen Sympathien – strikte Überparteilichkeit bei der Auswahl der Gesprächspartner walten lassen. Auch zahlreiche Treffen mit Dozenten der Bilkent-Universität und der Technischen Hochschule sind vorgesehen sowie der Gedankenaustausch mit ein paar renommierten Publizisten. »Eines kann ich Ihnen leider nicht vermitteln«, gesteht mein sympathischer junger Betreuer lächelnd ein, »den Kontakt zum Generalstab und zur hohen Generalität.« Doch damit habe ich auch gar nicht gerechnet. Was die Armeeführung betraf, hatte ich mein Informationsprogramm – im bescheidenen Rahmen des Möglichen – bereits im letzten Sommer absolviert.

# »... und Atatürk ist ihr Prophet«

*Ankara, im August 1998*

Rückblende: Im Sommer 1984 hatte unser ZDF-Team Zugang zur türkischen Kadettenanstalt in Bursa erhalten. Die Härte des Drills, die eiserne Disziplin, die nationale Exaltation bei der militärischen Ausbildung sind seitdem nicht gelockert worden. Wir filmten den Deutsch-Unterricht der Kadetten von Bursa. Auch in der Sprache Goethes klang uns ein ehernes Bekenntnis zu den Dogmen des Staats-Kemalismus entgegen. »Wodurch zeichnete sich Atatürk schon in seiner Jugend aus?« lautete die Frage des Prüfers. »Der junge Mustafa zeichnete sich schon in seinen ersten Unterrichtsjahren durch eine so hohe Intelligenz, durch Selbstbeherrschung und Lerneifer aus, daß ihm seine Professoren den Titel ›Kemal – der Vollkommene‹ verliehen, und von nun an wurde er ›Mustafa Kemal‹ genannt«, klang die prompte Antwort des Offiziersschülers in fehlerfreiem Deutsch.

»Wie definiert sich der Laizismus der türkischen Republik«? Auch hier kam das Gelöbnis wie auf Knopfdruck von einem anderen Kandidaten, der stramme Haltung annahm: »Atatürk hat eine strikte Trennung zwischen Staat und Religion verordnet. Es soll verhindert werden, daß zwielichtige Elemente, Volksbetrüger und Obskurantisten sich der Religion bedienen, um das Volk auszubeuten und es in die Irre zu führen. Die Reaktionäre verlangten, daß die Koranschulen wieder geöffnet würden, aber Atatürk lehnte das grundsätzlich ab.«

Bei Dienstvergehen, so hörte ich damals, werde in der Truppe noch die Prügelstrafe durchgeführt, und es könne geschehen, daß ein erzürnter Oberst einen Subaltern-Offizier öffentlich ohrfeige, wenn er mit dessen Leistungen nicht zufrieden sei. Wer die wirklichen Gegenkräfte kennenlernen will, die sich der Einflußnahme der Islamisten in den Weg stellen und sie eventuell zu blockieren vermögen, der muß die Kasernen der türkischen Streitkräfte aufsuchen. Die Armee ist ja weiterhin die Schule der Nation, und ein junger Mann gilt nichts in seinem Dorf, ist kaum heiratsfähig, ehe er nicht seinen Wehrdienst abgeleistet hat. Bei den städtischen Jung-Akademikern mag das anders aussehen. Viele von ihnen – zumal wenn sie lange im Ausland residierten – können sich für eine Summe, die ungefähr dem Gegenwert von 10 000 DM entspricht, von der Einberufung freikaufen.

Im Offizierskorps jedenfalls soll der todesmutige Kampfgeist, der bedingungslose Gehorsam – »sicut lignum ac cadaver«, wie es im Jesuiten-Orden hieß – gezüchtet werden. Die Armeeführung bildet heute mehr denn je eine streng abgesonderte Kaste mit großen Privilegien, mit strengen Pflichten, und doch besteht ein grundsätzlicher Unterschied zu den osmanischen »Yeniçeri«, den Elitekriegern des Sultans. Die Janitscharen waren verschleppte Christenkinder, die als Prätorianer-Garde des erobernden Islam erzogen und ihrer usprünglichen Persönlichkeit beraubt wurden. Sie besaßen keine familiären Bindungen, keinen organischen Bezug zum osmanischen Milieu. Bis zur Epoche ihrer fortschreitenden Verwilderung waren die Janitscharen eine absolut auf den Sultan eingeschworene Verfügungstruppe. Die Offiziere und Kadetten der kemalistischen Streitkräfte hingegen, auch wenn sie heute noch in klösterlicher Zucht von ihrer Umwelt abgeschirmt werden, entstammen der türkischen Bevölkerung, sind meist Söhne von Kleinbürgern oder auch Bauern, die zwar durch eine eiserne Auslese gegangen sind, aber ihre Familien- und Sippenbande nie ganz abbrechen lassen. Wenn wirklich die Nation vom islamischen Erneuerungswillen in ihrer Mehrheit erfaßt würde, wären sie auf Dauer schwer dagegen zu immunisieren, könnten sogar – so wird spekuliert – der Versuchung erliegen, sich an die Spitze einer unaufhaltsamen Entwicklung zu stellen, um sie notfalls zu kanalisieren.

Der endlose Kurdenkonflikt, die Lähmung des Parlaments, die Unfähigkeit des trägen Präsidenten Demirel, den bosnischen Muslimani, diesen ehemals treuesten Gefolgsleuten des Osmanischen Reiches auf dem Balkan oder den aserbaidschanischen Brüdern im Kaukasus wirksam zur Seite zu stehen, müssen langfristig wie ein Ferment der Empörung auf das Offizierskorps einwirken. Hier zeichnet sich in der nach außen fest geschlossenen Phalanx des Regimes eine Bruchstelle ab. Noch brüllen die türkischen Grenzposten bei jeder Wachablösung in Richtung des Nachbarn und potentiellen Feindeslandes jene Parole, die ihnen Atatürk eingebleut hatte: »Welches Glück wird dem zuteil, der sagen kann, ich bin ein Türke!«

Das türkische Oberkommando ist für seine Verschwiegenheit bekannt. Von Public-Relations-Arbeit hält es nicht viel. Daß ich im Frühjahr 1994 bei einer Recherche über den Balkan im Verteidigungsministerium ein Gespräch mit einem hohen Offizier, Korpsgeneral der Luftwaffe, führen konnte, wurde als Privileg gewertet. General Oktay

Karasoy hatte einen Lehrgang in den USA absolviert und dort vielleicht eine größere Mitteilsamkeit erlernt. Im Generalstab war er für Planung und Grundsatzfragen zuständig. Der Mann sah gut aus und trat sehr gelassen auf. Er erinnerte an ein Grundprinzip des Kemalismus: »Frieden nach innen, Frieden in der Welt«. Eine militärische Intervention, so hieß es noch offiziell, ob auf dem Balkan oder im Kaukasus, werde Ankara nur im Rahmen einer internationalen Aktion unternehmen, egal ob diese von den Vereinten Nationen, der NATO oder von der Konferenz für Sicherheit und Zusammenarbeit in Europa ausgehe. Die Türkei empfinde es als tiefe Genugtuung, daß die UNO trotz des vehementen Widerspruchs der Serben und Griechen dem Einsatz eines türkischen Truppenkontingents in Bosnien endlich zugestimmt habe.

\*

Diese kurze Begegnung liegt etwa fünf Jahre zurück. Seit der kurzen Ministerpräsidentschaft des Islamisten Necmettin Erbakan ist der Generalstab noch argwöhnischer geworden. Es ist ihm nicht entgangen, daß die Refah-Partei auch bei ein paar pensionierten Generalen Anklang findet. Sobald ein Offizier oder ein Unteroffizier zu erkennen gibt, daß er mit der koranischen Bewegung sympathisiert – sei es nur durch seine Präsenz beim Freitagsgebet in der Moschee oder durch das Kopftuchtragen seiner Frau – wird die sofortige Entlassung verfügt. In den obersten Rängen wird andererseits darauf geachtet, daß unter den jungen Offizieren keine ähnlich rebellische Stimmung aufkommt, wie sie sich im Militärputsch von 1960 entlud und zur Absetzung der hochdekorierten Senioren führte. Wie Hüseyin Bağci in der Technischen Hochschule von Ankara mir bereits eröffnete, hat sich an der Spitze der Armee eine neue, streng abgeschirmte Tarikat gebildet, ein kemalistischer Derwisch-Orden mit seinen eigenen Initiationsriten, mit seiner eigenen nationalen Mystik. Die Bektaschi-Mönche – wir müssen immer wieder darauf zurückkommen – waren ja in den Augen der rechtgläubigen Sunniten ebenfalls Anhänger einer höchst unorthodoxen Ketzerei. Und dennoch wurden sie dazu berufen, die ehemals christlichen Zöglinge der Devşirme zu treuen, ja zu fanatischen Glaubenskämpfern im Dienste des Sultans und Kalifen zu erziehen. Mehr als 30 000 Janitscharen soll es zu keinem Zeitpunkt des Osmanischen Reiches gegeben haben, aber sie bildeten den unentbehrlichen Kern dieser Militärmacht. Ihr Niedergang, ihre Verwilderung setzten erst ein, als sie sich den asketischen Vorschriften ihres geistlichen Ordens entfremdeten, als sie anfingen, Handel zu treiben, dem Zwangszölibat entsagten und Familien gründeten. In der französischen Kolonialarmee galt ja noch unlängst der Spruch: »Ein verheirateter Offizier ist nur noch die Hälfte wert.«

Den Bektaschi, so hatte mir ein Geschichtsdozent der Universität Ankara einmal gesagt, habe etwas Religiös-Korporatives angehaftet, wie das etwa bei den Zünften des Mittelalters im Abendland der Fall gewesen sei. »Wenn Sie nach einem moderneren Vergleichspunkt zwischen den Vorteilen suchen, die den Janitscharen aus ihrer engen Verflechtung mit den geschäftstüchtigen Bektaschi-Derwischen erwuchsen, so könnte man Ihnen die kapitalstarke Pensionsstiftung ›Oyak‹ nennen, die den türkischen Streitkräften von heute finanziellen Vorteil, materielle Sicherheit und Solidarität gewährt.« Am Ende ihrer Dienstzeit, so hatte er mit maliziösem Lächeln hinzugefügt, ständen den oberen Chargen diverse lukrative Posten in den Staatsbetrieben, in Handel und Industrie offen.

Wie es denn überhaupt schon in frühester osmanischer Zeit zu dieser schicksalhaften Verbindung zwischen dem rechtgläubigen Sultan und dem alevitisch geprägten Geheimbund der Bektaschi kommen konnte, die den – aus heutiger Sicht – übel beleumundeten Kizilbaş aufs engste verwandt waren, forschte ich weiter. Da wurde ich auf eine ferne familiäre Bindung verwiesen, die von Anfang an zwischen den Nachfahren des Hadschi Bektasch einerseits und den ersten Emiren der osmanischen Dynastie andererseits bestanden haben müsse. Das sei durchaus kein Einzelfall in der islamischen Welt. Auf ähnliche Weise – durch Eheschließung zwischen der Sippe des gestrengen hanbalitischen Predigers Abdul Wahhab im arabischen Nedschd und dem lokalen Fürstengeschlecht der Al Saud – sei im siebzehnten Jahrhundert auch jene Allianz zustande gekommen, die es den »Ikhwan«, der »Weißen Beduinen-Armee« des Prinzen Abdul Aziz Ibn Saud, schließlich erlaubte, im Jahr 1924 mit ihren Kamelreitern die heiligen Stätten von Mekka und Medina zu erobern und das Königreich Saudi-Arabien zu gründen.

»Es ist ein gängiger Irrtum, zu behaupten, das Osmanische Reich sei vornehmlich ein islamischer Gottesstaat gewesen«, so sollte mir der Politologe Günkut von der Bosporus-Universität, ein relativ junger Wissenschaftler westlichen Zuschnitts, versichern. »Der Macht- und Expansionsinstinkt war in den Zeiten der Größe des Imperiums stets stärker als die sunnitische Frömmigkeit. Die Vorschriften der Scharia wurden auch dann noch sehr selektiv und locker angewandt, als die Herrscher von Istanbul den Kalifen-Titel übernahmen.« Der »Kanun«, die weltliche Jurisdiktion, wog oft schwerer als die rein koranische Rechtspflege. Nicht von ungefähr stützte sich die Herrschaft des Padischah auf die Truppe der Janitscharen, auf diese christlichen Waisen, die außerhalb der türkischen Umgebung standen. Ganz bewußt wurde die geistliche Erziehung dieser Zwangskonvertierten den Bektaschi-Mönchen, notorischen Häretikern, übertragen. Deren mystisches Gedankengut, deren gottähnliche Verehrung des Imam Ali, deren enge Bindung an die schamanistische Legendenwelt des Hadschi Bektasch schufen innerhalb der Kasernen eine religiöse Grundstimmung, die sich mit der strikten Koranexegese der Ulama, mit der »rechtgläubigen« Wortklauberei des obersten Scheikh-ul-Islam überhaupt nicht vereinbaren ließ.

»Die großen Sultane waren Pragmatiker«, so dozierte Günkut, »und Sie werden erleben, falls wirklich eines Tages unsere modernen ›Fundamentalisten‹ der Refah oder der Fazilet den politischen Durchbruch schaffen sollten, auch sie würden sich sehr bald einer sehr spezifischen, türkischen Form des Islam zuwenden.« – Wenn schon der Auslegung des Koran, dem »Idschtihad«, sehr enge Grenzen gesetzt sind, so ließ doch die unendliche Vielfalt des Hadith, der mehr oder weniger authentisch verbürgten Überlieferung aus dem Leben des Propheten, das Tor zu sehr eigenwilligen Interpretationen offen. So hatte ich es ja mehrfach im Gespräch mit meinem geistlichen Ratgeber Mustafa in Köln festgestellt.

Seit es in Istanbul und Ankara wieder zum guten Ton gehört, sich auf die verflossene Pracht des Osmanen-Imperiums zu berufen, findet keine nationale Veranstaltung, keine Gedenkfeier zu Ehren der Eroberung Konstantinopels durch Mehmet II. ohne die Mitwirkung und den Vorbeimarsch einer kleinen Truppe von kostümierten Janitscharen-Darstellern statt. Auch am Eingang des Topkapi-Palastes postieren sie sich, um den Touristen ein malerisches Spektakel zu bieten. Ein paar dickliche Männer in buntem Kaftan und weißer Filzhaube bewegen sich zum Klang von Trommel und Flöte, hantieren mit altertümlichen Krummsäbeln. Diese Schauspieler führen auch den kuriosen Tanzschritt der einst so gefürchteten Truppe des Sultans vor. In kreiselndem Rhythmus bewegen sie sich zwei Schritte nach vorn und einen Schritt zurück und erinnern mich dabei an die Pilger der »Spring-Prozession« im luxemburgischen Echternach. Jedenfalls vermittelt die Maskerade dem unwissenden Zuschauer nur eine Karikatur verflossenen kriegerischen Ruhms.

*

Wenden wir uns dem Zustand der türkischen Streitkräfte der Gegenwart und ihres Oberkommandos zu und versetzen wir uns zurück in die letzten Stunden meines Aufenthalts in Ost-Anatolien. Mein vortrefflicher Gefährte Saadet hatte mir ein paar Tage zuvor bedauernd mitgeteilt, daß mein Gespräch mit hohen Offizieren des Generalstabs, das unmittelbar nach meiner Rückkehr in die Hauptstadt stattfinden sollte, kurzfristig abgesagt worden sei. Das liege nicht an meiner Person, sondern an der gründlichen Umbesetzung der Armeespitze, die in diesen Augusttagen 1998 termingerecht stattfinde und die wohl auch einige Probleme aufwerfe. Auf der Fahrt zum Flugplatz Van wendete sich jedoch alles zum Guten, und der strahlende Saadet teilte mir mit, daß man mich im Generalstab von Ankara am morgigen Mittag um vierzehn Uhr »sharp« erwarte.

Abgeholt werde ich durch eine Beamtin des Verteidigungsministeriums. Sie hatte längere Zeit in New York in einem türkischen Informationszentrum gearbeitet und gehört der gehobenen kemalistischen Bourgeoisie an. Auf der Fahrt zeigt sie mit dem Finger auf die Zitadelle von Ankara und die dortige Moschee. »Meine Familie stammt von Haci Bayram ab, dessen Gebeine dort oben ruhen und der ein wenig als Schutzpatron Ankaras gilt«, sagt sie mit unterschwelligem Stolz. Es trifft sich häufig, daß die Großväter der privilegierten Funktionäre und der republikanischen Oligarchie noch als Hodschas oder Scheikhs irgendeiner Tarikat unter dem letzten osmanischen Sultan hohes Ansehen genossen hatten.

Auf dem weitgestreckten Areal des Oberkommandos der Streitkräfte herrscht mustergültige Ordnung und Disziplin. Die Sicherheitsmaßnahmen sind perfektioniert. Hinter dem Portal blickt ein Atatürk aus Bronze starr auf den Eindringling. Ein Fregattenkapitän in blütenweißer Marineuniform nimmt mich in Empfang. Nach kurzem Warten führt er mich in ein Nebengebäude, dann in ein schlicht möbliertes Büro, das natürlich von einem großen Porträt des Republikgründers beherrscht ist. Ich habe für dieses Gespräch einen khakifarbenen Anzug angelegt, und mein kurzer Haarschnitt entspricht wohl auch den Usancen der hier vertretenen Kaste.

Fünf Männer in Heeresuniform erwarten mich. Wie ich an den Epauletten feststelle, handelt es sich um drei Generale im Range von Divisionskommandeuren und zwei Oberste, die Protokoll führen. Es läuft auch ein Tonbandgerät mit. Die Dame aus dem Haus des Haci Bayram fungiert als Übersetzerin, was sich jedoch bald erübrigt, weil einer der Generale, der nach und nach die Konversation an sich reißt, vorzüglich englisch spricht und die übrigen offenbar an amerikanischen Akademien irgendwelche Lehrgänge absolviert hatten. Hinter dem Schreibtisch in führender Position sitzt ein kahlköpfiger Offizier mit gelblichem Teint, der mich aufmerksam mustert. Die Atmosphäre ist ganz und gar nicht die eines Presse-Interviews oder eines Public-Relations-Briefings. Ich komme mir vor wie bei einer strikt geführten Lagebesprechung, fast wie bei einem Verhör. Eine Sekunde lang muß ich an den Informationschef der französischen Armee in Algier, Colonel Lacheroy, denken, der Journalisten mit berufsbedingtem Mißtrauen begegnete, sehr bald aber für Heiterkeit und Entspannung sorgte, wenn er – als ehemaliger Meharisten-Capitaine – das »Kamel als unseren großen Lehrmeister« pries.

Für solche Dümmlichkeiten ist in Ankara kein Platz. Der kahlköpfige General richtet auch schon die erste Schlüsselfrage an mich: »Wie beurteilen Sie die PKK?« Ich brauche meine Meinung nicht zu verheimlichen. Die kurdische Aufstandsbewegung, so referiere ich, lasse zwar neuerdings verkünden, daß sie sich mit kultureller Autonomie und einem Minimum an Selbstverwaltung zufriedengebe, doch der Orient sei mir seit langem vertraut, und ich wisse sehr wohl, daß solche Kompromißlösungen der rauhen Wirklichkeit dieser Weltgegend nicht lange standhalten würden. Ziel der PKK sei zweifellos die staatliche Unabhängigkeit Gesamt-Kurdistans. Ich hätte ebenfalls feststellen können, daß die alten marxistischen Parolen Öcalans seit dem Ende der Sowjetunion ihre Überzeugungskraft verlören und daß die »Kurdische Arbeiterpartei« sich neuerdings einen islamisch-nationalen Anstrich geben wolle. Im übrigen sei mir an Ort und Stelle klar geworden, daß die türkischen Streitkräfte die militärische Situation fest im Griff hatten. Irgendein Ansatz für eine politische Lösung des Kurdenproblems sei jedoch nicht zu entdecken. Für Unsicherheit in dieser Region würde auch weiterhin die turbulente, teilweise feindselige Haltung der Nachbarstaaten sorgen, wobei offenbar eine Umschichtung der Spannung vom irakischen zum iranischen Grenzgebiet stattgefunden habe. Einen Teil ihrer Finanzierung beziehe die Aufstandsbewegung aus dem westlichen Ausland und die Kurden in Deutschland trügen mit ihren Spendenaktionen erheblich dazu bei.

»Das ist eine klare und exakte Schilderung der Lage«, äußert sich der »Groß-Inquisitor« hinter dem Schreibtisch. Die Atmosphäre hat sich entspannt. Dennoch weigern sich die Offiziere höflich, aber strikt, ihre Namen zu nennen. Große Erkenntnisse habe ich natürlich nicht gewonnen, auch gar nicht erwartet. Als ich darauf hinweise, daß der Leitspruch der Republik »Frieden nach innen, Frieden in der Welt« obsolet geworden sei und von Atatürk heute wohl auch nicht mehr in dieser Form formuliert würde, stoße ich auf keinerlei Widerspruch. Der türkische Generalstab ist sich seiner geographischen Schlüsselposition wohl bewußt. Den ausländischen Verteidigungsattachés, die unlängst zu einem ihrer seltenen Briefings eingeladen wurden, war sogar gesagt worden, in ihrem Umfeld sei die Türkei »ein Riese«, sie habe sich vom Flankenstaat zum Frontstaat gewandelt und bewähre sich als unentbehrlicher, stabilisierender Faktor. Die alte Selbstbescheidung gehört wohl der Vergangenheit an. 2300 Offiziere aus Zentralasien, aus dem Kaukasus und dem Balkan werden zur Stunde in türkischen Militär-Akademien ausgebildet und demnächst durch 1700 zusätzliche Kandidaten ergänzt.

Zum Zeitpunkt meines Besuchs im Generalstab befand sich Abdullah Öcalan noch in der sicheren Obhut seiner syrischen Gönner. Aber die Geduld der türkischen Generalität war aufs äußerste strapaziert. »Wir könnten die PKK-Rebellen binnen drei Monaten ausmerzen, aber wir halten uns an die Menschenrechte«, befindet der kahlköpfige Vorsitzende. »Durch verstärkte Sozialarbeit und durch wirtschaftliche Entwicklungshilfe hoffen wir den Separatisten das Wasser abzugraben.« Von nun an reißt ein anderer, perfekt englisch sprechender General, der weltläufig und gut informiert wirkt, das Wort an sich.

Mit Iran gebe es tatsächlich Probleme, weil die PKK im Transit durch persisches Territorium einen Teil ihres Heroingeschäftes betreibe, um zu Geld zu kommen. Da Teheran seinerseits den Drogenhandel strengstens bekämpfe, soweit die eigenen Staatsangehörigen betroffen seien, müsse eine Toleranz der dortigen Geheimdienste zugunsten der Dealer Öcalans vorliegen. Im übrigen sei man in Ankara guten Mutes, daß die USA bei ihrem Boykott gegen die Islamische Republik fest blieben und niemals den Erdöltransport vom Kaspischen Meer über iranisches Territorium dulden würde. Worauf ich immerhin einwende: »Never say never!«

Der Irak bereite weiterhin Kopfzerbrechen. Nach der gewaltigen kurdischen Flüchtlingswelle von 500 000 Menschen, die nach dem amerikanischen Golfkrieg über die anatolische Grenze schwappte, seien die Bedingungen der »Terroristenbekämpfung« außerordentlich erschwert worden. Aber man habe keinerlei Hemmungen mehr, tief auf irakisches Gebiet vorzudringen, um die Schlupfwinkel der PKK auszuräumen. Auch Syrien solle sich in acht nehmen und sich nicht leichtfertig in Sicherheit wiegen. Die Landung auf Zypern im Jahr 1974 müsse als Warnsignal aufgefaßt werden.

Damals hatte Ministerpräsident Bülent Ecevit, ein Sozialdemokrat, der keineswegs als Freund der hohen Militärs galt, den Befehl zur Landung türkischer Truppen und zur Quasi-Annektierung des nördlichen Drittels der Insel Aphrodites erteilt. Das militärische Unternehmen war wohl alles andere als planmäßig verlaufen. Die türkischen Paratrooper waren über dem falschen Strand abgesprungen und hatten schwere Verluste erlitten. Türkische Kampfflugzeuge versenkten einen eigenen Zerstörer. Doch die Tapferkeit der Truppe hatte sich gegen die Griechen durchgesetzt. Jetzt war es Ankara gelungen, durch massive Drohungen die Regierungen von Athen und Moskau davon abzubringen, russische SS-300-Raketen im griechischen Teil der zypriotischen Republik zu stationieren. Mit voller Überzeugung räume ich bei unserem Meinungsaustausch ein, daß die Absicht der Europäischen Union, die Insel Zypern – trotz ihrer Spaltung in zwei zutiefst verfeindete Teilstaaten, trotz hemmungsloser Mafia-Entfaltung, trotz intensivster Spionageverflechtungen – als bevorzugten Anwärter für die Aufnahme in den exklusiven kontinentalen Club vorzusehen, eine zum Himmel schreiende Dummheit sei und zudem auf eine beleidigende Diskriminierung aller anderen EU-Anwärter – darunter die Türkei – hinausliefe.

»Wie wollen Sie denn reagieren, wenn die Amerikaner tatsächlich in Nord-Irak die beiden Rivalen Barzani und Talabani miteinander versöhnen und zwischen Dohuk und Suleimaniyeh de facto einen kurdischen Teilstaat ins Leben rufen?« frage ich. »Das werden wir nie zulassen«, lautet die Erwiderung. Man müsse sich auf neue Entwicklungen einstellen, seit Präsident Clinton mit allen Mitteln versuche, Saddam Hussein auszuschalten. Dann könne man sich eventuell, was den nördlichen Irak beträfe, eine Art Föderation unter türkischer Oberhoheit vorstellen. Die Zukunft des rein schiitischen Südens Mesopotamiens jenseits von Bagdad bleibe völlig offen. Dort werde Teheran sich einmischen. In Washington erwäge man wohl noch andere Pläne, wie man etwa die zentrale Region im Umkreis von Bagdad, die überwiegend arabisch und sunnitisch bevölkert ist, eventuell dem Haschemitischen Königreich Jordanien zuschlagen könne, zumal bis zur blutigen Juli-Revolution des Jahres 1958 ein Zweig der Dynastie über das ehemals britische Mandat an Euphrat und Tigris geherrscht hatte. Ich werde befragt, was ich von der irakischen Oppositionsfront – »Iraqi National Congress« genannt – halte, die unter einem gewissen Ahmed Shalabi von der amerikanischen CIA organisiert und finanziert wird. »Ich halte überhaupt nichts davon. Die Amerikaner haben wieder einmal auf die falschen Exilgruppen gesetzt und täuschen sich selbst«, ist meine Auskunft, und man stimmt mir lebhaft zu.

Ganz offensichtlich bereitete sich eine radikale Aktion gegen die PKK vor. Neben Syrien gehöre ja auch Griechenland zu den Hauptförderern des Terroristen Öcalan, und dazu komme natürlich die Komplizenschaft Armeniens. Das Thema des türkischen Einflusses im Kaukasus wird sehr zurückhaltend behandelt. Obwohl Generalstabschef Ismail Hakki Karadayi noch unlängst Moskau aufgesucht hatte, blieben die Beziehungen zu Rußland angespannt. Die Niederlage Aserbaidschans gegen die von Moskau unterstützten Armenier, die Amputation dieser türkischen Schwester-Republik um ein Fünftel ihres Territoriums, wurde in Ankara als Demütigung empfunden. Jetzt ist die Rede davon, daß die türkische Armee mit amerikanischer Billigung einen Militärstützpunkt im Umkreis von Baku errichten werde, um die Azeri zu unterstützen, aber dafür lag keine Bestätigung vor. Die Aserbaidschaner, so wird an diesem Nachmittag argumentiert – die Einschätzung entspricht vollauf meinen persönlichen Eindrücken, die ich vor Ort gesammelt hatte –, zählten zwar zur türkischen Völkerfamilie, aber die kriegerischen Tugenden ihrer Rasse seien bei ihnen nicht sonderlich stark ausgeprägt. Man habe es dort mit einer Ethnie von Schöngeistern und Poeten zu tun. Lobend erwähnt werden die guten Beziehungen zu Georgien, das sich unter Präsident Schewardnadse krampfhaft um den Abzug der russischen Garnisonen bemühe. Die Georgier würden von Moskau durch ständige Anheizung des Konflikts in ihrer autonomen Teilrepublik Abkhasien unter Druck gesetzt. Als ich nach kurzer Erwähnung Tschetscheniens – hierzu gab es nicht den geringsten Kommentar – die wachsende Unruhe, ja die unvermeidliche Explosion in der autonomen Nord-Kaukasus-Republik Daghestan erwähne, die ja noch der Rußländischen Föderation angehört, werden die Zuhörer hingegen hellwach.

Bei diesem Meinungsaustausch wußte ich von Anfang an, daß die Ausbeute an militärischen Fakten dürftig sein würde. Was mich interessiert, ist die psychologische Grundstimmung, und wenn ich mich weit aussagefreudiger verhalte als die hohen Offiziere, so tue ich das, um ihre Reaktionen zu studieren. Die Beteuerungen, daß die Türkei ihre Pflicht als Partner und südöstlicher Pfeiler des Atlantischen Bündnisses stets hundertprozentig erfüllt habe und das auch in Zukunft zu tun gedenke, gehört nun einmal zum offiziellen Credo ebenso wie die Betonung, die auf die Priorität der strategischen Zusammenarbeit mit den USA gelegt wird. Laut iranischen Experten, zu denen ich in Teheran Kontakt geknüpft hatte, waren ja im orientalischen Großraum zwei Achsen entstanden: Auf der einen Seite die Türkei, die Vereinigten Staaten von Amerika und Israel; auf der anderen die Rußländische Föderation, die Islamische Republik Iran und die armenische GUS-Republik von Eriwan. Im Generalstab von Ankara macht man sich dennoch seine Gedanken über die Unberechenbarkeit gewisser Washingtoner Schachzüge und ist keineswegs bereit, das eigene Schicksal in fremde Hände zu legen. Mehr denn je ist die US Air Force auf die anatolische Basis von Incirlik für ihre völkerrechtlich dubiosen Luftschläge gegen den Irak Saddam Husseins angewiesen. Damit verfügt die Türkei über ein Druckmittel, gewisse Nahost-Intrigen des Pentagon in ihrem Sinne zu korrigieren.

Das letzte große Thema ist der Balkan. Die Animosität gegen Griechenland – obwohl Athen ebenfalls NATO-Partner ist – bleibt tief eingefleischt. Dagegen zahlen sich die Bemühungen um bessere Beziehungen zu Bulgarien, Rumänien, Moldova und zur Ukraine angeblich aus. Die noch bestehenden Differenzen, Restbestände der osmanischen Epoche, versucht man großzügig auszuräumen. So hatte Sofia jene Zwangs- und Vertreibungsmaßnahmen gegen die türkische Minderheit Bulgariens annulliert, die unter dem kommunistischen Diktator Schiwkow in den achtziger Jahren verhängt worden waren.

»Bei meinen Reisen durch den Balkan, auf dem Höhepunkt der Belagerung und Beschießung Sarajevos zum Beispiel, habe ich eine militärische Hilfestellung der Türkei zugunsten der bosnischen Muslimani vermißt, obwohl diese Volksgruppe sich doch einst als treuer Vasall des Sultans bewährt hatte. Diese Abstinenz ist dort schmerzlich vermerkt worden«, sage ich frei heraus. Ob es die Türken nicht bekümmere, daß die Kosovo-Albaner, in der trügerischen Hoffnung, die serbische Sonderpolizei zu beeindrucken, amerikanische Flaggen mit »Stars and Stripes« schwenkten, statt ihnen die rote türkisch-osmanische Fahne mit Halbmond und Stern entgegenzuhalten? Einer der Generale verweist auf die sich abzeichnende NATO-Intervention zugunsten der bedrängten Kosovaren. Aber wieder einmal ist Ankara nicht bereit, sich aus dem Korsett der amerikanisch geführten Allianz zu lösen. Ähnlich hatte man sich ja auch beim Abschluß des Dayton-Abkommens verhalten, das für die bosnischen Muslime, die in eine Föderation mit ihren kroatischen Kriegsgegnern gepreßt wurden, fast nur Nachteile enthielt, während den Serben in den zwei Gebietsfetzen der »Republika Srspska« zwischen Banja Luka und Pale immerhin eine Schein-Autonomie erhalten blieb.

»Wir haben doch ein türkisches Bataillon in Zenica stehen«, lautet die unbefriedigende und etwas verlegene Entgegnung. Offenbar ist man sich an der Spitze der türkischen Streitkräfte bewußt, daß die Muslime des Balkans – in Bosnien, im Sandschak von Novi-Pazar, in der albanischen Republik von Tirana, im Kosovo und in Mazedonien – an der offiziellen Zurückhaltung der Kemalisten Anstoß nehmen. In der eigenen türkischen Bevölkerung greift ja längst eine Welle unge-duldiger Solidarisierung zugunsten der einstigen osmanischen Brüder und Waffengefährten des Balkans um sich, die auch die Armee nicht länger ignorieren konnte. Eine Blitzreise Präsident Demirels nach Tirana, die vor zwei Wochen stattfand, hatte sich als Fiasko erwiesen. Einer der Begleiter des türkischen Staatschefs hatte mir von der Irrita-tion berichtet, die im Gespräch Demirels mit dem albanischen Präsi-denten Rexhep Meidani aufgekommen sei. Auf eine Besichtigungs-reise in den Norden des Landes, auf den Besuch der Grenzstadt Shko-dër hatte die hohe Delegation aus Ankara aus Gründen elementarer Sicherheit verzichten müssen.

In diesem Hauptquartier der »neuen Janitscharen«, deren kema-listischer Laizismus mindestens ebenso radikal gegen den Geist des Korans und des wahren Islam verstößt wie die Irrlehre der Bektaschi-Derwische von einst, habe ich gar nicht erst versucht, die politischen Mißstände ihres Landes und die Ränke im Parlament von Ankara zur Sprache zu bringen. Kenan Evren, einer der ihren, hatte seine Auffas-sung darüber einmal drastisch geäußert, bevor er seine eigene Militär-vollmacht schrittweise an Turgut Özal abtrat. In der Politik, so hatte er seinen Standesgenossen geraten, könne man nicht vorgehen wie bei der Aufstellung einer Brigade oder einer Armee. Man habe es in der Politik nicht mit Offizieren zu tun, die man strammstehen lassen könne. Da seien bissige Schakale am Werk, die jeden Außenseiter zur Tür hinausdrängen möchten. Bemerkenswert innerhalb dieser militärischen Hierarchie ist der fast automatische Aufstieg eines jeden aktiven Subaltern-Offiziers zum Rang des Obersten. Eine »Majors«-Ecke existiert da nicht. Die Generalität wiederum bildet eine selbstherrliche Elite sui generis, die zum Beispiel spezielle Lifts im Hauptquartier beansprucht, deren Gattinnen über abgesonderte Friseur-Salons verfügen und sich in komfortablen Dienstwagen chauffieren lassen.

Die Spannungen innerhalb dieser martialischen Tarikat werden unterirdisch ausgetragen. Am Tag nach meinem Gespräch im Hauptquartier entnahm ich der »Turkish Daily News«, daß 24 Kommandeure wegen islamistischer Neigungen aus der Armee verstoßen wurden. Im Juni waren bereits 160 Offiziere aus dem gleichen Grund geschaßt worden. In Ost-Anatolien, so stand in derselben Gazette, seien in der Provinz Şirnak 165 PKK-Partisanen im Kampf umgekommen, aber auch die Armee hatte fünfzehn Tote und eine höhere Anzahl von Verletzten zu beklagen. So wie ich die Militärs kennengelernt habe, sind sie fanatisch entschlossen, dem kurdischen Aufstand das Rückgrat zu brechen. Die Zeit des militärischen Stillhaltens, das Atatürk so lange und aus guten Gründen gepredigt hatte, neigte sich dem Ende zu.

Die gründliche Umbesetzung der Armeeführung, die Saadet mir in Van angekündigt hatte, sollte wenige Wochen später stattfinden. Über die Hintergründe und realen Positionsverschiebungen dringt aus dem abgeschotteten Konklave der Generale nicht die geringste Indiskretion nach außen. An die Stelle des bisherigen Chefs des Generalstabs, Ismail Hakki Karadayi, trat nunmehr der General Hüseyin Kivrikoğlu, der zuvor das Heer befehligt hatte. Kivrikoğlu verfügte aufgrund früherer Verwendung in den NATO-Stäben von Neapel und Brüssel über reiche Erfahrung mit dem Ausland. Auch die Spitze der Jandarma wird umdisponiert. Am lebhaftesten wird jedoch über die neue Beauftragung des bisherigen Stellvertretenden Generalstabschef, Çevik Bir, gemutmaßt, dem nunmehr der Oberbefehl über die Erste Armee in Ost-Thrakien zufällt. Çevik Bir hatte beim Einsatz der UNO-Blauhelme in Somalia das Kommando geführt und dabei seine speziellen Erfahrungen mit der Selbstherrlichkeit der ihm theoretisch unterstellten Amerikaner machen können. In einer Hollywood-Inszenierung waren die US Marines am Strand bei Mogadischu im Juli 1992 an Land gegangen.

Nachdem sie durch Heckenschützen leichte Verluste erlitten hatten und ein toter Hubschrauber-Pilot nackt durch die Straßen von Mogadischu geschleift worden war, hatte Washington das gesamte Unternehmen am Horn von Afrika überstürzt abgeblasen.

General Bir, der – recht untypisch für die türkische Armee – medienwirksame Auftritte zu inszenieren weiß, hat sich mit seinem besonders rigorosen Vorgehen gegen jede religiöse Regung innerhalb der Streitkräfte hervorgetan. Bei ihm ging man fast mit Sicherheit davon aus, daß er von Hause aus der alevitischen Sekte angehörte. Als Vertreter dieser Glaubensrichtung stand er in den höchsten Kommandostrukturen wohl nicht allein. Immerhin hat der von so vielen Beobachtern befürchtete Putsch in diesem Sommer 1998 nicht stattgefunden. Die Streitkräfte haben es gar nicht nötig, ihre ohnehin exorbitante Steuerungsfunktion im Staat öffentlich zu exponieren. Das Rätselraten um die Rolle der diskreten Anhänger des Hadschi Bektasch innerhalb dieser geschlossenen Gesellschaft reißt jedoch nicht ab.

*

Nach Deutschland zurückgekehrt, habe ich mir wieder einmal in Köln Rat und Unterweisung bei dem gottesfürchtigen Ustaz Mustafa geholt. »Wir sind tatsächlich im vergangenen Sommer an einem neuen Pronunciamiento der Armee ganz knapp vorbeigekommen«, bestätigte er mit seiner ruhigen Stimme. »Aber dieses Mal wäre es ein Putsch besonderer Art gewesen: Die alevitischen Offiziere, die zahlreicher sind als die meisten sich vorstellen, hätten die Macht an sich gerissen, und dem listenreichen General Bir wäre dabei eine Schlüsselstellung zugefallen.« Angeblich beabsichtigen diese Sektierer, die ihre religiöse Ausrichtung meisterhaft verheimlichen, gemäß der Methode jener »Alawiten« Syriens vorzugehen, die ihnen ja in mancher Hinsicht nahestehen. Bekanntlich verfügt der alawitische Staatschef Hafez-el-Assad seit 1971 über die uneingeschränkte Verfügungsgewalt in der Arabischen Republik Syrien und stützt sich dabei auf seine alawitischen Glaubensbrüder, die alle militärischen und politischen Schlüsselstellungen, vor allem die Führung der Geheimdienste, der »Mukhabarat«, unterwandert haben. Das Herrschaftsmonopol eines einzigen Generals vom Schlage Hafez-el-Assad sei in Ankara zwar auszuschließen, doch eine diskrete, nach außen getarnte, aber höchst effiziente Kontrollübernahme durch die Aleviten und ihre radikal kemalistischen Verbündeten sei so unvorstellbar wiederum auch nicht. Die

Alawiten Syriens stellen bestenfalls zwölf Prozent der dortigen Bevölkerung, während die neuen »Bektaschi« der Türkei sich auf eine »alevitische« Gemeinde von zwanzig Prozent stützen könnten. – Ist der sonst so verläßliche Mustafa den Versuchungen des orientalischen Verschwörungsdenkens erlegen, oder verfügte er über ein Insider-Wissen, das den ausländischen Beobachtern in Ankara verschlossen bleibt?

# Türken in Deutschland

# *Halbmond über Berlin*

## Öcalan – Held oder Verräter?

*Berlin, im Februar 1999*

Es herrscht Tumult am Wittenbergplatz. Um fünf Uhr morgens – es lag noch Dunkelheit über Berlin – haben etwa 350 Kurden das griechische Konsulat im Handstreich besetzt. In tiefer Nacht waren sie von der Schreckensnachricht erreicht worden. PKK-Führer Abdullah Öcalan, der nach seiner vergeblichen Flucht durch halb Europa bei der griechischen Botschaft im afrikanischen Kenia ein Asyl gefunden zu haben glaubte, war auf seiner Fahrt zum Flugplatz von Nairobi und vor seiner vorgetäuschten Evakuierung nach Amsterdam von türkischen Sicherheitsbeamten übermannt und entführt worden. Die geheime Kommandozentrale der Kurdischen Arbeiterpartei in Europa, die in Brüssel vermutet wird, reagierte mit der Präzision eines Generalstabes. In mehreren Hauptstädten des Kontinents und auch in der deutschen Provinz bildeten sich Protestkundgebungen wütender, verzweifelter PKK-Anhänger. Die Aktion am Wittenbergplatz, wo die griechische Interessenvertretung im dritten Stockwerk und das angeschlossene Kulturzentrum verwüstet und zertrümmert wurden, ist durchaus kein Einzelfall.

Gegen Mittag versuche ich mich der Stätte des Aufruhrs zu nähern. Aber im weiten Umkreis haben grüne Einsatzwagen der Polizei Absperrungen errichtet. Aus der Ferne ist die rote Fahne der kurdischen Separatisten mit gelbem Kreis und rotem Stern auf dem Balkon des Konsulats zu erkennen. Demonstranten ballen dort die Fäuste oder halten in ihrer Verzweiflung zwei Finger zum Zeichen »Victory«

hoch. Der schlimmste Schock hatte sie eine Stunde zuvor erreicht, als sich bestätigte, daß Öcalan unter strenger Bewachung in der Türkei eingetroffen sei und dort sofort in ein Gefängnis eingeliefert wurde. Da hat sich die Wut vorübergehend zur Raserei gesteigert. Mehrere Kurden übergossen sich mit Benzin und drohten mit Selbstverbrennung. Den sie umzingelnden Polizisten hielten sie Molotow-Cocktails entgegen. Auf dem Wittenbergplatz werden von herbeigeeilten Sympathisanten riesige Bilder Apos und ein paar PKK-Fahnen hochgehalten. Gleich neben mir stimmt eine Gruppe den Ruf an: »Biji PKK! Biji Öcalan!« – Es lebe die PKK, es lebe Öcalan! Dann skandieren sie: »Bei jeder Schweinerei ist die BRD dabei.«

Die Polizeidirektion von Berlin hat von Anfang an auf Deeskalation gesetzt, das heißt, man nimmt den Landfriedensbruch und die gewaltsamen Ausschreitungen gegen das griechische Konsulat passiv und abwartend hin. Es wird diskutiert und über freien Abzug der Randalierer verhandelt, wobei ausdrücklich auf die Feststellung der Personalien verzichtet wird. Die Besatzer hätten sich »kooperativ« verhalten, äußert sich ein Einsatzleiter der Ordnungskräfte und gesteht damit seine eigene Kapitulation vor der Gewalt ein. Ich verweile nicht lange in der Umgebung des Wittenbergplatzes und warte auch nicht die Ankunft des grünen Bundestagsabgeordneten Cem Özdemir ab, der mir aus Diskussionsrunden wohlbekannt ist und sich in Berlin als Vermittler betätigen will. Gegen Abend geht das Spektakel ohnehin zu Ende, und die demoralisierten Kurden ziehen unbehelligt von dannen.

Sehr viel dramatischer ist es am Nachmittag im Stadtteil Wilmersdorf am Grunewald zugegangen, wo sich ein Trupp kurdischer Extremisten vor dem Generalkonsulat des Staates Israel zusammenrottete und die deutschen Behörden überrumpelte. Zu dieser Stunde hatte sich bereits der Verdacht herumgesprochen, daß der israelische Geheimdienst Mossad mit den türkischen Entführern von Nairobi aufs engste zusammengespielt habe und daß es sogar zu einer Zwischenlandung der Privatmaschine mit dem gekidnappten PKK-Führer in Israel gekommen sei. Als der Schlägertrupp der PKK auf die offizielle Vertretung des Judenstaates in Berlin vordrang und sich anschickte, mit Baseball-Schlägern Unheil zu stiften, stießen sie nicht auf beschwichtigende deutsche Ordnungshüter, sondern auf eine kleine Schutzmannschaft aus Israel, und die reagierte so, wie man es im Orient gewohnt ist, wo jede Nachgiebigkeit als Schwäche ausgelegt wird. Die Israeli eröffneten das Feuer. Vier Kurden wurden getötet, mehrere verletzt. Vor dem weißen Konsulargebäude spielten sich die üblichen Trauerszenen ab. Inzwischen war Polizeiverstärkung eingetroffen, und die israelischen Schützen, die ohnehin diplomatischen Schutz genossen, wurden schleunigst ausgeflogen.

Die ursprüngliche Befürchtung, die Bundesrepublik Deutschland würde zum permanenten Schauplatz des gewaltsamen kurdischen Unabhängigkeitskampfes, hat sich nach der Verbringung Öcalans auf die Gefängnisinsel Imrali im Marmara-Meer dann doch nicht bewahrheitet. Der grobschlächtige Mann mit dem Stalin-Schnurrbart wurde vom türkischen Fernsehen wie ein gefangenes Raubtier vorgeführt. Offensichtlich stand er noch unter der Wirkung von Drogen, als er bereits in der kleinen Entführungsmaschine seinen maskierten Bewachern lallend mitteilte, er habe doch nur den Ausgleich zwischen Türken und Kurden angestrebt. Dann zeigte man ihn trotzig schweigend vor zwei türkischen Fahnen.

Zwei Tage lang hat die PKK immerhin demonstriert, daß sie – sobald ihre Untergrundführung dazu aufruft – die Städte Europas und speziell der Bundesrepublik, wo eine halbe Million Kurden lebt, in einen Zustand der Unsicherheit und des Aufruhrs versetzen kann. Abgesehen von vereinzelten Ausschreitungen gegen türkische Restaurants, Gemüseläden oder Kulturvereine, ist es auf deutschem Boden nicht zu der befürchteten Konfrontation zwischen den beiden anatolischen Rassen gekommen. Aber noch ist nicht aller Tage Abend. Die Zahl der aktiven PKK-Mitglieder in der Bundesrepublik wird auf etwa 9000 geschätzt, zu denen sich 50 000 Sympathisanten gesellen mögen, ein erstaunlich hoher Prozentsatz, wenn man die große Zahl unmündiger Kinder in Rechnung stellt. Allein in Berlin verfügen die Anhänger Öcalans über ein Potential von 50 000 Landsleuten, und es beeinflußt deren ideologisch-nationalistisches Zusammengehörigkeitsgefühl kaum, ob sie mit türkischen, deutschen, syrischen oder irakischen Pässen ausgestattet sind. Je nach Ablauf des Prozesses, der in der Türkei gegen Abdullah Öcalan geführt werden wird und der mit einem Todesurteil enden dürfte, drohe die Kurdenfrage Ruhe und Ordnung der deutschen Länder zu untergraben, stelle jedenfalls einen unberechenbaren Risikofaktor dar, so ist zu hören.

Es trifft sich gut, daß ich mich gerade an diesem Dezembertag in der neuen Bundeshauptstadt befinde und zwischen Kreuzberg und Wedding über den Zustand der türkischen Gemeinde Berlins recherchiere, die 150 000 Menschen zählt. Aus diesem Anlaß habe ich auch die Ausländerbeauftragte Barbara John aufgesucht. Wir kennen uns seit langen Jahren. Die kluge, umsichtige Beamtin hat mich schon bei unserem ersten Treffen im Sommer 1982 beeindruckt. Mit Sorge betrachtet sie neuerdings die rückläufigen Ergebnisse aller Integrationsbemühungen. Einer kulturellen Anpassung der jungen Türken an das deutsche Umfeld ständen die »3 T« im Wege, stellt Barbara John fest: das Televisionsprogramm der diversen türkischen Fernsehkanäle, das dem angestammten Lebensgefühl besser entspricht; die starke Senkung der Telefongebühren, die häufige Gesprächsverbindungen mit der Heimat erlaubt; das preiswerte Transportangebot zahlreicher Luftlinien, das zu jedem beliebigen Zeitpunkt einen Abstecher nach Isanbul oder Anatolien ermöglicht.

Noch bedenklicher erscheint die Feststellung, daß die deutschen Sprachkenntnisse bei der zweiten Generation dieser Einwanderer besser waren als bei der jetzt heranwachsenden dritten und vierten Generation. Jeder fünfte jugendliche Türke ist arbeitslos, bei den Deutschen ist es nur jeder zehnte Jugendliche.

Auf meine ersten flüchtigen Begegnungen mit dem türkischen Milieu an der Spree, die fast zwanzig Jahre zurückliegen, will ich an dieser Stelle zurückgreifen und meine damaligen Beobachtungen im Wortlaut wiedergeben. Allzuviel hat sich ja nicht verändert seit meinem damaligen Streifzug durch das angebliche »Türken-Ghetto« von Kreuzberg.

»Dieser Stadtteil West-Berlins«, so hatte ich 1982 notiert, »hat sich trotz des wilhelminischen Zuschnitts seiner Wohnkasernen aus den Gründerjahren weitgehend orientalisiert. Kebab- und Schaschlik-Verkäufer haben die alten Bierkneipen verdrängt. 130 000 Türken lebten wohl inzwischen in der ehemaligen Reichshauptstadt, und ein sehr verständlicher Trieb der Zusammengehörigkeit drängte sie in scharf umrissenen Vierteln zusammen. Die Mauern in Kreuzberg waren mit Slogans bepinselt. Da wurde immer wieder Freiheit und Demokratie für die türkischen Linksgruppen, den »Revolutionären Weg« – »Dev Yol« und andere marxistische Fraktionen gefordert. Die Wandparolen der deutschen Aussteiger-Szene, von Nuklear-Gegnern, Reagan-Hassern, Instandbesetzern, »Tu-nix«- und Null-Bock-Befürwortern waren in Kreuzberg ebenso eindringlich. Im Umkreis der Türken-Viertel, sei es in Württemberg, Hessen, im Ruhrgebiet, im Rheinland oder West-Berlin, wurde viel Aufhebens gemacht von Messerstechereien und Schlägereien, die zwischen verfeindeten ideologischen

Kampftrupps ausgetragen würden. Seit Sommer 1980, seit der Macht-ergreifung der Generale in Ankara, wo Hunderte von Links- und Rechtsextremisten in Permanenz vor den Militärtribunalen standen und mit der Todesstrafe rechnen mußten, schien die Gewalttätigkeit der Gastarbeiter auf deutschem Boden abgeflaut zu sein. Die früher viel zitierten »Grauen Wölfe« hatten seit der Inhaftierung ihres Füh-rers, Oberst Türkeş, von ihrer Aggressivität verloren. Wenn die Links-revolutionäre und marxistischen türkischen Gruppen in Kreuzberg und Köln so viel von sich reden machten, so war das oft auf die aktive Solidarität deutscher Sympathisanten zurückzuführen.

Ich wollte mich in West-Berlin über die »Re-Islamisierung« dieser Einwanderer informieren. Durch Vermittlung eines deutschen Mus-lims hatte ich mich in der Mevlana-Moschee an der Skalitzer Straße mit den zuständigen Hodschas und Imamen an einem regnerischen Nachmittag verabredet. Die Moschee war in einer geräumigen Zwi-schen-Etage untergebracht. Die Gebetsnische und die Kanzel waren bescheiden dekoriert, die Teppiche, auf denen sich bärtige Männer mit weißen Kappen zum Gebet nach Mekka verneigten, waren billige Serienprodukte. Der zuständige Imam, ein sympathischer, stämmiger Mann, der in Kairo und Damaskus studiert hatte, und die ihn umge-benden frommen Ältesten begrüßten mich mit großer Herzlichkeit. Sie hatten meine Filme über Afghanistan und die Muslime in der Sowjetunion gesehen. Wir kauerten uns auf den Boden und sprachen über die Zukunft des Islam in der Türkei. Als Dolmetscher fungierte ein relativ junger, elegant gekleideter Türke namens Ismail, der als In-genieur ausgebildet war.

»Wir können nicht behaupten, daß die meisten der in Berlin leben-den Türken streng praktizierende Muslime sind«, räumte der Hodscha ein. »Aber wir stellen zweifellos die stärkste geistliche und politische Richtung bei unseren Landsleuten dar. Wir erkennen die von Atatürk aufgezwungene Trennung von Staat und Religion nicht an. Wir beken-nen uns zum Einheitsprinzip von »din wa dawla«. Ismail schob mei-nen Einwand beiseite, daß doch überwiegend betagte Männer an die-sem Nachmittagsgebet teilnahmen. »Das ist immer so gewesen bei uns«, beteuerte er mit mir vertrauten Argumenten. »Solange man jung ist, geht man dem Leben und seinen Vergnügungen nach, es sei denn, man fühlt sich zur Frömmigkeit speziell berufen. Erst ab vierzig findet der durchschnittliche Muslim zur Religion und denkt an seine von Gott vorgeschriebene Bestimmung.«

Der Hodscha führte mich ins Nebenzimmer, wo gerade Koranunterricht erteilt wurde. Jungen und Mädchen murmelten streng getrennt ihre Suren. Die Mädchen mit den Kopftüchern, den weiten geblümten Kleidern, den blassen Gesichtern wirkten wie Kobolde. Der Hodscha beklagte sich darüber, daß die deutschen Behörden den muslimischen Kindern – im Gegensatz zu den anderen Bekenntnissen – keinen geordneten, staatlich subventionierten Religionsunterricht zukommen ließen. Eine Anzahl frommer Männer fände sich zwar bereit, dieses Versäumnis auszugleichen, die große Mehrheit der türkischen Kinder käme nachmittags zur Koranlehre in die Moschee. Aber die kemalistische Regierung des General Evren versuche ihrerseits, regierungskonforme Hodschas und Religionslehrer zu den Auslandstürken zu delegieren. Diese Sendboten seien in Wirklichkeit verkappte Beauftragte der in Ankara offiziell geförderten Gottlosigkeit.

Die Hodschas der Mevlana-Moschee standen wohl der gleichnamigen Tarikat nahe, die sich durch ihre Duldsamkeit auszeichnet. Als ich das Thema der religiösen Bruderschaften ansprach, die in der Türkei untersagt waren, lösten sich die Zungen. Vor allem die militante Naqschbandi hätten unter den islamischen Türken von Kreuzberg an Boden gewonnen, so erfuhr ich in der Mevlana-Moschee. Im Rheinland verfüge die Süleymancilik über wachsende und kämpferische Anhängerschaft. Die Nurculuk und sogar die Qadiriya seien ebenfalls vertreten. Dieses Überhandnehmen der Tarikat wurde von Osman auf folgende Weise erklärt: »Wir Türken in der Fremde sind zwangsweise in eine Abwehrposition gedrängt. Wir stoßen beim Gastvolk auf Unkenntnis und Geringschätzung unserer kulturellen Eigenart, manchmal sogar auf brutale Reaktionen. Die Deutschen unterschätzen oft unseren nationalen Stolz. Aber was uns den wahren inneren Zusammenhalt, ja die Gewißheit einer gewissen Überlegenheit gibt, das ist unsere Zugehörigkeit zur islamischen Umma. Warum hat die persische Revolution Khomeinis über die Macht des Schah und dessen amerikanische Verbündete gesiegt? Weil die Schiiten im Iran über festgefügte klerikale Strukturen, die Mullahkratie, wie man sagt, verfügen. In der Sunna ist eine solche Hierarchie nicht vorhanden, widerstrebt der Überlieferung. Doch unsere strikt organisierten Bruderschaften, unsere Tarikat, die von den Unwissenden stets als ›Sekten‹ bezeichnet werden, die bilden ein tragfähiges Gerüst, sind ein mächtiges Instrument der Glaubensbewahrung und der Glaubenserneuerung. Sie spielen für uns eine unentbehrliche kulturelle und auch politische Rolle.«

Eine Gruppe junger Türken – die Fabrikschicht ist wohl zu Ende – war hinzugetreten. Sie stellten zahlreiche Fragen nach Ruhollah Khomeini. Sie könnten nicht mit den Schiiten einverstanden sein. Als Sunniten sei ihnen die Unfehlbarkeit der Zwölf Imame unerträglich. Ob Khomeini sich tatsächlich mit dem Gedanken trage, den Titel des Kalifen für sich zu beanspruchen? Unausgesprochen lebte in dieser versprengten osmanischen Gemeinde die alte Sehnsucht nach der Statthalterschaft Allahs weiter, die der Sultan am Bosporus so lange verkörpert hatte.

Das mehrstöckige Gebäude in der Skalitzer Straße, wo die Mevlana-Moschee Unterkunft gefunden hatte, diente offenbar auch als Sportzentrum. Ein Judo- und ein Karate-Club waren dort untergebracht. Es gab sogar einen Übungsraum für die rauhen koreanischen Kampfübungen des Taekwondo. Ob die Nachbarschaft dieser Gymnasten ihn nicht störe, fragte ich den Imam. Er lächelte. »Das sind unsere eigenen Sport-Clubs«, sagte er, »dort bilden wir unsere jungen Leute und Anhänger aus.« Die Begeisterung der türkischen Kinder und Jünglinge für die Nahkampfkünste aus Fernost war aufschlußreich für ihren resoluten Selbstbehauptungswillen. »Auf unsere Art streben auch wir eine islamische Revolution der wahren Gottesgefolgschaft und der sozialen Gerechtigkeit an«, erklärte Osman. »Zu diesem Zweck haben wir die Organisation der Jung-Osmanen gegründet, und es stört uns nicht, wenn unsere Gegner uns als ›Grüne Kommunisten‹ beschimpfen, weil wir zu den Gleichheitsidealen der ersten Kalifen zurückfinden wollen. Jedenfalls verfügen wir hier in der Bundesrepublik über all jene Entfaltungsmöglichkeiten, die uns unter dem Regime des General Evren zu Hause strikt versagt werden.«

Wir verabschiedeten uns von den Hodschas der Mevlana-Gemeinde und suchten die nahe Fatih-Moschee in der Görlitzer Straße auf. Die Fenster der Gebetshalle öffneten sich hier auf ein verlassenes Fabrikgebäude. Die Fatih-Moschee wurde von der »Vereinigung für die Lehre des Qur'an e. V.« betreut. Auch hier regte sich unterschwellig das Tarikat-Wesen. Die Freude der Gläubigen war groß, daß jemand sich für ihre Probleme und religiösen Zielrichtungen interessierte. Auch ihre Räume dienten natürlich dem Koranunterricht. Über der Gebetsnische stand in arabischen Lettern die Schahada, das islamische Glaubensbekenntnis, und darunter las ich den unvermeidlichen Ruf: »Allahu akbar«. Warum mußte ich in dieser Moschee an den Berliner Katholikentag 1980 denken? Diese christliche Veranstaltung – nur ein paar hundert Meter von der Mauer und ihren Todesanlagen entfernt – war gelegentlich in ein pazifistisches Happening abgeschweift. Sie stand unter dem Motto: »Gottes Liebe ist stärker«, als hätte das islamische Postulat »Allah ist größer!« auf die Katholiken in Berlin nachahmerisch abgefärbt. Eine ausführliche Fernsehsendung über den Katholikentag hatte die Themenstellung: »Gottes Liebe ist stärker« durch die Zusatzfrage ergänzt: »Stärker als was?«, eine für Muslime frevlerische Formulierung.

In der Fatih-Moschee entdeckte ich eine Landkarte, die das alte Osmanische Reich zur Zeit seiner größten Expansion darstellte, von den Toren Wiens bis nach Yemen, von der Ukraine bis an die Schwelle Marokkos. Der Hodscha war neben mich getreten. »So töricht sind wir nicht, daß wir die Macht des osmanischen Kalifats wiederherstellen möchten, aber es ist doch nützlich, wenn unsere jungen Leute erfahren, daß die Türken, lange vor Atatürk und ehe unser Staatsgebiet auf den anatolischen Rumpf reduziert wurde, weltweit geherrscht haben.«

Mit Osman unterhielt ich mich noch eine Weile über die Perspektiven der türkischen Re-Islamisierung. Er vertrat die Theorie, daß die künstliche Vorrangstellung der Araber innerhalb der islamischen Umma möglicherweise einem baldigen Ende zusteure. Die Ohnmacht angesichts der Libanon-Tragödie, der Abnutzungskrieg am Schatt-el-Arab hätten die innere Zerrissenheit der arabischen Nation schonungslos enthüllt. Gamal Abdel Nasser habe mit seinen pan-arabischen Parolen und der Wucht seiner Persönlichkeit über diese Schwächen hinwegtäuschen können. Die erpresserische Nutzung der Energiewaffe durch die Erdöl-Scheikhs habe den Arabern in den Augen des Westens eine völlig unangemessene Bedeutung zugespielt. Osman fragte sich, ob innerhalb der islamischen Umma nicht die Führungsrolle der zahlenmäßig überlegenen, mit stärkerem Machtinstinkt ausgestatteten Nicht-Araber, in erster Linie der Türken und der Iraner, fällig sei? Wenn man vom übervölkerten, unruhigen Nil-Tal, das ohnehin eine Sonderstellung einnahm, und vom Maghreb absah, dessen Originalität weiterhin von Berber-Traditionen beeinflußt war, ließe sich durchaus die These vertreten, daß demnächst innerhalb der weltweiten islamischen Gemeinschaft die Stunde der ›Schuubiya‹, der nicht-arabischen Völkerschaften, schlagen könnte. Die letzte Entscheidung über eine solche Entwicklung, so meinte Osman, werde eines Tages in Anatolien gefällt.

Ich beobachtete sie aufmerksam, diese türkischen Muslime von Berlin. Mir fielen die algerischen Fremdarbeiter in der Pariser Banlieue ein, und ihr bärtiger Propagandist Messali Hadj, der in der Fremde, in der kulturellen Alienation der französischen Elendsviertel – auf dem Umweg über die islamische Rückbesinnung – die algerische Nation entdeckt, ja erfunden hatte, lange bevor diese Bewegung auf die eigentlichen nordafrikanischen Départements übergriff. Der Gedanke an die entwurzelten, verzweifelten Massen des Lumpenproletariats von Süd-Teheran kam auf, die ebenfalls – von der glitzernden Luxuswelt des Schah-Regimes und von seiner forcierten Verwestlichung ausgeschlossen – nach einem eigenen, vertrauten Standpunkt, nach einem Halt im Elend und in der Rastlosigkeit suchten. Die Perser von Süd-Teheran hatten sich dem schiitischen Islam und der mystischen Erwartung des Verborgenen Imam zugewandt. Waren auch diese frommen Türken von Berlin, diese verkappten Derwische, Vorläufer einer ähnlichen Entwicklung, die sich im eigentlichen Anatolien noch nicht mit vergleichbarer Deutlichkeit artikulierte? Fand die politisch-religiöse Hinwendung der Auslandstürken vielleicht doch schon ein Echo in den alten Hochburgen islamischer Frömmigkeit Anatoliens und in jenen Squatter-Siedlungen der Gecekondus am Rande der Industriestädte? Osman war kein Neurotiker und auch kein Phantast. »Das liegt alles nur zu einem geringen Teil in unserer Hand«, sagte er beim Abschied.

Nach Verlassen der Fatih-Moschee und ihres öden Fabrikgeländes stand ich im Nieselregen auf der Görlitzer Straße und sah mich nach meinem geparkten Auto um. Mein Blick fiel auf eine evangelische Backsteinkirche, die wohl um die Jahrhundertwende gebaut worden war. Über dem neuromanischen Portal war die Begegnung Christi mit den Jüngern von Emmaus dargestellt. Darunter stand in gotischer Schrift ein Zitat aus dem Lukas-Evangelium. In der wilhelminischen Epoche sollte dieser Bibelspruch wohl Zeugnis geben von lutherischer Zuversicht und gläubiger Geborgenheit in Gott. Aber der Zeitgeist hatte sich gewandelt. In dieser geteilten Hauptstadt einer gespaltenen Nation, im Vorfeld des zutiefst verwirrten Okzidents und auch im Kontrast zu der sendungsbewußten Moslem-Gemeinde der nahen Fatih-Moschee klang die Einladung der Jünger von Emmaus wie der Schrei einer millenarischen Angst: »Herr, bleibe bei uns, denn es will Abend werden.«

# »Tag der offenen Moschee«

*Berlin, im Februar 1999*

»Sie sehen, ich besitze die deutsche Staatsangehörigkeit«, sagt Osman Tozlu und legt seinen roten Reisepaß der Bundesrepublik mit dem Aufdruck »Europäische Gemeinschaft« auf den Tisch. Osman Tozlu zählt zum Führungsgremium des »Verbandes Islamischer Kulturzentren« in Berlin. Er hat mich zu einem Gespräch in die Lindower Straße im Stadtteil Wedding eingeladen. In diesen Wochen ist die Diskussion über die doppelte Staatsangehörigkeit, die von der CDU/CSU zu einer Volksbefragung genutzt wurde, im vollen Gange. Aber bei meinen diversen Kontakten mit türkischen Organisationen habe ich den Eindruck gewonnen, daß das Thema die deutschen Parlamentarier und Intellektuellen stärker erregt als die eigentlich Betroffenen. »Für meinen Vater, der frisch aus Anatolien ausgewandert war«, so fährt Osman Tozlu fort, »bestand noch eine so starke Bindung an die Heimat, daß ihm der Verzicht auf die türkische Staatsangehörigkeit unerträglich gewesen wäre. Ein solches Gefühl muß man respektieren. Aber für mich ist die Frage ziemlich irrelevant, und meine Kinder betrachten das Ganze als eine Formalität.« Es ist wenig bekannt, daß von rund 2,5 Millionen Türken in der Bundesrepublik mindestens 220 000 von ihrem Einbürgerungsrecht bereits Gebrauch gemacht und für Deutschland optiert haben.

Das Gespräch wird nicht an einem neutralen Ort geführt, sondern in einem Zentrum islamischer Aktivitäten, in deren Mittelpunkt sich natürlich eine Moschee befindet. Umfangreiche Säle für Koranunterricht, Verkaufsstände von Gemischtwaren und Nahrungsmitteln, die den Vorschriften des »halal« entsprechen, sind angeschlossen, ebenso eine Bibliothek, Gemeinschaftsräume für kultische Veranstaltungen, wo die mystische Übung des Dhikr, der Anrufung Allahs, still und meditativ vollzogen wird. Die Turnhalle dient dem Training für harten Kampfsport. Das Tor zu diesem Gesamtkomplex wirkt recht unscheinbar, fast wie der Eingang einer Fabrik. Die großen Innenhöfe eignen sich an den hohen islamischen Festtagen zu Massenversammlungen. Dort können ungestört der Gebetsruf des Muezzin und die Gebetschöre der Gläubigen vorgetragen werden.

Die Türken, die die deutsche Nationalität annehmen – dazu gehören fast alle Organisatoren und Funktionsträger der diversen islamischen Vereinigungen –, haben in ihrem Mutterland keine nennenswerten Nachteile zu erwarten. Sie erhalten, wie ich erfahre, ein Sonderstatut, das der amerikanischen »green card« entspricht, verlieren auch nicht mehr ihre Erbansprüche oder ihren Immobilienbesitz, ja es ist für sie ein leichtes, bei einer eventuellen Repratiierung die ursprüngliche Staatsangehörigkeit zurückzugewinnen.

Ich hatte Osman Tozlu anläßlich einer Podiumsdiskussion über den »Islam in Deutschland« im Schloß Bellevue in Gegenwart von Roman Herzog kennengelernt. Befriedigend sind solche Veranstaltungen nie, weil die wirklichen Probleme kaum angesprochen, die Akkulturationsprobleme der Einwanderer – und zwar überwiegend der zweiten und dritten Generation – ausgeklammert werden. Konfessionelle Eintracht wird da vor allem von weiblichen Teilnehmerinnen besungen, und das geht auf Kosten der Realität. Der etwa vierzigjährige Repräsentant des »Verbandes Islamischer Kulturzentren«, der in seinem dunklen Anzug etwas professoral wirkte, war mir durch seine angenehmen Umgangsformen aufgefallen. Ein paar Wochen später sollte ich ihn auf einer Veranstaltung der Friedrich-Ebert-Stiftung im Willy-Brandt-Haus, ebenfalls in Berlin, wiedertreffen, wo unter Vorsitz des Bundestagspräsidenten Wolfgang Thierse über das »Zusammenleben der Kulturen in einer globalen Gesellschaft« debattiert wurde. Auch hier verharrte man in Gemeinplätzen einer fiktiven, wenn auch gutgemeinten Harmonie. Bei dieser Gelegenheit sollte ich feststellen, daß die islamischen Kulturzentren dem Dachverband »Zentralrat der Muslime in Deutschland« zugeordnet sind, dessen Sitz sich in Köln befindet und dessen Vorsitzender Nadeem Elyas mir bei einer Beratung des nordrhein-westfälischen Innenministeriums begegnet war. Die Tatsache, daß der schnauzbärtige Nadeem Elyas, Staatsangehöriger Saudi-Arabiens, möglicherweise palästinensischer Abstammung ist, hat den »Zentralrat« gelegentlich in den Ruf gebracht, mit den Emissären und Finanziers des wahhabitischen Königreichs zusammenzuarbeiten. Aber der Geschäftsführer dieser Organisation, Ibrahim Caudar, der in der Ebert-Stiftung zu Wort kam, war ein waschechter Türke.

Es ist nicht leicht, sich im Geflecht der vielfältigen und häufig miteinander rivalisierenden Interessenvertretungen der Muslime in der Bundesrepublik zurechtzufinden oder gar einen klaren Überblick zu gewinnen. Die Tarikat, die Bruderschaften, die Derwisch-Orden spielen auch in dieser Diaspora eine bedeutende Rolle und unterhalten schwer durchschaubare Beziehungen zu jenen Modernisten des Islam, die eine sozialrevolutionäre Linie vertreten, sich auf die reine Lehre der Ursprünge beziehen und von den deutschen Verfassungsschützern als »Fundamentalisten« eingestuft werden. Als ich bei dem allzu euphorischen Globalisierungs-Gespräch im Willy-Brandt-Haus auf ein paar Koran-Zitate verwies, die die Botschaft des Propheten als eine militante, durchaus kämpferische Religion erscheinen lassen – was ein frommer Muslim niemals abstreiten würde –, ironisierte ein katholischer Theologe der Universität Tübingen, ich maße mir wohl an, die Jünger Mohammeds in ihrer eigenen Religion zu unterweisen. Darauf konnte ich nur antworten, daß ich es außerordentlich begrüßen würde, wenn die anpasserischen Interpreten des Christentums unserer Tage – inklusive der Klerisei – gelegentlich durch einen gläubigen Muslim an die grundlegenden Dogmen, an die metaphysische Basis und den im Evangelium enthaltenen Missionierungsauftrag ihrer Offenbarung erinnert würden.

In seiner umfangreichen Niederlassung an der Lindower Straße gibt sich Osman Tozlu durchaus überzeugend als Anwalt interkonfessioneller Verständigung zu erkennen. So hat seine Cami zu »Tagen der offenen Moschee« aufgerufen, bei denen vor allem die christlichen Einwohner des Wedding herzlich eingeladen sind. Es herrscht eine seltsame Atmosphäre in diesem Kulturzentrum. Die Knaben, die zum Koranunterricht gekommen sind, tragen die weiße Kalotte. Zwischendurch essen sie Süßigkeiten und trinken Fruchtsäfte in einer Art Cafeteria. Überwiegend unterhalten sie sich auf türkisch. Im Nebenzimmer übt sich ein verschleiertes Mädchen in der Kunst des »Tadschwid«, des kunstvoll modulierten Gebetsgesangs. Aus einem anderen Raum klingen helle Kinderstimmen, die sich mit der arabischen Rezitation der Heiligen Schrift abmühen, in einem Idiom also, das hier kaum jemand ausreichend beherrscht. Die Schüler pauken die Suren, indem sie sie auswendig lernen. Die Übersetzungen und die Kommentare sind jedoch auf deutsch abgefaßt, wie auch jene Broschüren, die die Grundregeln des Koran, die rechte Gebetshaltung und andere Vorschriften in einer Art islamischem Katechismus vermitteln. Dadurch würde sich die Gemeinde der Kulturzentren in ihrer religiösen Unterweisung eindeutig von den Methoden der DITIB-Organisation unterscheiden, von jenen Imamen und Hodschas, die als offizielle Beauftragte, fast als Beamte des »Ministeriums für Religiöse Angelegenheiten« aus Ankara in die Bundesrepublik entsandt werden. Die

Mehrheit dieser Befürworter des laizistischen Kemalismus, die angeblich von einem Sonderbeauftragten der türkischen Botschaft in Bonn betreut werden, halten sich lediglich während einer Frist von wenigen Jahren in Deutschland auf und beziehen aus dem Staatshaushalt das für anatolische Verhältnisse üppige Gehalt von 2500 DM. Bei den geistlichen Übungen der DITIB werde nur türkisch gesprochen und unterrichtet, erfahre ich, weil diese Wanderprediger gar nicht über ausreichende Zeit und Übung verfügten, die Sprache des Gastlandes zu erlernen. Diese offiziellen Koranlehrer stehen in dem Ruf, dem türkisch-kemalistischen Nationalismus intensiver verpflichtet zu sein als der ursprünglichen Frömmigkeit des Propheten, so wird von ihren Rivalen behauptet.

Und dennoch – bei aller Bemühung der Berliner Türken, ihre koranische Religiosität mit dem deutschen Alltag des Wedding in Einklang zu bringen: In diesem geistlichen Zentrum der Lindower Straße hat sich eine anatolische Enklave eingenistet, kein Ghetto, aber ein abgeschirmter Sonderbezirk, der der Ergebung in den Willen Allahs den absoluten Vorrang einräumt, im Geistlichen wie im Weltlichen. Die größte Schwierigkeit wird möglicherweise darin bestehen, daß die deutschen Gäste des »Tages der offenen Moschee« der eigenen Konfession weitgehend entfremdet, daß sie entchristianisiert sind und das theologische Bemühen der Muslime als eine zusätzliche Form exotischer Beharrung in fremden Bräuchen beurteilen. Es lohnt sich, in dem Faltblatt der wohlgemeinten Einladung zu blättern. Da heißt es: »In den letzten Jahren hat sich gezeigt, daß fehlendes Wissen zu vielen Vorurteilen geführt hat, die oftmals ein gedeihliches Miteinander in der Gesellschaft schwierig werden lassen. Dies lag auch an den nicht vorhandenen Möglichkeiten der Muslime, Wissen weiterzugeben und Fragen zu beantworten. Sprachliche Barrieren und fehlende Bereitschaft der Ansprechpartner kamen hinzu … Die Muslime werden allerorts bemüht sein, Fragen so gut wie möglich zu beantworten und für Gespräche zur Verfügung zu stehen. Nicht immer wird dies ausreichend möglich sein. Jeder wird aber versuchen, sein Bestes zu geben. Es kommt vielleicht nicht so sehr auf ein einwandfreies Beherrschen der Sprache an, als vielmehr auf den aufrichtigen Wunsch, miteinander in guter Weise umzugehen. Bewußt wurde der 3. Oktober, Tag der deutschen Einheit, und die Interkulturelle Woche als Rahmen für den ›Tag der offenen Moschee‹ gewählt. Hiermit soll die Verbundenheit der drei Millionen Muslime in Deutschland mit dieser Gesellschaft zum Ausdruck gebracht werden ... Der Islam betont den einheitlichen Ursprung aller monotheistischen Religionen. Die Propheten des Einen Gottes erschienen im Verlauf der Geschichte in jedem Land und bei jeder Gemeinschaft und überbrachten den Menschen die Weisung Gottes. Alle Propheten, von Adam über Abraham, Moses, Jesus bis hin zu Mohammed sind die Propheten, an die der Muslim glaubt und die er ohne Unterschied verehrt. Alle göttlichen Offenbarungen sind für den Muslim Offenbarungen des Einen Gottes ... Muslime in Deutschland wollen nicht missionieren. Der Islam kennt Zwang in der Religion nicht. Der Koran ruft die Muslime zur Toleranz gegenüber Andersdenkenden und Andersgläubigen auf ... Für die meisten Muslime hierzulande – deutsche, eingebürgerte wie ausländische Muslime – ist Deutschland Heimat. Ihre islamische Lebensweise und der Pluralismus dieser Gesellschaft sind für sie keine Gegensätze. Im Gegenteil. Das islamische Verständnis verpflichtet sie dazu, diese Staats- und Gesellschaftsordnung zu respektieren, ohne auf ihre islamische Identität zu verzichten. Die Muslime in Deutschland fühlen sich als Deutsche und Europäer und wollen am gesellschaftlichen Prozeß in Deutschland und in Europa teilhaben ...«

Bemerkenswert an dieser kurzen Schrift ist der ausdrückliche Wille zur Integration in die neue europäische Heimat und ihre Sprache. Die Wahl des »Tages der deutschen Einheit« als Datum für die Einladung zur »Offenen Moschee« klingt wie ein eindeutiges Bekenntnis zur vorherrschenden Staatsordnung der Bundesrepublik. Dennoch, so wird mir bei meinen diversen Kontakten mit den unterschiedlichen Richtungen der islamischen Diaspora klar, hat sich innerhalb der deutschen Gesellschaft seit der massiven türkischen Zuwanderung eine profunde Veränderung vollzogen, und diese Mutation führt unweigerlich zu unberechenbaren soziologischen Umschichtungen. Mögen die Muslime in Deutschland heute noch die relativ bescheidene Zahl von drei Millionen nicht überschreiten, so ist ihre prozentuale Vermehrung unvermeidlich. Dazu bedarf es gar nicht einmal massiver neuer Einwanderungswellen, wie sie mit der Ankunft von bosnischen Muslimani oder von Kosovo-Albanern erfolgte. Auch der Zuzug von Angehörigen, wenn das Familienoberhaupt die deutsche Staatsangehörigkeit erworben hat, vor allem aber die hohe Geburtenrate, werden dafür sorgen, daß binnen wenigen Jahren Deutschland mit einer islamischen Gemeinde von fünf bis acht Millionen Menschen oder mehr leben wird und dieser kompakten Bevölkerungsgruppe kulturell wie politisch Rechnung tragen muß. Im Falle einer vollwertigen Aufnahme der Türkei in die Europäische Union würde das dann geltende freie Niederlassungsrecht die Zahl der Neuzuwanderer nachdrücklich multiplizieren, ja explodieren lassen. In dieser Eventualität – auch das muß offen ausgesprochen werden – würde sich eine tragische Fraktur auftun, könnte von einer in sich geschlossenen Identität der deutschen Nation nicht mehr die Rede sein. Die »multikulturelle« Utopie weltfremder Ideologen liefe Gefahr, in Mord und Totschlag, in offenen Bürgerkrieg einzumünden.

Wie in der oben zitierten Schrift vermerkt ist, schließt der Koran die Zwangsbekehrung von Angehörigen der »Familie des Buches« – das sind Juden und Christen – nachdrücklich aus, auch wenn diese Toleranz längst nicht immer eingehalten wurde. Andererseits wird natürlich der freiwillige Übertritt von »Schriftbesitzern« zur Lehre des Propheten Mohammed freudig begrüßt, ungeachtet der Tatsache, daß der »Zentralrat der Muslime in Deutschland« die aktive Missionsarbeit offiziell aus seinem Programm verbannt hat. Die Zahl der deutschen Muslime wird zur Zeit auf 100 000 geschätzt, wobei die Konversion meist aufgrund von Eheschließungen zustande kam.

Nicht ohne Berechtigung haben CDU-Politiker den Verdacht geäußert, die dezidierte Stellungnahme von Sozialdemokraten und Grünen zugunsten der doppelten Staatsangehörigkeit ziele darauf hin, bei den muslimischen Neubürgern eine spontane Hinwendung zu den beiden Gönner-Parteien zu bewirken. Ein zusätzliches Wähler-Reservoir von zwei bis drei Prozent für die SPD könnte – bei den vorhandenen knappen Mehrheitsverhältnissen – eine auf Dauer stabile Machtposition der bundesrepublikanischen Linken zementieren und eine Regierungsablösung durch die Christdemokraten extrem erschweren. Die Animosität gewisser türkischer Politiker gegen den »christlichen Club« Helmut Kohls führte ja bereits zu der skandalösen Einmischung des damaligen Ministerpräsidenten Mesut Yilmaz in die deutsche Innenpolitik, als er seine eingebürgerten Landsleute bei der letzten Bundestagswahl aufrief, für die Sozialdemokraten zu stimmen. Yilmaz, der der Mutterlandspartei des verstorbenen Präsidenten Turgut Özal vorsteht, hatte in seiner Aversion gegen den CDU-Kanzler wohl gar nicht wahrgenommen, daß bei den Deutschen nunmehr der Verdacht aufkommen mußte, ihre Innenpolitik soll in Zukunft mit Hilfe einer türkischen »Fünften Kolonne« von Ankara aus beeinflußt werden.

Die Freude der rot-grünen Koalition über dieses neue Potential muslimischer Sympathisanten dürfte nicht von Dauer sein. Die beiden einzigen Abgeordneten des Bundestages, die türkischer Herkunft sind, Cem Özdemir und Ekin Deligöz, sind nicht durch Entscheidung ihrer Landsleute, sondern durch Vorstandsbeschluß von »Bündnis 90 – Die Grünen« auf günstige Listenplätze befördert worden. Auf Dauer dürfte die deutsche Linke mit ihrem säkular aufklärerischen Gedankengut, ihrem Ruf sexueller Permissivität, ihrem Verzicht auf religiöse Bindung – die Verweigerung der Eidesformel »so wahr mir Gott helfe!« ist dafür ein Beispiel – bei den Muslimen Deutschlands mehr Widerwillen als Zustimmung ernten. Allenfalls fünfzehn Prozent der in Deutschland lebenden Türken kämen eventuell für eine komplette Assimilierung in Frage, wurde mir mehrfach versichert. Für die große Mehrheit hingegen bleibe der Koran die oberste Richtschnur, auch wenn die maßgeblichen religiösen Instanzen nicht mehr zum Boykott des Urnenganges aufrufen und längst davon absehen, eine Wahlbeteiligung in Deutschland als Abfall vom eigenen Glauben, als Spaltung, als »Schirk« zu verurteilen. Am Ende dürfte es unweigerlich zur Bildung von deutschen islamischen Parteien kommen. Aufgrund der sehr differenzierten konfessionellen Zusammensetzung – man denke nur an die Aleviten – werden dabei verschiedene rivalisierende Fraktionen auftreten. Sie würden sich in ihren offiziellen Erklärungen rückhaltlos zum Grundgesetz der Bundesrepublik bekennen, was ihnen viel leichter fiele als die erzwungene Akzeptanz der kemalistischen Verfassung der Türkei, zu der sich die islamistischen Parteien Refah oder Fazilet mit Zähneknirschen durchgerungen haben. In einem Staat, in dem sich die Christlich-Demokratische Union beziehungsweise die Christlich-Soziale Union als Säulen der Demokratie behauptet haben, wird es kaum möglich sein, die Gründung einer »Islamisch-Demokratischen Union« oder einer »Islamisch-Sozialen Union« zu verweigern und ihnen a priori die Abkehr vom Verfassungsgrundsatz einer Trennung von Kirche und Staat vorzuwerfen. Selbst nach großzügiger Verleihung der deutschen Staatsangehörigkeit werden die in Deutschland lebenden Türken auch in Zukunft eine Minderheit bilden, die die Fünf-Prozent-Hürde nicht überwinden kann. Sie stellen jedoch eine klar definierte ethnische und kulturelle Gemeinschaft dar. Für sie sollte jene Einschränkung nicht gelten, die sich ihrer Vertretung im Bundestag widersetzt. Nach dem Modell der dänischen Minderheit in Schleswig-Holstein, der unabhängig von der Zahl ihrer Stimmen, zwei feste Abgeordnetenplätze im Landtag zustehen, würden auch drei, morgen fünf Millionen türkische Staatsbürger in Karlsruhe ein repräsentatives Sonderrecht einklagen.

Es ist hier weder meine Aufgabe noch meine Absicht, die verschiedenen Ausdrucksformen religiösen Engagements bei den Türken in Deutschland ausführlich aufzureihen und zu analysieren. Die Grenze zwischen den verschiedenen Verbänden, Tarikat, Bruderschaften und Derwisch-Orden sind ohnehin verschwommen und dem Außenstehenden schwer zugänglich. Die Sufiya verfügt über viele Facettenformen. Auch die streng integristische Rückbesinnung auf den idealen Gottesstaat von Medina vollzieht sich keineswegs einheitlich. So ist es mir erst am Ende meiner langen, entspannten Konversation mit Osman Tozlu eher zufällig gelungen, das islamische Kulturzentrum an der Lindower Straße in sein spezifisch konfessionelles Umfeld einzuordnen. Der Imam hat mir eine Informationsbroschüre überreicht. Auf der letzten Seite dieser »Selbstdarstellung« des Verbandes, dessen zentrale Niederlassung sich in Köln befindet, wird die Hinwendung zur Lehre des Süleyman Efendi klar ausgesprochen. Jeder diesbezüglichen Anfrage war mein sympathischer Gesprächspartner bislang höflich ausgewichen. Aber hier steht es schwarz auf weiß: »Immer wieder werden Angehörige des Verbandes der Islamischen Kulturzentren mit der Bezeichnung ›Süleymancilik‹ (Süleymanismus) etikettiert, weil unter den Gründern des Verbandes Schüler des Gelehrten Süleyman Hilmi Tunahan Efendi mitgewirkt haben. Mit dieser Bezeichnung soll eine Abweichung dieser Gemeinschaft vom sunnitischen Islam suggeriert werden. Eine kurze Darstellung des Gelehrten Süleyman Efendi soll zum besseren Verständnis dieser Gemeinschaft beitragen ... Süleyman Efendi wurde im Jahr 1888 im Dorfe Ferhatlar bei Hazerglad in Silistre im heutigen Bulgarien geboren. Seine Abstammung geht auf Idris Bey zurück, dem der Sultan Mehmet II. seine Schwester zur Frau gab und ihn zum Fürsten der Donau-Region ernannte. Sein Vater war ein berühmter Gelehrter, der jahrelang an der Satirli-Medresse in Silistre als Lehrkraft tätig war.

Süleyman Efendi, der nach seinem Abschluß als ›Dersiam‹ an den Fatih- und Süleymaniyeh-Medressen tätig war, wurde 1924 mit der Säkularisierung des Erziehungswesens und der Abschaffung der Medressen in der Türkei zum Prediger berufen und beschäftigte sich von 1930 bis 1934 mit der Betreuung der Muslime als Prediger. Die Einführung des Laizismus im Jahr 1928 und seine Umsetzung, die eine andere war als der europäische Laizismus, wurde nicht gerade mit Freude begrüßt; vor allem die Unterstellung der Religionsangelegenheiten unter eine staatliche Behörde stand dem säkular-laizistischen Grundprinzip im neuen türkischen Staat entgegen.

Süleyman Efendi, der nicht nur islamischer Gelehrter, sondern auch Jurist war, wies bei vielen Gelegenheiten darauf hin, daß der Eingriff des Staates in die private Religionsausübung dem Wesen des Laizismus widersprach. Dennoch bewegte sich sein Einsatz im Rahmen der geltenden Verfassung und der Gesetze des türkischen Staates. Dieser Einsatz brachte ihn trotzdem vielmals vor die Gerichte. Alle gegen ihn erhobenen Anklagen und Ermittlungen sind entweder ergebnislos geblieben oder endeten mit Freispruch.

Zu einer Zeit, in der ein großer Bedarf an Imamen und Hodschas bestand, eröffnete Süleyman Efendi im Jahre 1951 seine Unterweisungsschule für private religiöse Grundausbildung ohne jegliche finanzielle und logistische Unterstützung des türkischen Staates. In kurzer Zeit bildete er viele Imame und Hodschas aus, die in den verschiedenen Regionen Anatoliens die religiöse Betreuung der Menschen übernahmen. So entstand im Rahmen der türkischen Gesetzgebung eine Gemeinschaft, die sich in kurzer Zeit sehr schnell ausbreitete. Bestimmte Kreise in der Türkei, die sich nicht mit dieser Gemeinschaft anfreunden konnten oder die ihre Privilegien gefährdet sahen, prägten nach dem Tode des Süleyman Efendi den Begriff ›Süleymancilik‹ mit einem pejorativen Hintersinn. Dagegen akzeptieren die Angehörigen dieser Gemeinschaft diesen Begriff nicht und sehen sich lediglich als ›Schüler des Süleyman Efendi‹ an.

Nach all diesen Erkenntnissen kann man zusammenfassend folgendes über die Schüler Süleyman Efendis sagen:
— Süleyman Efendi und seine Schüler sind Angehörige des sunnitischen Islam;
— die Schüler Süleyman Efendis gehören der hanefitischen Rechtsschule an. Diese Schule ist fern vom Extremismus und Fanatismus und verfolgt eine gemäßigte Linie;
— Süleyman Efendi war ein Angehöriger der Naqschbandiya.

Unter einem Sternchen entdecke ich folgende erklärende Fußnote zu dem Wort »Naqschbandiya«: »Eine Tarikat, die wegen ihrer Loyalität zum sunnitischen Islam bekannt ist und eine fromme Lebensgestaltung vorsieht.«

Mit einem Schlag sehe ich mich zurückversetzt aus dieser grauen nüchternen Durchgangsstraße von Berlin-Wedding in die Steppen-landschaft Usbekistans und an das Mausoleum jenes »Goldschmiedes der Seelen«, des Baha-ut-Din Naqschband, dessen Lehre nunmehr bis ins Herz Europas ausgreift. Da wird eine Brücke geschlagen zwischen den westlich wirkenden Koranlehrern dieses türkischen Kulturvereins in ihren korrekten Konfektionsanzügen einerseits und jenen wilden, noch halb im Nomadentum verhafteten Muriden Zentralasiens andererseits, die sich in buntgestreifte Seidenmäntel hüllen und deren Gesichtszüge unter der Tupeteika durchweg mongolisch geprägt bleiben.

Auf der Suche nach einem Taxi begleitet mich Osman Tozlu auf die Chaussee. In der Lindower Straße haben sich auch andere türkische Organisationen etabliert. Die Aleviten besitzen dort ein Cem-Haus, ein »Cem Evi«, das mit großen Lettern »DEDEM« kenntlich gemacht worden ist. »Wie würden Sie DEDEM übersetzen?« frage ich meinen Begleiter. »Mein Opa«, lautet die Antwort. Tozlu trauert dem verstorbenen Regierungschef Turgut Özal nach; kein Wunder, denn auch dieser bemerkenswerte Politiker stand der Naqschbandiya nahe. »Unter Özal hätten wir ein Übereinkommen mit den Kurden und mit den Aleviten finden können«, meint der Gemeindevorsteher. Er deutet auf ein unauffälliges Mietshaus in westlicher Richtung: »Dort haben sich jugendliche Anhänger des verstorbenen Oberst Türkeş niedergelassen. Man nennt sie weiterhin die Grauen Wölfe.« Die Partei dieser radikalen Nationalisten – die MHP – sei von Anfang an panturanisch ausgerichtet gewesen, neige neuerdings jedoch auch einem osmanisch überhöhten Islamismus zu. Wie mit diesen rauhen Extremisten auszukommen sei, frage ich, die in der Vergangenheit im Ruf krimineller Gewalttätigkeit standen und in diverse Attentate verwickelt waren. Auch Ali Ağca, der beinahe Papst Johannes Paul II. ermordet hätte, war ja einst Mitglied in diesem Kampfbund. Aber da hatte sich wohl einiges geändert. Die »Grauen Wölfe« würden sich neuerdings als selbsternannte Tugendwächter, als »Vigilen«, aufführen und mit Brachialgewalt gegen Drogen-Dealer und Zuhälter vorgehen.

Während das Taxi auf das Brandenburger Tor zurollt, muß ich an mein Treffen mit Barbara John, der Berliner Ausländerbeauftragten, denken. Sie bezweifelte, daß die religiöse Wiedergeburt auf die Masse der jungen Türken übergegriffen habe. Es sei dort eine weitgehende und nicht immer erfreuliche Anpassung an die westliche Konsumwelt festzustellen. Die wirklichen Akkulturationsprobleme träten erst in der zweiten oder dritten Generation der Einwanderer aus Anatolien zutage. Dann kämen oft mit großer Vehemenz die Folgen von Persönlichkeitsspaltung und Alienation in einem als feindlich empfundenen Milieu zum Vorschein. Auch wenn es bislang nicht zu vergleichbarem Banden-Unwesen gekommen sei wie bei den algerischen »Beurs« in Frankreich, die in ihren trostlosen Betonburgen der Banlieue unkontrollierbare, in sich geschlossene Zonen der Gewalt und des Vandalismus geschaffen haben, neigen offenbar auch viele junge Türken in Deutschland zur Bildung von Schlägertrupps, die keinem Konflikt ausweichen. Und da gibt es ja auch noch die mafiösen Macho-Erscheinungen der sogenannten »Magandas«, jugendliche Kraftprotze mit weit offenstehendem Hemd und Goldketten auf der Brust, darunter auch Rauschgiftschmuggler und Mädchenhändler, die – allen islamischen Tabus zum Trotz – bissige Hunde, oft Pit Bulls, an der Leine führen und Schrecken verbreiten. In diese zwielichtige Szene dringen die wenigsten ein.

In diesem Zusammenhang muß ich an eine Belehrung denken, die ich meinem Ustaz Mustafa aus Köln verdanke. »Die Deutschen können sich nichts Besseres wünschen, als daß unsere religiösen Vereinigungen die jungen Türken in die Disziplin des Islam, auf den Weg der koranischen Tugenden zurückführen. Vom Abgleiten in das Rowdytum, ja in das Verbrechen, so wie es bei den jungen Maghrebinern in Frankreich weit gediehen ist – können diese Randgruppen entwurzelter Jugendlicher nur durch die Einbindung in die traditionellen Werte der Religion abgehalten werden, auch wenn gewisse Kultformen der koranischen Frömmigkeit manchem Deutschen bizarr erscheinen mögen.«

Im übrigen wurde die Assimilation der millionenstarken nord-afrikanischen Minderheit Frankreichs keineswegs durch den Umstand gefördert, daß die große Mehrheit dieser Maghrebiner längst die französische Staatsangehörigkeit besitzt.

# Ramadan in Bonn

*Bonn, im Januar 1999*

Der »Islamrat für die Bundesrepublik Deutschland« – nicht zu verwechseln mit dem »Zentralrat der Muslime in der Bundesrepublik Deutschland« hat zur Abschlußfeier des Fastenmonats Ramadan –

von den Türken als »Bayram« bezeichnet – eine Vielzahl von Gästen unterschiedlichster politischer und konfessioneller Couleur eingeladen. Der »Islamrat« hatte vor kurzem als Erfolg verbuchen können, daß eine »Föderation«, die ihm angegliedert ist, vom Berliner Senat als offizieller Gesprächspartner für den koranischen Religionsunterricht anerkannt wurde. In Bayern war zu diesem Zweck – wie man mir sagte – die regierungsorientierte DITIB auserwählt worden, die engen Kontakt zur türkischen Botschaft in Bonn hält. In Nordrhein-Westfalen wiederum tendierte das Unterrichtsministerium zur Veranstaltung islamisch geprägter Ethik-Kurse, deren Ausrichtung mit den Vorschriften des Koran in keiner Weise vereinbar sind. Die Landesregierung von Düsseldorf begünstigt zudem ein »Zentrum für Türkei-Studium« an der Universität Essen unter Leitung von Professor Faruk Şen, der bei den kemalistischen Behörden in Ankara und bei den deutschen Sozialdemokraten wohlgelitten ist.

Die diesjährige Ramadan-Feier des »Islamrates«, des wohl mächtigsten Dachverbandes in Deutschland, findet in zwei großzügigen Büroetagen an der Adenauerallee statt, in unmittelbarer Nähe des Hotels »Königshof«. Die neue Unterkunft wurde erst vor kurzem bezogen.

Die deutschen Besucher sind an diesem Abend zahlreicher als die türkischen Gastgeber. Natürlich wird kein Alkohol ausgeschenkt, und das vorzügliche orientalische Speisenangebot ist strikt »halal«. Die Menge drängt sich ans Buffet. Katholische und evangelische Geistliche sitzen gesellig neben Imamen und Hodschas. Der Hausherr und Ratsvorsitzende Hasan Özdoğan macht die Honneurs, unterstützt von seinem Generalsekretär Ghulam Totakhyl, einem Paschtunen aus Afghanistan. Die anwesenden Orientalen sind strikt europäisch gekleidet und haben sich – in Kontrast zu den frommen Schiiten des Iran, die stets das Tragen von Krawatten ablehnen – einen Schlips umgebunden. In phantasievoller Verkleidung aus Tausendundeiner Nacht sind lediglich ein paar deutsche »Sufi« gekommen. Sie exhibieren sich mit Turban und bunt wallendem Gewand. Hasan Özdoğan stellt mir einen türkischen Theologen, Şükrü Bulet, vor, einen unauffälligen Mann von gewinnender Freundlichkeit, der den Titel eines »Scheikh-ul-Islam« trägt und innerhalb des Islamrates als geistliches Oberhaupt der im Rheinland stark vertretenen »Nurculuk-Gemeinde«, besser gesagt, der Gefolgsleute des Mystikers Said Nursi, amtiert. In seinem dunklen Anzug tritt er sehr westlich und kein bißchen exotisch auf.

In der Person dieses Geistlichen wird ein enger Zusammenhang zwischen dem Islamrat und einer der einflußreichsten türkischen Sufi-Bewegungen deutlich. Der Islamrat, so betonen deutsche Experten, stehe dem koranischen Gedankengut der türkischen Fazilet-Partei nahe. Jedenfalls ist er der strikten Befolgung der Offenbarung des Propheten Mohammed – und ihr allein – verpflichtet. Gleichzeitig ist er bemüht, diese integristische Grundstimmung mit den technischen und zivilisatorischen Errungenschaften der Moderne in Einklang zu bringen. Eine diskrete, aber organische Beziehung soll auch zur Vereinigung Milli Görüş bestehen, die nach eigenen Angaben über mehr als 300 Zweigstellen in Deutschland verfügt. Die Mitgliederzahl der Milli Görüş in der Bundesrepublik wird auf mehr als 30 000 Gläubige geschätzt. In der türkischen Abkürzung wird sie mit den Intialen »AMGT« bezeichnet, in der deutschen Übersetzung heißt sie »Vereinigung der neuen Weltsicht in Europa e. V.« Ganz eindeutig ist die Milli Görüş aus der großen religiösen Erweckungsbewegung der Türkei hervorgegangen. Diese Verwandtschaft wird durch die Person ihres Generalsekretärs Mehmet Sabri Erbakan unterstrichen, ein Neffe des ehemaligen Parteichefs der Refah, Necmettin Erbakan. Sabri besitzt die deutsche Staatsangehörigkeit und ist aufgrund seines luxuriösen Lebenswandels keineswegs unumstritten.

Das Bundesamt für Verfassungsschutz rechnet die AMGT dem Lager des islamischen Fundamentalismus zu, charakterisiert sie in seinen Berichten als »islamisch-extremistische Gruppe, die sich um ein moderates Erscheinungsbild bemüht«, und hat die Organisation unter Beobachtung gestellt. Zentralsitz der Milli Görüş ist Köln. Neben Frauen- und Jugendverbänden, einer Studentenvereinigung und diversen Gemischtwarenläden, die in der »Selan-Handels GmbH« zusammengefaßt sind, verfügt die AMGT über eine religiöse Akademie in Köln und eine Zeitung, die unter dem Namen »Milli Gazete« erscheint. Ob der Argwohn der deutschen Verfassungsschützer einer nüchternen Beurteilung standhält, bleibt stark umstritten. Milli Görüş hält zwar am Islam als ideologischem Identifikationsfaktor fest und hängt wohl einer staatlichen Wunschvorstellung an, die dem Konzept koranischer Theokratie nahekommt. In der Praxis tritt sie jedoch für friedliches Nebeneinander der verschiedenen Religionen und Ethnien in Deutschland ein, ja sucht den Dialog mit den christlichen Kirchen und dem Zentralrat der Juden. Das liest man sogar in den Bewertungen der Überwachungsbehörde.

Im Rheinland ist die Aktivität der türkisch-islamischen Verbände am stärksten konzentriert. In Köln entstand auch jene groteske Sekte von Fanatikern, die unter den Initialen ICCB von dem wirren Fanatiker Cemalettin Kaplan, einem ehemaligen Mufti aus Adana, zusammengetrommelt wurde. An der Spitze einer relativ kleinen Gemeinde ereiferte sich Kaplan für die Schaffung eines rigorosen Gottesstaates auf der Basis von Koran und Scharia. Dabei schreckte er nicht davor zurück, sich selbst zum »Kalifen« zu proklamieren und verlor damit jeden Anspruch auf Seriosität. Die vernünftigen Strenggläubigen, die im Islamrat und dessen Umgebung anzutreffen sind, betrachten Cemalettin Kaplan, der im Jahr 1995 starb und nach gewalttätigen Auseinandersetzungen innerhalb des ICCB durch seinen Sohn ersetzt wurde, als einen Irregeleiteten, als einen verhängnisvollen Schädling für die heilige Sache, als einen Provokateur, der die in Deutschland lebenden Muslime bewußt ins Zwielicht rückte, ja sogar als Agenten irgendeines islamfeindlichen Geheimdienstes. In den deutschen Medien wurde er als »Khomeini von Köln« berühmt, was einer Verunglimpfung und Beleidigung des großen iranischen Ayatollah und seiner schiitischen Revolution gleichkam.

Besonders eindrucksvoll für das unwissende deutsche Fernsehpublikum waren jene häufig ausgestrahlten Szenen einer dem Dhikr ähnlichen Maskerade. Da versammelte sich vor einer tosenden Gemeinde eine Anzahl junger bärtiger Männer in grünem Kaftan und grün-weißem Turban. Erst exerzierten sie mit Spielgewehren, dann bildeten sie einen tänzerischen Reigen und kreisten um eine lebensgroße Puppe, der die schwarze Gewandung in Frack und Zylinder das satanische Aussehen eines »Baron Samedi« verlieh. Diese Attrappe sollte den Republikgründer Atatürk darstellen. Mit rhythmischen Bewegungen und unter dem Ruf »Allahu akbar« brachten die Eiferer diesen »Feind der Religion« zu Fall und zerrten ihn durch den Staub.

Wie ich zum Islamrat gefunden habe, ist schnell erklärt. Der Generalsekretär dieser Organisation, Ghulam Totakhyl, war mir aus den Zeiten des Afghanistan-Krieges als alter Gefährte und treuer Freund verbunden. Bei deutschen Orientalisten und solchen, die sich dafür halten, bin ich mit meiner Darstellung des islamischen Aufbruchs auf Widerspruch, ja auf Verleumdungen gestoßen. Inzwischen haben sich diese aufgeregten Stimmen beruhigt, ja in den Gazetten, die sich am heftigsten über mich entrüsteten, finden sich heute Wertungen und

Erkenntnisse, die meinen einst verpönten Thesen plagiat-verdächtig nahekommen.

Ganz im Gegensatz zu jenen deutschen Kritikern, die mir »Islam-Feindlichkeit« oder gar »Rassismus« vorwarfen, bin ich bei den frommen Korangläubigen selbst stets auf Zuneigung und Respekt gestoßen, wohl weil ich nicht darauf aus war, den Islam im Sinne der Aufklärung umzudeuten und zu europäisieren, weil ich mich auch zu keiner verharmlosenden Schwärmerei im Hinblick auf den zutiefst kämpferischen Charakter dieser Religion bereitgefunden habe. Dabei habe ich mich keineswegs um die Anerkennung der in Deutschland lebenden Muslime, seien sie Türken, Perser, Araber oder Maghrebiner, anbiedernd bemüht. Sie ist mir spontan zuteil geworden. Günter Wallraff mag mit seiner Reportage »Ganz unten« den Gastarbeitern aus Anatolien, die zu jener Zeit schamlos ausgebeutet wurden, zweifellos einen großen Dienst erwiesen haben und für eine gerechte Sache eingetreten sein. Doch die Sympathie der Türken für diesen sozial engagierten Autor klang rapide ab, ja verkehrte sich in Abneigung, als Wallraff sich in spektakulärer Weise mit Salman Rushdie solidarisierte und sich als dessen Sekundant in Szene setzte. Möge Rushdie ein langes Leben beschieden sein! Aber die Tatsache ist unbestreitbar, daß er mit seinen »Satanischen Versen« und den darin enthaltenen Lästerungen des Islam und seines Propheten die Mehrheit der Deutsch-Türken – auch wenn sie den religiösen Fundamentalismus weit von sich weisen – in ihrer intimsten Glaubenssphäre, ja in ihrem Ehrbegriff verletzt hat. Auch Günter Grass plädierte zwar provozierend für den Bau einer Moschee am Kurfürstendamm, aber in seiner Laudatio auf den kurdischen Schriftsteller Yaşar Kemal in der Paulskirche ließ er mit seinem spät-aufklärerischen Impetus jedes Verständnis für die Mentalität unserer orientalischen Neubürger vermissen.

Mir kam zweifellos zugute, daß ich niemals der vorherrschenden »political correctness« nachgegeben und meine »Begegnungen mit der islamischen Revolution« ohne ideologisches Engagement als faszinierendes Erlebnis geschildert hatte. Mochte der Ayatollah Khomeini, dem ich näher gekommen bin als irgendein anderer Nicht-Muslim, in den Augen der Türken und der meisten Araber ein schiitischer Außenseiter bleiben, seine geradezu biblische Richtergestalt ist aus dem religiösen Aufbruch im »Dar-ul-Islam« nun einmal nicht wegzudenken. Besonderes Ansehen brachte mir die Tatsache ein, daß ich auf seiten der afghanischen Mudschahidin das Scheitern der russischen

Streitkräfte am Hindukusch voraussagte, als jedermann – inklusive Henry Kissinger – noch vom Sieg der Sowjetmacht überzeugt war. Im Sudan hatte ich das Gespräch mit dem islamistischen Inspirator des dortigen Regimes, Hassan Turabi, gesucht, statt – den diplomatischen Anregungen folgend – meine Enquête auf den Oppositionsführer Sadeq el Mahdi, einen angeblichen Freund des Westens, zu beschränken. In Algerien hatte ich mich mit der opressiven Militärjunta, die bei so vielen französischen Intellektuellen ein skandalöses Wohlwollen genießt, nie anfreunden können. Statt dessen hielt ich Kontakt zu Rebah Kebir, einem Verantwortlichen der »Islamischen Heilsfront« in dessen Aachener Exil.

Ghulam Totakhyl hatte mich zu einem Besuch beim Islamrat für die Bundesrepublik Deutschland eingeladen, der im Herbst 1998 noch an der Ollenhauerallee neben der SPD-Baracke untergebracht war. Dort begegnete ich dem Vorsitzenden Hasan Özdoğan, einem massiven Türken, der sich mit leiser, ruhiger Stimme in perfektem Deutsch ausdrückte.

Auch Özdoğan besaß längst einen deutschen Paß. Es war ein langes und ehrliches Gespräch, in dem kein heikles Thema der türkischen Innenpolitik oder der Stellung der Muslime in Europa ausgespart blieb. Der Funke war übergesprungen, und seitdem halte ich regelmäßig Zwiesprache mit dem Präsidenten des Islamrates, der über weitverzweigte Verbindungen und über verläßliche Informationen verfügt. Das Wappen seiner Organisation, das den Briefkopf ziert, ist aufschlußreich. Es ist zweigeteilt: Auf der einen Seite der islamische Halbmond, auf der anderen der deutsche Reichsadler, und darunter steht in arabischer Schrift ein Koranspruch: »Inna el din 'inda Allah el Islam!« – Die wahre Religion vor Gott ist der Islam!

Zu Beginn des Jahres 1999 hat die Führung des Islamrates mich offiziell gebeten, die Eröffnungsrede zur Einweihung ihrer neuen, erweiterten Zentralverwaltung unter dem Thema »Der Islam und Europa« zu halten. Ich bin dieser Aufforderung vor einer dicht gedrängten Menschenmenge gern nachgekommen. Den gleichen Vortrag sollte ich später auf einer islamischen Konferenz in Budapest halten. Das umfangreiche Sujet habe ich in neunzig Minuten zwangsweise verkürzt und auch simplifiziert. An dieser Stelle gebe ich das Exposé nur in Stichworten wieder. Es geht mir um die Demonstration, daß man als Nicht-Muslim vor einem breiten Forum zutiefst frommer Korangläubiger sehr offen über die schwierigsten Probleme einer Koexistenz zwischen Abendland und Morgenland referieren und dabei sogar Zustimmung ernten kann.

Mit der Formel: »bismillah rahman rahim« – im Namen Gottes des Gnädigen, des Barmherzigen –, hatte ich mein Referat begonnen, so wie es die Jünger des Propheten Mohammed vor jeder öffentlichen Aussage tun. Aber ich verwies gleich darauf, daß ich nicht zum Islam übergetreten sei und eine solche Bekehrung auch nicht beabsichtigte. Als ich mit den afghanischen Mudschahidin im Hindukusch unterwegs war, hatte ich ja auch nie gezögert, in den ständig wiederholten »Takbir«, den Ruf »Allahu akbar« einzustimmen. Warum sollte ich als Christ nicht die Größe Gottes preisen?

Nicht der Konflikt zwischen zwei miteinander rivalisierenden Bekenntnissen, zwischen Islam und Christentum, sei doch das fundamentale Problem, das sich in unseren Tagen zwischen Morgenland und Abendland auftue. Das beiderseitige Unverständnis erscheint heute so unüberbrückbar, so argumentierte ich, weil auf der einen Seite die muslimische Welt mehrheitlich einer ganz auf Gott ausgerichteten, einer theozentrischen Lebensform anhing, während der Westen seine ererbten, dogmatischen und transzendentalen Bindungen zugunsten einer platten Rationalität abgestreift hatte. Entgegen allen Verheißungen der sogenannten Globalisierung böte die Menschenrechtsideologie, die Kombination von parlamentarischer Demokratie und Marktwirtschaft, in der der Amerikaner Francis Fukuyama die Erfüllung des Menschheitstraums vom irdischen Glück sieht, keine glaubwürdige Plattform für die Verständigung des Okzidents mit anderen, organisch gewachsenen Kulturkreisen. »Vermutlich«, so wagte ich zu behaupten, »haben sich im zwölften Jahrhundert die Streiter des Islam einerseits und die fränkischen Kreuzritter andererseits psychologisch nähergestanden als in unseren Tagen die ›Fundamentalisten‹ der islamischen Wiedergeburt und die euro-amerikanischen Propagandisten eines exklusiven Säkularismus.«

Ich erwähnte diverse Gespräche, die ich mit syrischen und ägyptischen Ulama, mit Korangelehrten, über die grundlegenden Unterschiede zwischen Christentum und Islam geführt hatte. Um es kurz und einfach zu fassen: Die Muselmanen, die Jesus oder Isa als einen ihrer größten Propheten und Vorläufer Mohammeds verehren, weigern sich kategorisch, in dem Nazarener den Sohn Gottes zu sehen. Die Dreifaltigkeit ist für sie der wahre Stein des Anstoßes und wird gelegentlich mit der unverzeihlichen Sünde einer Spaltung der Einzigkeit Gottes, mit »Schirk« gleichgesetzt. Von Allah, der weder antropomorph ist noch abgebildet werden darf, heißt es im Koran, daß er nicht zeugt und nicht gezeugt wurde – »lam yalid wa lam yulad«.

Anstoß nehmen die islamischen Theologen auch an den Aussagen Jesu: »Gebt dem Kaiser, was des Kaisers, und Gott, was Gottes ist«, oder: »Mein Reich ist nicht von dieser Welt.« Für Mohammed, der keine Spur Göttlichkeit für sich beansprucht, aber als der perfekte Mensch das große Vorbild für alle Gläubigen darstellt, ist die Allmacht Allahs unbegrenzt. Sie läßt keinen Bereich weltlichen Zusammenlebens oder des Alltags aus. Die Ur-Christen hingegen hatten gar kein politisches, diesseitiges Regierungskonzept, sondern lebten in der freudigen, der ungeduldigen Erwartung des Jüngsten Gerichts und des Reiches Gottes. Der Prophet aus Mekka war nicht nur das Siegel der Offenbarung. Er bewährte sich als Gesetzgeber, als Staatsgründer und als Feldherr. Wer ihm nacheiferte, mußte also auch zum »Streit auf dem Wege Allahs« bereit sein. Auch wenn die Formel von der Einheit von Religion und Staat – »din wa dawla« nicht explizit im Koran enthalten ist, so bleibt die theokratische Ausrichtung einer jeden politischen Betätigung im »Dar-ul-Islam« eindeutig vorgegeben.

Jedesmal, wenn die Jünger der beiden Weltreligionen zu den Ursprüngen ihrer jeweiligen Lehre, wenn sie ›ad fontes‹ zurückstrebten, stießen die Christen auf den weltlichen Machtverzicht des Jesus von Nazareth, während die Muslime auf das Modell eines militanten Gottesstaates verwiesen wurden. Daß im Laufe der Jahrhunderte die römische Kirche im Zeichen des Caesaro-Papismus zu einem gewaltigen Imperialgebäude heranwuchs und die Bischöfe von Rom im Mittelalter, etwa unter Innozenz III., nahe daran waren, das gesamte Abendland im Sinne einer von ihnen gedeuteten und regulierten ›civitas Dei‹ zu gestalten, hat wohl an dem historischen Umstand gelegen, daß die ›Ecclesia‹ fast nahtlos hineinwuchs in die Strukturen des allmählich zerfallenden Römischen Reiches. Als Kaiser Konstantin auf dem Schlachtfeld in den Wolken das Kreuz erblickte und eine himmlische Stimme ihm verhieß: ›in hoc signo vinces‹ – In diesem Zeichen wirst du siegen –, war die Anerkennung des Christentums als römische Staatsreligion nicht mehr aufzuhalten. Gleichzeitig setzte eine folgenschwere kulturelle Verschmelzung ein zwischen einem obskuren jüdischen Sekten-Import aus dem Orient und dem geballten Triumphalismus des Pontifex Maximus.

In aller Offenheit ging ich auf die existentiellen Krisen ein, mit denen die beiden Glaubensbewegungen bis auf den heutigen Tag konfrontiert bleiben. Bei den Christen löste das Mysterium der Dreifaltigkeit Interpretationsdispute, Konzile und Kirchenspaltungen aus. So konkretisiert sich – um nur dieses Beispiel zu erwähnen – die Unvereinbarkeit der katholischen und der orthodoxen Trinitätslehre in dem Wörtchen »filioque«. Für die islamischen Schriftgelehrten wiederum stand von Anfang an die erhabene Rolle des »Heiligen Koran« – »el Qur'an el karim« – im Mittelpunkt endloser Diskussionen und Zerwürfnisse. Im Gegensatz zu den vier Evangelien, die aus der Sicht ihres jeweiligen Autors den Heilsweg Christi in Form einer lockeren Hagiographie schildern, kommt dem Koran eine ganz andere sakrale Bedeutung zu. Der Koran ist seit aller Ewigkeit das »ungeschaffene Wort Gottes«. An seinem Text darf kein Jota verändert werden, und der Deutung der Suren sind äußerst enge Grenzen gesetzt. Wie weit der »Idschtihad«, die Auslegung dieser heiligen Schrift, gehen kann, ob sie im Sinne der Vernunft relativiert und den Umständen angepaßt werden darf, darüber streiten Pragmatiker und Fundamentalisten heute noch. Während bei den Christen Gott in der Person Jesu »Fleisch geworden« ist, »et homo factus est«, könnte man beinahe sagen, daß in der Niederschrift des Koran die Essenz Gottes zu Sprache geronnen ist, eine sehr semitische Sanktifizierung des »Wortes«, des »kalam«. Aus ähnlicher Geisteshaltung heißt es bei Johannes, dem jüdischen Lieblingsjünger Christi: »Im Anfang war das Wort und … Gott war das Wort« – »et Deus erat verbum«.

In meinem Referat kam ich auf den Anspruch der Araber zu sprechen, die Philosophie der griechischen Antike, insbesondere die Schriften des Aristoteles und Platon, vor der Unduldsamkeit des byzantinischen Klerus für die Nachwelt gerettet zu haben. Tatsächlich fand zur Glanzzeit des Abbassiden-Kalifats von Bagdad – durch persische Übersetzer vermittelt – eine Wiederentdeckung der alt-hellenischen Denker statt. Im neunten Jahrhundert sollte die Schule der »Mu'taziliten« eine Art »islamische Aufklärung« einleiten. Mit den Methoden der aristotelischen Logik, so ordnete der Kalif Ma'mun an, ein Sohn Harun-al-Raschids, müsse auch der Koran einer rationalen Bewertung unterzogen, aus seinem anekdotischen Beiwerk herausgelöst werden. »Der Koran ist geschaffen worden«, so lautete die für strenggläubige Sunniten unerträgliche Botschaft. Nur wenige Jahrzehnte hat die Ära der »Mu'tazila«, des »spekulativen Dogmatismus«, in Mesopotamien angedauert. Dann wurde diese Abweichung durch die Reaktion der Rigoristen, insbesondere durch die Buchstabentreue des Theologen Ibn Hanbal, ausgemerzt. Dennoch schwärmen heute noch die islamischen »Reformer« von dieser kurzen Zwischenperiode kritischen Quellenstudiums.

Die zivilisatorische Überlegenheit des Orients über den rauhen christlichen Okzident der Merowinger und Karolinger ist unbestritten. Allahs Sonne strahlte wirklich über dem Abendland, wie ein Buchtitel besagt. Darüber hinaus behaupten die Muslime, ihrem kulturellen Fleiß sei es zu verdanken, daß die großen Werke der klassischen griechischen Philosophie an die Christenheit weitergereicht wurden. Zweifellos haben im Mittelalter viele Wege von Bagdad, Damaskus und Córdoba nach Paris und Köln geführt. Doch die Lehre des Aristoteles, dem die »Mu'taziliten« unmittelbar nach dem Propheten Mohammed den Rang eines »Zweiten Lehrers« verleihen wollten, entfaltete sich erst im dreizehnten Jahrhundert in den Bildungsstätten am Rhein und an der Seine. Thomas von Aquin blieb es vorbehalten, die Logik des aristotelischen Systems in seine Scholastik und in die »Summa theologica« zu integrieren und damit der katholischen Theologie eine dauerhafte Grundlage zu verschaffen.

Es hatte ja tatsächlich eine vielfache Osmose zwischen Orient und Okzident stattgefunden, und ich erinnerte daran, daß die früharabische, teilweise prä-islamische Dichtung der »Qassida«, die sehnsüchtige und keusche Huldigung des einsamen Beduinen in der Wüste an seine unerreichbare Geliebte, auf dem Umweg über Spanien den Minnegesang der südfranzösischen Troubadoure, ja sogar die verzückte Marien-Liturgie des Mittelalters inspiriert hatte, wie mir die Jesuiten von Beirut beigebracht hatten.

In diesem Zusammenhang konnte ich darauf verweisen, daß das Dogma der Jungfräulichkeit Mariae, das vielen Christen zum Ärgernis wurde und von den Agnostikern mit billigen Scherzen behandelt wird, im Heiligen Koran förmlich bestätigt ist und deshalb von einem gläubigen Muslim überhaupt nicht in Frage gestellt werden darf. Bemerkenswert war ebenfalls die Parallelität, die zwischen Mohammed und dem Kirchenvater Augustinus bestand, obwohl beide gar keine Kenntnis voneinander haben konnten. Augustinus war fast verzweifelt an seinem intellektuellen Bemühen, den Monotheismus mit der christlichen Trinität in Einklang zu bringen. Am Ende hatte er Zuflucht bei dem Spruch Tertullians gesucht: »credo quia absurdum« – Ich glaube, weil es absurd ist. Darüber hinaus hatte dieser Bischof von

Hippo Regius, der heute algerischen Stadt Annaba, angesichts der mörderischen Anarchie, die zu seiner Zeit Nordafrika heimsuchte, den Gedanken an einen Gottesstaat, an die »civitas Dei« aufgegriffen und sogar über den »bellum iustum«, den gerechten Krieg, reflektiert. Bei dem Berber Augustinus und dem Araber Mohammed finden wir ein beinahe identisches Stoßgebet: Unruhig ist unser Herz, bis es ruht in Dir, o Herr – »inquietum cor nostrum donec resquiescat in te, Domine«, heißt es bei dem einen, und der andere verkündet im Koran: Wahrhaft, in der Anrufung Gottes ruhen die Herzen – »bi dhikr illah tatma'innu el qulub«.

Dieses »Ruhen in Gott«, so folgerte ich im Islamrat zu Bonn, sollte die Gläubigen beider Bekenntnisse nicht etwa zur kontemplativen Untätigkeit verleiten, sondern ihnen die Kraft geben zum Kampf für die heilige Sache. Vom heiligen Augustinus wird berichtet, daß er die ketzerischen Domitianer mit großer Härte verfolgen ließ. Von Mohammed wissen wir, daß der »Heilige Krieg«, das »Streiten auf dem Wege Allahs« – nicht der eher unverfängliche Begriff »Dschihad« wird dafür im Koran verwandt, sondern das Wort »Qital« – zu den vornehmsten Pflichten der Frommen zählt. Um eventuellen Einwänden der Zuhörerschaft in Bonn den Boden zu entziehen, zitierte ich im arabischen Urtext folgenden Vers aus der neunten Sure des Koran: »Denen gehört das Paradies, die auf dem Wege Allahs streiten, die töten und getötet werden – ›wa yaqtuluna wa yuqtaluna‹ –, ihnen wird wahrhaftig die Verheißung zuteil, die enthalten ist in der Thora (der Juden), im Evangelium (der Christen) und im Koran.« Thora und Evangelium – »Taurat wa indschil« – wurden in diesem Zusammenhang als authentische Texte der göttlichen Offenbarung genannt, die jedoch von den Schriftbesitzern – Juden und Christen – verfälscht und erst durch Mohammed in der ursprünglichen Reinheit des Koran berichtigt wurden.

Allmählich kam ich mir etwas seltsam vor in meiner angemaßten Rolle eines Predigers und »Khatib«. Wohlweißlich war mir das Thema »Der Islam und Europa«, nicht etwa »Der Islam und das Christentum« vorgegeben worden. Allzu viele evangelische und auch katholische Kleriker waren ja dazu übergegangen, die Jenseitsbestimmung ihres Glaubens und die Dogmen ihrer Kirchen dem Zeitgeist zu opfern. Sie neigten mehr und mehr dazu, das Christentum auf eine humanitäre Philosophie oder auf eine Soziallehre zu reduzieren. Der Tübinger Theologe Hans Küng, der ein paar Monate nach mir von den gleichen Veranstaltern des Islamrates als Redner eingeladen wurde, sollte unter den anwesenden Muselmanen Widerspruch, ja Verstimmung auslösen, als er mit seiner Vision eines universalistischen Gottesbegriffes auftrat, der allen Religionen zugrunde liege. Für die Muslime sind Christen und Juden ja noch der »Familie des Buches« zuzurechnen, werden als Monotheisten eingestuft, aber die Buddhisten oder gar die Hinduisten – insbesondere letztere mit ihrer zügellos wuchernden heidnischen Götzenwelt – sind vom koranischen Gottesbegriff des »tawhid« um Äonen entfernt und bieten dem wahren Gläubigen ein Bild des Grauens.

Es mag verwundern, daß ich vor einem überwiegend türkischen Publikum der Rolle der Osmanen bei der Entfaltung des Islam einen recht bescheidenen Raum zuwies. Die Seldschuken-Emire, die als erste türkische Eroberer ihre Dynastien im Orient etablierten, hatten sich als Angehörige der sunnitischen Glaubensrichtung zur Schutzmacht der abbassidischen Kalifen von Bagdad aufgeschwungen, die zu jener Zeit durch eine Vielzahl schiitischer Volkserhebungen und Staatsgründungen – vornehmlich das Gegen-Kalifat der Fatimiden oder die Bujiden – in ihrer Existenz bedroht waren. Ähnlich hatten die zum Katholizismus bekehrten Franken des germanischen Abendlandes dem Papst von Rom gegen arianische Ketzer und Byzantiner zur Seite gestanden. Auf dem Gebiet der gelehrten Gottessucher haben die Türken, auch zur Zeit der osmanischen Kalifen, keine nennenswerte Rolle gespielt. Die strenge sunnitische Schriftgläubigkeit blieb überwiegend den arabischen Ulama anvertraut, während das weite Feld der islamischen Mystik, der »Sufiya«, im wesentlichen den Persern vorbehalten blieb.

Natürlich kam ich auf den Kulturschock zu sprechen, den die Landung Bonapartes an der Spitze eines französischen Revolutionsheeres in Ägypten auslöste, auf den Niedergang des osmanischen Großreiches, auf das Hochkommen einer arabisch-christlichen Emanzipationsbewegung, die gegen die Allmacht des Sultans und Kalifen im späten neunzehnten Jahrhundert unter dem Namen »Nahda« oder »Erwachen« einsetzte. Die Übernahme westlicher Ideen durch die Orientalen war im Zeichen des türkischen Kemalismus bis zur äußersten Konsequenz vollzogen worden. Aber auch im langgestreckten arabischen Gürtel zwischen Marokko und Bahrein wurde der Begriff der »Umma«, der sich bislang ausschließlich auf die weltweite Gemeinschaft der Korangläubigen bezog, durch die Wunschvorstellung einer geeinten panarabischen Nation, der »Ummat-el-arabiya«, ersetzt. Letztere Schimäre platzte endgültig, als die Armee Israels im Sechs-Tage-Krieg von 1967 den alliierten arabischen Streitkräften eine vernichtende, demütigende Niederlage beibrachte und damit – ungewollt natürlich – den Weg frei machte für eine islamische Rückbesinnung, die unter vielfältigen und widersprüchlichen Formen Maghreb und Maschreq bis auf den heutigen Tag in Atem hält. Als der Diktator Saddam Hussein – ein arabischer Nationalist und säkularer Sozialist der Baath-Partei – auf dem Höhepunkt des Golfkrieges gegen die USA die irakische Fahne mit dem religiösen Kampfruf »Allahu akbar« schmücken ließ, war das eine symbolträchtige Geste.

Das Mode-Thema der »Globalisierung« wie auch die Theorie Francis Fukuyamas über das »Ende der Geschichte« oder die Warnung Samuel Huntingtons vor dem »Kampf der Zivilisationen« konnten bei dieser »tour d'horizon« nicht ausgelassen werden, ebensowenig wie die westliche Ratlosigkeit gegenüber der »islamischen Revolution«, der man mit Dialog oder »Containment« begegnen wollte. Wie gefährlich ist der Islam? war ich immer wieder gefragt worden, worauf ich stets geantwortet hatte, daß ich nicht die Stärke des Orients fürchtete, sondern die Schwäche des Okzidents. »Das Problem für die Europäer«, so führte ich im Islamrat aus, »besteht ja auch nicht im Aufkommen eines religiösen ›revivalism‹ innerhalb der koranischen Glaubensgemeinschaft. Diese zyklische Erscheinung hat es stets in der Geschichte des Islam gegeben, wie bereits der Nordafrikaner Ibn Khaldun im vierzehnten Jahrhundert dozierte. Die wirkliche Bedrohung, die die Europäer – von den Russen in Astrakhan bis zu den Franzosen in Marseille – an der Gurgel packt, ist die demographische Explosion im islamisch geprägten Nachbar-Raum, der dramatische Bevölkerungszuwachs, der unweigerlich massive Migrationen in Richtung auf das im Wohlstand schwelgende, im Hedonismus erschlaffte Abendland in Bewegung setzen dürften.

An die kriegerische Aktualität anknüpfend, verwies ich auf jene amerikanisch-atlantische Strategie, deren oberstes Postulat es ist, eigene Verluste zu vermeiden. »No dead« – keine Toten –, so lautet die neue Formel militärischen Engagements, und zu Recht hatte der amerikanische Verteidigungsminister William Cohen, den ich aus seiner Zeit als Senator recht gut kenne, diese strategische Selbstbeschränkung, diesen »restraint«, als ein Zeichen der Schwäche gedeutet. Doch wer mochte schon für den abstrakten Begriff der Menschenrechte sein Leben opfern, für einen humanitären Religions-ersatz, der in Wirklichkeit – wie Huntington vermutet – eine kaschierte Imperial-Ideologie und nicht frei von Heuchelei war. Gewiß, nicht alle Jünger des Propheten Mohammed neigen zum Heldentum. Die Palästinenser sind keine Tschetschenen, die Iraker keine Afghanen.

Zum Abschluß gab ich an diesem Abend im Islamrat zu Bonn ein Erlebnis aus meiner Afghanistan-Expedition im Sommer 1981 zum besten, das mich zutiefst berührt hatte: »Wir bewegten uns mit einer Kampfgruppe der Hezb-e-Islami in den Schluchten des Hindukusch. In einer kleinen weißen Moschee hatten wir übernachtet, und am nächsten Tag wurde dort das Freitagsgebet verrichtet. Die Mudscha-hidin – es waren Tadschiken und Usbeken aus dem überwiegend tür-kischen Norden – standen unter dem Befehl Abdul Waduds, eines Lehrers aus Takhor, und dieser Kommandeur erschien mir als die ideale islamische Führergestalt. Getreu dem Vorbild des Propheten war Abdul Wadud für seine Gefolgsleute nicht nur der geistliche und politische Wegweiser; er befehligte sie auch im »Heiligen Krieg« und an diesem Freitag bewährte er sich als Prediger, als Khatib. Er hatte seine Krieger um sich geschart, wilde Gestalten gewiß, aber von Hause aus arme Schlucker, entlaufene Leibeigene und Pächter, Männer, die in dieser grausamen Felslandschaft nicht einmal über brauchbare Schuhe verfügten. Ihr einziger Besitz war ihre Waffe, die Kalaschnikow, und ihr Glaube an Allah. Dieser todesmutigen, aber ausgemergelten Truppe verkündete nun Abdul Wadud, der selber zwei Wochen später im Kampf gegen die Sowjet-Armee umkommen sollte: ›Ihr seid die glücklichsten Menschen auf Erden! Euch stehen nur zwei Wege offen: Entweder ihr überlebt als Sieger und werdet als Gazi von den Gläubigen hochgeehrt, oder ihr sterbt als Märtyrer des Glaubens, als Schahid, und dann findet ihr Einlaß zu den Verheißun-gen des Paradieses.‹ Also sprach Abdul Wadud, und da sprang einer seiner Unterführer, ein riesiger, furchterregender Usbeke auf. Er hielt die Kalaschnikow in die Höhe und zitierte mit dröhnender Stimme einen Vers des Korans: ›Und saget nicht, daß derjenige tot sei, der auf dem Wege Allahs streitend gefallen ist – nein, in Wahrheit lebt er!‹« – Damit beendete ich meinen langen Vortrag. An die Adresse der an-wesenden Deutschen fügte ich jenen Satz hinzu, den der Prophet Mohammed nach der Verheißung des Paradieses an seine noch un-schlüssigen Gefolgsleute, an die »Ansar« von Yathrib, gerichtet hatte: »Wa lakin la tasch'uruna« – »Aber ihr begreift es nicht!«

# Diaspora an der Donau

*Budapest, Mitte März 1999*

Warum ausgerechnet die Hauptstadt Ungarns für diesen Kongreß gewählt wurde, ist mir nicht klargeworden. Jedenfalls trifft sich hier im Bäderhotel »Aquincum Corinthia« eine internationale Versammlung, die sich das Thema »Der Islam in der Diaspora« vorgenommen hat. Die Initiatoren dieses Symposions sind einerseits der »Islamrat für Deutschland« und dessen Vorsitzender, Hasan Özdoğan, andererseits eine sogenannte »World Islamic Peoples Leadership« oder »el qiyadat el scha'biya el islamiya el 'alamiyat« mit Sitz in Tripolis, der Hauptstadt Libyens. Der Segen des Obersten und »Bruders« Muamar-el-Qadhafi begleitet also das Unternehmen, und es trifft sich gut, daß der Staatschef der »Dschamahiriya« durch die angekündigte Auslieferung von zwei vermeintlichen Beteiligten an der Flugzeugsprengung von Lockerbie im Begriff steht, vom amerikanischen Bannstrahl erlöst zu werden. Dem umstrittenen Sponsor aus Tripolis wird von dem libyschen Präsidenten der »Islamischen Volksführung«, Mohammed Ahmed Scharif, aber nur einmal und durchaus maßvoll gehuldigt.

Um so erstaunlicher ist es, daß ich gleich in der ersten Sitzung, die in einem geräumigen Konferenzsaal mit der Rezitation einer Koransure begonnen hat, das Einleitungsreferat halten soll zu dem Thema: »Ursachen der Krise zwischen der westlichen und der islamischen Welt sowie Suche nach Lösungen.« Ich bin der einzige Nicht-Muslim, der einzige Christ in dieser Runde stark engagierter Islamisten und verdanke meine Einladung dem Vorschlag Hasan Özdoğans, der mich gebeten hat, im wesentlichen die gleiche Argumentation in Budapest zu entwickeln wie seinerzeit im Islamrat von Bonn. Es ist ein seltsames Gefühl, als Außenseiter inmitten dieser buntgemischten, etwas mysteriösen Versammlung ohne jeden Vorbehalt akzeptiert zu werden. Offiziell handelt es sich um ein Treffen von »Nicht-Regierungs-Organisationen«, sogenannte NGOs. Die diversen Redner äußern sich durchaus sachlich und verzichten auf kämpferisches Pathos mit Ausnahme einer scharfen Attacke auf die »Doppelmoral« der westlichen Hegemonialmacht, die von einem amerikanischen Professor türkischer Abstammung vorgetragen wird. Sogar die tragische Situation der Muslime auf dem Balkan löst keine hemmungslose Polemik aus. Interessanter als die Vorträge selbst ist die Zusammensetzung, der geographische Ursprung der Tagungsteilnehmer.

Ursprünglich war wohl die sudanesische Hauptstadt Khartum für diese Konferenz vorgesehen, wie Ghulam Totakhyl mir in Bonn verraten hatte. Zu den Gastgebern gehört – aus Gründen der Höflichkeit – auch die winzige Gruppe ungarischer Muslime. Daß man sich nicht im konspirativen Untergrund bewegt, wird durch das kurze Begrüßungswort eines Unterstaatssekretärs aus dem ungarischen Kultusministerium belegt. Ob sich wohl alle Anwesenden bewußt sind, daß auch diese Donau-Landschaft fast zwei Jahrhunderte lang dem Osmanischen Reich angehört hatte? Auf meiner letzten Autofahrt nach Belgrad – die Flugverbindungen waren längst eingestellt – hatte ich die Stadt Mohács durchquert, eine Ortschaft, der man keinerlei Aufmerksamkeit schenken würde, wenn hier nicht im Jahr 1526 Sultan Süleyman der Prächtige das Heer des Königs von Ungarn vernichtet und dessen Territorium dem Dar-ul-Islam einverleibt hätte. Ringsum erstreckte sich – flach wie ein Teller – die Pannonische Tiefebene. »Morne plaine comme une onde qui bout dans une urne trop pleine«, hätte hier auch der französische Barde Victor Hugo schreiben können, der mit diesem Vers das Flachland von Waterloo besang. Der türkischen Herrschaft wurde 1699 im Vertrag von Karlowitz ein Ende gesetzt, als das Kriegsglück sich gewendet hatte und das habsburgische Reichsheer sich anschickte, in Richtung auf »Stadt und Festung Belgrad« vorzustoßen.

Es lohnt sich, die Herkunftsländer der Delegierten dieser islamischen Diaspora-Tagung aufzulisten. Da sind Gäste aus diversen autonomen Republiken der Rußländischen Föderation – Daghestan, Tschetschenien, Tatarstan und Astrakhan – erschienen. Sie fratanisieren mit Abgesandten aus den Nachfolgerepubliken der ehemaligen Sowjetunion – aus Kirgisistan, Turkmenistan, Kasachstan, Aserbaidschan, sogar aus der Ukraine, aus Estland, Litauen und Weißrußland. Die Krim-Tataren sind durch ihren Mufti vertreten. Besondere Beachtung finden die Muslim-Repräsentanten der diversen Balkanstaaten, der Mufti Bulgariens, ein albanischer Professor aus Priština im Kosovo, die Imame islamischer Zentren in Belgrad und Tirana, die Leiter von »El Hilal« aus Skopje in Mazedonien. Auffallend ist das Übergewicht der Turkvölker. Ihre Sprecher sind oft aus Staaten und Territorien angereist, in denen die koranische Gemeinde als Minderheit lebt.

Mit den mazedonischen Delegierten kann Hasan Özdoğan sich problemlos auf türkisch unterhalten. Offizielle Konferenzsprachen in Budapest sind Arabisch, Englisch und Deutsch. Als erheiterndes Element meldet sich auch hier ein deutscher »Sufi« zu Wort, als einziger in der Tracht der Derwische auftretend, mit spitz überhöhtem Turban, bunter Wollkleidung und einem mächtigen Pilgerstab. Der bärtige »Mystiker« zeichnet sich in seiner kurzen Aussage durch joviale Fröhlichkeit und eine weltumspannende Nächstenliebe aus.

Über dem Podium ist in arabischer Schrift der koranische Aufruf angebracht: »wa i'tismu!« – Bietet Zuflucht! oder: Leistet Beistand!, so ließe sich das übersetzen. Am Rande eines Vortrags erklärt mir Şükrü Bulet, der einflußreiche Imam der Said-Nursi-Gemeinde in Deutschland, einen Ausspruch des Kalifen Ali, der durch den bedeutenden Theologen el Ghazzali überliefert ist: »Nicht durch die Menschen sollt Ihr die Wahrheit erkennen, sondern durch die Wahrheit sollt Ihr die Menschen erkennen.« Der eindrucksvollste Redner ist zweifellos Hadschi Nuri Efendi, der Mufti der Krim.

Der in sich gekehrte, traurige Greis trägt eine dicke Schapka aus Pelz. Er beklagt das tragische Schicksal seiner Krim-Tataren, die einst über die Ukraine und Süd-Rußland geherrscht, ja sogar Moskau heimgesucht hatten. Jetzt sind die Reste dieses Volkes – nach ihrer Deportation durch Stalin – mühselig aus Zentralasien in die alte Heimat zurückgekehrt, die nunmehr der Ukraine angegliedert ist. Von 2,5 Millionen Einwohnern der Halbinsel gehören noch 300 000 der türkischen Ethnie an. Wo einst 1700 Moscheen den koranischen Glauben verbreitet hatten, blieben nur 72 übrig, und auch die sind vom Verfall gezeichnet. Siebzig Prozent der Jugendlichen sind nicht mehr fähig, sich in ihrer Muttersprache auszudrücken. Die Klage des Mufti wird von Hasan Özdoğan ins Deutsche übersetzt, ein Hinweis darauf, wie eng die linguistische Verwandtschaft sich auch in dieser verlorenen Außenposition des Osmanischen Reiches bei den Alten erhalten hat. Sehr viel besser ist es um die Muslime in Deutschland bestellt, wie Özdoğan sichtlich befriedigt mitteilen kann. In der Bundesrepublik stehen ihnen 2250 Moscheen zur Verfügung, auch wenn deren architektonische Gestaltung oft bescheiden und unauffällig ist. Diese Zahl entspreche prozentual dem Angebot an Gebetshäusern, über die in der türkischen Republik die Gläubigen verfügen.

Aus dem Kosovo dringen über das Fernsehen alarmierende Nachrichten nach Budapest. Die serbischen Streitkräfte haben ihre »Hufeisen-Operation« eingeleitet. Die unzureichend ausgebildeten Verbände der albanischen Befreiungsarmee, der UÇK, werden systematisch niedergekämpft und aufgerieben. Ich bin nicht so naiv zu glauben, daß ich an allen Beratungen und heimlichen Planungen zugunsten dieser »Mudschahidin« des Amselfeldes, die am Rande der Diaspora-Tagung wohl stattfinden, beteiligt werde. Der bewegendste Moment im offiziellen Programm ist erreicht, als der Vorsitzende zur Fürbitte für die »Schuhada«, für die Märtyrer des Kosovo, aufruft. Alle richten sich auf, heben die Hände zum Gebet der Eröffnungssure des Koran, der »Fatiha«. Da wird der »Herr der Welten, der König am Tag des Gerichts« angerufen. »... Vor Dir verneigen wir uns, und Dich flehen wir an«, klingt es im Chor.

Niemand ahnt zu diesem Zeitpunkt, daß zehn Tage später die Bombardierung Belgrads und Rest-Jugoslawiens durch die NATO einsetzen würde. Weitere zwei Wochen sollten vergehen, ehe mich in Südfrankreich ein Bulletin des Islamrates für die Bundesrepublik Deutschland zum Thema »Völkermord im Kosovo« erreicht. Bemerkenswert darin ist ein konkreter militärischer Vorschlag: »Zur Beendigung des Völkermordes im Kosovo«, so heißt es da, »ist der Einsatz von Bodentruppen dringend notwendig. Da der Einsatz von Soldaten aus den Ländern des westlichen Bündnisses problematisch erscheint, können aber zum Beispiel kampferfahrene Truppen des NATO-Mitglieds Türkei eingesetzt werden. Diese Version hat 1952 im Korea-Krieg und später in der Somalia-Krise viel Erfolg gezeigt. Um den militärischen Erfolg zu sichern und zu beschleunigen, müßten gleichzeitig UÇK-Milizen mit Optionen auf Entwaffnung nach dem Krisenfall kontrolliert bewaffnet werden. Durch eine solche militärische Konzeption könne der Völkermord beendet und die Milošević-Junta in die Knie gezwungen werden.«

Handelt es sich hier um einen frommen Wunsch, um eine Überschätzung der eigenen Möglichkeiten oder um den Beginn einer gezielten Kampagne? Soll die Regierung von Ankara und der dortige Generalstab unter Interventionszwang gesetzt werden, damit sie endlich den muslimischen, den osmanischen Brüdern aus dem Adler-Land der Skipetaren zu Hilfe eilen?

# Die Aleviten

# *Tanz der Schamanen*

## Eine anatolische Jeanne d'Arc

*Tokat (Nord-Anatolien), im Mai 1999*

Warmer Frühling über Nord-Anatolien. Das Schwarze Meer und die alte hellenische Hafenstadt Samsun sind nicht fern. Das hügelige Land atmet Fruchtbarkeit. Die Felder sind gut bestellt, immer wieder unterbrochen von Pappelhainen. Die Ortschaften mit den üblichen Appartementhäusern sind genormt, die Straßen sauber. Der Eindruck ist europäisch, fast amerikanisch, wären nicht die typischen türkischen Cafés und die alles beherrschenden Moscheen mit ihren spitzen Minaretts und glitzernden Kuppeln. Die Raststätten längs der breiten Asphaltstrecke nach Norden sind besser geführt als manche ähnlichen Anlagen am Rande deutscher Autobahnen.

Die Sonne hat ihren steilsten Umlaufpunkt erreicht. Im klassischen Altertum wäre das die Stunde des Pan gewesen. Aber seit dieser fernen Epoche sind zahllose Einfälle und Migrationen über die Region hinweggeschwappt. Am Ende haben die turkmenischen Eroberer alles überlagert, aber es behaupten sich auch andere ethnische Einsprengsel, die von den Angehörigen des Staatsvolkes genau registriert werden. Oft handelt es sich um Armenier und Griechen, die unter der Voraussetzung überlebten, daß sie sich zur Zeit des Padischah rechtzeitig zum Islam bekehrt hatten und dadurch von der großen »Säuberung«, von Vertreibung oder Ausmerzung, verschont blieben. Dazu kommen Siedlungen von Krim-Tataren oder Tscherkessen, die vor der russisch-orthodoxen Eroberung ihrer Heimat in die Geborgenheit des Dar-ul-Islam flüchteten.

Eine Spannung, die vielleicht nur der Einheimische wittern kann, ist dennoch vorhanden. Sie nährt sich jedoch aus ganz anderen Gegensätzen. In manchen Ortschaften ist die Jandarma in Alarmbereitschaft und hat ihre Schützenpanzer an den Kreuzungen postiert. Zwei Wochen sind seit der türkischen Parlamentswahl vergangen, und die Ergebnisse haben manche Überraschung gebracht. Neben dem erwarteten Vorsprung der Sozialistischen Partei des amtierenden Ministerpräsidenten Bülent Ecevit, dem der türkische Begeisterungssturm über die Verhaftung Abdullah Öcalans in Form eines Stimmergebnisses von 21 Prozent zugute kam, hat sich völlig verblüffend die »Partei der Nationalen Bewegung« MHP an die zweite Stelle geschoben. Dieses ist eine nationalistisch und panturanisch ausgerichtete Formation, deren führende Politiker – nach dem Tod des turbulenten Gründungsvaters Oberst Türkeş – als Jünglinge fast ausnahmslos dem Verein der »Idealisten« angehörten. Der Bund hat auch unter dem Namen »Graue Wölfe« von sich reden gemacht und war häufig genug ein Hort von Gewalttätigkeit, ja krimineller Verschwörung.

Weshalb sich dieser doppelte Wahlerfolg bedrohlich auf die von uns durchfahrene Landschaft südlich des Schwarzen Meeres auswirkt? Die beiden Rivalen und möglichen Regierungspartner von heute – Sozialisten und Völkisch-Nationale – hatten sich Ende der siebziger Jahre in einer bürgerkriegsähnlichen Situation, die mehr als 5000 Opfer forderte und sich vor allem an den Universitäten zu regelrechten Schlachten steigerte, als Todfeinde gegenübergestanden, sich mit der Waffe bekämpft. Unterschwellig kam wieder einmal eine religiöse Motivation hinzu: Die damalige türkische Linke stützte sich in weiten Teilen der Republik auf die diskrete Glaubensgemeinschaft der Aleviten, während die Ultra-Rechten in ihrem chauvinistischen Überschwang sich – zumindest im Unterbewußtsein – mit der zur Zeit der Osmanen-Größe vorherrschenden sunnitischen Rechtgläubigkeit identifizierten. In der süd-anatolischen Stadt Kahramanmaraş, gar nicht weit von Urfa entfernt, war es 1978 zu den blutigsten Ausschreitungen gekommen. Eine große Zahl von Aleviten wurde von den »Grauen Wölfen« massakriert.

Auch diese liebliche, fast bukolische Gegend zwischen Çorum und Sivas, die wir jetzt durchfahren, ist konfessionelles Mischland, obwohl das ein flüchtiger Besucher nicht merken würde. Hier leben in unterschiedlichen Kräfteverhältnissen Sunniten und Aleviten eng nebeneinander. Zwischen den Sippen und Individuen der beiden Bekenntnisse erhebt sich eine unsichtbare Schranke. An ihren Kultstellen, den »Cem«-Hallen, die sie erst seit wenigen Jahren errichten dürfen, sind die Jünger des Hadschi Bektasch kaum zu erkennen. Allenfalls entdecke ich, unmittelbar an die Wurzeln eines weit ausladenden heiligen Baumes angelehnt, den schlichten grünen Steinsarkophag eines hochgeehrten »Pir«, eines Dede dieser Geheimsekte. Ähnlich bestatten ja auch die syrischen »Alawiten« die hohen Angehörigen ihrer Priesterkaste, so erinnere ich mich.

Für diese Erkundung hat sich mir eine ungewöhnliche Begleitung angeboten. Aus Gründen der Diskretion habe ich bei meinen Gefährten »Saadet« in Südost-Anatolien, »Hayrettin« in Istanbul und Ankara, fiktive Namen benutzt und den beiden gelegentlich Mitteilungen in den Mund gelegt, die ich aus anderen Quellen bezogen hatte. Diesmal brauche ich auf die Vorsichtsmaßnahme nicht zurückzugreifen. Ich reise in Gesellschaft einer weiblichen Abgeordneten des deutschen Bundestages, die der Fraktion der Grünen angehört und als Türkin in dieser Gegend geboren wurde. Ekin Deligöz, eine attraktive achtundzwanzigjährige Frau, war mir zum ersten Mal in einer Fernsehdiskussion aufgefallen, wo sie ihre Argumente mit viel Temperament vortrug und sich beim Thema Islam als engagierte Alevitin zu erkennen gab. Später begegnete ich ihr persönlich bei einer ähnlichen TV-Diskussion, deren erbärmliches Niveau uns beide schockiert hatte. Ich sprach sie auf ihre alevitische Glaubenszugehörigkeit an, äußerte den Wunsch, einmal in ein typisch anatolisches Dorf dieser Jünger des Hadschi Bektasch einzutauchen, und sie schlug mir ohne Zögern eine gemeinsame Reise in ihre Heimat südlich der Schwarzmeer-Küste vor, wo die alevitische Tradition ziemlich unberührt überlebt hat und neuerdings das Licht der Öffentlichkeit nicht mehr zu scheuen braucht.

Ein paar Wochen später trafen wir uns in Ankara. Von Anfang an hatte Ekin Deligöz, die – wie sie mir erzählte – in den ersten Jahren ihres grünen Engagements von Joschka Fischer als »unser Küken« gehänselt wurde –, der Begleitung durch ein Fernsehteam spontan zugestimmt. Sie hatte mich gebeten, daß wir ihre Großmutter, ihre »Ana«, in unsere Gruppe aufnähmen. Ich stimmte um so bereitwilliger zu, als diese selbstbewußte, in einem gehobenen Viertel von Ankara wohnende Dame in der geheimnisvollen Welt der ehemaligen »Rotköpfe« eine hervorragende Position einzunehmen schien. Neben der erblichen Priesterkaste der »Dede« oder Großväter gibt es offenbar auch weibliche Auserwählte, die als »Ana« angeredet werden.

Die Großmutter von Ekin Deligöz, die als Kind eine französische Schule besucht hatte, ist eine eindrucksvolle Frau. Der Mittsechzigerin sieht man das Alter nicht an. Ihr Auftritt ist wenig orientalisch, und sie strömt eine bemerkenswerte Autorität aus. Natürlich trägt sie keinen Schleier. Ekin, die ihrer Ana wohl nachgeschlagen ist und ausgerechnet in Neu-Ulm ihren schwäbischen Wahlkreis besitzt, deutet an, daß ihre Familie von jenem großen Heiligen der Aleviten, Sultan Abdal, abstammt, der vor etwa vierhundert Jahren als Märtyrer seines Glaubens starb. Der osmanische Statthalter hatte diesen Missionar des Alevismus als Ketzer zum Tod durch Steinigung verurteilt, doch unter den Gaffern auf dem Hinrichtungsplatz war niemand bereit, einen Stein zu werfen. Nur eine Rose wurde dem »Abdal«, dem »Weisen«, von einem seiner Getreuen zugeworfen als Geste der Huldigung. »Diese Rose«, so soll der Mystiker gesagt haben, bevor er von den Schergen des Sultans gehenkt wurde, »rührt mich tiefer an, ja sie schmerzt mich mehr als alle Steine, die ihr gegen mich hättet schleudern können.« Eine seltsame Mysterienwelt tut sich hier auf.

Ekin erklärt mir den Sinn ihres Vornamens. Er bedeutet »Weizen« in der Übersetzung. Im Jahr ihrer Geburt hatte das Getreide wohl besonders prächtig gestanden. Auch hier hat – fern von aller islamischen Namensgebung – ein Rückgriff auf die schamanistische Naturreligion stattgefunden. Ein anderer türkisch-stämmiger Abgeordneter des deutschen Parlaments, der schwäbelnde Ökologe Cem Özdemir, ein politischer Pop-Star, wie manche sagen, ist mir aus einer Diskussionsrunde der Frankfurter Buchmesse bekannt. Auch dieser publikumswirksame junge »Beau« steht im Ruf, Alevit zu sein, worauf sein Vorname »Cem« hinweist. Doch Ekin äußert Vorbehalte hinsichtlich seiner konfessionellen Zuordnung.

Ich erzähle ihr von den Eindrücken, die ich in der Endphase des jüngsten Wahlkampfes am Bosporus sammeln konnte. Da haben wir zunächst am 16. April das große Abschluß-Meeting der islamistischen Fazilet, der Tugendpartei, am baumbestandenen Caǧlayman-Platz aufgesucht. Dieser Außenbezirk der alten byzantinischen Metropole gab natürlich keine so grandiose Kulisse ab wie die Hagia Sophia oder die Sultan-Ahmet-Moschee, zwischen deren Kolossalkuppeln im März 1994 die Vorgänger-Partei Refah ihr triumphales Fest zelebriert hatte. Das Gelände dort war inzwischen für Kundgebungen gesperrt worden. Nach der Ausschaltung Erbakans und Erdoǧans war der Fazilet offenbar die Luft ausgegangen. Die Begeisterungschöre tosten nicht

mehr zum Himmel. Vermutlich war ein Teil dieser frommen koranischen Gefolgschaft enttäuscht über die allzu geschmeidigen Kompromisse, die sich Erbakan als Regierungschef von den Militärs hatte ab-
ringen lassen. Den Eiferern der rechtgläubigen Sunna kam diese neue
Form der Taqiya wohl nicht ganz geheuer vor, und es war bestimmt
ein Fehler gewesen, daß der »Hodscha« aus purem Machttrieb eine
Koalition ausgerechnet mit Frau Çiller eingegangen war. Nach dem
Verbot der Refah hatte sich die Nachfolge-Organisation Fazilet ein
neues Emblem zugelegt: Die Korn-Ähre mit weißem Halbmond auf
rotem Grund war durch ein kitschiges Herz-Symbol ersetzt worden.

Eine Gruppe von Kindern stimmte das offizielle Lied an: »Die Türkei braucht die Tugendpartei, weil diese ehrlich, großartig und ge-
scheit ist. Fazilet bedeutet Frieden; Fazilet bedeutet Freundschaft.«
Der Text klang dürftig. Die Ansprache des Ersatz-Vorsitzenden Recai
Kutan, den der Hodscha ausgewählt hatte, weil dieser ihm treu ergeben ist und als potentieller Rivale nicht in Frage kommt, schreckte
nicht vor heiklen Themen zurück, aber sie wurden von dem graubär-
tigen Imam ohne Überzeugungskraft vorgetragen. So sagte er unter
anderem: »1950 gab es nur eine Partei. Das Militär wollte das so, und
trotzdem kam Adnan Menderes. 1983 hat das Militär verkündet:
Wählt auf keinen Fall Turgut Özal, doch er wurde Ministerpräsident.
Heute sagt das Militär: Wählt nicht die Islamisten! Aber wir werden
die stärkste Partei sein.« Dann fuhr Kutan fort: »Fazilet bedeutet
wirkliche Demokratie. In diesem Land gibt es keine Menschenrechte.
Wenn es solche gäbe, würden die verschleierten Studentinnen nicht
von den Universitäten verwiesen, dann wäre Erdoğan, unser früherer
Bürgermeister, ein freier Mann und säße nicht im Gefängnis. Mesut
Yilmaz, der Chef der Mutterlandspartei, und Bülent Ecevit, der Führer
der Sozialisten, sind Zwillingsbrüder. Beide bewundern Europa und
äffen die europäischen Länder nach ...« Der neue Oberbürgermeister
von Istanbul, der »Technokrat« Ali Müfit Gürtüna, ein Vertrauter des
inhaftierten Erdoğan, kam beim Publikum besser an. Er äußerte ebenfalls seine Siegeszuversicht und stellte Istanbul als Zentrum der islamischen Revolution vor. »Wir werden ganz Istanbul erobern«, rief er
pathetisch.

Die realen Ergebnisse des Urnengangs sollten für die Tugendpartei
enttäuschend sein. Zwar gelang es Gürtüna noch einmal, in der
alten Osmanen-Metropole am Goldenen Horn für die Fazilet die
höchste Stimmenzahl zu erringen und somit seine Stellung als »Bele-

diye Başkani« zu behaupten. Aber in Anatolien mußte die islamische Bewegung schwere Einbußen hinnehmen. Mit 17 Prozent fiel sie nicht nur hinter die Sozialisten Ecevits – 21 Prozent – zurück, sondern wurde auch völlig überraschend von der nationalistischen MHP überrundet. In den Südost-Provinzen setzte sich auf dem kommunalen Sektor die kurdische HADEP durch, die als politischer Arm der PKK gilt. Mit insgesamt vier Prozent verfehlte sie zwar den Einzug ins Parlament, aber in den überwiegend kurdischen Städten, darunter Diyarbakir und Hakkari, verbuchte sie massiven Zuspruch und konnte die dortigen Bürgermeister benennen. Mich berührte besonders, daß der bewährte Stadtvater von Diyarbakir, Doktor Belgin, dieser untergründigen Stimmung kurdischer Selbstbehauptung zum Opfer fiel. Nach Wiederzulassung der HADEP hat sich das Bekenntnis zur völkischen Identität der Kurden als stärker erwiesen als der Respekt vor seiner administrativen Kompetenz.

Zur Schlußvorstellung des siegreichen Kandidaten Bülent Ecevit haben wir uns an einer Anlegestelle des Bosporus in Kadiköy durch die Menge gewühlt. Die Polizei war hier besonders stark vertreten, galt es doch, den Mann zu schützen, der wenige Tage zuvor den Staatsfeind Nummer eins, Abdullah Öcalan, in den Hochsicherheitstrakt der Insel Imrali im Marmara-Meer eingeliefert hatte und seitdem auf den Wogen nationaler Beliebtheit schwamm. Der Cordon von behelmten Sicherheitskräften hatte sich unmittelbar vor uns aufgebaut, und ich stellte mit Überraschung fest, daß jeder zweite dieser jungen Türken blaue Augen hatte. Ecevit war auf einen Lautsprecherwagen geklettert in Begleitung seiner kämpferischen Frau, die starken Einfluß auf ihn ausüben soll. Der vierundsiebzigjährige Veteran der türkischen Politik mit dem hageren Raubvogelprofil hat eine eindrucksvolle Energie bewahrt. Er hat sich eine Schirmmütze übergestülpt, aber nicht jene Proletarierkappe, die Atatürk verordnet hatte, sondern ein ledernes Modell, wie Lenin es trug. Das Publikum der »Partei der Demokratischen Linken« wirkte weniger plebejisch und bunt gescheckt als das der Islamisten. Hier war keine einzige verschleierte Frau zugegen. Die überwiegend bürgerliche Gefolgschaft schwenkte Fähnchen mit dem Symbol der DSP, eine weiße Taube auf blauem Grund. Auch hier erklang eine naive Parteihymne: »Die weiße Taube kommt geflogen. Türkei, Du hast die gute Nachricht gehört: Je stärker unsere Partei ist, desto glücklicher ist das Volk, und es lacht. Mit Ecevit erwacht der Tag, und der Himmel wird blau.«

Die Rede dieses rastlosen Kämpfers war in mancher Hinsicht bemerkenswert. »Das Problem Kosovo muß gelöst werden«, forderte er, »ich leide mit dem Kosovo. Die Türkei hat ihren Schoß für die Menschen aus dem Kosovo geöffnet. Sie sind unsere Verwandten. Für unser völkisches Verständnis gibt es keine Rassentrennung. Ich zitiere den Satz Atatürks, der auch in der Verfassung steht: ›Das türkische Volk nennt man Türken.‹ Im Kampf um die Dardanellen, im Befreiungskrieg, bei unserer Hilfe für die türkischen Zyprioten haben wir keine Unterschiede gemacht zwischen Kaukasiern, Arabern oder anderen. Alle sind Türken. Viele Europäer verstehen unsere Besonderheiten nicht. Obwohl wir seit Jahren europäisch sind, sind die Türen für uns verschlossen. Aber wir sind Europa … Man darf die Religion nicht mit der Politik vermischen«, fuhr Ecevit fort, »das Bildungswesen wird gestärkt werden. Im Osten wird viel investiert und damit die Last von den Schultern der kleinen Leute genommen. Den Kindern dort wird es gutgehen. Wir haben schon lange gesagt, daß man das Problem in Südost-Anatolien nicht mit verschärften Sicherheitsmaßnahmen lösen kann. Wir lösen das Problem durch große finanzielle Unterstützung … Wir haben unsere Schulden bezahlt, den Mindestlohn um 25 Prozent angehoben und die Gehälter vieler, die im öffentlichen Dienst beschäftigt sind, verbessert … Die Terroristen (gemeint ist die PKK), egal wohin sie fliehen, egal ob sie in ein kleines afrikanisches Land ausweichen, unser Staat findet sie. Alle Täter werden jetzt gefaßt. Das war früher nicht der Fall. Das Volk kann sich heute auf die Polizei verlassen. Ich habe noch nie einen so sauberen Wahlkampf erlebt wie diesen. Nur eine Politikerin hat die Religion mißbraucht, Tansu Çiller, als sie in Konya mit einem Kopftuch auftrat. Sie ist noch schlimmer als die Fazilet.«

Es ist notorisch, daß sich zur Unterstützung des Sozialistenführers Ecevit, der stets als strammer Nationalist und Kemalist auftrat, die Glaubensgruppe der Aleviten als kompakte Kraft zusammengeschlossen hat. Die Traditionspartei Atatürks hingegen, die »Republikanische Volkspartei« CHP, die ebenfalls als Auffangbecken der Aleviten galt, war an der Zehn-Prozent-Hürde gescheitert. Der Mißerfolg war wohl auf die unstete und umstrittene Person ihres Führers Deniz Baykal zurückzuführen, dessen Name in der Übersetzung »Baikal-See« heißt.

Mit der Taube als Wappentier mag es eine besondere Bewandtnis haben. Die Taube genießt im Unterbewußtsein der Aleviten, die aus turkmenischen Nomaden-Stämmen hervorgegangen sind, die Bedeutung eines Totems, ähnlich übrigens wie das Kaninchen. Schon Hayrettin hatte mir gesagt, daß die Gefolgsleute des Hadschi Bektasch weder Kaninchen noch Tauben verzehren, und Ekin Deligöz bestätigt mir dieses strikte Tabu. Eher würde ein Alevit Schweinefleisch essen als einen »Stallhasen«. Die schamanistischen Überlieferungen haben sich ja auch bei anderen Formationen erhalten. So bezeichnen sich die sogenannten Idealisten oder »Ülkücü« der extrem patriotischen Rechten als »Graue Wölfe« und begrüßen sich, indem sie mit den Fingern der rechten Hand einen Wolfskopf nachahmen. Die ANAP Mesut Yilmaz' führt eine Biene, die »Partei des Rechten Weges« von Tansu Çiller das Pferd im Wappen.

In seiner Ansprache hatte Ecevit einen großen Bogen geschlagen vom Kosovo bis nach Kurdistan, obwohl er das Wort »Kurde« kein einziges Mal in den Mund nahm. Tansu Çiller, die sich bislang als radikale Laizistin gebärdet hatte, war tatsächlich bei ihrer Wahlkundgebung von Konya im Hijab aufgetreten und hatte wohl gehofft, in dieser Hochburg des Fundamentalismus ein paar Stimmen mehr einzufangen. Das Zugeständnis ist jedoch ihrer »Partei des Rechten Weges« nicht zugute gekommen. Sie sollte die Zehn-Prozent-Schwelle zur Abgeordnetenkammer gerade noch schaffen, aber sogar von ihrem Intimfeind Yilmaz wurde sie abgehängt.

*

Auf unserer Fahrt ins Aleviten-Gebiet machen wir Rast im Städtchen Havza. Bis zum Schwarzen Meer wollen wir dieses Mal nicht vorstoßen. Es wäre mir beim Anblick der häßlichen Hafenstadt Samsun auch schwergefallen, in den begeisterten Ruf »Thalassa! Thalassa!« der griechischen Hopliten des Xenophon auszubrechen. Lange vor unserer Zeitrechnung hatten diese 10 000 hellenischen Krieger der Anabasis nach endlosen Märschen und Gefechten in den Gebirgen Kurdistans den Anblick der Fluten des Pontus Euxinus als Erlösung, als Errettung empfunden. Sie waren nunmehr in ihr vertrautes maritimes Element zurückgekehrt. In ähnlicher Hochstimmung war mehr als 2000 Jahre später der sonst so verhaltene Hauptmann von Moltke im Sommer 1839 nach einem unglaublichen Parforceritt in Samsum eingetroffen. Nachdem er der Niederlage von Nizip entronnen war, konnte er sich buchstäblich in letzter Minute auf dem österreichischen Dampfer »Franz« in Richtung Istanbul einschiffen.

Mit Historie ist diese Region Anatoliens überreich gesegnet und gestraft. Etwa hundert Kilometer nordöstlich von Ankara war mein Blick über die Höhen von Yazilikaya geschweift. Erinnerungen aus dem Herbst 1982 wurden wach. In Begleitung eines deutschen Archäologen war ich damals zur alten Hethiter-Hauptstadt Hattusa nahe dem Flecken Boğazkale aufgebrochen. In Überbetonung seines nationalen Chauvinismus hatte Atatürk die indo-europäischen Hethiter, die im Herzen Anatoliens ab 1600 vor Christus ihr Großreich errichtet hatten, kurzerhand zu authentischen Vorfahren der Türken deklariert. Von dieser Geschichtsklitterei war man allmählich abgerückt.

Seltsame Bogen und Tempel hatten die Hethiter hinterlassen. Mit ungeheuerem Aufwand hatten sie gewaltige Felsbrocken durch ihre Sklaven zusammentragen und zusammenfügen lassen, aus bloßer Freude an der gigantischen Steinbearbeitung, wie es schien, denn der Wert dieser Konstruktionen als Befestigungs- und Schutzanlage war gering. »Die Hethiter müssen ›Petromane‹ gewesen sein«, kommentierte der bärtige deutsche Führer. Warum sich ausgerechnet in diesem kontinental isolierten Hochland eine ungewöhnliche Frühkultur sowie ein kriegerisches Imperium fern von allen Verkehrswegen und befruchtenden Kontakten hatte entfalten können, bleibt den Historikern ein Rätsel. Jedenfalls war das Hethiter-Reich von Hattusa, das etwa um 1440 vor unserer Zeitrechnung unter seinem Herrscher Tutchalija II. den Höhepunkt seiner Macht erreichte, ganz nach Süden orientiert und ignorierte die mykenische Welt der frühen Hellenen. Schon um 1600 vor Christus hatten diese indoeuropäischen Ackerbauern und Krieger die mesopotamische Metropole Babylon erobert. Im Jahr 1286 vor der Zeitrechnung stießen die gefürchteten Kampfwagen der Hethiter im Gebiet der heutigen Bekaa-Hochebene auf die Heere des Pharao Ramses II. und lieferten den Ägyptern eine Schlacht, die von den Chronisten beider Seiten als großer Sieg gefeiert wurde.

Mehr noch als die zyklopischen Maueraufschichtungen der südlichen Außenbastion beeindruckte mich das offene Felsheiligtum von Yazilikaya. Hier erinnerten die hieratischen Götterprozessionen an die Reliefs von Persepolis. Die Sonnenscheibe mit den weitausgreifenden Flügeln war dem ägyptischen Astral-Kult nahe und kündigte die spätere Darstellung des zoroastrischen Lichtgottes Ahura Mazda an. So sehr waren die Hethiter durch ihre mesopotamischen und semitischen Kontakte geprägt, daß die Sagenwelt des Gilgamesch zentraler Bestandteil ihrer Mythologie wurde.

Im Schatten dieser Ruinen und dieser erdrückenden Historie nahm sich das moderne türkische Dorf Boğazkale recht bescheiden aus. 2500 Menschen lebten hier von der Landwirtschaft und teilweise auch von den archäologischen Ausgrabungen. Die Häuser waren auf einem grobgefügten Fundament aus Felsbrocken errichtet. Die Mauern aus luftgetrockneten Ziegeln wurden durch Fachwerkbalken zusammengehalten. Ähnlich hatten wohl schon die frühen Hethiter gewohnt, die sich überdies auch des Kagni-Karrens bedienten. Etwa achtzig Einwohner von Boğazkale hatten in der Bundesrepublik Arbeit gefunden. Den Wohnungen ihrer Familien merkte man an, daß mit dem in der Fremde verdienten Geld ein relativer Wohlstand eingezogen war. In diesem Flecken war inzwischen das Gerücht aufgekommen, daß die Deutschen ihrer zahlreichen Gastarbeiter überdrüssig, daß Kampagnen gegen die Ausländer und insbesondere gegen die Türken im Gange seien. Die Tätigkeit der deutschen Archäologen von Hattusa wurde dadurch nicht gerade erleichtert. Mir fiel auf, daß neben der alten Moschee ein funkelnagelneues muselmanisches Gebetshaus mit hochragendem Minarett errichtet wurde. Dieser Bau war erst zwei Jahre alt. Gegen Mittag ertönte weithin der Ruf des Muezzin.

Der Archäologe erklärte mir die politische Ausrichtung der Dorfeinwohner. Vor dem Militärputsch des General Evren von 1980 hätten die Alten mehrheitlich der islamisch orientierten »Heilspartei« Necmettin Erbakans angehört, während die Jüngeren sich eher der ultranationalistischen und panturanischen Bewegung des Oberst Türkeş anschlossen. »Der Islam ist unser einziger Weg«, war damals auf den Häuserwänden zu lesen. Unter den Heimkehrern aus Westeuropa habe gelegentlich fortschrittliches, ja sozialistisches Gedankengut um sich gegriffen. Seit die Generale regierten, habe man sich der Armee-Herrschaft bereitwilligst unterstellt. Im übrigen verhielten die Menschen von Boğazkale sich abwartend.

*

So viel hat sich in diesen anatolischen Dörfern in den verflossenen zwanzig Jahren also gar nicht geändert, stellen wir bei unserer Lunch-Pause in Havza fest. Aber das Geschichtsbild, das die Türken von sich selbst entworfen hatten, war einer gründlichen Revision unterzogen worden. Heute sind sich die Professoren von Ankara und Istanbul voll bewußt, daß die große turanische Migration, die einst aus dem Umfeld des Baikal-Sees in Sibirien aufbrach und bis nach Klein-Asien brandete, eine ganze Serie uralter Zivilisationen unter sich begraben hatte und mit deren Völkern enge Vermischungen eingegangen war. Die deutsch-türkische Bundestagsabgeordnete Deligöz mit ihrem kurzgeschnitten braunen Haar und den munteren Augen wirkt durchaus europäisch, aber ethnisch ist sie zweifellos den Erobererstämmen der Seldschuken oder Osmanen zuzuordnen, die sich in Anatolien wie in einem Sackbahnhof etablierten. Locker plaudernd lassen wir verschiedene geschichtliche Phasen Revue passieren. Da hatte sich im Altertum südlich von Ankara sogar eine keltische Gruppe von Invasoren, die Galater, niedergelassen, an die noch der heilige Paulus seine Epistel richtete. Die Griechen waren an der Schwarzmeer-Küste schon zu den legendären Zeiten Jasons und der Argonauten präsent. Deren ferne byzantinische Nachfahren hatten im Hafen Trabzon – nachdem die fränkischen Kreuzritter in Konstantinopel mutwillig ihr lateinisches Kaiserreich ausgerufen hatten – einen hellenisch-orthodoxen Kontrapunkt mit eigenem Basileus gegen diese abendländischen Usurpatoren behauptet. In vorchristlicher Zeit hatte präzis in der Gegend, die wir hier jetzt durchstreifen, Mithridates der Große, König von Pontos, endlose Kriege gegen die Römer geführt. Erst Julius Cäsar hatte dessen Sohn, den verräterischen Pharnakes, in einem Blitzfeldzug unterworfen. »veni, vidi, vici« – ich kam, ich sah, ich siegte –, meldete der siegreiche Imperator an den Senat seiner »urbs«.

Ekin Deligöz macht mich auf die besondere Bedeutung der Region zwischen Samsun, Tokat und Sivas auch für die Entstehungslegende der modernen türkischen Republik aufmerksam. Jedes Jahr wird der 19. Mai als Nationalfeiertag begangen, weil Mustafa Kemal Pascha 1919 an diesem Datum – nachdem er Istanbul und dem allzu gefügigen Sultan Mehmet VI. den Rücken gekehrt hatte – in Samsun an Land gegangen war, mit dem Aufbau des Widerstandes begonnen und die Schaffung des türkischen Nationalstaates in die Wege geleitet hatte. Warum der Gazi ausgerechnet in diesen abgelegenen Velayat Anatoliens Zuflucht vor den ausländischen Besatzungstruppen und den Verwünschungen des »Scheikh-ul-Islam« suchte, warum er in der isolierten Stadt Sivas im Herbst desselben Jahres den Kongreß der türkischen Wiedergeburt einberief, läßt sich – so meint Ekin – vielleicht dadurch erklären, daß hier das alevitische Bevölkerungselement besonders stark vertreten war und daß der Gründer der Republik bei diesen schiitisch-schamanistischen »Ketzern« spontane Unterstützung gegen die osmanisch-sunnitischen Reaktionäre der Bosporus-Metropole fand.

*

Wir sind in eine schmale, gewundene Nebenstraße nach Nordosten eingebogen. Sie ist von Pappelhainen, Obstgärten und keimenden Feldern umrahmt. Der blühende Raps leuchtet gelb aus dem jungen Grün. Unser Ziel ist das Dorf Kayacik. Früher sei diese kleine, rein alevitische Gemeinde von der Umwelt völlig abgeschlossen gewesen, erklärt Ekin Deligöz. Die Gefolgschaft des Hadschi Bektasch habe ängstlich im Verborgenen gelebt – eingedenk der Sentenz Süleymans des Prächtigen, wonach der abgeschlagene Kopf eines Aleviten mehr wert sei als die Leichen von zwei Christen. Nur dem Schlendrian des späten Osmanischen Reiches hatten diese religiösen Außenseiter ihr Überleben verdankt. Bis gegen Ende des neunzehnten Jahrhunderts war ja ganz Anatolien ohnehin ein Flickenteppich diverser Rassen und Religionen. Die Zahl der Christen – Armenier, orthodoxe Griechen und Assyrer – hatte damals noch annähernd ein Drittel der Gesamtbevölkerung ausgemacht, während zur gleichen Zeit auf dem türkisch dominierten Balkan, im sogenannten Rumelien, das Zahlenverhältnis sich umgekehrt verhielt: zwei Drittel Christen, ein Drittel Muselmanen.

Vierzig Familien, annähernd fünfhundert Menschen, leben in Kayacik, ein Ortsname, der früher aus Tarnungsgründen häufig gewechselt hatte. Mir kommt es vor, als sei ich in diesem Flecken plötzlich in eine verwunschene Welt versetzt. Die meisten Häuser sind noch im alten türkischen Stil gebaut, Fachwerkmauern mit schrägen Balken, deren Zwischenräume durch grob gebrannte Ziegel gefüllt sind. Hier leben arme Bauern, aber unsere Ankunft löst Freude und herzliche Gastlichkeit aus. Der Großmutter Ekins, der »Ana«, begegnen diese einfachen Menschen mit Ehrfurcht. Sie gilt hier offenbar als Herrin oder Priesterin. Den armen Schluckern wendet sie sich wohlwollend und mütterlich zu, schließt sie schützend in die Arme. Die Frauen, nicht die Männer, geben in Kayacik den Ton an. Sie tragen buntgeblümte Pluderhosen und ein weißes Kopftuch, den sogenannten »Türban«, der die Kinnpartie eng umschließt. Dabei wirken sie heiter und aufgeweckt. Ekin bezeichnet die von ihrer Ana ausgezeichneten Jüngerinnen mit dem Wort »Talib«. Meine Hand wird von diesen frommen Alevitinnen an Lippen und Stirn geführt, was einer Huldigung an mein hohes Alter gleichkommt. Ich werde auf beide Wangen geküßt, und das ist ein höchst ungewöhnliches Erlebnis in der prüden islamischen Gesellschaft, die so peinlich und pedantisch über die Trennung der Geschlechter wacht. Ich schaue die Gesichter der

»Talib« aufmerksam an. Es sind Frauen mittleren Alters mit roten Bäckchen und grauen Augen.

Ringsum hat sich eine Schar von neugierigen, aber artigen Kindern versammelt. Sie sind sauber gekleidet. Für sie ist unsere Ankunft ein großes Erlebnis. Die Männer – alle mit den häßlichen Schirmkappen angetan – halten sich abseits. Nur der Bürgermeister, der Mukhtar, führt mit Ekins Großmutter ein langes Gespräch, und es sieht aus, als nähme er ihre Weisungen entgegen. Der stoppelbärtige Mann trägt ein rotes Abzeichen zu Ehren des 75. Gründungstages der Türkischen Republik am schmuddeligen Jackenrevers. »Wir sind hier alle überzeugte Kemalisten«, versichert er. Die Ana hat sich inzwischen in dem größten, spärlich möblierten Haus in einer Diwan-Ecke niedergelassen. Frauen und Männer kommen zu ihr, berichten über ihre Sorgen und suchen Zuspruch. Dabei drängen sich die Frauen eng an die »Ana«, als strahle ihr Körper eine magische Kraft aus.

Die Säuglinge liegen in Schaukelkippen und sind dort festgebunden. Ähnliches war mir auf den Fernsehbildern aus den albanischen Flüchtlingslagern des Kosovo aufgefallen. Auf der steilen mittleren Dorfgasse, ein kaum befestigter Schotterweg, paradieren inzwischen junge Burschen voll Stolz auf ihren zwei oder drei Traktoren. Auch das wirkt sehr albanisch. Ansonsten erinnert mich diese verkapselte, durch Jahrhunderte der Verfolgung gezeichnete Gemeinde, die sich aber dennoch ihre Vitalität und Aufgeschlossenheit bewahrt hat, an ein verlorenes ismailitisches Dorf im Pamir-Gebirge, im äußersten Winkel der Republik Tadschikistan, wo sich die unterdrückte Minderheit der Siebener-Schiiten sich ebenfalls in einem weit abgelegenen Zufluchtsort verschanzt hatte.

Wir machen einen Rundgang durch das Dorf. Da existiert zwar ein bescheidenes Schulhaus, vor dem eine grobe Atatürk-Büste aus Bronze aufgepflanzt ist. An der Wand lesen wir den unvermeidlichen Spruch vom »Glück, Türke zu sein«. Aber der Unterricht wurde hier eingestellt. Der Lehrer hat das Dorf verlassen, und die Kinder müssen täglich den langen Weg nach Havza zu Fuß zurücklegen. Weiter unten stoßen wir auf einen schmucklosen Zementbau. Der sollte eine Moschee beherbergen, aber das Minarett wurde nie gebaut, und der von der Regierung bestallte sunnitische Imam hat dieses alevitische Ketzernest nach wenigen Tagen mit allen Zeichen des Unwillens verlassen. Jetzt ist im Untergeschoß der »Cami« eine alevitische Kultstätte, eine »Cem-Evi« eingerichtet. Da gibt es weder einen Minbar, eine

Kanzel, noch den Mihrab, jene Nische, die die »Qibla«, die Gebetsrichtung nach Mekka, anzeigt. Hingegen ist das übliche Porträt des Imam Ali gleich mehrfach an der unverputzten Wand befestigt. Er hält das gespaltene Schwert »Zulfikar« in der Faust. Mit dem Sektengründer Hadschi Bektasch, der ein Reh auf dem Arm trägt, und Ali, dem fast göttliche Ehren gezollt werden, bildet der große Atatürk, der heimliche Erlöser der Aleviten von sunnitischer Willkür und Verstoßung, eine Art heilige Dreifaltigkeit. Auch die Zwölf Imame der persischen Schia sind abgebildet, und die Heilige Familie dieser synkretistischen Glaubensgemeinschaft: Mohammed und dessen Schwiegersohn Ali, die Prophetentochter Fatima, sowie deren Söhne Hassan und Hussein. Darüber schwebt ein Engel.

Mit Ekin Deligöz ist in Kayacik eine Veränderung vorgegangen. Die grüne Abgeordnete war mir von Anfang an durch ihre Einfachheit und Spontaneität angenehm aufgefallen. Ihre politische Karriere in der Bundesrepublik war ihr in keiner Weise zu Kopf gestiegen. Es spricht für die emanzipierte junge Frau, die in Deutschland zu Rang und Würden gekommen war, daß sie keine Sekunde gezögert hatte, uns an den Ursprungsort ihrer Sippe, in dieses freundliche, aber extrem einfache, ja dürftige Dorf mitzunehmen. Hier verwandelt sich die Achtundzwanzigjährige plötzlich wieder in ein Mädchen vom Lande, das mit den Kindern um die Wette läuft, mit ihnen scherzt und den Schülerinnen Vorschläge macht, wie sie ihre Aussteuer gestalten sollen. Zum Ballspiel kommt es nicht, und mir fällt ein, daß in manchen alevitischen Gemeinden diese Form von Vergnügung aus religiösen Gründen verpönt ist. Beim Märtyrertod des Imam Hussein in Kerbela hatten sich nämlich die satanischen Feinde den abgehackten Kopf des Heiligen frevlerisch zugeworfen und sogar nach ihm getreten.

Während der Hinfahrt hatte Ekin völlig ungeniert über die strengen, archaischen Bräuche berichtet, denen die Frauen in den meisten anatolischen Dörfern, auch bei den Aleviten, noch unterworfen sind. Vor allem die Brautzeit ist ein Zustand langer und bitterer Prüfung. Die Rolle der gehorsamen Gattin wird unter extrem harten Bedingungen eingeübt. Die Braut muß die männliche Verwandtschaft ihres zukünftigen Mannes ergebenst bedienen und kann zu jeder Zeit körperlich gezüchtigt werden. Sie darf am gemeinsamen Essen nicht teilnehmen, sondern muß respektvoll stehenbleiben, bis man sie zum Sitzen auffordert. Vor allem darf sie während der ganzen Dauer ihrer Probezeit kein Wort reden, was sich als unerträgliche Tortur auswirken kann.

Die Demütigung kann vom Familienoberhaupt oder von der Schwiegermutter – auch über den Zeitpunkt der Eheschließung hinaus – verlängert werden. Nur bei Wohlverhalten wird dem entwürdigenden »Brautstand« ein Ende gesetzt. Voll akzeptiert wird die junge Frau jedoch erst nach der Geburt ihres ersten Sohnes.

In dieser bäuerlichen Umgebung ist das Tragen des Kopftuchs – je nach Farbe »Tülbent« oder »Yazma« genannt – eine Selbstverständlichkeit, ein elementares Gebot der Sittlichkeit. Das Haar darf nur dem eigenen Mann gezeigt werden. Aber die strenge Vermummung, so erklärt mir Ekin, wird von den zum Schweigen verurteilten Jungfrauen auch zur diskreten, das Zusammenleben erleichternden Kommunikation benutzt. Die Farbe, das Muster des jeweils getragenen Schleiers deuten Stimmungen oder Gefühle an. Die Mädchen schmücken den Hijab überdies durch unscheinbare Verzierungen, kleine Perlenketten oder farbige Rauten. Mit Hilfe dieser »Oyas« lassen sich Beschwerden, Wünsche oder Warnungen ausdrücken. Kurzum, es sei da eine Geheimsprache entstanden, die den »Wortlosen« eine für Außenstehende verschlossene Form der Mitteilung ermöglicht. Ekin legt mir eine Broschüre mit diversen Oya-Abbildungen vor. Da tut sich eine seltsame, heimliche Seelenwelt auf. »Ich habe ihn geliebt«, so besagt eine grün-verschnörkelte Kordel. Andere »Oyas« bedeuten: »Vergiß mich nicht« oder »ich gehe, folge mir« oder »Streit zwischen Schwägerinnen«. Freude und Leid kommen zum Ausdruck, manchmal auch Naturverbundenheit und sogar das klare politische Bekenntnis: »Ich bin für Ecevit!« Die Grünen-Abgeordnete zieht gegen diese Bräuche nicht mit Emanzen-Attitüde zu Felde. Sie bedauert die Rückständigkeit, aber bleibt von der Tradition auch irgendwie fasziniert.

Auf dem hölzernen Boden des Gasthauses, wo die Einwohner nachts auf dünnen Matratzen schlafen, wird das Essen ausgebreitet. Es besteht aus einem Bohnengericht mit Hühnerfleisch und Brot. Danach wird Kaffee serviert. Die »Ana« wartet, bis der Satz auf der Untertasse geronnen ist. Dann sagt sie denen, die es wünschen, die Zukunft voraus. Beiläufig habe ich Ekin nach jenen Gerüchten befragt, die im vergangenen Sommer einen Militärputsch und eine Einflußnahme hoher alevitischer Offiziere auf die Staatsgeschäfte ankündigten. Ganz aus der Luft gegriffen seien diese Spekulationen wohl nicht, antwortet sie. Vor einem halben Jahr habe wieder einmal alles auf der Kippe gestanden, und die Jünger des Hadschi Bektasch seien in den obersten Rängen der Armee tatsächlich stark vertreten.

»Aber schauen Sie sich diese Leute auf dem Lande doch an«, wendet sie ein. »Sie sind zunächst einmal glücklich, die lange Zeit der Verfolgung überlebt zu haben. Sie freuen sich, daß sie endlich bürgerliche Gleichberechtigung im laizistischen Staat genießen. Zum revolutionären Aufbruch oder gar zum Anspruch auf politische Führung fehlen ihnen jedoch weiterhin das Selbstbewußtsein und die Kraft. Nach endloser Erniedrigung als »Kizilbaş« müssen die Menschen zu sich selbst zurückfinden. Dieser Prozeß ist jetzt im Gange. Er vollzieht sich in den Großstädten, wohin die meisten bäuerlichen Aleviten bereits abgewandert sind. Dazu gesellen sich rund 400 000 Aleviten, die in der Bundesrepublik ansässig wurden, dort ihr Kulturgut wiederentdeckt haben und sich offen zu ihm bekennen. Da mögen gewisse spektakuläre »Cem«-Veranstaltungen, die in Deutschland aufgeführt werden, theatralisch oder folkloristisch wirken und sich weit vom profunden mystischen Gehalt unseres Glaubens entfernt haben. Dazu kommen auch interne Spannungen und Spaltungen. Aber in vielen europäischen Städten – darunter Straßburg und Paris – bahnt sich eine geistige Renaissance des Alevitentums an. Die Auswirkungen auf das türkische Ursprungsland sind bereits zu spüren.«

*

Es ist dunkel geworden. In Richtung Amasya rollen wir zur nächtlichen Cem-Zeremonie. Sie findet in der Ortschaft Kargaköy statt, und dieses Städtchen wirkt kein bißchen geheimnisvoll oder magisch. Auch die Kulthalle, die Cem Evi, ist von enttäuschender Banalität. Über der Sitzbank der Notablen hängen die üblichen Darstellungen der alevitischen Heiligen-Legende. Der viereckige Raum ist leer und nackt. Aus allen Himmelsrichtungen strömen jetzt Gläubige zusammen. Es sind überwiegend ärmlich gekleidete Menschen beiderlei Geschlechts. Die Frauen werden von den Männern getrennt. Viele Mädchen verzichten bereits auf das Tragen des Kopftuchs. Der Dede, der Schamanen-Priester, verharrt regungslos in einer Ecke, und zu seiner Rechten hat sich die »Ana«, die Großmutter Ekin Deligöz' plaziert. Diese strenge Frau, die das dunkle Haar offen trägt, erscheint hier als die wirkliche Zeremonienmeisterin. Der kleingewachsene Lokal-Dede mit schwarzem Schnurrbart und Schirmmütze erscheint neben ihr recht unscheinbar. Vier stoppelbärtige kräftige Männer hantieren mit langen Holzstäben und geben sich als Ordnungswächter zu erkennen. Sie weisen den Gemeindemitgliedern streng ihre Plätze zu.

Mir fällt auf, daß jeder Neuankömmling sich vor dem »Priester« flach auf die Erde wirft, ihm dann kniend die Hand küßt. Diese Form der Proskynese war zur Zeit der Achämeniden am Hofe der persischen Großkönige üblich.

Die Cem Evi hat sich bis auf den letzten Winkel gefüllt. Immer wieder wird der Ruf »Allah! Allah!« von rauhen Stimmen wiederholt. Die religiöse Feier erinnert mich stark an jene Veranstaltung, der ich – in einem vergleichsweise luxuriösen Rahmen – in Istanbul beigewohnt hatte. Hier in der fernen Provinz wirkt alles dennoch viel authentischer, mysteriöser, ein wenig unheimlich. Uralte Riten der Steppe leben auf. Da werden unter tiefen Verneigungen buntgewebte Kelims, Relikte des Nomadenlebens, vor dem Dede wie zur Segnung ausgebreitet. Man reicht ein Becken mit Weihwasser und besprengt die Beter. Im Schein brennender Kerzen findet die symbolische Reinigung mit dem Besen statt. Im inneren Kreis rund um den Dede sind vierzig »Gerechte« – Auserwählte oder Eingeweihte – gruppiert. Dem Aussehen und der Kleidung nach unterscheiden sie sich in keiner Weise von den übrigen Gläubigen.

Viel christliche Überlieferung hat sich in diesem Gottesdienst erhalten. Auf die Taufgestik des Wassersegens folgt die Speisung mit »Lokma«, einem süßen Gebäck, das auf einer Schale gereicht wird und der Austeilung der Kommunion ähnelt. Den Respektpersonen werden von eilfertigen Jünglingen die Hände und Füße gewaschen. Ein Greis betet in schlechtem Arabisch eine Sure des Koran. Dann hebt der endlose Gesang eines dunkelhäutigen Kantors an, der seine Rezitation mit den Zupflauten des »Saz« begleitet. Der Text – in einem Gemisch aus Alt-Persisch, Türkisch und Arabisch vorgetragen – schildert wieder einmal die Leidensgeschichte Husseins und seiner Gefährten. Jedesmal, wenn der Name des sunnitischen Omayaden-Kalifen Yazid erwähnt wird, des teuflischen Peinigers, ertönt aus dem Publikum die Verwünschung: »Zur Hölle mit ihm!«

Auch in Kargaköy kreist der Legendenvortrag um den Imam Ali und seinen mythischen Löwen. Da befand Ali sich auf dem Weg zum Paradies. Der Löwe stellte sich ihm in den Weg und verlangte: »Streif Deinen Ring ab, und wirf ihn mir in den Rachen.« Gemeinsam erreichen die beiden die Gärten Allahs, wo vierzig heilige Greise und vierzig Gerechte auf sie warten. In dieser Runde werden Trauben zu Wein gepreßt, und es folgt ein kultischer Tanz. Inzwischen ist der Prophet Mohammed aufgetaucht und gibt den vom Löwen verschlungenen

Ring an Ali zurück, womit wohl besagt werden soll, daß Ali der fast gottähnliche Inspirator der alevitischen Gemeinde ist, der sich unter der grünen Glückshand seiner Gattin Fatima offenbart, während Mohammed als sein erlauchter Vorläufer gilt.

Endlich beginnt der »Tasswuf«, der Tanz der Schamanen. Vier Männer mittleren Alters sind aufgestanden. Stets mit dem Gesicht dem Dede zugewandt, bewegen sie sich mit weit ausgestreckten Armen im Kreise. Der eine Arm zeigt nach oben, der andere nach unten, als solle eine Verbindung geschaffen werden zwischen den himmlischen und den tellurischen Mächten. Die Menge schweigt, und es kommt in dieser alltäglich wirkenden Versammlung eine seltsame Stimmung auf, die heimliche Entrücktheit in eine fremde, kaum noch zugängliche Sagenwelt voller Zauberkräfte und Dämonen. Vier Frauen – keineswegs die jüngsten oder die schönsten – kriechen auf allen vieren an die tanzenden Männer heran und küssen ihnen die Hand. Wie zur Belohnung werden sie hochgezogen und dürfen sich ihrerseits in kreiselnder Bewegung drehen. Sie tun das mit steifen Armen, ohne jede Gestik. Die Frauen tragen den strengen »Türban« und weite Pluderhosen zu eng geschnürten Miedern. Die Saz-Gitarre gibt den Rhythmus vor. Der »Tasswuf« endet so plötzlich wie er begonnen hat.

Nun bittet eine Stimme aus der Menge die »Ana«, ein paar Worte an die Gemeinde zu richten. Doch die winkt ab und verweist statt dessen auf ihre Enkelin Ekin. Die jugendliche Bundestagsabgeordnete in Jeans und lockerer weißer Bluse richtet sich auf – mit entblößtem Kopfhaar natürlich – und beginnt nach kurzem Zögern ihre Ansprache. Man merkt ihr schnell an, daß sie das Reden in der Öffentlichkeit gewöhnt ist. Sie fordert die Anwesenden auf, stolz auf ihren Glauben und ihre Überlieferungen zu sein. Es bestehe heute für einen Aleviten kein Grund mehr, sich zu verstecken oder seine Überzeugungen zu verleugnen. Mit der Unterdrückung der authentisch türkischen Religionsform müsse endlich Schluß gemacht werden. Deshalb sollten sich die Aleviten selbstbewußt, notfalls kampfbereit in der Gesellschaft durchsetzen und sich durch das Studium der modernen Wissenschaften auf Führungsaufgaben in Staat und Wirtschaft vorbereiten.

Aus der Grünen-Politikerin, die mir am Nachmittag noch etwas aufgeregt mitgeteilt hatte, Joschka Fischer sei auf der Bielefelder Tagung ihrer Partei von einem roten Farbbeutel schmerzhaft getroffen worden, ist mit einem Schlag eine anatolische Jeanne d'Arc geworden, und alle Blicke ruhen bewundernd auf ihr. Die Cem-Veranstaltung ist zu Ende. Am Ausgang wird Ekin Deligöz von den Frauen und vor allem den Mädchen fast erdrückt. Jede drängt sich an sie, möchte sie berühren und ihr am liebsten eine Haarsträhne ausreißen, um sie als Amulett aufzubewahren. »Ich habe mir selbst ein paar Haare ausgerissen, um den Wünschen nachzukommen«, sagt sie mir, während wir den Minibus besteigen. Möglicherweise ist sie bereits – ohne es selbst zu ahnen – in die Legendenwelt der frommen Alevitinnen von Kargaköy eingegangen. Ganz bestimmt wurde sie zur Kultfigur der jungen Generation.

*

In Havza übernachten wir in einer von Aleviten geführten Herberge, die den anspruchsvollen Namen »Avropa-Palas« führt. Auf der Etage gibt es nur ein Waschbecken und ein türkisches Klosett. Doch in meiner kargen Kammer finde ich tiefen Schlaf. Am folgenden Tag fahren wir nach Tokat weiter, befinden uns in Reichweite von Sivas, wo der hochverehrte, die schiitische Lehre verbreitende Prediger Sultan Abdal von den Schergen des sunnitischen Sultans und Kalifen hingerichtet wurde. In Tokat leben vierzig Prozent Aleviten und sechzig Prozent Sunniten. Letztere neigen aufgrund dieser latenten konfessionellen Spannung zum »Fundamentalismus«. Bei den letzten Wahlen haben sie entweder der Fazilet-Partei oder der ultra-nationalistischen MHP-Bewegung ihre Stimmen gegeben, während die Jünger des Hadschi Bektasch mehrheitlich dem Sozialisten Bülent Ecevit folgten.

Die Jandarma ist in Tokat mit ihren leichten Straßenpanzern und Patrouillen eindrucksvoll präsent. Die Stadt als Ganzes macht einen recht wohlhabenden und fortschrittlichen Eindruck trotz der vielen streng verhüllten Frauen. Sie ist an einem Fluß gelegen und erinnert mich an die muslimische Ortschaft Zenica in Mittel-Bosnien, die sich am Ufer der Bosna hinzieht. Eine der Hauptstraßen in Tokat heißt tatsächlich »Bosna Caddesi«. Die Altstadt ist gut erhalten, und es sind auch noch Reste des früher blühenden Textilgewerbes zu besichtigen. Bei Nacht ist die Burg hell angestrahlt. Sie wurde dank ihrer Lage auf einem steilen Felsklotz selbst von dem schrecklichen Eroberer Tamerlan nicht bezwungen.

Das benachbarte Dorf Kizilköy ist offenbar fest in alevitischer Hand. Zu unseren Ehren sind die Schüler – stramm ausgerichtet – angetreten. Sie tragen die landesüblichen Uniformen und singen vor Beginn des Unterrichts die türkische Nationalhymne. Die alevitischen Lehrer sind linientreue Kemalisten. In Kizilköy findet die Cem-Feier am hellichten Tage in einem eben vollendeten Betonbau statt. Zwar sind erstaunlich viel Gläubige zusammengekommen, die während der endlosen Zeremonie regungslos aneinandergepreßt verharren, aber die mystische, verwirrende Atmosphäre des Vorabends will nicht aufkommen. Neben den Heiligenbildern des alevitischen Pantheons hängt hier auch die Kaaba von Mekka und – was mir etwas anmaßend erscheint – das Photo des örtlichen Bürgermeisters an der Wand.

Dieses Mal sind gleich drei Geistliche, drei Dede anwesend. Sie sind in den alevitischen Gemeinden auch als Friedensrichter tätig und verfügen über beachtliche Autorität. So vermitteln sie im Streit zweier Sippen um eine Parzelle Land. Die Entscheidung, die nach ausgiebigem Palaver erzielt wird, duldet keinen Widerspruch. Zur Feier der Versöhnung zwischen den Parteien wird ein Hammel vor versammelter Gemeinde geschächtet. Der »Mukhtar« oder Bürgermeister stimmt ein selbstverfaßtes Lied zu Ehren Atatürks an.

Unter den drei Dede kommt es – noch ehe die eigentliche Kulthandlung beginnt – zu endlosen Diskussionen. Zunächst geht es darum, ob nach der Gerichtsverhandlung eine Zigarettenpause eingelegt werden darf. Dann wendet sich der Disput einer weniger trivialen Thematik zu. Die »Priester« diskutieren über die 35. Sure des Korans »El Fatir« und deren korrekte Auslegung, wie sie angeblich von Hadschi Bektasch vor siebenhundert Jahren vorgegeben wurde. Bei dieser Gelegenheit erfahre ich, daß es zwölf Stufen des Wissens und der Initiation gibt. Was die bewußte Sure betrifft, so kann es sich bei der Interpretationsdebatte wohl nur um den Vers 19 handeln, der da lautet: »Und keine beladene Seele kann die Last einer anderen tragen; und wenn eine schwer beladene Seele eine andere anruft, daß sie ihr die Last abnehme, so soll nichts davon von dem anderen getragen werden, und wäre es auch ein Blutsverwandter.« Wie läßt sich dieser Koranauszug mit jenem grundlegenden alevitischen Brauch vereinbaren, wonach sich stets zwei Familien oder Sippen in bedingungsloser Solidarität und Gemeinschaft zusammenschließen müssen? Ich habe das Ende der Diskussion nicht abgewartet und bin in das recht luxuriöse Hotel von Tokat zurückgefahren, wo eine türkische Fußballmannschaft einquartiert ist und auf den Aufbruch zum Stadion wartet.

Dort erreicht mich ein etwas nervöser Anruf von Ekin Deligöz. Ein Jandarma-Offizier hat den Bürgermeister von Kizilköy, der gerade noch die Atatürk-Hymne vorgetragen hatte, gefragt, ob das deutsche Fernsehteam denn überhaupt eine offizielle Drehgenehmigung besäße. Da der Mukhtar ein solches Papier nicht vorweisen konnte, wurden ihm kurzerhand Handschellen angelegt, und er landete unsanft in einer Gefängniszelle. Der Zwischenfall wird schnell beigelegt. Die Behörden von Ankara, die dem Filmen des sunnitischen Freitagsgebets durch Ausländer ablehnend gegenüberstehen, sind mit der Aufzeichnung einer alevitischen Veranstaltung voll einverstanden. »Bei den Aleviten handelt es sich doch nur um Folklore«, lautet der Bescheid. Der Bürgermeister wird nach ein paar Telephonaten aus seiner Haft entlassen, und ich verweise das entrüstete Team darauf, daß sogar in Frankreich das Aufstellen eines Kamerastativs – außerhalb der eigenen Studiowände – einer amtlichen Genehmigung bedarf und polizeiliche Kontrollen herbeiruft. Mit dem Anlegen von Handschellen hat man es dort allerdings weniger eilig.

Die Konversation mit Ekin Deligöz ist stets aufschlußreich. Auf der Rückfahrt nach Ankara kommen wir auf den jüngsten Schleier-Skandal zu sprechen. Die neu gewählte Abgeordnete Merve Kavakçi von der Fazilet-Partei hat dem offiziellen Laizismus getrotzt und wollte – unter Beibehaltung des islamischen Kopftuches – ihren Sitz im Parlament einnehmen. Damit löste sie Tumultszenen bei den Kemalisten aus, und der amtierende Ministerpräsident Ecevit bebte vor Wut. Merve Kavakçi, eine hochgebildete Frau mit internationalen Hochschulabschlüssen, wurde aus der Kammer verjagt. Der offizielle Grund für diesen Verstoß war jedoch nicht das Tragen des Hijab. Frau Kavakçi hatte während ihres Studienaufenthalts in Amerika einen US-Bürger palästinensischer Herkunft geheiratet und dessen Staatsangehörigkeit angenommen, ohne den heimischen Behörden die erforderliche Mitteilung zu machen. Man könne nicht gleichzeitig türkische Volksvertreterin und Bürgerin der Vereinigten Staaten sein, so wurde jetzt argumentiert. Das führe unweigerlich zu Loyalitätskonflikten.

Ich mache Ekin darauf aufmerksam, wie negativ sich ein solcher Entscheid für den Anspruch der in Deutschland lebenden Türken auswirken müsse, in Zukunft über zwei Pässe – einen deutschen und einen türkischen – zu verfügen. Angeblich hatte der Hodscha Erbakan höchst persönlich diesen Zwischenfall im Parlament provoziert. Andere weibliche Deputierte der Tugendpartei waren ohne Hijab in die

Kammer gekommen, und einer frommen Muslimin der nationalistischen MHP wurde von ihrer Parteileitung die gebieterische Weisung erteilt, auf jede Vermummung zu verzichten. Eine besonders einfallsreiche Dame soll dem Dilemma entgangen sein, indem sie über ihren Kopf-Schal eine Perücke stülpte. Wir amüsieren uns über dieses absurde Theater, aber die Grünen-Abgeordnete ist sich durchaus bewußt, daß es hier für die kemalistische Republik um ein ernstes, geradezu fundamentales Problem geht. Sie selbst ist solide genug in ihrem türkischen Urboden verwurzelt geblieben, daß man ihr nicht das Schimpfwort »Almanci« oder »Deutschländerin« anhängen kann. »Diese Affäre kann noch unerwartete Folgen haben«, meint sie lächelnd, »auch Frau Çiller steht im Verdacht, während ihres Studiums die amerikanische Nationalität erworben zu haben.«

Sie erzählt auch von der Protestaktion, die in diversen Städten von den türkischen Gegnerinnen des Schleierzwangs organisiert wurde. Um ein Zeichen gegen die prüden Aktivistinnen der Fazilet zu setzen, hätten die laizistischen Haushalte zu abendlicher Stunde sämtliche Lichter in ihren Wohnungen ausgeknipst, und ganze Viertel seien im Dunkel versunken. Die sunnitischen »Fundamentalisten« hätten daraufhin eine diffamierende Flüsterkampagne gestartet. Es seien ja überwiegend die Aleviten, die »Kizilbaş« gewesen, die für die Finsternis gesorgt hätten, und es sei ja hinlänglich bekannt, daß diese Ketzer im Schutze der Finsternis ihren sexuellen Ausschweifungen, sogar dem Inzest nachgingen.

Viele alevitischen Männer tragen – um ihre religiöse Zugehörigkeit zu demonstrieren – ein kleines Zulfikar-Schwert, die Waffe Alis, an einem Kettchen um den Hals. Aber die Gemeinde des Hadschi Bektasch ist von der internen Zerrissenheit der türkischen Politik nicht verschont geblieben, räumt Ekin Deligöz ein. Bekanntlich befinden sich auch unter den Aleviten Ost-Anatoliens kämpferische Anhänger der PKK. Sie leben überwiegend im Umkreis von Tunceli und gehören ausschließlich der Volksgruppe der Zaza an, die von sich selbst behauptet, sie besäße eine eigene Sprache. Jedesmal, wenn Ekin in Deutschland diesen Glaubensbrüdern vom Stamm der Zaza begegnete, hätten ihre kurdischen Nationalisten sich kategorisch geweigert, mit ihr auch nur ein Wort Türkisch zu sprechen und sich demonstrativ auf deutsch ausgedrückt.

Die Kurdenfrage hat uns wieder eingeholt. Der Prozeß gegen Abdullah Öcalan in seinem Inselgefängnis von Imrali steht unmittelbar bevor. Von Außenkontakten war der Kurdenführer bisher total abgeschirmt im Gegensatz zu Recep Tayyip Erdoğan, dem Ex-Bürgermeister von Istanbul, der seine Verurteilung zu zehn Monaten Haft unter recht komfortablen Bedingungen absitzt und zahlreiche Besucher empfängt. Das Auftreten Öcalans vor Gericht, seine Versöhnungsangebote an Ankara, seine Unterwürfigkeit gegenüber den Richtern, ja seine Enthüllungen über das Netz ausländischer, vor allem griechischer Komplizenschaft sollten mich keineswegs überraschen. Noch vor meinem Aufbruch zu den Aleviten-Dörfern Nord-Anatoliens hatte ich diesbezüglich meinen Kölner Ratgeber Mustafa befragt, und der war wieder einmal glänzend informiert. »Im Grenzdreieck Irak, Iran, Türkei hat ein geheimer Kongreß der PKK-Führung stattgefunden«, berichtete der Ustaz. »Die Delegierten und Partisanenführer haben dem Gefangenen von Imrali einstimmig das Vertrauen ausgesprochen und ihn als obersten Chef bestätigt. Vorübergehend haben sie Öcalan durch ein sechsköpfiges Präsidium ersetzt.« Auf irgendwelchen Umwegen habe die Organisation ihn wissen lassen, er dürfe während der Verhandlung jede Konzession machen, ja die eigene Sache verleugnen. Sie sollen ihm sogar zugestanden haben, eigene Gefolgsleute zu denunzieren. Diese bedingungslose Ergebenheit, diese Treue gegenüber einem Revoluzzer, der sich während des bewaffneten Kampfes seiner Peschmerga nicht gerade als Held bewährt hat, erschien auch Mustafa schwer erklärbar. Die drohende Exekution Öcalans komme der Exekution des kurdischen Volkes gleich, hieß es in dem Präsidiums-Kommuniqué, und sie gebe das Signal zu einem neuen Aufstand, der mindestens fünfzehn Jahre dauern würde.

Beiläufig hat unser Chauffeur erwähnt, daß er bei den letzten Wahlen für die »Grauen Wölfe« gestimmt hat, aber dieses Bekenntnis wird von den beiden Alevitinnen mit großem Gleichmut hingenommen. Wir folgen einer Schleife nach Süden, bevor wir die Hauptstadt erreichen. An der Kreuzung verweisen die Richtungsschilder nach Konya und Antalya. Letzteren Küstenort hatte ich im vergangenen Sommer aufgesucht, nicht um in dieser Anreihung von Hotel-Burgen Erholung zu suchen, sondern um den deutschen Massentourismus einmal persönlich in Augenschein zu nehmen. Von der ursprünglichen Schönheit der Landschaft ist seit dem Einbruch des kommerziellen Fremdenverkehrs nicht viel übrig geblieben mit Ausnahme des alten Hafens, dessen Festungsanlagen auf das Imperium Romanum zurückgehen. Zu meiner großen Überraschung war das Fünf-Sterne-Hotel, in dem ich einquartiert wurde, nicht mit deutschen, sondern mit russischen Touristen überfüllt.

Ein unglaublich luxuriöses und kitschiges Spielkasino war im Garten unseres Gasthauses zu besichtigen. Die Machenschaften der Mafia waren dort wohl so haarsträubend gewesen, daß die gold- und marmorglitzernde Spielhölle von Amts wegen geschlossen wurde. Seit Abdullah Öcalan verhaftet wurde, ist der übliche Besucherstrom plötzlich verebbt, und in sämtlichen Ferienressorts stehen die riesigen Unterkünfte der überwiegend deutschen Sonnenanbeter ohne Kundschaft. Ich habe den Zeitungen entnommen, daß dieser Einnahmeverlust den türkischen Staatshaushalt aufs schwerste belastet. Offenbar hatte niemand mit der panischen Ängstlichkeit der einst so kriegerischen Germanen gerechnet. Am stärksten betroffen, so bestätigt Ekin, sind jene Feudalherren aus Südost-Anatolien, jene mit Ankara kollaborierenden kurdischen Agas, die ihr Vermögen in diesen Freizeitzentren und in anderen, äußerst dubiosen Wirtschaftszweigen investiert hatten und enorme Profite kassierten. Sie hatten als Bauarbeiter und als billiges Hilfspersonal ihre eigenen »Leibeigenen« nach Antalya und Umgebung verfrachtet. Nun scheint sich der gefangene Apo an seinen verräterischen Landsleuten, an der Ausbeuterschicht seiner kurdischen Heimat bitter zu rächen.

Meine alevitische Erkundungsreise geht zu Ende. Meine grüne Begleiterin gibt mir noch ein paar Empfehlungen auf den Weg. Ich solle den deutschen »Experten« nicht trauen, die von einer wachsenden Hinwendung der in Deutschland lebenden jungen Türken zur »zivilen Gesellschaft« schwärmen. In Wirklichkeit greife die islamische Rückbesinnung – unter verschiedensten Varianten – gerade bei den jungen Leuten immer stärker um sich. Sie betont auch das wachsende Gewicht ihrer eigenen Glaubensgemeinschaft und verweist auf einen Kommentar der Zeitung »Cumhuriyet«. Die Aleviten, so heißt es dort, seien integrierender Bestandteil des türkischen Nationalismus geworden. Im Angesicht eines mächtigen, sich radikalisierenden Islam bewähre sich die alevitische Gemeinschaft als Säule des Laizismus und des Kemalismus. Sie sei besonders aufgeschlossen für die offizielle Linie einer prowestlichen und säkularen Staatsdoktrin. Die Kemalisten ihrerseits hätten festgestellt, daß die Gefolgschaft des Hadschi Bektasch sich von ihren persisch-schiitischen Ursprüngen gelöst habe und statt dessen eine authentisch-türkische Form des Islam verkörpere. Dieser nationale Charakter des Alevismus, so wurde in »Cumhuriyet« gemutmaßt, böte Raum für eine allmähliche Annäherung an die Ultra-Nationalisten der MHP, an die ehemals unversöhnliche Gefolgschaft des Oberst Alparslan Türkeş.

Auf unserer südlichen Route durchqueren wir den breiten Grün- und Kieferngürtel, der Ankara gegen die Steppe abschirmen soll. Eine grandiose und moderne Architektur-Silhouette beherrscht diese Außenbezirke. Neben diversen Hochschulen und Instituten ist hier auch das GAP-Projekt in einem imponierenden Prunkbau untergebracht. Es ist bezeichnend für die Mentalität der neuen türkischen Intellektuellen, daß als Unterrichtssprache – sowohl an der Bilkent-Universität von Ankara als auch an der Bosporus-Universität von Istanbul – das Englische, besser gesagt, das Amerikanische eingeführt wurde.

Ganz unvermittelt fällt mir eine amüsante, aber recht aufschlußreiche Anekdote ein, während wir an einer schmucken Wohnsiedlung für Professoren vorbeifahren. Ich war dort im vergangenen Winter bei einem angesehenen Dozenten zu Kaffee und Gebäck eingeladen. Die Großmutter thronte auch hier als starke »osmanische Frau« auf ihrem Diwan und ließ sich von den jungen männlichen Gästen die Hand küssen. Der zehnjährige Sohn des Professors, ein lebhafter, aufgeweckter Knabe, war der Liebling der Familie. Bei meiner Ankunft hatte er mich mit seinem wie zum »Hitler-Gruß« erhobenen Arm überrascht. Hatte ich es wieder einmal mit jenen peinlichen Nazi-Reminiszenzen zu tun, die mir gelegentlich in der arabischen Welt, aber später auch bei den kroatischen Milizionären in Bosnien unangenehm aufgefallen waren? Doch in diesem türkischen Haushalt löste sich das Mißverständnis in Harmlosigkeit auf. Es entstand Heiterkeit und Gelächter. Der muntere Knabe hatte mir nämlich den Salut der römischen Legionen entboten, wie er ihn aus »Asterix« kannte und jetzt imitierte. »Ave Caesar!« krähte er mir entgegen. Eine kindliche Huldigung an Europa war das, und die Erwähnung jenes römischen Feldherrn, der nicht nur bei den Galliern des Vercingetorix, sondern auch im Königreich Pontus am Schwarzen Meer seine imperialen Spuren hinterlassen hatte.

# Von der Adria zum Baikal-See

*Ankara, im Mai 1999*

Das Hochkommen der »Nationalen Bewegungspartei«, die als kämpferische Rechte definiert wird, war vor den Wahlen des April 1999 von niemandem – weder von den in der Türkei akkreditierten Journalisten noch von den dort residierenden Diplomaten – vorausgesagt worden. Jetzt verfügen die ehemaligen »Grauen Wölfe«, die an diese Namensgebung nicht gern erinnert werden, über die zweitstärkste Parlamentsfraktion, nachdem sie mit achtzehn Prozent Stimmenanteil die islamische Fazilet auf den dritten Platz verwiesen. Natürlich hatte auch ich diesen Durchbruch nicht prognostiziert, wußte ich doch aus Erfahrung, welchen Überraschungen man bei Volksbefragungen stets ausgesetzt ist.

Aber Siggi, der Taxifahrer aus Rhöndorf, der mich regelmäßig zum Kölner Flugplatz fährt, hatte den Erfolg der MHP prophezeit. Wie Siggi in Wirklichkeit heißt, weiß ich gar nicht, und er möchte auch nicht anders angeredet werden. Er ist ein junger, stämmiger Türke, der deutsch mit einem ausgeprägt rheinischen Akzent spricht und in das Dorf Konrad Adenauers voll integriert scheint. Doch als er einen Familienstand gründete, ist dieser junge Anatolier – »mein Opa war Kurde«, vertraute er mir an – in seine Heimatstadt Ardahan ganz nahe der armenischen Grenze gereist und hat von dort seine Braut mitgebracht, die ihm vermutlich von Kindheit an vorbestimmt war. Da er in angemessener Frist Vater eines Jungen wurde, verläuft seine Ehe offenbar in großer Harmonie. Ich unterhalte mich gern mit dem Taxifahrer – klassische Informationsquelle aller Journalisten – über die Verhältnisse seiner Heimat, die er recht kritisch kommentiert. Vor den Wahlen des Frühjahrs 1999 hatte er mich mit der kategorischen Ankündigung überrascht: »Die Grauen Wölfe werden die großen Gewinner sein.«

Die MHP hat sich längst bemüht, ihren Ruf als verschwörerische, am Rande der Kriminalität angesiedelte Schlägertruppe loszuwerden. An ihrer Spitze wurde der Sohn des »faschistischen« Gründers, Oberst Alparslan Türkeş, zugunsten des unauffälligen Betriebswirts Devlet Bahçeli abgelöst. Dieser Junggeselle hat sich niemals als Demagoge oder Volkstribun hervorgetan. Aber selbst er gehört zu jener Generation seiner Partei, die seit der Bürgerkriegsphase der siebziger Jahre den langen Marsch durch die Institutionen angetreten hat. Er war ursprünglich Mitglied im Bund der »Idealisten« oder »Ülkücü«, die beim Volk weiterhin die »Grauen Wölfe« heißen. Auch der stellvertretende Parteivorsitzende, Tunkan Toskay, den ich nach meiner Rückkehr in die Hauptstadt in seinem Parlamentarier-Büro aufsuche, ist ein ehemaliger »Idealist«. Mir kommt im Gespräch mit Toskay zugute, daß er lange in Deutschland lebte und mich aus diversen Fernsehsendungen kennt. Das kurzfristige Treffen wurde trotz der Hektik der neuen Regierungsbildung durch die deutsche Pressereferentin Gabriela Guellil vermittelt, die hervorragend türkisch spricht und nach Jahren des Lebens in Algerien einen Instinkt für die Wirklichkeit der islamischen Länder entwickelt hat.

Tunkan Toskay tritt mir als gebildeter und ausgewogener Politiker entgegen. Es fällt seiner Bewegung schwer, eine Koalition mit den Sozialisten Bülent Ecevits einzugehen. Zu tief sitzen noch die Wunden der blutigen Auseinandersetzungen zwischen rechts und links. Mit Ecevit, der auf dem Umweg über seine Frau sich gerade noch in heftiger Form von der MHP distanziert hat, besitzt er nur einen gemeinsamen Nenner, nämlich den kompromißlosen türkischen Nationalismus. So lehnt er jede Konzession an eine kurdische Selbstverwaltung kategorisch ab. Man müsse den Anfängen wehren, meint Toskay, und verweist auf das Beispiel des Sultan Abdülhamit II., der im späten neunzehnten Jahrhundert – als die Russen nach ihrem Durchbruch am Schipka-Paß vor den Toren Istanbuls kampierten – den britischen Wunsch nach einer Autonomie-Gewährung an die Armenier Ost-Anatoliens strikt abgelehnt hatte. Wenn der Padischah damals auch nur den kleinen Finger gereicht hätte, wäre die Gründung eines unabhängigen armenischen Staates auf türkischem Boden gar nicht mehr zu verhindern gewesen, und ähnlich sei es heute um die Kurdenfrage bestellt. Die MHP fordert denn auch mit Nachdruck nicht nur die Verurteilung Öcalans zum Tode, sondern auch dessen effektive Hinrichtung durch den Strang.

Die Gefolgsleute des Oberst Türkeş hatten sich einst als Verfechter der panturanischen Idee einen Namen gemacht, als Befürworter des Zusammenschlusses aller Turkvölker »von der Ägäis bis zur Chinesischen Mauer«. Damit gerieten sie in Konflikt mit der territorialen Konsolidierungsdoktrin des Kemalismus und galten lange Zeit als wirre, völkische Phantasten. Die »Idealisten« beriefen sich auf das

Vermächtnis ihres Vorläufers Enver Pascha. Aber wer kannte den schon außerhalb der Türkei? Dabei hatte Enver Pascha in den letzten Jahren des Osmanischen Reiches eine wichtigere Rolle gespielt als sein Waffengefährte und spätere Rivale Mustafa Kemal Pascha alias Atatürk, Vater der Türken. Enver Pascha hatte sich als junger Offizier im Jahr 1908 in der Revolution der sogenannten Jungtürken hervorgetan. Unter dem theoretischen Oberbefehl des von ihm entmachteten Sultans hatte er als junger Generalmajor von 32 Jahren das Kriegsministerium an sich gerissen und seine Armee an der Seite Deutschlands in den Ersten Weltkrieg geführt. Zuvor hatte Enver Pascha dank seiner Bravour im Kampf gegen die italienische Kolonialarmee in der Cyrenaika und dann im zweiten Balkankrieg von 1913 hohes Ansehen erworben.

Die Niederlage der Mittelmächte, die Auflösung des osmanischen Imperiums wurden auch Enver Pascha zum Verhängnis. In seiner Heimat wurde er zum Tode verurteilt. Deshalb floh er erst nach Deutschland und dann – auf Einladung Lenins – nach Rußland. In dieser frühen bolschewistischen Phase wurden in Moskau seltsame Pläne geschmiedet, um die damals fünfzehn Millionen zählende Glaubensgemeinschaft der Muslime im ehemaligen Zarenreich auf revolutionären Kurs zu bringen. Parallel zu der Dschadiden-Bewegung des Tataren Sultan Ghaliew, der eine utopische Kombination von Marx und Mohammed anstrebte, wurde Enver Pascha durch die bolschewistische Heeresführung ausersehen, die Muselmanen Zentralasiens im Bürgerkrieg gegen die »weißen« Konterrevolutionäre zu sammeln und sie in den Dienst der Weltrevolution zu stellen. Der frühere osmanische Kriegsminister, der sich mit dem Schöpfer der neuen Türkei, Kemal Pascha, unwiderruflich überworfen hatte, nahm sogar 1920, nach der Eroberung Aserbaidschans durch die Rotarmisten Kirows, an jenem »Kongreß der Völker des Orients« teil, der unter Anstiftung Sinowjews die Fackel des Kommunismus in all jene Regionen tragen sollte, die man heute als dritte Welt umschreibt.

Als Mann von Ehre, als türkischer Nationalist, als devoter Muslim hatte Enver Pascha wohl keinen Moment lang ernsthaft daran gedacht, jener islamischen Befreiungsbewegung in den Rücken zu fallen oder sie im sowjetischen Sinne zu gängeln, die zu Beginn der zwanziger Jahre ganz Zentralasien erfaßt hatte. Statt diese frommen Gegner der gottlosen Bolschewiki zu bekämpfen, stellte er sich mit dem ganzen Prestige, das er damals genoß, an die Spitze der Basmatschi, jener

»Räuber und Wegelagerer«, wie die Russen sie nannten, die von Turkmenistan bis Xinjiang zum Heiligen Krieg ausgerückt waren. Als »Oberbefehlshaber aller Armeen des Islam, Stellvertreter Gottes auf Erden« – er war mit dem letzten osmanischen Kalifen über seine Gattin entfernt verwandt – ließ er sich von den Reiterbanden der damaligen Mudschahidin akklamieren. Am 14. Februar 1922 gelang es ihm, den Marktplatz Duschanbe mit nur 200 Partisanen zu erreichen, aber vor der heiligen Stadt Buchara wurde er zurückgeschlagen. Eine Reihe tatarischer Offiziere hatte sich ihm zugesellt. Zusätzlich zur panislamischen Zielsetzung des Aufstandes entwickelte Enver Pascha die Vorstellung einer geeinten türkischen Völkerfamilie, die Osmanen, Azeri, Turkmenen, Usbeken, Tataren, Baschkiren, Kirgisen, Kasachen und alle versprengten Stämme bis zum Altai umfassen sollte, also sämtliche Komponenten der vielfältigen turanischen Rasse. Bei den Basmatschi fand diese hochtrabende Idee des »Panturanismus«, der heute wieder in Anatolien auflebt, wenig Verständnis und nur geringen Widerhall.

Auf die Dauer waren die muselmanischen Steppenreiter der Dampfwalze der neu strukturierten Roten Armee nicht gewachsen. Atatürk hatte sich längst mit Moskau arrangiert, und die Briten hüteten sich, in dieses Abenteuer einzusteigen. Die Rebellenarmee wurde durch innere Zwistigkeiten und Verrat geschwächt. Am Ende war Enver Pascha nur noch von einer Handvoll Getreuer umgeben. Er hätte ohne Umstände nach Afghanistan oder China flüchten können. Aber er zog es vor, als romantischer Held unterzugehen. Beim Dorf Abiderya im heutigen Tadschikistan am Ufer des Flusses Pjandsch ereilte ihn am 4. August 1922 das Schicksal. Mit nur 25 Gefolgsleuten ritt er – den Säbel in der Faust – eine selbstmörderische Attacke gegen die Maschinengewehre der Bolschewiki. Er starb, von sieben Kugeln getroffen. Ein Mullah fand seine Leiche, so heißt es, und als sich die Nachricht vom Tod dieses wackeren Streiters des Islam verbreitete, sollen 15 000 Fromme in Abiderya zusammengeströmt sein, um das koranische Totengebet zu sprechen.

*

Wer hätte damals geahnt, daß die Sowjetunion siebzig Jahre später sang- und klanglos auseinanderbrechen, daß das ehemals russische Turkestan in eine Vielzahl unabhängiger Republiken zerfallen würde? Mit der Rückbesinnung auf den Welteroberer Tamerlan und die asiatische Nomaden-Überlieferung stellt sich wohl oder übel auch eine Hinwendung zum islamischen Erbgut ein. Über die jüngsten Entwicklungen in dieser wenig bekannten Steppenzone Zentralasiens habe ich in meinem Buch »Das Schlachtfeld der Zukunft« ausführlich berichtet.

Die späte Bestätigung der panturanischen Utopie erfüllt Tunkan Toskay verständlicherweise mit tiefer Genugtuung. Aber er hütet sich vor jedem Triumphalismus. Die ursprünglichen Hoffnungen, Ankara könne sich dort einen kulturellen und wirtschaftlichen Expansionsraum erschließen, sind auf ein bescheidenes Maß reduziert worden. Die jungen Turk-Republiken zwischen Kaukasus und Pamir pochen auf ihre volle Unabhängigkeit und möchten ihre frühere Bevormundung durch den »Großen Bruder« in Moskau nicht durch eine neue Abhängigkeit von den osmanischen Vettern ersetzen. Auch auf dem Balkan, so bestätigen meine Gespräche mit diversen Politikern der MHP, werde sich die Türkei nur im Rahmen der bestehenden Verträge, insbesondere des Atlantischen Bündnisses, bewegen. Solidarität gegenüber den Kosovo-Albanern habe Ankara durch den Einsatz von elf Kampfflugzeugen vom Typ F-16 als Beitrag zur NATO-Aktion gegen Jugoslawien bewiesen und überdies 15 000 Flüchtlingen aus dem Amselfeld Unterkunft und Asyl in Ost-Thrakien geboten.

Ich erfahre bei diesen Kontakten, daß alle Versuche der Ultra-Nationalisten, mit den Aleviten eine gemeinsame Plattform zu finden, gescheitert sind, daß sich hingegen eine gewisse Durchlässigkeit gegenüber der Fazilet anbahnt, zumal Devlet Bahçeli im leidigen Streit um das Kopftuch eine versöhnliche Haltung zugunsten der frommen Muselmaninnen einnehmen will. All das klingt extrem gemäßigt. Die »Grauen Wölfe«, so scheint es, haben Kreide gefressen. Der Westen zeigt sich gelassen, doch die Russen können nicht mit demselben Gleichmut wie Amerikaner oder Europäer auf die schleichende, wenn auch zögerliche Einflußnahme Ankaras innerhalb der »Gemeinschaft Unabhängiger Staaten« reagieren, diese kommerzielle wie industrielle Unterwanderung, so sprunghaft und stümperhaft sie sich auch entfalten mag, gutheißen. Vor allem nimmt Moskau am staatlich geförderten Bau türkischer Moscheen in Zentralasien Anstoß, die mit dem koranischen Werben aus Saudi-Arabien und dem benachbarten Iran konkurrieren sollen.

Gabriela Guellil hat mir eine Studie der türkischen Politologen Ömer Laçiner und Tanil Bora überlassen, die bereits vor ein paar Jahren erschienen ist, aber neue, brennende Aktualität gewonnen hat. Da wird der Dichter und Ideologe Ziya Gökalp – eben jener, dessen Verse den Istanbuler Bürgermeister Erdoğan ins Gefängnis brachten – als Vater des »Turanismus« erwähnt. Sein Selbstmord sei symbolisch für die Ausschaltung dieser Tendenz durch den Kemalismus gewesen. »Erst in den dreißiger Jahren«, so heißt es in der Untersuchung, »begannen sich pantürkistische Strömungen von neuem zu zeigen, diesmal mit heftigen antikommunistischen Akzenten und stark beeinflußt vom Pangermanismus der Nationalsozialisten. Insoweit gibt es eindeutige Präferenzen der Staatsform, ausgehend von dem Mythos der ersten türkischen Staaten. Ebenso wie der Nationalsozialismus bezweckte dieser Pantürkismus eine Säuberung der Gesellschaft von Fremdem, ›Untürkischem‹, ›Entartetem‹ und eine Rückkehr zu den ursprünglichen, reintürkischen Sitten und Gebräuchen. In diesem Zusammenhang trat eine klare Scheidelinie zum Panislamismus zutage, und bis in die siebziger Jahre wurde der Pantürkismus durch die islamistischen Strömungen mit Vorwürfen wie zum Beispiel des Schamanismus belegt … Die ›idealistische‹ Bewegung der sechziger und siebziger Jahre wurzelte zwar im Pantürkismus, erhielt ihre Dynamik aber weitgehend aus dem Widerspruch zur erstarkenden sozialistischen Bewegung in der Türkei.«

Das Entstehen türkischer Nachfolgestaaten auf dem Gebiet der ehemaligen Sowjetunion wird wie folgt kommentiert: »In der heutigen Situation fällt auf, daß diejenigen, die jahrzehntelang den Pantürkismus predigten, nur wenig Wissen über die Realitäten in den Turk-Republiken besitzen. Und da diese Realitäten kaum den Phantasie-Vorstellungen entsprechen, ist die idealistische Bewegung nicht in der Lage, die Gunst der Stunde ausnutzend, verwirklichbare Ansätze zu entwickeln und so an Stärke zu gewinnen. Insoweit gibt es in der pantürkistischen Strömung nur geringes Vertrauen in die eigene Kraft oder in die der Turk-Republiken. Die Verwirklichung des Ideals des ›Turan‹ scheint aus eigener türkischer Kraft nicht möglich. So bleibt der pantürkistischen Strömung heute nur, den Weg einer US-amerikanisch gestützten Turan-Expansion zu befürworten.«

Die türkischen Islamisten haben wohl auf die religiöse Realität Zentralasiens ähnlich fassungslos reagiert wie ihre panturanischen Konkurrenten. »Für die Muslime der Türkei bietet die religiöse und gesellschaftliche Praxis des Islam in den Turk-Republiken – oder wie es in der Ausdrucksweise islamistischer Kreise heißt, die Art, ›den

Islam zu leben‹ – ein verwunderliches Bild. Außer in einigen Sekten ist der Stellenwert des Islam im gesellschaftlichen Leben der Turk-Republiken gering beziehungsweise auf seinen Symbolgehalt reduziert; dies vor allem in Kasachstan und Kirgisien, in denen ein lebendiger Einfluß schamanistischer Kulte vorhanden ist und deren Bevölkerung wiederum von den Muslimen im religiöseren Turkmenistan und Usbekistan auch als ›schlechte Muslime‹ oder ›falsche Muslime‹ betrachtet werden. Alkoholkonsum zum Beispiel, eine – zudem weit verbreitete – Selbstverständlichkeit im Leben der Bevölkerung der Turk-Republiken, wird von den anatolischen Muslimen mit Verwunderung und Ablehnung wahrgenommen. Auch der relativ offene und öffentliche Umgang mit Sexualität stößt nicht auf Zustimmung. Diese Eigenschaften der Turkvölker werden gern mit der atheistischen Unterdrückung durch das sowjetische System erklärt. Bei einem Großteil der türkischen Islamisten hat dies eine eigene Rollenbestimmung als aufklärerische, missionarische Kraft bewirkt.«

Und dann folgt eine scharfsinnige Konklusion der beiden Autoren: »Es gibt allerdings einige Unterschiede zwischen der Politik des türkischen Staates und den Argumentationen der islamistischen Theoretiker. Diese befürchten, daß die ›laizistische Republik Türkei‹ den ›nach dem Islam dürstenden‹ Turk-Republiken nicht den wahren, eigentlichen Islam, sondern einen durch die kemalistische Praxis verwässerten, degenerierten, ›protestantischen‹ Islam bescheren wird. Aufgrund des islamischen Neuerwachens wird der ›laizistischen Republik Türkei‹ attestiert, daß ihre Bezugspunkte keine Gültigkeit mehr hätten, und der aktuellen pantürkistischen Religionspolitik (des Amtes für Religiöse Angelegenheiten) wird sowohl die theologische als auch die politische Legitimität abgesprochen. Diese Kritik wird weiterhin mit der Rolle des Westens bei der Öffnung der Türkei gegenüber den Turk-Republiken begründet. Es wird davon ausgegangen, daß der Westen die Türkei benutzt, um ein islamisch-fundamentalistisches Erwachen in den Turk-Republiken zu verhindern, und daß die kapitalistische herrschende Klasse aufgrund eigener Interessen diesem Ansinnen zu dienen gewillt ist.« – »Für den Staat und das Kapital scheint es die realistischste Option zu sein«, so heißt es in anderen Publikationen, »in den Turk-Republiken mit amerikanisch-türkischen Jointventures Fuß zu fassen. Demirel, der auf einer seiner Amerika-Reisen den Wunsch nach einem ›Marshall-Plan der modernen Welt für die Turk-Republiken‹ ausdrückte, schlug zum Beispiel ein Hilfsprojekt mit der Türkei als Koordinator vor. Auch den USA scheint das Vorhaben, mit dem Helfershelfer Türkei ihren Einfluß in diesem Gebiet zu erweitern, sympathisch … In der türkischen Administration herrscht die Auffassung vor, daß die USA zur Sicherung ihres weltweiten Herrschaftsanspruchs auf andere Länder angewiesen sind und die Türkei diese Chance ergreifen müsse, um dem mächtigen und erstarkenden Europa widerstehen zu können.«

Mit ihren Meinungen stehen die zitierten Wissenschaftler nicht allein. Auch bei den Nationalisten regt sich allmählich Widerspruch gegen die amerikanische Hegemonie. So betrachtet es der Publizist Mim Kemal Öke als die türkische »Schande«, im Nahen Osten den Gendarmen für die USA zu spielen. Sogar der in virtuoser Anpassung geübte Staatspräsident Süleyman Demirel bediente sich des Slogans von der »türkischen Welt von der Ägäis bis zur Chinesischen Mauer«, was ihm allerdings mehr Spott als Zustimmung einbrachte.

*

Ganz aus der Luft gegriffen sind die Auswüchse ethnischen Größenwahns wohl nicht. Immerhin wird sogar das Volk der Jakuten, Rentierzüchter, die im Nordosten Sibiriens beheimatet sind und konfessionell – soweit sie nicht zur russischen Orthodoxie übertraten – im heidnischen Schamanismus verharren, von den Ethnologen und Linguisten der großen turanischen Familie zugeordnet. Ein ehemaliger DDR-Diplomat, mit dem ich mich in den letzten Tagen Honeckers in Ulan Bator angefreundet hatte und der sich – nach Aussagen der Einheimischen – perfekt auf mongolisch ausdrückte, erzählte mir nach seiner jüngsten Reise in die Heimat Dschinghis Khans, daß die Türken in Ulan Bator mit einer renommierten Lehranstalt vertreten seien und daß sie rund um das unversehrte Lenin-Denkmal ein ganzes System kommerzieller Niederlassungen gegründet hätten.

In ihrer unmittelbaren Nachbarschaft hingegen mußten die Panturaner von Ankara eine bittere Niederlage einstecken. Die kaukasische Republik Aserbaidschan berührt – zumindest mit dem westlichen Ausläufer ihrer winzigen Exklave Nakhitschewan – die Ostgrenze der kemalistischen Republik. Die Azeri sind reine Türken, die sich mühelos mit den osmanischen Vettern unterhalten können, auch wenn sie dem schiitischen Glaubenszweig des Islam ebenso angehören wie ihre Stammesbrüder, die in großer Zahl und oft beherrschender Stellung die Nordwest-Region der Islamischen Republik

Iran zwischen Khoj, Tabriz, Ardabil und Khazvin bevölkern. Nach der Loslösung Bakus von der moskowitischen Vorherrschaft und dem blutigen Konflikt der aserbaidschanischen Republik mit dem christlichen Nachbarstaat Armenien um den Besitz des autonomen Gebietes von Berg-Karabagh, befürworteten sowohl die Mutterlandspartei des Staatspräsidenten Turgut Özal als auch die Sozialisten Bülent Ecevits ein militärisches Eingreifen im Süd-Kaukasus und energische Hilfsaktionen zugunsten der aserbaidschanischen Brüder. Diese waren nämlich im Zuge einer armenischen Blitzoffensive und dank massiver russischer Waffenlieferungen an Eriwan nicht nur aus Berg-Karabagh, sondern aus einem Fünftel des eigenen Staatsgebiets unrühmlich vertrieben worden.

Die Solidarisierung Ankaras mit den bedrängten Aserbaidschanern von Baku erwies sich als halbherzig und dilettantisch. Zudem setzten die Türken auf den falschen Mann, auf einen Akademiker und Schöngeist namens Albufaz Elcibey, der in seiner Begeisterung für den Kemalismus zwar zum Mausoleum Atatürks, zum »Anit Kabir« von Ankara, gepilgert war und sich mit den Worten »Dein Soldat« ins Goldene Buch eingetragen hatte, der jedoch der außen- und innenpolitischen Gefährdung seiner kaukasischen Heimat gelähmt und unfähig gegenüberstand. Für den russischen Geheimdienst war es ein leichtes, den Phantasten Elcibey durch diverse Putsche bezahlter Bandenführer zu Fall zu bringen. Am Ende dieses konfusen Ringens riß der ehemalige KGB-General Heidar Alijew, der es in Moskau zum Mitglied des allmächtigen Politbüros der KPdSU gebracht hatte, die Macht an sich.

Die türkische Diplomatie stand mit ihrem übereilten Engagement für den »kemalistischen Präsidenten« Albufaz Elcibey ziemlich töricht da. Im Sommer 1995 – zwei Jahre nach dem Sturz dieses panturanischen Träumers – unternahm die damalige Ministerpräsidentin Tansu Çiller den Versuch, den verfehlten Kurs zu korrigieren und mit dem neuen Diktator von Baku, Heidar Alijew, freundschaftliche oder zumindest korrekte Beziehungen anzuknüpfen. Die Aufgabe wurde durch die Tatsache erleichtert, daß Alijew seine Wandlung vom sowjetischen Saulus zum aserbaidschanischen Paulus vollzogen hatte und nunmehr – unter permanenter Attentatsbedrohung – einen nationalistischen Kurs gegen Moskau steuerte. Vor allem war er nach der Entdeckung gewaltiger Erdöl-Vorkommen im Kaspischen Meer in den Mittelpunkt des amerikanischen Interesses und Wohlwollens gerückt. Washington als Protektor war eben doch sehr viel wirksamer als Ankara.

Die skurrile Theater-Szene der türkisch-aserbaidschanischen Verbrüderung, die ich im August 1995 in Baku miterlebte, habe ich dem MHP-Vizevorsitzenden Tunkan Toskay ausführlich geschildert. Da steht Heidar Alijew, die große und etwas unheimliche Vatergestalt des neuen Aserbaidschan, so entnahm ich meinen damaligen Notizen. Er überragt die Bühne im Palast des Volkes von Baku, dessen Stil an die Protzbauten der DDR erinnert. Der Präsident ist ein hochgewachsener, eindrucksvoller Mann. Trotz seines Alters hält er sich kerzengerade. Seine Stimme dröhnt mächtig, und er beherrscht die türkische Azeri-Sprache, wie mir meine Nachbarn im Saal bestätigen, in allen Nuancen. Der lange Aufenthalt in Moskau, der Aufstieg in die höchsten Sphären sowjetischer Macht haben ihn seiner Ursprungsnation nicht entfremdet. Auf dem großflächigen Gesicht wirkt das strahlende Lächeln wie eine aufgesetzte Maske. Die Augen dieses kaukasischen Staatschefs, der alle Tiefen und Intrigen des kommunistischen Machtapparates ausgelotet hat, blicken leicht verschleiert auf das jubelnde Publikum. Der Argwohn – durch ständige Morddrohungen wachgehalten – ist für ihn zur zweiten Natur geworden.

Doch an diesem heißen Sommertag, der den überfüllten Palast des Volkes in eine Sauna verwandelt, gibt es Grund zur Freude und Genugtuung. Die ganze Aufmerksamkeit Alijews, seine an Galanterie grenzende Höflichkeit, gilt dem Ehrengast aus der befreundeten Türkei. Tansu Çiller, die Ministerpräsidentin des anatolischen Nachbarstaates, ist in aller Eile zum Staatsbesuch nach Baku gereist. Nach dem letzten Komplott gegen den aserbaidschanischen Staatschef war es zu Mißstimmigkeiten zwischen Alijew und diversen türkischen Beratern gekommen. Der Botschafter aus Ankara hatte das kemalistische Überlegenheitsgefühl zu deutlich herausgestrichen. Der Diplomat hatte es sich zur Gewohnheit gemacht, an den Ministerratssitzungen von Baku teilzunehmen, wo er – mit osmanischer Arroganz geschmückt – Weisungen erteilte und selbstgefällig seine Pfeife rauchte. Der Botschafter war auf Weisung Tansu Çillers abberufen worden.

Diese Frau scheint wie geschaffen, Sympathie zu gewinnen. Die türkische Regierungschefin trägt ein knallrotes Kostüm, das ihr züchtig bis zu den Knöcheln reicht. Unter den kurzgeschnittenen, rotbraun gefärbten Haaren blickt sie mit ihrem strahlenden Lausbubenlächeln auf die in orientalischer Devotion erstarrte Männergesellschaft. Über der weißen Bluse wirkt ihr pausbäckiges Gesicht noch immer extrem jung. »Wenn der alte Witwer Alijew die attraktive Türkin begrüßt, dann schmilzt dieser harte Mann geradezu dahin«, flüstert mir ein westlicher Diplomat zu. Tatsächlich hätte Heidar Alijew die hübsche Tansu Çiller wohl am liebsten umarmt und geküßt, wenn das die islamischen Sitten, die unterschwellig in Aserbaidschan lebendig blieben, zuließen. So begnügt er sich, ihre Hand hochzuhalten. Die beiden werden wie ein Gladiatoren-Paar gefeiert. Auf der Tribüne weht die rote Fahne der Türkei mit weißem Halbmond und Stern neben dem Emblem des unabhängigen Aserbaidschan, eine horizontal gestreifte Trikolore in Blau, Rot, Grün, ebenfalls mit dem islamischen Halbmond in der Mitte.

Für die Hauptpersonen sind zwei riesige goldene Sessel wie Throne aufgestellt. Ringsum wogt ein Blumenmeer. Die Reden sind konventionell. Es geht vor allem darum, dem starken Mann in Baku spektakuläre Rückendeckung aus Ankara zu geben – zu einer Zeit, als er sich aufgrund seiner Erdölgeschäfte mit den USA den Zorn Boris Jelzins zugezogen hat und der Konflikt mit Armenien trotz aller Bemühungen der OSZE bedrohlich weiterschwelt.

Alijew betont noch einmal feierlich, daß es in dem Streit um Nagorny-Karabagh keinen aserbaidschanischen Verzicht geben kann. An seinen Gast gewandt, beteuert er: »Wenn die Türkei lacht, dann lacht auch Aserbaidschan. Wenn die Türkei weint, dann weint Aserbaidschan.« Seine besondere Verehrung, so versichert er, gelte drei Männern: Kemal Pascha, der unter dem Namen Atatürk die moderne Türkei geschaffen hat; Turgut Özal, der in den siebziger Jahren die Brückenfunktion der Türkei zwischen West und Ost verdienstvoll entwickelte; und Süleyman Demirel, dem jetzigen Staatschef in Ankara. Auf den Staatsakt folgt ein künstlerisches und folkloristisches Programm. Alijew und Çiller setzen sich ins Publikum. In geduckter Haltung nehmen Minister und hohe Beamte die Weisungen Alijews entgegen. Die türkischen Berater, die ihre Regierungschefin begleiten, tragen Zivil. Meine Begleiter machen mich auf den Sohn Alijews, Ilham, aufmerksam, der dem Vater sehr ähnlich sieht und mit seiner rassigen Frau, einer kaukasischen Schönheit, gekommen ist. Er gilt als einflußreicher Ratgeber und übt als Vizepräsident der Gesellschaft SCOAR beim Abschluß von Erdölverträgen entscheidenden Einfluß aus.

Ich habe alle Muße, den selbstherrlichen Alijew, diesen ehemaligen

»Politruk«, der mühelos in die Rolle des früheren Schirwan-Schah hineingewachen ist, aus einer Entfernung von vier Metern zu studieren. Eine Biographie, die zu seinen Ehren veröffentlicht wurde und sich in Lobhudelei überschlägt, kommt mir in den Sinn. »Es ist schwer, über Heidar Alijew zu schreiben«, heißt es da, »denn alles, was über ihn gesagt wurde, klingt zu gering und bescheiden vor dem Hintergrund seiner überragenden Persönlichkeit. Ein unvergleichliches Organisationstalent verbindet sich bei ihm mit aufrechter Hingabe an den Staat und einer bemerkenswerten Weitsicht. Alijew versteht es, die anstehenden Entwicklungen klar zu analysieren und die Dialektik der historischen Vorgänge zu durchleuchten … Er ist wirklich der einzige Mann in unserer Republik, der unsere hochgesteckten Ziele zu erreichen vermag.«

Das musikalische Programm setzt ein. Es ist vom Minister für Kultur inszeniert, der – wie kann es anders sein – den angemessenen Namen »Bülbül«, also Nachtigall, trägt. Zuerst erklingt laut dröhnend ein Marsch in schleppend orientalischem Rhythmus und eine Folge von Bektaschi-Gesängen, Hymnen jener kuriosen islamischen Bruderschaft, die bei den Elitetruppen des Sultans, den Janitscharen, die geistliche Ausrichtung vorgab. Anschließend demonstriert man musikalisch internationale Aufgeschlossenheit: Das Repertoire reicht von Rachmaninow und Georges Bizet bis zu Gershwin. Eine üppige Sängerin in schillernd-grünem Abendkleid erntet brausenden Beifall, als sie Vertonungen des berühmten aserbaidschanischen Dichters Nizami vorträgt. Ein aserbaidschanischer Tenor in weißem Smoking übt sich in Belcanto, ein bärtiger Bassist in russischer Volksmusik. Die Tänze hingegen geben sich orientalisch. Die russische Ballettschule hat in Baku eine beachtliche Disziplin und Anmut hinterlassen. Die durchweg schönen Mädchen – alle rassischen Varianten und Vermischungen des Kaukasus widerspiegelnd – tanzen in blau-durchsichtiger Gaze, tragen den Bauch frei und balancieren graziös Kannen und andere Gefäße auf dem Kopf. Die jungen Männer hingegen – verkleidet wie Statisten aus einem Hollywood-Film über Omar Khayyam – springen mit Turban und Krummdolch in rasendem Reigen. Es ist ein zutiefst höfisches Spektakel, das man Tansu Çiller hier bietet. Als Schnittpunkt zwischen Orient und Okzident, so will sich die Republik Aserbaidschan an diesem Nachmittag präsentieren. Aber der bleibende Eindruck ist der eines kitschigen Serail und – was die politische Atmosphäre betrifft – eines despotisch-byzantinischen Herrschaftsstils, den schon die osmanischen Sultane nach der Eroberung Konstantinopels einst bereitwillig übernommen hatten.

Warum ich diese Veranstaltung so ausführlich schilderte? Sie weckte andere, romantische Erinnerungen an den Sommer 1991. Wie unbändig, freiheitsliebend und spontan enthusiastisch hatte sich doch damals die nationale Wiedergeburt Aserbaidschans angekündigt, als die oppositionelle Volksfront mit Genehmigung der kommunistischen Behörden im altmodisch verschnörkelten Theater aus der späten Zarenzeit zu ihrem Kongreß zusammenkam. Damals hatte wirklich ein Wind der Freiheit über Baku geweht, und die flüchtige Illusion der Demokratie war spürbar. Die begeisterten Patrioten wollten die Tradition jener sozialdemokratisch gefärbten »Mussawad«, oder »Gleichheitspartei«, wieder aufnehmen, die – 1918 gegründet – schon 1920 von den Rotarmisten des Bolschewikenführers Kirow zerschlagen und erstickt wurde. Im Rückblick versteht man recht gut, daß sich die europäischen, vor allem die deutschen Orientalisten in ihrer exaltierten Vorstellung, man könne das westliche Geistesgut der Aufklärung und der Menschenrechte auf den islamischen Orient übertragen, immer noch für die bourgeoisen Revolutionäre der Volksfront begeistern. Da waren all jene intellektuellen Reformer und sogenannten Demokraten vereint, die sich trefflich als Aushängeschild reformerischen Aufbruchs vorführen ließen, in Wirklichkeit jedoch weder über die nötige Brutalität noch über die Unterstützung beim einfachen Volk verfügten, um sich länger als ein hoffnungsvolles Morgenrot zu behaupten.

Eine schöne Kundgebung erinnerte an die Geburt der Mussawad-Republik vor 73 Jahren. Mit Inbrunst wurde die alte Nationalhymne gesungen. Der Orientalist Albufaz Elcibey, zum Vorsitzenden der Volksfront gewählt, gab eine vortreffliche Prophetengestalt ab mit seinem schwarzen Bart und den glühenden Augen. Neben ein paar rauhen Klanführer-Gestalten aus der Provinz waren vor allem hohe Funktionäre, die Routiniers des alten Systems, auf den Zug des aserbaidschanischen »Rinascimento« gesprungen. Sie hatten teilweise ihre nach westlicher Mode gekleideten Frauen mitgebracht. Ein nervöser junger Mann gesellte sich zu mir und sorgte sehr schnell für Ernüchterung. Ich könne davon ausgehen, daß jeder Dritte der hier Anwesenden ein heimlicher Spitzel, zumindest ein Zuträger des immer noch allmächtigen KGB sei. Ich solle mir doch nur das Oberhaupt der schiitischen Gemeinde, den Scheikh-ul-Islam, Allahschukür Poschasade,

ansehen, der mit einem kleinen Gefolge von Mullahs in der Proszeni-
umsloge des Theaters unter zwei barbusigen Nymphen aus Gips Platz
genommen hatte. Dieser erst dreiundvierzigjährige Mann, der noch
von den kommunistischen Behörden als Oberhaupt der schiitischen
Glaubensgemeinschaft des Kaukasus in der Tasapir-Moschee von
Baku eingesetzt worden war, sei ein typisches Beispiel für die Mani-
pulation der Religiosität durch die Gottlosen. Er habe zwar an der El-
Azhar-Universität in Kairo studieren dürfen, aber dieses Privileg sei
nur erprobten Marionetten des Regimes zugestanden worden.

Dennoch war es ein symbolträchtiger Auftritt, der sich im ver-
späteten Rokoko-Theater aus dem Jahr 1911 vollzog. An der gleichen
Stelle – umgeben von Putten und Najaden – hatte Grigorij Sinowjew,
einer der ersten Weggefährten Lenins, den großen Völkerkongreß des
Jahres 1920 einberufen. Bei dieser Gelegenheit wurden alle Kolonial-
völker, insbesondere auch die geknechteten Massen des »Dar-ul-
Islam«, zur revolutionären Auflehnung gegen die westlich-kapitalisti-
sche Fremdherrschaft aufgefordert. Immerhin hat die Sowjetmacht
siebzig Jahre lang an der Schimäre proletarischer Revolutionierung
der sogenannten dritten Welt festgehalten. Erst in Afghanistan sollten
die frommen Mudschahidin den Kreml-Herren vor Augen führen, daß
sie sich selbst – im Gefolge des Zarenreiches – des imperialistischen
Expansionismus und der ausbeutenden Fremdherrschaft schuldig gemacht hatten.

Die Dilettanten der Volksfront waren natürlich der anstehenden
Konfrontation mit Moskau in keiner Weise gewachsen. Es bedurfte
drei Jahre später des in der Wolle gefärbten Kommunisten Heidar Alijew, der sich in allen mörderischen Tricks und Ränkespielen des sowjetischen Geheimdienstes bestens auskannte, um die Unabhängigkeit Aserbaidschans, der er sich mit dem Engagement eines Neo-
phyten verschrieben hatte, auf halbwegs solide Grundlagen zu stellen.
Hatte Albufaz Elcibey während seiner kurzen Präsidentschaft das politische Überleben Aserbaidschans in der engen Anbindung an die
Türkei und deren kemalistische Ideologie gesucht, so verstand sich
Alijew sehr viel besser auf das Geschäft internationalen Austarierens
und zögerte nicht, die amerikanische Hegemonialmacht in eine Kraft-
probe einzubeziehen, die plötzlich wieder in die Tradition des von
Kipling besungenen »Großen Spiels« – »The Great Game« – zurück-
fiel.

Aber auch Washington bleibt in dieser transkaukasischen Krisenecke vor Rückschlägen und Enttäuschungen nicht gefeit. War es die Sorge der großen Petroleum-Multis, daß eine Ölschwemme aus dem kaspischen Raum die ohnehin niedrigen Energiepreise vollends in den Keller drücken würde? Oder waren die gigantischen Förderungsprogramme vor der aserbaidschanischen Küste sträflich übertrieben? Jedenfalls ist der Goldgräber-Rausch von Baku spätestens seit 1998 in Depression und Ernüchterung umgeschlagen. Dazu gesellt sich politische Instabilität. Die Gerüchte über eine schwere Erkrankung des Präsidenten Alijew haben sich zur Gewißheit verdichtet. Ein ebenbürtiger Nachfolger ist nicht in Sicht.

*

Die Cafeteria der Bilkent-Universität am Südrand von Ankara könnte leicht mit der Mensa der Universität Tel Aviv verwechselt werden. Während ich hier bei einem Glas Tee auf einen Soziologie-Professor warte, dessen Ankunft sich verzögert, sehe ich mich in aller Ruhe um. An die Imbißstube der israelischen Hochschule erinnern nicht nur die spröde Einrichtung und das mäßige Essensangebot. Die jungen Menschen beiderlei Geschlechts, die hier zusammenkommen und plaudern, die burschikos und oft etwas muffig miteinander verkehren, gehören einer gleichen Kategorie, einer durch das amerikanische Campus-Vorbild geprägten Generation, an. Sie zeichnen sich nicht durch besondere Schönheit aus, und auf Eleganz wird überhaupt kein Wert gelegt. Die meisten sind irgendwie genormt. Die transatlantische Standarduniform für angehende Intellektuelle hat sich voll durchgesetzt: verwaschene Blue Jeans, dazu offene Hemden oder lockere T-Shirts, an den Füßen grobe Sportschuhe. Natürlich trifft man auf kein einziges verschleiertes Mädchen. Keiner der jungen Männer trägt einen Bart. Die Bilkent-Universität präsentiert sich als Hochburg des Laizismus. Wie es tatsächlich unter der Oberfläche aussieht, läßt sich schwer erraten, denn diese türkische Jugend, die immerhin weniger ruppig auftritt als ihre Kommilitonen von Tel Aviv, kapselt sich Außenstehenden gegenüber ab, bildet allenfalls mit ihren Dozenten, die hier noch mit Respekt behandelt werden und über Autorität verfügen, eine kompakte Gemeinschaft.

Über die heranwachsende türkische Intelligenzia ist in den vergangenen Jahren eine Serie von klugen Untersuchungen und Reportagen veröffentlicht worden, die mir in Auszügen vorliegen. Vor allem die Kompilation des bereits erwähnten Soziologen Tanil Bora über den türkischen Nationalismus gewinnt unter dem Aspekt der jüngsten Wahlerfolge der MHP zusätzliche Bedeutung. Da wird zunächst einmal das Entstehen eines »neu-türkischen«, anders gesagt eines »euro-türkischen« Patriotismus, bei den Jugendlichen festgestellt, eine Orientierung, die sich auf das »kapitalistische« Experiment Turgut Özals in den Jahren 1983 bis 1993 zurückführen läßt. Da wird bei anderen, progressistisch inspirierten Autoren die anatolische Landflucht, die zu einem dramatischen Anschwellen der großen Metropolen geführt hat, in die Tradition des turanischen Nomadentums eingegliedert. Parallel zum »urbanen Vandalismus«, der mit dieser Migration einhergeht, wird jedoch die soziologische Erneuerung, die Zuführung »neuen gesunden Bluts« aus den Agrar-Regionen, positiv bewertet.

»Die Jugend ist ein wichtiger Bestandteil des neo-nationalistischen Diskurses, weil die städtische Jugend als dynamisches Ziel der Medien gleichzeitig Vorbereiter und Simulator des modern-globalen Lebensstils ist«, so äußerte sich der Journalist Zeynep Göğüş. Die Öffnung der jungen urbanen Oberschicht gegenüber der Globalisierung, ihre Neigung zu weltlichen Vergnügungen, ihre Computer-Bildung, ihre Vertrautheit mit der englischen Sprache werden als Attribute des »neuen Türken« oder des »Euro-Türken« verherrlicht. Sogar eine biologische Mutation zeichne sich ab: »Junge Städter mit schmalen Gesichtern, hellem Teint, hohem Wuchs, keine Schnurrbartträger mehr, sind typisch für den ›neuen Türken‹. – Der türkische Menschenschlag wird attraktiver. Folgerichtig kann festgestellt werden, daß der Narzißmus, der der Pop-Kultur zugrunde liegt, in einer Art von nationalem Narzißmus sublimiert wird.« Noch weiter ging zu Beginn der neunziger Jahre der Chefredakteur von »Hürriyet«, Ertuğrul Özkök, der den türkischen Mädchen bescheinigte, daß sie wegen ihrer Anpassung an die neueste Mode, vor allem wegen ihrer veränderten Nahrungsdiät, hübscher geworden seien. Dabei ergeht sich Özkök in einer bizarren patriotischen Lyrik. »Die jungen Leute wollen Geld verdienen und gut leben«, so beschreibt er die psychologische Revolution der Özal-Wende. »Ihr Sinn steht nicht nach Selbstaufopferung. Sie glauben, glücklich werden zu können, ohne irgendeine Pein auf sich zu nehmen, denn sie glauben an die Zukunft ihres Vaterlandes. Deswegen tragen sie zwar Blue Jeans, sie lauschen amerikanischer Musik, sie schneiden sich die Haare kurz wie die GIs und tragen Baseball-Mützen. Aber ihre Lieblings-Bar schmücken sie mit der türkischen Flagge. Sie hängen die Bilder Atatürks in ihren ultra-modernen

Arbeitsräumen auf. Mit Begeisterung tanzen sie zu den Weisen der neuen türkischen Popstars Harun Kolçak, Sezen Aksu oder Sertap Erener. Sie betrachten sich als Repräsentanten einer Generation, die die Türkei angeblich in den Rang eines ›Weltstaates‹ erhoben hat. Die Zukunft der Türkei wächst in den Metropolen heran. Unsere politischen Parteien können nicht Schritt halten mit diesem veränderten Begriff des Nationalismus. Die türkische Fahne, der Sänger Harun Kolçak, ein ›tanzender Atatürk‹, Blue Jeans, Düsenflugzeuge: Das expandierende Terrain des neuen Nationalismus hat Raum für all diese Varianten.« – Der neue Nationalismus wurde bei »Hürriyet« als eine Loslösung vom Populismus und vom Bauerntum definiert. Altruismus sei nicht länger synonym mit Masochismus. Aber dann verfällt Ertuğrul Özkök seinem Hang zum Pathos: Der Tod des Gitarristen einer Heavy-Metal-Band aus Istanbul bei einem Schußwechsel mit der PKK ist für ihn das überzeugende Symbol dieser nationalen Wiedergeburt.

Die Überschwenglichkeit der ausgehenden Prosperitätseuphorie der Özal-Epoche endete jäh mit dem amerikanischen Golfkrieg. Seit diesem Wendepunkt ist das schäumende türkische Selbstbewußtsein zu Schaden gekommen. Die Sorgen des täglichen Lebens haben überhand genommen. Es ist bezeichnend, daß die relativ unbedeutende Zeitung »Ortadoğu« im März 1994 einen Wahlerfolg der »Partei der Nationalen Bewegung«, MHP, der mit 7,9 Prozent der Stimmen gar nicht so überwältigend schien, zum Anlaß nahm, die Rückkehr der »Grauen Wölfe« zu zelebrieren. Dabei wird behauptet, daß die Rechtsextremisten nunmehr in den Augen des Establishments wie der breiten Bevölkerung vom Vorwurf des »Faschismus« reingewaschen seien. Diese politische Normalisierung sei durch den Erfolg der MHP beim Urnengang des April 1999 voll bestätigt worden. Die »Grauen Wölfe«, die »Bozkurtlar«, so heißt es in der Kolumne von »Ortadoğu«, rekrutieren jetzt ihre Anhänger in der gehobenen Mittelklasse, die sich für Rock- und Rap-Musik begeistert. Ihre politischen Kundgebungen untermalen sie neuerdings mit Pop-Musik statt mit den Märschen der Janitscharen. Neben der Abbildung des mythischen grauen Wolfs entfalten sie auch die alten osmanischen Fahnen mit drei weißen Halbmonden auf rotem Feld.

Die Kernfrage lautet heute: In welchem Umfang wird sich die MHP von den naiv-völkischen Ideen ihres verstorbenen Gründungsvaters Alparslan Türkeş abwenden – ohne die Vision der turanischen Einheit zwischen Balkan und Baikal-See ganz preiszugeben – und zwangsläufig eine Annäherung an die islamistische Grundstimmung vollziehen, dieser religiösen Erweckungsbewegung Rechnung tragen? Tanil Bora hatte längst festgestellt, daß die Wohlfahrtspartei Erbakans mit dem westlich und modern orientierten Nationalismus der Kemalisten zumindest einen gemeinsamen Nenner besitzt, den »Developmentalismus«, das heißt den stürmischen Willen, die Türkei auf eine möglichst hohe Entwicklungsstufe der Wissenschaft und Modernität anzuheben. Die führende Schicht der »neuen Muslime« gehört ja ebenso der technokratischen Elite an wie die kemalistisch ausgerichtete Bourgeoisie, die dem verhängnisvollen Spekulationskapitalismus den Rücken kehren will zugunsten einer massiven Produktionssteigerung auf allen Gebieten. Die unlängst noch vielgerühmte »Globalisierung« wird von breiten Gesellschaftsschichten als intellektueller Imperialismus des Westens empfunden, der die Einzigartigkeit der nationalen türkischen Kultur in Frage stellt. So weit sind heute die Enkel des Oberst Türkeş und die Jünger des Hodscha Erbakan wohl gar nicht mehr voneinander entfernt. Für die einen wie für die anderen bildet die Türkei den Angelpunkt der islamischen Welt. Die nostalgische Erinnerung an die osmanische Größe konkretisiert sich mehr und mehr in einem imperialen Anspruch. Kurzum, es kommt ein »türkisch-islamischer Nationalismus« auf.

*

Einen typischen Repräsentanten dieser politischen Gratwanderung treffe ich bei einem Diner, zu dem Gabriela Guellil geladen hat. Turgut Altinok ist seit geraumer Zeit Bürgermeister des Ankara-Bezirks Keçiören und ist triumphal wiedergewählt worden. Dem Politiker haftet etwas Konspiratives an. Zwischen schwarzem Bart und kahlem Schädel ragt eine kühne Nase. Die Aussagen Altinoks geben den üblichen vorsichtigen Konformismus wieder, die willfährige türkische Ausrichtung auf die USA. Der Mann ergeht sich in Treuebekenntnissen zur NATO und zur Demokratie. Sehr überzeugend klingt das nicht, und der Verdacht der »Taqiya« kommt wieder einmal auf. Während der Bürgermeister sich auch noch zu den Menschenrechtsvorstellungen der Straßburger Versammlung bekennt, muß ich an ein Gespräch mit dem Stellvertretenden Ministerpräsidenten des Irak, Tariq Aziz, denken, einem engen Vertrauten Saddam Husseins, der sich in seiner Amtsstube am Tigris im August 1998 mit verächtlichem Unterton über seine türkischen Nachbarn äußerte, über diese »Pseudo-Europäer«, über jene Generale von Ankara, denen nichts anderes einfalle, als die Existenz der Kurden zu leugnen und die islamische Volksfrömmigkeit zu mißachten.

Dennoch ist Turgut Altinok ein interessanter Fall. In seiner Jugend war er engagiertes Mitglied der »Ülkücü«, mit anderen Worten der »Grauen Wölfe«. Seine politische Aktivität hat er also im Rahmen der Türkeş-Bewegung begonnen. Aber bei den jüngsten Kommunal-Wahlen sei er ohne Bedenken von der nationalistischen MHP zur islamistischen Tugendpartei übergewechselt, weil das dem Wunsch der Bevölkerungsmehrheit von Keçiören entsprochen habe. Diese scheinbare Untreue habe ihm von seiten des MHP-Vorsitzenden Devlet Bahçeli keinerlei Tadel eingebracht, denn jedermann wisse doch, wer einmal dem »Bund der Idealisten« angehört habe, bleibe für immer im innersten Herzen ein »Grauer Wolf«. Bei dieser Gelegenheit erfahre ich, daß die Naqschbandiya-Tarikat und die Gefolgschaft des frommen Said Nursi in den Randzonen Ankaras stark vertreten sind. Auch die Aleviten übrigens. Jeder Einwohner wisse um die religiöse Ausrichtung seiner Nachbarn genau Bescheid. Es sei nicht gelungen, so räumt Altinok ein, eine Brücke zu den Aleviten zu schlagen, und die Kurden, die in diesem Distrikt ebenfalls zahlreich sind, ständen ohnehin außerhalb der politischen Debatte.

Angesichts so vieler Widersprüche muß ich wieder an Tariq Aziz denken, der als chaldäischer Christ den Neo-Osmanen instinktiv mit Ablehnung gegenüberstand. Die Türkei solle darauf achten – so hatte er mit verblüffender Anmaßung gedroht –, daß sie nicht wieder zum »kranken Mann am Bosporus« werde. Scheinbare Bestätigung erhält Tariq Aziz durch den angesehenen Regimekritiker Murat Belge aus Istanbul, der hinter dem Schleier des narzißtischen Nationalismus seiner Landsleute unzureichendes Selbstbewußtsein, mangelndes völkisches Identitätsgefühl und die Zwangsvorstellung äußerer Bedrohung zu erkennen glaubt. »Der kulturelle Provinzialismus der Türkei«, so schrieb Murat Belge schon vor mehreren Jahren, »resultiert aus Paranoia und Ichbezogenheit, die ihrerseits durch den Kurdenkonflikt angeheizt werden.« Eine echte demokratische Emanzipation sei unter diesen Voraussetzungen kaum vorstellbar.

# Der böse Mann »Avropa«

*Kütahya (West-Anatolien), im Mai 1999*

Ich habe aus Ankara ein langes Telephonat mit Mustafa in Köln geführt. Das Todesurteil für Öcalan sei beschlossene Sache, so erfahre ich von ihm. Wird es auch vollstreckt werden? Zunächst wird Öcalan in Berufung gehen. Werden es dann die Abgeordneten im türkischen Parlament, das der Exekution zustimmen muß, wagen, sich gegen die breite Volksmeinung, die kollektive Wut zu stellen, die für den PKK-Führer nach dem Henker ruft, so spekulieren wir. Selbst Bülent Ecevit, der nun in einer buntgescheckten Koalition mit den Ultra-Nationalisten der MHP, seinen ehemaligen Todfeinden, und dem umstrittenen Mesut Yilmaz von der ANAP regiert, verwehrt sich in diesem Fall gegen eine Begnadigung, obwohl er stets als Gegner der Todesstrafe aufgetreten ist. Aus diversen Kreisen der Europäischen Union kommt massiver Druck zugunsten des Angeklagten. Im übrigen ist der Widerstand der kurdischen Partisanen nach der Entführung Apos nicht zusammengebrochen. Auf Sparflamme flackert er fort.

Ob unsere telephonische Kommunikation abgehört wird, weiß ich nicht. Aber so freizügig ist die Türkei immerhin, daß – soweit nicht der Bestand der Republik in Frage gestellt wird – divergierende Meinungen geduldet werden. Die Wirtschaftsmisere und die Kurdenfrage beherrschen mehr denn je die türkische Innenpolitik, so doziert der Ustaz aus seiner Wohnung am Rhein, und das wirke sich in jeder Hinsicht lähmend aus. Das enttäuschende Wahlergebnis der Islamisten lasse sich aus dem Hochkochen nationaler Leidenschaften erklären. Die Hinwendung zu den »Grauen Wölfen« sei eine Trotzreaktion, eine Bekundung schwelender Unzufriedenheit und verletzten Stolzes. Ecevit habe seinerseits davon profitiert, daß er den Staatsfeind Nummer eins hinter Schloß und Riegel brachte. Die trauernden Familien der »Schuhada«, der in Südost-Anatolien gefallenen Märtyrer der Republik, haben zugunsten der MHP den Ausschlag gegeben, und die Fazilet-Partei leidet darunter, daß der entmachtete Hodscha Erbakan keinen vollwertigen Nachfolger hochkommen läßt. Mustafa wartet noch mit einer Überraschung auf: Im Ausland wurde kaum zur Kenntnis genommen, daß gegen den milliardenschweren und extrem einflußreichen Imam Fethullah Gülen wegen religiöser Agitation offiziell

Anklage erhoben wurde. Vielleicht haben die kemalistischen Politiker und die maßgeblichen Generale in diesem behutsam taktierenden Islamisten doch einen langfristigen Gegenspieler erkannt. Jedenfalls rumort es in der weitgestreuten Anhängerschaft des angesehenen Predigers Fethullah Gülen.

Der Ustaz bestätigt, daß Ankara im Kosovo-Konflikt paralysiert erscheint. Wenn die »Internationale Staatengemeinschaft«, wie es so schön und heuchlerisch heißt, heute die Souveränität der jugoslawischen Föderation zugunsten der unterdrückten Albaner-Bevölkerung der »Provinz« Kosovo außer Kraft setzt, dann müßten die Erben Atatürks damit rechnen, daß eine vergleichbare humanitäre Aktion eines Tages auch den kurdischen Separatisten in Südost-Anatolien zugute käme. Diese robuste, als Mittelmacht und Schlüsselfaktor zwischen Europa und Asien fest etablierte Republik von Ankara, so kommen wir überein, lebt im Unterbewußtsein wohl immer noch in der Zwangsvorstellung einer möglichen territorialen Zerstückelung.

Ähnlich hat auch der Soziologe Tanil Bora argumentiert: »Die Herausforderung des Nationalstaates durch die Globalisierung wird als der zeitgenössische Ausdruck jener tausendjährigen Konfrontation dargestellt, der sich Anatolien-Türkei ausgesetzt sieht. Dadurch wird die nationalistische Grundstimmung geschürt. Wegen der zentralen Bedeutung des Kurdenproblems wird der ›Challenge‹ der Globalisierung von den Türken als Teil eines langen Auflösungsprozesses empfunden, der mit den Kreuzzügen begonnen hatte und sich über die sogenannte Orientfrage fortsetzte.« Die vom Westen kopierten Reformen wie auch der westliche Einfluß, der das Osmanische Reich systematisch schwächte, hätten 1920 mit der Kapitulation von Sèvres geradewegs in den Abgrund geführt.

Die entsetzliche Demütigung durch den Vertrag von Sèvres kann mühelos nachempfunden werden. Nach dem Sieg der Entente-Mächte im Ersten Weltkrieg waren die Alliierten zur Aufteilung Anatoliens übergegangen. Was die Bevollmächtigten des Sultans Mehmet VI. in Schlößchen Sèvres bei Paris unterzeichneten, kam der totalen Auslöschung ihres Vaterlands gleich. Im Osten war ein unabhängiger Staat »Armenien« ins Leben gerufen worden, der vom Schwarzen Meer bis an die Schwelle Mesopotamiens reichte und seinen Schwerpunkt rund um die Städte Erzerum und Van besaß. Vom Dodekanes-Archipel in Richtung Norden sollte eine italienische Einflußzone entstehen, die sich fast bis nach Konya erstreckte. Die Briten hatten sich nördlich des Irak einen zusätzlichen Gebietsstreifen angeeignet, der unter anderem die Velayat Hakkari umfaßte und eine Brücke nach Armenien schlug. Frankreich wiederum hatte die Grenze seines syrischen Mandatsgebietes kräftig nach Norden vorgeschoben und die Städte Adana, Urfa und Maraş annektiert. Darüber hinaus beanspruchte Paris eine »zone d'influence«, die bis nach Sivas in das Herzgebiet Anatoliens vorstieß und das geschichtsträchtige Kappadozien einschloß.

Um es vorwegzunehmen: Diese Aufteilungspläne waren von kurzer Dauer. Nach dem entsetzlichen Aderlaß von 1915 besaßen die Armenier gar nicht mehr die Kraft, das ihnen zugewiesene Territorium gegen die türkische Bevölkerungsmehrheit zu behaupten. Die Italiener begriffen schnell, daß sie sich in Anatolien auf ein Abenteuer mit unabsehbaren Folgen einließen. Die Franzosen stießen bei Maraş auf so heftigen Widerstand bei den dort lebenden Türken und Kurden, die sich den feindlichen Giaur weit mehr im Namen des Islam als im Zeichen eines embryonalen türkischen Nationalismus in den Weg stellten, daß General Gouraud sich auf sichere Stellungen bei Aleppo und Alexandrette zurückzog. Mit London sollte Atatürk erst 1924 ein Abkommen erzielen, das ihm zwar den Verzicht auf die nordirakischen Erdölfelder von Mossul und Kirkuk auferlegte, aber die heutige Staatsgrenze Ankaras in Südost-Anatolien konsolidierte. Von einem eigenen Staat der Kurden war bei dem Diktat von Sèvres bezeichnenderweise nie ernsthaft die Rede gewesen. Keine der Siegermächte setzte sich für dieses indo-europäische Volk, die angeblichen Nachkommen der Meder, ein, die im rauhen Bergland eine halb-nomadische Existenz führten. Das späte osmanische Imperium hatte sich in der schwer zugänglichen Region mit einer oberflächlichen Kontrolle begnügt. Die dortigen Feudalherren wurden durch Bestechung und Gewalt recht und schlecht bei der Stange gehalten. Wenn es allzu chaotisch zuging bei den kriegerischen Stämmen, wurde kurzerhand ein besonders aufsässiger »Scheikh« öffentlich gehenkt. Es gehörte ja ohnehin zur administrativen Praxis, daß der Steuereintreiber des Sultans in Begleitung eines Trupps Soldaten auftrat, die einen Galgen im Gepäck führten. Die Kurden hatten zu keinem Zeitpunkt eine politische Chance besessen.

Die existentielle Bedrohung für das Überleben jener türkischen Nation, die ganz allmählich unter der Knute Mustafa Kemal Paschas Gestalt annahm, ging jedoch von Griechenland aus. Im Vertrag von

Sèvres war den Hellenen ein weites quadratisches Gebiet im Umkreis des ost-ägäischen Hafens Smyrna oder Izmir zugestanden worden. Die Regierung von Athen hegte auch die Hoffnung, daß die internationalisierte Meerengen-Zone an Bosporus und Dardanellen nach Abzug der Alliierten automatisch unter ihre Autorität geriete, zumal Ost-Thrakien bis an die Mauern von Istanbul bereits von Griechenland annektiert war. Damit gab sich der ehrgeizige Ministerpräsident Eleutherios Venizelos jedoch nicht zufrieden. Er war ein glühender Verfechter der »megali idea«. Ihm schwebte die Schaffung eines hellenischen Großreiches vor, das nach der Wiedergewinnung Konstantinopels – getreu der byzantinischen Tradition – über weite Teile Anatoliens herrschen würde. Als bescheidenes Reservat, als kümmerliches Siedlungsgebiet für die ethnischen Türken war nur jener Gebietsfetzen des sogenannten »Freien Landes« vorgesehen, der gerade noch von Eskişehir im Westen bis Tokat im Osten reichte und sich um Ankara oder Angora gruppierte. Nördlich davon sollte das »Freie Land« von der Schwarzmeer-Küste durch einen Gebietsstreifen getrennt werden, der dem griechischen Teilstaat »Pontus« vorbehalten blieb.

Das Kriegsglück schien den enthusiastischen Nachfolgern des Perikles hold zu sein. Mit weit überlegenem Material aus alliierten Beständen ausgerüstet, rückten die griechischen Divisionen aus ihrem Bollwerk von Smyrna nach Osten vor. Von den Armeen des Sultan und Kalifen waren offensichtlich nur noch ein paar dezimierte Horden übriggeblieben. Aber Venizelos hatte seine Rechnung ohne den General Mustafa Kemal Pascha, den Held der Dardanellen-Schlacht, gemacht.

*

Bevor ich – nach dem Besuch der Aleviten-Gemeinde – die Türkei verlasse, bin ich zu jener Landschaft aufgebrochen, wo sich – knapp hundert Kilometer westlich von Ankara – im Sommer 1922 das Schicksal der türkischen Nation entschied. Meine Suche nach dem Schlachtfeld ertrinkt in Regenströmen. Aber vielleicht ist das gut so. Durch die feuchten Böen, die vom niedrigen Gewitterhimmel gegen die Windschutzscheibe prasseln, sind das Terrain und die Ortschaften nur als Schemen zu erkennen. Selbst der strategisch bedeutsame Fluß Sakarya wird zum diffusen Bestandteil dieser »Water World«. Weiter südlich erreiche ich die Stadt Kütahya, wo die Griechen auf ersten organisierten Widerstand gestoßen und ihre Großoffensive vorbereitet hatten. Die moderne Ortschaft von etwa 150 000 Einwohnern ist wegen ihrer Keramik-Produktion berühmt. Das Wetter ist noch immer so abscheulich, daß ich jenseits der typischen modernen »Main-Street Anatolia«, der Cumhuriyet Caddesi, die über und über mit bunten Kacheln geschmückt ist, die wichtigen Festungswälle kaum erkenne. Auf den Besuch des antiken Zeus-Tempels von Aizanoi, der den Hellenen das Gefühl gegeben haben mochte, sich auf eigenem historischen Boden zu bewegen, verzichte ich. In langen Abständen gehen Blitze nieder. Der Donner klingt wie Artilleriebeschuß.

Damals – im August 1922 – war es eine ganz andere Türkei, die sich unter dem Kommando Mustafa Kemal Paschas zur letzten Kraftanstrengung aufbäumte. Zu jener Zeit gab es dort keine mehrstöckigen Appartementhäuser, keine Supermarkets, keine Asphaltbahn, keine einladenden Raststätten und auch keine silbern glitzernden Moscheekuppeln. Die endlos verzettelte Kampfzone zog sich vom Marmara-Meer bis zum Menderes-Fluß über 500 Kilometer hin. Die Dörfer bestanden aus armseligen Lehmkaten, duckten sich unter halbverfallene Ziegel-Minaretts. Statt der chromglänzenden Limousinen und der röhrenden Lastwagen-Kolosse, denen wir jetzt ausweichen, hatten sich 1922 noch die quietschenden Kagni-Karren – mit Proviant und Munition überladen – über Lehmpisten in die Bereitstellungsräume des türkischen Heeres gequält. Diese Streitmacht setzte sich aus zerlumpten, ausgelaugten Überlebenden endloser Rückzüge zusammen. Lange Kolonnen von Bäuerinnen – mit der Pluderhose und dem strengen »Türban« angetan – schleppten auf ihren Schultern die schweren Granaten nach vorn, folgten mühselig den Geschützlafetten, die von ausgemergelten Pferden durch die Schlaglöcher gezerrt wurden.

In Ankara sei damals der Lärm der Kanonen zu hören gewesen. Den hellenischen Divisionen war – so schien es – der entscheidende Durchbruch mit der Einnahme von Eskişehir und Afyon gelungen. Da rafften sich die Türken zum verzweifelten Gegenangriff auf. Der spätere Republik-Gründer, der noch nicht Atatürk hieß, hatte alles getan, um seine Gegner zu täuschen und im Gefühl ihrer absoluten Überlegenheit einzulullen. Seine Truppen bewegten sich nur bei Nacht und entzogen sich der Beobachtung durch griechische Aufklärungsflugzeuge. Kemal Pascha hatte seine Generale offiziell zu einem Fußballspiel eingeladen, um von den geheimen Stabsbesprechungen abzulenken und Spione zu täuschen. Die griechischen Kommandeure waren ihrer Sache so sicher, daß sie am Abend des 25. August in Afyon ein Tanzfest veranstalteten. Im Morgengrauen feuerte die türkische Artillerie aus allen Rohren. Die Generale stürmten an der Spitze ihrer Infanterie und eroberten die Schlüsselstellungen gegen die wacker kämpfenden, aber völlig überraschten Hellenen. Jenseits der Ortschaft Dumlupina – der türkische Sieg wird auf den 30. August 1922 datiert – gab es kein Halten mehr. Die flüchtenden Griechen wurden in einer Blitzkampagne auf Izmir zurückgedrängt und buchstäblich ins Meer geworfen.

Die Zeit der griechischen Besatzung West-Anatoliens zwischen 1919 und 1922 ist bis auf den heutigen Tag in bitterer, schmerzlicher Erinnerung geblieben. Die Strategen der »megali idea« waren in der Vorstellung nach Kleinasien eingerückt, an das hellenische Altertum, an den Glanz des byzantinischen Kaiserreichs wieder anzuknüpfen. Die griechischen Soldaten präsentierten sich den elenden türkischen Bauern mit dem Anspruch, Europa und seine Kultur zu repräsentieren. Tatsächlich stammte ja die Legende der »Europa«, die von dem göttlichen Stier entführt wird, aus ihrer antiken Sagenwelt. Im Namen Europas – »Avropa« sagen die Türken – hatten die Eroberer des Westens sich in Anatolien so aufgeführt, wie wir das heute wieder bei den Konfliktparteien des Balkans erleben. Die unterjochte Fremdbevölkerung, die besiegten Andersgläubigen wurden ausgeplündert und mißhandelt, ihre Hütten in Brand gesteckt, ihre Frauen geschändet und die wehrfähigen Männer erschlagen. Nicht anders müssen die siegestrunkenen Griechen, die aus Jahrhunderten osmanischer Fremdherrschaft ja noch manche Rechnung zu begleichen hatten, zwischen Smyrna und Eskişehir gewütet haben, und dabei führten sie wohl stets ihren »europäischen« Zivilisationsauftrag im Mund, gebärdeten sich als Sendboten »Avropas«.

Wie vertraut und aktuell klingt die Klage jener anatolisch-muslimischen Bäuerin – sie hieß Fatme Nine und stammte aus dem Dorf Mulk –, deren Wehgeschrei und Verzweiflung die türkische Autorin Halide Edib nach dem Befreiungskrieg von 1922 aufgezeichnet hat:

»›O Tochter‹, sagte Fatme Nine; dabei legte sie ungeduldig ihre Hand auf die Notizen, die auf meinen Knien ausgebreitet waren; ›was nutzt es schon, wenn Du hier herumkritzelst über verbrannte Hütten und Leute, deren Gurgeln zerschnitten wurden? Sie existieren doch gar nicht mehr. Werden wir durch Deine Schreiberei satt, finden wir dadurch ein Dach oder einen Lebensunterhalt? Das Dorf besaß 3000 Kühe und Schafe. Jetzt ist nicht einmal eine Henne mehr da, um

Eier zu legen. Wie soll ich meinen alten Ehemann ernähren oder meine Tochter, die von den Griechen mißhandelt wurde? Wir haben nicht einmal Salz für die Laubblätter, die wir kochen, um den wütenden Hunger in unserem Magen zu täuschen ... Etwas ist falsch in dieser Welt, etwas ist zutiefst ungerecht, meine Tochter. Früher meinten wir, die Gendarmen wären das einzige Unheil, mit dem Allah uns heimsuchte. Dann pflegten wir zu sagen, daß der Sultan gar nicht wußte, wie sehr wir unterdrückt wurden. Unterdrückt? In Wirklichkeit waren das himmlische Zeiten verglichen mit heute. Oh, mein Gott, wie habe ich bei den Griechen gebettelt, daß sie einen Unterschlupf übrig ließen für die, die noch lebten. Sie haben gelacht und geantwortet, daß ›Avropa‹ sie geschickt habe, um uns das anzutun, und daß sie uns nie mehr in Ruhe lassen würden. Diesem Mann ›Avropa‹ müssen wir alles berichten, meine Tochter; er soll uns arme Bauern verschonen. Was haben wir ihm denn angetan?‹«

# Kosovo

# *Die Rache der Janitscharen*

## Schwarz-Rot-Gold in Prizren

*Prizren, im Juli 1999*

Es ist in diesen Tagen kein Wagnis – von Skopje in Mazedonien oder vom Grenzflecken Kukës in Nord-Albanien kommend – nach Prizren ins Kosovo zu reisen. Schon bei meinem ersten Besuch vor sechs Jahren war mir der Amtssitz des südlichen Pastrik-Distrikts als eine der schönsten osmanischen Städte des Balkans aufgefallen. Nach Mostar natürlich, aber Mostar, dieses Kleinod türkischer Architektur in der Herzegowina, ist inzwischen von den Kroaten in Schutt und Asche geschossen worden. Ähnliche Befürchtungen überkommen mich, während ich von der Terrasse des Hotels »Theranda« auf Prizren und dessen flache Ziegeldächer blicke, die auf dem steilen Südufer der Prizrenska Bistrica stufenförmig den Hang erklimmen. Der Abend ist noch früh, aber schon erstrahlt die quadratische, festungsähnliche Freitagsmoschee in künstlicher Beleuchtung. Auch die alte türkische Burg hoch auf dem Kamm der dichtbewaldeten Höhe, der man sich wegen Minengefahr nicht nähern soll, ist romantisch erhellt. Sogar auf die byzantinische Kuppel des christlich-orthodoxen Klosters sind Scheinwerfer gerichtet. Jedermann weiß, daß hinter dessen Mauern ein Häuflein gestrandeter Serben unter der Obhut ihres Popen um ihr Leben bangten.

Bilder eines trügerischen Friedens und eines spektakulären militärischen Aufgebots sind in dieser alten osmanischen Ortschaft eine kontrastreiche, fast absurde Kombination eingegangen. Zu der Stunde vollzieht die Jugend der Stadt – das sind etwa siebzig Prozent der Bevölkerung – das Ritual ihres abendlichen Korsos. Sie kreist in dicht gedrängten Scharen beider Geschlechter um die zwei Brücken, deren ältere aus der Epoche Süleymans des Prächtigen stammt. Der Krieg und die Not – so könnte man meinen – sind spurlos an Prizren vorübergegangen. Die Geschäfte quellen über von Waren oft türkischer Herkunft. Die Stände der Viktualien-Händler biegen sich unter dem reichen Angebot. Die Imbißstuben am Flußrand sind überfüllt.

Von 180 000 Einwohnern Prizrens waren etwa 60 000 geflohen oder von den Serben verjagt worden. Sie sind alle wieder da, und der jugendlichen Ausgelassenheit scheinen diese Tage des Grauens, die zurückliegenden zehn Jahre einer systematischen Unterdrückung durch Belgrad nichts angetan zu haben. Im Gegenteil – das Bewußtsein, vom Alptraum der Demütigung, von der Angst ums nackte Überleben erlöst zu sein, steigert die Lebensfreude zum Rausch. Der jugendliche Reigen von Prizren schiebt sich durch das flußnahe Gassengewirr zum Klang dröhnender Lautsprechermusik, als würde hier ein triumphaler Tanz aufgeführt. Sie bewegen sich zum Lärm albanischer und amerikanischer Schlager und zu jenen martialischen Kampfliedern der Kosovo-Befreiungsarmee, der UÇK, wo pathetisch vom Heldentod, vom Stolz der Skipetaren, vom unbezwingbaren Mut der albanischen »Adlersöhne« die Rede ist.

Die Jünglinge geben sich in ihrem Aufzug so amerikanisch wie nur möglich, und die überwiegend hübschen Mädchen mit hellblonden oder rabenschwarzen Mähnen haben sich geradezu aggressiv zurechtgemacht, mit auffälligem Make-up, mit leichten Blusen, die die Haut der Taille und den Bauchnabel frei lassen. Miniröcke sind kaum zu sehen, aber die Hosen sind so eng geschneidert, als fände ein erotischer Wettbewerb statt. Der Tod lauert gewiß im Hintergrund, aber der Tod, das wissen die Psychologen, ist das stärkste Aphrodisiakum.

Dann die andere Seite des Bildes: Die massive und beeindruckende Präsenz der deutschen Bundeswehr. Zum erstenmal sehe ich diese Truppe im Einsatz, und – ich sage es ganz ehrlich – ich bin positiv überrascht. Die Soldaten verfügen über vorzügliches Material, das perfekt gewartet und von besserer Qualität ist als in den anderen Kontingenten der NATO-geführten Friedenstruppe KFOR. Selbst die Amerikaner besitzen keine gleichwertige Ausstattung ihres Heeres.

Ob die mächtigen Leopard-Panzer, die sich durch die schmalen Windungen des Kosovo quälen und zwischen den Häuschen der Altstadt von Prizren wie Saurier wirken, in diesem Gelände und einem sich eventuell abzeichnenden Partisanenkrieg viel Sinn machen, ob das Karussell der stählernen Kettenfahrzeuge, die alle möglichen Tiernamen tragen, angesichts der jämmerlichen Bewaffnung der potentiellen Gegner und Unruhestifter nicht übertrieben und übermächtig ist, steht hier gar nicht zur Debatte. Als ich von den Presseoffizieren gebeten werde, ein kurzes Grußwort für die lokale Militärzeitung zu schreiben, zitiere ich eine Maxime der verflossenen französischen Kolonial-Armee: Man muß seine Stärke zeigen, um sie nicht anwenden zu müssen – »il faut montrer sa force pour ne pas avoir à s'en servir«. Im Zentrum von Prizren, an allen strategischen Punkten, vor allem am Zugang der Brücken, sind Posten aufgestellt. In ihren Tarn-Uniformen mit den schweren kugelsicheren Westen, dem topfförmigen Helm wirken diese Krieger der Neuzeit seltsam archaisch. Im Abendlicht erscheinen sie in ihrer Panzerung fast wie mittelalterliche Rittergestalten. Dazwischen bewegen sich die flinken, spielzeugähnlichen Mini-Panzer vom Typ Wiesel, aus deren Turmluke ein schußbereiter Fallschirmjäger ragt, wie Fahrzeuge eines futuristischen »Kriegs der Sterne«.

Die Bundeswehr-Soldaten, so stelle ich mit Befriedigung fest, zeichnen sich durch Wachsamkeit und Gelassenheit aus. Nach engerem Kontakt mit den Offizieren und Mannschaften überkommt mich Verwunderung: Wie ist es zu erklären, daß diese zutiefst pazifistisch ausgerichtete deutsche Jugendgeneration, die unlängst noch von »Null Bock« redete, sich auf ihren »Love Parades« exhibitionistisch bloßstellt, die angeblich in hemmungslosem Hedonismus oder im rasch verdienten Geld ihren höchsten Lebenszweck sucht und sich der idiotischen Gängelung durch die Medien widerspruchslos zu ergeben scheint, plötzlich in der Lage ist, ein militärisches Aufgebot von solcher Qualität und Disziplin in den Balkan abzusondern. Ein Aufgebot, bei dem längst verschüttet geglaubte soldatische Tugenden wieder aufleben.

Es ist ja keine harmlose Aufgabe, auf die sich die Bundeswehr im Land der Skipetaren eingelassen hat und der die jungen Männer mit Engagement und wohl auch mit einer uneingestandenen Freude am exotischen Abenteuer nachkommen. Dabei wird ihnen viel abverlangt, denn jede Patrouille durch brennende serbische Dörfer, jede Verhinderung von Plünderungen oder Gewalttaten setzt persönliche Verantwortung und schnelle Entscheidung voraus.

Die blasse Sichel des Mondes steht schon über der Zitadelle von

Prizren, da reißt die Kakophonie der Rock-Rhythmen plötzlich ab. Eine kurze Pause relativer Stille tritt ein, und vom Gipfel des spitzen Minaretts ertönt die Stimme des Muezzin. Der Klang dringt verzerrt und kaum verständlich über den Fluß. »Eilt herbei zum Gebet«, klingt es da im altertümlichen Arabisch der Wüste von Hedschas; »eilt herbei zur Freude!« Der Appell findet kein Echo, keinen Widerhall bei den Gott entfremdeten Menschen von Prizren, wo allenfalls noch ein paar alte Frauen das vorgeschriebene Kopftuch tragen.

Doch mein Gefährte Rami, ein etwa dreißigjähriger Albaner aus der mazedonischen Stadt Tetovo, einer letzten Hochburg islamischer Frömmigkeit auf dem Balkan, hat aufgehorcht. »Für mich bedeutet die Religion noch etwas«, sagt er. »Der Muezzin mag kaum zu verstehen sein, aber im Geist bete ich mit ihm, daß es außer Allah keinen Gott gibt und daß Mohammed sein Prophet ist.« Offiziell begleitet mich Rami in einem klapprigen roten Renault als Chauffeur. In Wirklichkeit ist mir der muskulöse Skipetare von islamischen Freunden aus Skopje, die der Hilfsorganisation »El Hilal« angehören, als eine Art Leibwächter beigegeben worden. »Ich bin ein Osmanli geblieben«, betont Rami stolz, »mein Großvater war türkischer Offizier, mein Urgroßvater Sekretär des Sultans.«

In der mazedonischen Hauptstadt Skopje war ich mit alten Bekannten verabredet gewesen, die ich auf dem islamischen Kongreß von Budapest kennengelernt hatte. Professor Abdurrauf Pruti, ein aristokratisch wirkender Repräsentant des gehobenen muslimischen Bürgertums, war dort als Präsident und sein dynamischer junger Generalsekretär Behidjudin Shehabi als Organisator von »El Hilal« tätig, und hinter dem beziehungsreichen Namen dieser karitativen »NGO« profilieren sich – auch wenn das bestritten wird – eindeutige politisch-konfessionelle Ansprüche. Die Muselmanen der Republik Mazedonien – in der großen Mehrheit Albaner – machen ein Drittel der Gesamtbevölkerung aus, werden aber vom südslawischen und christlich-orthodoxen Staatsvolk in vielerlei Hinsicht diskriminiert. Sie sind zwar im Parlament mit einer eigenen Partei vertreten, ihre angemessene Beteiligung an Verwaltung und Staatsgeschäften, sogar die Entfaltung ihrer islamisch-albanischen Kultur bleibt jedoch stark behindert. Wenn es an den Ufern des Vardar und vor allem in Tetovo noch nicht zum offenen Aufstand gegen die slawische Bevormundung gekommen ist, so mag das abschreckende Beispiel des Kosovo-Krieges dabei eine Rolle gespielt haben, aber auch die Zuversicht der mazedonischen Muslime, daß sie aufgrund ihrer steilen Geburtenrate in absehbarer Zeit die Mehrheit der Wähler stellen werden. Von dem vorsichtig taktierenden, gescheiten Professor Pruti, der übrigens von Hillary Clinton während ihres Blitzbesuchs in Skopje ausführlich konsultiert wurde, heißt es inzwischen, er werde bei den nächsten Wahlen als Präsidentschaftskandidat der Vardar-Republik auftreten.

In Mazedonien habe ich ganz zufällig entdeckt, wie effizient und eng verknüpft die Zusammenarbeit der europäischen Koran-Gläubigen bereits funktioniert. In Tetovo hatte ich die alte türkische Moschee aufgesucht, die unweit der früheren »Tekke«, des Klosters der Bektaschi-Derwische, eine kunsthistorische Rarität darstellt. Der Gebetsraum ist nämlich rundum im Stil eines osmanischen Rokoko, in der verspielten Dekoration der sogenannten »Tulpen-Periode« des frühen achtzehnten Jahrhunderts, gestaltet. Die verschnörkelten Blumengewinde und hübschen Landschaftsgemälde an den Wänden nehmen sich neben der strengen Kalligraphie der Koransprüche recht eigenartig aus. Unnütz zu erwähnen, daß für das Osmanische Reich die niedliche »Tulpen-Zeit« eine Epoche staatlichen Zerfalls war. An jenem Tag war die Moschee von Tetovo zum Mittagsgebet gut gefüllt, und in einem Nebenraum übte sich eine Schar Knaben mit weißen Kappen im mechanischen Aufsagen des Koran.

Mit meinen politischen und konfessionellen Kontakten in Mazedonien, die ja auch meiner Recherchentätigkeit im Kosovo nützlich sein sollten, hatte es aus unerfindlichen orientalischen Gründen nicht so recht geklappt, und so wählte ich über mein Handy die Nummer des »Islam-Rates für Deutschland« in Bonn, um meinen afghanischen Freund Ghulam Totakhyl um Unterstützung zu bitten. Der Präsident des Islam-Rates, Hasan Özdoğan, befinde sich zur Zeit in der Türkei, bedauerte Totakhyl, doch er werde sehen, was er machen könne. Eine halbe Stunde später meldete sich der Vorsitzende Hasan auf dem tragbaren Telefon, um mir mitzuteilen, daß meine Schwierigkeiten schnellstens behoben würden. Am gleichen Abend kam es dann auch zu einem ausführlichen Informationsgespräch mit Behidjudin Shehabi, dem Generalsekretär von »El Hilal«, und sämtliche Tore öffneten sich. Von jener Stunde an steht mir auch Rami, der mit der Familie Shehabi verschwägert ist, zur Verfügung und wird mir bis zum Abschluß meiner Kosovo-Tour, die zehn Tage später in Morina am Grenzübergang nach Albanien enden wird, nicht von der Seite weichen.

Warum die Albaner Mazedoniens ganz offensichtlich viel stärker in der islamischen Frömmigkeit und der osmanischen Tradition wurzeln als ihre religiös indifferenten Landsleute des Kosovo – wo beide doch in derselben jugoslawischen Föderation unter dem kommunistischen Regime Marschall Titos gelebt hatten –, konnte mir niemand einleuchtend erklären. Tatsache ist jedoch, daß sich im Schatten der mächtigen Moscheen von Üsküp – so hatte Skopje fünfhundert Jahre lang unter den Osmanen geheißen – eine konfessionelle Rückbesinnung vollzieht, die durch ein gesamt-albanisches Islam-Institut am westlichen Rand der Stadt gesteuert wird. Schon bei meiner Balkan-Reise vor fünf Jahren hatte ich festgestellt, daß – nördlich von Ohrid, der Geburtsstätte der prawoslawischen Orthodoxie, wo die goldene Pracht der Dreifaltigkeit, die Fresken der christlichen Märtyrer die Wände der alt-bulgarischen Klöster verklären – in den albanischen Dörfern die schneeweißen Minaretts der neu errichteten, aus Spenden der einheimischen Bevölkerung finanzierten Moscheen wie Orgelpfeifen oder wie Raketenbatterien auf den Himmel weisen. Bei Gesprächen mit jungen Muslimen Mazedoniens war damals eindeutige Sympathie für die türkische Refah-Partei zu erkennen gewesen.

Zurück zur Hotelterrasse von Prizren und zu meinem Freund Rami, der den prädestinierten Familiennamen Mislimi trägt. »Es schmerzt mich, wie die guten alten Sitten verkommen«, nimmt der Albaner wieder auf. »Sehen Sie, ich betrachte Sie aufgrund Ihres hohen Alters als meinen Vater und ich ehre Sie dementsprechend. Aber den jungen Leuten hier ist der Sinn für jede Moralität, für jeden Respekt vor Gott und den Menschen abhanden gekommen, seit sie sich von Allah und seinem Propheten abwandten. Wer geht denn hier im Kosovo – ganz zu schweigen von der albanischen Republik von Tirana – noch einer ehrlichen Arbeit nach. Die Gier nach Geld und nach betrügerisch erworbenem Reichtum sind die einzigen Antriebsfedern. Alles versinkt in Sündhaftigkeit. Schwarzmarkt und Schmuggelgeschäfte sind da noch relativ harmlos, verglichen mit den kriminellen Machenschaften der mörderischen Banden und Klans. Mir kommt es manchmal vor, als habe der ›gesteinigte Satan‹ hier seine Herrschaft angetreten.«

Eine profunde Kenntnis des Koran hatte Rami nie erwerben können. Aber dem stämmigen Begleiter, der in jeder Situation einen Ausweg findet, kann ich mich blindlings anvertrauen. Amüsiert stelle ich fest, daß dieser treue Jünger des Propheten ein türkisches Efes-Bier nicht von sich weist und später gemeinsam mit mir ein Glas Raki leert. Jenseits der Bistrica und den knallbunten Sonnenschirmen der Café-

Stuben hat das laute Kirmes-Treiben schon wieder eingesetzt. Der Rummel der heiteren, geschwätzigen Jugend ist voll im Gange. Mit Hilfe englischer oder deutscher Wortfetzen versuchen ein paar kokette Töchter von Prizren mit den deutschen Fallschirmjägern oder Panzergrenadieren anzubandeln, und die durch ihre Rüstung zu kriegerischen Robotergestalten aufgeblähten Germanen können den Blick nicht wenden von der großzügig zur Schau gestellten weiblichen Anatomie der Balkanesinnen.

Niemand scheint Notiz davon zu nehmen, daß plötzlich – unweit der Bürgermeisterei – zwischen den enggedrängten Häusern der osmanischen Altstadt eine schwarze Rauchfahne aufsteigt. Am Ufer der Prizrenska Bistrica tut das der Ferienstimmung keinen Abbruch. Angeblich gibt es nur noch einen einsatzfähigen Feuerwehrwagen, und der wird meist in den Vororten angefordert, wo die Brandstiftungen zahlreich sind. Der Qualm wird immer dicker. In der zunehmenden Dunkelheit lodern jetzt ganz deutlich hohe Flammen aus dem Gassengewirr. Ich frage einen Kellner des Theranda-Hotels. Der zuckt die Achseln. »Da wird ein serbisches Haus abgebrannt.« Warum man diese Wohnungen, wenn sie schon von ihren Besitzern verlassen wurden, nicht zur Unterbringung von albanischen Obdachlosen stehenlasse und benutze, frage ich weiter. Wieder kommt die Antwort mit einer Geste der Ohnmacht. »Die Leute haben wohl Angst, daß das Kommando von KFOR und morgen die Verwaltung der UNO eine Rückkehr der geflüchteten Serben erzwingen und ihnen ihren Besitz zurückgeben wollen. Da sorgt man besser vor.« Es wird späte Nacht, ehe die Feuersbrunst in sich selbst zusammenfällt. Ein Wunder, daß das ganze Viertel nicht lichterloh entflammte. Mich beschleicht die Ahnung, daß Prizren doch noch eines Tages vom traurigen Schicksal der bosnischen Stadt Mostar an der Neretva ereilt werden könnte.

Unser Kamerateam ist von Patrouille-Fahrt zurückgekommen. Die deutsche Fernseh-Mannschaft, mit der ich in Anatolien gedreht hatte, war – entgegen ihrer ursprünglichen Zusage – vor der Gefahr eines Kosovo-Einsatzes zurückgeschreckt. Um so sympathischer erscheinen mir nach dieser Enttäuschung die wackeren Freiwilligen der Bundeswehr. Wieder einmal – wie schon in Kambodscha und im Kessel von Sarajevo – arbeite ich mit zwei Australiern zusammen, mit Ian aus Melbourne, mit Ben aus Perth. Meine langjährige Mitarbeiterin Cornelia Laqua, die schon in Bosnien und Tschetschenien ihre Unerschrockenheit bewiesen hat, ist trotz meiner Warnungen wieder dabei. Es ist ein angenehmes Arbeiten mit den »Aussies«. Sie sind »matter of fact« furchtlos, aber keineswegs tollkühn. Beim Schuften in der kochenden Hitze bewahren sie stets eine kauzige Form von »out-back«-Humor. In einem Leopard der Bundeswehr, eskortiert von zwei Radpanzern des Typs »Fuchs«, ist das Team durch zwei Dörfer nördlich von Prizren gerollt. Es war ein ungefährliches Unternehmen, aber die sonst so gelassenen Australier sind durch das Spektakel, das sich ihnen bot, ebenso angewidert wie die bayerischen Panzergrenadiere ihrer Begleitung. Die Serben hatten dort ihre üblichen Verwüstungen angerichtet. Doch neben den verkohlten Häusern aus den Tagen des NATO-Krieges qualmen jetzt neue Ruinen, die Gehöfte der geflüchteten serbischen Minderheit, und die sind von rächenden Albanern abgefackelt worden. Das grauenhafte Wechselspiel von Untat und Vergeltung will offenbar kein Ende nehmen.

Ian und Ben berichten mir von albanischen Plünderern, die über die serbischen Anwesen hergefallen sind. Aber was hätte es genutzt, wenn die ortsfremden Deutschen, die zudem über keinerlei Polizeibefugnis verfügen, sie zur Rechenschaft gezogen hätten? So blieb es bei Verwarnungen und Flüchen. Besonderes Mitleid erregte eine Gruppe Roma, die buchstäblich im Unrat und im Abfall am Rande von Prizren leben und hier von keiner humanitären Organisation betreut werden. Die Soldaten warfen ihnen ihre Lebensmittelrationen zu. Sie entdeckten – aus einer heilen Welt der selbstgerechten »Betroffenheit« kommend – das beklagenswerte Schicksal dieser Rasse, deren Kinder auf dem Balkan noch die dunkle Hautfarbe ihrer fernen Vorfahren und ihrer indischen Urheimat bewahrt haben, wo sie übrigens auch als Parias behandelt wurden. Im Kosovo wurden die Zigeuner von den Serben für jede Drecksarbeit herangezogen, ob es um das Ausheben von Massengräbern, um Denunziationen oder sogar Verhöre von verdächtigen UÇK-Anhängern ging. Deshalb sind die Roma jetzt dem Verdacht und den Rachegelüsten der Albaner ausgesetzt. Schon die Osmanen mißbrauchten die Zigeuner als Henkersknechte und als Spezialisten für die entsetzliche Folterprozedur der Pfählung.

In Skopje hatten wir für den Minibus des Kamerateams einen mazedonisch-slawischen Fahrer namens Kiro angeheuert, einen heiteren Tausendsassa, wie es schien. Aber jetzt kommt Kiro buchstäblich vor Angst schlotternd und mit schreckgeweiteten Augen ins Hotel geflüchtet. Wir tragen ihn unter einem falschen albanischen Namen ein, und er verschließt sich in seinem Zimmer. Der Mazedonier, ein orthodoxer Christ, hatte fünf Häuser vom »Theranda« entfernt seine Schwiegereltern besucht, die Albaner katholischen Glaubens sind, und dort wollte er auch übernachten. Aber plötzlich waren in der Wohnung bewaffnete, grimmig blickende Männer aufgetaucht, die sich als UÇK-Polizisten vorstellten, ihn mit der Waffe bedrohten und der Spionage für Belgrad bezichtigten. Nach ein paar Mißhandlungen hatten sie ihm sein spärliches Geld und sein Handy abgenommen. Dann ließen sie ihn laufen. Bei dieser Gelegenheit stellt sich heraus, daß auch die katholischen Albaner des Kosovo – sie machen wohl nur drei Prozent der Bevölkerung aus – einer heimlichen Überwachung durch anonyme Sicherheitsorgane der UÇK ausgesetzt sind, die laut NATO-Verfügung überhaupt keine Existenzberechtigung haben.

Hinter dem fröhlichen Treiben des Abend-Korsos verbirgt sich eine grausame Wirklichkeit, eine Zone unerbittlicher Düsternis. Mit dem Abzug der Serben und der Ankunft der KFOR-Kontingente hat die Stunde schrecklicher Abrechnungen geschlagen. Vor allem die zurückgebliebenen serbischen Zivilisten seien unmittelbar gefährdet, erklärt mir Rami. Aber es habe auch die Jagd auf Kollaborateure eingesetzt, auf jeden Albaner, der den verhaßten Schergen Slobodan Miloševićs auch nur im geringsten gefügig war. Dabei würden viele persönliche Rechnungen beglichen, uralte Sippenfehden ausgetragen, und die angeblichen Helden und Rächer der »Befreiungsarmee« seien oft nur Widerständler der letzten Stunde. Ähnliches hatte sich ja auch bei der Befreiung Frankreichs im Herbst 1944 abgespielt.

»Man soll sich nicht wundern, daß die Albaner wahllos über die verbliebenen Serben herfallen und gar nicht nach deren Schuld fragen«, meint Rami, »in dieser Region des Balkans gibt es ein unerbittliches Sühnesystem, einen bodenständigen ›Kanun‹. Auch wenn die skipetarischen Klans ihre Blutfehden aufrechnen, kann Mord nur durch Mord aufgewogen werden. Das ist eine Frage der elementaren Ehre, und kein Angehöriger des Killers ist seines Lebens dann mehr sicher.«

Die schwere, fast aussichtslose Arbeit der deutschen Feldjäger ist häufig beschrieben worden. Vor dem Polizeikommissariat von Prizren drängt sich eine Menge von etwa zweihundert Personen. Daß die paar Militärpolizisten innerhalb der hier angestauten Verzweiflung und auch der Verständigungsschwierigkeiten ihre Ruhe bewahren, ist bemerkenswert. »Es häuft sich wieder alles«, sagt mir ein Hauptfeldwebel im Ton der Resignation. »Heute wurden zwar in Prizren ausnahmsweise keine Menschen umgebracht, aber mehrere Häuser haben gebrannt, zwei Frauen wurden vergewaltigt, ein Mann wurde angeschossen, ein anderer entführt, und die Drohbriefe stiften Panik. Wie sollen wir herausfinden, was Wahrheit und was Lüge, wer Opfer und wer Täter ist?« Demnächst sollen Berufspolizisten aus aller Welt im Namen der Vereinten Nationen den Feldjägern ihre unerträgliche Bürde abnehmen. Darunter wird sich eine größere Anzahl deutscher Kriminalbeamter befinden. Auch sie werden sich in diesem Balkan-Chaos von Schuld und Sühne schwer zurechtfinden. Was dann gar »Ordnungshüter« aus dem afrikanischen Kenia oder dem asiatischen Bangladesch im Kosovo ausrichten, wie sie sich gegenüber den stolzen Skipetaren mit einem Minimum von Autorität durchsetzen sollen, bleibt absolut schleierhaft.

*

Mein Wunsch, mit der örtlichen UÇK-Führung zusammenzutreffen, wird schnell erfüllt. Der deutsche Verbindungsoffizier, ein Oberstleutnant, begleitet mich zu einem am Stadtrand gelegenen Gebäudekomplex, über dem die rote albanische Fahne mit dem schwarzen Doppel-Adler weht. Der Befehlsstand – in einem verwilderten Garten – wird durch schwarz uniformierte Männer bewacht. Ohne Umstände werden wir zu Sadik Halihaj, dem Stellvertretenden Kommandeur des Distrikts Pastrik, geleitet. Halihaj, ein gutaussehender Mann von etwa vierzig Jahren, trägt aufgrund seiner gehobenen Position weiterhin die Tarnuniform der UÇK mit dem roten Wappen auf dem Ärmel. Dieser weltläufig wirkende Partisanen-Offizier hat lange in der West-Schweiz gelebt und spricht vorzüglich französisch. Halihaj – obwohl er vermutlich keine reguläre Ausbildung hinter sich hat – läßt sich mit dem Titel eines Generals anreden und kommandiert schätzungsweise 1600 ehemalige Freischärler.

»Ich habe von der ersten Stunde an mitgekämpft«, beginnt der UÇK-Kommandeur seinen Vortrag. »Dreimal hatten die Serben mich vorher verhaftet, als ich mich als Chemiestudent in Priština aufhielt und für die Unabhängigkeit des Kosovo agitierte. Seit Mai 1998 führte ich meine Partisanen-Truppe von etwa 600 Mann im südlichen Pastrik-Gebirge. Durch serbische Artillerie bin ich verwundet worden.« Die Kosovo-Befreiungsarmee hatte vor allem schwere Verluste erlitten, als sie in der letzten Phase des NATO-Bombardements in Abstimmung mit den Amerikanern Überfälle auf serbische Grenzpositionen durchführte. Die hervorragend getarnte jugoslawische Volksarmee sollte dadurch veranlaßt werden, durch ihre Gegenwehr die eigenen Stellungen zu entlarven und den alliierten Bomben deutlich erkennbare Ziele zu bieten. Den UÇK-Partisanen ihrerseits kam dabei die Rolle des Kanonenfutters zu. Die UÇK von Prizren ist eindeutig auf ihren obersten Befehlshaber, den selbsternannten Regierungschef Hashim Thaçi, eingeschworen. Sadik Halihaj bestätigt, daß die Autorität dieses 29jährigen Aufstandsführers gestärkt worden sei, als er gemeinsam mit dem britischen General Michael Jackson ein Abkommen über die Entwaffnung der UÇK binnen neunzig Tagen und den Verzicht auf das Tragen von Kampfuniformen unterzeichnet hatte. Diese Zusage sei zwar schmerzlich gewesen, aber damit habe Thaçi, der von Anfang an die Gunst der amerikanischen Diplomatie und – was in dieser Region wichtiger ist – der CIA genoß, internationale Anerkennung für seinen Führungsanspruch im Kosovo gewonnen. Was die Ablieferung zahlreicher Kalaschnikows, einiger Panzerfäuste und Granatwerfer betrifft, macht man sich beim deutschen Stab in Prizren nicht die geringsten Illusionen. »Die Kerle liefern ihre ältesten Modelle ab, meist noch aus chinesischer Fabrikation. Aber jeder Albaner behält sein zweites Gewehr zu Hause und das dritte vergräbt er in seinem Garten«, so lautet die allgemeine Erkenntnis.

Der ehemalige Partisan geht mit großer Offenheit auf die anstehenden politischen Probleme ein. Er hat keine hohe Meinung von Ibrahim Rugova, der sich zur Zeit der serbischen Okkupation des Kosovo in geheimer Abstimmung zum »Präsidenten« wählen ließ und einer von Belgrad geduldeten Schatten-Administration der Albaner – inklusive Unterrichtssystem und eigenen Hospitälern – vorstand. Der Dichter und Intellektuelle Rugova, der Mann mit dem seidenen Halstuch, wie man ihn nannte, wurde im Westen als »Gandhi des Balkans« bewundert, ein absurder Vergleich in dieser blutrünstigen Region. Sadik Halihaj entrüstet sich darüber, daß dieser »Präsident« sich mit Slobodan Milošević auf dem Höhepunkt des Krieges in versöhnlicher Pose habe filmen lassen. Damit habe er angeblich seine Familie in Priština retten wollen, aber wenn man eine solch prominente nationale Rolle spiele, müsse man das Wohl des Vaterlandes über die privaten Rücksichten stellen. Bei dieser Gelegenheit erfahre ich auch, daß die »Demokratische Liga«, der Rugova vorsteht und in der der Exilpolitiker Bujar Bukoshi den Titel eines »Prime Minister« der Republik Kosova beansprucht, versucht hat, eine eigene Militäreinheit aufzustellen, die FAC, »Forces Armées du Kosova«, wie Halihaj sie betitelt. Auf mehr als 220 Mann seien sie dabei nicht gekommen, obwohl Bukoshi als Spendensammler bei den in der Bundesrepublik lebenden Albanern eine sehr einflußreiche Rolle gespielt habe. Ich erwähne nicht, daß ich kurz vor meiner Abreise nach Skopje noch mit Bukoshi in Bonn zu Mittag gegessen hatte und von diesem diskreten Intellektuellen durchaus nicht den Eindruck eines brutalen Untergrundkämpfers und Schutzgeldeintreibers gewonnen hatte. Aber wer durchschaut die internen Machtkämpfe der Kosovaren?

Es entspannt sich eine lange und sehr offene Konversation im Büro des UÇK-Chefs von Prizren. Ungeduldig wartet er darauf, daß er in Übereinstimmung mit KFOR eine schwarz uniformierte Polizeitruppe, zunächst fünfhundert, dann tausend Bewaffnete, aufstellen kann. Zur Zeit muß er sich noch mit ein paar Leibwächtern zufriedengeben, die mit Pistolen ausgestattet sind. In einer späteren Phase, so sei es mit General Jackson vereinbart worden, könne an die Aufstellung einer »Nationalgarde« des Kosovo herangegangen werden. In Wirklichkeit verfügt die Organisation wohl schon über ein weitverzweigtes Sicherheits- und Spitzelsystem, das unter der Abkürzung ZKZ firmiert und nicht nur bei früheren Landesverrätern und Serben-Freunden Schrekken verbreitet. »Wenn die UÇK an die Macht kommt«, so hatte mir ein junger Kosovo-Albaner gesagt, der gerade aus einem Flüchtlingslager in Mazedonien nach Prizren zurückgekommen war, »dann wandere ich ins Ausland ab.«

Wie er es denn mit der Religion halte und ob seine Gefolgsleute im Glauben an Allah Kraft gefunden hätten, frage ich weiter. Die in klarem Französisch formulierte Antwort klingt nach gallisch importiertem Laizismus. »Ich bin Agnostiker«, erwidert Sadik Halihaj, dessen Name ihn eindeutig als gebürtigen Moslem ausweist. »Von Heiligem Krieg kann bei uns nicht die Rede sein. Wir haben für ein unabhängiges Kosovo gekämpft. Alles andere ist Obskurantismus.« Diese ausgeprägte Form von konfessioneller Indifferenz findet man wohl nur bei den Albanern. »Neulich hat doch einer meiner Soldaten gesagt«, Halihaj zitiert ihn in der Sprache Voltaires, »Je suis Musulman, mais je crois en Jésus-Christ« – Ich bin Muslim, aber ich glaube an Jesus Christus. Nicht von ungefähr haftet den jungen Ideologen der UÇK der Verdacht an, sie seien durch die langen Jahre der Gottlosigkeit, die sie unter dem kommunistischen Regime Marschall Titos oder des albanischen Despoten Enver Hodscha durchlebt haben, weiterhin gezeichnet und im Unterbewußtsein stramme Stalinisten geblieben.

Ich mußte an das Erlebnis fromm-islamischer Freunde in Deutschland denken, die zur Kontaktaufnahme mit der UÇK in deren Bonner Büro in der Wesselstraße gekommen waren. Das war zur Zeit des Fastenmonats Ramadan, und die Besucher waren nicht wenig schockiert, als sie die Albaner beim Genuß von Bier und Schinkenbroten antrafen. Auch ich war übrigens in besagte UÇK-Niederlassung in der Wesselstraße gegangen, hatte dort aber nur einen etwas verstörten Kosovo-Repräsentanten namens Thaçi – der Name ist weit verbreitet – vorgefunden, der am Vortag sieben Stunden lang von Beamten des Bundeskriminalamtes wegen angeblichen Waffenschmuggels und Geldwäsche verhört worden war. Seine Büro-Einrichtung vom perfektionierten Computersystem bis zum letzten Leitzordner, war von den deutschen Beamten konfisziert worden – gegen Quittung natürlich.

Ob diese jungen Kosovaren von heute sich wohl bewußt sind, daß sie mit ihrer Gleichgültigkeit gegenüber aller Metaphysik, mit ihrem religiösen Opportunismus einer alt überlieferten Tradition huldigen? Der albanische Nationalheld Skanderbeg, der im fünfzehnten Jahrhundert die osmanische Übermacht zwanzig Jahre lang in Schach hielt, hatte zweimal seinen Glauben gewechselt. Sein Vater Gjon Kastriotis war ihm da aber um einiges voraus gewesen; als Vasall von Venedig bezeichnete er sich als römischer Katholik, als Verbündeter der Serben trat er zur griechischen Orthodoxie über; als Alliierter des Sultans Mehmet II. bekannte er sich zum Islam. Am Ende starb er – mit der Handelsmacht Venedig versöhnt – wieder als guter katholischer Christ.

Da hat uns also im Büro des »UÇK-Generals« unter der Adlerfahne Skanderbegs – der Name leitet sich von Alexander dem Großen, auf türkisch Iskander, ab – die Geschichte des Osmanischen Reiches auf Umwegen eingeholt. An die Balkan-Ambitionen der russischen Zaren und den brisanten Vorstoß des russischen Heeres bis an den Stadtrand von Konstantinopel im Jahr 1877 werden die Albaner durch das frisch eingetroffene Truppenkontingent Boris Jelzins erinnert. Nachdem ein Fallschirmjäger-Bataillon der Moskowiter den Flugplatz von Priština noch vor Eintreffen der britischen KFOR-Truppe im Handstreich besetzt hatte, werden jetzt russische Kontingente auf den deutschen, den amerikanischen und den französischen Sektor verteilt. Diese Präsenz erscheint Sadik Halihaj unerträglich. »Die Russen waren von Anfang an die Verbündeten Belgrads. Zahlreiche ihrer Freiwilligen haben im Kosovo auf seiten der Serben gekämpft. Ich habe selbst die Funksprüche ihrer Offiziere abgelauscht«, behauptet er. Diese unerwünschten Friedenswächter und Unruhestifter von der Moskwa sollten auf der Hut sein. Die Kosovaren würden sie als Feinde behandeln, und die Gewehre könnten von selbst losgehen.

# »Madeleine Albright's War«

*Orahovac, im Juli 1999*

Die Entfernungen sind gering innerhalb des Kosovo. Auf einer normalen Europakarte ist das Territorium ja kaum auszumachen. Die längste Distanz von einem Winkel des Amselfeldes zum anderen mißt höchstens 200 Kilometer Luftlinie. Für keine Strecke braucht man mehr als drei Autostunden. In den zehn Tagen meiner Recherche habe ich zwischen dem mazedonischen Grenzübergang und der Stadt Prizren, zwischen Djakovica und Peć, zwischen Mitrovica und Priština mit zahlreichen Abstechern in alle Himmelsrichtungen wohl sämtliche nennenswerten Punkte aufgesucht. Bei diesen Erkundungen habe ich nur drei von NATO-Bomben zerstörte Brücken entdeckt, deren Umleitung leicht zu bewältigen war. Die serbische Armee war Meister in der Tarnung. Die Betondecken der Brücken waren mit verschiedenen Farbmustern unkenntlich gemacht, und zur Irreführung der in vorsichtiger Höhe von fast 5000 Metern operierenden NATO-Piloten wurden Stanniol-Streifen gespannt, die einen Flußübergang vortäuschten. Die Straßen befinden sich durchweg in einem passablen Zustand und lassen sich weit besser befahren als die qualvollen Marterstrecken in der Republik Albanien. Nur in den Siedlungen haben die Ketten erst der jugoslawischen, dann der NATO-Panzer tiefe Schlaglöcher hinterlassen. Der vielgerühmte Luftkrieg der Atlantischen Allianz war ein Flop. Zwar wurden die Kasernen der jugoslawischen Armee, die Quartiere der serbischen Sonderpolizei häufig mit erstaunlicher Präzision vernichtet, aber das waren symbolische Gesten. Die Mannschaften waren doch längst evakuiert und aufs Land verteilt.

Die Phantasieangaben über Hunderte vernichteter Panzer, die NATO-Sprecher Jamie Shea triumphierend in Brüssel verkündete, waren erstunken und erlogen. Nach nüchterner Überprüfung wurden durch amerikanische Sprengeinwirkung dreizehn serbische Tanks geknackt, und darunter sollen sich noch ein paar »armoured personal carriers« befunden haben. Slobodan Milošević hegte bestimmt nicht die Absicht, einen Luftkrieg gegen die US Air Force zu führen, aber nicht einmal seine veralteten MIGs, die teilweise in unterirdischen Bunkern bei Priština geparkt waren, wurden ausgeschaltet. Der Chef-Propagandist der NATO – man sah den ihm zugeordneten Militärsprechern die Peinlichkeit geradezu an – hat die Höhe der serbischen Mannschaftsverluste mit dem Ausdruck tiefer Befriedigung auf ungefähr 10 000 Soldaten beziffert. Die tatsächlichen Ausfälle der Jugoslawen betrugen nur einen Bruchteil dieses »body count«. Trotz aufmerksamster Beobachtungen habe ich nur vier- oder fünfmal am Waldrand oder an Böschungen erfolgreiche Treffer in Verteidigungsstellungen der Serben entdecken können. Da hatten die B-52-Geschwader vor dreißig Jahren im Vietnam-Krieg präzisere Arbeit geleistet.

Die Apache-Hubschrauber, die nie zum Einsatz kamen, haben sich blamiert, und die legendären B-2-Ungeheuer haben wohl auch die hohen Erwartungen nicht erfüllt, die das Pentagon in sie gesetzt hatte. Hingegen hat es unter der albanischen Bevölkerung des Kosovo zweifellos erhebliche »Kollateral-Schäden« gegeben, so lautet ja der abscheuliche Ausdruck, über die kaum berichtet wurde. Die mörderischen »Cluster-Bombs« ihrerseits, die heute in den Wäldern und Fluren des Amselfeldes eine größere Gefahr darstellen als die weitverstreuten Minenfelder, sind zu einem Drittel überhaupt nicht explodiert. So war die Überraschung groß, als nach Abschluß des Waffenstillstands- und Räumungsabkommens eine fast intakte, keineswegs demoralisierte serbische Armee mit starken Panzerverbänden und beachtlichem Troß in Richtung auf die heimische Grenze abrückte. Sie fühlte sich »im Felde unbesiegt«. Die Auswirkungen dieses Luftkrieges – gemessen an der Zahl der »sorties« – waren unbefriedigend. Einen zukunftweisenden Charakter für künftige Feldzüge besitzt diese als technologische Wunderkombination gepriesene Aktion von Air Force und Navy jedenfalls nicht. General Wesley Clark, dessen Ansehen und Beliebtheit sich bei den Verbündeten in Maßen hielt, ist zum Protagonisten einer verfehlten Strategie geworden. Das ungeheure kriegerische Potential der USA hat im Hinblick auf kommende Konflikte flagrante Schwächen zu erkennen gegeben. In Peking und Moskau, in Pjönjang und Teheran werden bereits die Konsequenzen daraus gezogen. Nach 77 Tagen dieses kolossalen Materialaufwandes einen balkanischen Zwergstaat von zehn Millionen Menschen zum Einlenken veranlaßt zu haben, der seit zehn Jahren von allen Seiten boykottiert und durch drei Kriege ausgelaugt wurde, kann wahrhaftig nicht als Ruhmestat gelten. Da wurde kein Sieg erfochten, zumal die großspurig angekündigte humanitäre Erlösung der gepeinigten albanischen Zivilbevölkerung vielerorts ins Gegenteil verkehrt und ihr Elend noch vermehrt wurde.

*

Die Voraus-Abteilung der Russen im deutschen Kosovo-Sektor ist nahe dem Dorf Mališevo in den weitverstreuten Gebäuden einer Weinkelterei untergebracht, vermutlich ein Genossenschaftsbetrieb. Das Panorama ringsum ist lieblich. Die Bauern bringen die Heuernte ein, als ob sie nie von Minengefahr gehört hätten. Die Hügel sind mit Rebstöcken bepflanzt. Die Weinernte dürfte gut sein nach diesem heißen Sommer. Auch der Mais steht in dichtem Dunkelgrün. Nur die Getreidesaat ist nicht aufgegangen. Die Kornfelder verkümmern und versteppen in Windeseile. Fast alle Dörfer, an denen wir uns vorbeiwinden, tragen die Spuren barbarischer Verwüstung. Etwa ein Drittel der Behausungen und Gehöfte dürfte von Brandstiftern heimgesucht worden sein. Aber nur selten handelt es sich um Totalschäden. Die Kosovaren hatten in den vergangenen Jahren eine bemerkenswerte Bautätigkeit entfaltet. Die zwei- bis dreistöckigen Ziegelhäuser waren in Windeseile aus dem Boden geschossen. Die meisten Wände wurden nicht verputzt, weil angeblich keine Immobiliensteuer bezahlt werden mußte, solange die Fassade unvollendet blieb. Da das Mobiliar oft bescheiden oder durch Plünderungen ausgeräumt war, haben die Flammen in vielen Fällen nur begrenzte Nahrung gefunden. Mit erstaunlicher Unverdrossenheit und Energie sind die Albaner dabei, ihre Wohnstätten wiederherzustellen, und das ist ihnen hoch anzurechnen. Noch vor Einbruch des Winters dürften viele Mauern repariert, die Fenster ersetzt, die roten Dächer neu gedeckt sein. So total, wie die NATO-Propagandisten von Brüssel sie geschildert haben, war die Vernichtung ja nicht gwesen.

Wenn die Balken noch glühen und Brandgeruch aus den Ruinen drängt, kann man davon ausgehen, daß es sich hier um ein serbisches Dorf handelt, das nach der Befreiung des Kosovo der Vergeltung der Skipetaren anheimfiel. In vielen Ortschaften sind auch die Moscheen schwer beschädigt. Aber sie wurden nicht dem Erdboden gleichgemacht, wie das in Bosnien üblich war, wenn Serben oder Kroaten ihren Haß gegen die Muslimani austobten. Auch orthodoxe Kirchen sind inzwischen geplündert und eingeäschert worden, wenn sie nicht – aufgrund ihres künstlerischen Wertes – rechtzeitig von KFOR-Soldaten geschützt wurden. Der Sadismus der serbischen Irregulären und der jugoslawischen Sonderpolizei hat sich im Kosovo voll entfaltet. Es werden noch zahlreiche Massengräber ermordeter und verstümmelter Kosovaren entdeckt werden, und dennoch wirken das Grauen, die Trostlosigkeit auf dem Amselfeld weniger beklemmend als seinerzeit in Bosnien-Herzegowina, in der sogenannten Krajina oder in Slavonien. Ich sehe keinen Anlaß, meine Feststellung zu revidieren, daß es auf dem Balkan keine Guten und keine Bösen gibt – keine »good guys or bad guys« sondern nur Starke und Schwache – und wehe den Schwachen!

Die Russen befinden sich offensichtlich in einer höchst unkomfortablen Situation inmitten der ihnen zugewiesenen Rebenhänge. Die Kelterei liegt ziemlich exponiert, und die Soldaten haben sich nicht ausreichend mit Drahtverhau und Sandsack-Bunkern gegen die feindliche Umgebung abgeschirmt. Wenn die russischen BTR-Radpanzer durch die Dörfer rollen, werden sie nicht von den Kindern mit freudigem Winken begrüßt wie bislang die übrigen KFOR-Kontingente. Sie werden mit Steinen beworfen, und man pfeift ihnen nach. Ihr Bataillonskommandant hat die Deutschen wissen lassen, daß er sich durch die UÇK-Freischärler bedroht fühlt. Es ist fast ein Wunder, daß es noch zu keinem ernsthaften Zwischenfall kam. Mit dem Wachposten, der lässig am Eingang des Weingutes gammelt, läßt sich kein Kontakt herstellen. Ein paar seiner Kameraden treten hinzu. Es handelt sich um eine Eliteeinheit, das erkenne ich am Fallschirmabzeichen, den blau-weiß gestreiften Trikots der »Spetznaz« sowie am blauen Barett. Aber die Russen stehen hier fast ebenso verloren und verwahrlost herum wie seinerzeit im kaukasischen Grosny, als sie den Abfall der Autonomen Republik Tschetschenien nicht verhindern konnten. Schließlich kommt ein russischer Major in Begleitung holländischer Offiziere, denen er logistisch zugeteilt ist. Man versteht, daß er in dieser Situation keine Erklärungen abgeben will. Ein baumlanger russischer Hauptmann, der viele Jahre in der DDR Dienst getan hat, entschuldigt sich auf deutsch für diese Schweigsamkeit. »Bei Ihrem nächsten Besuch wird der ›Genosse Major‹ gesprächiger sein«, verspricht er. Seinen »lapsus linguae« hat er gar nicht bemerkt.

In südlicher Richtung streben wir dem Städtchen Orahovac zu. Die Straßensperren und Kontrollen werden hier gemeinsam von niederländischen Artilleristen und deutschen Panzergrenadieren vorgenommen. Sie kooperieren absolut reibungslos. Im Hintergrund signalisiert die rote Fahne mit dem Adler das Quartier der örtlichen UÇK-Truppe. Wie schnell man sich an die verbrannten Mauern und die verkohlten Balken gewöhnt! Orahovac wurde von der serbischen Raserei besonders hart getroffen, denn hier hatte im Juli 1998 der erste bewaffnete Aufstand um sich gegriffen. Der zentrale Marktplatz ist jedoch relativ unberührt, und nur das Minarett ist nach einem Granattreffer geborsten. Die Holländer haben hier buchstäblich schweres Geschütz aufgefahren. Die 109-Millimeter-Kanonen sind auf wuchtig gepanzerten Raupenlafetten montiert.

Die Uniform der Niederländer – sie stecken in den üblichen Tarnanzügen und »Flak-Jackets« wie alle anderen – unterscheiden sich durch eine originelle und lustig wirkende Kopfbedeckung. Sie tragen ein dunkelblaues Schiffchen mit gelben Streifen und einer gelben Troddel, die ihnen in die Stirn hängt. Uns fällt eine hübsche Soldatin auf, die – auf einem Kanonen-Ungeheuer sitzend – ihren Helm ablegt, so daß die blonden Haare dieser Walküre auf die Schultern fallen. Dann stülpt sie sich das blaue Schiffchen mit der Troddel über, und auf einmal wird ein »Funken-Mariechen« daraus.

Das Dorf Velika Hoča ist unser nächstes Ziel. Die Landschaft zu beiden Seiten der Asphaltstraße wirkt weithin lieblich, fast idyllisch. Auf den Wiesen weiden zahlreiche Kühe, als seien auch sie gegen Minen gefeit. Jenseits der Hügel zeichnen sich im Süden die albanischen Alpen in blauen Konturen ab. Auf einigen Gipfeln haben dort noch Schneefetzen der Sommersonne standgehalten.

Plötzlich überkommt uns ein Gefühl des Unheils. Die Einwohner von Orahovac hatten uns auf die Massengräber ermordeter Albaner aufmerksam gemacht, die im Umkreis ihrer Stadt besonders zahlreich sind. Sie wollten uns zu menschlichen Knochenresten am Wegrand führen. Die Hunde waren über die oberflächlich verscharrten Leichen hergefallen. Aber ich habe nie einen Hang zur Nekrophilie empfunden, und Kriegsopfer habe ich in meinem Leben mehr als genug gesehen. Es berührt mich auch jedesmal unangenehm, wenn deutsche Minister, die zu einem Blitzbesuch im Kosovo einreisen, mit weißen Büßerhemden angetan, das Elend der Welt anklagen, statt bei solchen Anlässen die wahre, unerbittliche Natur der »conditio humana« zur

Kenntnis zu nehmen. Aber damit vollzögen sie ja bereits einen Schritt in Richtung auf eine dem Zeitgeist unangemessene Religiosität. Mit der Wahrnehmung des unauslöschlich Bösen würden sie sich dem Urbegriff der Erbsünde nähern.

Das Dorf Velika Hoča, das wir nun erreichen, scheint beinahe ausgestorben. Es ist eine serbische Siedlung von etwa 500 Menschen, und die leben hier in Erwartung des Todes. Die meisten Häuser sind verrammelt, und man kann nur hoffen, daß von Zeit zu Zeit eine niederländische Streife für prekäre Sicherheit sorgt. Ganz in schwarz gekleidet huschen ein paar alte Weiblein über die zentrale Gasse. Dann kommt zu unserer Überraschung auch eine kleine Gruppe serbischer Mädchen, etwa zwanzig Jahre alt, auf uns zu. Sie mustern uns mit ernsten, fast düsteren Blicken. Dabei tragen sie seltsamerweise kurze Röcke, die die langen weißen Beine bis zum Schenkel freigeben, als lauerten nicht ringsum die potentiellen Vergewaltiger.

Am windschiefen Kreuz erkenne ich die Kirche Sveti Stefan, die dem ersten Märtyrer der Christenheit geweiht ist. Ein alter, gebückter Mann schließt uns die Tür zu dem alten Gemäuer auf, das – wie ich erfahren soll – auf das zwölfte Jahrhundert zurückgeht. Im Innern entdecken wir eine sakrale Pracht, die wir in dieser trostlosen Umgebung am wenigsten erwartet hätten. Die Kreuzigungs-Szenen, die byzantinischen Kirchenväter, das Antlitz des Christos Pantokrator sind in rührender Naivität ausgeführt. Diese Gestalten und Symbole des Glaubens sind in ein unwirkliches, für die serbische Kirchenkunst typisches Blau getaucht. Über dreizehn mehr oder minder bescheidene Kirchen aus dem frühen Mittelalter verfügt das Dorf Velika Hoča, das damit bezeugt, daß das Kosovo die Wiege des serbischen Christentums war, ehe es von albanischen Zuzüglern überschwemmt wurde.

Es sind jetzt doch ein paar Männer mittleren Alters zusammengekommen. Einer von ihnen hat im Ruhrgebiet gearbeitet und spricht deutsch. Man merkt diesen Bauern die Furcht, die ständige Wachsamkeit an. Die Gesichter erhellen sich bei der Ankunft von Besuchern, die ihnen das trügerische Gefühl von Sicherheit vermitteln. Wir werden zu einem größeren Anwesen hinter hohen Steinmauern geführt, das sie als Monasterium bezeichnen. Da sitzt wiederum ein Dutzend untätiger Männer um einen Tisch – ratlos und verstört. In ihrer Mitte hat sich ein orthodoxer Geistlicher mit Vollbart und schwarzer Soutane auf einem Diwan ausgestreckt. Er erhebt sich mühselig bei unserer Ankunft.

Sein Gesicht ist grau. Nach ein paar Begrüßungsfloskeln frage ich, warum sie nicht das trockene Wetter nutzen, um auf ihren Feldern und Weinbergen zu arbeiten. »Schon im Dorf fühlen wir uns bedroht, und sobald wir dessen Mauern verlassen, sind wir vollends den Anschlägen der ›Terroristen‹ ausgeliefert«, lautet die Antwort. Die Angst sitzt tief. Vielleicht auch das schlechte Gewissen – denn sie waren ja Zeugen oder gar Komplizen, als die serbischen Mordbanden des Schlächters Arkan gemeinsam mit den paramilitärischen Verbänden und der Sonderpolizei ihre ethnischen Säuberungen vornahmen. »Längst nicht alle Serben im Kosovo haben sich den Albanern gegenüber feindselig benommen«, hatte mir ein UÇK-Mann versichert. »Ja manche hatten sogar ein freundliches Verhältnis zu uns. Aber sie gerieten ihrerseits unter den Druck der Extremisten und mußten Nachteile befürchten, wenn sie den unterdrückten Skipetaren zur Seite standen.«

Es ist ein einsilbiges, schleppendes Gespräch, das wir im Monasterium führen. Der Pope, dessen Sohn vor ein paar Tagen verschleppt wurde, blättert einen dicken, ledergebundenen Band auf, der die Vielzahl der serbischen Kirchen, Klöster und Heiligtümer auf dem Amselfeld sorgfältig aufführt. »Wir sind in diesem Land zu Hause«, betont der orthodoxe Geistliche. »Gewiß wäre es klüger, nach Serbien zu fliehen und einen schützenden Transport der KFOR anzufordern. Aber wir wurzeln doch in unserer heiligen Erde.«

Ein junger Mann mit hellblondem Haar hat eine dickbäuchige Flasche Rotwein gebracht, und jedem von uns wird ein Glas ausgeschenkt. Der Wein ist warm, aber mundet recht gut. Auch Raki wird gereicht, den wir wegen der Hitze dankend ablehnen. Beim Abschied kann ich dem verlorenen Häuflein nur Gottes Segen wünschen.

Etwa 2000 Serben leben angeblich noch im Raum von Orahovac verstreut. Wer in den europäischen Kanzleien und internationalen Organisationen von einem multi-ethnischen Zusammenleben im Kosovo redet und die versprengten Reste der slawischen Minderheit zum Ausharren auffordert, der sollte einmal einen Abstecher nach Velika Hoča machen. Wenige Tage später sollte das Massaker von Gračko, einem Dorf südlich von Priština, wo vierzehn Serben bei der Feldarbeit systematisch abgeknallt wurden, das Gorgonenhaupt des unversöhnlich anhaltenden Völkerhasses vor der Weltöffentlichkeit enthüllen. Dabei kann den im Sektor von Gračko und Lipljan zuständigen Engländern nicht einmal der Vorwurf mangelnder Wachsamkeit gemacht werden. Beim Passieren dieses Abschnitts kurz vor der Bluttat findet gerade eine besonders scharfe Waffen- und Personalkontrolle durch die Gurkhas Ihrer Britischen Majestät statt. Die nepalesischen Elite-Soldaten aus dem Himalaja, die den Verkehr mit undurchdringlichen Bronzegesichtern zum Stehen bringen, verstehen keinen Spaß, üben keine Nachsicht bei der Ausübung ihres Dienstes.

\*

Für die »Kosovo-Befreiungsarmee« besitzt Orahovac eine hohe symbolische Bedeutung. In den vergangenen Tagen mußten die holländischen Artilleristen immer wieder albanische Kundgebungen zerstreuen, die sich gegen die Präsenz der Russen richteten. Vor allem aufgewiegelte Kinderscharen stimmten Protestchöre an und schwenkten anklagende Plakate: »Russians are the same as Serbs« war da zu lesen. Als einmal der Tumult auszuufern drohte, hat der verantwortliche niederländische Rittmeister einem deutschen Leopardpanzer, der ihm unterstand, den Befehl erteilt, zur Warnung drei Granaten blindlings abzufeuern. Der gewaltige Explosionslärm sorgte für Ernüchterung.

Wenige Stunden vor unserem Abstecher nach Orahovac hatte auch der UÇK-»Regierungschef« Hashim Thaçi der Stadt einen offiziellen Besuch abgestattet. Er beging den ersten Jahrestag des bewaffneten Aufstandes der Kosovaren gegen die serbische Zwangsherrschaft. An dieser Stelle begann jener Kleinkrieg zwischen jugoslawischen Streitkräften und albanischen Freischärlern, dessen nüchterne Analyse bei der Flut der Berichterstattung über Flüchtlinge und Leichen in den westlichen Medien viel zu kurz gekommen ist. Bei den Briefings der NATO, wo Spokesman Jamie Shea ein paar ihm ergebene deutsche Korrespondenten damit erheiterte, daß er eine einsame serbische Journalistin namens Savić als »Mrs. Savage« apostrophierte, ist die Genesis dieses Konfliktes ohnehin stets im dunkeln geblieben.

Von den deutschen Stabsoffizieren in Tetovo und Prizren, aber auch bei den echten Widerstandskämpfern der UÇK kann man erfahren, wie das Räderwerk von Aufstand und Repression in Gang kam. Die militärischen Anführer der UÇK – ganz wenige von ihnen hatten als Offiziere oder Unteroffiziere der jugoslawischen Volksarmee das Kriegshandwerk erlernt – waren von amerikanischen und britischen »Advisers« in Schnellkursen für die Guerilla ausgebildet und ins Feld geschickt worden. Das Ergebnis war dementsprechend. Wieder einmal waren die Grundregeln des Partisanenkrieges, wie Mao Zedong sie kodifizierte, sträflich vernachlässigt worden. Erste Phase: Überfälle und Anschläge auf isolierte Posten oder Konvois des Gegners, eine »hit and run«-Taktik; zweite Phase: Die Schaffung abgelegener, ländlicher Réduits, in denen die Aufständischen sich konsolidieren und auf die sie sich notfalls zurückziehen können; dritte Phase Eroberung kleiner, dann – soweit möglich und sinnvoll – auch größerer Ortschaften.

Mitte Juli 1998 – so lautet die albanische Version – sollte die Befreiungsaktion der UÇK mit einem Paukenschlag beginnen, mit dem Überfall auf das Städtchen Orahovac und der Vernichtung der dortigen serbischen Garnison. Zur gleichen Zeit sickerten sechzig UÇK-Partisanen südwestlich von Orahovac und nahe der albanischen Grenze in Djakovica ein und verwickelten die serbischen Streitkräfte in Stärke von 250 Mann in heftige Schießereien. Der Spuk dauerte nicht lange. Das erdrückende Übergewicht der Jugoslawen, die in jahrelangen Kämpfen um Bosnien und Slavonien gehärtet waren, ließ den Kosovaren keine Chance. Doch Hashim Thaçi und seine Gefährten hatten immerhin erreicht, daß das von »Präsident« Rugova mit Belgrad diskret vereinbarte Stillhalte-Abkommen zusammenbrach, daß dieser zusätzliche Balkan-Konflikt, der nur auf die brennende Lunte wartete, nun auch auf dem Amselfeld explodierte. In den folgenden sieben Monaten, so vermelden die deutschen G-2-Offiziere, bewegten sich die Auseinandersetzungen zwischen UÇK und Serben auf »vergleichsweise niedrigem Niveau«. Paramilitärische Verbände – an ihrer Spitze die berüchtigten »Tiger« des Kriminellen Arkan und die »Adler« des Ultra-Nationalisten Šešelj – verübten schon in dieser Anfangsphase mörderische Überfälle auf die albanische Zivilbevölkerung. Die reguläre jugoslawische Armee hielt sich abseits. Mit dem Scheitern der Verhandlungen von Rambouillet Mitte Februar 1999 uferten die Zusammenstöße plötzlich aus.

Über die geheimen Hintergründe kann zur Zeit nur spekuliert werden, aber schon sehr früh hatte Richard Holbrooke, der damalige Balkan-Emissär Washingtons, enge Kontakte zur UÇK aufgenommen. Diese wurden nunmehr offizialisiert. Die Hoffnung der CIA, die Freischärler der »Kosovo-Befreiungsarmee« könnten den Serben ernsthaft zusetzen, zerplatzte jedoch. Es bedurfte gar nicht des massiven Eingreifens der jugoslawischen Heeresverbände. Die Polizei des serbischen Innenministeriums verdrängte die UÇK-Kämpfer aus ihren unzureichend gesicherten Schlupfwinkeln in der Nordregion Shala-Lap. Noch behaupteten sie sich in den Cicavica-Bergen westlich der

Straße, die von Priština nach Mitrovica führt. Doch Anfang März 1999 griff die jugoslawische Volksarmee zum ersten Mal aktiv ein, und das Schicksal des albanischen Widerstandes schien besiegelt. In Washington drängte nun die »Kriegspartei« auf Eingreifen der NATO. Unter den treibenden Kräften befand sich die amerikanische Außenministerin – »Madeleine Albright's War« lautete der Titel eines großen New Yorker Magazins –, während das Pentagon eher Zurückhaltung empfahl. Die Europäer ihrerseits blickten besorgt auf diesen neuen Regionalkonflikt in ihrer unmittelbaren Nachbarschaft, dem sie ohne amerikanische Koordination und ohne entscheidende amerikanische Mitwirkung gar nicht beikommen konnten. Die OSZE-Beobachter, die im Kosovo stationiert waren und eine gewisse Gewähr gegen systematische serbische Grausamkeit und vor allem gegen massive Bevölkerungsvertreibungen bieten sollten, wurden am 20. März überstürzt abgezogen. Vier Tage später begann die NATO-Luftoperation »Allied Force«. In Washington und in Brüssel war man davon ausgegangen, daß der jugoslawische Präsident Slobodan Milošević, der Hauptverantwortliche für die unerträglichen Zustände auf dem Amselfeld, nach vier oder fünf Tagen eines Bombenkrieges, der auch die industriellen Zielobjekte im serbischen Kernland nicht verschonte, in die Knie gehen würde.

Die Serben hatten ihrerseits das Unternehmen »Patkova« oder »Hufeisen« in Gang gesetzt. Die albanischen Widerständler wurden von Dorf zu Dorf gejagt und in den Grenzraum mit Albanien abgedrängt. Gleichzeitig mit dieser militärischen Auskämmung kam es auch – durch Drohung und Terror – zur Zwangsvertreibung von rund 600 000 kosovarischen Zivilisten nach Mazedonien, Albanien oder Montenegro. Neben dem verzweifelten Versuch der serbischen Chauvinisten, durch dieses brutale Vorgehen das Amselfeld, das Herzland ihrer völkischen Geschichte, für sich zu behaupten, ging es bei dieser »ethnischen Säuberung« für die militärische Führung wohl auch darum, der feindlichen Partisanentruppe das sympathisierende und schützende Umfeld der albanischen Bevölkerung zu entziehen. Wenn der Untergrundkämpfer sich – laut Mao Zedong – in einem solidarischen Umfeld bewegen muß wie »der Fisch im Wasser«, so galt es im Kosovo, dem Fisch dieses Lebenselement abzugraben und ihn im Trocknen zappeln zu lassen.

Die Weltöffentlichkeit entrüstete sich zu Recht über das Elend und die systematische Mißhandlung der wehrlosen albanischen Bevölkerung. Der Luftkrieg, der sich wider Erwarten elf Wochen in die Länge zog, fand darin seine humanitäre und moralische Rechtfertigung. Die Fernsehbilder erschöpfter Frauen und Kinder an den Grenzübergängen und in den Auffanglagern erlaubten es der pazifistisch gestimmten rot-grünen Regierung Deutschlands, den »bellum iustum«, den gerechten Krieg, zu proklamieren und die breite Öffentlichkeit hinter sich zu bringen. Die Frage bleibt dennoch erlaubt, wieviel Hunderttausende Deutsche zu Protest- und Friedensmärschen auf die Straße gegangen wären, wenn an Stelle des Trios Schröder – Scharping – Fischer die frühere Mannschaft Kohl – Rühe – Kinkel die Entscheidung zur deutschen Kampfbeteiligung auf dem Balkan getroffen hätte.

## Derwische gegen den Sultan

*Prizren, im Juli 1999*

Die Textilfabrik, in der das deutsche Hauptquartier von Prizren untergebracht ist, wurde häufig in Reportagen erwähnt. Bemerkenswert ist die Stimmung im dortigen Offizierskorps. Seit dem Kosovo-Einsatz hat die Bundeswehr Selbstbewußtsein gewonnen, fühlt sich zum ersten Mal als integrierender und voll anerkannter Bestandteil von Staat und Gesellschaft. Die Tatsache, daß plötzlich eine Koalition von Sozialdemokraten und Grünen auf die früher oft geschmähten oder beargwöhnten Soldaten angewiesen war, ist ein Glücksfall für eine nationale Identitätsfindung, die längst fällig war. Der töricht provokative Tucholsky-Spruch oder der Slogan »Frieden schaffen ohne Waffen« ist nun auch bei der stets zur Anpassung, stets zum Verrat von früheren Überzeugungen neigenden Links-Intelligenzia außer Mode gekommen. Jetzt werden deutsche Politiker, die zur Truppe am Amselfeld aufbrechen, von den Segenswünschen der »fortschrittlichen Denker« begleitet. Auf französisch nannte man das von jeher »la trahison des clercs«.

Es herrscht große Nüchternheit beim Stab von Prizren. Eine ähnliche Geisteslage hatte ich auch bei General Helmut Harff in Tetovo vorgefunden. Das Verhältnis zu den amerikanischen Partnern ist nicht überschwenglich. Die Erkundungen seiner hochperfektionierten Spionage-Satelliten hat General Wesley Clark außer den Briten den übrigen Alliierten allenfalls in Bruchstücken übermittelt. Es gibt innerhalb des Bündnisses immer noch einen exklusiven angelsächsischen Club, wenn dessen Zusammenhalt auch durch gelegentliche Spannungen strapaziert wird. Als die ersten russischen Voraus-Elemente überraschend den Flugplatz von Priština besetzten, wollte der amerikanische NATO-Oberbefehlshaber Clark dem britischen KFOR-Kommandeur Michael Jackson befehlen, die Rollbahn durch Hubschrauber gegen eventuelle Luftlandeverstärkungen der Russen zu blockieren. Der Engländer hatte mit einer schroffen Weigerung geantwortet; er wolle wegen des Kosovo keinen dritten Weltkrieg riskieren.

Warum die Ergebnisse der Bombardierung so kläglich hinter den Erwartungen zurückblieben, darüber wird heute noch diskutiert. »Selbst mit unseren deutschen ›Drohnen‹ hätten wir den Amerikanern eine ganze Serie lohnender militärischer Ziele auf serbischer Seite angeben können«, habe ich in Tetovo vernommen. Aber bei den »Cowboys« aus USA – wie sie genannt werden – stößt man allzu oft auf ein Gemisch aus Arroganz und schlechtem Benehmen, das nur selten durch sachliche Kompetenz aufgewogen wird. In Bündniskreisen war von einer politischen »Clark-Mafia« die Rede. Die Mißstimmung dürfte an die Ohren des US Secretary of Defense William Cohen gedrungen sein, der seinen eigenen NATO-Oberbefehlshaber inzwischen Knall auf Fall entlassen hat. Als der Bombenkrieg sich immer länger hinauszog, ohne daß in Belgrad die weiße Fahne gehißt wurde, und General Clark immer mehr Kampfflugzeuge anforderte, um die Vernichtung der serbischen Infrastruktur zu intensivieren, wurde wohl der eine oder andere Vietnam-Veteran an den Präzedenzfall des General Westmoreland erinnert, der angesichts des nicht enden wollenden Vietcong-Widerstandes die Heeresbestände der US Army ins Astronomische steigern wollte.

Die Diskussion um den »Bodenkrieg«, jene Offensive der NATO-Landstreitkräfte, die angeblich geplant war, um Milošević den Todesstoß zu versetzen, ist immer noch nicht verstummt. Die deutsche Regierung hat sich mit Rücksicht auf den kritischen Zustand ihrer beiden Koalitionsparteien nachdrücklich dieser fatalen Option widersetzt. Es gab für die Verweigerung ebenso zwingende Gründe der Strategie. Für einen solchen Einsatz fehlte es den NATO-Kontingenten, die in Nord-Albanien und Nord-Mazedonien zusammengezogen wurden, an Mannschaftsstärke und Reserven. Eine Erhöhung der Interventionskräfte auf 150 000 bis 200 000 Mann, wie sie von den Experten verlangt wurde, war überhaupt nicht realisierbar, zumal in den modernen, mit High-Tech ausgestatteten Armeen von zehn Soldaten oft nur einer für den unmittelbaren Fronteinsatz in Frage kommt.

Für die Verlagerung einer angemessenen Streitmacht in Feindesnähe waren im unentbehrlichen albanischen Hinterland überhaupt keine brauchbaren Straßen vorhanden. Die Drohgebärden des NATO-Generalsekretärs Javier Solana oder des britischen Premierministers Tony Blair, man müsse dem Diktator von Belgrad mit der geballten Faust eines alliierten Panzer- und Infanterie-Vorstoßes zu Leibe rücken, entbehrten jeder Glaubwürdigkeit. Angeblich ist Milošević durch die Perspektive einer solchen Aktion zum Einlenken und zur Annahme der alliierten Bedingungen bewogen worden. Doch auch in Belgrad wußte man, daß sich die Infrastruktur im albanischen Aufmarschgebiet in einem unbeschreiblichen Zustand befand und jeder Zusammenballung von Menschen oder schwerem Material effizienter entgegenwirkte als eine Armee von Partisanen. Im übrigen hätten die jugoslawischen Pioniere – nördlich der mazedonischen und albanischen Grenzübergänge – all jene Brücken, die die US Air Force verschont oder verfehlt hatte, rechtzeitig gesprengt.

Es bedarf keiner großen Erfahrung, um die Schluchten in diesem Übergangsgebiet, die undurchdringliche Macchia, die abrupten Steilhänge als ideales Verteidigungsterrain zu identifizieren. Die Kampfflugzeuge der Atlantischen Allianz, die bislang im vorsichtigen Abstand von 5000 Metern über das Kosovo düsten, hätten gezielte Attacken im Tiefflug vornehmen müssen, wären verwundbar geworden, ganz zu schweigen von jenen legendären Apache-Helikoptern, die offenbar nichts so sehr fürchteten wie die Wirkung der jugoslawischen Boden-Luft-Raketen. Die Mindestverluste der NATO an Infanterie und Panzertruppe im Verlauf einer solchen Boden-Offensive wurden auf 5000 Tote geschätzt, ein Aderlaß, auf den die westliche Öffentlichkeit mit einem Aufschrei des Entsetzens reagiert hätte. Gemessen an solchem Gemetzel wäre Otto von Bismarck nachträglich als »Peacenik« erschienen mit seiner Aussage, daß der ganze Balkan nicht die Knochen eines einzigen pommerschen Grenadiers wert sei. Kurzum, von einem terrestrischen Vorrücken geballter NATO-Kolonnen konnte nie ernsthaft die Rede sein. Die serbische Heeresführung war darüber wohl voll informiert. Es stimmt deshalb bedenklich, daß der entschlossenste Befürworter dieses neuen »Gallipoli«-Abenteuers, der britische Verteidigungsminister Robertson, inzwischen zum Generalsekretär der NATO avancierte.

Zum gleichen Zeitpunkt zeichnete sich in der nord-albanischen Grenzzone rund um den Flecken Bajram Curri die Vorbereitung eines dubiosen Stellvertreter-Krieges ab. Die amerikanische Central Intelligence Agency – in Zusammenarbeit mit den eigenen »Special Forces«, mit den bewährten Profis des britischen S.A.S. und, wie gewisse Nachrichtendienste versichern, Sonderinstrukteuren aus der Islamischen Republik Iran – bildete dort in aller Eile und in hartem Training eine UÇK-Armee aus, die noch vor Einbruch des herbstlichen Witterungsumschlags gegen die serbischen Stellungen anstürmen und sie mit Hilfe von alliierter Luftunterstützung durchbrechen sollte, ein Himmelfahrtskommando. Erste Scharmützel wurden bereits gemeldet. Die jugoslawische Armee, so spekulierte man, hätte sich bei der Abwehr dieser Überfälle durch ihr Gegenfeuer decouvrieren müssen. Zwei serbische Bataillone seien durch Cluster-Bomben bereits zerfetzt worden, meldete der Propaganda-Apparat von Brüssel. Die UÇK-Kämpfer waren da besser informiert, litten unter unzureichender Ausbildung und mangelndem Zusammenhalt.

Eine Vielzahl von Exil-Albanern, die ihrer oft mafiösen Tätigkeit in Deutschland, in der Schweiz oder in Frankreich den Rücken gekehrt hatten, um wacker fürs Vaterland zu streiten, wurden Seite an Seite mit bäuerlichen Analphabeten ins Feuer geschickt. In der Gegend von Bajram Curri befand man sich in einem Territorium, das ein normaler Mensch schon in ruhigen Zeiten nicht aufsuchte, so ihm an seinem Leben und seinem Gut gelegen war. Seit Generationen meuchelten sich dort verfeindete Klans, übten Blutrache gemäß eines skipetarischen Ehrenkodex oder »Kanun«, der vor keiner Grausamkeit zurückschreckt. Kurzum, die UÇK-Freiwilligen – wie so viele »Proxies« vor ihnen – sollten mit dem Segen der NATO verheizt werden. Nach den ersten schweren Verlusten wurden sie sich dessen auch bewußt. Sie waren oft mit prahlerischer Entschlossenheit ins Feld gezogen, aber über den angeborenen kriegerischen Instinkt der Tschetschenen, die die Russen im Kaukasus das Fürchten lehrten, verfügten sie wohl nicht.

Am späten Abend treffe ich mit General Fritz von Korff an seinem Konferenztisch zusammen. Er lädt mich ein, sein Abendessen zu teilen. Er begnügt sich mit trockenen Wurstbrötchen und Mineralwasser. In der Ecke steht – einfacher geht es nicht – sein Feldbett. Der wortkarge, grauhaarige Kommandeur legt wert auf strikte Disziplin in seiner Umgebung, auf spartanischen Lebensstil und auf preußische Tugenden, so scheint es. Er gefällt mir im Rückblick besser als der allzu eloquente französische General Philippe Morillon, der im Herbst 1992 auf dem Höhepunkt der Schlacht um Sarajevo in einer hellerleuchteten Villa residierte und einen eigenen Koch angestellt hatte, um seine Gäste kulinarisch zu bewirten.

*

Von der Türkei haben wir uns weit entfernt, mag der Leser einwenden. Aber man täusche sich nicht. Auf dem Balkan läßt einen die osmanische Vergangenheit nicht los. Da höre ich noch meinen Meister Mustafa aus Köln, der mir zum Thema Landoffensive im Kosovo gesagt hatte: »Für einen solchen Einsatz in schwierigem Gelände – ähnlich wie in den Bergen Kurdistans –, unter Inkaufnahme schmerzlicher Verluste, taugt doch nur noch eine Armee innerhalb der Atlantischen Allianz; das sind die Türken. Wenn sie sich nicht stärker in den Vordergrund gedrängt haben, so liegen da spezifische Gründe vor, die mit Südost-Anatolien zu tun haben und auch mit negativen Erfahrungen aus der langen Sultansherrschaft über Albaner und Serben.«

Gemeinsam mit Rami habe ich im Abendgewühl von Prizren nach jenem Haus gesucht, in dem die erste skipetarische Unabhängigkeitsbewegung, die sogenannte »Liga von Prizren«, zu Beginn des Jahres 1881 eine »provisorische albanische Regierung für die Paschaliks Kosovo und Monastir« proklamieren wollte. Das Gebäude ist von den Serben zerstört worden, aber selbst die Erinnerung an diese historische Stätte scheint sich verflüchtigt zu haben. Die jungen Leute, die sich schon wieder ihrer kollektiven und permanenten Freizeitstimmung hingeben, besitzen wohl keinen Sinn für jene patriotische Aufbruchphase des ausgehenden neunzehnten Jahrhunderts, die unter der Bezeichnung »Rilindja«, das heißt »Wiedergeburt«, einsetzte und heute immerhin als Titel einer UÇK-orientierten Zeitung in Priština weiterlebt. Niemand kann mir den gesuchten Ort zeigen. Mein Begleiter Rami seinerseits steht dem nationalen Aufstand der damaligen Kosovaren gegen den Sultan mit gespaltenen Gefühlen gegenüber. Er trauert dem Osmanischen Reich und der Größe des Kalifats von Istanbul nach. Seine Familie ist wohl teilweise türkischer Abstammung, keine Seltenheit zwischen Skopje und Tetovo. Die UÇK-Partisanen stehen bei ihm ohnehin im Verdacht, vom gottlosen Kommunismus infiziert zu sein. So besitzt er keine präzise Kenntnis der völkischen, gesellschaftlichen, konfessionellen Gegensätze, die vor mehr als hundert Jahren die Auflehnung weiter Teile Albaniens, West-Mazedoniens und vor allem des Kosovo gegen die Herrschaft des Padischah motiviert hatten.

Glücklicherweise war mir im deutschen Hauptquartier von Prizren ein albanischer Dolmetscher zur Verfügung gestellt worden – ein Student der Geschichte –, der sich in diesen schmerzlichen Geburtswehen der »Albanischen Nation« recht gut auskannte. Bakshim hat längere Zeit in Deutschland gelebt. Während des NATO-Krieges hatte er sich – wie viele andere – im Keller seiner Eltern versteckt und überlebt. Von der UÇK hatte er keine hohe Meinung. Aus eigener Familienüberlieferung wußte er, wie es zur Entfremdung zwischen den Albanern, die ja seit ihrem mehrheitlichen Übertritt zum Islam weit und breit als rauhe Krieger des Sultans gefürchtet waren, und dem osmanisch-türkischen Staatswesen gekommen war, nachdem sich die Pforte während der »Tanzimat« des frühen neunzehnten Jahrhunderts westlichen Ideen und Regierungsmethoden geöffnet hatte.

Zu ihrer Glanzzeit hatten die Osmanen eine hochperfektionierte Verwaltungs- und Kataster-Ordnung eingeführt, die den kriegerischen Verdienst-Adel der Sipahi auf Lebenszeit mit großzügigen Pfründen im balkanisch-christlichen Umfeld belohnte, unter der Bedingung, daß die Begünstigten eine genau bemessene Anzahl von Streitern für die permanenten Expansionskriege der Pforte zur Verfügung stellten. Ich hatte mich im Jahr 1994 bei der türkischen Historikerin Melek Delilbaşi von der Universität Ankara, einer resoluten Kemalistin, über das Funktionieren dieses sogenannten »Timar-Systems« informiert, das in seiner Präzision und relativen Toleranz den zur gleichen Zeit im christlichen Abendland vorherrschenden Feudalstrukturen weit überlegen war. Diese Pfründe-Ordnung des »Timar« konnte jedoch nur so lange prosperieren, wie die Ausweitung des osmanischen Herrschaftsbereichs in Südost-Europa fortschritt und immer neue Territorien den wackeren Kriegern des Halbmondes als Bereicherungsanreiz zur Verfügung gestellt werden konnten. In dieser expansiven Phase des Osmanischen Reiches, die in der türkischen Vorstellung dem »Heiligen Krieg« gegen die Ungläubigen gleichgestellt wurde, waren zwecks beschleunigter Heeresverstärkung auch Angehörige des christlichen Schwert-Adels, soweit dieser Begriff bei den Balkan-Völkern Sinn machte, also auch kriegserprobte christliche Stammesführer, als »Timarioten« ausgezeichnet und als Sipahi anerkannt. Voraussetzung dafür war ihre bedingungslose Treue gegenüber dem türkischen Souverän. Frau Delilbaşi zeigte mir in der Universität Ankara anhand eines bewundernswert präzis geführten »Defter« aus dem siebzehnten Jahrhundert, wie gerade in Albanien zahlreiche namentlich aufgeführte »Timarioten« an ihrem Patronym als Christen identifiziert werden konnten. Binnen einer oder spätestens zwei Generationen vollzog sich dann allerdings bei diesen Bevorzugten die endgültige Bekehrung zum Islam, und in Albanien schlossen sich weite Stammesgemeinschaften dem Beispiel ihrer Häuptlinge an.

Unter den Skipetaren kam ein zusätzliches Element für diese Hinwendung zum Halbmond hinzu. Schon damals standen die albanischen Bauern und Hirten unter dem demographischen Druck der ihnen zahlenmäßig überlegenen christlichen Süd-Slawen, von denen sie sich abzukapseln, ja, die sie ihrerseits zu verdrängen suchten. Darüber hinaus wurden sie – solange sie Angehörige der griechisch-orthodoxen Kirche blieben – der byzantinischen, also rein hellenischen Hierarchie unterstellt, jenen Bischöfen und Metropoliten, die durch den Patriarchen von Konstantinopel berufen wurden. Die Auflehnung gegen die »Phanarioten« hat vielleicht eine entscheidende Rolle bei der Entfremdung der Skipetaren von der angestammten Kreuzes-Religion gespielt. Erwähnt werden muß auch die streitbare Veranlagung, die Freude am rauhen Kriegshandwerk, die diese Gebirgsstämme beseelte und aus ihnen – vergleichbar mit den Schweizer Eidgenossen in Westeuropa – die begeisterten und gefürchteten Reisläufer des Sultans und Kalifen machte. Die Angst, die sie damals einflößten, war so groß – wie heute noch in Kairo erzählt wird –, daß die Fähren über den Nil sich fluchtartig leerten, sobald ein albanischer Söldner an Bord kam.

Spätestens im siebzehnten Jahrhundert, so hatte Frau Delilbaşi bedauernd eingestanden, nachdem das osmanische Imperium auf dem Balkan aus der Offensive in die Defensive gedrängt wurde, zerfiel auch das berühmte Pfründensystem des »Timar«. Nach und nach wurden die zeitlich begrenzten »Pribendien« von ihren Nutznießern in hereditären Besitz umgewandelt. Parallel zu dieser Transformation des Landbesitzes in erbliche »Çiftlik« entzogen sich die Sipahi ihren kriegerischen Verpflichtungen gegenüber dem Padischah. Die christlichen Bauern wiederum wurden zu beliebig erpreßbaren Leibeigenen degradiert. Die Raya, die Herde des Sultans, sah sich einer total willkürlichen Steuererhebung ausgesetzt. Mit dem Vordringen der österreichischen Reichsarmee im Westen sowie der von Peter dem Großen neu organisierten russischen Streitkräfte im Osten keimte bei den unterworfenen Dhimmi, den christlichen Schutzbefohlenen, der Wunsch nach Befreiung vom osmanischen Joch. Es begann der lange und blutige Freiheitskampf der christlichen Balkanvölker.

Zu der allmählichen Auflösung des »Timar-« und Sipahi-Systems, so beklagten die türkischen Dozenten im Historischen Institut der Universität Ankara, gesellte sich auch ein Disziplinverfall, ja die Verwilderung der Janitscharen. Aus der bedingungslosen Verfügungstruppe des Sultans war eine meuternde Prätorianer-Garde geworden, die in den Tagen des Zorns als Symbol der Auflehnung gegen den Padischah ihre riesigen Kochtöpfe umstürzte und mit mörderischem Geschrei zum Palast zog.

Daß ich mich an dieser Stelle und im Zusammenhang mit den Albanern mit dem Katastersystem der Osmanen und der Heeresstruktur der Janitscharen befasse, hat seinen guten Grund. Im Jahr 1826 ließ der Sultan bekanntlich ein exemplarisches Gemetzel durch seine inzwischen aufgestellten regulären Regimenter des »Nizam-i-cedid« vornehmen. Damit endete nicht nur die Existenz dieser einst so berühmten und ruhmreichen »Fremdenlegion« des Islam, sondern daraus ergaben sich auch religiöse Konsequenzen. Die Janitscharen waren ja aufs engste mit dem Derwisch-Orden und dem synkretistischen Glaubensgut der Bektaschi verbunden. Auch die Bektaschi gerieten nunmehr in Verruf und wurden von den sunnitischen Koran-Gelehrten der Ungläubigkeit, des »Kufr« und der »Dschahiliya« bezichtigt. Sultan Mahmut II. ließ durch eine Fatwa des Scheikh-ul-Islam sowohl die Janitscharen-Truppe als auch die Bektaschi-Sekte auflösen und enteignete deren Besitz. Das Ganze vollzog sich unter der Bezeichnung: »Heilsamer Vorfall«. So kam es, daß nach 1826 die Bektaschi-Mönche – in Anatolien und Rumelien weitgehend geächtet – ihren Schwerpunkt in das schwer zugängliche Land der Skipetaren verlagerten, wo die Mehrheit der Bevölkerung dem kämpferischen Islam zwar huldigte, aber gegenüber der Rechtgläubigkeit des Kalifen stark abweichende Auffassungen vertrat. Bei den albanischen Söldnern, die sich im letzten Jahrhundert des Osmanischen Reiches als Stütze der Pforte bewährt hatten, fand die Bektaschi-Gemeinde eine neue Heimstatt.

Auf meiner Suche nach verblichenen Spuren osmanischer Präsenz hatte ich den Dolmetscher Bakshim gefragt, ob er mir nicht den Weg zu einem Kloster der Bektaschi in der Nähe von Prizren weisen könne. Es lohne sich nicht, den Ruinen dieser im Gebirge abgelegenen Tekke einen beschwerlichen Besuch abzustatten, sie sei ebenfalls durch die Serben verwüstet worden, wiegelte er ab. Aber er könne mir auf diesem Gebiet auf andere Weise behilflich sein. Er entstamme selbst einer angesehenen Bektaschi-Sippe der westlich gelegenen Stadt Djakovica, wo die »Tarikat« um die letzte Jahrhundertwende einen ihrer Schwerpunkte besaß. Er mache mich auch gern mit seinem Großvater bekannt, der noch als »Baba«, als gehobener Würdenträger dieser seltsamen Gemeinschaft, amtiert habe.

*

Zu später Stunde haben wir uns auf der Hotelterrasse zusammengesetzt. In meinem Zimmer ist ohnehin jede Beleuchtung ausgefallen, und wir blicken auf die Altstadt von Prizren, die sich allmählich leert. Zwei Mitarbeiter eines saudiarabischen Hilfswerkes eilen auf ihre Dienststelle neben dem »Theranda« zu, die mit grünen Flaggen geschmückt ist. In ihren weißen Dischdascha-Nachthemden wirken sie beinahe komisch in dieser Umgebung. Deutsche Soldaten beziehen an beiden Brücken ihre Postenstellung in Erwartung der Sperrstunde um Mitternacht. Mit dem jungen Historiker komme ich auf den Berliner Kongreß von 1878 zu sprechen und die damalige Behauptung Otto von Bismarcks, des »ehrlichen Maklers«, eine albanische Nation existiere doch gar nicht. Diesem Fehlurteil war es zu verdanken, daß das Volk der Skipetaren bei der Umgestaltung des Balkans, die in Berlin vorgenommen wurde, völlig unberücksichtigt und weiterhin in jene breite Landbrücke osmanischen Territoriums integriert blieb, die von Thrakien über Mazedonien und das Land der Skipetaren – inklusive Kosovo – bis zur Adria reichte.

Daß die Loslösungsbewegungen der Albaner von der türkischen Oberherrschaft ausgerechnet von Prizren ausgegangen waren, erscheint mir an diesem Abend als ein merkwürdiger Zufall. Diese bunt zusammengewürfelte »Liga« albanischer Feudalherren, Klan-Chefs und einer Handvoll Intellektueller hatte sich im Januar 1881 nicht mit platonischen Appellen zur Schaffung Groß-Albaniens von Janina bis Novi Pazar zufriedengegeben. Ein Jahr zuvor waren Horden von bewaffneten Skipetaren über die verstreuten osmanischen Garnisonen hergefallen. 5000 Krieger hatten sich der Stadt Djakovica, der Heimat Bakshims, bemächtigt. Das ganze heutige Kosovo fiel in albanische Hand, und die Administration des Sultans wurde vertrieben. Auf Hilfe von außen durften die Aufständischen, die die eben so mühsam ausgehandelte Neuordnung von Berlin in Frage stellten, allerdings nicht rechnen.

Schon im Frühjahr 1881 setzte die türkische Strafexpedition ein.

Sechs Monate lang tobte sich der übliche Balkan-Horror aus, dann war es um das Experiment der albanischen Unabhängigkeit geschehen. Doch in den Bergen und Schluchten brodelte es weiter. Als Triebfeder und geistliche Kraft hinter dieser Volkserhebung gegen die Pforte profilierte sich der Derwisch-Orden der Bektaschi, der nach seiner offiziellen Ächtung durch den Scheikh-ul-Islam bei den Albanern Zuflucht gefunden hatte. Im Lauf des neunzehnten Jahrhunderts wurde das Land der Skipetaren zum Bollwerk des alevitischen Glaubens. Es war kein Zufall, daß die Väter der »Rilindja«, der sogenannten »Wiedergeburt«, ausnahmslos aus angesehenen Bektaschi-Familien kamen oder ihnen zumindest nahestanden. Dazu gehörten insbesondere die drei Brüder Frashëri, die aus einem südalbanischen Dorf gleichen Namens stammten und dort von Bektaschi-Derwischen erzogen wurden. Als junge Männer standen sie im Dienst der osmanischen Verwaltung, ehe sie den Schwerpunkt ihrer nationalistischen Agitation in das Kosovo verlagerten und sich dort ebenfalls auf die Strukturen der Bektaschi-Sekte und die Tradition der Janitscharen beriefen. Der älteste Bruder Naim Frashëri widmete sich der schriftlichen Entwicklung der albanischen Sprache und der Glorifizierung des Nationalhelden Skanderbeg; sein jüngerer Bruder Sami gehörte dem Gründungskomitee der »Jungtürken« an, ehe er sich mit ihnen überwarf und der albanischen »Rilindja« verschrieb; der dritte Bruder Abdul, Inspirator der »Liga von Prizren«, hatte es versäumt, rechtzeitig in Berlin bei Bismarck vorzusprechen; dafür schürte er den bewaffneten Aufstand gegen Istanbul. Alle drei verbüßten später in türkischen Gefängnissen lange Haftstrafen wegen Hochverrats.

Zwischen 1908 und 1912 kam es immer wieder zu sporadischen albanischen Revolten gegen die osmanische Autorität und zu grausamen Repressalien. Dahinter profilierte sich stets der Bektaschi-Orden, dem sich angeblich sechzig Prozent der muslimischen Albaner anschlossen und der in diesem fernen Land der »Adlersöhne« Vergeltung übte für den »Heilsamen Vorfall« des Jahres 1826, für die Ausrottung und die Ächtung, die im Namen des Sultans und Kalifen über die Jünger des Hadschi Bektasch-i-Veli hereingebrochen war. Bei meinem Gespräch mit der Aleviten-Gemeinde von Diyarbakir in Ost-Anatolien im vergangenen Sommer hatte der Sohn des »Dede«, des örtlichen Priesters, mit gutem Grund von der Zitadelle seiner Glaubensbrüder in den weit entlegenen albanischen Bergen geschwärmt.

Im Kosovo, so behauptet an diesem Abend der Dolmetscher Bakshim, sei mit den fortdauernden Albaner-Aufständen der Sprengsatz gelegt worden für die beiden Balkan-Kriege von 1912 und 1913, die das osmanische Imperium – mit Ausnahme Ost-Thrakiens und Istanbuls – seiner sämtlichen Besitzungen auf europäischem Boden berauben sollte. Die übermächtigen Serben beeilten sich damals mit ihren Truppen in Kosovo-Metohija einzurücken und dieses einstige Herzland ihrer Kirche und ihrer Kultur dem Königreich der Karageorgević einzuverleiben. Die Skipetaren konnten froh sein, nach der Londoner Konferenz mit einem unabhängigen Rumpfstaat in den Grenzen der heutigen Republik von Tirana abgefunden zu werden. Sie wurden Untertanen des deutschen Prinzen Wilhelm von Wied. Dessen klägliche Herrschaft dauerte vom 7. März bis zum 3. September 1914.

*

Bei meiner beharrlichen Suche nach den Bektaschi stoße ich immer wieder auf Verwunderung oder mitleidiges Lächeln. Diese religiösen Sonderlinge, diese Verehrer des Imam Ali und des Hadschi Bektasch seien schon im Strudel des Zweiten Weltkrieges untergegangen. Die kommunistische Staatsdoktrin Marschall Titos in Jugoslawien und vor allem die programmierte Gottlosigkeit des Hodscha-Regimes in Albanien hätten ihnen den Rest gegeben. Geblieben sei nur eine historische Erinnerung und bäuerliche Folklore. Trotzdem bin ich zu Bakshims Großvater in Djakovica aufgebrochen. Diese Stadt wurde im Gegensatz zu Prizren vom Krieg hart getroffen. Nachdem das jugoslawische Ober-Kommando erkannt hatte, daß der Raum Djakovica für die UÇK, die hier jenseits der nahen albanischen Grenze bei Bajram Curri unter dem Befehl eines kroatischen Generals stand, eine besondere strategische Bedeutung besaß, wurde die Ortschaft dem Wüten von paramilitärischen Brandstiftern und serbischen Plünderern ausgeliefert. An dieser Stelle hatte wohl die amerikanische Intelligence gehofft, einen »Korridor«, besser gesagt eine Schneise, freizukämpfen, um die Verbindung zu den schwer angeschlagenen Resten der Befreiungsarmee im rückwärtigen Gebiet von Drenica herzustellen. Jedenfalls erscheint mir Djakovica als die am schlimmsten vom Krieg und vom sinnlosen Vandalismus heimgesuchte Stadt des Kosovo. Die Tekke der Bektaschi-Derwische ist natürlich in Flammen aufgegangen, und die Grabsteine mit den kunstvollen Turbanen aus Marmor, unter denen die Babas und Dedes ruhten, wurden von den Friedhofsschändern zertrümmert.

Um so tröstlicher wirkt der Kontrast der völlig unversehrten Straße, in der der Großvater unseres Dolmetschers in einem schmucken, fast luxuriösen Häuschen wohnt. Der »Baba« trägt keinerlei Insignien seiner Würde. Er könnte ein pensionierter hoher Beamter oder Studienrat sein. Er lädt mich zum üblichen Kaffee ein, und das Gespräch über die Bedeutung des Bektaschi-Ordens in der Gegenwart verläuft so enttäuschend, wie ich es befürchtet hatte. Es gebe noch etwa 200 Derwische in der Umgebung, erfahre ich, aber man habe Abstand davon genommen, sich zu den religiösen Übungen des »Dhikr« zu treffen. Die Bedeutung des Glaubens sei auf bedauerliche Weise zurückgegangen, räumt der Baba ein. Seinem Enkel hat er noch ein paar Vorschriften beigebracht, die exakt den alevitischen Bräuchen entsprechen. So ist es streng verboten, Kaninchenfleisch zu essen oder das Tier zu berühren. Es könnte sein, daß in Albanien eine gewisse Neubelebung seines Ordens im Gange sei, aber im Kosovo sei davon nichts zu spüren. Bei meiner Frage nach der engen mystischen Beziehung zwischen den Bektaschi-Mönchen und der Aleviten-Sekte in der heutigen Türkei stellt sich der Großvater unwissend. Zumindest die Kunst der Verstellung, der »Taqiya«, hat dieser freundliche Mann nicht verlernt.

Da war die Zusammenkunft mit einem unverfälschten Repräsentanten dieser Glaubensgemeinschaft, die eine Woche zuvor im mazedonischen Tetovo stattgefunden hatte, doch etwas befriedigender gewesen. Dort waren die prächtigen Gebäude und Anlagen der früheren Tekke in einen Vergnügungspark mit Restaurant-Betrieb umgewandelt worden. Aber ein bescheidenes Nebenhaus blieb weiterhin dem Orden vorbehalten. Ich wurde von einem weißbärtigen Derwisch empfangen, der den hohen, von einem grünen Schal umschlungenen Tarbusch und den weiten Mantel seines Standes trug. Der Greis, der sich als Baba Mumin Lama vorstellte, verfügte über keine sichtbare Jüngerschaft, aber er trat ungleich selbstbewußter auf als sein geistlicher Bruder in Djakovica. In Mazedonien seien noch 5000 Bektaschi-Mönche ihrem Glauben und ihren Riten treu geblieben, und es kämen auch junge Anwärter hinzu, teilte er mit. Der fromme Mann war zum Grabe des Hadschi Bektasch in Anatolien gepilgert und hatte an kultischen Übungen in den neugeöffneten »Cem«-Einrichtungen von Istanbul teilgenommen. Im übrigen seien im Umkreis von Tetovo diverse Tarikat vertreten, darunter die »Rufai«, auch »Heulende Derwische« genannt, die sich mit langen Nadeln durchbohren, sowie die besinnlicheren Anhänger der Qadiriya. Mumin Lama musterte mich aus seinen blauen Augen an, und ich mußte an jenen albanischen Gewaltherrscher Ali Pascha von Janina, einen gebürtigen Albaner aus Tepelena und heimlichen Anhänger der Bektaschi-Sekte, denken, der zu Beginn des neunzehnten Jahrhunderts den überlegenen Streitkräften des Sultans erfolgreich die Stirn geboten und seinen Besucher Lord Byron fasziniert hatte. Ali Pascha Tepeleni war wohl auf den ersten Blick eine ebenso liebenswerte Erscheinung mit weißem Bart und leuchtendblauen Augen wie der Baba, der mir gerade in Tetovo gegenübersaß. In Wirklichkeit war der Tyrann von Janina – so hat der englische Dichter ihn beschrieben – das »romantischste Ungeheuer der Geschichte« und fand Gefallen daran, seine Feinde und auch seine Freunde zu rösten und zu pfählen. Am Ende wurde er von den Türken besiegt, und sein abgeschlagener Kopf als Trophäe nach Istanbul gebracht.

Mit diesem Vergleich tue ich jedoch Mumin Lama zutiefst Unrecht. Er strahlte Güte und Versöhnlichkeit aus. Vielleicht weil ich ungefähr gleichaltrig war, umarmte er mich und gab sogar ein paar mir bislang unbekannte Geheimnisse seines Glaubens preis. So beschrieb er Gott oder Allah als die »höchste Kraft« in einem beinahe pantheistischen Sinne und erwähnte das Mysterium der Wiedergeburt, das nur den Eingeweihten seiner Sekte erschlossen wird. Siebenmal wird der Mensch nach seinem Tode wiedergeboren, bis er von neuem eine anthropomorphe Substanz zurückgewinnt, und je nach seinen Tugenden oder Lastern kann er in der Zwischenzeit als Schlange, als Wolf oder als Haustier wieder auf Erden erscheinen. Kein Zweifel, daß diese Vorstellung des ewigen »Avatars« aus dem Hinduismus übernommen wurde. »Wie verhält es sich zwischen Bektaschi und Aleviten?« fragte ich und erhielt eine klare Antwort. Er legte seine beiden Zeigefinger parallel zueinander auf den Tisch: »Sie sind gleich«, sagte er, »sie sind beinahe identisch.«

Als ich am späten Abend einem sunnitischen Koran-Lehrer des Islam-Instituts von Skopje von meinen Studien über die Bektaschi erzählte, erwartete ich eine geringschätzige Bemerkung über den Niedergang, das allmähliche Aussterben dieser synkretistischen Irrlehre, über ihren musealen Charakter. Aber der junge » ʿAlim« ereiferte sich plötzlich und wurde beinahe unwirsch. »Bei uns in Mazedonien spielen diese Derwische keine Rolle mehr, und auch im Kosovo können wir die früher so einflußreiche Sekte vergessen. Aber in Albanien selbst, auf den Trümmern der stalinistischen Gottlosigkeit, da gewinnen diese angeblichen »Sufi« und Mystiker wieder an Boden, werden von gewissen Regierungsorganen der Sozialisten sogar gefördert.« Ausländische Kräfte seien bemüht, die islamische Gemeinde – soweit sie in der Republik von Tirana überlebt hat – zu schwächen. Vor allem die griechischen Agenten seien am Werk, um den Religionsproporz, der dort eindeutig zugunsten der Muslime vorherrscht – nur zwanzig Prozent der Albaner sind orthodoxe Christen, zehn Prozent Katholiken –, durch eine Spaltung der Jünger Mohammeds zu reduzieren, um Zwietracht zu säen unter den Gläubigen des Koran. Die griechischen Behörden würden zudem die Not der südalbanischen Gastarbeiter, die sich zu Hunderttausenden an ihrer Grenze drängen, ausnutzen, indem sie ihnen eine Namensänderung, eine Hellenisierung ihres Vor- und Familiennamens vorschlagen. Damit versuchten sie ihren ethnisch-konfessionellen Anspruch auf den albanischen Epirus systematisch auszudehnen.

Von deutschen Militär-Beobachtern, die oft besser informiert sind als die Diplomaten, hatte ich bereits haarsträubende Schilderungen über die Zustände im Land der »Tosken« in Süd-Albanien erfahren, die sogar die blutrünstigen Klan-Fehden und Raubzüge der bettel-armen nord-albanischen »Gegen« in den Schatten stellten. Da war eine berittene Horde von Banditen bei Korca über die Flüchtlingslager der Kosovaren hergefallen, hatte deren letztes Gut geplündert und eine Anzahl Frauen entführt. Da waren vor allem – in unmittelbarer Nachbarschaft der Ortschaft Tepelena, der die Dracula-Gestalt des Ali Pascha von Janina entstammte – die schwerbewaffneten Gangs der Lazarati gefürchtet, die sich die örtliche Polizei längst gefügig gemacht hatten. Zwischen Gjirokaster und der griechischen Grenze besaßen sie als maskierte Wegelagerer, Schmuggler, Drogenhändler und Kidnapper einen fürchterlichen Ruf. Jede staatliche Autorität ist in dieser Gegend zusammengebrochen. Die verwilderten Stämme von Lazarat und Tepelena liefern sich regelrechte Gefechte. Meuchelmorde sind an der Tagesordnung. Wöchentlich, so heißt es in offiziellen Berichten, werden etwa zwanzig junge Mädchen aus den umliegenden Dörfern entführt, über Kakavija nach Griechenland verschleppt und an die dortigen Bordelle verkauft.

Der Koran-Lehrer aus Skopje bestätigte dieses Bild des Grauens. »Wenn die Ruchlosigkeit der Menschen ein solch satanisches Ausmaß angenommen hat«, so konstatierte er traurig, »dann schreien die Seelen nach Gott und seinem Strafgericht.« Anschließend zitierte er einen Koran-Vers, den ich einmal als Buchtitel verwendet hatte: »A laisa fi dschahannam mathuan lil kafirin« – fürwahr, in der Hölle befindet sich die Wohnstatt der Gottlosen!« Der 'Alim fragte mich, ob ich das sogenannte »Weltzentrum« des Bektaschi-Ordens, der ihn offensichtlich mehr beschäftigt, als er zugeben wollte, besichtigt hätte. Das konnte ich bejahen und holte zu einer Beschreibung dieses eigenartigen Heiligtums am Rande der albanischen Hauptstadt Tirana aus. Die wichtigste Tekke der Mönche des Hadschi Bektasch, zu der ich noch im Januar 1999 gepilgert war, entspricht in keiner Weise den romantischen Vorstellungen einer orientalischen Gralsburg. Immerhin war der weiß und grün verputzte Kuppelbau seit meinem letzten Besuch vor fünf Jahren herausgeputzt und aufwendig dekoriert worden. An Geld schien es den Bektaschi nicht zu mangeln. Im Innern des hohen Gewölbes ging es recht feierlich zu. Die geheimnisvolle Welt der Aleviten nahm mich plötzlich an diesem fernen Außenposten des verflossenen Osmanischen Reiches wieder auf. Seit zwei Jahren fungierte der neue Dede Hadschi Reshat Bardhi als offizielles Oberhaupt der Sekte. Ein silberner Rauschebart bedeckte seine Brust. Um den steilen Fez war ein grüner Turban gewunden. Der hochgewachsene, noch ungebeugte Greis ließ für die Audienz einen weitfallenden grünen Mantel um seine Schultern legen. Er wurde dabei von einem weißgekleideten Derwisch umkreist, der dem Meister niemals den Rücken zukehrte und ihm, wie die übrigen Gläubigen, die zur Tekke wallfahrteten, die Hand und den breiten Gürtel küßte. Der oberste Baba hatte unter den Kommunisten von 1946 bis 1961 im Gefängnis gesessen und wurde später in ein einsames Gebirgsdorf verbannt.

Nachdem Reshat Bardhi auf einem thronähnlichen Sessel Platz genommen hatte, forderte er mich auf, mich neben ihn zu setzen. Mir fielen – wie auch bei dem Baba Mumin Lama von Tetovo – die blauen Augen auf, die man bei so manchem Nachfahren der Janitscharen antrifft. Wieder einmal ließ ich mir die einfältige Ikonographie, die überlebensgroßen Porträts und Legendenszenen erklären, die Gegenstand einer zutiefst unislamischen Bilderverehrung sind. Sogar der Prophet Mohammed – ein absoluter Frevel für jeden Sunni – war bildlich dargestellt. Der erste Imam der Schiiten, Ali Ibn Abi Talib, genoß in Tirana wie in den alevitischen Dörfern Anatoliens den absoluten Vorrang. Das zentrale Gemälde stellte die fünf wichtigsten Erlösungsfiguren, die »Fünffaltigkeit« dieser esoterischen Sekte dar: Mohammed und in beherrschender Position dessen Schwiegersohn Ali, daneben Fatima, die Prophetentochter und Gattin Alis, sowie deren Söhne Hassan und Hussein. Auch die zwölf Imame der Schiiten schmückten die Wände. Vor allem aber blickte von einem überhöhten Ehrenplatz der Ordens- und Sektengründer Hadschi Bektasch-i-Veli auf mich herab. Er war in gebieterischer Pose dargestellt.

»Wie verhalten Sie sich zu den Aleviten?« habe ich Reshat Bardhi gefragt. Die Antwort kam ohne Zögern: »Bektaschi und Aleviten sind nicht nur eng verwandt. Sie sind sich gleich. Von der Wiedergeburt der Aleviten-Bewegung in der Türkei erwarten wir uns Heil und Erlösung vor dem Wüten der Gottlosen. Wir halten engen Kontakt zu diesen Brüdern in der Erkenntnis, und ich habe sie mehrfach in Anatolien aufgesucht.« Der Baba verweist auf eine arabische Inschrift: »Allah bringe uns den Frieden in wahrer Gerechtigkeit. Er beschere uns wahre Ruhe. Gott gewähre uns Schweigen und Geduld.«

»Im Orient geht nichts verloren«, pflegte mein verstorbener Arabisch-Lehrer Jacques Berque, Professeur au Collège de France, einst zu orakeln. »En Orient, rien ne se perd.« Wie recht er doch hatte!

# Ein serbischer Groß-Vezir

*Peć, im Juli 1999*

Unser nächstes Ziel – 36 Kilometer von Djakovica gelegen – heißt Peć. Hier befindet sich heute noch der Sitz des serbischen Patriarchats. »Peć ist unser Jerusalem«, hatte im Dezember 1993 der Hieromonk Jovo unter der Marien-Ikone seiner Belgrader Amtsstube geschwärmt. Damals lebten zehn Prozent orthodoxe Christen im Umkreis dieses Heiligtums unweit der montenegrinischen Grenze. Heute halten sich die letzten Serben hinter der Wehrmauer des Klostergartens versteckt, der die Kathedrale aus dem dreizehnten Jahrhundert umschließt. Sie werden von schwarzgewandeten Mönchen mit blassen Gesichtern und rötlich-blonden Bärten betreut. Vor dem Hauptportal stehen italienische Alpini oder Bersaglieri in wachsamer Bereitschaft, letztere mit den unvermeidlichen Hahnenfedern am Helm. Auch ein spanisches Truppenkontingent ist dem italienischen Kosovo-Sektor von Peć zugeordnet. Die beiden traditionsreichsten Nationen der abendländischen Katholizität nehmen endlich gegenüber den byzantinischen

Brüdern jene Fürsorgepflicht wahr, die sie ihnen in früheren Jahrhunderten so schmählich verweigerten. Die Landschaft ringsum ist grandios und lädt zur Meditation über die Nichtigkeit des Weltlichen ein. Ganz dicht drängen sich die montenegrinischen und nord-albanischen Felsmassive an das grüne, romantische Tal der Pećska Bistrica. Das Verhältnis zwischen der osmanischen Herrschaft und den ihnen unterworfenen christlichen Völkern des Balkans wurde unmittelbar nach der Eroberung Konstantinopels durch Mehmet II. festgeschrieben, und deshalb ist es unentbehrlich, einen Rückblick auf die alte byzantinische Kaiserstadt am Bosporus zu richten. Zum letzten Mal hatte ich im Juni 1994 einen feierlichen Sonntagsgottesdienst in der bescheidenen Basilika des Istanbuler Stadtteils Phanar aufgesucht, der vom ökumenischen Patriarchen aller orthodoxen Kirchen, Bartholomaios I., zelebriert wurde. Der Phanar – die Türken schreiben »Fener« – liegt am kontinentalen Ende des Goldenen Horns. Die Gegend wirkte armselig, und die fast ausschließlich türkische Bevölkerung, das zeigten die roten Wahlplakate an, befand sich fest in der Hand der islamistischen Refah-Partei. Polizei – meist in Zivil – war allgegenwärtig.

Während des Offiziums verharrte Bartholomaios I. regungslos auf seinem Thron. Er trug ein violettes Gewand. Während sich die Eucharistie hinter der Ikonostase vollzog, hielt er den silbernen Bischofsstab in der einen, das segnende Kruzifix in der anderen Hand. Die Phanar-Basilika hat den Griechen zwar schon seit 400 Jahren als religiöses Zentrum gedient, aber Brände und Erdbeben haben ständige Renovierungen nötig gemacht. Die dürftigen Dekorationen und die kitschigen Gemälde sind ein schwacher Abglanz einstiger Pracht. Die Bänke und Chorstühle der Phanar-Kirche waren von ein paar alten Männlein und Weiblein spärlich besetzt. Die noch verbliebene griechische Minderheit der Türkei – ganz auf Istanbul konzentriert – wird auf 3000 Menschen geschätzt. Zur Zeit der großen Osmanen-Sultane dürften die Christen – Byzantiner und Armenier – etwa die Hälfte der Bevölkerung der Bosporus-Metropole ausgemacht haben. 50 000 Orthodoxe hatten sich noch bis zur großen Zypern-Krise der jüngsten Vergangenheit recht und schlecht behauptet. Aber dann verdüsterten sich die Beziehungen zwischen Ankara und Athen so radikal, die tätlichen Übergriffe nahmen solche Ausmaße an, daß eine massive und überstürzte Abwanderung der Griechen in die hellenische Republik von Athen einsetzte. Es blieb nur ein Häuflein von Versprengten.

Bartholomaios erschien mir als starke Persönlichkeit. Er stammte von der winzigen Ägäis-Insel Imbros, die nach dem Sieg Atatürks über die griechische Invasionsarmee – gemeinsam mit Tenedos – der Türkei zugeschlagen wurde. Am Vortag hatte der Patriarch seinen Namenstag gefeiert, und unser Team hatte die kleine Festlichkeit gefilmt. Da war eine merkwürdige Gratulationscour zusammengekommen, deren Zusammensetzung plötzlich die alte osmanische »Millet«-Vergangenheit wiederaufleben ließ. Führende Geistliche all jener Konfessionen waren versammelt, die schon von den osmanischen Sultanen als Repräsentanten der »Familie des Buches« anerkannt wurden, weil ihre Bekenntnisse sich auf die abrahamitische Uroffenbarung zurückführen ließen. Am Sitz der griechischen Orthodoxie hatten sich der Groß-Rabbiner für die mosaische Gemeinde, ein armenischer Metropolit, ein römisch-katholischer Prälat, ein lutherischer Seelsorger und sogar ein muslimischer Imam eingefunden, um der Einheit der Monotheisten zu huldigen, was gewiß gut gemeint war, aber der desolaten konfessionellen Entfremdung leider nicht gerecht wurde.

Die Sultane und Kalifen von Istanbul hatten die Frage der nichtislamischen Nationalitäten – »Millet« auf türkisch – gemäß der koranischen Rechtsprechung gelöst. Christen und Juden wurden als Schutzbefohlenen des Halbmonds stark limitierte Rechte gewährt. Sie wurden zu konfessionellen Einheiten zusammengefaßt. Die relative Selbständigkeit der Gemeinden stützte sich auf die ausschließliche Autorität ihrer jeweiligen geistlichen Oberhäupter. Diese Hierarchen waren gegenüber dem osmanischen Herrscher mit einer begrenzten politischen Verantwortung ausgestattet. Statt der nationalen Zugehörigkeit, die heutzutage als Unterscheidungsmerkmal herhalten würde, galt damals die koranische Auffassung, wonach die konfessionelle Eigenart als einziges Kriterium ethnisch-religiöser Differenzierung zu gelten habe. Der islamische Grundsatz der Einheit von Religion und Staat – »din wa dawla« –, anders gesagt, der prinzipielle Vorrang der Religion über die Politik, der heute programmatischer Bestandteil des »Fundamentalismus« ist, wurde durch das türkische Millet-System in recht geschmeidiger Form auf die christlichen Untertanen übertragen.

Der lange Gottesdienst in der Phanar-Kirche näherte sich dem Ende. Die liturgischen Gesänge waren hier weit entfernt von der Wucht russischer Chöre. Die Offizianten waren in goldene, durch langes Tragen abgewetzte Gewänder gekleidet. Die Chorknaben und Sänger gingen ganz in Schwarz. Von Weihrauchschwaden eingehüllt, verließ schließlich Bartholomaios seinen Thron, um vor der Ikonostase geweihtes Brot an die Anwesenden zu verteilen. Auch ich wurde aufgefordert, an dieser sakralen Geste teilzunehmen.

Beim Abschied machte mich ein Berater des Patriarchen, der Diakon Tarasios, auf ein prächtiges Mosaik aufmerksam, das ein Schlüsselereignis der osmanischen und christlichen Balkan-Geschichte festhält. Der Eroberer Sultan Mehmet II. – mit riesigem Turban angetan – überreicht auf dieser Darstellung dem griechischen Patriarchen Gennadios II. Scholarios einen »Firman«, einen Duldungserlaß mit unabsehbaren Folgen. Gennadios war zur Zeit des letzten byzantinischen Kaisers der fanatische Gegner jeder Einigung, jedes Kompromisses mit Rom gewesen. Er hatte sich eindeutig zugunsten der osmanischen Mohammedaner und gegen die anmaßenden lateinischen Glaubensbrüder entschieden, getreu dem Grundsatz: Lieber den Turban des Sultans als die Tiara des Papstes. Mehmet II., ein kluger und weitsichtiger Staatsmann, erkannte diese Chance. Unmittelbar nach der Eroberung Konstantinopels berief er Gennadios zum Patriarchen der gesamten griechischen Orthodoxie und dehnte dessen geistliche Autorität auf einen großen Teil des Balkans aus. Im verhängnisvollen Jahr 1453 wurde ein heimlicher Pakt geschmiedet zwischen dem türkischen Souverän und dem byzantinischen Oberhirten. Der hellenische Klerus erklärte sich bereit, die osmanische Herrschaft zu akzeptieren, ja ihr stellenweise den Weg bei den christlichen Balkanvölkern unter der Bedingung zu ebnen, daß die Bischöfe und Metropoliten dieser Region der strikten Oberhoheit des Patriarchen von Konstantinopel unterstellt würden.

So geschah es im Laufe der Jahrhunderte immer wieder, daß die Sultane und Kalifen in die konfessionellen Zwistigkeiten ihrer christlichen Untertanen eingriffen. Sie setzten aufmüpfige Patriarchatsanwärter ab und unterdrückten lokale Entwicklungen zur Autokephalie, das heißt zur kirchlichen Selbständigkeit, etwa bei Bulgaren oder Serben. Andererseits verlangten die Türken der byzantinischen Geistlichkeit, die sich nach den fetten Pfründen der Balkan-Episkopate drängte, hohe Bestechungsgelder ab. Kurzum, im Schatten des osmanischen Turbans spielte sich ein erbarmungsloser balkanischer Investitur-Streit ab. Dessen Nutznießer, heimliche Kollaborateure der Pforte, waren stets die Hellenen.

Diese Praxis hat sich bis in die Neuzeit fortgesetzt. Die Donau-Fürstentümer Moldau und Walachei im heutigen Rumänien, die sich als

Vasallenstaaten des Sultans recht wacker außerhalb des eigentlichen islamischen Herrschaftsbereichs des »Dar-ul-Islam« behauptet hatten, wurden noch zwischen 1711 und 1821 der Verwaltung und Ausbeutung sogenannter Hospodare oder Hegemonen ausgeliefert, die der Padischah fast ausschließlich unter den reichen griechischen Familien Istanbuls, unter den sogenannten Phanarioten, gegen klingende Münze aussuchte. Erst die Wiedergeburt der griechischen Nationalidee im Zeichen der »Hetairia« sollte dieser schändlichen Übung ein Ende setzen.

*

Ohne diese Betrachtung über die Rolle des byzantinischen Patriarchats läßt sich weder die nationale Mystik der Serben noch die heutige Tragödie des Amselfeldes begreifen. Der Bau des Monasteriums von Peć geht auf den heiligen Sava zurück, Bruder des Begründers der im Rückblick verklärten Nemanjiden-Dynastie. Im Jahr 1219 erhielt dieser Bischofssitz den Status der Autokephalie, der relativen Selbständigkeit gegenüber dem Patriarchen von Byzanz. Aber schon hundert Jahre später verlieh Dušan der Eroberer, der sich als Herrscher über Serben und Griechen bezeichnete, der Metropolie Peć die Würde eines völlig unabhängigen Patriarchats. An dieser Geburtsstätte serbischer Christenheit werden die Belgrader Oberhirten heute noch konsekriert. Der heilige Sava war als frommer Christ nach Jerusalem gepilgert, und deshalb sind die Fresken, die den Berg Zion und die Schädelstätte von Golgatha darstellen, mit besonderer Inbrunst ausgeführt, eingewoben in eine Ikonostase aus geflochtenem Gold. Die Fresken versetzen den Besucher in eine mystische Welt. Hier verzerren sich die Dimensionen – trotz des schmalen Raums – auf wunderbare Weise ins Unendliche. Die Vitae der Heiligen, die Leiden der Märtyrer, die Mirakel der Evangelien sind untermalt, sublimiert durch einen geheimnisvollen blauen Grundton, der an die nie wieder erreichten Azur-Töne der Kirchenfenster von Chartres, der französischen Kathedrale in der Beauce, erinnert.

Die türkische Eroberung setzte der serbischen Kirchen-Separation von Peć ein Ende. Nun erwirkte der Patriarch von Konstantinopel vom osmanischen Sultan, seinem Schutzherrn, daß der Sitz des slawischen Metropoliten nach Ohrid verlagert und einem griechischen Bischof, einem »Phanarioten«, übertragen wurde. So verhielt es sich bis 1537, als Gott oder Allah wieder in die Geschichte des serbischen Volkes eingriff. Es geschah nämlich zu jener Zeit, daß die bewaffneten

Beauftragten des Sultans – wie alle fünf Jahre – den Balkan heimsuchten, um unter den christlichen Kindern die »Knabenlese« oder
»Devşirme« – andere sagen »Blutzoll« – vorzunehmen. Begleitet vom
Jammern und Wehklagen der serbischen Mütter entrissen sie eine Anzahl junger Christen ihren Eltern, um die Janitscharen-Truppe mit
neuen Rekruten zu versorgen und der Palastschule des Topkapi die
Begabtesten als Beamtennachwuchs zuzuführen. Da half es nur in den
seltensten Fällen, daß die Frauen mit ihren Kleinen in die Wälder
flüchteten oder ihnen manchmal sogar die Finger abhackten, um sie
dienstuntauglich zu machen.

Unter den Opfern jener »Knabenlese« des frühen sechzehnten Jahrhunderts befand sich, so heißt es, auch der Sohn eines serbischen Popen aus dem Dorf Sokoloviči im Sandschak von Novi Pazar. Er
wurde, wie das damals üblich war, in einem Maultierkorb nach Istanbul transportiert, dort beschnitten und in die islamische Religion ein-
gewiesen. Unter dem Namen Mehmet Sokolu machte er dann eine
steile Beamtenkarriere. Dank dem Wohlwollen Süleymans des Prächtigen, von den Türken »Kanuni«, der Gesetzgeber, genannt, stieg der
serbische Bauernsohn zur höchsten Regierungswürde des Osmanischen Reiches auf. Er wurde Groß-Vezir und soll ein fähiger, gewis-
senhafter Amtswalter gewesen sein. Während sein Souverän in der
Schlacht von Mohács den Magyaren eine vernichtende Niederlage
beibrachte und ganz Ungarn seinem Imperium einverleibte, während
die Janitscharen auf Wien marschierten und die Vorkommandos der
berittenen Sipahi bis in den Raum von Regensburg ausschwärmten,
entsann sich Mehmet Pascha Sokolu seiner serbischen Ursprünge und
ließ die von Ivo Andrić besungene »Brücke über die Drina« bauen, die
im Jahr 1571 vollendet wurde.

Aber der Groß-Vezir hielt auch an seinen ererbten Familienbanden
fest. Er entdeckte einen leiblichen Bruder, der natürlich Christ geblieben war und als Abt dem Kloster von Mileševo in Sebvi vorstand. Diesen Bruder erhob er nun – ungeachtet des Protestes des christlichen
Phanars von Konstantinopel – zur Würde eines Patriarchen von Peć,
zum geistlichen Oberhaupt und Ethnarchen aller Serben. Die Kirchen-
sprache dieser neugegründeten autokephalen Kirche war das Serbisch-
Slavonische, das sich eng an das von Kyrill und Method entwickelte
Sakral-Idiom anlehnte. Gemäß dem türkischen Millet-System und gestützt auf eine überwiegend klerikale Versammlung verfügten die Serben nunmehr während des sechzehnten und siebzehnten Jahrhunderts

über eine Art »Staats-Ersatz«. Kein Wunder, daß der serbische Groß-Vezir aus dem Dorf Sokoloviči in der Folklore- und Sagenwelt weiterlebt. Den Serben fiel die Unterordnung unter die osmanische Administration zu jener Zeit um so leichter, als nach dem Untergang des christlichen Königreichs Ungarn jede Hoffnung auf einen Entsatz und auf militärische Unterstützung von außen abhanden gekommen war.

Die Situation auf dem Balkan veränderte sich grundlegend, als die türkischen Kriegserfolge erlahmten und statt dessen eine Serie von Rückschlägen einsetzte. 1683 hatte die gesamte Christenheit die zweite Belagerung Wiens erfolgreich abgewehrt, und dem Vezir Kara Mustafa wurde vom Sultan die seidene Halsschnur zugeschickt, die Aufforderung zum Selbstmord wegen Versagens. Schon vier Jahre später setzte der habsburgische Siegeszug ein, und Ungarn ging für die Pforte endgültig verloren. Die Armeen des »edlen Ritters« Eugen von Savoyen stießen längs der Donau und der Save nach Südosten vor, ehe sie 1717 die osmanische Festung Belgrad erstürmten. Einige Jahrzehnte zuvor hatte eine Entwicklung begonnen, die die Balkanpolitik bis auf den heutigen Tag traumatisch belastet. Endlich sahen die unbeugsamen Serben eine konkrete Hoffnung, sich der osmanischen Willkür und der permanenten Demütigung durch die Muslimani zu entziehen. Um das Jahr 1690 forderte der Metropolit von Peć, Arsenije III., seine Landsleute zu einem massiven Exodus auf, um ihr Heil bei den christlichen Brüdern aus Österreich und Ungarn zu suchen, auch wenn diese der papistischen Irrlehre anhingen.

Der serbische Schriftsteller Crnjanski hat diese große »Migration« wie eine Art Auszug aus Ägypten glorifiziert. Mehr als 30 000 serbisch-orthodoxe Familien sind damals ihrem geistlichen Hirten gefolgt, etwa 200 000 Menschen. Eine unvorstellbare Masse für jene Zeit. Sie verließen ihren angestammten Siedlungsraum vor allem im Kosovo, am Rand des Amselfeldes, und ließen ihre herrlichen Kirchen und Klöster zurück, während die vereinsamten Dörfer sich mehr und mehr mit muslimischen Albanern füllten. Letztere kamen aus ihren unwirtlichen Bergen und stießen in das Vakuum des Kosovo.

Der Bevölkerungsschwerpunkt der serbischen Auswanderer verlagerte sich in die Gegend der heutigen Vojvodina. Der Patriarch, dem seine Apostolische Majestät von Wien volle Konfessionsfreiheit in einem österreichisch angepaßten Millet-System zugestand, etablierte sich in der von Reichstruppen eroberten Stadt Karlowitz, heute Sremski Karlovci genannt, westlich von Belgrad. Die kriegerischen serbischen Neubürger wurden von den habsburgischen Kommandanten als freie Wehrbauern längs jener »Militärgrenze« angesiedelt, die die Sicherheit des Heiligen Römischen Reiches gegen osmanische Raubzüge mit einem weit vorgeschobenen Glacis absichern sollten. Fast zweihundert Jahre lang haben die Serben der sogenannten »Militärgrenze« oder »Krajina« diese Rolle als Vorhut der Christenheit wacker durchgehalten. Wenn die Feuersignale aus dem Süden einen Einfall von türkischen Sipahi oder irregulären »Başi-Bozuk«-Truppen des Sultans meldeten, setzte sich von Graz aus die kaiserliche Kavallerie zum Gegenschlag in Bewegung.

Am Ende wurde den Serben der Krajina ihr Einsatz für das Amselfeld schlecht gedankt. Niemand stand ihnen zur Seite, als im Sommer 1995 die mit amerikanischer Hilfe hoch aufgerüstete, von ehemaligen US-Offizieren beratene Armee Kroatiens im Verbund mit muslimischen Bosniaken erst den slavonischen Gebietszipfel von Pakrac, dann das dalmatinische Hinterland zwischen Karlovac und Knin im Blitzkrieg eroberten. Etwa 200 000 Serben sind damals ihres Besitzes beraubt, mißhandelt und gedemütigt worden. Ihre Flüchtlingskolonnen – Traktoren und Pferdekarren, wie man sie später bei den vertriebenen Kosovaren sehen sollte – strebten in verzweifelten Trecks auf Banja Luka zu. Niemand war zur Stelle, um diese »Refugees« zu filmen, ihr Schicksal und die bittere historische Ungerechtigkeit, die ihnen angetan wurde, zu beklagen. Gerecht ist es noch nie zugegangen auf dem Balkan.

In jenen Tagen kam es auch zu einer strategischen Fehleinschätzung, die sich während des Kosovo-Feldzuges fatal auswirken sollte. Amerikanische Kampfflugzeuge hatten während der kroatischen Offensive serbische Militärziele angegriffen, Slobodan Milošević hatte schon am vierten Tag dieses begrenzten Luftkrieges alle Bedingungen Washingtons akzeptiert und sich mit der Unterzeichnung des Dayton-Abkommens über die neuen Strukturen der Föderation Bosnien-Herzegowina abgefunden. Daß bei dieser Bereitschaft zum Einlenken Belgrads nicht die Bomben der US Air Force den Ausschlag gegeben hatten, sondern der unaufhaltsame Vormarsch der kroatisch-muselmanischen Streitmacht auf den bosnisch-serbischen Gebietsfetzen von Banja Luka, dessen unmittelbare Besetzung bevorstand, hatte man in Washington offenbar nicht registriert.

*

427

Father Johannes, wie sich der englisch sprechende serbische Mönch anreden läßt, bittet mich, im Klostergarten zu warten. Der Metropolit von Montenegro ist im Patriarchat von Peć zu Besuch, um den wenigen orthodoxen Gläubigen Mut zuzusprechen. Er hat das Risiko einer Autofahrt durch das von UÇK-Partisanen verunsicherte Gelände zwischen Cetinje und dem westlichen Kosovo-Distrikt von Metohija auf sich genommen. Der hohe Geistliche, der auf einem roten Samtsessel von zwei serbischen Kirchenfahnen flankiert Platz genommen hat, überrascht mich mit seinen perfekten Deutsch-Kenntnissen. Amfilohije Radovic, Metropolit von Montenegro und Exarch der Diözese Peć, hat mehrere Jahre in der Bundesrepublik verbracht. Er trägt die hohe schwarze Kopfhaube der orthodoxen Bischöfe, deren Tuch auf die Schultern fällt, und ein schweres goldenes Kreuz auf der schlichten Soutane. Der Mann strahlt Würde und Gelassenheit aus. Die Lage in seiner montenegrinischen Heimat und die dortigen Umtriebe des amerikanischen Geheimdienstes beunruhigen ihn zutiefst. Dem Versuch, die Metropolie von Cetinje aus dem Verbund des serbischen Patriarchats zu lösen und eine eigene autokephale Kirche zu gründen, tritt er mit Entschlossenheit entgegen. Eine solche Abspaltung stoße auch bei den Gläubigen auf entschiedenen Widerstand. Er beklagt die Fehler und die schweren Vergehen des Präsidenten Milošević, aber der Westen würde einen fürchterlichen Fehler begehen, wenn er die Montenegriner leichtfertig in einen Bürgerkrieg triebe. Zumal müßte jeder Landeskenner wissen, daß der vom Westen als Demokrat gepriesene jugendliche Präsident Montenegros, Milo Djukanović, zur Zeit des Bosnien-Konfliktes als serbischer Chauvinist und als »enfant terrible« der Kommunistischen Partei galt. Auch heute noch wird ihm das Temperament eines Autokraten unterstellt, und er soll sich auf extrem dubiose Weise bereichert haben. In der Vergangenheit hatte sich die rauhe südslawische Gebirgsrasse der Montenegriner als einziges Balkan-Volk der türkischen Eroberung erfolgreich widersetzt und sich auf seinen »Schwarzen Bergen« als Zitadelle des Christentums behauptet.

Ich spreche den Metropoliten auf den Abfall vom Glauben an, der sowohl bei den Muslimen als auch bei so vielen Christen um sich gegriffen hat. »Das ganze Entsetzen, das uns heimsucht, hätte niemals ein solches Ausmaß angenommen«, bestätigt der Kirchenfürst, »wenn Albaner und Serben den Vorschriften ihrer jeweiligen Religion treu geblieben wären. Selbst das osmanische Millet-System – so unerträglich es für uns auch war – hätte solche Exzesse verhindert.« Es sei ein schlimmer Fehler gewesen, daß der militärische Abzug der jugoslawischen Streitkräfte und das Nachrücken der NATO-Kontingente unzureichend koordiniert war, fährt er fort. Im Vakuum dieser kurzen Übergangsphase sei die Situation völlig unkontrollierbar gewesen. Die ganze Region stehe eben immer noch unter dem Fluch des gottlosen Kommunismus, und in Montenegro hätten die marxistischen Behörden mehr orthodoxe Kleriker hinrichten lassen als in jeder anderen Teilrepublik des jugoslawischen Bundesstaates.

*

Bei der Einfahrt nach Peć fällt uns eine katholische Kirche auf, die keinerlei Schaden erlitten hat. Am Portal erkennen wir flüchtig zwei Schwestern des Ordens der Mutter Teresa in ihrer blau-weißen Tracht. Eine von ihnen ist Inderin. In Peć selbst war ich – nach den Presseberichten – auf totale Verwüstung gefaßt. Aber das Schicksal von Grosny in Tschetschenien blieb dieser Distrikthauptstadt von Metohija erspart. Vergleiche mit den deutschen Trümmerwüsten des Zweiten Weltkrieges oder den plattgewalzten vietnamesischen Ortschaften im Umkreis des siebzehnten Breitengrades wären völlig unzutreffend. Vor allem das alte, malerische Bazar-Viertel ist von den serbischen Brandstiftern in Schutt und Asche gelegt worden, aber hier hatten in Friedenszeiten nur einstöckige Holzbauten gestanden, deren künstlerischer Wert gering war. Das »Hotel Metohija« hingegen ist zwar geschlossen, aber intakt. Bemerkenswert ist die Geschäftigkeit, die Unverdrossenheit der schwer geprüften Bevölkerung. In den Trümmern der Ladenstraßen haben sich neue Verkaufsstände angesiedelt. Auch hier ist das Warenangebot erstaunlich reichhaltig. Es wird viel gekauft, und wir fragen uns immer wieder, woher diese Bevölkerung, die zu achtzig Prozent erwerbslos sein dürfte, das Geld für Anschaffungen und eine erträgliche Lebenshaltung nimmt. Noch fließen offenbar die Spenden und familiären Zuwendungen von Hunderttausenden Albanern, die im Ausland leben. Im Schatten des munteren Markttreibens installiert sich inzwischen die Mafia als parallele, oft höchst effiziente Wirtschaftsstruktur. Neuerdings sollen die Gangs aus der nahen Republik von Tirana das Heft an sich reißen. Bis zum offenen Bandenkrieg ist es jetzt nicht mehr weit.

# Intrigen im Grand Hotel

*Priština, im Juli 1999*

Die Strecke zwischen Peć und Priština beträgt genau 86 Kilometer. Der Weg wird erschwert durch zwei Brücken, die ausnahmsweise einmal von den Bomben der US Air Force nicht verfehlt wurden. An der ersten, die das Flüßchen Beli Drim überspannt, verlieren wir mit der Umleitung eine knappe Viertelstunde; bei der zweiten gibt es nur eine Verzögerung von drei Minuten. Wir bewegen uns hier im Herzgebiet des frühen UÇK-Aufstandes vom Juli 1998. Aber diese Dörfer, deren Häuser von hohen Ziegelmauern umschlossen sind, die Gehöfte mit den ausgebrannten Dachstühlen sehen sich alle gleich. Die Fahrt ist langweilig, ich schlafe ein und wache erst auf, als wir die Außenviertel der Kosovo-Hauptstadt erreichen.

Priština ist eine häßliche Stadt, so hatte ich sie schon im Frühjahr 1994 empfunden. Sie hat in der Tito-Epoche mit ihren tristen Wohnblocks ebenso plötzlich expandiert wie das montenegrinische Verwaltungszentrum Podgorica, das einst »Titograd« hieß. Im Zentrum haben die jugoslawischen Architekten ihrer Phantasie freien Lauf gelassen und jene bizarren Betonkonstruktionen entworfen, mit seltsamen Auswüchsen und Schnörkeln, die mir auch in Skopje, in Novi Pazar und sogar in Split aufgefallen waren. Das finsterste Monument, das die am Ende recht nuancierte Hinwendung Jugoslawiens zum Kommunismus hinterlassen hat, ist jedoch das »Grand Hotel«, ein riesiger Kasten, dessen trostlose Aufwendigkeit und dessen verlotterter Service nur noch durch das Hotel »El Aures« in Algier übertroffen werden. Das Zimmer ist am späten Nachmittag noch von den unappetitlichen Spuren meines Vorgängers gezeichnet. In der düsteren Lobby erscheint rückblickend das »Theranda« von Prizren als Oase der Gastlichkeit. Im Herzen von Priština hat der Krieg – mit Ausnahme von zwei Raketenvolltreffern in der Postzentrale und einer Sicherheitsbehörde der Serben – überhaupt keine Spuren hinterlassen. Es ist Samstag abend, und die Straßen vibrieren in einem balkanischen »Saturday night fever«. Es ist unglaublich, wie jung die albanische Bevölkerung des Kosovo ist. Die Alten treten als verschwindende Minderheit auf. Weit gedrängter noch als in Prizren wälzt sich hier der späte Korso der Jugend durch die stillosen Boulevards. Sehr sympathisch wirkt diese Menschenmasse nicht. Die Blicke allzu vieler Passanten lauern mißtrauisch, teilweise aggressiv nach allen Seiten. Die Kosovo-Hauptstadt erweist sich – das ist der erste Eindruck – als ein ideales Terrain für verbrecherische Machenschaften. Hier kann es auch schnell zu politischen Zusammenstößen und Attentaten kommen. Ein Rudel Minderjähriger mutet geradezu wölfisch an.

Die unfreundliche Bar des Grand Hotel, wo ich sehr schnell Zuflucht suche, erscheint mir vollends wie die Höhle Alibabas und der vierzig Räuber. Aber dies ist eine vortreffliche Kontaktstelle, ein zutiefst konspirativer Treff. Binnen kurzem entdecke ich eine ganz unerwartete Serie von alten Bekannten aus aller Welt, die ich hier am wenigsten vermutet hätte, die mir jedoch sofort anbieten, mich mit den neuen Entscheidungsträgern des Kosovo bekannt zu machen. So begegnet mir ein deutscher Beamter, der vor zwanzig Jahren von Bangkok aus mit Hilfe des chinesischen Militärattachés meine Expedition in das Dschungel-Hauptquartier der Roten Khmer abgesichert hatte. Auch zwei Teilnehmer des Budapester Islam-Kongresses melden sich unmittelbar nach meiner Ankunft. Aus welchen Gründen und in welchem Auftrag Abdelkader in Priština weilt, habe ich gar nicht erfragt, aber dieser algerische Gewährsmann verschafft mir mühelos Zugang zu diversen hohen Funktionären der UÇK. Abdelkader hatte mich vor zwei Jahrzehnten im Auftrag des ersten algerischen Staatspräsidenten Ahmed Ben Bella aufgesucht, der unter der Militärdiktatur des Oberst Boumedienne lange Jahre in Isolationshaft geschmachtet hatte. Später war er für die »Islamische Heilsfront« aktiv gewesen und aufgrund dieser Untergrundtätigkeit von der »Sécurité Militaire« eingekerkert und gefoltert worden. Sporadisch erhielt ich irgendwelche diskrete Botschaften von Abdelkader, oder wir sahen uns in der Diskussionsrunde einer Fernsehsendung wieder. Der Algerier ist ein wertvoller Informant. »So vieles erinnert mich hier an meine Heimat«, sagt er. »Als die Algerische Befreiungsfront 1962 von einem Tag zum anderen die Macht übernahm und die Franzosen mit sämtlichen Verwaltungskadern, Ingenieuren und Spezialisten schlagartig den Maghreb verließen, war auch bei uns ein Vakuum an technischer Kompetenz und Regierungserfahrung aufgerissen, von dem wir uns bis auf den heutigen Tag nicht erholt haben. So ähnlich ist heute die Lage im Kosovo, wo die Serben alle Schlüsselstellungen innehatten und die Albaner jetzt plötzlich ohne Vorbereitung und Sachkenntnis mit einer chaotischen Situation fertig werden sollen.

Zudem ist hier ein Generationenkonflikt im Gange. Die behutsamere Führungsschicht der gemäßigten Nationalisten um den ›Präsidenten‹ Ibrahim Rugova und seine ›Demokratische Liga‹ wird zwangsläufig durch die jungen Leute an die Wand gedrückt, die im Kampf gegen Belgrad in den ›Maquis‹ gegangen waren und in den Reihen der UÇK extreme Gefahren auf sich nahmen. Dieser neuen Mannschaft fehlt es jedoch an jeder Vorbildung, denn das illegale albanische Unterrichtswesen, das Rugova in Privatwohnungen weiterzuführen suchte, war natürlich ein bescheidener Notbehelf.«

Er müsse sich auf dem Balkan doch ein wenig zu Hause fühlen, scherze ich, denn sein nordafrikanisches Ursprungsland hatte ja lange genug dem Osmanischen Reich angehört. »Das kannst du doch nicht vergleichen«, wiegelt Abdelkader ab. »Bei uns war der Sultan stets sehr, sehr weit entfernt. Im Atlas hatten damals stets die Emire und die Scheikhs der sich befehdenden Stämme das Sagen. Die Kabylei bildete ohnehin eine in sich geschlossene Bastion. Der Dey von Algier, der Statthalter der Pforte, stützte sich auf ein paar hundert Janitscharen in Constantine, Annaba und Tlemcen.« In Algier selbst habe der Dey stets in einem schwierigen Balance-Akt gelebt zwischen der verwilderten Kerntruppe des Padischah und der mächtigen Korporation der »riyasat-el-bahr«, einer Art streitsüchtige Genossenschaft von Schiffsbesitzern und Korsaren. Mit der Staatwerdung habe sich Algerien mindestens so schwer getan wie die zerrissene albanische Nation. Für die Historie sei bestenfalls die Erinnerung an den osmanischen Admiral Barberousse, wie die Franzosen ihn nannten, übriggeblieben, der von Algier aus die gesamte christliche Schiffahrt des westlichen Mittelmeers terrorisierte. In Istanbul wurde ihm die große Durchgangsstraße Barbaros gewidmet.

Es dauert gar nicht lange, da gesellt sich Ibrahim Kelmendi zu uns, der einflußreiche und durchsetzungsfähige Repräsentant der UÇK in der Bundesrepublik, den ich in seinem Bonner Büro in der Wesselstraße knapp verfehlt hatte. An der Finanzierung und Organisation der Kosovo-Befreiungsarmee aus dem Ausland hatte er entscheidenden Anteil. Es kommt ein perfekt Deutsch sprechender Arzt, Dr. Hysin Hoxha, hinzu, der im Verteidigungsministerium eine Schlüsselposition bekleidet, und verschiedene Kosovaren, deren präziser Aufgabenbereich in dieser selbsternannten Regierung des jungen Ministerpräsidenten Hashim Thaçi schwer zu definieren ist. In Priština ist die deutsche Sprache aufgrund der starken kosovarischen Exilgruppen in Deutschland und der Schweiz – 400 000 in der Bundesrepublik, 200 000 in der Eidgenossenschaft – noch verbreiteter als das Englische. Die D-Mark ist die bevorzugte Währung.

Auch mein mazedonischer »Schutzengel« Rami ist aktiv geworden. Er stellt mir einen athletischen jungen Mann vor, der sich während des Kampfes gegen die Serben den Kriegsnamen »Raketa« zugelegt hatte und jetzt als Leibwächter Hashim Thaçis auftritt. Raketa bemüht sich bereits um das von mir beantragte Gespräch mit dem Regierungschef. Daneben möchte Rami mich ebenfalls mit dem angesehenen Publizisten Veton Surroi zusammenbringen, dem es selbst unter der Willkürherrschaft der Belgrader Behörden gelungen war, die halbwegs unabhängige Zeitung »Koha Ditore« am Leben zu erhalten. Die Begegnung hat nicht stattgefunden, aber der Name Surroi ist für mich seit 1993 ein fester Begriff.

In meinen Notizen finde ich zu diesem albanischen Intellektuellen folgende Eintragung: »In den Botschaftskreisen von Belgrad ist im Dezember 1993 die Kosovo-Frage das Thema Nummer eins. Zwei Tage vor meinem Aufbruch ins Landesinnere haben sich im ›Diplomatischen Club‹ die Geschäftsträger fast aller akkreditierten Länder – die Botschafter waren aufgrund der UN-Sanktionen abberufen worden – bei türkischem Essen gesellig zusammengefunden, um den Ausführungen eines albanischen Zeitungsherausgebers namens Veton Surroi zu lauschen. Dessen Blatt ›Koha Ditore‹ verdankt sein regelmäßiges Erscheinen wohl gewissen Konzessionen an die serbische Militärverwaltung. Surroi ist ein selbstbewußter Hüne. Sein Bart ist kunstvoll gestutzt, und er drückt sich in einem vorzüglichen, amerikanisch gefärbten Englisch aus. Mir fällt auf, wie zahlreich die arabischen und muslimischen Länder von Marokko bis Indonesien bei dieser Informationsveranstaltung vertreten sind.

Die Aussagen des Albaners klingen gemäßigt und wenig sensationell. Er verlangt die Wiederherstellung des Autonomiestatuts für seine Provinz und bietet als Gegenleistung den Verbleib des Kosovo im serbischen Staatsverband an. Natürlich protestiert er gegen die Bevormundung und die Demütigung seiner Landsleute. Ob der Westen den Kosovo-Albanern zu Hilfe kommen würde, wenn es eines Tages zu einer Art balkanischer Intifada, zum Aufstand der Steineschleuderer gegen die schwerbewaffneten Sicherheitskräfte käme, bezweifelt er. Er beklagt die westliche Passivität. Eine Volkserhebung im Kosovo sei so oft angekündigt worden, daß es ihr ergehen könne wie dem

Wolf in der Fabel, an den niemand mehr glaubte, als er tatsächlich über die Herde herfiel. Alles hänge schließlich von Amerika ab.

In Belgrad vergleichen die Diplomaten der Europäischen Gemeinschaft das Kosovo-Drama mit zwei Lokomotiven, die auf demselben Gleis mit hoher Geschwindigkeit aufeinander zu rasen. ›Der tatsächliche Zusammenprall ist unvermeidlich‹, heißt es da, ›und das Schlimmste dabei ist, beide Zugführer wissen genau, was auf sie zukommt.‹«

In jenen Tagen, also vor sechs Jahren, hatte ich auch – eine spätere deutsche Zeitungsdebatte vorwegnehmend – geschrieben: »Auf dem Balkan haben wir es nicht mit einem kuriosen Anachronismus zu tun, mit dem Rückfall in den ›Dreißigjährigen Krieg‹, wie manche behaupten. Nach dem Ende der großen ideologischen Konfrontation zwischen Ost und West, die übrigens in neuer und alter Form jederzeit wieder aufflackern könnte, ist die Welt offenbar in die Ära der unkontrollierbaren und ziemlich ausweglosen Regionalkonflikte eingetreten. Was sich auf dem Balkan abspielt, ist kein Epiphänomen, sondern die Ankündigung künftiger Zerrüttungen.«

\*

In Priština, das geht aus unseren freimütigen Plaudereien im Grand Hotel ganz deutlich hervor, ist der Machtkampf in vollem Gange. Der »Gandhi des Balkans«, Ibrahim Rugova, wird von den UÇK-Anhängern jetzt unverblümt verdächtigt, von Anfang an ein Agent, ja ein Spitzel der Serben gewesen zu sein. Nach seiner heimlichen Abreise in Richtung Rom während des NATO-Bombardements hat er sich im Kosovo mehrere Wochen lang nicht blicken lassen. Vor zwei Tagen tauchte er plötzlich in Priština auf, aber nach acht Stunden war er aus Sicherheitsgründen schon wieder nach Italien verschwunden. Die Person des neu berufenen UNO-Beauftragten für das Kosovo wird natürlich heftig diskutiert. Bernard Kouchner hat sich als Gründer der Hilfsorganisation »Médecins sans frontières« – Ärzte ohne Grenzen – einen Namen gemacht und es in Paris vorübergehend zu Ministerwürden gebracht. Von Generalsekretär Kofi Anan ist er nun als Vorsitzender einer UNMIK genannten Behörde bestätigt worden, hat seine Tätigkeit eben aufgenommen und verfügt über die Vollmachten eines Gouverneurs, wie er überhaupt das Kosovo ganz ungeniert zum »Protektorat« der NATO, dann der Vereinten Nationen erklärt. Der sportlich auftretende französische Bevollmächtigte ist dafür bekannt, daß er sich gern im Rampenlicht der Medien sonnt. Dabei profiliert er sich stets als kompromißloser Verfechter der Menschenrechte. Er hat die politischen Fraktionen des Kosovo – UÇK und »Demokratische Liga« – wissen lassen, daß er sie zwar gern zu Rate ziehen will, aber die letzte Entscheidung sich selbst vorbehalte. Da er sich dem Ideal der multi-ethnischen und multi-konfessionellen Versöhnung auf dem Balkan verschrieben hat, also dem Verbleib und dem Schutz der serbischen Minderheit des Amselfeldes, wird ihm noch manche Prüfung bevorstehen.

Während der ausführlichen Palaver-Runden, die ich in Priština führe, komme ich immer wieder auf die Kernfrage des Kosovo-Krieges zurück, die ich auch mit deutschen Offizieren in Prizren und islamischen Vertrauensleuten in Mazedonien erörtert habe: Was hat die Vereinigten Staaten bewogen, sich so intensiv und verbissen in dieser obskuren Balkan-Region militärisch zu engagieren? In einem Punkt stimmen alle Antworten überein: Bill Clinton und General Wesley Clark hatten sich in der Einschätzung des Widerstandspotentials und des Aushaltevermögens der Serben gründlich verschätzt. Was nun die profunden Absichten des amerikanischen Präsidenten und Madeleine Albrights betraf, differieren die Meinungen. Für die einen ging es den Amerikanern darum, dem russischen Einfluß auf dem Balkan einen Riegel vorzuschieben, jede panslawistische Expansion der Moskowiter in Südost-Europa im Ansatz zu stoppen. Andere Stimmen vertreten die Überzeugung, daß die Kosovo-Kampagne – obwohl sie ja den dortigen Muslimen zugute kam – darauf hinzielte, durch strikte Kontrolle der albanischen Emanzipation jeder islamisch-fundamentalistischen Entwicklung auf dem Balkan entgegenzuwirken. Weniger plausibel klingt die Theorie, die USA wollten sich in diesem Raum – unabhängig von der Türkei – eine strategische Plattform für ihre Luftwaffe und Flotte verschaffen. Die Albaner sollten zudem – im Dienste des US-Imperiums – die Rolle eines menschlichen Krieger-Reservoirs für strategische Optionen der Zukunft übernehmen, also an eine Tradition anknüpfen, die sie zeitweilig im Osmanischen Reich ausgeübt hatten.

Die am häufigsten vorgetragene Hypothese lautet wie folgt: Nachdem der Atlantischen Allianz durch die Auflösung der Sowjetunion ihr eigentlicher Gründungs- und Existenzzweck – ihre »raison d'être« – entzogen wurde, die Konfliktsituation auf dem Balkan sich für die Europäer jedoch unerträglich anheizte, sollte diesen zweitklassigen Verbündeten vorgeführt werden, daß sie weiterhin auf die erdrückende amerikanische Überlegenheit im Bereich der Luftkriegführung, der Transportkapazität, der Satellitenaufklärung, der Logistik, der elektronischen Koordination angewiesen waren, daß die Führungsrolle der USA im Bündnis unantastbar und sakrosankt blieb. Darüber hinaus sei eine allmähliche Umorientierung der Allianz beabsichtigt, die sie aus der bisherigen Rolle eines Verteidigungsbündnisses in ein flexibles Interventionsinstrument zur Wahrung der »Pax Americana« und zur Eindämmung von Randkonflikten verwandelt hätte. Je weiter die Spannweite dieser Eingreifstrategie ausgedehnt würde – möglicherweise auf den Kaukasus, auf den Nahen Osten, auf Nordafrika, auf Zentralasien sogar –, um so positiver würde sich das Erfolgstableau für das Weiße Haus und das Pentagon präsentieren. Erwähnt sei ebenfalls eine Theorie, die vor allem in amerikanischen Kreisen Anklang fand: Bill Clinton habe mit einem militärischen Sieg auf dem Balkan – der ohne jeden Eigenverlust erzielt würde – sein Erscheinungsbild in der Geschichte aufpolieren, vom Kriegsdienstverweigerer in Vietnam zum strahlenden Feldherrn avancieren wollen. Die Schatten der Lewinsky-Affäre wären dann vollends verblaßt. Nur so lasse sich auch nur der geradezu hektische Reise- und Konferenz-Aktivismus erklären, mit dem der Chef des Weißen Hauses seine Kollegen der westlichen Welt unermüdlich auf Trab hielt.

Einem Argument bin ich bei diesen Recherchen allerdings niemals begegnet, obwohl es in Deutschland und auch in Frankreich als »ultima ratio« des Bombenkrieges immer wieder und wohl auch mit ehrlicher Überzeugung vorgetragen wurde: Es ging der westlichen Führungsmacht weder um einen »humanitären Krieg« noch um die Verwirklichung einer idealistischen Menschenrechts-Vision. Die schändliche Unterdrückung der Kosovaren durch die Serben, dann die brutale Vertreibung aus ihrer Heimat, so der Konsens, habe nur eine beiläufige Rolle gespielt. Das störrische Aufbegehren, die nationalistische Verstocktheit Slobodan Miloševićs gegenüber einer neuen »Friedensordnung« für Südost-Europa, die ihm Washington diktieren wollte, dürfte hingegen als unerträgliche Herausforderung der amerikanischen Allmacht, der globalen Verfügungsgewalt der »indispensable nation« empfunden worden sein. Im Gegensatz zu den meisten Deutschen, die Friedrich Nietzsche aus ihrem Bildungskreis verbannt haben, dürfte die Weltmacht USA mit dem Ausspruch Zarathustras übereinstimmen: daß die Staaten »kalte Ungeheuer« sind.

Die amerikanische Presse hat sich in dieser Affäre weit kritischer verhalten als die meisten europäischen Medien. So äußerte sich William Pfaff in der »New York Herald Tribune« mit folgendem Zitat und Kommentar zum Kosovo-Krieg: »Eine solche Unternehmung darf niemals wiederholt werden. Die NATO schlidderte unversehens hinein, stolperte herum, wußte nicht mehr, wie sie herauskommen sollte, und war zu Tode erschrocken, als sie sah, was da vor sich ging. Die NATO hatte den Feind gewaltig unterschätzt, war nicht in der Lage, Alternativen zur einmal beschlossenen Strategie zu entwickeln, wählte eine falsche Taktik und eine noch miserablere Form der Propaganda – was übrigens nicht zu ihren Aufgaben zählt. Sie gewann durch schiere Gewalt, nicht durch professionelle Kompetenz. Die technische Kriegführung und übertriebene Sorge, die eigenen Kräfte zu schonen mit der Folge, den Schutz der kosovarischen Kriegsopfer zu verfehlen, wurde von Washington diktiert, kompromittierte jedoch den moralischen Status der Alliierten auf schlimme Weise und wurde in einigen Militärkreisen sogar als unehrenhaft angesehen.«

Ich erwähne in den Diskussionen des Grand Hotels zu Priština natürlich nicht, welches Unbehagen der erste kriegerische Test des NATO-Bündnisses auch bei weiten Teilen des deutschen Offizierskorps hinterlassen hat. Der deutsche Anteil an den Luftoperationen betrug ungefähr drei Prozent und war von hoher Professionalität gekennzeichnet. Aber bei diesen Tornado-Flügen wurde auch sonnenklar, wie abhängig die europäischen Partner der Allianz von der gebieterischen Führungsmacht USA waren. Für einen »zweiten Pfeiler der NATO« war schon in den sechziger Jahren von John F. Kennedy plädiert worden. Aber Washington hatte in Wirklichkeit ja gar kein Interesse an einer strategischen Emanzipation der Europäer. Die kontinentalen Rivalitäten, die schrumpfenden Wehrbudgets, die deutsch-französische Entfremdung, die auswuchernde Vielfalt der Europäischen Union, die bedingungslose Ausrichtung der Briten auf die transatlantischen »Vettern«, sind zusätzliche Elemente einer selbstverschuldeten Paralyse der Europäer. Die mächtigste Koalition der Welt bot ein recht betrübliches Bild zwischen den undurchsichtigen, oft widersprüchlichen Entscheidungen des Pentagons, dem schneidigen Vorpreschen Tony Blairs mit seiner Forderung nach einer Bodenoffensive, für die Großbritannien doch am allerwenigsten die notwendigen Mannschaftsbestände besäße, und dem parteipolitischen Hickhack der rot-grünen Regierungskoalition in Deutschland, die sich aus der strategischen Planung in die humanitäre Phraseologie flüchtete. Wenn Georges Clemenceau, der »père de la victoire«, wie ihn die

Franzosen nach dem Ersten Weltkrieg nannten, auf dem Höhepunkt der Materialschlachten gesagt hatte, der Krieg sei eine zu ernste Angelegenheit, um ihn den Generalen zu überlassen, konnte man jetzt in den NATO-Stäben und auch im Pentagon zu der Meinung gelangen, daß der Krieg ein zu ernstes Geschäft ist, als daß man seine Entscheidungen in die Hände von dilettantischen Zivilisten legen könne, zumal es sich bei ihnen in der Mehrheit um frisch konvertierte Pazifisten handelte.

Was nun die Kriegsberichterstattung betraf, so wunderten sich diverse deutsche Truppenkommandeure über das Desinteresse der meisten aus der Heimat angereisten Reporter am strategischen und taktischen Geschehen, sogar an der Entstehungsgeschichte dieses Balkan-Konflikts. Gefragt waren offenbar nur noch »human interest stories« und die Schilderung möglichst grausiger Einzelschicksale. Es entstand die seltsame Kategorie des »humanitären Korrespondenten«, nachdem sich sogar deutsche Minister zu Vergleichen zwischen Kosovo und Auschwitz verstiegen hatten und Konzentrationslager erfanden, die sich nach Auskunft der KFOR-Truppen als gezielte Irreleitung Jamie Sheas erwiesen. Die Wirklichkeit ist grauenhaft genug und bedarf keiner Übertreibung.

Schon während meines Bosnien-Aufenthalts 1992 und 1994 war mir bewußt geworden, daß die Heimatredaktionen an einer Berichterstattung über die historisch-religiösen Hintergründe des Jugoslawien-Konflikts, seine tragische Zwangsläufigkeit, ja nicht einmal an einer Auflistung der kriegerischen Optionen ernsthaft interessiert waren. Gewünscht waren »crime and horror«. Wer sich überschlug in der Darstellung von Scheußlichkeiten, der hatte die Nase vorn, der brachte, so nahmen die Manipulatoren der öffentlichen Meinung wenigstens an, die hohen Einschaltquoten, um die sich alles drehte. Daß sich mit dem Vorzeigen verstümmelter Kinder, weinender Frauen, erniedrigter Männer, brennender Häuser eine gewisse Abstumpfung gegenüber so viel menschlichem Elend einstellt, daß durch die Meldungen über Vergewaltigungen und bestialische Folterungen möglicherweise auch ungesunde Instinkte gekitzelt werden, daß der Voyeurismus auf der ganzen Linie triumphiert und die Würde der betroffenen Menschen oft durch eine rücksichtslose Kameraführung oder Befragung zutiefst verletzt wird, das wollen sich offenbar nur die wenigsten eingestehen. Im Kosovo-Konflikt reichte die schreckliche Realität der Massenvertreibung wohl nicht aus. Wer nicht das Schwergewicht seiner Berichterstattung auf anklagende Betroffenheit und deklamatorische Empörung ausrichtete, fand wenig Beifall. Der Abgrund, der sich in unmittelbarer Nachbarschaft auf europäisch-balkanischem Boden auftat, wurde im erhabenen Tonfall der »political correctness« oder im stammtisch-ähnlichen Tollhaus der Talkshows abgehandelt. Die ehemaligen »Friedensbewegten«, denen die gewohnten Feindbilder und Schimären abhanden gekommen waren und die sich plötzlich im »anschwellenden Bocksgesang« der Renegaten wiederfanden, wurden sich offenbar gar nicht einmal bewußt, daß sie von nun an mit dem Vorwurf der Heuchelei leben mußten. In einem psychologischen Umfeld, das jahrelang durch große deutsche Zeitungen im Sinne des k. u. k.-Geprahles »Serbien muß sterbien« konditioniert worden war, geriet Peter Handke, der auf dem Balkan wirklich nicht seine beste schriftstellerische Leistung erbrachte, zwangsläufig in die Rolle des Don Quixote, des »Ritters von der traurigen Gestalt«.

Den politisch interessierten Kosovo-Albanern sind die Unzulänglichkeiten des Bündnisses, dem sie ihre Befreiung verdanken, nicht entgangen. Angeblich seien die Europäer des NATO-Rates beim Entscheidungsprozeß und bei den Zielbestimmungen der »smart bombs« und Marschflugkörper voll eingeschaltet gewesen. Aber wie war es dann möglich, daß der deutsche Verteidigungsminister der Zerstörung der Donau-Brücken kein Veto entgegengesetzt hat? Der militärische Nutzen dieser Aktion für die Niederkämpfung der jugoslawischen Streitkräfte bleibt unerfindlich. Die zweitwichtigste Wasserstraße Europas wurde durch diese willkürliche Geste der Einschüchterung auf lange Zeit blockiert, und die NATO-freundlichen Staaten Bulgarien und Rumänien sind die Hauptbetroffenen und Leidtragenden der Sperrung ihrer Transportwege.

Was nun das eigentliche Serbien betrifft, so schrumpft es nach und nach zu jenem winzigen Territorium, das das Großdeutsche Reich im Zweiten Weltkrieg seinem Statthalter General Nedić in Belgrad überließ. Abdelkader stellt als geübter Beobachter fest, daß dort – im Schatten der offiziellen Regierung – eine instinktive Rückwendung zum osmanischen Millet-System stattfindet. Seit Slobodan Milošević durch die hektische Menschenrechts-Anklägerin Louise Arbour zum Kriegsverbrecher gestempelt wurde, scheint die hohe serbische Geistlichkeit weite diplomatische Kompetenzen und die Wahrung des nationalen Überlebens in ihre Obhut genommen zu haben wie zu Zeiten des Padischah.

In Priština führt der Bischof des Amselfeldes, Artemije Rado-savljevic, – geschützt durch britische Elitesoldaten des »Special Air Service« – Gespräche mit Hashim Thaçi und Agim Ceku, dem Ober-befehlshaber der UÇK, während Pater Sava Jancik aus dem Dečani-Kloster, dem man wegen seiner meisterhaften Beherrschung des Inter-net den Spitznamen »Cyber-Mönch« gab, die auswärtigen Verbindun-gen aufrechterhält.

Patriarch Pavle hingegen, das Oberhaupt der serbisch-orthodoxen Kirche, ein hochbetagter, winzig gewachsener Würdenträger, der un-ter seiner schweren goldenen Krone zusammenzubrechen scheint, verharrt im Hintergrund. Er hatte auf dem Höhepunkt des Bosnien-Krieges allzu patriotisch für seine Landsleute Partei ergriffen. Im Sep-tember 1992 hatte er den bosnisch-muslimischen Präsidenten Alija Izetbegović beschuldigt, sich mit den Kroaten zu verbünden, um die Serben wieder in den alten unterwürfigen Zustand der »Raya«, der Herde des osmanischen Sultans, zurückzuzwingen. Pavle zufolge war Satan, der »Scheitan der Muslime«, der »Menschenmörder von An-fang an«, gegen Gott aufgestanden und habe die Einwohner des ein-stigen Jugoslawiens angestachelt, »wie Kain die Hände in das Blut des eigenen Bruders zu tauchen«. Einer hochgestellten französischen Persönlichkeit hatte er eine Denkschrift zukommen lassen, in der es hieß: »Alle drei Kriegführenden sind schuldig, und Gott allein weiß, wer die meisten Untaten begangen hat … Aber, wie schon der franzö-sische Dichter Apollinaire geschrieben hat: ›Es ist ein Glück, jenseits der serbischen Gebirgskämme zu kämpfen. Und Serbien kämpft heute wieder gegen die türkische Barbarei.‹«

\*

Und wie steht es um Slobodan Milošević, diesen »Saddam Hussein des Balkans«? Die Kosovaren der UÇK sind keineswegs der Mei-nung, daß Serbien bedingungslos kapituliert habe, wie das im Westen oft kolportiert wird. Die G-8-Erklärung von Köln, die ihm aufgezwun-gen wurde, beinhaltet zwar ein Nachgeben Belgrads auf breiter Front, aber durchaus kein »unconditional surrender«. Ein diplomatischer Berater Hashim Thaçis zählt in unserem Gesprächszirkel jene Stipula-tionen des Abkommens auf, die keineswegs nach dem Geschmack der Kosovaren sind. Milošević habe mit Hilfe des russischen Außenmini-sters Iwanow eine ganze Reihe von Zusicherungen herausschlagen können, und durch sein Nachgeben habe er immerhin die totale Vernichtung der serbischen Infrastruktur und Industrieanlagen verhindert. In Priština wird vor allem die amerikanische Behauptung heftig verworfen, die Jugoslawen hätten sich aufgrund einer angeblich bevorstehenden Bodenoffensive der NATO zu weitgehenden Zugeständnissen bereitgefunden. Der serbische Nachrichtendienst wußte sehr wohl, daß die untereinander in diesem Punkt radikal zerstrittenen Alliierten weder gewillt noch fähig waren, ausreichende Landstreitkräfte in Richtung Kosovo in Bewegung zu setzen.

Das G-8-Abkommen habe der jugoslawischen Armee, die von den vielgerühmten Wunderwaffen der US Air Force kaum angekratzt war, erlaubt, sich beinahe intakt auf die Grenzen Serbiens zurückzuziehen und dort in drohender Bereitschaft zu verharren, so beschweren sich jetzt die Albaner. Die russischen Kontingente seien zwar weit verstreut und nur bedingt einsatzfähig, aber sie hatten die NATO in Priština überrumpelt und gedemütigt, als sie dort noch vor Ankunft der britischen Panzerspitzen den Flugplatz besetzten. Die Russen müßten weiterhin als »Fünfte Kolonne« Belgrads angesehen werden. Die Kölner NATO-Erklärung erwähnt zwar das Abkommen von Rambouillet, aber jenes Zusatzprotokoll, das von den westlichen Kanzleien gern verleugnet oder verheimlicht wird und das die militärische wie politische Unterstellung Serbiens unter NATO-Kontrolle vorsah, ist sang- und klanglos in der Versenkung verschwunden. Vollends unerträglich ist für die Albaner jener Passus, der eine substantielle Selbstverwaltung für das Kosovo unter voller Berücksichtigung »der Prinzipien der Souveränität und territorialen Unversehrtheit der Bundesrepublik Jugoslawien« vorsieht. Nach den Gemetzeln, die von serbischen Mörderbanden an der Zivilbevölkerung des Amselfeldes verübt wurden, und der »ethnischen Säuberung«, die sie in Gang setzten, sei nun wirklich an ein Zusammenleben von Albanern und Serben in einer gemeinsamen Föderation überhaupt nicht mehr zu denken. Diese Zumutung müsse zu neuen kriegerischen Auseinandersetzungen führen. Die »Demilitarisierung« der UÇK, die ebenfalls in dem Dokument vorgesehen ist, sei schon schwer genug zu verkraften.

Der Arzt Hysin Hoxha aus dem Verteidigungsministerium kehrt nach diversen Telefonaten zu unserer Runde des Grand Hotels zurück. Er zeigt auf die zahlreichen weißgestrichenen Fahrzeuge, die vor dem Portal aufgereiht sind. »Wissen Sie wie viele NGOs, wie viele »nicht regierungsamtliche« Hilfsorganisationen sich im Kosovo tummeln?« fragt er. »Niemand weiß es, die einen reden von 400, die anderen von

800.« Mir waren sie von Anfang an schon in Prizren aufgefallen, diese Menschheitsretter, die nach Kollekten bei selbstgegründeten Vereinen gutmütiger Spender in diversen Stätten Großbritanniens, Skandinaviens, vor allem Deutschlands sich einen klimatisierten und komfortablen Landrover gekauft haben, eine blaue Aufschrift darauf pinseln ließen, die möglichst die Worte »Children – Aid – Food – World – Charity« enthielt, ihre mitgebrachten Gaben, davon wollen wir ausgehen, ziemlich planlos an Bedürftige verteilten und sich dabei – oft in Begleitung der Freundin – recht angenehme karitative Ferien im Land der Skipetaren leisteten. Natürlich kann man nicht alle spontanen Wohltäter über einen Kamm scheren.

Die Diplomatie Joschka Fischers ist in Priština auf lebhaften Widerspruch gestoßen. »Unsere Sympathie gilt den Deutschen noch weit mehr als den Amerikanern«, versichert Hysin Hoxha, »aber zwei Initiativen Bonns haben uns zutiefst geschadet. Die Regierung Schröder hat aus der Beteiligung der Russen am Friedensprozeß im Kosovo eine ›conditio sine qua non‹ gemacht, und was wir davon halten, ist Ihnen bekannt. Noch mehr schockiert es uns allerdings, daß die Deutschen es als ihren größten Triumph feiern, gegen die Vorbehalte Washingtons die Vereinten Nationen ins Boot geholt zu haben, ja in den kommenden Jahren aus unserer Heimat nicht etwa ein Protektorat der NATO, was wir gerade noch akzeptiert hätten, sondern eine Kolonie der UNO machen wollen.« Hier wird tatsächlich der neuralgische Punkt berührt, war es doch die uneingestandene, aber reale Absicht der USA, Kofi Anan und seine Monsterbehörde von Manhattan aus den künftigen Konflikt-Regelungen nach Kräften herauszuhalten, die globale Entscheidung über Krieg und Frieden, die laut geltendem Völkerrecht dem Weltsicherheitsrat der UNO vorbehalten bleibt, klammheimlich der Atlantischen Allianz, das heißt de facto den Vereinigten Staaten von Amerika, zuzuschanzen.

Mit Rücksicht auf ihre eigene Wählerschaft haben sich die verantwortlichen deutschen Politiker tatsächlich mit Nachdruck für das Patronat der Weltorganisation auf dem Balkan eingesetzt. Damit verschafften sie dem »bösen Mann« von Belgrad die Chance, im Weltsicherheitsrat die Veto-Mächte Rußland und China ins Spiel zu bringen und die NATO partiell zu lähmen. Andererseits hätten die Kosovo-Albaner die Präsenz und die Autorität von Administratoren, Polizisten, Experten für Wirtschaft, Finanzen, Gesundheit, Erziehung und alle nur denkbaren Sparten – soweit sie aus Europa und USA kämen –

noch halbwegs hingenommen. Die nunmehr vereinbarte und sich bereits sträflich verzögernde Verwendung des allseits wegen seiner Inkompetenz, Trägheit, teilweise auch Raffgier gefürchteten UNO-Personals – zumal wenn es aus unterentwickelten Ländern wie Bangladesch oder Zentralafrika stammt, die mit den eigenen Problemen nicht fertig werden – dürfte unweigerlich zu offenen Konflikten, mafiösen Verteilerkämpfen, am Ende zu Mord und Totschlag führen. In diesem Punkt muß ich den Kosovaren zustimmen in Erinnerung an den kompletten Fehlschlag der extrem aufwendigen Kambodscha-Mission der UNO, vor allem aber beim Rückblick auf die chaotische Mißwirtschaft und die Stammeskriege, die die Weltorganisation und deren Blauhelme Anfang der sechziger Jahre im ehemals belgischen Kongo hinterlassen hatte.

Vor dem Hoteleingang in Priština lösen sich die schußbereiten britischen Wachposten regelmäßig ab. Auch die Engländer haben in ihrem Sektor Probleme mit der Entwaffnung – offiziell heißt es »Demilitarisierung« – der Kosovo-Befreiungsarmee. Sogar zu Schußwechseln ist es gekommen. Das vereinbarte Treffen mit Hashim Thaçi findet an diesem Abend nicht statt. Er ist in ein Dorf der weiteren Umgebung gerufen worden, um der Bestattung und Ehrung von albanischen »Märtyrern«, die in einem neuen Massengrab entdeckt wurden, beizuwohnen. Zu später Stunde lasse ich mir die Trauerzeremonie von einem englischen Reporter schildern. Die UÇK war in ihren Tarnuniformen mit dem roten Adlerwappen angetreten. Ob sie auch Salut geschossen habe, frage ich den Kollegen. »Nein«, lautet die Antwort, »das durften sie nicht, aber dafür haben sie zwei serbische Häuser der unmittelbaren Nachbarschaft abgefackelt.«

*

Als einen anmaßenden Protz kann man den jungen »starken Mann« des Kosovo, den selbsternannten Regierungschef Hashim Thaçi, wirklich nicht bezeichnen. Auch die Allüren eines orientalischen Despoten hat er sich nicht zugelegt, selbst wenn seine Limousine mit dem Kennzeichen 001 versehen ist. Sein vorläufiges Amtsgebäude ist von besonderer Häßlichkeit. Im Treppenhaus und in den Fluren aus der Tito-Zeit bröckelt der Putz herunter. Auffälliger Personenschutz ist nicht vorhanden. Hashim Thaçi kommt etwas verspätet zu unserem Treff in seinem schlichten Büro mit Konferenztisch. Er entschuldigt sich artig. Der Mann, den seine Feinde »die Schlange« nennen, ist groß gewachsen und elegant gekleidet. 29 Jahre ist er alt und trägt einen dunklen, korrekten Anzug. Er wirkt sogar ein wenig schüchtern. Ist es die jungen Muselmanen empfohlene Zurückhaltung oder »Hischma«, die sich hier im Unterbewußtsein erhalten hat, ist es der Respekt vor dem um fast fünfzig Jahre älteren Besucher oder eine besondere listige Form gezielter Selbstverharmlosung? Um sich an der Spitze der »Kosovo-Befreiungsarmee« zu behaupten, muß er aus eisenhartem Holz geschnitzt sein. Drei serbische Polizisten hat er angeblich eigenhändig erschossen. Die Zahl der toten Rivalen in den eigenen Reihen dürfte um einiges höher sein.

Die Autorität dieses ehemaligen Studenten der Politologie an der Universität Zürich scheint hier jedenfalls unbestritten. Im Vorzimmer habe ich verschiedene Gesprächspartner vom Vortag angetroffen, auch den Leibwächter »Raketa«. Mit den Bewegungen eines Raubtiers hat Hashim Thaçi sich am oberen Ende des schlichten Holztisches neben mich gesetzt. Er rückt einen albanischen Wimpel zurecht. In der Ecke ist eine Bronzebüste des albanischen Nationalhelden Skanderbeg aufgestellt. Das ist die einzige Dekoration. Auf den Fernsehbildern, die ich von ihm kenne, ist der UÇK-Chef immer extrem ernst, fast mißlaunig aufgetreten, aber hier gibt er sich entspannt, und gelegentlich lächelt er gewinnend wie ein großer Junge. Ob er mit diesem Charme auch die mütterliche Zuneigung der amerikanischen Außenministerin Albright und Zugang zu ihrem spröden Herzen gefunden hat? Noch ist Thaçi der »Darling« der Amerikaner in dem unerbittlichen Machtkampf, der sich in Priština abzeichnet. Der Vorsitzende der »Demokratischen Liga«, Ibrahim Rugova, der endlich seinen Seidenschal abgelegt hat, steht in Washington im Gegensatz zu den meisten europäischen Hauptstädten nicht sonderlich hoch im Kurs. Durch seine Gespräche in Belgrad und seine immer wieder verzögerte Rückkehr ist Rugova in den Augen vieler seiner Landsleute zum Feigling geworden, und von einem solchen Ruf erholt man sich nicht im Land der Skipetaren. Es waren bekanntlich amerikanische und britische Instrukteure, die die UÇK-Partisanen, ein Sammelsurium aus archaischen Stammeskriegern und primitiven Schafhirten auf der einen, Zuhältern und Drogen-Dealern auf der anderen Seite – einen Kern aufrechter Patrioten wollen wir nicht ausschließen –, in Crash-Kursen zu kriegserprobten Partisanen drillen wollten. »Die CIA hat sich wieder einmal ein Frankenstein-Monstrum herangezüchtet«, spottet man darüber in den kontinental-europäischen Geheimdiensten. Die albanischen Freischärler – obwohl sie mit Allah und seinem Propheten nichts im Sinn haben – seien ebenso unberechenbar, brutal und unheimlich wie jene »Taleban« oder Koranschüler, die von den Agenten aus Langley auserkoren wurden, in Afghanistan für Ruhe und Ordnung zu sorgen.

Hashim Thaçi spricht hervorragend deutsch mit leichtem Schweizer Akzent. Er redet ganz leise, so daß ich Mühe habe, ihn zu verstehen. Was er sagt, ist vernünftig und klingt versöhnlich. Natürlich strebt er die Unabhängigkeit des Kosovo an und empfindet es als absolut unzumutbar, gemeinsam mit Serbien in einer jugoslawischen Föderation zu verbleiben. Von Groß-Albanien könne zur Stunde nicht die Rede sein. Die Skipetaren von Tirana und Tetovo seien enge Verwandte, aber sie müßten über ihr politisches Schicksal selbst entscheiden. Ich spreche ihn auf die Präsenz der Russen an, und selbst in diesem Punkt übt er Zurückhaltung. Er verstehe ja, daß Moskau einen gravierenden internationalen Faktor darstelle, aber allzu viele dieser Ost-Slawen hätten auf seiten der Serben gekämpft. Von Rugova und dessen Intrigen hält er natürlich gar nichts, aber die Gestaltung der Zukunft auf dem Amselfeld müsse nach den Regeln der Demokratie und der Menschenrechte erfolgen.

Der Mann ist offenbar zu jeder Verbal-Konzession bereit, um seine Position an der Spitze des Kosovo zu konsolidieren und im Westen um Vertrauen zu werben. Er wäre ein Narr, wenn er sich in seiner Situation anders verhielte und seine Karten aufdeckte. Eine Anlehnung an die Türkei ist für ihn kein Thema. Er möchte sein kleines Land voll auf die Europäische Union ausrichten, eines Tages auch in diese Gemeinschaft integriert werden. »Wir sind eine junge Generation von Politikern, die nicht zurückblickt, nicht auf den Orient ausgerichtet ist, sondern eindeutig für den Westen optiert«, betont er. Dem serbischen Erzfeind Milošević räumt er noch sechs Monate ein, ehe er gestürzt wird oder sich zurückzieht. Ob das Kosovo im Einigungsprozeß aller Albaner die Rolle Piemonts beim italienischen »Risorgimento« spielen könne – er weiß sofort, worum es sich handelt –, sei noch völlig ungewiß. Demnächst wird die UÇK eine Partei gründen, die als »Demokratische Union« antreten wird. Mit dem Protektoratsstatut, das den Kosovaren auferlegt wird, könne er zurechtkommen, wenn es zeitlich eng begrenzt sei und von Europäern ausgeübt würde. Unter den Fittichen der UNO hingegen blickt er einer solchen Entmündigung mit ernsten Vorbehalten entgegen.

Der serbischen Minderheit des Amselfeldes, soweit sie sich nicht an Verbrechen beteiligt habe, will er ein Bleiberecht zugestehen und sogar eine politische Mitwirkung, die allerdings dem Bevölkerungsanteil entsprechen müsse. Aber selbst wenn er es mit dieser Zusicherung ernst meinte – so frage ich mich –, wie wäre er überhaupt in der Lage, diese »Multi-Ethnizität« gegen seine von Rachegelüsten besessene Gefolgschaft durchzusetzen? Er bleibt ja in den Augen vieler Experten weiterhin nur ein albanischer Bandenführer, der lediglich durch Einschüchterung und Zwang die diversen Aktionen und Klans in seiner Befreiungsarmee zusammenhält. Wie sollte er diese gewalttätigen Skipetaren zwingen können, ihre Gewehre abzuliefern, was dem geltenden »Kanun« zufolge einem Ehrverlust gleichkäme? Nicht einmal der gefürchtete albanische Stalin-Schüler Enver Hodscha hatte seinen Landsleuten die Schießeisen wegnehmen können, und im heutigen Parlament von Tirana ziehen die verfeindeten Parteigänger der Demokraten und Sozialisten bei jeder passenden Gelegenheit blank.

# Die Brücke über den Ibar

*Mitrovica, im Juli 1999*

Unmittelbar nach der Zusammenkunft im Hauptquartier der UÇK treten wir unsere Fahrt in den von Franzosen kontrollierten Nordzipfel des Amselfeldes im Umkreis der Stadt Mitrovica an. Bis zu dieser Industrieregion sind es nur 38 Kilometer. Rami, der neben mir am Steuer sitzt, hat vor Beginn des Interviews mit Thaçi einen Blick in dessen Zimmer werfen können und dort die Bronzedarstellung Skanderbegs gesehen. Die Präsenz dieser Büste hat ihn verstimmt. Die Bewunderung der »Befreiungsarmee« für einen skipetarischen Stammesführer und Rebellen, der sich gegen den Sultan erhoben hatte, läßt sich mit Ramis osmanischer Nostalgie und seiner islamischen Frömmigkeit schlecht vereinbaren.

Keine Figur verkörpert die Zerrissenheit des albanischen Volks- und Kulturbewußtseins so anschaulich wie dieser Recke des fünfzehnten Jahrhunderts. Aus skipetarischem Adelsgeschlecht stammend, war der christliche junge George Kastriotis als Sklave oder Geisel im Zuge der »Knabenlese« nach Istanbul verschleppt und dort zum Koran zwangsbekehrt worden. Der Name Iskander wurde ihm in dieser fremden Umgebung verliehen, eine arabische Verballhornung des Namens Alexander. Daß George Kastriotis später unter dem Titel Iskander-Beg oder -Bey in die Geschichte eingegangen ist, deutet darauf hin, daß er am Bosporus die hohe Beamtenausbildung der Palastschule genossen hatte und nicht auf das Kasernenleben der Janitscharen beschränkt blieb. Angeblich waren vier Brüder des Albaners, die sich ihres christlichen Ursprungs bewußt blieben, von ihren türkischen Umerziehern umgebracht worden, was vielleicht die rebellische Grundhaltung, den Willen zum Widerstand bei dem jungen Skanderbeg erklärte. Jedenfalls ließ er sich als hoher Administrator, als hoher »Vali«, mit angeborener List vom Pascha von Niš – so lautet die Legende – die Oberhoheit über seinen albanischen Heimatbezirk im Umkreis der Festung Kruja übertragen.

Vermutlich ist es dort aufgrund des türkischen Landverteilungssystems zu einem Aufstand der albanischen Stämme gekommen. Skanderbeg überwältigte mit Hilfe eines gefälschten »Firman«, eines Sultanerlasses, die türkische Garnison. Er hißte über den Zinnen von Kruja das Wappenzeichen der Kastriotis, den schwarzen Doppeladler auf rotem Grund. In einer Art Rütli-Schwur verpflichtete er 1444, also zehn Jahre vor der Eroberung Konstantinopels, die nord-albanischen Feudalherren zum Widerstand gegen die muslimischen Unterdrücker und begann einen Kampf, den er mit seiner Bauern- und Partisanenarmee durchhalten konnte bis er 1468 an Malaria starb. Eine Serie von 25 Siegen gegen die zu jener Zeit unschlagbare Macht der Osmanen hat den Feldherrn Skanderbeg mit einer heldischen Aura umgeben, die weit über die Berge des Balkans hinausstrahlte. In Rom und Venedig wurde er als Verteidiger der Christenheit und des Abendlandes gefeiert. Für seine Heimat begann nach seinem Tod eine lange Periode des osmanischen Jochs und später der Assimilierung, zumindest der Anpassung an die türkische Fremdherrschaft.

Dabei mögen sehr konkrete, materielle Gesichtspunkte eine maßgebliche Rolle gespielt haben. Was den Status der rechtgläubigen Muselmanen von dem der »fehlgeleiteten« Juden und Christen unterschied, war vor allem die unterschiedliche Besteuerung. Während die Korangläubigen, die sich im Osmanischen Reich stolz als »Askeri«, als »Krieger« bezeichneten, sich mit der vom Propheten verfügten Almosenabgabe, dem »Zakat«, relativ gut aus der Affäre zogen, unterlag die christliche »Raya« einer speziellen Kopfsteuer, »Jiziya« genannt, die je nach Bedürfnis und Willkür der osmanischen Behörden relativ bescheiden bemessen oder ins Unerträgliche gesteigert werden konnte. Es lag also gar nicht im Interesse der türkischen Finanzverwaltung, das vorhandene Fiskalaufkommen der »Dhimmi«, der ungläubigen »Schutzbefohlenen«, durch systematischen Proselytismus zu vermindern.

Schon meine türkischen Freunde in Deutschland hatten mich darauf verwiesen, daß die Skipetaren bis zuletzt recht zwielichtige, opportunistische Muselmanen waren, was wohl auch ihre massive Hinwendung zu den Bektaschi-Bräuchen erklärte. Bei meinem Albanien-Besuch im Januar 1999 war mir die Äußerung des Besitzers eines Fisch-Restaurants am Strand von Durres in Erinnerung geblieben, die ich mir in keinem anderen islamischen Land hätte vorstellen können. Wir hatten ganz allgemein über die Zukunft des Balkans geplaudert, da sagte der Wirt: »Wir Albaner haben einen großen Fehler gemacht in unserer Geschichte. Sehen Sie, ich selber bin offiziell als Muslim registriert, aber es wäre viel besser gewesen, wenn meine Vorfahren an ihrem ursprünglichen katholischen Glauben festgehalten hätten. Dann wäre unsere Eingliederung in die Europäische Gemeinschaft heute so viel einfacher.«

*

Die Landschaft wird düsterer, während wir uns Mitrovica nähern, obwohl die Sonne unvermindert aus dem wolkenlosen Himmel sengt. Die Äcker dehnen sich braun und ausgedorrt. Es fehlen die heiteren, gelben Raps- und Sonnenblumen-Flecken, die in anderen Gegenden des Kosovo über die Spuren des Krieges hinwegtäuschen. Am Horizont ragen wuchtige Industriebauten, Zementfabriken oder Kupferschmelzen des Kombinats von Trepča. Es steigt kein Rauch aus den Schornsteinen, und die Maschinen stehen wohl still. Wir stoßen bald auf die ersten befestigten Unterkünfte unter der Trikolore. Den Franzosen wurde hier ein schwieriger Sektor zugewiesen. Die Stadt Mitrovica ist zweigeteilt. Südlich des Ibar-Flusses leben nur noch Albaner, nördlich davon hat sich eine zu neunzig Prozent serbische Bevölkerung durchgesetzt. Die französischen Paras durchsuchen jedes Fahrzeug, das die Brücke passiert, tasten jeden Passanten nach Waffen ab. Zu dieser Stunde ist der Verkehr gering. In den Straßen bewegen sich wenige Menschen.

Am nördlichen Ufer, so behaupten die Albaner, lauern serbische

Freischärler und halten ihre Gewehre im Anschlag. Gegen Abend kommt es auf beiden Seiten der Brücke immer wieder zu Kundgebungen. Da marschieren wütende Männer und Frauen unter ihren jeweiligen Nationalfahnen aufeinander zu, beschimpfen sich, rempeln sich an, bis die französischen Ordnungshüter mit Gewehrkolben dazwischenfahren und Stacheldraht spannen. Als hier noch Fremdenlegionäre stationiert waren, wurde angeblich härter durchgegriffen.

In der heutigen Mittagshitze langweilen sich die Soldaten, und aus den Häusern der nördlichen »Frontlinie«, wo sich serbische Provokateure ablösen, dröhnen ohne Unterlaß bei Tag und Nacht Märsche der jugoslawischen Armee sowie serbische Volks- und Heldenlieder aus den Lautsprechern. Eine schwarzgekleidete Albanerin versucht uns zu erklären, daß sie vergeblich versucht hat, ihre Wohnung im Nordviertel zu betreten, aber sie sei von feindseligen Fremden verjagt und bedroht worden. Es habe sich wohl um serbische Flüchtlinge aus der kroatischen Krajina gehandelt, die von den Belgrader Behörden in Mitrovica untergebracht wurden, nachdem man die dortigen Albaner vertrieben hatte.

Nach einigem Suchen finde ich das französische Hauptquartier. Oberst Gauthier – so wollen wir ihn nennen –, ein Marine-Infanterist aus der Bretagne, ist mir aus dem Pariser Armee-Ministerium an der Ecke von Boulevard Saint-Germain und Rue Saint-Dominique bekannt. Er erklärt mir seinen Abschnitt auf einer riesigen Landkarte. Die Atmosphäre im Briefing-Raum ist lässig, fast schläfrig. Irgendwie fühle ich mich in die Zeit des Algerien-Krieges zurückversetzt, während der Colonel mir erklärt, daß das Bataillon französischer Fallschirmjäger Infiltrationen serbischer Freischärler durch die Methode der »nomadisation«, eine ununterbrochene Suchaktion bei Tag und Nacht, sowie durch wärme-empfindliche Sensoren aufzuspüren sucht.

»Natürlich wirft man uns immer wieder vor, aus geschichtlichen Gründen mit Belgrad zu sympathisieren«, sagt Gauthier resigniert, »aber wir haben gerade in unserem Abschnitt so viele Hinrichtungsstellen aufgedeckt und so schreckliche Verstümmelungen an den Leichen festgestellt, daß jede Freundschaftsregung gegenüber den Serben daran erstickt.« Das französische Kontingent befindet sich in einer Ausnahmesituation, denn nördlich einer Linie, die im Westen von Mitrovica durch den Ibar-Fluß, im Osten durch die Straße von Bajgora in Richtung auf die serbische Grenze gezogen wird, hat sich ein fast ausschließlich serbisch besiedelter Gebietszipfel erhalten. Die vertriebenen Kosovaren würden sich nicht mehr dorthin trauen, und die UÇK stieße auf bewaffneten Widerstand, falls sie ihre Parallel-Verwaltung, die sie überall eingerichtet hat, dorthin ausweiten wollte. »Wir sind von unserem Commandement dazu angehalten, den Ausdruck ›Grenze‹ oder ›frontière‹ für die Trennlinie zwischen der Kosovo-Region und dem eigentlichen Serbien nicht zu benutzen, denn theoretisch und laut geltendem Völkerrecht besteht ja weiterhin der jugoslawische Bundesstaat. Eine Loslösung des slawischen Gebietszipfels nördlich von Mitrovica, in dem sich immerhin ein Dutzend serbische Ortschaften befindet, eine Aufteilung des Kosovo darf gegenüber NATO und UNO überhaupt nicht erwähnt werden. Das Wort ›partition‹ ist im offiziellen Sprachgebrauch tabu. Das französische KFOR-Kontingent ist von den jugoslawischen Streitkräften, die in der Nachbarschaft des Amselfeldes mit 42 000 Mann präsent bleiben, durch einen neutralen Streifen von zehn Kilometern Tiefe getrennt. Aber wer überwacht das schon in diesem unwegsamen Berg- und Waldgelände?«

Es stehe noch viel Ärger bevor in diesem kritischen Dreieck, erklärt der Oberst. Unmittelbar nördlich von Mitrovica – im »serbischen« Abschnitt – erstreckt sich, aus der Tito-Zeit stammend, der gewaltige Industriekomplex von Trepča, der in normalen Zeiten 10 000 Arbeiter beschäftigte. Hier wurden die einträglichsten Mineralvorkommen des ehemaligen Jugoslawien ausgebeutet. Kupfer, Zink, Blei, Nickel und sogar Gold wurden geschürft und eingeschmolzen. Auch Kohle wurde abgebaut. Zur Zeit herrscht dort Friedhofsruhe, aber im Zwielicht des brüchigen Provisoriums bahnen sich verdächtige Manipulationen an. Beim französischen Oberbefehlshaber hat sich vor ein paar Tagen ein jugoslawischer Industrieller vorgestellt. Er kam in Begleitung eines windigen Pariser »homme d'affaires«, der dem Deuxième Bureau einschlägig bekannt war. Der Jugoslawe wollte 51 Prozent des Besitzes am gesamten Kombinat im Auftrage eines großen internationalen Konzerns erwerben. Die finanzielle Entwicklung hätte über die Jugo-Bank stattgefunden. Natürlich ist aus dem dubiosen Geschäft nichts geworden, aber der Versuch sei typisch gewesen für die absolute Ungewißheit der realen Eigentumsverhältnisse und juristischen Verpflichtungen, die auf allen Besitzständen im Kosovo lasten. »Wir sind zum Beispiel bestrebt, für die von unseren Soldaten benutzten Terrains und Einrichtungen dem jeweiligen »propriétaire« eine Entschädigung oder eine Miete zu zahlen,« fährt Gauthier fort. »Aber wir erleben es immer wieder, daß zwei oder drei angebliche Besitzer mit durchaus glaubwürdigen, aber gefälschten Katasterdokumenten bei uns auftauchen, so daß wir unsere Zahlungen bis zur gültigen Klärung eingefroren haben. Wir haben überdies eindeutige Beweise dafür, daß die weitverzweigte Mafia aus der Republik von Tirana schon überall am Werk ist und ihre Kraken-Arme ausstreckt.« Auf dem ganzen südlichen Balkan schlägt die Stunde dunkler Geschäftemacher und Spekulanten, seit das Wiederaufbauprogramm der Europäischen Union ausgehandelt und sogar ein regionaler Marshall-Plan angekündigt wurde.

»Wir wissen zu wenig von den brutalen Machenschaften, die sich hier im Untergrund und im Schutz des albanischen Sippenzusammenhalts abspielen. Unsere Nachrichtenoffiziere kommen auch mit der Struktur der UÇK nicht zurecht, die außerhalb jeder Legalität eine de facto-Administration eingerichtet hat. Bernard Kouchner, der UN-Beauftragte für das Kosovo, hält zwar auftragsgemäß am Prinzip der multi-ethnischen Koexistenz zwischen Albanern und Serben fest, aber wie viele Angehörige der slawischen Minderheit sind denn überhaupt noch südlich des Flusses übriggeblieben, und wie viele Albaner wagen sich in die nördliche Exklave jenseits der Ibar-Brücke?« Der Versuch des französischen »Protektors« von UNMIK, die Tätigkeit des im Nordviertel von Mitrovica gelegenen Hospitals durch albanische Ärzte zu verstärken und Angehörige beider Bevölkerungsgruppen dort untersuchen und behandeln zu lassen, ist sehr bald ins Leere gelaufen. Serben und Albaner verweigern jeden Kontakt, sprechen nicht miteinander, blicken aneinander vorbei. Fast wäre es zu Prügeleien gekommen. Bei dieser Gelegenheit wird erneut das krampfhafte Festhalten der sich allmählich etablierenden UNO-Vertretungen an den völlig unhaltbaren, fiktiven Vorschriften des G-8-Abkommens kritisiert. Heftige Beschwerden werden auch über die bürokratische Schwerfälligkeit und die Verschwendungssucht des Flüchtlingswerks der Vereinten Nationen UNHCR geführt. Die lawinenartige Rückkehr der Kosovo-Flüchtlinge aus Albanien und Mazedonien, die niemand vorausgesehen hatte, vermittelt eine Vorstellung von der totalen Undurchsichtigkeit der Situation.

Die Franzosen erwarten Verstärkungen aus Belgien und Dänemark. Bereits eingetroffen sind etwa 1000 Soldaten aus den arabischen Golf-Emiraten, die in einer exakt ausgerichteten weißen Zeltstadt kampieren. Mit den »Emirati« – in Wirklichkeit besteht diese Truppe fast ausschließlich aus pakistanischen Balutschen – sei gut auszukommen. Es sei bei ihnen auch nicht die geringste Absicht einer islamischen Missionierung festzustellen. Ausgerüstet sind die Emirati mit modernstem und teuerstem Material. Darunter die schweren Leclerc-Panzer, deren Wartung die Franzosen übernommen haben.

Oberst Gauthier entspricht dem Typ des intellektuellen Generalstäblers und verfügt über eine solide Bildung. »Haben Sie gemerkt, daß hier auf dem Balkan den Brücken stets eine spezielle, geradezu schicksalhafte Bedeutung zukommt?« fragt er. »Ich denke da nicht nur an ›Die Brücke über die Drina‹, die Ivo Andrić so meisterhaft darstellte, sondern auch an jene strategische Brücke über die Neretva, wo Tito und seine roten Partisanen während des Zweiten Weltkrieges mit knapper Not dem Einkreisungsring der Wehrmacht, der Kroaten und der königstreuen serbischen Tschetniks entronnen waren. Mit dem Beschuß der historischen Brücke von Mostar, ebenfalls über die Neretva, ist mehr zugrunde gegangen als ein herrliches osmanisches Bauwerk; jede Hoffnung auf harmonisches Zusammenleben zwischen den Kroaten, die die Sprengung vornehmen, und den bedrängten Muslimani ist damit symbolkräftig zertrümmert worden. Noch treffen sich die Jugendlichen von Prizren an den Brücken ihrer »Bistrica« so lebensfroh, wie seinerzeit die Einwohner von Višegrad an der Drina von Andrić beschrieben wurden. Aber wie lange noch? Und nun stehen wir hier an der Brücke über den Ibar, und wieder droht ein Fluß zur Völkerscheide, zur mörderischen Frontlinie zu werden. Aber vielleicht bin ich zu pessimistisch, und es wird sich am Ende doch noch ein Funken Vernunft durchsetzen«, meint der Colonel; »denken Sie doch nur an den Haß, den vor hundert Jahren unser Pamphletist Déroulède gegen die ›Boches‹ entfachte; und heute sind die Deutschen unsere besten Freunde.« – Sein Wort in Gottes Ohr.

Zusätzliche Sorgen bereitet den Franzosen die bevorstehende Ankunft eines russischen Bataillons der 10. Luftlandebrigade. Den Fallschirmjägern aus Tula, denen man für diesen Auftrag einen ungewöhnlich hohen Monatssold von 1000 US-Dollar auszahlt, mangelt es an allem. Ihre Panzerfahrzeuge sind völlig veraltet. Schon im voraus haftet ihnen der Ruf von Schwarzhändlern an. Dazu kommt der abgrundtiefe Verdacht, die Moskowiter würden aufs engste mit den Serben zusammenarbeiten. Immer wieder tauchen am Balkan die alten Gespenster auf, die quälenden Erinnerungen an frühere Gemetzel und Zwangsumsiedlungen.

Ich zeige Gauthier eine Veröffentlichung, die mir ein türkischer Bekannter vor meiner Abreise mit auf den Weg gegeben hatte. Das Zitat einer gemeinsamen Journalisten-Erklärung, die am 20. Juli 1870, während des zaristischen Befreiungsfeldzuges in der bulgarischen Stadt Schumla, aufgesetzt wurde, übersetze ich ihm: »Die Unterzeichner, Vertreter der internationalen Presse, sind in Schumla zusammengetroffen. Sie empfinden es als ihre Pflicht, ihre Unterschrift unter eine summarische Schilderung der unmenschlichen Handlungen zu setzen, die an der unschuldigen muslimischen Bevölkerung Bulgariens begangen werden. Sie erklären, daß sie mit eigenen Augen gesehen haben, wie in Razgrad und in Schumla Kinder, Frauen und Greise durch Lanzen und Säbel verwundet wurden. Dieses waren keine Verletzungen, die aus einer Schlacht herrührten. Die Opfer bestätigten die entsetzlichen Mißhandlungen, die ihnen durch russische Soldaten und oft auch durch Bulgaren zugefügt wurden. Die Überlebenden berichteten, daß die gesamte muslimische Bevölkerung zahlreicher Dörfer auf der Flucht oder während der Plünderungen massakriert wurde. Viele Verwundete treffen täglich ein. Die Unterzeichneten bestätigen, daß die größte Anzahl der Opfer Frauen und Kinder sind und durch Lanzen der Kosaken verwundet wurden.« – Es folgt die Aufzählung der Namen von zwanzig Korrespondenten – darunter die Balkanreporter der Kölnischen und Frankfurter Zeitung, des Journal des Débats, der Times, des New York Herald und des Daily Telegraph. – Muß sich in dieser Weltgegend denn stets alles im Kreise drehen?

*

Mit dem Kcamerateam – von den Paras lässig durchgewunken – bin ich über die Brücke nach Norden gefahren. Gauthier hatte mir versichert, daß wir überall auf französische Patrouillen stoßen würden, aber die »quadrillage« ist wohl alles andere als perfekt. Bald rollen wir völlig isoliert durch leere Felder und verlorene Dörfer, deren Einwohner uns furchtsam und mißtrauisch mustern.

Ich habe meinen Begleiter, den muslimischen Mazedonier Rami, wohlweislich zurückgelassen. Aber es begleitet uns noch ein Dolmetscher aus Priština, der zwar aufgrund seiner sportlich-eleganten Kleidung und seines ausgeprägt amerikanischen Akzents nicht ohne weiteres als Albaner zu identifizieren wäre, um dessen Sicherheit ich mich jedoch sorgen muß. Eine Gurgel ist ja schnell durchschnitten. Hinter dem Städtchen Zvečan – die enge Straße führt bereits zum Sandschak von Novi Pazar – empfinde ich zum ersten Mal ein Gefühl der Bedrohung und fordere den Fahrer Kiro zum Wenden auf. Auf Fragen von Passanten, woher wir kämen, betont der verängstigte Mazedonier Kiro lauthals, daß er der prawoslawischen Kirche angehöre.

Auf der Rückfahrt durchqueren wir zügig die albanische Südstadt von Mitrovica. Zu unserer Linken erstreckt sich das Kosovo Polje, das Amselfeld, wo 600 Jahre nach der Schicksalsschlacht zwischen Serben und Türken die Geister der Erschlagenen immer noch keine Ruhe gefunden haben. In einigem Abstand zeichnet sich der Denkmals-Turm »Kosovska Bitka« ab, im Volksmund »Gazimestan« genannt, ein häßliches hohes Rechteck aus rötlichem Granit. Dort waren bei meinem letzten Besuch vor fünf Jahren zwei Zahlen eingemeißelt, 1389 und 1989, und daneben Schwerter und Kreuze aus Bronze angebracht, die von den albanischen Nationalisten inzwischen wohl entfernt wurden. Für die historische Illustration meiner damaligen Fernseh-Dokumentation hatte ich in Belgrad die Senderechte für einen serbischen Spielfilm erworben, der die heldische Niederlage und den Märtyrertod des Nemanjiden-Fürsten Lazar, den Sturm der Janitscharen, die verzweifelte Selbstaufopferung der serbischen Ritter, den Kriegertod des Sultans Murat in epischer Breite und mit großem Statistenaufgebot darstellte. Hier war vor 600 Jahren das Serben-Reich untergegangen. An dieser Stelle hat Slobodan Milošević am Sankt-Veits-Tag des Jahres 1989 zwei Millionen serbischer Patrioten versammelt, um der nationalen Tragödie zu gedenken und um den Schwur zu leisten, daß man diesen heiligen Ort, daß man das Amselfeld niemals, aber wirklich niemals den albanischen Muslimen, den Erbfolgern der türkischen Barbaren, überlassen werde. Milošević ahnte nicht, daß er damit eine neue Tragödie und die von ihm verschuldete Auflösung Jugoslawiens in Gang setzte.

Endlose Dichtungen, feierliche Epen sind dieser Schlacht auf dem Amselfeld gewidmet. Da wird die Historie – mit religiöser Inbrunst vorgetragen – zur magischen Beschwörung. Welches serbische Kind kennt dieses Nationalepos nicht: »Früh erhebt sich die Jungfrau vom Amselfeld; Weisheit trägt sie auf ihrer Schulter und in den Händen zwei Kelche aus Gold; mit frischem Wasser hat sie den einen gefüllt und den anderen mit rotem Wein ...« Hier wechselt die Kriegersage in christliche Mythologie über. In den Händen des Engels vollzieht sich eine Transsubstantiation, der Wein des Goldpokals verwandelt sich in das vergossene Blut der Helden. Am Abend der Schlacht ist das

Amselfeld mit den Leichen der Tapferen bis zum Horizont übersät, und wieder taucht die Jungfrau oder der Engel auf, nähert sich dem röchelnden, sterbenden Fahnenträger der Serben. Sie reicht ihm Wein und Brot – wie in einer völkisch inspirierten Eucharistie.

An Ort und Stelle fiel es mir schwer, solche Verzückung nachzuvollziehen. Die trostlose Hochebene des Amselfeldes war nur stellenweise landwirtschaftlich genutzt. Eine graue, mit Unkraut überwucherte Fläche dehnte sich jenseits des »Gazimestan«. Der Horizont war an jenem kühlen Frühlingstag 1994 durch gelbe, giftige Wolken verdunkelt, die von den Fabriken Priština ausgestoßen wurden und die ein jammernder Wind ätzend zu uns herübertrug.

Die serbischen Soldaten des Jahres 1912 hingegen, die das osmanische Joch endgültig abgeschüttelt hatten und diesen heiligen Boden für das wiedererstandene Vaterland zurückeroberten, befanden sich in einer patriotischen Verzückung. Als sie in ihren grauen Uniformen, vom endlosen Marsch erschöpft, das Amselfeld erreichten, so lernen heute noch die Kinder in den serbischen Schulen, bemächtigte sich ihrer stolze Ergriffenheit. Weinend knieten sie nieder und küßten den Boden, auf dem die Pfingstrosen so rot blühten, als nährten sie sich aus dem Blut der Erschlagenen. Während die serbische Armee – Gott preisend – weiter nach Süden vordrang, traten die Soldaten behutsam auf die vermeintlichen Gräber der Ahnen. Sie wechselten kein Wort, um die schlafenden Ritter und Vorkämpfer ihrer Nation in ihrer ewigen Ruhe nicht zu stören.

Die schwülstigen Legenden sagen mehr aus über die geistige Verfassung der serbischen Nation und den traumatischen Nachhall der osmanischen Fremdherrschaft als alle gelehrten Abhandlungen der Historiker und Soziologen.

# Die Türken sind wieder da

*Dragaš, im Juli 1999*

Da sind sie wieder, die Türken auf dem Amselfeld. Vor knapp neunzig Jahren mußten sie abziehen. Jetzt weht wieder die rote Fahne mit dem weißen Halbmond auf hohem Mast über dem Zeltlager, das die Soldaten der türkischen »Task Force« in Rekordzeit aufschlugen. Im Einvernehmen mit General von Korff haben sie den äußersten Keil des deutschen Kosovo-Abschnitts übernommen, der sich zwischen Mazedonien und Albanien weit nach Süden vorschiebt. Hier wohnt ein besonderer Menschenschlag, die Goranen. Es sind ethnische Serben, die sich unter den Osmanen zum Islam bekehrten. Aus unerfindlichen Gründen sind diese Außenseiter im Gegensatz zu ihren albanischen Glaubensbrüdern durch die jugoslawische Armee und die gefürchtete Sonderpolizei Slobodan Miloševićs nicht bedrängt worden. Deshalb stehen sie jetzt bei den übrigen Kosovaren im Verdacht heimlicher Komplizenschaft mit Belgrad. Angeblich haben sich die Goranen – ihre Zahl wird auf 60 000 geschätzt – bereitwillig als Rekruten der jugoslawischen Armee zur Verfügung gestellt.

Die Türken lassen sich durch solch undurchsichtige Querelen nicht beirren. Ich erreiche ihr Quartier, als gerade ein anatolischer Hauptmann eine kleine Gruppe von UÇK-Freischärlern, die wohlweislich ohne Waffen und Tarnuniform gekommen sind, energisch zu Wohlverhalten ermahnt. Die Streitkräfte Ankaras sind wegen ihrer Zurückhaltung gegenüber den Medien bekannt. Es muß aus Ankara eine spezielle Empfehlung vorliegen, denn hier – nahe der Ortschaft Dragaš – werde ich überaus gastlich empfangen. Das australische Kamerateam darf sogar die Panzerfahrzeuge ausgiebig filmen. Es handelt sich dabei meist um altertümliche Modelle aus den Beständen der Nationalen Volksarmee – hier kann man sie, anders als in Kurdistan, ungehemmt vorführen – oder um Billigeinkäufe aus der Ukraine. Dieses Material ist aufgrund sorgfältiger Pflege voll einsatzbereit und vielleicht den Erfordernissen eines Partisanenkrieges besser gewachsen als die High-Tech-Produkte der reicheren NATO-Partner.

Oberstleutnant Izzet Çetingöz, der vierzig Jahre alte Kommandant dieses auf tausend Mann verstärkten Bataillons, ist ein selbstbewußter Elite-Offizier, dessen usbekisch wirkende Gesichtszüge auf die Ursprünge seiner Rasse in Zentralasien verweisen. Ich erwähne, daß ich im Sommer 1994 in der bosnischen Stadt Zenica dem Kommandanten des ersten türkischen Kontingents auf dem Balkan, Oberst Erdoğan, einen Besuch abgestattet und ihm zu dieser Rückkehr ins alte osmanische Herrschaftsgebiet gratuliert hatte. »Erdoğan ist inzwischen General geworden«, antwortet Çetingöz lächelnd, »und wir treten hier ebenso wenig wie er in der Nachfolge der osmanischen Sultane auf. Wir erfüllen gewissenhaft unseren NATO-Auftrag und haben keine zusätzlichen Ambitionen. Wir sind in dieser Gegend auch nicht speziell als Muslime präsent, um unseren bedrängten Brüdern zur Seite zu stehen. Die Armee der Türkei ist, wie Sie wissen, eine Stütze der säkularen Republik, die Atatürk gegründet hat.« Ich habe es, wie erwartet, mit einem strikten Kemalisten zu tun.« und als ich ihm wünsche, daß dieser Einsatz in Südost-Europa wohl hoffentlich auch seiner Beförderung zugute komme, antwortet er streng und tugendhaft: »Mir geht es nicht um Avancement, sondern um die Erfüllung meiner patriotischen Aufgabe.« Ähnlich verhalte es sich auch bei seinen Soldaten. Da werde kein Unterschied zwischen Wehrpflichtigen und Zeit- oder Berufssoldaten gemacht. »Für jeden jungen Türken, der seiner Einberufung zum Armeedienst folgt, ist es eine Ehre, überall zu dienen, und dafür bedarf es keiner besonderen Auslese.« Nebenbei erwähnt der Oberstleutnant, daß die Türkische Republik von heute sich als einen multi-ethnischen Einheitsstaat betrachtet und daß seine Präsenz in Dragaš ebenso sehr dem Schutz der orthodoxen Serben wie dem der muslimischen Albaner diene.

Izzet Çetingöz hat natürlich in Ost-Anatolien gedient und sich im Kampf gegen den Kurden-Aufstand der PKK ausgezeichnet. Das war, wie er zugibt, eine harte Aufgabe. Und dann stellt er mir die gleiche Frage, die bereits die türkischen Generale im Verteidigungsministerium von Ankara inquisitorisch an mich gerichtet hatten: »Wie beurteilen Sie Öcalan und die PKK?« Meine Antwort vom vergangenen Sommer brauche ich nicht zu revidieren. Der Öcalan-Prozeß ist inzwischen mit einem Todesurteil abgeschlossen. Die Hinrichtung »Apos«, der sich selbst und seine Gefolgschaft vor Gericht zu verleugnen scheint und der offenbar darauf hinarbeitet, sich als willfähriger Verhandlungspartner unentbehrlich zu machen, ist eine Frage der Opportunität. An der Spitze des Generalstabes und des Nationalen Verteidigungsrates wird, wie jedes Jahr im Sommer, der »Oberste Militär-Rat« durchgreifende Umbesetzungen vornehmen, deren Beweggründe allen Außenstehenden verborgen bleiben. Dazu gehört der Beschluß, auch den einflußreichen General Çevik Bir, Kommandant der Ersten Armee in Ost-Thrakien, in den Ruhestand zu schicken. In diesem martialischen Gremium dürfte sich das Schicksal Öcalans in letzter Instanz entscheiden.

Aber die Beratungen der höchsten Kommando-Instanzen sind kein Thema in den Bergen südlich von Prizren. Unter dem Zelt, wo Tee serviert wird, haben sich drei Offiziere zu uns gesellt. Ein Hauptmann aus Izmir, offenbar der G-2-Beauftragte, spricht mich auf die westliche, vor allem die deutsche Entrüstung über eine eventuelle Hinrichtung Abdullah Öcalans durch den Strang an. »Wenn wir diesen Terroristen verschonen, so verspricht uns die deutsche Diplomatie, würden wir salonfähig für die Aufnahme in die Europäische Union. Aber spielt sich da nicht eine große Heuchelei ab?« fragt der Captain. »Ich habe einen Fortbildungslehrgang in Texas absolviert, und allein in diesem Staat der USA wurden während meines Aufenthalts sechs Häftlinge in der Gaskammer oder auf dem elektrischen Stuhl exekutiert.« Gewiß, Amerika sei kein Kandidat für die Aufnahme in die Europäische Union, aber es sei immerhin die westliche Führungsmacht und gäbe den Europäern bis auf weiteres ihr Verhalten im Hinblick auf Respektierung der Menschenrechte und demokratischen Freiheiten vor. In der Türkei existiere die Todesstrafe zwar weiterhin, aber sie bedürfe in jedem Falle der Zustimmung des Parlaments und sei seit vierzehn Jahren nicht mehr vollstreckt worden. Die türkischen Offiziere von Dragaš beobachten mit sichtlichem Unbehagen die krampfhafte Bemühung Öcalans, von seiner Zelle in Imrali aus in die Rolle eines international geachteten Partners, eines »anatolischen Nelson Mandela« oder eines Yassir Arafat zu schlüpfen.

Ich versuche vergeblich, den Bataillonskommandeur zu einer Aussage über die besondere politische Aufgabe der Türkei auf dem Balkan zu bewegen, wo immerhin fünf-, ja sechshundert Jahre lang der osmanische Padischah und Statthalter Allahs auf Erden die höchste Gewalt über seine buntgescheckten Völkerschaften ausgeübt hatte. Ob da nicht eine historische Verantwortung fortbestehe und ob Ankara sich auf Dauer von einer politisch-strategischen Neugestaltung Südost-Europas fernhalten könne, an der zur Zeit zwischen Washington und Brüssel – unter vager Berücksichtigung Moskaus – experimentiert wird? Aber da stoße ich sehr schnell an die Grenze einer rigorosen Disziplin und Schweigepflicht, die die Nachfolger Kemal Paschas ihren Soldaten auferlegt haben.

*

Natürlich hatte ich schon an den Hochschulen und im Parlament von Ankara Erkundungen eingeholt über die Einstellung der modernen Türkei zu jenem ehemaligen Reichsteil der Osmanen, den man bis 1912 als »Rumelien« bezeichnete. Die asiatischen Nomaden und Krieger waren sehr früh im Balkan heimisch geworden, hatten dort das Kerngebiet ihrer Herrschaft errichtet, noch ehe sie Ost-Anatolien oder gar den riesigen arabischen Raum zwischen Mesopotamien, dem

Jemen und dem Maghreb ihrem Imperium einverleibten. Als Bayezit I., den die Türken Yildirim, den Blitz, nennen, in der Schlacht von Ankara von dem mongolisch-türkischen Welteroberer Tamerlan vernichtend geschlagen und gefangengenommen wurde, waren es seltsamerweise die serbischen Ritter, obwohl sie kurz zuvor auf dem Amselfeld den Janitscharen des Sultans Murat I. erlegen waren, die sich in einem letzten Aufbäumen um den Nachfolge-Sultan Süleyman I. scharten und dessen Rückzug nach Europa deckten. Vielleicht hatten sie dadurch das Haus Osman vor dem Untergang bewahrt.

In Ankara gehört es heute zum guten Ton, auf seine mazedonische, albanische oder bosnische Herkunft zu verweisen. War nicht sogar der große Atatürk in der mazedonischen Hafenstadt Saloniki zur Welt gekommen? Die Ahnen des Generals Evren, der 1980 die Macht an sich riß – um nur ihn zu erwähnen –, stammten aus der Umgebung von Üsküp oder Skopje. Dennoch ist es ein extrem vielschichtiges Bild, das sich vor dem Beobachter entfaltet, wenn er die Meinung der heutigen Politiker zu den jüngsten Balkan-Wirren ergründen will. Am einfachsten ist vielleicht die Haltung der Islamisten zu erklären, der heimlichen Anhänger des koranischen Gottesstaates, die resolut ihren bosnischen und albanischen Brüdern im Glauben zur Seite stehen. Sie reden im Hinblick auf die Zurückdrängung des Islam in Südost-Europa gelegentlich vom »zweiten Andalusien«, verweisen auf das angeblich harmonische Zusammenleben der unterschiedlichsten Ethnien und Konfessionen innerhalb des osmanischen Millet-Systems. Allerdings entdecken diese »Fundamentalisten«, sobald sie mit der rauhen Wirklichkeit Albaniens und des Kosovo konfrontiert werden, den Abgrund an Gottlosigkeit und Sittenverrohung, den das kommunistische Regime hinterlassen hat, und blicken bei ihren Hilfsaktionen mit Mißtrauen und ein wenig Neid auf die schiitischen Iraner, die sich viel besser darauf verstehen, todesmutige und gottergebene Kampfzellen im Untergrund aufzubauen. Auch jene überwiegend arabischen Rigoristen des Koran, die – von saudischen Milliardären finanziert – als »Wahhabi« auftreten und eine Art »grüne Legion« gebildet haben, stehen bei den frommen Muselmanen der Türkei in keinem guten Ruf.

Bei den Ultra-Nationalisten Ankaras, die seit dem Wahlerfolg der MHP, nach der Rehabilitierung der »Grauen Wölfe«, an Gewicht gewonnen haben, lag die Priorität der turanischen Expansion bislang eindeutig bei den verwandten Stämmen des Kaukasus und Zentralasiens, denen bereits die utopischen Ambitionen Enver Paschas und des Oberst Türkeş gegolten hatten. Bosniaken und Albaner stellten für die Rechts-Extremisten ein zweitrangiges Anliegen dar. Es bestand bei diesen Verfechtern einer stark »rassistisch« geprägten Staatsidee auch die Befürchtung, in den gleichen Sumpf balkanischer Verwicklungen hineingezogen zu werden, der bereits dem Osmanen-Reich zum Verhängnis geworden war. Zu einer gründlichen Revision kam es erst, als die neue und moderne Führung der MHP die Gefahr erkannte, mangelnder Solidarität gegenüber den bedrängten »Waisen des Sultans« in Südost-Europa bezichtigt und von den Islamisten propagandistisch überflügelt zu werden.

Überdies hatte der verstorbene große Reformer Turgut Özal neue Akzente gesetzt. Seine neo-osmanischen Thesen, die Ankara die Rolle eines Stabilisierungsfaktors zwischen Orient und Okzident zuwiesen, gingen zu Recht davon aus, die wirkliche Kraft des osmanischen Imperiums habe in seinem »Drang nach Westen« gewurzelt. Vielleicht malten sich manche Strategen auch eine »Einkreisung« des griechischen Erzfeindes durch neue Bündnissysteme aus. Jedenfalls entdeckten die türkischen Politiker jeglicher Couleur sehr schnell, daß nicht mehr die Staaten des verflossenen »europäischen Konzerts« auf dem Balkan die Richtung bestimmten, sondern die globale Weltmacht USA, und daß Ankara sich auf Washington auszurichten habe. Diese Wahrnehmung wurde im Verlauf des Kosovo-Feldzuges eindrucksvoll bestätigt.

Was nun die Linke betrifft, die sich zwischen dem Sozialisten Bülent Ecevit und den radikalen, marxistisch angehauchten Restgruppen schwer auf einen Nenner bringen läßt, so weist sie natürlich die religiöse Bindung an die Bosniaken oder Albaner weit von sich und widersetzt sich jeder Form von osmanischer Rückbesinnung. Die progressistischen Intellektuellen streichen hingegen die Ansätze multikulturellen Zusammenlebens, wie sie in der bosnischen Stadt Tuzla deutlich, in Sarajevo im Ansatz zu erkennen sind, als verheißungsvolles Signal für künftige Entwicklungen heraus. Von den Zuständen in Albanien wenden sie sich mit Grauen ab, und die ganze Kosovo-Affäre erscheint ihnen als peinlicher Anachronismus. Allenfalls Folklore verbinde die heutige Türkei noch mit ihren früheren Hilfsvölkern des Balkans, so ist in diesen Kreisen zu hören. Die offizielle Diplomatie unter Außenminister Ismail Çem scheint bemüht, jede islamistische Begeisterungswelle für Bosniaken oder Albaner einzudämmen und einen risikoreichen Alleingang der Türkei zu verhindern.

In Wirklichkeit ist die Republik Kemal Paschas in ihrer strategischen und politischen Entfaltung auf dem Balkan durch einen tragischen, einen existenzbedrohenden Parallelfall behindert und gehemmt, der von den europäischen Medien bereits hochgespielt wurde. Die Abspaltung des albanischen Kosovo vom jugoslawischen Staatsverband und das damit verbundene Abschütteln der serbischen Bevormundung lasse sich allzu leicht – wenn auch oberflächlich – mit dem Bestreben der Kurden Ost-Anatoliens vergleichen, die sich den strengen Gleichschaltungs-Maßnahmen Ankaras durch bewaffneten Aufstand zu entziehen suchen und ihre völkische Autonomie, ja ihre staatliche Unabhängigkeit einfordern. Das klassische Souveränitätsprinzip des bestehenden Völkerrechts ist auf dem Amselfeld zugunsten einer »humanitären Interventionspflicht« der sogenannten Internationalen Gemeinschaft außer Kraft gesetzt worden, und die Folgen dieser juristisch-moralischen Konfusion sind noch gar nicht abzusehen. Schon ist im Straßburger Europa-Parlament die Parallele Kosovo – Kurdistan aufgegriffen worden, und die Propagandisten des kurdischen Separatismus werden sich dieses Arguments jedesmal nachhaltig bedienen, wenn das Thema eines türkischen Beitritts zur Europäischen Union wieder aufkommt. Hatte nicht Außenminister Joschka Fischer bei seinem offiziellen Aufenthalt in Ankara erklärt, seit in Deutschland eine rot-grüne Koalition regiere, könne von Europa als einem »christlichen Club« nicht mehr die Rede sein. Die Qualifizierung für ihre erfolgreiche Kandidatur solle die Türkei hingegen dadurch erbringen, daß sie sich der modischen Heilslehre der Menschenrechte und bürgerlichen Freiheiten verpflichte. Damit wurden – in »schrecklicher Simplifizierung« – die Nachgiebigkeit der kemalistischen Republik in der Kurdenfrage und sogar der Verzicht auf eine Urteilsvollstreckung an PKK-Chef Öcalan zu den entscheidenden Kriterien einer türkischen Qualifizierung für Europa aufgewertet.

Der bereits zitierte Publizist Tanil Bora ist bei seiner Beschreibung des türkischen Balkan-Syndroms wohl einer allzu krassen Schwarzmalerei erlegen. »Die breite türkische Öffentlichkeit«, so argumentierte er, »lebt in der schmeichelhaften Illusion, die Bosniaken seien ohne türkische Hilfe verloren gewesen. Die Vorstellung, daß die bosnischen Muslimani als ›Halbtürken‹ – eher in kultureller als ethnischer Hinsicht – zu betrachten und auf das Wohlverhalten der Türkei

angewiesen seien, wurde in den Medien und bei politischen Sonntags-
reden verbreitet. So wurde Bosnien vom Rang einer ›pro-türkischen‹
zur Ehre einer ›para-türkischen‹ Nation erhoben und praktisch den
Turk-Republiken der ehemaligen Sowjetunion gleichgesetzt.« Ähnliche Fehlurteile drohen sich bei der Beurteilung der Kosovo-Frage
einzunisten.

Im Hinblick auf Bosnien verfüge ich über sehr persönliche Erfahrungen. Wenn ich in Ankara oder Istanbul auf prahlerische oder irre-
führende Behauptungen stieß, zögerte ich nicht, von einem ernüch-
ternden Erlebnis in Sarajevo – auf dem Höhepunkt der Kämpfe um die
bosnische Hauptstadt im Herbst 1992 – zu berichten. Das Hauptquartier
der bosnisch-muslimischen Streitkräfte hatte ich damals in geduckter
Haltung über eine enge Gasse der Altstadt erreicht. Sie war durch Be-
tonblöcke versperrt. Fast ohne Kontrolle wurde ich in das Vorzimmer
des Kommandanten Mustafa Hajrulahović vorgelassen, wo noch das
Bild Marschall Titos im Großformat auf die Sekretärinnen in Tarnuniform herabblickte. Alle hatten die Kalaschnikow in Reichweite. Von
draußen drang der Lärm der Artillerie und Granatwerfer in das Büro.
Hajrulahović, ein schlanker, straffer Mann mit schmalen Schnurrbart,
wirkte jugendlich und gewinnend. Sein schöner arabischer Name, der
sinnlos slawisiert worden war, preist in der Übersetzung die »Güte
Allahs«. An der Wand über dem Schreibtisch hing ein kitschiges Plakat. Ein puppiger Knabe umklammerte mit der einen Hand eine
Maschinenpistole, mit der anderen das bosnische Lilienbanner. »Ich
bin über die Untätigkeit von UNPROFOR und der Vereinten Nationen
verzweifelt«, begann Hajrulahović seinen Vortrag. Die Krise spitze
sich für Sarajevo zu, seit es zu Zusammenstößen zwischen Muslimen
und Kroaten gekommen sei. Das Gerücht, türkische Flugzeuge hätten
über den bosnisch-muselmanischen Widerstandszonen, die immer
mehr zusammenschrumpften, Waffen abgeworfen, wies der Kommandant mit einer müden Handbewegung ab. »Wenden Sie sich an
meinen Nachrichtenoffizier, Hauptmann Selim. Seine Familie ist rein
türkischer Abstammung, und er wird Ihnen jede Illusion nehmen.«
Meine Frage nach der aktiven Solidarität seiner Glaubensbrüder in
aller Welt löste Bitterkeit aus. »Sie haben nur Worte für uns übrig«,
beklagte sich Hajrulahović; »wir haben aus Deutschland mehr Hilfe
erhalten als aus der ganzen islamischen Umma.« Und dennoch hatte
Mustafa Hajrulahović seinen Schreibtisch mit einem kleinen türkischen Wimpel geschmückt.

Zwei Jahre später war hingegen die relativ bescheidene Kampf-gruppe »Zulfikar« – gemeint war wieder einmal das Schwert des Imam Ali – eindrucksvoll auf den Plan getreten. Es handelte sich um todesmutige »Mudschahidin«, die – aus dem gesamten Dar-ul-Islam stammend – sich als sogenannte »Afghanen« zum Heiligen Krieg auf dem Balkan gemeldet hatten. Im Überlebenskampf der bosnischen Muslimani haben sich diese Freiwilligen außerordentlich bewährt. Unter schweren Verlusten hatten sie im Juli 1994 die Zugänge des Neretva-Tals zwischen Prozor und Jablanica gegen die kroatische Übermacht des General Rosso gehalten. Die Islamische Republik Iran hatte bestimmt wesentlichen Anteil an der Formierung dieser »Zukas« – wie man sie in Bosnien nannte. Auf einem zerschossenen, altertümlichen Panzerfahrzeug las ich damals in arabischen Schriftzei-chen das Zauberwort »Zulfikar« und den Kampfruf »Allahu akbar«. Darüber wehte die grüne Fahne des Propheten und des Imam Ali an-stelle jenes roten Fanals mit dem Halbmond, das den Heerscharen des Hauses Osman und der Republik Atatürks vorangetragen wurde.

Über diese Erlebnisse in Bosnien-Herzegowina, über die Indiffe-renz oder Überheblichkeit in Balkanfragen, die mich bei so manchen türkischen Politikern und Journalisten schockierten, hatte ich auch mit meinem Kölner Gewährsmann Mustafa offen gesprochen. Er zeigte sich sorgenvoll. »Allmählich frage ich mich«, so begann der »Ustaz«, »ob die geistige und moralische Erneuerung meiner Heimat nicht von der Diaspora im Ausland ausgehen muß, ob sich dort nicht die entschei-denden Impulse vorbereiten. Vielleicht sind wir Türken in Deutsch-land dazu in besonderem Maße berufen.« Ähnlich habe es sich ja auch beim Aufbruch der Jungtürken, die den Sultan entmachteten, bei der Identitätssuche der Algerier, beim Aufstand der Kurden und jetzt bei der Befreiung des Kosovo verhalten. Ob am Ende das Heil der Türkei und des Islam paradoxerweise aus Europa kommen werde, das wisse Gott allein.

»Aus der neuen ›Balkan-Friedensordnung‹ hat die Türkei sich selbst ausgegrenzt«, bestätigte Mustafa. »Auf den internationalen Kon-ferenzen und im Wirrwarr der Koordinatoren ist sie abwesend oder stumm. Aber es kann uns eines Tages zugute kommen, daß wir uns nicht an der neuen ›Protektorats-Ordnung‹ beteiligen, an dem ameri-kanisch-europäischen Neo-Kolonialismus, der über die Völker des Kosovo, Albaniens, Mazedoniens und Bosniens verhängt wird.« Un-weigerlich werde diese Anmaßung zu neuen ethnisch-konfessionellen

Tragödien und Partisanenkämpfen führen. Die Deutschen wüßten offenbar noch gar nicht, in welche fatalen Verwicklungen, in welches Schlamassel sie sich unter Führung der USA und im Schlepptau der UNO auf dem Balkan eingelassen hätten.

*

*Mamuša, im Juli 1999*

Außerhalb ihres südlichen Sektors von Dragaš hat das türkische Bataillon im Kosovo zusätzlich die Sicherung des Dorfes Mamuša übernommen. Es liegt auf halber Strecke zwischen Prizren und Orahovac. Dafür gibt es gute Gründe. In Mamuša lebt eine in sich geschlossene Einwohnerschaft von 6000 ethnischen Türken, die die Sprache ihrer Väter bewahrt haben. Auch dieser Minderheit gegenüber haben die Serben eine Toleranz walten lassen, die eigentlich nicht in ihrer Natur liegt. Die Führung in Belgrad muß bei allem Wüten ihrer Mordbrenner stellenweise recht selektiv vorgegangen sein. Die Roma oder Zigeuner hatten sie ja ebenfalls verschont und sich nützlich gemacht.

Auf der Fahrt nach Mamuša genießen wir wieder einmal den bukolischen Charme dieses schwergeprüften Landstrichs. Berge und Täler verschmelzen harmonisch im Mittagsdunst. Auf den Feldern wird die Heuernte gestapelt. Auf sattgrünen Wiesen weidet schwarzweißgeflecktes Vieh. In diesem Krieg habe wohl überhaupt nichts so richtig gestimmt, kommen wir mit dem deutschen Begleitoffizier überein, und das Wort »Victory«, das die NATO so gern im Munde führt, habe einen schalen Geschmack. Oberstleutnant Çetingöz ist in seinen Command Car vorausgefahren. Er hat eine Kompanie seiner Task Force in Mamuša stationiert. Ein paar Unterkünfte sind bereits aufgeschlagen, und der Befehlsstand wird von türkisch sprechenden Dörflern ausgebaut. Dem Bataillonskommandeur wird diskret über Drohungen albanischer Freischärler berichtet, denen sich die jungen Leute dieser Exklave ausgesetzt sehen. Auch ihnen wird ein zu enges Einvernehmen mit dem serbischen Todfeind vorgeworfen. Den Soldaten aus Ankara traut man zu, daß sie mit eventuellen Übergriffen schnell und nachdrücklich fertig werden.

In einem frisch zementierten nackten Raum werden in Eile ein Tisch und ein paar Stühle aufgestellt. Ein frugales Mittagessen wird serviert: Brot und Käse, dazu diverse Obstsorten und Mineralwasser. Mit Izzet Çetingöz, der ein heiterer und umgänglicher Mann ist, unterhalte ich mich nicht lange über die Lage im Kosovo. Dazu ist er wohl auch nicht befugt. Ganz automatisch, fast zwanghaft, wendet sich unser Gespräch den Partisanenkämpfen in Südost-Anatolien, dem Aufstand der kurdischen PKK zu. Er berichtet über ein paar besonders bittere Erlebnisse in der Provinz Şirnak. Als junger Offizier hätte er dort das Vertrauen der einfachen kurdischen Bauern gewonnen. Aber da seien die »Terroristen« bei Nacht und Nebel über das Dorf hergefallen. Sie hätten einige Einwohner getötet oder verschleppt. Danach habe es kein Halten mehr gegeben. Sie seien alle abgewandert in die nächste größere Stadt. Die Problematik Ost-Anatoliens überschattet die türkische Präsenz auf dem Amselfeld. Es schließt sich der Ring zwischen Kurdistan und Kosovo.

Mamuša ist ein unscheinbares Dorf, eine Ansammlung trister, brauner Häuser. Die älteren Frauen tragen die geblümten Pumphosen. Das Leben ist karg. Die Männer fahren auf Pferdekarren statt auf Traktoren. Ich habe das Kamerateam ausgeschickt, um ein paar Eindrücke zu filmen. Am meisten gibt noch der kleine Platz vor der Moschee her, und ich fordere Ian auf, dort mit seinen Aufnahmen zu beginnen. Der türkische Oberstleutnant hat aufmerksam zugehört. »Warum legen Sie so viel Wert auf die Moschee?« fragt er. »Sie haben doch sicher gemerkt, daß hier im Kosovo die Religion ihre frühere Bedeutung längst eingebüßt hat.« – Den laizistisch geprägten Einwand habe ich sehr wohl verstanden. – »Ich habe Ian gebeten, auf das Minarett zu steigen, weil er von da oben einen weiteren und besseren Überblick gewinnt«, erwidere ich, und mein Hinweis ist ebenfalls allegorisch gemeint. Izzet Çetingöz hat sein breites, sympathisches Lächeln aufgesetzt. Er reagiert, so scheint mir, seinerseits mit einer Parabel: »Ihr Kameramann soll aufpassen, daß er beim Erklettern dieser alten, morschen Stufen des Moschee-Turms nicht ins Leere stürzt.«

# Zeittafel

| | |
|---|---|
| ab 2000 v. Chr. | Indogermanische Hethiter stoßen aus Nordosten nach Anatolien vor. Zwischen 1800 und 1400 wird Hattusa Hauptstadt des hethitischen Reiches, das sich bis zum Taurus und nach Syrien ausdehnt. |
| 333 v. Chr. | Alexander der Große schlägt vor Issos das persische Heer. Nach seinem Tod 323 zerfällt das Reich. |
| 301 | König Trdat II. von Armenien gründet den ersten christlichen Staat. |
| 313 | Erlaß des Toleranzedikts für die Christen durch den römischen Kaiser Konstantin. 324 beginnt Konstantin mit dem Bau von Konstantinopel oder Byzanz, ursprünglich »nova Roma« genannt. |
| 395 | Kaiser Theodosius ordnet für seine Nachfolger die Teilung des römischen Imperiums in ein Oströmisches und ein Weströmisches Reich an. |
| 527–565 | Kaiser Justinian I. schafft ein byzantinisches Großreich, das von Nord-Afrika bis nach Ost-Anatolien reicht. |
| 622 | Der Prophet Mohammed flieht aus Mekka in die Oase Yathrib (Medina). Die »Hidschra« ist der Beginn der islamischen Zeitrechnung. |
| 656–661 | Ali Ibn Abi Talib, Vetter und Schwiegersohn Mohammeds, ist vierter Kalif. Nach der Schlacht bei Siffin bilden die Anhänger Alis die »Schiat Ali«, die »Partei Alis«. |
| 680 | Schlacht von Kerbela. Alis Sohn Hussein fällt im Kampf. Das Martyrium Husseins wird zum großen jährlichen Leidensfest der schiitischen Gemeinschaft. |
| 9. Jhd. | Christianisierung der Balkan-Slawen durch die Mönche Kyrill und Method. |
| 1054 | Das große Kirchen-Schisma zwischen Rom und Konstantino- |

pel besiegelt die Spaltung der Christenheit in die katholische West- und die orthodoxe Ostkirche.

1056    Die türkischen Seldschuken erobern Bagdad, Jerusalem und Damaskus.

1071    Der seldschukisch-türkische Sultan Alparslan Beg besiegt den byzantinischen Kaiser Romanos Diogenes IV. in der Schlacht von Mantzikert am Van-See und gründet ein Reich mit der Hauptstadt Konya. Damit öffnet sich Anatolien für die türkische Besiedlung.

1095    Papst Urban II. ruft zum Ersten Kreuzzug auf (bis 1270).

1258    Die Mongolen unter Hülagü, einem Enkel Dschinghis Khans, brechen in Anatolien ein.

1299–1326    Der türkische Stammesführer Osman I. gründet in Bursa die Dynastie der Osmanen. Das Sultanat der Osmanen wird erst 1922 durch Atatürk abgeschafft.

1389    Schlacht auf dem Amselfeld, Kosovo Polje (28. Juni). Das serbische Heer unter Fürst Lazar wird von den osmanischen Heerscharen unter Sultan Murat I. vernichtend geschlagen.

1402    Sultan Bayezit I., genannt der »Blitz«, wird von dem spät-mongolischen Eroberer Timur Lenk bei Ankara besiegt.

1453    Sultan Mehmet II. Fatih erobert Konstantinopel. Ende des Oströmischen Reiches und Beginn der Neuzeit.

1443–1468    Aufstand der albanischen Stämme gegen die türkische Herrschaft unter George Kastriotis, genannt Skanderbeg.

1501–1772    Herrschaft der Safawiden-Dynastie über Persien. Schah Ismail I., ein Azeri-Türke, ordnet an, daß seine Untertanen sich zum Glaubenszweig der »Zwölfer-Schiiten« bekennen.

1514    In der Schlacht von Dschaldoran wird Schah Ismail von den Türken unter Selim I. vernichtend geschlagen. Durch seine Siege über die Araber und die Mameluken dehnt Selim sein Reich 1517 bis nach Ägypten aus. Der osmanische Sultan nimmt den Titel »Kalif« an. Das Kalifat wird 1924 von Atatürk abgeschafft.

1524    Die Osmanen unter Süleyman II., dem Prächtigen, verdrängen die persischen Safawiden aus Mesopotamien. Nach der Einnahme von Belgrad besiegt Süleyman 1526 die Ungarn bei Mohács.

1529    Die Truppen Süleymans des Prächtigen stehen vor Wien.

1533    Der Habsburgerkaiser Ferdinand I. akzeptiert Tributzahlungen an den türkischen Sultan.

| | |
|---|---|
| 1571 | Epoche der »Weiberherrschaft«. Süleymans Nachfolger Selim II., »Mest« – der Säufer – verliert die Seeschlacht von Lepanto gegen Venezianer und Spanier und damit die Seeherrschaft im Mittelmeer. |
| 1683 | Die zweite türkische Belagerung Wiens unter Groß-Vezir Kara Mustafa muß unter dem Druck eines christlichen Koalitionsheeres abgebrochen werden. |
| 1717 | Prinz Eugen von Savoyen besiegt das osmanische Heer und erobert Belgrad. |
| 1774 | Im Vertrag von Küçük-Kainarca übernimmt Rußland das Protektorat über die orthodoxen Untertanen des Osmanischen Reiches. Zarin Katharina II. annektiert das Tataren-Khanat der Krim. |
| 1821–1827 | Griechischer Freiheitskampf gegen die türkische Fremdherrschaft. 1832 wird Griechenland unter Otto I. von Wittelsbach eine unabhängige konstitutionelle Monarchie. |
| 1826 | Auflösung des Janitscharen-Korps. Sultan Mahmut II. läßt die Elitetruppe der Janitscharen auf dem At Meydan massakrieren. |
| 1835–1839 | Helmuth von Moltke bereist als Militärberater des Sultans das Osmanische Reich. |
| 1839 | Mit dem Edikt von Gülhane beginnt die Zeit der Tanzimat-Reformen unter Sultan Mahmut II. |
| 1853–1856 | Krim-Krieg. Großbritannien, Frankreich und die Türkei erklären Rußland den Krieg, um den Bestand des Osmanischen Reiches zu sichern. |
| 1856 | Das Reichsgesetz Hatti-Hümayun verfügt die Gleichberechtigung von Christen und Muslimen im Osmanischen Reich. |
| 1876 | Erste türkische Verfassung, Wahl eines Parlaments. Sultan Abdülhamit II. löst es jedoch 1878 auf. Das Parlament wird erst 1908 wiedereinberufen. |
| 1877/78 | Russisch-türkischer Balkan-Krieg. Sieg der russisch-bulgarischen Armee am Schipka-Paß. |
| 1878–1881 | Die Liga von Prizren fordert in einer ersten Phase die albanische Autonomie innerhalb des Osmanischen Reiches, dann die nationale Unabhängigkeit. |
| 1878 | Berliner Kongreß. Neuordnung des Balkans mit Otto von Bismarck als »ehrlichem Makler«. |
| 1908 | Die Revolution der Jungtürken beendet die Regierung von Sultan Abdülhamit II. und begründet eine konstitutionelle Monarchie. |

| 1912 | Erster Balkan-Krieg. Bulgarien, Serbien, Montenegro und Griechenland verdrängen die Türken vom Balkan. Die Aufteilung der Beute löst 1913 den zweiten Balkan-Krieg aus. Mit Ausnahme von Ost-Thrakien verliert das Osmanische Reich seine europäischen Besitzungen. |
|---|---|
| 1913 | Staatsstreich der Jungtürken. |
| 1914 | Gavrilo Princip erschießt den österreichischen Thronfolger Franz Ferdinand in Sarajevo. Beginn des Ersten Weltkrieges. Das Osmanische Reich tritt auf seiten Deutschlands und Österreichs in den Krieg ein. |
| 1915/16 | Britische, australische und französische Truppen landen auf der Halbinsel Gallipoli. Sie müssen sich im Januar 1916 zurückziehen. |
| | Im Verlauf des Vormarsches russischer Truppen in Ost-Anatolien ordnet die osmanische Regierung die Zwangsumsiedlung der Armenier an. Ein großer Teil der armenischen Bevölkerung wird bei dieser Gelegenheit massakriert. |
| 1918–1922 | Die Alliierten besetzen Konstantinopel, nachdem die Führer der Jungtürken geflohen sind. |
| 1918 | Mit dem Waffenstillstandsabkommen von Mudros endet das Osmanische Reich. |
| 1919 | Griechische Streitkräfte landen im Mai in Smyrna (Izmir) und besetzen West-Anatolien. Am 19. Mai erreicht Mustafa Kemal Pascha Samsun. Beginn des türkischen Unabhängigkeitskrieges. |
| 1920 | Im Vertrag von Sèvres wird die Aufteilung Anatoliens unter den Alliierten beschlossen. Dieses Projekt scheitert am nationalen türkischen Widerstand Kemal Paschas. Der spätere Atatürk erringt 1922 bei Sakarya den entscheidenden Sieg über die Griechen. |
| 1922 | Mustafa Kemal Pascha schafft das Sultanat ab. Der letzte Sultan Mehmet VI. verläßt das Land. |
| 1923 | Der Vertrag von Lausanne bestätigt die heutigen Grenzen der Türkei. |
| 29. Oktober | Proklamation der türkischen Republik. Mustafa Kemal Pascha wird Präsident, Ankara die neue Hauptstadt. |
| 1924 | Atatürk schafft das Kalifat ab und läßt die Koranschulen schließen. Abdülmecit, der letzte Kalif, geht ins Exil. |
| 1925 | Kurdischer Aufstand unter Scheikh Said in den östlichen Provinzen. Der Aufstand wird niedergeschlagen. |
| | Verschärfung der kemalistischen Reformen: Verbot von reli- |

giösen Orden und Bruderschaften, Verbot, Fez und Schleier zu tragen, Einführung des westlichen Kalenders.

1926    Einführung des Schweizer Zivilrechts und des italienischen Strafrechts in der Türkei.

1928    Einführung des lateinischen Alphabets. Atatürk erklärt die Türkei offiziell zum »säkularen« Staat mit einer strikten Trennung von Staat und Religion.

1934    Das Parlament in Ankara verleiht Mustafa Kemal den Titel »Atatürk«, Vater der Türken. Einführung des Wahlrechts für Frauen.

1936    Abkommen von Montreux: Die Dardanellen sind jetzt unter türkischer Oberhoheit.

1938    Atatürk stirbt am 10. November. Nachfolger wird Ismet Inönü.

1945    Die Türkei schließt sich den Alliierten an und erklärt Deutschland und Japan im Februar den Krieg.

1950    Adnan Menderes, Vorsitzender der Demokratischen Partei, wird Premierminister. Präsident Inönü tritt zurück. Celal Bayar wird sein Nachfolger.

1952    Die Türkei wird Mitglied der NATO.

1960    Die Armee putscht gegen die Regierung Menderes. Menderes wird 1961 auf der Insel Yassiada hingerichtet.

1970    Necmettin Erbakan gründet die islamistische Partei der »Nationalen Ordnung«, Vorläuferin der Refah- oder Wohlfahrtspartei.

1971    Zweite Machtergreifung der Armee und Absetzung von Ministerpräsident Süleyman Demirel.

1974    Türkische Truppen landen auf Zypern und besetzen den nördlichen Teil der Insel.

1978    Bei Unruhen zwischen Sunniten und Aleviten in Sivas werden zwölf Personen getötet, in Kahramanmaraş kommen 107 Menschen ums Leben.

Abdullah Öcalan gründet die marxistische Arbeiterpartei Kurdistans PKK. Ziel ist die Schaffung eines unabhängigen Kurdenstaates.

1979    Schah Mohammed Reza Pahlevi verläßt fluchtartig den Iran. Am 1. Februar kehrt Ayatollah Ruhollah Khomeini nach Teheran zurück und proklamiert am 1. April die »Islamische Republik Iran«.

1980    Nach bürgerkriegsähnlichen Wirren ergreift die Armee unter Kenan Evren in der Türkei die Macht.

| 1983 | Die neugegründete »Mutterlandpartei« ANAP Turgut Özals gewinnt die Wahlen. |
|------|--------------------------------------------------------------------------|
| 1984 | Die PKK beginnt den bewaffneten Kampf in Südost-Anatolien. Ab 1987 gilt dort der Ausnahmezustand. |
| 1987 | Özals Regierung beantragt die volle Mitgliedschaft in der EU. |
| 1989 | Die serbische Regierung von Belgrad entzieht dem Kosovo das Autonomie-Statut. |
| 1991 | Nach Ende des Golfkrieges gegen Saddam Hussein wird im Nord-Irak eine Schutzzone für die irakischen Kurden eingerichtet. |
| 1993 | Nach dem Tod Turgut Özals wählt das Parlament Süleyman Demirel zum Staatspräsidenten. Tansu Çiller wird neue Premierministerin. |
| 1995 | Bei den Parlaments- und Kommunalwahlen wird die islamistische Wohlfahrtspartei Refah zur stärksten politischen Formation der Türkei. Der Führer der islamistischen Refah-Partei Necmettin Erbakan bildet mit Tansu Çiller, der Vorsitzenden der »Partei des Rechten Weges«, eine Regierungskoalition. |
| 1997 | Das Europäische Parlament verhält sich im Dezember ablehnend gegenüber dem Antrag der Türkei auf Mitgliedschaft in der EU. |
| 1999 | PKK-Chef Abdullah Öcalan wird in Nairobi vom türkischen Geheimdienst entführt. Öcalan wird auf der Schwarzmeer-Insel Imrali inhaftiert. |
|      | Nach den Parlamentswahlen vom 18. April bildet der Sozialist Bülent Ecevit eine Koalition mit den Ultra-Nationalisten der MHP und der Mutterlandspartei ANAP. |
|      | Beginn der NATO-Luftoffensive gegen Jugoslawien. Die Türkei beteiligt sich an dieser Aktion und entsendet Truppenkontingente auf das Amselfeld. |
|      | Im August wird die Marmara-Region der Türkei durch ein schweres Erdbeben verwüstet. |

# Register